DIE INTERNATIONALE POLITIK 1987–1988

# DIE INTERNATIONALE POLITIK

JAHRBÜCHER
DES FORSCHUNGSINSTITUTS
DER DEUTSCHEN GESELLSCHAFT
FÜR AUSWÄRTIGE POLITIK

# DIE INTERNATIONALE POLITIK

# 1987–1988

Herausgeber

WOLFGANG WAGNER

MARION GRÄFIN DÖNHOFF, GERHARD FELS

KARL KAISER, WERNER LINK, HANNS W. MAULL

Redaktion

ANGELIKA VOLLE

Mitarbeiter

MARTINA BODEN, FALK BOMSDORF,
MICHAEL BORCHMANN, PETER DANYLOW,
HANS-PETER FRÖHLICH, JOACHIM GLAUBITZ,
ARNOLD HOTTINGER, HELMUT HUBEL,
KARL-HEINZ KAMP, INGO KOLBOOM,
HEINRICH-W. KRUMWIEDE, CITHA D. MAASS,
HANNS W. MAULL, JÜRGEN PFISTER,
KLAUS FRHR. VON DER ROPP, PETER RUDOLF,
LOTHAR RÜHL, ROLAND SCHÖNFELD,
EBERHARD SCHULZ, VOLKER STÜVEN,
JOACHIM TZSCHASCHEL, ANGELIKA VOLLE,
GERHARD VOSS, OSKAR WEGGEL,
HANS-HEINRICH WREDE

REDAKTIONSSCHLUSS: JULI 1990

R. OLDENBOURG VERLAG MÜNCHEN 1990

Die Deutsche Gesellschaft für Auswärtige Politik hat nach ihrer Satzung die Aufgabe, die Probleme der internationalen, besonders der europäischen Politik, Sicherheit und Wirtschaft zu erörtern und ihre wissenschaftliche Untersuchung zu fördern, die Dokumentation über diese Forschungsfragen zu sammeln und das Verständnis für internationale Fragen durch Vorträge, Studiengruppen und Veröffentlichungen anzuregen und zu vertiefen. Sie unterhält zu diesem Zweck ein Forschungsinstitut, eine Dokumentationsstelle und die Zeitschrift „Europa-Archiv – Zeitschrift für internationale Politik". Die Deutsche Gesellschaft für Auswärtige Politik bezieht als solche auf Grund ihrer Satzung keine eigene Stellung zu internationalen Problemen. Die in den Veröffentlichungen der Gesellschaft geäußerten Meinungen sind die der Autoren.



ISBN 3-486-55842-0

Gesamtherstellung: Hans Richarz Publikations-Service, Sankt Augustin 1

---

**CIP-Titelaufnahme der Deutschen Bibliothek**
**Die internationale Politik** ...: Jahrbücher d. Forschungsinst. d. Dt. Ges. für Auswärtige Politik. – München: Oldenbourg
ISSN 0539-158-X
Erscheint zweijährl. – Teilw. mit d. Erscheinungsorten München, Wien. – Erhielt früher e. Einzelbd.-Aufnahme
1983/84 (1986) –

# INHALT

## IV DIE WESTLICHE GEMEINSCHAFT



## V DIE EUROPÄISCHE GEMEINSCHAFT IM AUFWIND

## VI WELTWIRTSCHAFT



## VII KRISENHERDE IM NAHEN UND MITTLEREN OSTEN

IN MEMORIAM

# Dr. DIETRICH MENDE
1899–1990

Geschäftsführer der Deutschen Gesellschaft für Auswärtige Politik 1955–1956, Mitherausgeber der Jahrbücher „Die Internationale Politik" 1961–1974, Mitglied der Redaktion und des Beirats des Europa-Archiv 1962–1983

# VORWORT

Je weiter sich die achtziger Jahre ihrem Ende zuneigten, desto deutlicher vermehrten sich die Anzeichen für eine Veränderung von Klima und Struktur der Weltpolitik. Nicht nur in den Beziehungen zwischen den beiden Supermächten, deren Konfliktträchtigkeit so lange einen tiefen Schatten über den Globus geworfen hatte, wuchs die Tendenz zu Ausgleich und Verständigung. Eine der längsten und opferreichsten Auseinandersetzungen zwischen Staaten der Dritten Welt, der iranisch-irakische Krieg, kam zum Stillstand. Im südlichen Afrika bahnte sich eine Einigung über Namibia an. Es sah beinahe so aus, als wollten große Teile der Menschheit allmählich Vernunft annehmen und der Gewalt abschwören.

Auch wenn die Gefahr eines dritten Weltkriegs glücklicherweise in weite Ferne zu rücken scheint, bleibt das Ziel eines paradiesischen Friedens auf Erden einstweilen aber nur ein schöner Traum. Alte Konflikte schwelen fort, neue kündigen sich an. Bestenfalls drängen die Mittel friedlicher Konfliktlösung, Diplomatie und Verhandlung, schrittweise die rohe Gewalt zurück. In diesem Sinne ist es ein gutes Zeichen, wenn eine weltumspannende Autorität wie die Vereinten Nationen durch ihren Generalsekretär maßgeblichen Anteil an der Beendigung eines alten Streits, des Kampfes um die Verselbständigung Namibias, hat.

Daß die Menschheit guten Grund hätte, auf Akte der Selbstzerfleischung zu verzichten, wird besonders deutlich im Blick auf die universellen Probleme, die immer stärker ins Bewußtsein treten. Diesen Problemen ist schon in einigen Bänden die gebührende Aufmerksamkeit gewidmet worden, zuletzt im Jahrbuch 1985/86, in dem der Reaktorunfall von Tschernobyl, die Nutzung des Weltraums und der grenzüberschreitende Terrorismus behandelt wurden. Die Serie wird diesmal fortgesetzt mit der Darstellung von zwei Problemkreisen, die sich ausschließlich nationalen Lösungen entziehen: der Gefahr von Klimaveränderungen durch die menschliche Beeinflussung von Atmosphäre und Stratosphäre und der rapide wachsenden Schwierigkeiten der Entsorgung des Mülls, den die moderne Zivilisation in immer größeren Mengen produziert. Auf weitere Gefährdungen der Umwelt, die nach globaler Bekämpfung verlangen, wird in kommenden Bänden einzugehen sein.

Gleich zwei Kapitel dieses Jahrbuchs stehen im Banne eines Mannes: des 1985 neugewählten Generalsekretärs der sowjetischen Staatspartei, Michail

Gorbatschow. Sein starker Einfluß auf die internationalen Entwicklungen fällt in eine Zeit, in der es für die Sowjetunion immer schwerer wurde, ihre Weltgeltung neben den Vereinigten Staaten zu behaupten. Allerdings war dies auch kein Zufall. Gorbatschows große Leistung bestand gerade darin, daß er die Schwäche seines Landes, in erster Linie hervorgerufen durch ihr technologisches und wirtschaftliches Zurückfallen gegenüber den Industrienationen des Westens, umzumünzen verstand in eine politische Erfolgsgeschichte.

Auf die amerikanische Hochrüstung, die Präsident Ronald Reagan seit seinem Amtsantritt 1981 betrieben hatte, fand Gorbatschow die entwaffnende Antwort, den USA einen umfassenden Abbau der beiderseitigen Rüstungen, besonders in dem die Welt mit Furcht erfüllenden nuklearen Bereich, vorzuschlagen – eine Idee, der sich Reagan um so weniger entziehen konnte, als er selbst von Anfang an die Beseitigung dieses menschheitsbedrohenden Arsenals als letztes Ziel seiner Politik bezeichnet hatte. So kam, nach vielen vergeblichen und einigen partiell wirksamen Versuchen, zum ersten Mal ein erfolgversprechender Dialog der beiden großen Mächte über eine Abrüstung zustande, die diesen Namen wirklich verdient.

Auch die Befreiung Ost- und Südosteuropas, die sich im Berichtszeitraum in ersten Ansätzen anbahnte, hängt mit dem Zurückstecken sowjetischer Machtansprüche zusammen, zu dem sich Gorbatschow gezwungen sah. Aber auch in diesem Bereich gelang es ihm, aus der Schwäche politisches Kapital zu schlagen: Indem er den bis dahin von Moskau gelenkten Staaten versprach, sie könnten frei über ihre Zukunft bestimmen, verschaffte er der Sowjetunion zum ersten Mal seit Jahrzehnten das Prestige einer Macht, die den Instrumenten der Unterdrückung entsagt. Die Aussichten auf eine allgemeine Entspannung zwischen Ost und West wurden dadurch nachdrücklich verbessert.

Zwei weitere Kapitel dieses Jahrbuchs sind den wichtigen inneren Entwicklungen im Westen gewidmet, zum einen dem Verhältnis zwischen den USA und Westeuropa, zum andern der Europäischen Gemeinschaft. Daß der europäische Einigungsprozeß seit dem Entschluß, über die Zollunion hinaus einen echten Binnenmarkt zu schaffen, neue Dynamik gewonnen hat, ist ebenso unverkennbar wie die Tatsache, daß diese Entwicklung nicht zu einer stärkeren Abkapselung der EG führt, sondern im Gegenteil ihre Attraktivität für das übrige Europa erhöht, auch für die Staaten im östlichen Teil des Kontinents. Wie sich das daraus erwachsende Selbstvertrauen der Europäer auf die Beziehungen zu Nordamerika auswirkt, bleibt eine offene Frage; divergierende Interessen scheinen sich zu verdeutlichen, aber der Kitt der Wertegemeinschaft und des darauf beruhenden Bündnisses erweist sich als stark.

Dieser Zustand spiegelt sich auch in dem Kapitel über die Weltwirtschaft wider, das zum festen Bestand der Jahrbücher geworden ist. Die übrigen Kapitel sind, in der üblichen regionalen Gliederung, dem weiten Bereich der Dritten Welt gewidmet. Hervorzuheben sind hier die Abschnitte über die Beendigung des Golf-Kriegs, über die Entwicklungen im südlichen Afrika und über die fortdauernden Spannungen in Zentralamerika. Besondere Aufmerksamkeit verdient auch die Darstellung der Situation im Nahen Osten, wo mit der Intifada der Palästinenser in den von Israel besetzten Gebieten ein ganz neues Element auftritt. Es ist vor allem diese Region, die alle Hoffnungen auf eine Zukunft ohne gewaltsame Auseinandersetzungen dämpft.

Die Herausgeber danken allen Autoren, die durch ihre Mitwirkung an diesem Band zu seinem Gehalt beigetragen haben. Herrn Rüdiger Wittke, Wissenschaftlicher Mitarbeiter in der Dokumentationsstelle der Deutschen Gesellschaft für Auswärtige Politik, schulden wir besonderen Dank. Er hat die Datenbasis des Fachinformationsverbundes „Internationale Beziehungen und Länderkunde", dem die Dokumentationsstelle der DGAP angeschlossen ist, für die Literaturhinweise am Ende des Bandes ausgewertet: Zu allen Themenbereichen, die in der vorliegenden Ausgabe behandelt wurden, sind die bis Mitte 1990 erschienenen Veröffentlichungen aufgeführt und dienen so dem interessierten Benutzer der Jahrbücher als aktuelle weiterführende Einstiegsmöglichkeit in bestimmte Schwerpunktthemen. Die rasche Erschließung der wesentlichen Inhalte des vorliegenden Jahrbuchs wird dem Leser durch das ausführliche Sach- und Personenregister ermöglicht, das von Herrn Dipl.-Volkswirt Bernd Hallenberg wiederum mit großer Sorgfalt erstellt wurde. Der Jahrbuch-Redakteurin, Frau Dr. Angelika Volle, die konzeptionell, inhaltlich und redaktionell die Jahrbuch-Beiträge gestaltet und wissenschaftlich betreut hat, gilt ebenso unser Dank wie Frau Marianne Göhre, die alle Beiträge auf dem Computer druckfertig gestaltet hat.

Bonn, im Mai 1990 Die Herausgeber

# ABKÜRZUNGSVERZEICHNIS

| | |
|---|---|
| ABl | Amtsblatt |
| ADRS | Arabische Demokratische Republik Sahara |
| AKP-Staaten | Afrika, Karibik, Pazifik-Staaten |
| ANC | African National Congress |
| APZ | Aus Politik und Zeitgeschichte, Beilage zur Wochenzeitung Das Parlament, Bonn |
| Außenpol. | Außenpolitik, Hamburg |
| BIOst | Bundesinstitut für internationale und ostwissenschaftliche Studien, Köln |
| BIP | Bruttoinlandsprodukt |
| BSP | Bruttosozialprodukt |
| Bulletin | Bulletin des Presse- und Informationsamts der Bundesregierung, Bonn |
| Bulletin EG | Bulletin der Europäischen Gemeinschaften, Brüssel |
| DA | Deutschland Archiv, Köln |
| DGAP | Deutsche Gesellschaft für Auswärtige Politik e.V., Bonn |
| EA | Europa-Archiv, Bonn |
| EPZ | Europäische Politische Zusammenarbeit |
| EZ | Europäische Zeitung, Bonn |
| FA | Foreign Affairs, New York |
| FAZ | Frankfurter Allgemeine Zeitung, Frankfurt |
| FP | Foreign Policy, Washington D.C. |
| FT | Financial Times, London |
| IA | International Affairs, London |
| IISS | International Institute for Strategic Studies, London |
| INF | Intermediate Nuclear Forces |
| IP 1955... | Jahrbücher Die Internationale Politik |
| bzw. IP 1956/57... | Bisher sind erschienen:<br>Die Internationale Politik 1955, München 1958<br>Die Internationale Politik 1956/57, München 1961<br>Die Internationale Politik 1958-60, München 1971<br>Die Internationale Politik 1961, München 1964<br>Die Internationale Politik 1962, München 1968<br>Die Internationale Politik 1963, München 1969<br>Die Internationale Politik 1964/65, München – Wien 1972<br>Die Internationale Politik 1966/67, München – Wien 1973<br>Die Internationale Politik 1968/69, München – Wien 1974<br>Die Internationale Politik 1970-72, München – Wien 1978<br>Die Internationale Politik 1973/74, München – Wien 1980<br>Die Internationale Politik 1975/76, München – Wien 1981<br>Die Internationale Politik 1977/78, München – Wien 1982 |

| | |
|---|---|
| IP 1979/80... | Die Internationale Politik 1979/80, München – Wien 1983 |
| | Die Internationale Politik 1981/82, München 1984 |
| | Die Internationale Politik 1983/84, München 1986 |
| | Die Internationale Politik 1985/86, München 1988 |
| MWSt | Mehrwertsteuer |
| ND | Neues Deutschland, Berlin (Ost) |
| N+N | Neutrale und Nichtgebundene Staaten |
| NYT | New York Times, New York |
| NZZ | Neue Zürcher Zeitung, Zürich |
| OAU | Organisation für Afrikanische Einheit |
| OE | Osteuropa, Stuttgart |
| PLO | Palästinensische Befreiungs-Organisation |
| PVAP | Polnische Vereinigte Arbeiterpartei |
| REP | Revue des Etudes Palestiniennes, Paris |
| RGW | Rat für Gegenseitige Wirtschaftshilfe |
| SZ | Süddeutsche Zeitung, München |
| TWT | The World Today, London |
| UN | Vereinte Nationen |
| VN | Vereinte Nationen, Bonn |
| WEU | Westeuropäische Union |
| WP | Washington Post, Washington |
| WSJ | Wall Street Journal, New York |

# I

# UMWELTSCHUTZ ALS GLOBALES PROBLEM

## UMWELTGEFAHREN UND INTERNATIONALE LÖSUNGSANSÄTZE

*Von Gerhard Voss*

### DIE WACHSENDE BELASTUNG DER ATMOSPHÄRE

Die Bedrohung der Menschheit durch globale Umweltgefahren wurde in den achtziger Jahren immer deutlicher. Besonders dramatische Entwicklungen zeichneten sich durch die Folgewirkungen ab, die sich aus der Belastung der Atmosphäre mit Luftschadstoffen ergaben. Ein ökologisches Krisensymptom waren die aufsehenerregenden Waldschäden, die überall in Europa aber auch in den USA und Kanada festgestellt wurden. Als Ursache dieser Walderkrankungen wurden verschiedene Luftschadstoffe, insbesondere das Schwefeldioxid und Stickoxid ausgemacht. Immer mehr zur Gewißheit wurde zudem eine seit langem in wissenschaftlichen Kreisen diskutierte Vermutung einer nachhaltigen Schädigung der lebensnotwendigen Ozonschicht durch den Gebrauch von Fluorkohlenwasserstoffen (FCKW). Unabhängig voneinander vorgenommene Messungen britischer und amerikanischer Wissenschaftler ergaben 1985, daß in den Frühjahrsmonaten der Ozonanteil über der Antarktis bis zu 40 Prozent sinkt. Der Begriff des „Ozonlochs über der Antarktis" wurde geprägt. Ein solches Loch über bewohnten Gebieten müßte auf die Gesundheit der Menschen einen weitreichend negativen Einfluß haben.

Als weitere große globale Gefahr wurde in der zweiten Hälfte der achtziger Jahre auch die Möglichkeit von schwerwiegenden Klimaveränderungen erkannt. Wissenschaftler befürchteten, daß eine zunehmende Anreicherung der Atmosphäre mit Kohlendioxid infolge der wachsenden Energienutzung einen „Treibhauseffekt" auslösen könnte, mit Temperaturen, die es auf der Erde noch niemals gegeben hatte.[1]

Vor dem Hintergrund dieser globalen Bedrohungen wurden die Grenzen einer nationalen Umweltpolitik sichtbar: Das Souveränitätsdenken der Staaten im Umweltschutz mußte zugunsten einer engeren weltweiten Zusammenarbeit zurückgedrängt werden. Das führte ebenfalls dazu, daß auch die Länder Osteuropas internationalen Abkommen zur Reinhaltung der Luft beitraten. Die dringende Notwendigkeit für eine bessere internationale Kooperation im Umweltschutz wurde besonders deutlich durch grenzüberschreitende Umweltkatastrophen, insbesondere durch den Reaktorunfall von Tschernobyl im April 1986.[2] Bei den internationalen Verhandlungen über ein gemeinsames Vorgehen beim Schutz der Erdatmosphäre konnten im Berichtszeitraum allerdings nur zum Teil konkrete Ergebnisse erzielt werden.

## SCHWERPUNKTE DER LUFTSCHÄDIGUNG

Die internationale Umweltpolitik konzentrierte sich in den achtziger Jahren auf drei Schwerpunkte, die sich aus der Belastung der Luft mit verschiedenen Schadstoffen ergaben:[3] Zum einen ging es um die globalen Gefahren, die von der Emission die Ozonschicht gefährdender FCKWs ausgingen. Den zweiten Schwerpunkt bildeten vielfältige Aktionen zur Begrenzung des Ferntransports unmittelbar umweltgefährdender Luftschadstoffe, wie Schwefeldioxid ($SO_2$) und Stickstoffoxide ($NO_x$). Das dritte Problemfeld umfaßte die drohende Klimaveränderung auf der Erde durch eine weitere Anreicherung von Kohlendioxid ($CO_2$) in der Atmosphäre, die u.a. von Wissenschaftlern vorausgesagt wurde. Es gab allerdings auch Überschneidungen zwischen diesen Problemfeldern. So wurden die Emissionen der Luftschadstoffe $SO_2$ und $NO_x$ sowie des Treihausgases $CO_2$ hauptsächlich durch die Nutzung fossiler Energieträger (Holz, Kohle, Öl und Gas) bewirkt, die 1987/88 zu 95 Prozent den Weltenergieverbrauch deckten. Die Lösungsansätze dieser verschiedenen Probleme hatten deshalb auch eine gemeinsame energiepolitische Wurzel. Auch die Emission der FCKWs, die für Sprühdosen, Kälte- und Klimaanlagen und

[1] Vgl. hierzu den Vorspann zur Dokumentation „Die Internationalisierung des Umweltschutzes. Vom Club of Rome zur Ozon-Konferenz", in: *EA*, 18/1988, S. D 501-504.

[2] Vgl. Hanns W. *Maull*, Tschernobyl und die Folgen, in: IP 1985/86, S. 1-15.

[3] Einbezogen wurde das gesamte System der unteren Erdatmosphäre mit der Troposphäre (bis in etwa 10 km Höhe) und der Stratosphäre (bis etwa 50 km Höhe).

synthetische Schaumstoffe verwendet wurden, berührte zwei Problemfelder zugleich: FCKWs greifen sowohl die Ozonschicht an, sind zugleich aber auch mitbeteiligt an dem zusätzlichen Treibhauseffekt, der das Klima auf der Erde verändern könnte.

## *Ozonschäden in der Stratosphäre*

In der Stratosphäre spannt sich in einer Höhe von 15 bis 50 km eine Ozonschicht über die Erde. In dieser Schicht werden u.a. die lebensfeindlichen, äußerst energiereichen Strahlungsanteile der Sonne herausgefiltert. Dadurch wird das Leben auf der Erde überhaupt erst möglich. In den achtziger Jahren wurden z.B. drastische Ozonabnahmen über der Antarktis gemessen: Seit 1985 wurden jeweils im antarktischen Frühling (Oktober) festgestellt, daß mehr als 50 Prozent des Gesamtozons und im Höhenbereich 15 bis 20 km sogar mehr als 95 Prozent zerstört waren.[4]

Über die Ursachen dieser Entwicklung gibt es unterschiedliche Erklärungsansätze:[5] In der wissenschaftlichen Diskussion wurde kaum noch angezweifelt, daß ein ursächlicher Zusammenhang zwischen der Zerstörung der Ozonschicht und dem Verbrauch von FCKW und Halogen besteht. Seit der Sitzung des „Ozone Trends Panel" am 15. März 1988 in Washington, eines Ausschusses, dem über 100 international anerkannte Wissenschaftler u.a. der NASA angehören, wurde ein Wirkungszusammenhang fast uneingeschränkt unterstellt.[6] Die Erklärung lautete: FCKWs setzen in der Stratosphäre, wo das Ozon seine schützende Wirkung hat, durch die ultraviolette Strahlung der Sonne bei großer Kälte das in ihnen enthaltene Chlor frei. Das Chlor spaltet dann das dreiatomige Sauerstoffatom Ozon in das zweiatomige „normale" Sauerstoffatom. Die Folge ist, daß die Balance im Auf- und Abbau des Ozons angegriffen wird: Das Ozon wird schneller abgebaut als aufgebaut; die Ozonschicht verdünnt sich; extreme Kälte, wie über der Antarktis, begünstigt diesen Prozeß. Natürliche Temperaturschwankungen nehmen ebenfalls Einfluß auf die Balance.

Die weltweite Produktion von FCKWs wurde 1987/88 auf 700 000 bis 800 000 Tonnen geschätzt, davon in den Ländern der EG rund 300 000 Tonnen (in der Bundesrepublik etwa 75 000 Tonnen). Osteuropa und die Sowjetunion sowie die Länder der Dritten Welt verbrauchten knapp ein Viertel

---

4 Vgl. Deutscher Bundestag (Hrsg.), Zwischenbericht der Enquête-Kommission des 11. Deutschen Bundestages „Vorsorge zum Schutz der Erdatmosphäre", Bonn (Zur Sache, 5/88), [2]1989, S. 103 ff.

5 Vgl. z.B. Paul J. *Crutzen*, Das Ozonloch – Menschliche Einflüsse auf die Chemie der globalen Atmosphäre, in: *Gewerkschaftliche Monatshefte*, 12/1988, S. 731-745.

6 Vgl. Zwischenbericht der Enquête-Kommission, a.a.O. (Anm. 4), S. 560.

der Weltproduktion. Zur Schonung der Ozonschicht hätte nach Ansicht der meisten Wissenschaftler ein vollständiger Verzicht auf die Produktion und den Verbrauch von FCKWs herbeigeführt werden müssen.

### *Ferntransport von Luftschadstoffen*

Unter bestimmten klimatischen Bedingungen können Luftschadstoffe, die aus Verbrennungsanlagen für fossile Energieträger stammen, über Tausende von Kilometern transportiert werden. Zugleich werden diese Stoffe, soweit sie in der Troposphäre (unterste Schicht der Atmosphäre) verbleiben, durch verschiedene Reinigungsmechanismen aus der Atmosphäre ausgefiltert und zum großen Teil am Erdboden, in Gewässern oder auf Pflanzen und Bäumen abgelagert. Folge des Ferntransports und der Ausfilterung von $SO_2$ und $NO_x$ aus der Atmosphäre ist die Versäuerung von Böden und Gewässern. Sie wurden schon in den fünfziger und sechziger Jahren in skandinavischen Seen und Waldböden registriert. Auch die Walderkrankungen in Mitteleuropa und in Nordamerika wurden u.a. auf diese Luftverunreinigungen zurückgeführt.

Durch das wachsende Verkehrsaufkommen stiegen besonders in den achtziger Jahren in vielen Ländern die $NO_x$-Emissionen. Dadurch traten die Probleme, die sich aus der Belastung der Luft mit Stickstoffoxiden ergeben, auch auf internationaler Ebene immer mehr in den Vordergrund. In der Bundesrepublik Deutschland beispielsweise stiegen die $NO_x$-Emissionen von 2,85 Millionen Tonnen 1981 auf 2,95 Millionen Tonnen 1986 an. Über photochemische Prozesse trugen die Stickstoffoxide auch zur Entstehung von Ozon in unteren Luftschichten bei, wodurch in den Sommermonaten in vielen Großstädten in Europa und in den USA Smogalarm ausgelöst wurde. Dabei handelte es sich um den sogenannten Los-Angeles-Smog, der dort bereits in den Sommermonaten der vierziger Jahre erstmals registriert wurde und dessen Leitkomponente Ozon ist. (Die Leitkomponente des sogenannten London-Smog ist das $SO_2$). Während der achtziger Jahre wurden auch in mehreren Städten Italiens und Griechenlands Ozonwerte gemessen, die als gesundheitsschädlich galten. Auch als Verursacher von Waldschäden trat Ozon immer mehr in den Vordergrund.

### *Der Treibhauseffekt*

Die Erdatmosphäre enthält neben Stickstoff, Sauerstoff, Wasserdampf und Aerosolen auch einige Promille an Spurengasen als klimawirksame Bestandteile. Zu diesen Spurengasen gehören Kohlendioxid ($CO_2$), Methan ($CH_4$), Distickstoffoxid (Lachgas $N_2O$), FCKWs und Ozon ($O_3$). Diese Gase verhindern eine Auskühlung der Erdoberfläche, indem sie das einfallende Sonnenlicht

# KLIMATISCHE WIRKUNGSZUSAMMENHÄNGE

| | Entstehung | Wirkungen | Folgen |
|---|---|---|---|
| Kohlendioxid($CO_2$) | Verwesung und Zersetzung von Biomasse, Stoffwechsel von Mensch, Tier und Pflanzen | Natürlicher Treibhauseffekt, der eine mittlere Temperatur auf der Erde von + 15 Grad erzeugt | Ermöglicht Leben auf der Erde |
| | Nutzung fossiler Energien (Holz, Kohle, Öl, Gas) | Zusätzlicher Treibhauseffekt. Mögliche Temperaturzunahme 1,5 – 4,5 Grad C | Verschiebung der Klimazonen, Überschwemmungen von Küstenstrichen |
| | Tropenwaldrodungen | Gesamtanteil am zusätzlichen Treibhauseffekt: 50 Prozent | Minderung der $CO_2$-Aufnahme |
| Fluor-Chlor-Kohlenwasserstoff (FCKW) | Produktion und Verbrauch von: –Treibgasen –Schaumstoffen –Kälte- und Klimaanlagen –Reinigungsmitteln | Schädigung der Ozonschicht in der Stratosphäre. Trägt 17 Prozent zum zusätzlichen Treibhauseffekt bei | Erhöhte UV-Strahlung auf der Erde mit –Zunahme von Hautkrebs –Abnahme der Photosynthesen –Abnahme der Sauerstoffproduktion |
| Ozon ($CO_3$) | Natürliche Konzentration in der Stratosphäre | Ausfilterung der energiereichen, lebensfeindlichen UV-Strahlung | Ermöglicht Leben auf der Erde |
| | In der Troposphäre durch Lichteinwirkungen aus Stickoxiden, Kohlenwasserstoffen | Trägt zu 8 Prozent zum zusätzlichen Treibhauseffekt bei | s. Kohlendioxid |
| Methan ($CH_4$) | Abbauprodukt bei der Zersetzung von Biomasse aus Sümpfen, Reisfeldern, Rindermägen | Trägt zu 19 Prozent zum zusätzlichen Treibhauseffekt bei | s. Kohlendioxid |

ungehindert passieren lassen, die von der Erdoberfläche reflektierte langwellige Wärmestrahlung jedoch absorbieren und auf die Erde zurückstrahlen. Dieser Vorgang wird auch als Treibhauseffekt bezeichnet. Ohne Treibhausgase betrüge die Erdoberflächentemperatur -18 Grad Celsius, mit ihnen liegt sie bei +15 Grad Celsius. An dieser Temperaturdifferenz von 33 Grad Celsius ist der Wasserdampf mit etwa 26 bis 29 Grad beteiligt.

Das nächst wichtige Element bei der Temperatursteuerung auf der Erde ist das $CO_2$. Durch das Verbrennen der fossilen Energieträger Holz, Kohle, Öl und Gas entstehen zwangsläufig $CO_2$-Emissionen, die nicht zurückgehalten werden können. Parallel zur fortschreitenden Industrialisierung und zum wachsenden Energieverbrauch ist der $CO_2$-Gehalt der Atmosphäre von 285 ppm (ppm = ein millionstel Teil) im Jahre 1860 bis auf 350 ppm 1988 angestiegen. Der Zuwachs im Berichtszeitraum wird auf jährlich 1,6 ppm geschätzt. Neben der Verbrennung fossiler Energieträger wird auch durch Landzerstörung, Waldrodung und Bodenerosion $CO_2$ abgegeben und die Aufnahmefähigkeit des Ökosystems für $CO_2$ vermindert. $CH_4$, das u.a. beim Reisanbau und bei der Viehhaltung entsteht, hat im letzten Jahrzehnt um 15 bis 20 Prozent zugenommen. Die Konzentration von $N_2O$, das beispielsweise durch mikrobiologische Prozesse im Boden bei der Umwandlung stickstoffhaltiger Düngemittel produziert wird, wächst jährlich um 0,2 bis 0,5 Prozent.

## DER WISSENSCHAFTLICHE ERKENNTNISSTAND

### *Klimamodelle*

Klimaforscher haben mit Hilfe von noch unvollständigen Modellen auszurechnen versucht, wie sich die Temperatur auf der Erde verändern würde, wenn sich der Anstieg der Treibhausgase unvermindert fortsetzen würde: Nach Modellen, die u.a. auf Extrapolationen der Energieumsätze beruhten, würde die mittlere Temperatur bis zum Jahre 2030 um 1,5 bis 4,5 Grad Celsius ansteigen. Dabei ging man davon aus, daß $CO_2$ und die übrigen Spurengase zu etwa gleichen Teilen an der globalen Erwärmung beteiligt wären.[7] In der Folge von Temperaturänderungen in der von den Modellen geschätzten Größenordnungen wäre ein Anstieg des Meeresspiegels in der Größenordnung von einem Meter zu erwarten. Durch Überschwemmungen würden vor allem Bangladesch, Indonesien und Thailand bedroht. Weiterhin

[7] Zum Vergleich: In den 10 000 Jahren nach der letzten Eiszeit änderten sich die Temperaturen global um etwa 2° Celsius.

schien eine Verschiebung der Klimazonen nach Norden wahrscheinlich, die zunächst in den nördlichen Regionen der UdSSR, den skandinavischen Staaten und Kanada als Klimaverbesserung empfunden werden würde. Zudem dürfte die Wahrscheinlichkeit von extremen Dürren und Hitzeperioden sowie Wirbelstürmen in den Tropen steigen.

Allerdings ließen die Klimamodelle noch viele Fragen offen; vielschichtige Fehlerquellen traten auf.[8] Ihre Aussagekraft war beschränkt, da die komplexen klimatischen Vorgänge nur teilweise erfaßt wurden.[9] So wurde z.B. ein Wechsel in der ozeanischen Zirkulation nicht einbezogen, der global und regional das Klima durch Wärmetransport aus den Tropen in höhere Breiten beeinflussen kann – wie es durch den Golfstrom geschieht. Auch Veränderungen von Vegetation und Eisflächen wurden nicht berücksichtigt. Außerdem wurde die Verbindung zwischen Wolkeneinstrahlung und atmosphärischer Zirkulation nicht ausreichend integriert, eine der wichtigsten Fehlerquellen, da schon geringe Veränderungen des Wolkenbedeckungsgrades tiefgreifende Auswirkungen auf die atmosphärische Zirkulation besitzen. Entscheidend ist darüber hinaus die Frage, welcher Anteil den anthropogenen Emissionen[10] an der beobachteten Temperaturerhöhung zukommt.

Ein weiterer Grund für eine natürliche Temperaturvariation liegt möglicherweise in Veränderungen der Sonnenaktivität. Das Washingtoner Marshall-Institut stellte 1988 fest, daß in den letzten 100 Jahren die Sonnenaktivität und die Temperaturentwicklung einen ähnlichen Verlauf aufwiesen. Zwischen 1940 und 1970 sank die Durchschnittstemperatur signifikant ab, obwohl sie bei steigendem Gehalt der Atmosphäre an $CO_2$ in den letzten 100 Jahren hätte ansteigen müssen. Aus dem gleichzeitigen Absinken der Sonnenaktivität folgerten die Wissenschaftler, daß der Treibhauseffekt nur einen geringen Anteil an der beobachteten Temperaturerhöhung haben könnte. Sie schlossen eine Temperatursteigerung von etwa 1 Grad Celsius im nächsten Jahrhundert nicht aus.

## INTERNATIONALE STRATEGIEN ZUR BEGRENZUNG VON SCHADSTOFF-EMISSIONEN

Die wichtigsten internationalen Vereinbarungen über die Begrenzung von Luftschadstoffen gehen auf die Genfer Konvention über weiträumige

8 Die Komplexität von klimatischen Vorgängen ist außerdem in Modellen nur schwer nachzuvollziehen.

9 Die Kritik an den Klimamodellen ist einer Studie von Jörg *Bäsecke*, Klimatische Auswirkungen des zusätzlichen Treibhauseffektes, Köln (Institut der Deutschen Wirtschaft) 1989, entnommen.

10 Anthropogne, d.h. von Menschen verursachte, Emissionen von $CO_2$ entstehen hauptsächlich durch die Energienutzung.

grenzüberschreitende Luftverunreinigung von 1979 zurück, die erst im März 1983 nach Ratifizierung durch die 24 Unterzeichnerstaaten in Kraft trat. Diese Konvention wurde in der zweiten Hälfte der achtziger Jahre durch Protokolle zur Begrenzung der Schwefeldioxid- und Stickstoffoxid-Emission ergänzt.

### *Schwefeldioxide*

Im Rahmen der Genfer Konvention wurde bereits am 9. Juli 1985 von 32 Mitgliedsländern der Wirtschaftskommission der Vereinten Nationen für Europa (ECE) in Helsinki ein bindendes Protokoll unterzeichnet, in dem vereinbart wurde, bis spätestens 1993 die Emission vor allem von Schwefel um 30 Prozent zu verringern. Schwefel gilt als wesentlicher Faktor für den sauren Regen, der möglicherweise das Waldsterben verursachte. Nach der Ratifizierung durch Österreich als 16. Vertragspartei trat das Helsinki-Protokoll am 2. September 1987 in Kraft. Allerdings waren nicht alle Länder mit hohen Schwefelemissionen an dieses Protokoll gebunden: Neben Österreich und der Bundesrepublik Deutschland ratifizierten die ČSSR, Frankreich und die Sowjetunion; gezeichnet, aber nicht ratifiziert haben die DDR und Italien; nicht gezeichnet haben u.a. Polen, Spanien, Großbritannien, die USA und Jugoslawien. Mehrere Unterzeichner sahen eine Reduzierung der Schwefelemissionen auch über die 30prozentige Regelung hinaus vor. Länder wie Österreich, Frankreich oder Belgien verpflichteten sich, bis 1993 ihre Emissionen um 50 Prozent einzuschränken. Nach Berechnung des Internationalen Instituts für angewandte Systemanalyse in Laxenburg[11] wurde damit gerechnet, daß in Europa die Schwefelemissionen bis 1993 um 25 Prozent zurückgehen würden.

### *Stickoxide*

Auch die Verhandlungen, die im Rahmen der Genfer Konvention von 1979 zur Reduktion der Emissionen an Stickstoffoxiden geführt wurden, konnten erfolgreich abgeschlossen werden. Am 1. November 1988 wurde nach dreijährigen Verhandlungen das Protokoll über die Begrenzung der Stickstoffoxid-Emissionen oder ihrer grenzüberschreitenden Ströme unterzeichnet.[12] Dieses Protokoll enthielt folgende völkerrechtliche Verpflichtungen:

---

[11] Vgl. *Umwelt* (Informationen des Bundesministers für Umwelt, Naturschutz und Reaktorsicherheit), Heft 5/1987, S. 200.

[12] Einzelheiten zum Protokoll finden sich in: *Umweltschutz-Informationen* des Bundesministers für Umwelt, Naturschutz und Reaktorsicherheit, Heft 12/1988, S. 35.

1. Die gesamten nationalen Stickstoffoxid-Emissionen sind auf dem Stand von 1987 einzufrieren; 2. in Anhängen zu dem Protokoll sind Grenzwerte festgelegt, die für neue Kraftwerke und industrielle Feuerungsanlagen sowie für Kraftfahrzeuge moderne Vermeidungstechniken notwendig machen; 3. die Verfügbarkeit bleifreien Benzins muß spätestens zwei Jahre nach Inkrafttreten des Protokolls sichergestellt sein; 4. die Vertragsparteien verpflichten sich, weitere Verhandlungen über eine zweite Stufe zur Reduzierung der Stickstoffoxid-Emissionen aufzunehmen. Diese Vereinbarungen machten insbesondere bei Kraftwerken, bei industriellen Feuerungsanlagen sowie im Kfz-Verkehr erhebliche Veränderungen in den einzelnen Ländern notwendig.

Maßstäbe für die weiteren Verhandlungen wurden von den Umweltministern von zwölf Ländern (Österreich, Belgien, Dänemark, Bundesrepublik Deutschland, Frankreich, Italien, Liechtenstein, Niederlande, Schweden, Norwegen, Finnland, Schweiz) mit ihrer Deklaration[13] zur Luftreinhaltung von Sofia vom 31. Oktober 1988 gesetzt. Darin verpflichteten sich diese Länder im Vorgriff auf ein für alle ECE-Länder verbindliches Protokoll, ihre nationalen jährlichen Stickstoff-Emissionen bis spätestens 1998 um 30 Prozent zu reduzieren, und zwar gegenüber den Emissionen eines Jahres zwischen 1980 und 1985.

## *Die Politik der EG zur Luftreinhaltung*

Die Begrenzung der Luftverunreinigungen durch $SO_2$ sowie durch $NO_x$ gehörte im Berichtszeitraum zu den wichtigsten politischen Zielsetzungen auf internationaler Ebene. Wirksame technische Verfahren zur Entschwefelung und Entstickung von Großfeuerungsanlagen (Kraftwerke) sowie für Industriefeuerungen standen seit Ende der siebziger Jahre zur Verfügung. Die bislang verabschiedeten internationalen Abkommen zielten darauf ab, daß Techniken wie z.B. Rauchgas-Entschwefelungsanlagen verstärkt in verschiedenen Ländern zur Anwendung kamen. In Europa übernahm die Bundesrepublik Deutschland dabei eine Vorreiterrolle. Ende 1988 waren dort alle Kohlekraftwerke mit Rauchgas-Entschwefelungsanlagen ausgestattet.

Das 4. Aktionsprogramm der EG für den Umweltschutz (1987 bis 1992)[14] wies der Luftreinhaltepolitik eine besondere Priorität zu. Die Konkretisierung dieses Programms stellte für die EG-Mitgliedsländer darüber hinaus wichtige Ergänzungen zu den internationalen Vereinbarungen auf dem Gebiet der Luftreinhaltung dar. Dies galt insbesondere für die Beschlüsse zur Reduzierung der Schadstoff-Emissionen aus Großfeuerungsanlagen und

13 Abgedruckt in: *Umwelt*, Heft 12/1988, S. 536.

14 Entschließung des Umweltschutz-Ministerrats vom 18.3.1987, in: *Amtsblatt der Europäischen Gemeinschaft*, 1987, S. C. 70.

die Vereinbarung für den Straßenverkehr. Die Richtlinie zur Emissionsbegrenzung bei Großfeuerungsanlagen,[15] die am 16. Juni 1988 beschlossen wurde, stellte sicher, daß in allen Mitgliedstaaten hochwirksame Rauchgas-Entschwefelungsanlagen und besondere feuerungstechnische Konstruktionen zur Minderung von Stickstoffoxid-Emissionen zur Anwendung kamen.

Maßgeblich für die Emissionsbegrenzung im Straßenverkehr waren die Luxemburger Beschlüsse vom 3. Dezember 1987.[16] Die Grenzwerte der beschlossenen Richtlinie besagten, daß für neu zugelassene Benzinfahrzeuge mit einem Hubraum von mehr als 2 Litern der geregelte Dreiwege-Katalysator ab Oktober 1989, bei Fahrzeugen der Mittelklasse zwischen 1,4 und 2 Litern Hubraum bis auf wenige Ausnahmen teils der geregelte Dreiwege-Katalysator, teils der ungeregelte Katalysator ab Oktober 1993 in den EG-Ländern Pflicht sein müsse. Weiterführende Regelungen wurden auch für Diesel-Pkw sowie für Lkw getroffen. Von großer Bedeutung für die Fortschritte in der EG-Luftreinhaltepolitik war das Inkrafttreten der Einheitlichen Europäischen Akte von 1987, mit der der Umweltschutz als eigenständiger Politikbereich in der EG eingeführt und damit auch die Möglichkeit der Mehrheitsentscheidung gegeben wurde.[17] Dadurch wurden vor allem im Bereich des Straßenverkehrs wichtige Beschlüsse möglich.

## INTERNATIONALE ZUSAMMENARBEIT BEIM SCHUTZ DER OZONSCHICHT

Parallel zu den vielschichtigen internationalen Bemühungen zur Begrenzung der Schwefeldioxid- und Stickstoffoxid-Emissionen wurden auch Verhandlungen zum Schutz der Ozonschicht in der Stratosphäre geführt. Konkrete Beschlüsse wurden jedoch nicht gefaßt. Im Mittelpunkt dieser Verhandlungen standen Fragen der Begrenzung des Verbrauchs und der Produktion von FCKWs. Grundlage dieser Verhandlungen bildete das Wiener Übereinkommen zum Schutz der Ozonschicht,[18] das bereits am 22. März 1985 von 21 Staaten unterzeichnet worden war. Es bot den Rahmen für die Ausarbeitung einer international angelegten, vorsorgenden Strategie zum Schutz der Ozonschicht. Allerdings enthielt das Wiener Übereinkommen keine konkreten Maßnahmen zur Einschränkung der Produktion oder des Verbrauchs von ozonschädigenden Stoffen; dies sollte einem besonderen Protokoll vorbehalten

15 Vgl. Jan C. *Bongaerts* u.a., Umweltpolitik, in: Werner *Weidenfeld* und Wolfgang *Wessels* (Hrsg.), Jahrbuch der Europäischen Integration 1987/88, Bonn 1988, S. 185 ff.

16 Vgl. Vierter Immissionsschutzbericht der Bundesregierung. Drucksache des Deutschen Bundestages, Nr. 11/2714, S. 81.

17 In der Einheitlichen Europäischen Akte erhielt der Umweltschutz mit den Artikeln 130 R bis 130 T ein eigenständiges Kapitel im EG-Vertrag. Vgl. *EA*, 6/1986, S. D 174 f.

18 Abgedruckt in: *EA*, 18/1988, S. D 504-514.

bleiben. Versuche, ein entsprechendes Protokoll zu erarbeiten, wurden auf einer Sitzung in Genf Anfang Dezember 1986 und einer Konferenz vom 23. bis 27. Februar 1987 in Wien gemacht. Die Verhandlungen führten aber zu keinem Ergebnis, weil in der Frage einer Reduktion der Produktion und des Verbrauchs von ozonschädigenden Stoffen zwischen den Vereinigten Staaten und Kanada einerseits und den Mitgliedstaaten der Europäischen Gemeinschaften andererseits kein Kompromiß erzielt werden konnte: Die Vereinigten Staaten und Kanada, die schon Anfang der achtziger Jahre ein Verbot der Verwendung von FCKWs in Sprühdosen erlassen hatten, wollten nur die im eigenen Land bereits geltenden Maßnahmen als allgemeinverbindlich akzeptieren. Die weitergehenden Vorschläge der EG-Länder lehnten sie ab.

## *Die Abschlußerklärung von Montreal*

Am 16. September 1987 konnte jedoch mit dem sogenannten Montrealer Protokoll[19] die erste Folgevereinbarung zur Wiener Konvention von 24 Staaten und der EG-Kommission unterzeichnet werden. Ziel der Abschlußerklärung war es, die menschliche Gesundheit und die Umwelt vor schädlichen Auswirkungen von Substanzen zu schützen, die zu einer Veränderung der Ozonschicht führen könnten.

Das Protokoll sah im wesentlichen folgende Einschränkungen vor: Der Verbrauch von FCKWs wird auf der Basis des Jahres 1986 bis zum 30. Juni 1990 eingefroren. In weiteren Schritten sollte der Verbrauch bis 1994 auf 80 Prozent und bis 1999 auf 50 Prozent gesenkt werden. Die Verringerung auf insgesamt 50 Prozent sollte jedoch nur dann eintreten, wenn nicht mindestens zwei Drittel der Vertragsparteien widersprächen, die ihrerseits mindestens zwei Drittel des Gesamtverbrauchs repräsentierten. Außerdem wurde das Einfrieren des Verbrauchs der Halogene 1211, 1301 und 2402 auf der Basis 1986 bis Ende 1993 beschlossen.

Neben diesen grundlegenden Regelungen wurde im Protokoll eine Reihe von Ausnahmen zugelassen: 1. Produktionsobergrenzen für FCKW und Halogene durften überschritten werden (um 10 Prozent, in der letzten Stufe bei FCKW um 15 Prozent) zum Zwecke der Deckung innerstaatlicher Bedürfnisse von Entwicklungsländern und zur industriellen Rationalisierung zwischen Vertragsparteien; 2. Produktions- und Verbrauchszahlen für 1986 durften für diejenigen Staaten rechnerisch erhöht werden, die vor Unterzeichnung des Protokolls mit dem Bau von Produktionsanlagen begonnen hatten; 3. Entwicklungsländer konnten alle festgelegten Maßnahmen um zehn Jahre hinausschieben, wenn ihr jährlicher Pro-Kopf-Verbrauch bestimmter Stoffe zu

---

19 Ebd., S. D 514-526.

irgendeiner Zeit nach Inkrafttreten des Protokolls innerhalb eines Zeitraums von zehn Jahren weniger als 0,3 kg betrug. Das Protokoll sah eine mögliche Revision der Regelungen alle vier Jahre, beginnend 1990, auf der Grundlage verfügbarer und relevanter Informationen vor. Die vielen Ausnahmen stellten keineswegs sicher, daß künftig ein Rückgang bei Produktion und Verbrauch von FCKWs zu erwarten war.

### *Weltklima-Konferenzen*

Von Wissenschaftlern wurde das Montrealer Protokoll deshalb schon kurz nach seiner Verabschiedung als unzureichend kritisiert. Warnende Stimmen wurden vor allem auf der Weltklima-Konferenz im Juni 1988 in Toronto laut, die sich auch mit der Ozonproblematik beschäftigte, sowie auf der Konferenz der Internationalen Ozonkommission in Göttingen im Juli 1988. Teilnehmer waren der Meinung, daß das über dem Südpol auftretende „Ozonloch" sich Ende der neunziger Jahre weiter vergrößern könnte, wenn nicht bald durchgreifende Maßnahmen getroffen würden. In der Schlußerklärung forderte die Konferenz von Toronto die Regierungen auf, das Montrealer Protokoll zu ratifizieren und 1990 eine Revision des Protokolls durchzuführen. Ziel müßte es sein, die FCKW-Emissionen bis zum Jahr 2000 vollständig abzubauen. Vorgeschlagen wurde zudem die Einrichtung eines Weltfonds für den Schutz der Atmosphäre, der teilweise aus den Abgaben der Industriestaaten für den Verbrauch fossiler Brennstoffe finanziert werden sollte.[20]

## GLOBALE LÖSUNGSANSÄTZE ZUR VERMEIDUNG EINER KLIMAKATASTROPHE

Im Schlußdokument der Klimakonferenz in Toronto wurde gefordert, die weltweiten $CO_2$-Emissionen bis zum Jahr 2005 um 20 Prozent und bis etwa zur Mitte des nächsten Jahrhunderts um 50 Prozent zu vermindern. Der Klimakongreß in Hamburg vom 7. bis 10. November 1988 ging noch weiter und schlug vor, die $CO_2$-Emissionen weltweit um 30 Prozent bis zum Jahr 2000 und um 50 Prozent bis zum Jahr 2005 zu senken. Über die Klimakonferenzen hinaus wurden aber auch neue internationale Gremien ins Leben gerufen, die globale Lösungswege zur Vermeidung einer Klimakatastrophe aufzeigen sollen. Dazu gehört die gemeinsame Gruppe, die von der Weltorganisation für Meteorologie (WMO) und dem Umweltprogramm der Vereinten Nationen (UNEP) unter dem Namen „Intergovernmental Panel on Climate Change"

[20] Vgl. o.N., Besorgnis der Umweltkonferenz von Toronto, in: *NZZ*, 3./4.7.1988.

(IPCC) im November 1988 nach Genf einberufen wurde. Diese Gruppe sollte bis Mitte 1990 Vorschläge erarbeiten, die auf der zweiten Weltklima-Konferenz im November 1990 als Grundlage für eine Konvention zur Vermeidung von $CO_2$-Emissionen dienen sollten.

## *Umstellung der Energiesysteme?*

Eine Konvention, die möglichst alle Staaten mit hoher $CO_2$-Emission einschließt, dürfte allerdings nicht leicht erreichbar sein. Anders als eine globale Konvention zur Reduktion von FCKWs muß eine globale $CO_2$-Konvention in den für jede Volkswirtschaft zentralen Bereich der Energieerzeugung und Energienutzung eingreifen. Zudem erschweren kontroverse Standpunkte und unterschiedliche Interessenlagen eine schnelle Verständigung. So sind in der Wissenschaft und in der Politik die Auffassungen zur Klimaschädlichkeit von $CO_2$ nach wie vor geteilt. Auch sind die klimatischen Folgen einer weiteren Anreicherung von $CO_2$ in der Atmosphäre regional unterschiedlich.

Alle Möglichkeiten, die zu einer Begrenzung der $CO_2$-Emissionen führen könnten,[21] laufen auf eine grundlegende Umstellung der Energiesysteme hinaus. Dabei ergeben sich nicht unerhebliche Schwierigkeiten: So ist in den Entwicklungsländern ein Spielraum zum Energiesparen nicht vorhanden, während in den Industrieländern bereits erhebliche Vorleistungen erbracht wurden. International gesehen würde eine derartige Umstellung eine völlige Neuordnung der energiewirtschaftlichen Beziehungen notwendig machen, die von kaum überschaubaren ökonomischen und versorgungspolitischen Auswirkungen begleitet wäre. Je weitreichender die Ziele für eine $CO_2$-Reduktion gesteckt werden und je mehr Staaten einbezogen werden sollen, um so komplizierter und unüberschaubarer dürften die Konsequenzen einer $CO_2$-Konvention sein.

Wie wenig der Weltenergieverbrauch zur Mitte der achtziger Jahre auf „klimaschonende“ Entwicklungen ausgerichtet war, zeigten die Verbrauchsentwicklungen sowie die Struktur des Verbrauchs: 1987 lag der Weltenergieverbrauch mit 9,8 Milliarden Tonnen Steinkohle-Einheiten um eine Milliarde Tonnen oder 11 Prozent über dem Verbrauch von 1980. Der Verbrauchsanstieg konzentrierte sich auf die Region Osteuropa, die UdSSR und die VR China, sowie auf verschiedene Entwicklungsländer. In den westlichen Industrieländern blieb der Verbrauch dagegen konstant. In der Verbrauchsstruktur dominierten die $CO_2$-intensiven Energieträger: 1987 deckten Erdöl 40 Prozent, Kohle knapp 33 Prozent und die Kernenergie etwa 2 Prozent

21 Vgl. Wolfgang *Sassin* u.a., Das Klimaproblem zwischen Naturwissenschaft und Politik. Bericht der Kernforschungsanlage Jülich Nr. 2239, Jülich 1988.

des Weltverbrauchs. Die Weltenergie-Konferenz von 1986 ging in ihrer Prognose von einer Verdoppelung des Verbrauchs bis zum Jahr 2020 aus. Dabei würde der Verbrauchsanstieg hauptsächlich durch die fossilen Energieträger, insbesondere Kohle und Öl, gedeckt. Osteuropa, die UdSSR, die VR China und mehrere Entwicklungsländer würden ihren Verbrauch an Primärenergie überdurchschnittlich ausweiten; China, als bevölkerungsreichstes Land der Erde, will zur Deckung seines wachsenden Energiebedarfs seine Kohleförderung auf eine Milliarde Tonnen pro Jahr ausweiten. Dies bedeutet, daß diese Regionen einen immer größeren Anteil an den $CO_2$-Emissionen stellen werden.

*Anteile der Weltregionen an der globalen $CO_2$-Emission*

(Mittelwerte der Jahre 1980 bis 1985 – nichtkommerzielle Energien nicht gerechnet)

| | |
|---|---|
| Westeuropa | 15,4 % |
| Nordamerika | 28,0 % |
| Lateinamerika | 4,6 % |
| Afrika | 2,8 % |
| Naher Osten | 2,6 % |
| Süd-/Ostasien, Australien | 12,0 % |
| Osteuropa und Sowjetunion | 21,6 % |
| China | 13,0 % |
| | 100 % |

Quelle: KFA Jülich

Regionale oder länderspezifische Maßnahmen reichen demnach kaum aus, wenn eine nachhaltige Senkung der $CO_2$-Emissionen erreicht werden soll. Eine von vielen Staaten getragene Strategie zur Reduktion von $CO_2$-Emissionen muß den unterschiedlichen Interessen, Möglichkeiten und Fähigkeiten der einzelnen potentiellen Beitrittsstaaten Rechnung tragen. Dabei schälen sich in der internationalen Debatte folgende grundlegende Elemente einer weiterreichenden Konvention heraus:[22] technisch-finanzielle Reduzierbarkeit, internationale Ausgewogenheit und Wahlfreiheit der Beitrittsstaaten bei der Auswahl des Reduktionsweges. Zu gemeinschaftlichen Aktionen kann die internationale Politik auf der Basis dieser Grundsätze nur kommen, wenn einige herausragende ($CO_2$-produzierende) Staaten aktiv vorangehen. Am ehesten könnten diese Funktion die westlichen und einige östliche Industrieländer wahrnehmen.

---

[22] Vgl. Hans *Michaelis*, Energiepolitik und $CO_2$. Zur Aktualität einer weltweiten Herausforderung, in: *Energiewirtschaftliche Tagesfragen*, Heft 11/1988, S. 2-8.

# DIE MÜLLENTSORGUNG IM INTERNATIONALEN KONTEXT

*Von Martina Boden*

Umweltschutz ist seit Anfang der siebziger Jahre ein Thema auf der Tagesordnung internationaler Beziehungen. Die stetig wachsenden Abfallmengen der Industriegesellschaften, das Problem der umweltunschädlichen Entsorgung von Abfällen, die gefährliche Stoffe enthalten, sowie die Auswirkungen dieser Probleme auf andere Länder durch den grenzüberschreitenden Transport von Abfällen haben erst in den achtziger Jahren die Aufmerksamkeit der internationalen Öffentlichkeit erfahren. Den Anfang bildete ein Skandal, der Anfang März 1983 Schlagzeilen machte, als 41 Fässer mit dioxinverseuchtem Abfall aus dem Seveso-Unfall in Italien verschwanden, nachdem sie die Grenze nach Frankreich überschritten hatten.[1]

Die Industrieländer produzieren zu viel Müll, besonders zu viel Sondermüll, für dessen Beseitigung im Inland die Kapazitäten nicht mehr ausreichen. Diese „Überproduktion“ geht häufig in Länder der Dritten Welt, die oft unwissentlich bzw. ohne Wissen der Regierungen gefährliche Abfälle in ihren Ländern lagern. Die Bandbreite der grenzüberschreitenden Müllbewegungen reicht von illegalen Lagerungen von Abfällen über Abfallieferungen, die als harmlose Güter deklariert in das Empfängerland gelangen, bis hin zu Abfällen, die als Wirtschaftsgut gehandelt werden (etwa Altöl als Zusatzbrennstoff) und offiziellen Verträgen über die Abnahme von gefährlichen Abfällen sowohl zwischen privaten Unternehmen als auch mit staatlichen Stellen als Vertragspartnern.[2]

Seit Mitte der achtziger Jahre lief eine Reihe von Skandalen durch die Presse, deren Gegenstand mißglückte Giftmüll-Geschäfte waren. Mehrere Schiffe kreuzten durch die Meere auf der Suche nach einem Abnehmer für ihre gefährliche Müllfracht, für die im Herkunftsland kein Platz mehr war. Der Frachter „Pelicano“ fuhr zwei Jahre lang mit 14 000 Tonnen giftiger Schlacke aus Verbrennungsanlagen in Philadelphia über die Meere und fand keinen Hafen, in dem er die Ladung hätte entsorgen dürfen. Das Schiff wurde während der Fahrt zweimal umbenannt und wechselte jeweils das Schiffsregister. Im Oktober 1988 wurde die Besatzung erwischt, als sie einen Teil der Schlacke illegal an einem Strand in Haiti entladen wollte; der bereits entladene Teil der Schlacke blieb liegen, das Schiff verschwand. Einen Monat später berichtete der Kapitän, er habe den Müll in einem Land abgeladen, das er nicht nennen wolle. Ein ähnliches Schicksal widerfuhr dem Frachter

---

1 Sie wurden erst nach langen Nachforschungen Mitte Mai in einem nordfranzösischen Dorf wiedergefunden und schließlich in der Schweiz entsorgt.

2 Vgl. Roland *Richter*, Afrika im Zeichen der Giftmüllexporte aus Industrieländern, in: Rolf *Hofmeier* (Hrsg.), Afrika Jahrbuch 1988, Opladen (Institut für Afrikakunde) 1989, S. 63 ff.

„Mobro", der seine Müllfracht aus Islip (New York) nirgends entlang der Küste des amerikanischen Kontinents abladen durfte und unverrichteter Dinge zurückkehren mußte.[3] Der Skandal um die umherirrende „Petersberg", die radioaktiv verseuchten Bauschutt aus Österreich im Ausland abladen sollte, erregte die Gemüter in Europa. Ein Teil der Ladung erreichte nach 13 Monaten Irrfahrt auf einem anderen Schiff wieder den Wiener Hafen.[4] Die „Karin B." hatte im Frühsommer 1988 in Nigeria Giftmüll abgeladen, der aus Italien stammte und auf Druck der nigerianischen Regierung wieder abtransportiert werden mußte. Andere Berichte meldeten in afrikanischen Ländern entdeckte Lagerplätze mit Giftmüll, der zum Teil als Wirtschaftsgut deklariert ins Land gekommen war. Solche Funde ebenso wie das Bekanntwerden von Müllgeschäften europäischer Firmen mit afrikanischen Partnern machten auf die erheblichen Probleme der afrikanischen Länder aufmerksam, den Import solcher Abfälle zu kontrollieren.[5]

## DIE URSACHEN DES PROBLEMS

### *Erhöhtes Abfallvolumen*

Das Müllaufkommen nimmt nicht nur mit der stetig wachsenden Bevölkerung der Erde zu, sondern besonders mit der Urbanisierung und Industrialisierung der Gesellschaft. In der Stadt findet eine Kompostierung der organischen Abfälle, wie sie auf dem Land üblich ist, nicht mehr statt. Kompostierungsanlagen für Siedlungsmüll sind noch selten. Fast alle Produkte sind verpackt, viele gleich mehrfach, in Klarsichtfolien, Kartons, Blechdosen, Plastik- oder Glasbehältern. Pfandflaschen wurden in der Vergangenheit mehr und mehr durch Karton- oder Plastikbehälter bzw. Einwegflaschen ersetzt.[6]

---

3 Die Abfälle wurden schließlich von einer Verbrennungsanlage in Brooklyn angenommen. Vgl. John *Langone*, A Stinking Mess, in: *Time Magazine*, 2.1.1989, S. 30, sowie Sarah *Glazer*, Garbage Crisis, in: Editorial Research Reports, *Congressional Quarterly*, 11.9.1987, S. 474. Eine umfassende Darstellung der Giftmüllgeschäfte und -skandale findet sich bei Jim *Vallette* und Andreas *Bernstorff*, Der internationale Giftmüllhandel. Eine Bestandsaufnahme von Greenpeace, Basel 1989.

4 Vgl. *NZZ*, 7.7.1989. Österreich hatte am 4.4.1989 die Einfuhrgenehmigung erteilt.

5 Vgl. Bernt *Rütten*, Giftmüll als Devisenbringer, in: *Afrika-Post*, Nr. 2/1989, S. 30 f.; Barbara *Reiners*, Giftig aber nicht explosiv, *ebd.*, Nr. 7/1988, S. 27 ff.

6 Vgl. Umweltbundesamt (Hrsg.), Daten zur Umwelt 1988/89, Bonn 1989, S. 438 ff. Zur Förderung der umweltgerechteren Mehrwegflasche, bei der erheblich weniger Abfall anfällt, wird etwa in der Bundesrepublik ein Pfand auf Plastikflaschen erwogen. Nach Rechnungen der Industrie verursacht die Mehrwegflasche allerdings einen höheren Energieverbrauch. Vgl. O. *Tabasaran* (Hrsg.), Abfallbeseitigung und Abfallwirtschaft, Düsseldorf 1982, S. 3 ff.

Etwa 25 bis 50 Prozent des Siedlungsmüll-Aufkommens (nach Gewicht) sind Verpackungen, nach Volumen gerechnet liegt die Zahl noch höher.[7]

Außerdem hat der erhöhte Lebensstandard in den Industrieländern dazu geführt, daß ein Großteil der Haushalte über die industriellen Segnungen der Zivilisation verfügt und diese auch von Zeit zu Zeit durch neue ersetzt. Die meisten dieser Geräte erhöhen bei ihrer Entsorgung nicht nur das Abfallvolumen, sie enthalten auch Elemente, wie etwa die Chemikalien der Kühlflüssigkeiten oder Batterien, die ebenso wie Medikamente sowie Reinigungs- und Lösungsmittel zu den gefährlichen Abfällen zählen. Hinzu kommen Abfälle, die das „liebste Kind" des Menschen verursacht, das Auto. Zwar wird hier der Schrott größtenteils wiederverwertet, es bleiben jedoch Shredderabfälle, Altreifen und Altöle, die ein erhebliches Umweltrisiko darstellen. Durch die zunehmende Verwendung von Kunststoffen beim Autobau wird der verwertbare Anteil geringer.[8]

Eine weitere, bedeutsamere Ursache des wachsenden Müllbergs und besonders seiner zunehmenden Gefährlichkeit ist der Erfindungsreichtum der Industrie. Bis 1986 wurden rund neun Millionen chemischer Verbindungen erfaßt: allein 1985/86 wurden 850 000 neue Verbindungen entwickelt. Insgesamt sind jedoch nur rund 4 600 Chemikalien industriell relevant. Für die stetig fortentwickelten Produkte und Produktionsanlagen wurden Stoffe mit neuen Eigenschaften entwickelt. So gab es 1987/88 zahlreiche Kunststoffverbindungen, die auf der Grundlage der gängigen Kunststoffe entwickelt wurden. Ihre Eigenschaften wurden stetig verbessert, die Verbindungen stabilisiert und faserverstärkt. Sie weisen eine sehr lange Zerfallzeit auf und bilden bei der Zersetzung giftige Stoffe. Die Kunststoff-Produktion der Welt ist enorm angestiegen, von 3,4 Millionen Tonnen 1956 auf 48 Millionen 1980. Stoffe wie polychlorierte Biphenyle (PCB), die aufgrund ihrer Eigenschaften (unbrennbar, thermisch stabil, zähflüssig, hoher Siedepunkt) als Kühlmittel, Hydraulikflüssigkeit, Transformatorenöl, Weichmacher, Isoliermaterial u.a. Anwendung finden, haben Halbwertzeiten von mehreren Jahrzehnten und sind krebserregend.[9]

---

7 Vgl. OECD (Hrsg.), The State of The Environment 1985, Paris 1985, S. 161, sowie Cynthia *Pollock*, Mining Urban Wastes. The Potential for Recycling, Washington (Worldwatch Institute), April 1987, S. 9 f.

8 Vgl. Daten zur Umwelt 1988/89, a.a.O. (Anm. 6), S. 444 f. Eine eingehende Betrachtung der Auswirkungen der modernen Industriegesellschaft auf das Müllwachstum findet sich auch bei: Hans *Reimers*, Müllplanet Erde, Hamburg 1971.

9 PCBs werden in der Bundesrepublik seit 1984 nicht mehr produziert oder verarbeitet, fallen aber immer noch als Abfall an. Inzwischen wurden weniger gefährliche Ersatzstoffe entwickelt, die jedoch noch nicht weltweit verwendet werden.

Bei der Produktion von Pflanzen- und Holzschutzmitteln entstehen Dioxine,[10] die schon in geringsten Konzentrationen extrem gesundheitsschädlich sind. Dioxine und halogenierte Kohlenwasserstoffe (etwa die für die Ozonschicht schädlichen Fluorchlorkohlenwasserstoffe = FCKWs) sind stabile chemische Verbindungen und können nicht rasch zu unproblematischen Stoffen abgebaut werden; sie sind gut fettlöslich, werden daher von Lebewesen leicht aufgenommen und gespeichert, und besitzen krebserzeugende, erbgutverändernde oder fruchtschädigende Eigenschaften. Einzelne Schwermetalle sind giftig, wie etwa Kadmium, Quecksilber, Blei und Nickel, die in der industriellen Produktion verwandt und freigesetzt werden (in der Kunststoff-Produktion, in bleiverarbeitenden Betrieben, bei der Akkumulatorenherstellung, bei der Batterienproduktion sowie bei Verhüttungsprozessen).[11] Die Organisation für Wirtschaftliche Zusammenarbeit (OECD) unterscheidet in ihrer Statistik bei den gefährlichen Industrieabfällen: Altöl, Lösungsmittel, Farben, konzentrierte Säuren, Abfälle aus der Metallbearbeitung, Abfälle, die Silber und Quecksilber enthalten, PCB, Biozide, Plastik und Gummi sowie phenolische Abfälle.[12]

All diese Stoffe enden letzlich im Müll, sei es als Abfall aus der Produktion, als verbrauchtes Produkt oder in Form von Klärschlamm, Filterstaub und Verbrennungsschlacke.

## *Müllproduktion ohne Ende?*

Für Mitte der achtziger Jahre bezifferte die OECD-Statistik die Industrieabfälle der Mitgliedsländer insgesamt auf 1,3 Milliarden Tonnen gegenüber 370 Millionen Tonnen Siedlungsabfällen;[13] der Umfang der gefährlichen Abfälle wurde mit rund 200 Millionen Tonnen angegeben. Davon wiederum wurden in der OECD mehr als 80 Prozent von den Produzenten vor Ort entsorgt, 75 Prozent allen gefährlichen Abfalls wurden auf Deponien entsorgt (einschließlich unterirdischer Entsorgung), und mehr als 10 Prozent des gefährlichen Abfalls überschritten nationale Grenzen, um im Ausland entsorgt oder wiederaufbereitet zu werden. Solche Zahlen können nur als Anhaltspunkte genommen werden, da die Industrieabfälle und besonders die gefährlichen Abfälle in jedem Land unterschiedlich erfaßt und zusammengefaßt werden.[14]

10 Eine Sammelbezeichnung für über 200 chlorierte Kohlenwasserstoff-Verbindungen, auch als „Seveso-Gift" bekannt.

11 Vgl. Informationszentrum Umwelt (Hrsg.), Umweltschutz von A – Z, Düsseldorf 1988.

12 OECD (Hrsg.), OECD Environmental Data Compendium 1989, Paris 1989, S. 155.

13 Ebd., S. 165.

14 Vgl. The State of the Environment 1985, a.a.O. (Anm. 7), S. 166, sowie Daten zur Umwelt 1988/89, a.a.O. (Anm. 6), S. 459 und 452 f. Allein in der Bundesrepublik gab es drei verschiedene Erfassungsgrundlagen, die zu unterschiedlichen Angaben über die anfallenden Mengen gefährlicher Abfälle führten.

Darüber hinaus sind sowohl beim Aufkommen gefährlicher Abfälle als auch hinsichtlich des grenzüberschreitenden Verkehrs erhebliche Dunkelziffern zu berücksichtigen.

Die Abfallberge wachsen rasch. So produzierten die Bewohner der OECD-Staaten im Jahr 1980 im Durchschnitt 440 Kilogramm Siedlungsmüll pro Kopf, 1985 bereits 462 kg. Nordamerika nimmt mit 687 kg (1980) und 734 kg (1985) die Spitzenposition ein. Die Europäische Gemeinschaft (EG) lag 1980 bei 294 kg und 1985 bei 305 kg pro Kopf. Einzig Japans Bevölkerung produzierte weniger: 1980 355 kg und 1985 344 kg.[15] Für die Länder der Dritten Welt liegen die Vergleichszahlen niedriger, da Müll nur in den Ballungszentren in größeren Mengen anfällt, was sich jedoch durch den hohen Anteil der ländlichen Bevölkerung relativiert. Die Einwohner von Kairo produzierten Anfang der achtziger Jahre etwa nur 170 kg Müll pro Kopf und Jahr, die Einwohner von Libreville (Gabun) 150 kg pro Kopf und Jahr, in Abidjan (Elfenbeinküste) waren es 200 kg. Durch einen besonders hohen Anteil der Wiederverwertung, die direkt bei der Entstehung des Abfalls einsetzt, besteht der übrigbleibende Hausmüll zu einem großen Teil aus biologisch abbaubaren Materialien.[16] Industrialisierungsgrad und Konsumverhalten der Bevölkerung sind die Hauptbestimmungsfaktoren für die Größe des jeweiligen Müllbergs. Ein weiteres Beispiel: Die Stadt Moskau mit 8,2 Millionen Einwohnern produziert nur ein Viertel des Abfalls, den Tokio (11,43 Millionen Einwohner) hervorbringt.[17]

Das Problem der übermäßigen Produktion von gefährlichen Abfällen und der Entsorgungsengpässe sowie der Gefahren für die Umwelt durch nicht umweltgerechte Entsorgung in Ländern der Dritten Welt ist heute in den Industriestaaten wohl allgemein erkannt. Die Ansätze zur Lösung sind unterschiedlich.

## *Das Problem der Entsorgung in einzelnen Ländern*

In den Staaten der EG hat das Müllaufkommen bis Mitte der achtziger Jahre noch zugenommen; in der Bundesrepublik war jedoch bereits ein Rückgang des Siedlungs- und Industriemüll-Aufkommens zu verzeichnen. Beim Siedlungsmüll läßt sich dies auf die getrennte Sammlung von Wertstoffen wie Papier, Glas, Plastik und Weißblech zurückführen; auch in den Industriebetrieben wird ein Teil des Abfallaufkommens der Wirtschaft wieder

---

15 Vgl. OECD Environmental Data Compendium 1989, a.a.O. (Anm. 12), S. 157.

16 Vgl. Ousman *Sillah*, Stand und Entwicklungstendenzen der Abfallwirtschaft in Entwicklungsländern am Beispiel Conacry, Guinea (Westafrika), in: Karl *Thomé-Kozmiensky* (Hrsg.), Recycling International, Berlin 1984, S. 49.

17 Vgl. die Angaben bei Nakamura *Tatsuya*, Bonen-kai and Entropies, in: *The East*, 10/88, S. 48.

zugeführt.[18] Vermeidung und Verwertung stehen bei den Lösungsstrategien an erster Stelle. In der EG wurden bereits Richtlinien verabschiedet, die die Schaffung ausreichender Entsorgungskapazitäten sowie die Förderung der Müllvermeidung und -verwertung fordern.[19] In ganz Westeuropa werden rund 30 Prozent des Abfalls recycelt, in der Hauptsache Hausmüll. Gefährliche Abfälle gehen in manchen Staaten weiterhin zur Entsorgung über die Grenzen, etwa in der Bundesrepublik, den Niederlanden und Italien.

Die Bewohner der Vereinigten Staaten produzieren doppelt so viel Hausmüll pro Kopf wie die Bewohner Europas. Industrielle Abfälle betrugen im Berichtszeitraum 628 Millionen Tonnen, davon wurden 265 Millionen als gefährliche und Sonderabfälle charakterisiert. Zum Vergleich: In der EG insgesamt fielen im gleichen Zeitraum etwa 150 bis 160 Millionen Tonnen an, davon sind 20 bis 30 Millionen Tonnen gefährlich.[20] Recycling hat bisher in den USA im Vergleich zu den Partnerländern nur einen geringen Anteil; nur zehn Prozent des Abfalls werden wiederaufbereitet, und nur sechs Prozent des Mülls werden zur Energiegewinnung verwandt.[21] Der überwiegende Anteil des Mülls (etwa 80 Prozent) wird auf Deponien entsorgt, der Rest wird verbrannt. Ein Teil der gefährlichen Abfälle wird exportiert, etwa nach Simbabwe, Nigeria, Guinea, auf die Philippinen, nach Südkorea, Indien, Mexiko und Kanada. Die Vereinigten Staaten erwartet in absehbarer Zukunft ein Engpaß bei der Entsorgung, da bereits zahlreiche Deponien geschlossen wurden, weitere Schließungen folgen und der Einrichtung neuer Anlagen häufig Bürgerproteste entgegenstehen.[22]

Besondere Entsorgungsprobleme hat Japan zu bewältigen, da auf der Insel wenig Platz für Deponien zur Verfügung steht; besonders in der Nähe von Tokio ist der Raum knapp. In der Produktion liegt Japan beim Hausmüll etwa auf europäischem Niveau, die Industriemüll-Produktion betrug 1985 312 Millionen Tonnen, davon 666 000 Tonnen gefährliche Abfälle. Dennoch gibt

---

18 Vgl. etwa die Angaben in: Daten zur Umwelt 1988/89, a.a.O. (Anm. 6). Die Betriebe in der Bundesrepublik gaben an, daß 16,2 Prozent des Abfallaufkommens der Wirtschaft wieder zugeführt werden. Vgl. außerdem OECD Environmental Data Compendium 1989, a.a.O. (Anm. 12), S. 155 ff., zu den Recyclingquoten S. 171.

19 Vgl. Richtlinie über Abfälle allgemein und über giftige und gefährliche Abfälle, in: *Amtsblatt der Europäischen Gemeinschaften*, Nr. L 194, 25.7.1975, S. 47 ff., und Nr. L 84, 31.3.1978, S. 43 ff.

20 Vgl. EG (Hrsg.), Die Europäische Gemeinschaft und der Umweltschutz, in: *Europäische Dokumentation*, 3/1987, S. 45.

21 Vgl. OECD (Hrsg.), OECD Environmental Data Compendium 1987, Paris 1987, S. 141; ebd. 1989, a.a.O. (Anm. 12), S. 155, sowie OECD (Hrsg.), Pilot Compendium of Environmental Data, Paris 1984, S. 125.

22 Vgl. James *Cook*, Not in Anybody's Backyard, in: *Forbes*, 28.11.1988, S. 172. In den letzten zehn Jahren wurden 70 % der amerikanischen Deponien geschlossen. Bereits heute müssen manche Gemeinden ihren Müll über weite Strecken in andere Bundesstaaten transportieren. Vgl. dazu die Beispiele bei Faye *Rice*, Where will we put all that Garbage?, in: *Fortune*, 11.4.1988, S. 96 ff.

die japanische Regierung an, keinen Sondermüll zu exportieren.[23] Neben Verbrennung und Deponierung von Abfällen gibt es in Japan beispielsweise eine Methode, schwermetallhaltige Abfälle einzuzementieren und im Meer zu versenken. Zum Teil werden Abfälle auch zur Landgewinnung aus dem Meer verwendet.[24] Japan hat früh ein Problembewußtsein in Sachen Müll entwickelt. Schon 1971 erklärte die Stadt Tokio dem Müll den Krieg, inzwischen gilt dies landesweit. Zwar obliegt die Beseitigung industriellen Abfalls generell den Unternehmen bzw. Abfallbesitzern; die Stadt Tokio hat jedoch 1976 einen Generalplan für die Behandlung der Industrieabfälle aufgestellt, wobei die Weiterverwendung der Abfälle als vorrangig angesehen wird.[25] Das gilt inzwischen landesweit: 1988 wurden in Japan 50 Prozent des Altpapiers, 55 Prozent des Glases, 66 Prozent der Getränke- und Lebensmitteldosen dem Recycling zugeführt, ein Teil wird auch kompostiert. Nur 16 Prozent wandern auf Deponien, 34 Prozent werden verbrannt.

Vor allem die osteuropäischen Staaten sind bisher als Giftmüll-Importeure aufgetreten.[26] Sie unterscheiden sich besonders in einem Punkt von den Ländern der Dritten Welt: Sie produzieren selbst erhebliche Mengen giftiger Abfälle. Als Beispiel kann man Ungarn anführen; dort fallen jährlich rund fünf Millionen Tonnen gefährlicher Abfall an, während es dort nur Kapazitäten für die Entsorgung von 25 000 Tonnen pro Jahr gibt, der Rest gelangt unkontrolliert in die Umwelt.[27] Über Polen wird berichtet, daß das Abladen von Abfällen in Wäldern und Teichen an der Tagesordnung sei.[28] Selbst wenn Müll in diesen Ländern ordnungsgemäß deponiert wird, läßt sich die Deponietechnik nicht mit der modernen Technik Westeuropas vergleichen.

## MÜLL ALS PROBLEM IN DEN NORD-SÜD-BEZIEHUNGEN

Für die Industriestaaten ist der Export gefährlicher Abfälle in Länder der Dritten Welt eine bequeme Lösung: Der Transport dorthin ist mitsamt

---

23 Vgl. *Vallette/Bernstorff*, a.a.O. (Anm. 3), S. 74.

24 So wurden in Tokio 1976 rund 50 Prozent des Abfalls zur Landgewinnung verwendet.

25 Vgl. *Tatsuya*, a.a.O. (Anm. 17), S. 48 f. Der Autor bringt ein weiteres Beispiel für die Verläßlichkeit von Angaben: Die Zahlen für Industriemüll in Japan Anfang der achtziger Jahre variieren zwischen 210 und 430 Mio. t, je nach Angabe im Umweltweißbuch Japans, in den Veröffentlichungen des Ministeriums für internationalen Handel und Industrie oder jenen des Gesundheitsministeriums.

26 Vgl. die Angaben zu einzelnen osteuropäischen Staaten bei *Vallette/Bernstorff*, a.a.O. (Anm. 3).

27 Vgl. Maxine *Pollack*, Stoking an Environmental Disaster, in: *Insight*, 7.9.1987, Bd. 3, Nr. 36, S. 38, und Hendrik *Bischof*, Umweltschutz in Osteuropa, in: Kurt P. *Tudyka* (Hrsg.), Umweltpolitik in Ost- und Westeuropa, Opladen 1988, S. 70.

28 Vgl. Wolf *Oschlies*, Europas ökologisch meistbedrohtes Land? Umweltzerstörung in Polen, Köln (Berichte des BIOst, Nr. 45) 1986.

den dort anfallenden Kosten billiger als die ordnungsgemäße Entsorgung zu Hause. Außerdem legt sich die heimische Industrie auf diese Weise nicht mit örtlichen Umweltschutz-Gruppen an, die den Bau von Entsorgungsanlagen zu verhindern suchen – ganz zu schweigen von den Kosten der Errichtung solcher Anlagen, wenn ausreichende Entsorgungskapazitäten für die anfallenden Mengen geschaffen werden müßten. Auf der andern Seite begünstigt die Tatsache, daß zahlreiche Entwicklungsländer auf die Erwirtschaftung zusätzlicher Devisen angewiesen sind, die Abwicklung der Müllgeschäfte. Korruption im Regierungsapparat und die schwierige Kontrolle illegaler Geschäfte tun ein Übriges.[29]

### *Giftmüllexporte in die Dritte Welt*

Die Abfälle werden häufig nicht als solche exportiert, sondern als Wirtschaftsgut deklariert und verkauft. Eine vergleichsweise harmlose Form ist der Export von Altölen, die mit Sägemehl oder mineralischen Ölen vermischt und als Brennstoff verkauft werden. In Zementwerken als Zusatzbrennstoff verfeuert, kann das Altöl jedoch bei unsachgemäßer Behandlung – etwa wenn die Temperatur zu niedrig ist – die Dioxinbelastung der Luft erhöhen.[30] Ein weit schlimmeres Beispiel sind die Exporte einer amerikanischen Firma, die alte, verfallene Pestizide, chemischen Abfall, Lösungsmittelabfälle u.a. von amerikanischen Unternehmen sammelten und diese Abfälle, mit neuen Etiketten versehen, als pure Chemikalien an Entwicklungsländer verkauften.[31]

Oft werden auch Abfälle exportiert, für deren Entsorgung der Exporteur in das Entwicklungsland die entsprechenden Anlagen (Deponien oder Verbrennungsanlagen) gleich mitliefert. Das klingt vernünftig, ist aber problematisch, weil für die Bedienung moderner Anlagen Fachkräfte notwendig sind. Mülltrennung, aufwendige Analysen und überwachte Beschickung von Verbrennungsanlagen sind notwendig. Bei unsachgemäßer Behandlung entstehen Belastungen für Umwelt und Gesundheit. Die Entwicklungsländer haben in der Regel keine Umweltschutzauflagen, es fehlt am nötigen Wissen um die Gefährlichkeit der Substanzen und deren sachgemäße Behandlung.

---

[29] Vgl dazu auch Roland *Richter*, Giftmüllexporte nach Afrika, Ebenhausen (SWP – AP 2613) 1989, S. 21 f.

[30] Vgl. etwa den Skandal um eine PCB-verseuchte Brennstoff-Lieferung, bestehend aus Altöl und Sägemehl, von der Bundesrepublik in die Türkei im April/Mai 1988, in: *Stuttgarter Zeitung*, 23.4.1988.

[31] Die Geschäfte flogen auf, als solche Abfälle unter der Bezeichnung „Reinigungsmittel" mit Hilfe von amerikanischer Entwicklungshilfe gekauft werden sollten. Vgl. David *Weir*, U.S. Exports of Hazardous Waste to the Third World, in: Managing Hazardous Wastes: The Unmet Challenge. Report of the International Seminar Organized by the European Environmental Bureau, Brüssel, 10.-11.12.1987.

Seit 1988 hat sich das Problem der Vermeidung von Giftmüllexporten nach Afrika auf der Tagesordnung internationaler Gremien etabliert. Ursache waren erneut Giftmüllgeschäfte, die die Aufmerksamkeit der Öffentlichkeit erregten.[32] Die Organisation für Afrikanische Einheit (OAU) diskutierte das Thema der Giftmüllexporte erstmals Ende Mai 1988 in Addis Abeba. In einer Grundsatzerklärung zu ihrem 25. Gründungstag am 25. Mai hieß es: „Die Mitgliedstaaten werden aufgefordert, keine Vereinbarungen mit Industriestaaten, internationalen Körperschaften, privaten Gesellschaften oder Interessengruppen über die Lagerung von radioaktivem Müll oder sonstigen gefährlichen Industrieabfällen abzuschließen." In einer Resolution zu ihrer Gipfelkonferenz vom 26. bis zum 28. Mai 1988 verurteilten die OAU-Staats- und Regierungschefs die Lagerung von Giftmüll aus Industriestaaten als „Verbrechen an Afrika und den afrikanischen Völkern". Die Entschließung forderte weiterhin die Reinigung der verseuchten Zonen sowie die Annullierung bereits unterzeichneter Lieferverträge. Noch während der Tagung gerieten mehrere afrikanische Staaten in den Verdacht der geplanten Giftmülldeponierung. Ein weiterer Skandal wurde kurz darauf in Nigeria aufgedeckt – dem Land, das sich an vorderster Front für einen Importstopp eingesetzt hatte.

## ANSÄTZE ZU INTERNATIONALEN LÖSUNGEN

Das Thema Giftmüllexport ist erst seit jüngster Vergangenheit ein Thema auf der internationalen Tagesordnung. Das Problem im weiteren Sinne wurde allerdings schon früher erkannt. Es bestehen bereits eine Reihe internationaler Abkommen über die Bewegung gefährlicher Güter – jeweils getrennt für den Transport per Schiff, Straße und Schiene –, sowie Abkommen über die Einbringung von Abfällen von Schiffen und Flugzeugen ins Meer im Rahmen der Abkommen über den Schutz der Meere gegen Verschmutzung.[33] In der Erklärung der Konferenz der Vereinten Nationen über die menschliche Umwelt in Stockholm 1972 wurde das Thema Abfall nur berührt.[34] Die „Weltcharta für die Natur", 1982 von der UN-Generalversammlung verabschiedet, ging bereits spezieller auf das Problem ein. In Punkt 12 wurde erklärt: „Die Einbringung von Schadstoffen in natürliche Systeme ist zu vermeiden... Wo dies nicht möglich ist, müssen solche Schadstoffe unter Einsatz der besten

---

32 Vgl. *Richter*, a.a.O. (Anm. 29), S. 49.

33 Abgedruckt in: Wolfgang E. *Burhenne* (Hrsg.), Internationales Umweltrecht. Multilaterale Verträge, Berlin 1974.

34 Vgl. die Deklaration der Umweltkonferenz der Vereinten Nationen vom 16.6.1972 über die Umwelt des Menschen, abgedruckt in: *EA*, 18/1972, S. D 445, Absatz 6. Dort heißt es, der Abgabe giftiger Stoffe müsse Einhalt geboten werden, damit den Ökosystemen nicht schwerer Schaden zugefügt werde. Darüber hinaus solle der Kampf der Völker aller Länder gegen Verschmutzung unterstützt werden.

anwendbaren Methoden am Ort ihrer Verursachung behandelt werden."[35] Im Dezember 1987 nahm die UN-Generalversammlung eine „Umweltperspektive bis zum Jahr 2000" an, worin festgestellt wurde: „Mit dem Wachstum und der Expansion des Industriesektors werden der Transport, die Lagerung und die Entsorgung chemischer, toxischer und radioaktiver Abfälle zu einer immer größeren Herausforderung."[36]

### *Die Europäischen Gemeinschaften*

Der Ministerrat der Europäischen Gemeinschaften verabschiedete 1975 eine erste allgemeine Richtlinie für Abfälle. Diese machte es den Mitgliedstaaten zur Pflicht, die zuständigen Behörden zu bezeichnen, die die umweltgerechten Pläne für die Beseitigung von Abfällen aufstellen, forderte Schritte zur Verminderung des Abfallaufkommens und verlangte die Rückführung, Verarbeitung und Wiederverwendung von Abfällen und die Gewinnung von Rohmaterialien und Energie aus Abfallstoffen. Weitere Richtlinien bemühten sich später um die Rechtsangleichung bei der Beseitigung von Altöl, PCB und Abfällen aus der Titandioxid-Produktion. 1978 wurde eine Richtlinie verabschiedet, die eine Harmonisierung der Vermeidung bzw. Beseitigung von giftigen und gefährlichen Abfällen allgemein anstrebt.[37] Darin ist ein Verzeichnis giftiger oder gefährlicher Substanzen und Materialien enthalten sowie Vorschriften, die die unkontrollierte Ablagerung von Abfällen auf Müllkippen und anderswo verbieten und in denen die Kennzeichnungspflicht, die Lagerung, die Behandlung, die Beseitigung und der Transport geregelt werden. Erst 1984 kam es zur Abfassung einer Richtlinie über die Überwachung und Kontrolle der grenzüberschreitenden Verbringung gefährlicher Abfälle innerhalb der Gemeinschaft.[38]

Über eine Kontrolle grenzüberschreitender Bewegungen gefährlicher Abfälle wurde auch in der OECD Anfang der achtziger Jahre beraten. Eine entspre-

---

[35] Resolution 37/7 der Generalversammlung der Vereinten Nationen, 28.10.1982, abgedruckt in: *VN*, 1/1983, S. 29 ff.

[36] Resolution 42/186, 11.12.1987, Ziffer 41; abgedruckt in: Vereinte Nationen, Resolutionen und Berichte der 42. Generalversammlung (A 42/49).

[37] Vgl. *Amtsblatt der EG*, Nr. L 194, 25.7.1975, S. 31 ff. (über Altölbeseitigung); Nr. L 194, 25.7.1975, S. 47 ff. (über Abfälle); Nr. L 108, 26.4.1976, S. 41 f. (über PCB); Nr. L 54, 25.2.1978, S. 19 ff. (über Titandioxid-Produktion); und Nr. L 84, 31.3.1978, S. 43 ff. (über giftige und gefährliche Abfälle).

[38] Richtlinie des Rates vom 6.12.1984 über die Überwachung und Kontrolle der grenzüberschreitenden Verbringung gefährlicher Abfälle, in: *Amtsblatt der EG*, Nr. L 136, 13.12.1984, S. 31 ff., zu der 1985 eine Anpassung an den technischen Fortschritt erfolgte; Nr. L 272, 12.10.1985, S. 1 ff. Eine weitere Ergänzung erfolgte am 12.6.1986, L 181, 4.7.1986, S. 13 ff.

chende Entscheidung und Empfehlung wurde am 1. Februar 1984 beschlossen.[39]

## *Die Vereinten Nationen*

Die Vereinten Nationen waren schließlich federführend bei der Schaffung einer international verbindlichen Regelung des Exports von Müll in Entwicklungsländer; genauer gesagt, das Spezialorgan UNEP (Umweltprogramm der Vereinten Nationen). Eine Expertengruppe erarbeitete 1985 die „Kairoer Richtlinien und Prinzipien für die umweltgerechte Behandlung gefährlicher Abfälle", die am 17. Juni 1987 vom UNEP-Verwaltungsrat als Grundlage für die weitere Arbeit verabschiedet wurden. Zur Ausarbeitung einer Konvention wurde eine Arbeitsgruppe eingesetzt, deren Entwurf schließlich einer Staatenkonferenz vorgelegt wurde, die die Konvention über die Kontrolle des grenzüberschreitenden Transports gefährlicher Abfälle, die sogenannte Basler Konvention, am 22. März 1989 verabschiedete.[40] Diese Konvention wurde als erster umfassender internationaler Vertrag allgemein begrüßt, da sie durch eine Reihe von Informationspflichten die Möglichkeit zur Kontrolle des grenzüberschreitenden Verkehrs schafft. Sie definiert gefährliche Abfälle und illegalen Handel. Darüber hinaus fordert sie die Vermeidung grenzüberschreitenden Verkehrs sowie die umweltgerechte Entsorgung unabhängig vom Ort der Entsorgung, wobei vom Exporteur sichergestellt werden muß, daß dies möglich ist. Der Wunsch der Entwicklungsländer, ein generelles Exportverbot für gefährliche Abfälle zu erlassen, scheiterte am Argument der Industriestaaten, daß dies nicht durchführbar sei.

Die Konvention hat jedoch eine Reihe unübersehbarer Schwachstellen: Es gibt keine Haftungs- und Entschädigungsbestimmungen; das Herkunftsland ist nicht unmittelbar verantwortlich für illegal gehandelte oder abgelagerte Abfälle; es gibt keine verbindliche Festlegung darüber, was „umweltgerechte Entsorgung" ist. Der Forderung der Entwicklungsländer, generell die Standards der Industriestaaten anzulegen, wurde nicht entsprochen. Über dieses Problem soll jedoch auf der ersten Konferenz der Vertragsparteien verhandelt werden.

Ein besonders großes Schlupfloch stellt Artikel 11 dar. Dort wird in Absatz 1 festgelegt, daß „unbeschadet der Bestimmungen von Artikel 4 Absatz 5 ... die Parteien bilaterale, multilaterale oder regionale Vereinbarungen oder

---

39 Decision and Recommendation of the Council, 1.2.1984, on Transfrontier Movements of Hazardous Wastes (C[82] 180 [Final]). Diese Entscheidung wurde am 2.5.1987 durch eine weitere Entscheidung ergänzt, der ein umfangreicher Anhang zur Bestimmung der gefährlichen Abfälle beigefügt wurde.

40 Abgedruckt in: *EA*, 17/1989, S. D 490 ff.

Absprachen bezüglich des grenzüberschreitenden Transports von gefährlichen oder anderen Abfällen mit Parteien oder Nichtparteien treffen" können. Auch mit einem Land, das generell den Import von gefährlichen Abfällen verboten hat, können also Verträge über Giftmüllgeschäfte abgeschlossen werden. Die Vertreter der Entwicklungsländer weisen zudem darauf hin, daß die Bestimmungen über Recycling Möglichkeiten zur Umgehung von anderen Verpflichtungen der Konvention bieten.[41]

## DAS PROBLEM DER EFFEKTIVITÄT VON KONTROLLEN

Die Basler Konvention stellt einen Schritt in die richtige Richtung dar: Verursacher und Betroffene sitzen an einem Tisch. Es bleibt abzuwarten, wieviele Staaten ihr beitreten und ob die Kontrolle des Verkehrs zur Verringerung der legalen wie der illegalen Geschäfte beiträgt. Dies hängt vornehmlich davon ab, ob eine effektive Kontrolle überhaupt möglich sein wird. Dazu müßten zunächst die schon erwähnten Standards für eine umweltgerechte Entsorgung geschaffen werden. Zusätzlich könnte, wie von Organisationen der Entwicklungsländer vorgeschlagen, eine internationale Expertengruppe im Einzelfall prüfen, ob eine umweltgerechte Entsorgung im Importland möglich ist.[42]

Für die Wirksamkeit der Konvention wird die Effektivität der Kontrollen sowohl in den Exportländern als auch in den Importländern von entscheidender Bedeutung sein. Die Umsetzung der Konvention könnte für die Industriestaaten jedoch ein erhebliches Problem darstellen: Die Industrie, die auf der Flucht vor den hohen Entsorgungspreisen im eigenen Land ihren Müll in die Dritte Welt exportiert, wird wahrscheinlich nicht bereit sein, die durch eine Einhaltung der Konvention entstehenden Mehrkosten auf sich zu nehmen. Darüber hinaus müssen die Regierungen bei dem Versuch, ausreichende Kapazitäten im eigenen Land zu schaffen, zunächst den wachsenden Widerstand der Bevölkerung überwinden, die ihre Gesundheit durch die Emissionen von Verbrennungsanlagen gefährdet sieht. Daß die Umsetzung der Konvention wegen politischer und wirtschaftlicher Widerstände lange Zeit in Anspruch nehmen wird, läßt sich leicht dadurch belegen, daß eine entsprechende EG-Richtlinie von 1984 über die Kontrolle grenzüberschreitenden Transports gefährlicher Abfälle innerhalb der EG bis Ende 1988 nur von Belgien und Dänemark in die nationale Gesetzgebung umgesetzt wurde. Eine effektive Kontrolle des Giftmüllhandels in den Importstaaten der Dritten Welt dürfte aufgrund der

41 Zur Bewertung der Basler Konvention vgl. Berit *Bartram* und Bruno *Engel*, Ende des Giftmüllkolonialismus?, in: *VN*, 4/1989, S. 115 ff.

42 Vgl. Third World Network (Hrsg.), Report on toxic waste dumping in third world countries, Penang (Malaysia), August 1988.

fehlenden Infrastruktur noch schwieriger sein als in den Industriestaaten. Auch hier sind es wirtschaftliche Aspekte, nämlich die dringend benötigten Devisen, die dem Schutz der Umwelt entgegenstehen.

Um das Problem Giftmüllexport nicht an den Symptomen, sondern an den Ursachen zu kurieren, sind weitere Schritte erforderlich. Die Industriestaaten müssen nicht nur für ausreichende Entsorgungsmöglichkeiten im eigenen Land sorgen, sondern parallel dazu Strategien zur Müllvermeidung entwickeln, sowohl für die privaten Haushalte als auch für die Industrie, und die Möglichkeiten des Recycling stärker nutzen. Dies wird nicht ohne Förderung der Recycling-Wirtschaft und einer Mobilisierung des Umweltbewußtseins in der Bevölkerung möglich sein. Außerdem gilt es, das Interesse der Industrie für Einsparungen durch effiziente, umweltgerechte Produktionsverfahren und Abfallverwertung zu stärken. All dies hat im Ansatz bereits begonnen. So haben die EG-Staaten die Müllvermeidung und -verwertung bereits 1978 an die erste Stelle ihrer Prioritäten gesetzt. Die Recycling-Industrie hat sich als lohnendes Geschäft bereits einen Namen gemacht,[43] und einzelne Unternehmen konnten vorführen, daß umweltgerechte Produktion durchaus Vorteile haben kann.[44] Die Entwicklung von Umwelttechnik wurde 1987/88 zu einer zukunftsträchtigen Branche, die teilweise nicht nur für den inländischen Markt produzierte, sondern auch erfolgreich exportierte.

Eine Lösung des Problems war mit der Basler Konvention nicht zu erwarten. Die Industriestaaten erkannten, daß sie die Probleme der Entwicklungsländer mit dem exportierten Müll zu ihren eigenen machen und ihre Verantwortung akzeptieren müssen. Dazu ist neben Müllvermeidungs- und Recycling-Strategien sowie der Schaffung von Entsorgungskapazitäten eine entsprechende Entwickungspolitik erforderlich. Nur eine Überwindung des Nord-Süd-Gefälles kann langfristig eine Vermeidung des Giftmüllexports, besonders der illegalen Geschäfte, bewirken. Eine vernünftige Entwicklungspolitik müßte dann auch den Transfer der jeweils neuesten Umwelttechnik beinhalten, andernfalls stehen die Länder der Dritten Welt in einigen Jahren vor dem gleichen Problem wie heute die Erste und Zweite Welt.

---

43 Vgl. *Cook*, a.a.O. (Anm. 22), und *Glazer*, a.a.O. (Anm. 3), S. 482 ff.

44 Die Minnesota Mining and Manufacturing Company in den USA hat den anfallenden Müll um die Hälfte reduzieren können, indem sie weniger giftige Chemikalien verwandte; Abfälle, die wiederverwendet werden können, aussortierte, und gefährliche Substanzen durch alternative Rohstoffe ersetzte. Sie erzielte so eine Ersparnis von 420 Mio. Dollar. Einem niederländischen Chemiekonzern gelang es, seinen Abfall durch neue Herstellungsverfahren bei der Pestizidproduktion um 95 % zu verringern. Vgl. *Time Magazine*, 2.1.1989.

# II

# DIE ROLLE DER VEREINIGTEN STAATEN UND DER SOWJETUNION IN DER WELTPOLITIK

## STRATEGISCHE POLITIK UND RÜSTUNGSKONTROLLE ZWISCHEN DEN BEIDEN SUPERMÄCHTEN

*Von Lothar Rühl*

Bei dem Zusammentreffen in Reykjavik im Oktober 1986 zwischen Ronald Reagan und Michail Gorbatschow war nur eine unvollkommene, mehrdeutige und schließlich wegen des Gegensatzes über die Zulässigkeit des amerikanischen SDI-Programms auch widerrufene Übereinstimmung zum Ausdruck gekommen.[1] Ein amerikanisch-sowjetisches Grundsatzabkommen konnte jedoch erst 1987 erreicht werden, mit dem Vertrag über das Verbot landgestützter Mittelstreckenraketen (INF-Abkommen) und dem Übergang in eine neue Ära der strategischen Supermachtbeziehungen. Diese entfaltete sich dann 1988 weiter. Die beiden Jahre 1987 und 1988 waren eine Zeit der Wende in der strategischen Politik beider Mächte im Verhältnis zueinander und in Verbindung damit in der strategischen und in der regionalen Rüstungskontroll-Politik, die auf beiden Seiten die europäischen Bündnisse und die Beziehungen zu den Verbündeten einschloß.

1 Vgl. Lothar *Rühl*, Die Wiederaufnahme der Abrüstungsverhandlungen, in: IP 1985/86, S. 103-121.

## DIE ASYMMETRIEN DER ALLIANZEN

Dabei wurde wiederum die Asymmetrie der geopolitisch-strategischen Struktur bei der Gegenüberstellung der Allianzen in Europa deutlich: Auf westlicher Seite mußte ein einseitiger Sonderverzicht des deutschen NATO-Partners auf seine amerikanischen Pershing-Ia-Raketen – eine Waffe im Reichweitenbereich des INF-Vertrags – das amerikanisch-sowjetische Abkommen ergänzen. Auf östlicher Seite mußte sich die Sowjetunion im Rahmen des INF-Vertrags zum Abbau und zur Zerstörung ihrer SS-23-Raketensysteme verpflichten, während die USA sich eine künftige Verlängerung der Reichweite ihrer Kurzstreckenraketen „Lance" bis knapp an die Reichweite der SS-23 heran vorbehalten und eine Option auf „Modernisierung" ihrer bodengestützten Kurzstreckenraketen als Komponente der regionalen Nuklearbewaffnung der NATO in Europa wahren durfte. Diese Asymmetrie wurde weiter deutlich in den französischen bodengestützten Raketen außerhalb der integrierten Kommandostruktur der NATO in nationaler Verfügungsgewalt: Die Sowjetunion hat keine selbständig nuklear bewaffneten Verbündeten, die nukleare Optionen behalten oder sich schaffen könnten, welche die beiden Vertragspartner sich versagten.

Diese Asymmetrie der Allianzpotentiale, der Allianzbeziehungen, der strategischen Situationen, aber auch die Disparitäten in den nuklearstrategischen Arsenalen beider Supermächte, die in Genf über ein START-Abkommen zur Reduzierung der strategischen Waffen bzw. Streitkräfte verhandelten mit dem Ziel, Parität herzustellen und eine stabile strategische Rüstungskontrolle bei Offensivsystemen zu vereinbaren, stellte das fundamentale Problem für eine bilaterale Verständigung über die Bedingungen globalstrategischer Stabilität und Abrüstung dar. Dieses Problem wurde auch nicht bewältigt. Doch die Grundsatzverständigung auf eine Reduzierung der strategischen Offensivstreitkräfte beider Mächte um „etwa 50 Prozent", tatsächlich nur um rund 40 Prozent auf beiderseits 6 000 strategische Nukleargefechtsköpfe und auf 1 600 strategische Trägersysteme,[2] bot eine Grundlage für ein künftiges Abkommen.

Die beiden Mächte sahen sich Anfang 1987 für ihre bilateralen strategischen Beziehungen vier miteinander verbundenen Hauptaufgaben gegenüber, wenn sie über alle Gegensätze und Hindernisse hinweg zu einer Verständigung über globale Sicherheit durch Rüstungsbegrenzungen und einen Übergang zu Abrüstung finden wollten:

1. Verständigung über „strategische Verteidigung" mit raumgestützten und anderen Flugkörperabwehrsystemen und in diesem Zusammenhang über das Verhältnis von „strategischer Verteidigung" und „strategischen

---

2 Vgl. *ders.*, Mittelstreckenwaffen in Europa. Ihre Bedeutung für Strategie, Rüstungskontrolle und Bündnispolitik, Baden-Baden 1987, S. 251 f. Die USA verfügten Ende 1988 über 10 700 strategische Gefechtsköpfe, die UdSSR über 10 100.

Angriffsträgern", also über eine Verbindung beider in Rüstungskontrolle. Das Hauptproblem lag dabei unverändert im SDI-Forschungsprogramm Präsident Reagans und der sowjetischen Forderung auf einen Verzicht der USA auf dieses Programm bzw. auf seine drastische Beschränkung.

2. Vereinbarung des im Prinzip in Aussicht genommenen in den beiderseitigen Vorschlägen auch schon weithin mit konkreten Inhalten ausgefüllten Vertrags über eine Reduzierung der strategischen Angriffskräfte bzw. deren Waffensysteme, über den seit 1981 in Genf verhandelt wurde.

3. Abschluß des INF-Abkommens, über dessen Hauptinhalt beide Mächte sich schon vor der Zusammenkunft in Reykjavik 1986 im wesentlichen einig geworden waren. Hierbei stand allerdings eine Übereinkunft über die niedrigste Reichweitenbegrenzung für INF-Flugkörpersysteme, also über die Abgrenzung zu den „Kurzstreckensystemen", noch aus.

4. Behandlung dieser nuklearfähigen bodengestützten Flugkörpersysteme kurzer oder „kürzerer" Reichweite unterhalb 1 000 km.

Diese vier nuklearen Rüstungsbereiche, in denen die nuklearfähigen Flugkörper aller Kategorien, alle „strategischen" Nuklearwaffensysteme beider Mächte und die beiderseitigen Rüstungsoptionen für sowohl nuklear als auch konventionell verwendbare Flugkörper verschiedener Reichweiten und Antriebsarten (ballistische und düsengetriebene) zu finden sind, bezeichnen den größten Teil der „substrategischen" Waffensysteme. Ausgeschlossen sind die nichtstrategischen nuklearfähigen Kampfflugzeuge und die nukleartaktischen Waffen, also der größte Teil der regionalen Nuklearbewaffnung oder „Theater Nuclear Forces" (TNF) in Europa.

### *Konsolidierung der Übereinstimmungen*

Um die Probleme der beiden (bis dahin miteinander verbundenen) Genfer Verhandlungen über INF-Systeme, d.h. Angriffsträger mit Reichweiten unter 5 500 km, aber größerer Reichweite als die „Kurzstrecken"-Systeme, und START (Strategic Arms Reduction Talks – Gespräche über die Reduzierung strategischer Waffen) zu lösen, war es zunächst notwendig, die im Oktober 1986 in Reykjavik festgestellten, aber nicht in Übereinkünften festgeschriebenen Übereinstimmungen zu konsolidieren und so weit wie möglich zu formalisieren. Die USA hatten dazu noch Ende Oktober 1986 Vorschläge gemacht.[3] Die zeitweilige Annäherung beider Seiten in Reykjavik, die sich wieder aufgelöst hatte, war wiederzufinden.

Über das noch nicht fest vereinbarte Zahlenwerk für strategische Rüstungskontrolle und über ein INF-Abkommen hinaus blieb die Frage, wie weit

3 Vgl. ebd., S. 357.

sich die beiden Supermächte über die strategische Politik, d.h. über das nukleare Bedrohungsverhältnis gegenseitiger Abschreckung einigen könnten. Beide Seiten hatten vor und in Reykjavik Grundsatzpositionen in dieser Frage eingenommen: Gorbatschow mit dem Plan, bis zum Jahr 2000 alle Kernwaffen abzuschaffen und die Abschreckung – die von der UdSSR niemals als Strategie anerkannt oder zugegeben worden war – zu „überwinden"; Reagan seit 1983 mit dem SDI-Programm, mit dessen Schutzschirm gegen einfallende Raketenspitzen und anschwebende Flugkörper er die Bedrohung Nordamerikas durch Flugkörperwaffen neutralisieren wollte. In Reykjavik hatte Reagan für einen Augenblick mit Gorbatschow in dem Ziel übereingestimmt, alle Kernwaffen zu beseitigen, doch die offizielle amerikanische Position war damals, nur die Angriffsraketen aller Reichweiten in einer zweiten Phase eines START-Abkommens zu eliminieren.[4]

## DIE SOWJETISCHE INITIATIVE ZUR INF-VERHANDLUNG

Die beiden Regierungen räumten 1987 den Schlußverhandlungen über einen Vertrag zur Begrenzung der INF-Flugkörpersysteme den Vorrang ein und setzten die START-Verhandlung mit ergänzenden Vorschlägen fort. Gorbatschow ergriff am 28. Februar 1987 mit einer Erklärung in Moskau über die Mittelstreckenproblematik erneut die Initiative.[5] Er schlug vor:

1. Die INF-Verhandlung von den START-Verhandlungen und der SDI-Thematik abzutrennen und ein gesondertes INF-Abkommen zu schließen,
2. im Sinne des Gesprächsstands von Reykjavik alle Mittelstreckenraketen der USA und der UdSSR in Europa binnen fünf Jahren zu beseitigen und die Zahl der INF-Gefechtsköpfe in Asien und in den USA auf je 100 zu reduzieren,
3. nach Abschluß eines INF-Abkommens unverzüglich Verhandlungen über eine Reduzierung und „vollständige Beseitigung" der „operativ-taktischen Raketen"[6] in Europa aufzunehmen. Diesen dritten Vorschlag versah Gorbatschow mit der Bereitschaftserklärung, nach Unterzeichnung eines INF-Abkommens die „operativ-taktischen Raketen größerer Reichweite" aus der DDR und der Tschechoslowakei zurückzuziehen, die dort „als Antwort" auf die Stationierung der amerikanischen INF-Systeme in Westeuropa aufgestellt worden waren.

Mit dieser Herauslösung des INF-Komplexes aus dem von ihm vor Reykjavik 1986 hergestellten politischen Junktim, mit dem ein INF-Abkommen

---

4 Vgl. ebd., S. 356/357.

5 Die Rede ist abgedruckt in: *EA*, 7/1987, S. D 177 f.

6 Diese sind bodengestützte nuklearfähige Flugkörpersysteme kürzerer Reichweite, in der NATO-Terminologie SRNF-Systeme.

von Abkommen über START und von einem Verzicht der USA auf ihr SDI-Programm abhängig gemacht worden war, kam Gorbatschow dem westlichen Bündnis einen bedeutenden Schritt entgegen. Doch löste er damit auch die sowjetische Verhandlungspolitik aus der Erstarrung, die sie bis dahin gehindert hatte, das sowjetische Interesse an einem Abbau der nuklearen Bedrohung sowjetischen Gebietes von Westeuropa aus zu verfolgen. Gorbatschow räumte der nuklearen Abrüstung in Europa damit als Thema sowjetischer Außenpolitik einen Vorrang ein. Dies würde ihr in den kommenden Jahren erlauben, die regionale Nuklearbewaffnung, eine der Stärken der NATO in Europa und Verbindung der NATO-Verteidigung zu den nuklearstrategischen Streitkräften der USA, zum Vorzugsobjekt der Rüstungskontroll-Diplomatie und der politischen Propaganda Moskaus in Europa zu machen.

Gorbatschows Angebot vom 28. Februar 1987 diente also nicht nur der Deblockierung der Genfer INF-Verhandlung, sondern auch dem strategischen Ziel der Sowjetunion, die Entnuklearisierung der Bündnisstreitkräfte in Europa voranzutreiben und damit die materielle Verbindung zwischen der NATO in Europa und der nuklearen Abschreckungsmacht der USA auf dem Kontinent und in Großbritannien aufzulösen. Dieses Ziel machte Gorbatschow im Februar 1987 auch mit den Sätzen deutlich: „Damit gibt es die reale Möglichkeit, unser gemeinsames Haus Europa innerhalb kurzer Zeit von einem beträchtlichen Teil der nuklearen Last zu befreien. Das wäre ein realer und großer Schritt zu einer vollständigen Befreiung Europas von den nuklearen Rüstungen.“[7]

Mit dieser strategischen Eröffnung in der Raketenschachpartie ging Gorbatschow gegenüber den USA in die Offensive. Er zog damit die Konsequenz aus der Sterilität der sowjetischen Rüstungskontroll-Diplomatie seit 1981 und aus der Unhaltbarkeit der in Genf noch 1985/86 unter seiner eigenen Regie eingenommenen Position seines Landes, deren schrittweisen Abbau er seit dem Frühjahr 1986 eingeleitet hatte. Kurz nach diesem Eröffnungszug stimmte die Sowjetunion in Genf Inspektionen vor Ort als Mittel zur Verifizierung der Einhaltung eines INF-Abkommens zu und beseitigte damit eines der letzten hohen Hindernisse auf dem Wege zu einer Übereinkunft.

## DIE REAKTION DES WESTENS

Präsident Reagan antwortete auf diese Revision der sowjetischen Verhandlungspolitik am 3. März mit der Mitteilung, er habe die amerikanischen Unterhändler in Genf angewiesen, einen INF-Vertragsentwurf auszuarbeiten und

[7] *EA*, 7/1987, S. D 178.

zur Diskussion vorzulegen.[8] Dabei erinnerte er an das westliche Vertragsziel seit 1981: alle bodengestützten INF-Flugkörpersysteme weltweit zwischen den USA und der UdSSR zu beseitigen.[9] Eine offene Differenz zwischen den beiden Verhandlungspartnern in Genf bezog sich auf die Mittelstreckenraketen im asiatischen Teil der Sowjetunion, eine verdeckte auf die Mindestreichweite für INF-Boden-Boden-Flugkörper zwischen 150 und 1 000 km. Für die USA und ihre europäischen Verbündeten ging es dabei im wesentlichen darum, wie eine Verlegung sowjetischer SS-20-Raketen aus Asien in Reichweite zu Westeuropa, und wie eine Substitution der weitreichenden Mittelstreckenraketen durch Raketen kürzerer Reichweite (wie die SS-12/22, SS-23 und Scud-B), d.h. eine Umgehung oder faktische Neutralisierung des Vertragszwecks, verhindert werden könnten.[10]

Diese Fragen riefen eine allgemeine öffentliche und interne Diskussion im Westen hervor, an der sich vor allem die deutsche Bundesregierung sowie die britische und die französische Regierung beteiligten. Die Bundesregierung in Bonn hatte schon vor Reykjavik in einer Erklärung am 30. September 1986[11] für das seinerzeit in Aussicht genommene „Zwischenabkommen" die Forderung erhoben, daß darin die unverzügliche Aufnahme von Verhandlungen über eine paritätische Begrenzung der unteren SRINF-Reichweitenklasse auf einem niedrigeren Niveau als dem sowjetischen Dislozierungsstand vereinbart würde. Die USA forderten damals für ein definitives INF-Abkommen auch die Einbeziehung der SRINF-Systeme einer Reichweite zwischen 500 und 1 000 km (also der sowjetischen „operativ-taktischen" Boden-Boden-Raketen SS-12/22 und SS-23), damit nicht eine neue „Grauzone" der Rüstungskontrolle entstehen könne.[12]

Je nach Wahl der unteren Reichweitenbegrenzung für ein INF-Abkommen handelte es sich bei dem sowjetischen SRINF-Raketenpotential in Europa um Größenordnungen zwischen 700 und etwa 1 600 Systemen mit einer Vielzahl von einsatzfähigen Flugkörpern für nukleare oder andere Gefechtsköpfe.[13] Damit war eine Diskussion über die SRINF-Raketen aller Art vorgegeben und das Problem auf die Kategorie der SRINF ausgeweitet. Die Frage, wie das Abkommen nach unten begrenzt werden sollte, mußte die Diskussion beherrschen.

---

8 Die Stellungnahme Reagans ist abgedruckt in: *ebd.*, S. D 178 f.

9 Vgl. *ebd.*, S. D 178.

10 Vgl. dazu *Rühl*, a.a.O. (Anm. 2), bes. S. 345.

11 Abgedruckt in: *ebd.*, S. 348.

12 Vgl. *ebd.*, S. 347.

13 Die zweite Zahl repräsentiert auch die SS-21. Vgl. *ebd.*, S. 345. Die Gesamtzahl der SS-12 (22), SS-23 und Scud-B (RW 350 km) ist hier mit 700 angegeben.

## *Die Diskussion um SRINF-Raketen*

Diese Diskussion wurde vom Frühjahr 1987 an zwischen den NATO-Partnern geführt, da die Sowjetunion sich schon bereit erklärt und im übrigen gefordert hatte, alle nuklearen Waffen und die Kurzstreckenraketen nach ihrem Stufenplan von 1986 in Europa zu beseitigen. Nachdem die britische Premierministerin Margaret Thatcher eine Kopplung der SRINF-Systeme an ein INF-Abkommen gefordert hatte, um die sowjetischen Optionen mit dem De-facto-Monopol bei Raketen mit Reichweiten zwischen 150 und 500 km und der sowjetischen Überzahl bei Raketen mit Reichweiten zwischen 500 und 1 000 km zu beseitigen, sah sich die Reagan-Administration vor das Problem gestellt, wie sie einerseits das angestrebte INF-Abkommen ohne weitere Verzögerung abschließen, andererseits aber ein Fortbestehen der sowjetischen Überlegenheit bei SRINF in Europa verhindern könnte.

In diesem Sinne stellte der amerikanische Verteidigungsminister Caspar W. Weinberger am 5. März die Forderung auf, die nukleare Abschreckung in Europa, d.h. die Eskalationsfähigkeit der NATO mit TNF im Kriegsfall, müsse in Gestalt geeigneter Waffensysteme auch bei der Begrenzung der SRINF durch Rüstungskontrolle erhalten werden. Er verneinte aber die Notwendigkeit einer „Kopplung" eines Abkommens über SRINF an das INF-Abkommen.[14] Der französische Staatspräsident François Mitterrand markierte seine Position in dieser Frage am 10. März auf einer Pressekonferenz,[15] indem er das in Aussicht genommene INF-Abkommen als Rückkehr zur strategischen Lage in Europa vor dem NATO-Doppelbeschluß vom Dezember 1979 minus der sowjetischen Mittelstreckenraketen unterstützte; das Abkommen könne das atlantische Bündnis nicht schwächen, weil dieses auf der politischen Allianzsolidarität zwischen den USA und Westeuropa beruhe. Die SRINF-Frage verwies er an spätere Verhandlungen, von denen er die französischen Kurzstreckenraketen im Prinzip ausschloß. Mitterrand stützte auch die Forderung der Bundesregierung nach einer solchen Verhandlung über SRINF indirekt durch den Hinweis auf die sowjetische Überlegenheit. Dieser Hinweis diente ihm allerdings dazu, eine Verhandlung über die französischen Kernwaffen und eine Addition der amerikanischen, britischen und französischen Nuklearstreitkräfte gegenüber den sowjetischen abzulehnen. Zunächst müßte die Sowjetunion ihre Überlegenheit beseitigen, bevor etwa über „westliche" Nuklearstreitkräfte in Europa verhandelt werden dürfe.

---

14 Die Pressekonferenz Weinbergers ist in Auszügen abgedruckt in: *EA*, 7/1987, S. D 179-181, hier S. D 181.

15 Abgedruckt in: *ebd.*, S. D 184 ff.

## DIE „DOPPELTE NULL-LÖSUNG"

Im April 1987 wurde während der Moskauer Gespräche des amerikanischen Außenministers George P. Shultz ein neuer sowjetischer Vorschlag erörtert,[16] der als „doppelte Null-Lösung" publik wurde: die Einbeziehung aller bodengestützten SRINF-Raketen mit Reichweiten zwischen 500 und 1 000 km. Damit bot die Sowjetunion im Sinne des Gorbatschow-Vorschlags vom 28. Februar 1987 die Einschließung ihrer modernen SS-23-Systeme mit einer Reichweite um 550 km an, mit deren Stationierung in Europa, einschließlich DDR und ČSSR, sie begonnen hatte. Nicht erfaßt blieben die sowjetischen Scud-B-Raketen mit Reichweiten um 350 km.

Dieser sowjetische Vorwärtszug in Moskau entblößte die 72 deutschen Pershing-Raketensysteme, die nicht Gegenstand der Verhandlung über amerikanische und sowjetische INF-Systeme waren, ohne daß die Sowjetdelegation bei dieser Gelegenheit deren Beseitigung schon gefordert hätte. Er näherte die amerikanisch-sowjetische Verhandlung der geplanten Reichweite der französischen „Hadès"-Raketen an, die gleichfalls nicht Verhandlungsgegenstand sein konnten, und stellte die NATO-Partner vor die Frage, wo sie die untere Grenze für die Beseitigung der nuklearfähigen bodengestützten Waffensysteme in Europa ziehen sollten.

Aus dieser Frage ergab sich die Überlegung des „fire break", auch „Brandmauer" genannt, für die Begrenzung nuklearer Rüstungskontrolle.[17] Schematisch boten sich als Begrenzungsdistanzen an: 100, 150, 300, und 500 km. Die kürzeste Markierung würde sowohl die sowjetischen SS-21-Raketen als auch die amerikanischen „Lance"-Raketen für paritätische Rüstungskontrolle erfassen; die 150-km-Marke würde diese freilassen, aber eine Reichweitensteigerung verhindern; die 300-km-Marke würde die sowjetischen Scud-B-Raketen einschließen, aber eine Reichweitensteigerung der „Lance-II" (wie sie als taktisches nuklearfähiges Raketensystem von der amerikanischen Armee vorgesehen war) auf 250 km zulassen. Bei 500 km würde eine neue Option für die NATO in Europa entstehen, einen sowjetischen Angriffsaufmarsch im östlichen Mitteleuropa durch moderne Kurzstreckenraketen mit nuklearen Gefechtsköpfen über eine Entfernung um 450 km abzudecken.

### *Die öffentliche Diskussion um ein „Lance"-Nachfolgesystem*

Während öffentlich über die „doppelte Null-Lösung" und deren verschiedene untere Reichweitenbegrenzungen diskutiert wurde, entstand in internen bilateralen Konsultationen zwischen Washington, Bonn und London

16 Vgl. dazu: *EA*, 10/1987, S. D 261 f.

17 Vgl. hierzu auch den Beitrag von Karl-Heinz *Kamp* in diesem Band.

eine noch unverbindliche Verständigung auf ein modifiziertes amerikanisches Rüstungsprogramm für eine „Lance-Nachfolge" mit einer Reichweite bis zu 450 km. Dies sollte so weit wie möglich angenähert sein an die SRINF-Untergrenze bei 500 km, auf die sich sowohl die atlantischen Verbündeten untereinander als auch die USA und die Sowjetunion einigten. Dieses zwischen Washington, London und Bonn (mit Einverständnis auch der französischen Regierung) im Prinzip in Aussicht genommene – aber noch nicht fest vereinbarte – Rüstungsprogramm bedeutete, daß im Osten die sowjetischen Scud-B und SS-21 frei von Rüstungskontrolle bleiben und mit Modernisierung auf eine Reichweite knapp unter 500 km gebracht werden dürften, während im Westen neue Raketensysteme größerer Reichweite als die „Lance" auf deutschem Gebiet stationiert werden könnten. Dabei war die Zahl dieser „Lance-Nachfolger" im Frühjahr und Sommer 1987 noch offen; in den Überlegungen schwankte sie zwischen etwa 80 und rund 200 Startsystemen mit mehreren hundert Flugkörpern, die teils nuklear, teils konventionell bestückt würden. Der äußerste, in Washington vorgestellte Rahmen sah eine Größenordnung von bis zu etwa 2 000 Flugkörpern vor – ohne daß daraus ein Plan entstanden wäre.

Außenminister Shultz hatte in Moskau Mitte April den sowjetischen Vorschlag, alle Raketen zwischen 500 und 5 500 km Reichweite als „INF-Systeme" in dem Abkommen zu erfassen, also die in Europa stationierten Raketen dieser Reichweiten zu beseitigen, noch nicht angenommen. Doch anschließend in Brüssel bei der NATO und vor der internationalen Öffentlichkeit trat er für diese „doppelte Null-Lösung" ein. Er argumentierte, daß die USA und ihre Verbündeten nach dem Vorschlag Gorbatschows nur drei Optionen hätten: 1. den Vertrag so abzuschließen, wie die Sowjetunion es vorgeschlagen hatte, allerdings für ein Anschlußabkommen das Ziel weltweiter Beseitigung der INF-Systeme zu verfolgen; 2. auf einer INF-Untergrenze bei 1 000 km zu bestehen, um die Option im Bereich zwischen 500 und 1 000 km zu wahren und dafür die Modernisierung der Pershing-I (Reichweite 750 km) durch Einführung der Pershing-Ib-Flugkörper vorzusehen; 3. ein Gesamtabkommen über INF und SRINF anzustreben und dafür eine Verzögerung des Abschlusses der eigentlichen INF-Verhandlung in Kauf zu nehmen.

Die Präferenz der Reagan-Administration war seit Herbst 1986 klar: Ein erstes INF-Abkommen über die weitreichenden Mittelstreckensysteme so schnell wie möglich in Kraft zu setzen und sich dann der START-Verhandlung zuzuwenden, dabei aber das SDI-Forschungsprogramm für raumgestützte Flugkörperabwehr von Beschränkungen freizuhalten.

Um die Zustimmung der europäischen NATO-Partner zu einem INF-Abkommen über „Mittelstrecken"-Systeme mit Reichweiten zwischen 500 und 5 500 km zu gewinnen, übernahm Shultz die britische „Fire-break"-These für eine Begrenzung der Rüstungskontrolle über Kernwaffen in Europa auf Reichweiten von 500 km an aufwärts und vollkommene Freiheit bei Entwicklung und Einführung von Nuklearwaffensystemen mit Reichweiten bis zu 500 km. Damit wäre die Ausführung des 1983 von der Nuklearen Planungsgruppe (NPG) der NATO in Montebello beschlossenen Vorhabens der Modernisierung der TNF nach Abzug von 1 400 nuklearen Gefechtsköpfen einschließlich der Einführung von Boden-Boden-Flugkörpern mit Reichweiten bis zu 500 km möglich.

Shultz argumentierte im Mai 1987 öffentlich, die Aussparung des Bereichs zwischen 500 und 1 000 km für die TNF der NATO als Folge eines INF-Abkommens würde keine schwerwiegenden Nachteile für die Strategie der flexiblen Reaktion entstehen lassen, weil die USA Westeuropa mit ihren strategischen Kernwaffen abschirmten und einschließlich der 400 „Poseidon"-Nuklearsprengköpfe, die für Europa auf amerikanischen U-Booten eingeteilt sind, ein ausreichendes Potential in und für Europa verfügbar bliebe. Bis zu einer Grenze von 500 km könnte dieses Potential auch vergrößert und modernisiert werden, so daß weder eine Abkopplung von den strategischen Kräften der USA noch eine „Entnuklearisierung" Europas drohe. Die Schlußfolgerung aus dieser offiziellen amerikanischen Argumentation war offenkundig: Die „taktischen" Nuklearsysteme kürzerer Reichweite könnten die größerer Reichweite ersetzen, und im übrigen würden die massiveren Mittel der U-Boot-Raketen „Poseidon" und später „Trident" nebst den Kampfflugzeugen mit Kernwaffen ausreichen, um den Abschreckungszusammenhang zu wahren.

Es blieb allerdings unausgesprochen und uneingestanden, daß die NATO-Strategie damit an flexiblen und selektiven Nuklearoperationen einer Reichweite über 500 km in Europa verlieren würde, und eine TNF-Modernisierung kürzerer Reichweite in logischem Widerspruch sowohl zum Beschluß von Montebello und zum Bündnisbeschluß von 1979 als auch zu den im Oktober 1986 in Gleneagles von der NPG-Ministerkonferenz neugefaßten Allgemeinen Politischen Richtlinien für den Kernwaffeneinsatz in Europa stehen müßte. In Gleneagles war nach langjährigen Verhandlungen zwischen den NATO-Partnern über eine Schwerpunktverlagerung des TNF-Einsatzes in Europa auf das Gebiet des Hauptangreifers – sprich auf sowjetisches Gebiet -, das Prinzip der Einbeziehung der Sowjetunion als TNF-Zielgebiet beschlossen worden. Für einen solchen Einsatz würden ohne luftgestützte Marschflugkörper oder weiterreichende Kampfflugzeuge nur noch marginale Luftangriffsoptionen in Europa verfügbar sein.

### *Die Rolle der Pershing-Systeme auf deutschem Boden*

Ohne wenigstens die 750-km-Reichweite der Pershing-I für die Zukunft zu erhalten und wenn möglich so nahe wie möglich an die 1 000-km-Grenze der Rüstungskontrolle heranzugehen, stände keine „taktische" Flugkörperwaffe mehr für Zieloptionen im östlichen Mitteleuropa zur Verfügung. Was die Pershing-I der bundesdeutschen Luftwaffe betraf, so äußerte sich der amerikanische Außenminister im Frühjahr 1987 zunächst öffentlich nicht eindeutig. Er ließ diese Frage offen und überließ es der Regierung in Bonn, eine Lösung des Problems vorzuschlagen, die rüstungskontrollpolitisch mit einem INF-Abkommen bis zu 500 km Mindestreichweite für bodengestützte Flugkörper vereinbar wäre.

Es war zu erwarten, daß der politische Druck aus Moskau sich auf Bonn konzentrieren würde. Die Reagan-Administration betrieb im Mai/Juni 1987 in dieser Frage eine widersprüchliche Politik; Außenminister Shultz selbst zeigte sich unschlüssig: Zunächst drang er intern in Bonn auf die deutsche Bereitschaft zur Einführung der Pershing-Ib, während er sich öffentlich zurückhielt. Als der sowjetische Druck mit der Drohung, das INF-Abkommen nicht zu unterzeichnen, dann jedoch erwartungsgemäß stärker wurde, empfahl er (wiederum intern) einen freiwilligen Verzicht der Bundesregierung auf die Pershing-Ia-Raketen und auf einen Ersatz dafür.[18] Nach außen blieb es amerikanische Position, jede Einbeziehung dieser Pershing-Systeme in deutschem Besitz (mit den nuklearen Gefechtsköpfen in amerikanischer Verwahrung und den operativen Verfahren unter US/NATO-Kontrolle) in einen amerikanisch-sowjetischen INF-Vertrag abzulehnen.

Am 16. Juni unterbreitete die amerikanische Delegation in Genf der INF-Konferenz einen Vertragsentwurf und den Vorschlag, neben den eigentlichen INF-Flugkörpern größerer Reichweite auch die kürzerer Reichweite abzubauen, wenn damit auch die sowjetischen Raketen SS-12 (22) und SS-23 erfaßt würden. In die Verhandlung hinein erklärte Gorbatschow am 22. Juli[19] die Bereitschaft der Sowjetunion, auf die 100 INF-Gefechtsköpfe (gleich 33 SS-20-Raketen) auf ihrem asiatischen Gebietsteil zu verzichten und damit eine „globale Null-Lösung“ – wie seit 1981 von den USA und der NATO gefordert – anzunehmen. Damit drehte sich die weitere Verhandlung im wesentlichen nur noch um die untere Reichweitenbegrenzung bei 500 km und um das Verifizierungs-Regime des Vertrags, für das die Sowjetunion Vor-Ort-Inspektionen schon zugestanden hatte.

Die 72 Pershing-I in deutschem Besitz rückten nun in den Mittelpunkt als Hindernis für einen Vertragsabschluß. Am 28. Juli antwortete Reagan mit der Ankündigung eines wesentlich vereinfachten neuen amerikanischen Vorschlags für den INF-Vertrag, der auch Bestimmungen über die Zerstörung der INF-Systeme beider Mächte und das Verbot der Weitergabe an Dritte oder der Umrüstung enthielt[20] – was die Sowjetunion gleichfalls inzwischen akzeptiert hatte.

---

18 Die diversen Demarchen des amerikanischen Außenministers von 1987 in Bonn sind amtlich dokumentiert, jedoch noch nicht veröffentlicht.

19 In einem Interview mit der indonesischen Zeitung *Merdeka*; abgedruckt in: *EA*, 20/1987, S. D 560.

20 Vgl. *ebd.*, S. D 564.

### *Die sowjetische Position*

Am 6. August 1987 sprach der sowjetische Außenminister Eduard Schewardnadse das Thema „deutsche Pershing-I" an: Vor der internationalen Abrüstungskonferenz in Genf erklärte er, die prinzipielle Vereinbarung zwischen den USA und der UdSSR über die ausnahmslose Beseitigung aller INF-Flugkörpersysteme im Sinne der „doppelten Null-Lösung" müsse auch die nuklearen Gefechtsköpfe auf den Pershing-Ia in der Bundesrepublik Deutschland einschließen, weil es sich um amerikanische unter US-Kontrolle handle; die Flugkörper selbst, ihre Antriebsstufen und Startgeräte interessierten nicht.[21] Allerdings könne es sich bei Nuklearwaffen im Besitz der Bundesrepublik nicht um „Kernwaffen eines dritten Landes" im Sinne der Ausschließung der britischen und französischen vom INF-Abkommen handeln, denn die Bundesrepublik Deutschland habe nicht das Recht, Kernwaffen zu besitzen, weil ihr dies der Nichtverbreitungsvertrag von 1969 und ihre eigenen Selbstverpflichtungen verböten.

Entweder handle es sich deshalb bei den 72 Pershing-Ia-Gefechtsköpfen um amerikanische Waffen, oder um „illegale" nukleare Mittel in deutschem Besitz. Die USA müßten sich deshalb entscheiden, ob sie die „Null-Variante" für ein INF-Abkommen noch wollten oder nicht – jedenfalls würde die UdSSR ein „72 gleich Null" nicht akzeptieren. Auf keinen Fall könnte die Sowjetunion sich auf eine „juristische Fiktion" von „Kernwaffen, die keinem gehören" einlassen. Auf dem Spiel stünden gleich zwei internationale Verträge: „das Schicksal des Abkommens über Mittelstreckenraketen und operativ-taktische Raketen. Die Zukunft des Vertrages über die Nichtverbreitung von Kernwaffen".[22] Dabei richtete Schewardnadse an die Bundesrepublik Deutschland die Forderung, „ihre zweideutige Haltung" aufzugeben und die Situation „in gebührender Weise" zu klären, um „die Besorgnis aus der Welt zu schaffen", die wegen der Pershing-Ia in deutschen Händen entstanden sei. Zudem verwies er auf eine „Bedrohung" der „nationalen Interessen" seines Landes durch diese Kernwaffen in der Bundesrepublik und warnte, die Sowjetunion könne dadurch „zu einer Neubewertung der allgemeinstrategischen Situation gezwungen werden".

Damit war im Sommer 1987 eine internationale Situation um die Genfer INF-Verhandlung entstanden, in der die Sowjetunion die Aussicht auf das Abkommen dazu benutzen konnte, politischen Druck auf Bonn auszuüben und die Bundesregierung mit ihrer Forderung nach Preisgabe der Pershing-Ia öffentlich bloßzustellen. Diese Situation wäre vermeidbar gewesen, wenn die Reagan-Administration sich in der Sache rechtzeitig klar entschieden, ihre Politik verdeutlicht und dabei nicht versucht hätte, eine Option auf moderne

21 Vgl. *ebd.*, S. D 567.
22 *Ebd.*, S. 568.

nuklearfähige Raketen einer Reichweite um 450 km für Stationierung in Deutschland mit der fragwürdigen „Fire-break“-Doktrin zu wahren.

Das Problem wurde schließlich durch die erklärte Bereitschaft der Bundesregierung, die Pershing-Ia nach Abschluß der Beseitigung der INF-Systeme aufzugeben, gelöst. Das Problem der Modernisierung unterhalb 500 km blieb jedoch bestehen und mit ihm die Forderung des deutschen NATO-Partners nach einer möglichst unverzüglichen Anschlußverhandlung darüber mit der Sowjetunion. Damit war die Frage nach einer „dritten Null-Lösung“ unausweichlich gestellt; sie sollte die atlantische Bündnispolitik weiter beschäftigen und eine kritische Situation in der NATO verursachen.

## DAS INF-ABKOMMEN UND SEINE FOLGEN

Das INF-Abkommen[23] das schließlich am 8. Dezember 1987 in Washington von Reagan und Gorbatschow unterzeichnet wurde, schloß die INF-Kontroverse ab im Sinne der westlichen Zielsetzung seit 1981, erweitert um den Bereich 500 bis 1 000 km im sowjetischen Sinn. Es warf für die NATO die Frage nach einer schlüssigen Begründung für Nuklearwaffensysteme kürzerer Reichweite und damit einer Modernisierung der „taktischen“ Nuklearwaffen in Europa auf und kräftigte die politische Tendenz zu einer weiteren Reduzierung dieser Waffen in Europa mit dem Ziel einer Beseitigung aller Kernwaffen in Europa im Sinne der sowjetischen Position. Die Folgeprobleme für die nukleare Strategie der NATO und die regionale Nuklearbewaffnung in Europa auf westlicher Seite verdeutlichten sich 1988 in der politischen Diskussion über die Modernisierung der Kurzstreckenraketen in Europa und über die nuklearfähige Artillerie. Doch das Wesentliche für das Ost-West-Verhältnis allgemein und für die Beziehungen zwischen den beiden Supermächten lag in der Beseitigung der bodengestützten Mittelstreckensysteme und im Beginn durchgreifender Abrüstung mit einem anspruchsvollen Verifikations-Vertragsregime. Das Abkommen selbst bot einen Ansatz für weiterführende Rüstungskontrolle und ein Beispiel für eine Neuorientierung der Sicherheitspolitik im Verhältnis zwischen NATO und Warschauer Vertrag.

### *Richtlinien für einen START-Vertrag*

Diese über INF hinausweisende Bedeutung für die Lage in Europa und die globalstrategischen Beziehungen reichte 1987/88 allerdings bei weitem nicht aus, schon einen Durchbruch durch die Hindernisse auf dem Wege

---

23 Abgedruckt in: *EA*, 1/1988, S. D 18 ff.

zu einem START-Abkommen über Parität bei den nuklearstrategischen Kräften beider Mächte zu ermöglichen. Präsident Reagan versuchte, sein letztes Amtsjahr noch für den Abschluß des START-Abkommens zu nutzen. In der Gemeinsamen Erklärung vom 10. Dezember 1987[24] setzten Reagan und Gorbatschow sich das Ziel, einen START-Vertrag auf der Grundlage einer 50prozentigen Reduzierung der strategischen Offensivwaffen „in der ersten Hälfte des Jahres 1988 zu unterzeichnen". Dafür vereinbarten sie eine Richtlinie an ihre Unterhändler in Genf, die ihre Grundsatzübereinkunft von Reykjavik fortschrieb:

1. Obergrenzen für strategische Angriffsträgersysteme bei je 1 600 und für Gefechtsköpfe an solchen Systemen bei je 6 000;

2. davon nicht mehr als 4 900 Gefechtsköpfe an strategischen Raketen (ICBM und SLBM);

3. davon auf sowjetischer Seite nicht mehr als 1 540 Gefechtsköpfe auf 154 „schweren" ICBM-Interkontinentalraketen (was eine Halbierung der Zahl der 308 SS-18-Systeme und des Gefechtskopfbestands von 3 080 in den Zehnfach-Angriffsköpfen dieses Raketentyps bedeuten und die Silo-Zerstörungsfähigkeit der sowjetischen ICBM entsprechend herabsetzen würde);

4. Verringerung des gesamten Raketenwurfgewichts der sowjetischen ICBM und SLBM um 50 Prozent des erreichten Standes (was die Tragfähigkeit der Flugkörper für Mehrfach-Angriffssysteme entsprechend reduzieren und auch auf diese Weise die Silo-Zerstörungsfähigkeit der sowjetischen ICBM weiter einschränken würde), verbunden mit der beiderseitigen Verpflichtung, das damit reduzierte Gesamtwurfgewicht der sowjetischen ICBM und SLBM nicht zu überschreiten;

5. Ausschließung der seegestützten Marschflugkörper größerer Reichweite (SLCM) von der strategischen Gefechtskopf-Obergrenze bei 6 000, aber Vereinbarung einer Begrenzung der Stationierung weitreichender nuklear bewaffneter SLCM außerhalb der Obergrenze für strategische Offensivwaffen;

6. Vereinbarung einer Regel für die Definition „schwerer Bomber" und deren nukleare Bewaffnung mit Zählkritierien für die Parität;

7. Vereinbarung konkreter Regeln zur Ermittlung der Zahl nuklear bewaffneter luftgestützter Langstrecken-Marschflugkörper (ALCM) für jeden Typ schwerer Bomber;

8. Vereinbarung von Regeln zur Ermittlung der Anzahl existierender ballistischer Flugkörpersysteme; dafür wurden in diesem Text bestimmte Annahmen über die Zahl der nuklearen Gefechtsköpfe an jedem aufgelisteten ICBM bzw. SLBM-Flugkörpertyp in den beiden Arsenalen zu Protokoll gegeben, die als gemeinsame Zählregel angesehen werden können.

Außerdem wurden die Grundsätze für ein detailliertes Verifikationsregime nach dem Vorbild des INF-Vertrags vereinbart und den Unterhändlern zur

---

24 *Ebd.*, S. D 32-38.

konkreten Ausgestaltung vorgegeben. Die dabei stipulierten acht Grundsätze stellten schon eine Grundlage für den Verifikationsteil eines START-Abkommens dar.

Mit dieser weitgehenden Verständigung über Inhalt und Tragweite eines START-Abkommens war auch das in der Erklärung ausgesprochene Einverständnis verbunden, „bei der Entwicklung der amerikanisch-sowjetischen Beziehungen im strategischen Bereich Möglichkeiten zur Sicherstellung der Berechenbarkeit unter der Bedingung strategischer Stabilität [zu] diskutieren, um das Risiko eines Nuklearkrieges zu verringern".[25] In diesem Sinn wurde die Bedeutung verfizierbarer Rüstungskontrolle für Sicherheit und Stabilität hervorgehoben. Strategische Stabilität und Stabilität von Rüstungskontrolle durch verifizierbare Abkommen über Verringerung und Begrenzung von Streitkräften und Rüstungen wurden damit auf einen Nenner gebracht – was bis dahin zumindest in den USA nicht allgemein akzeptiert worden war. So handelte es sich im Dezember 1987 um einen neuen und erheblich verbreiterten gemeinsamen Ansatz für eine „globale Sicherheitspartnerschaft", die auf gemeinsame Definitionen strategischer Stabilität auch durch Rüstungskontrolle und damit auf vereinbarten Bedingungen militärischer Sicherheit zwischen beiden Mächten beruhen sollte,[26] also um eine Neuauflage des Versuchs, der mit der Moskauer Gemeinsamen Erklärung vom Mai 1972 zwischen Richard Nixon und Leonid Breshnew unternommen worden war.

Eine solche globale Beziehung konnte nicht gefestigt werden, solange keine Einigung über Auslegung und Anwendung des Moskauer Vertrags von 1972 über Raketenabwehr (ABM-Vertrag) im Zusammenhang mit dem amerikanischen SDI-Programm bestand. Eine solche Einigung war im Dezember 1987 noch nicht möglich; trotz einer Abschwächung der sowjetischen Forderung auf erhebliche Beschränkungen des SDI-Programms war es ungewiß, ob sie im Laufe des Jahres 1988 möglich würde.

## *Die Sowjetunion und SDI*

In dem am 10. Dezember 1987 veröffentlichten gemeinsamen Text wurde nur der gemeinsame Auftrag an die Genfer Unterhändler erteilt, „ein Abkommen auszuarbeiten, mit dem beide Seiten sich verpflichten, den ABM-Vertrag,

25 *Ebd.*, S. D 35.

26 Der Begriff der „Sicherheitspartnerschaft" wurde vom Verfasser in diesem Sinn für das amerikanisch-sowjetische Supermachtverhältnis im SALT-Kontext geprägt und im Mai 1972 erstmals öffentlich verwandt. Vgl. auch Lothar *Ruehl*, Machtpolitik und Friedensstrategie, Hamburg 1974, S. 322 ff., bes. S. 356-357. An dieser Stelle wird die „amerikanische Sicherheitspartnerschaft mit der Sowjetunion zum ‚Aufbau des Friedens'" als Kennzeichen einer neuen Konzeption der amerikanischen Sicherheitspolitik zur globalen und regionalen Risikobegrenzung in der Machtkonfrontation hervorgehoben.

so wie er im Jahr 1972 unterzeichnet wurde, einzuhalten und gleichzeitig ihre erforderliche Forschung, Entwicklung und Erprobung fortzuführen, wie sie der ABM-Vertrag gestattet und sich für einen bestimmten Zeitraum nicht vom ABM-Vertrag zurückzuziehen".[27] Nicht später als drei Jahre vor Ende dieses noch zu bestimmenden Zeitraums sollten „intensive Diskussionen über die Stabilität im strategischen Bereich" geführt werden. Danach würde jede Seite „den weiteren Verlauf ihrer Aktivitäten frei bestimmen können", es sei denn, man hätte sich auf andere Modalitäten geeinigt.

Dieser dilatorische Formelkompromiß ließ in der Sache alles offen, denn es bestand ebenso wenig wie im Oktober 1986 Übereinstimmung darüber, was der ABM-Vertrag zuläßt. Immerhin hatte Gorbatschow – anders als in Reykjavik – die Einigung über Leitsätze für den START-Vertrag nicht von einem Verzicht Reagans auf das SDI-Programm oder von einer einschneidenden Beschränkung dieses Programms auf Laboratoriumsversuche abhängig gemacht. Seine Haltung war schon bestimmt von der doppelten Einsicht, daß Reagan solche Beschränkungen nicht hinnehmen würde, und daß auch in der Sowjetunion systematische Forschung und Entwicklung von strategischen Defensivsystemen über das im ABM-Vertrag von 1972 Zulässige hinaus betrieben wurde. Nur wollte die sowjetische Führung diese Erkenntnis über Stand und Tragweite der sowjetischen SDI-Forschung noch nicht öffentlich zugeben. Das erste Eingeständnis ließ noch zwei Jahre auf sich warten.

Die weitere Genfer Verhandlung über strategische Waffen und den Weltraum (in der östlichen Terminologie „nukleare und Weltraumwaffen") ergab 1988 keine ausreichenden Fortschritte mehr, die ein neues Zusammentreffen Reagans mit Gorbatschow gerechtfertigt hätten. Zwar hegte man in Washington noch bis zum Herbst und dem Beginn des Präsidentschaftswahlkampfs die Hoffnung auf eine Einigung über START, doch war schon im Frühjahr 1988 nach den ersten Genfer Diskussionen deutlich geworden, daß SDI für den Rest der Präsidentschaft Reagans ein unüberwindliches Hindernis bleiben würde. Auch über die Umsetzung der Washingtoner Leitsätze für ein START-Abkommen bestand zwischen den Regierungen 1988 noch keine ausreichende Übereinkunft, zumal man sich weder über die Behandlung der weiterreichenden SLCM-Marschflugkörper noch über das wichtige Problem mobiler Interkontinentalraketen einigen konnte. Die amerikanische Forderung, solche boden-beweglichen Systeme als unvereinbar mit strategischer Stabilität und verifizierbarer Rüstungskontrolle zu verbieten, lief nicht nur dem sowjetischen Interesse an Raketen wie der modernen SS-24 zuwider, sondern auch dem amerikanischen Interesse an einer Stärkung der Überlebensfähigkeit der ICBM in den USA durch Umrüstung auf mobile Startsysteme. Ein weiterer Klärungsprozeß in der amerikanischen strategischen Politik war deshalb notwendig, und ein solcher Prozeß setzte eine neue Administration

27 *EA*, 1/1988, S. D 35.

voraus, unabhängig davon, wieviel Kontinuität diese bewahren und welche Revisionen sie vornehmen würde. In Genf zeigte sich, daß die fortbestehenden sachlichen Gegensätze nicht durch eine forcierte Gangart überwunden werden konnten.

## DIE VERHANDLUNGEN DER BEIDEN MÄCHTE IN WIEN

Auch für die gemeinsam zum Ziel erklärte weltweite Beseitigung chemischer Waffen in einem internationalen Vertrag bestand 1988 trotz gewisser Annäherungen keine reale Möglichkeit. In Wien rückte die Vorbereitung einer Verhandlung zwischen den Mitgliedern von NATO und Warschauer Pakt über „konventionelle Stabilität" oder „konventionelle Streitkräfte in Europa" als nächste große Unternehmung der West-Ost-Rüstungskontroll-Politik in den Mittelpunkt. Dabei handelte es sich im Westen um ein schwieriges bündnis- und sicherheitspolitisches Thema, das – ähnlich wie das Thema SRINF – vor allem die Beziehungen zwischen den Verbündeten zum Gegenstand hatte. Im amerikanisch-sowjetischen Verhältnis trat diese Problematik noch nicht in den Vordergrund, obwohl beide Mächte ein großes direktes Interesse an dieser Verhandlung hatten. Ihre jeweiligen Verbündeten mußten sich noch auf gemeinsame Positionen zu „Parität" und „Defensivstrukturen" wie zur Verifikation einigen, die zum großen Teil auf deren Territorien stattfinden sollte, bevor beide Seiten Vorschläge austauschen konnten. Auf westlicher Seite verzögerten Differenzen zwischen Washington und Paris über den geographischen Regionalansatz zur Einteilung Europas und allgemein über die Einbeziehung oder Ausschließung von Waffensystemen bzw. deren Definition, über Luftstreitkräfte und nuklearfähige Systeme die Einigung der NATO-Partner auf eine gemeinsame Verhandlungsposition.[28] Diese Lage in der NATO wurde noch kompliziert durch die Diskussion über die regionale Bewaffnung mit „taktischen" Nuklearsystemen in Europa.

Die Sowjetunion und ihre Verbündeten im Warschauer Pakt forderten die Einbeziehung der Luftstreitkräfte und aller nuklearfähigen Systeme in die Verhandlung, während die USA und ihre NATO-Partner Kernwaffen grundsätzlich von der Verhandlung ausschließen, aber nuklearfähige Systeme nicht wegen ihrer Kernwaffen-Einsatzfähigkeit allein ausklammern wollten. Ein praktisch brauchbarer und politisch für beide Seiten annehmbarer Kompromiß für ein Verhandlungsmandat reifte in der Wiener Vorverhandlung heran. Die Sowjetunion suchte mit ihrer Forderung nach einer Verhandlung über die „operativ-taktischen" nuklearfähigen Kurzstreckenraketen entweder separat oder im Zusammenhang mit der Wiener Verhandlung den Hebel

28 Vgl. hierzu auch die Beiträge von Hans-Heinrich *Wrede* und Karl-Heinz *Kamp* in diesem Band.

immer wieder bei Washington und London einerseits, Bonn andererseits anzusetzen, um die westliche Position für eine Fortsetzung der Kernwaffenverhandlung zu öffnen.

Die atlantischen Verbündeten bewahrten schließlich den zeitlichen und sachlichen Vorrang der konventionellen Rüstungskontrolle vor einer weiteren Verhandlung über nukleare Rüstungskontrolle in Europa. Das zentrale Weltmachtverhältnis wurde von diesen Vorgefechten zur Vorbereitung der Verhandlung über konventionelle Streitkräfte in Europa nur tangiert: Die globalstrategischen Probleme harrten neuer Verhandlungen nach dem Beginn einer neuen Präsidentschaft in den USA, die mit der Wahl des Vizepräsidenten George Bush die Aussicht auf ein ausreichendes Maß an Stabilität, Kontinuität und Berechenbarkeit zu bieten schien.

# DIE AMERIKANISCH-SOWJETISCHEN BEZIEHUNGEN UND REGIONALE KONFLIKTE

*Von Helmut Hubel*

In den Jahren 1987/88, den letzten der Amtszeit von Präsident Ronald Reagan, erreichten die amerikanisch-sowjetischen Beziehungen eine bis dahin nicht erlebte Intensität. Als Präsident Reagan aus dem Amt schied, hatte er sich mit Generalsekretär Michail Gorbatschow innerhalb von zweieinhalb Jahren zu vier Gipfelgesprächen getroffen; die Außenminister beider Länder, Eduard Schewardnadse und George Shultz, waren sich seit Juli 1985 insgesamt 31 mal begegnet. Zwar kam das von manchen Beobachtern erwartete Abkommen über eine drastische Verminderung der strategischen Waffen (START) im Berichtszeitraum nicht zustande; dennoch führten die intensiven Verhandlungen auch hier zu erheblichen Annäherungen. Zum letzten offiziellen Gipfel in Reagans Amtszeit in Moskau (im Mai 1988) brachte der Präsident die Ratifizierung des INF-Abkommens durch den Kongreß mit, das er und Gorbatschow im Dezember 1987 in Washington unterzeichnet hatten. Wie die Zahlen von Auswanderern aus der Sowjetunion, insbesondere deutscher und jüdischer Herkunft, und die Rehabilitierung von mehreren prominenten Regimekritikern bewiesen, fanden Reagans oft wiederholte Forderungen zum Thema Menschenrechte bei der Führung der Sowjetunion Resonanz. Schließlich kam es 1988 im amerikanisch-sowjetischen Dialog über regionale Konflikte zu politischen und diplomatischen Erfolgen.

## REGIONALKONKLIKTE ALS STREITGEGENSTAND DER GROSSMÄCHTE

Ronald Reagans Präsidentschaft könnte als Antwort auf die negativen amerikanischen Erfahrungen in der Dritten Welt in den siebziger Jahren verstanden werden. Zwar war bei den Spitzenbegegnungen der Jahre 1972/73 erstmals der Versuch unternommen worden, die amerikanisch-sowjetische Rivalität außerhalb der Kernzone des Ost-West-Konflikts in Europa mittels „Verhaltensregeln" zu dämpfen.[1] Sie scheiterten jedoch bald, wie die Konfrontation der Großmächte im arabisch-israelischen Oktober-Krieg 1973 und die Interventionen kubanischer Truppen in Angola (1975/76) und Äthiopien (1978) sowie das Eingreifen Vietnams in Kambodscha (1978) erwiesen. Insbesondere die Entwicklungen im „Krisenbogen" (so Zbigniew Brzezinski) vom Horn

[1] Vgl. Alexander L. *George* (Hrsg.), Managing U.S.-Soviet Rivalry. Problems of Crisis Prevention, Boulder 1983.

von Afrika bis Pakistan wurden in den Vereinigten Staaten als Untergrabung der amerikanischen und westlichen Sicherheit verstanden.[2] Die sowjetische Intervention in Afghanistan im Dezember 1979 besiegelte schließlich das Ende der Entspannung zwischen den Großmächten. Als Wahlkämpfer und Präsident bezeichnete Reagan neben der angeblichen militärischen Überlegenheit den „Expansionismus" der Sowjetunion als die größte Herausforderung.[3]

Die sowjetische Führung, die die Gipfelbegegnung von 1972 als Anerkennung ihrer weltpolitischen Ebenbürtigkeit durch den globalen Rivalen verstanden hatte, nutzte amerikanische Schwächen nach dem Rückzug aus Vietnam und während der Watergate-Affäre aus, um ideologisch nahestehenden Partnern in der Dritten Welt an die Macht zu verhelfen. Einerseits warf sie der amerikanischen Führung vor, in Chile 1973 die „Verhaltensregeln" verletzt und sie aus den nahöstlichen Friedensbemühungen ausgeschlossen zu haben. Andererseits bezeichneten prominente Sprecher die Rivalität in der Dritten Welt als durchaus vereinbar mit der Entspannung in Europa und Rüstungskontroll-Abkommen zwischen den Großmächten. Ende der siebziger Jahre hatte Moskau in Angola, Äthiopien, Südjemen, Kambodscha und schließlich in Afghanistan mehrere prosowjetische Regime an die Macht gebracht oder deren Herrschaft militärisch abgestützt.

### *Zurückdrängung der Sowjetunion aus der Dritten Welt*

Mehr als jeder amerikanische Präsident vor ihm verfolgte Reagan ein ideologisch geprägtes Programm zur Bekämpfung des weltpolitischen Gegners. In seinem Weltbild galt die Sowjetunion als Verkörperung „allen Übels" und „verantwortlich für all die Probleme dieser Welt".[4] Angesichts der Bedenken des Geheimdienstes CIA sowie möglicher Einwände seitens des Kongresses und der Öffentlichkeit setzte er die Förderung der afghanischen Widerstandskämpfer zunächst nur in verdeckter Form fort, die sein Vorgänger Jimmy Carter als unmittelbare Antwort auf die sowjetische Intervention

---

2 Vgl. hierzu auch Werner *Link*, Die Konkurrenz der beiden Weltmächte im Zeichen stagnierender Entspannung, in: IP 1977/78, S. 1-29.

3 Ernst-Otto *Czempiel* stellt fest, die amerikanisch-sowjetische Rivalität habe sich seit der zweiten Hälfte der siebziger Jahre auf die Dritte Welt verlagert. Vgl. Machtprobe. Die USA und die Sowjetunion in den achtziger Jahren, München 1989.

4 Vgl. z.B. die erste Pressekonferenz des Präsidenten vom 29.1.1981, in: *Weekly Compilation of Presidential Documents*, Washington 1981, S. 66-68, in der Reagan vom anhaltenden Streben der Sowjetunion nach der „Weltrevolution" sprach, und seine Rede vor der Jahreskonferenz der National Association of Evangelicals, Orlando (Florida) vom 8.3.1983 (in: ebd., 14.3.1983, S. 367-370), in der er die sowjetischen Führer als „the focus of evil in the modern world" bezeichnete.

verfügt hatte. Nicaragua, die „geopolitische Herausforderung im Hinterhof der Vereinigten Staaten" sowie Afghanistan waren die beiden prominentesten Fälle eines Programms, das seit 1985 mit dem Begriff „Reagan-Doktrin" umschrieben wurde.[5] Dieser „Doktrin" zufolge erklärten sich der Präsident und seine Anhänger verpflichtet, „Freiheitskämpfer" wie die afghanischen Mudschahedin, die nicaraguanischen Contras, die UNITA in Angola oder Prinz Norodom Sihanouks Anhänger in Kambodscha in die Lage zu versetzen, verdeckte militärische Aktionen („covert wars") gegen solche Regierungen zu führen, die von der Sowjetunion und deren Verbündeten gestützt wurden. Außerdem zielten sie darauf ab, „bedrohte Nachbarstaaten", wie etwa Pakistan, Honduras oder El Salvador, wirtschaftlich und militärisch zum Wiederstand zu befähigen und sie für ihre Hilfe für die Guerilla-Operationen zu belohnen. In den meisten Fällen folgte die Mehrheit des amerikanischen Kongresses dem Programm des Präsidenten und genehmigte im Sommer 1985 erstmals öffentliche Mittel zur militärischen Unterstützung der Widerstandsgruppen in Afghanistan, Nicaragua und Angola.[6]

Gegenüber der sowjetischen Führung verfolgte die Regierung Reagan eine Art Doppelstrategie: Einerseits verstärkte sie den politischen, militärischen und wirtschaftlichen Druck auf die Partnerregime in der Dritten Welt und zwang damit die Sowjetunion zu einem anhaltenden, kostspieligen Engagement. Andererseits erklärte Washington seit den frühen achtziger Jahren das Problem des „sowjetischen Expansionismus" zu einem zentralen Problem der bilateralen Beziehungen und machte Fortschritte in anderen Fragen, z.B. im Rüstungsdialog, von sowjetischem Wohlverhalten in dieser Frage abhängig.[7] In einigen Fällen erachteten es jedoch beide Seiten für ratsam, trotz aller Spannungen einen Dialog aufrechtzuerhalten.[8] Dies betraf vor allem den irakisch-iranischen Krieg, den die Vereinigten Staaten insbesondere aus Sorge um eine gesicherte Ölzufuhr für die OECD-Länder, und die Sowjetunion angesichts der Nähe des Konflikts zum eigenen Territorium als bedrohlich ansahen.

---

5 So Charles *Krauthammer* in: *Time Magazine*, 1.4.1985, S. 54 f. Wesentliche Elemente dieser „Doktrin" hatte Reagan bereits im Juni 1982 öffentlich verkündet. Vgl. Promoting Democracy and Peace, abgedruckt in: *Weekly Compilation of Presidential Documents*, 14.6.1982, S. 764-770.

6 Vgl. Stephen S. *Rosenfeld*, The Guns of July, in: *FA*, Bd. 64, Nr. 4, Frühjahr 1986, S. 698-714.

7 Vgl. Alexander M. *Haig*, Caveat. Realism, Reagan, and Foreign Policy, New York 1984, S. 95-114.

8 Vgl. Raymond L. *Garthoff*, Détente and Confrontation. American-Soviet Relations from Nixon to Reagan, Washington (Brookings Institution) 1985, S. 1061.

## AUSWIRKUNGEN DES „NEUEN DENKENS“ IN DER SOWJETUNION AUF REGIONALE KONFLIKTE

Die teilweise erheblichen Änderungen in Einstellung und Verhalten der Sowjetunion gegenüber regionalen Konflikten waren eine direkte Folge der umfassenden Überprüfung der sowjetischen Außenpolitik nach dem Amtsantritt Gorbatschows im März 1985.[9] Ausschlaggebend dafür war die Erkenntnis der neuen Führung, daß das Land mit einer akuten Krise des wirtschaftlichen und politischen Systems konfrontiert war. Gorbatschow und seine Anhänger erhofften sich vom „neuen Denken“ sowohl einen Mobilisierungseffekt im Innern als auch einen Einstellungswandel im Ausland. Schließlich suchten sie eine Konsequenz aus der Tatsache zu ziehen, daß die „Ära der Stagnation“ (so der neue Euphemismus für die Breshnew-Ära) eine internationale Isolierung des Landes mit untragbaren Belastungen herbeigeführt hatte.[10] Die radikale Schlußfolgerung war, daß ohne weitreichende Kurskorrekturen der internationale Rang des Landes nicht zu wahren sei. Angesichts der schwerwiegenden Probleme im Innern handelte es sich um mehr als nur um taktisch-kurzfristige Kurskorrekturen. Nach Lage der Dinge war weder im Rüstungsbereich noch bei den Drittwelt-Verpflichtungen der Sowjetunion eine Entlastung rasch zu erlangen.

### *Motive für den Kurswechsel*

Die Überprüfung der Politik gegenüber der Dritten Welt bildete sich seit Ende der siebziger Jahre – abzulesen in zunehmend nüchternen Stellungnahmen sowjetischer Wissenschaftler und prominenter Repräsentanten des Parteiapparates – allmählich heraus. Bereits nach dem Tode Leonid Breshnews im November 1982 hatte sein Nachfolger, Jurij Andropow, gegenüber den Drittwelt-Partnern der Sowjetunion eine zurückhaltendere Tonart angeschla-

9 Vgl. hierzu auch Eberhard *Schulz*, Neubeginn in der Sowjetunion, in: IP 1985/86, S. 215-232.

10 Vgl. hierzu den aufsehenerregenden Beitrag von Vjačeslav I. *Dašičev*, Vostok-Zapad: Poisk novych otnošenij. O prioritetach vnešnej politiki Sovetskogo gosudarstva (Ost-West: Die Suche nach neuen Beziehungen. Über die Prioritäten der Außenpolitik des Sowjetstaats), in: *Literaturnaja Gazeta*, Nr. 20, 18.5.1988, S. 14, der ausdrücklich „vor allem die Fehlkalkulationen der Breshnew-Führung und ihr inkompetentes Herangehen an die Lösung außenpolitischer Aufgaben“ für das Scheitern der Détente und die internationale Isolierung der Sowjetunion verantwortlich machte. Die politische Bedeutung des Artikels war daran abzulesen, daß seine Kernaussagen Eingang in die Thesen des Zentralkomitees der KPdSU für die 19. Allunions-Parteikonferenz fanden (vgl. *Pravda*, 27.5.1988, S. 1 f.)

gen.[11] Unter Gorbatschow wurden diese Ansätze zusammengefaßt und daraus politische Schlußfolgerungen gezogen. Die militärische Intervention in Afghanistan wurde zunehmend zum Symbol der verfehlten Politik seit den siebziger Jahren erklärt und spielte bei dem Prozeß des Umdenkens die Rolle eines Katalysators. Drei wesentliche Motive für den Kurswandel ließen sich ablesen: 1. die wachsende wirtschaftliche Belastung durch das Drittwelt-Engagement, 2. die zunehmende Verwicklung von Partnern der Sowjetunion in bewaffnete Auseinandersetzungen und 3. die negativen Auswirkungen auf das Verhältnis zu den Vereinigten Staaten.[12]

Zu den wirtschaftlichen Kosten des sowjetischen Engagements waren keine offiziellen Zahlenangaben bekannt.[13] Seit den Äußerungen Andropows, der wesentliche Einfluß der Sowjetunion in der Dritten Welt werde durch die eigene Wirtschaftspolitik ausgeübt, und angesichts der zunehmenden Ernüchterung über die anhaltenden wirtschaftlichen Probleme der engsten Partner in der Dritten Welt zeichnete sich ab, daß die sowjetische Führung eine Reduzierung dieser Bürde anstrebte. Zu den wirtschaftlichen Problemen kamen militärische hinzu. Praktisch jedes der seit Mitte der siebziger Jahre der Sowjetunion nahestehende Regime in der Dritten Welt war in anhaltende Kämpfe mit Rebellen verwickelt, die im Innern oder von benachbarten Ländern aus sein Überleben in Frage stellten. Im Falle Angolas und Äthiopiens unterstützten kubanische Truppen die dortigen Regime; in Kambodscha hatte Vietnam militärisch interveniert. Die Sowjetunion war an diesen Engagements nicht nur politisch oder logistisch beteiligt; sie sah sich auch veranlaßt, die Aktionen der beiden Verbündeten durch zusätzliche Hilfsmaßnahmen anhaltend zu stützen. In Afghanistan waren es schließlich sowjetische Truppen, die ein von dem Großteil der Bevölkerung abgelehntes Regime vor dem Sturz zu bewahren suchten.

---

11 Vgl. Galia *Golan*, Moscow and Third World National Liberation Movements: The Soviet Role, in: *Journal of International Affairs*, Bd. 40, Nr. 2, Winter/Frühjahr 1987, S. 303-323. Zu den ersten Anzeichen des sowjetischen Umdenkens gegenüber Problemen der Dritten Welt aus amerikanischer Sicht vgl. Stephen *Sestanovich*, Do the Soviets Feel Pinched by Third World Adventures?, in: *Washington Post*, 20.5.1984.

12 Vgl. Francis *Fukuyama*, Moscow's Post-Breshnev Reassessment of the Third World, Santa Monica (RAND R-3337-USDP), Februar 1986, S. 2 f.

13 Sowjetische Experten scheuten sich jedoch nicht, Schätzungen der konservativen amerikanischen Heritage-Foundation kritiklos zu übernehmen. Danach hatte allein die sowjetische „Militärhilfe" für Afghanistan täglich mehr als 15 Mio. $ (umgerechnet jährlich mehr als 5,38 Mrd. $); die jährliche Hilfe für Kuba 5 Mrd. $, für Nicaragua 4 Mrd. $ [kann nur für ca. 4-5 Jahre zusammen gelten; d.V.], für Angola (von 1975-1987) 5 Mrd. $ und für Mosambik (1975-1983) 1 Mrd. $ gekostet. Vgl. My i „Tretij Mir" [Wir und die „Dritte Welt"]. Beiträge einer wissenschaftlich-praktischen Konferenz im Außenministerium der UdSSR, abgedruckt in: *Meždunarodnaja Žizn'*, Nr. 11/1988, S. 143-159, hier S. 151, sowie Eberhard *Schulz*, Weltpolitische Bürden der Sowjetunion, in: IP 1979/80, S. 153-183.

In all diesen Fällen wandte sich die Lage zum Nachteil der Sowjetunion: Hatte sie in den siebziger Jahren die betreffenden Regime an die Macht gebracht und durch die Unterstützung revolutionärer Prozesse scheinbar ihren weltweiten Einfluß ausgedehnt, so mußte sie in den achtziger Jahren als Verteidiger des neuen Status quo auftreten und Regierungen in kostspieligen Kämpfen gegen Guerillaunternehmen beistehen.[14] Schließlich setzte sich bei der neuen sowjetischen Führung die Einsicht durch, daß die Ereignisse in der zweiten Hälfte der siebziger Jahre von Angola bis Afghanistan die Entspannung mit den Vereinigten Staaten zunichte gemacht hatten. Offen wurde ausgesprochen, daß Präsident Reagan und der amerikanische Kongreß durch ihre Unterstützung für mehrere Widerstandsbewegungen die Sowjetunion einen hohen Preis dafür bezahlen ließen. Zu den politischen Kosten zählte außerdem, daß in den Konflikten um Afghanistan und Kambodscha China, der Westen und ein Großteil der Entwicklungsländer eine „Einheitsfront" gegen die Sowjetunion bildeten.[15]

### *Neue politische Ansätze*

Das „neue Denken" bezüglich der regionalen Konflikte betonte vor allem die Notwendigkeit, die Probleme mit Hilfe politischer Maßnahmen auf dem Wege eines Interessenausgleichs zwischen allen interessierten Parteien zu lösen. Eine neue Doktrin der „nationalen Versöhnung" forderte dazu auf, kompromißbereite Oppositionskräfte in die jeweiligen Regierungen aufzunehmen. Sie erinnerte an frühere „Volksfront"-Konzeptionen in Europa, war besonders auf Afghanistan, Nicaragua, aber auch Angola, Äthiopien und Kambodscha zugeschnitten und suchte offensichtlich die betreffenden Regime durch eine Erweiterung ihrer Machtbasis und einen partiellen Machtverzicht zu stabilisieren. An die Adresse der anderen Weltmacht gerichtet, forderte das „neue Denken" dazu auf, regionale Konflikte nicht mehr „durch das Prisma der Ost-West-Konfrontation" zu betrachten und „legitime Interessen" der Sowjetunion anzuerkennen.[16] Gorbatschow und Schewardnadse unterstrichen in mehreren Auftritten und Erklärungen die Rolle internationaler Organisationen, insbesondere der Vereinten Nationen. Tatsächlich war die Sowjetunion im Oktober 1987 erstmals bereit, für die Friedenstruppen der Weltorganisation

---

14 Vgl. Vitalij V. *Žurkin*/Sergej A. *Karaganov*/Andrej V. *Kortunov*, Vyzovy bezopasnosti – starye i novye (Herausforderungen der Sicherheit – alte und neue), in: *Kommunist*, Nr. 1, 1988, S. 42-50, hier S. 49.

15 Vgl. *Dašičev*, a.a.O. (Anm. 10).

16 Vgl. Evgenij M. *Primakov*, Novaja filosofija vnešnej politiki, in: *Pravda*, 10.7.1987, S. 4; *ders.*, USSR Policy on Regional Conflicts, in: *International Affairs* (Moskau), Nr. 6, 1988, S. 3-9, und Aleksandr K. *Kislov*, Novoe političeskoe myšlenie i regional'nye konflikti, in: *MEiMO*, Nr. 8, 1988, S. 39-47.

ihren finanziellen Beitrag zu leisten.[17] Außerdem zeigte die sowjetische Diplomatie nicht nur im Falle Afghanistans, sondern auch des Golf-Kriegs, der Konflikte im südlichen Afrika, Kambodschas und etwa Zyperns eine bis dahin nicht erlebte Bereitschaft zu einer sachdienlichen Zusammenarbeit innerhalb der Vereinten Nationen.

Ein neues realpolitisches Herangehen bewies die Sowjetunion auch gegenüber Staaten, die sie jahrelang boykottiert hatte: Israel und Südafrika. Sie scheute nicht länger offizielle Gespräche, machte jedoch eine (Wieder-) Aufnahme diplomatischer Beziehungen von Fortschritten bei der Lösung der jeweiligen Konflikte abhängig. In ihren Kontakten mit den Konfliktparteien und anderen Mächten legten sowjetische Diplomaten auch ein nuancierteres Verständnis der entsprechenden Probleme an den Tag.[18] Schließlich wirkte die Sowjetunion auch auf ihre Verbündeten ein. So drängte sie Kuba und Vietnam dazu, Bereitschaft zum Truppenabzug zu zeigen und damit eine wesentliche Voraussetzung für eine politische Lösung der Konflikte in Angola bzw. Kambodscha zu schaffen. Außerdem suchte sie ihr nahestehende Regierungen und Befreiungsbewegungen wie die Sandinisten Nicaraguas, die PLO oder den ANC zu größerer Kompromißbereitschaft als bisher zu bewegen.[19]

### *Wende zur Zusammenarbeit zwischen den Weltmächten*

Präsident Reagan, der im Herbst 1984 seine Wiederwahl anstrebte und dem demokratischen Konkurrenten nicht das Thema „Frieden" überlassen wollte, bekundete zu Beginn des Jahres erstmals seine Bereitschaft zur Verständigung mit der Sowjetunion.[20] In zwei programmatischen Reden schlug er an erster Stelle regelmäßige amerikanisch-sowjetische Gespräche über Konflikte in der Dritten Welt vor.[21] Die erste Begegnung Reagans mit einem Mitglied des sowjetischen Politbüros, mit Außenminister Andrej

17 Vgl. *NYT*, 26.10.1987.

18 Vgl. z.B. zum Nahost-Konflikt Alexander *Sotow (Zotov)*, Palästinas Weg, in: *Neue Zeit*, Nr. 48, November 1987, S. 18-21. Zum südlichen Afrika vgl. den Beitrag von Klaus Frhr. von der *Ropp* in diesem Band.

19 Dies trug beispielsweise dazu bei, daß PLO-Führer Yasser Arafat im Dezember 1988 offiziell die UN-Resolutionen zum arabisch-israelischen Konflikt und damit Israel anerkannte, worauf die amerikanische Regierung erstmals einen offiziellen Dialog mit der Palästinenser-Organisation aufnahm (vgl. *EA*, 1/1989, S. Z 6 f.). Der ANC bekannte sich Mitte 1988 erstmals zum Prinzip des „politischen Pluralismus" und deutete damit eine Bereitschaft an, in einem künftigen Südafrika die Macht zu teilen (Klaus Frhr. von der *Ropp*, Friedensinitiativen im Südwesten Afrikas, in: *Außenpol.*, 40. Jg., Nr. 2, 1989, S. 201).

20 Vgl. *Czempiel*, a.a.O. (Anm. 3), insb. S. 238-246.

21 Vgl. Address by President Ronald Reagan, 16.1.1984, in: *Weekly Compilation of Presidential Documents*, 23.1.1984, S. 40-45, und Address by President Ronald Reagan Before the 39th Session of the U.N. General Assembly, New York, 24.9.1984, in: *ebd.*, 31.10.1984, S. 1352-1359.

Gromyko am 28. September 1984, trug dazu bei, daß sich beide Seiten auf einen entsprechenden Dialog verständigten. Im Februar 1985 trafen sich in Wien erstmals hochrangige Vertreter beider Außenministerien (die Nahost-Experten Richard Murphy und Wladimir P. Poljakow), um Konflikte im Nahen und Mittleren Osten zu erörtern. Weitere Begegnungen auf Expertenebene zu diesen und anderen Konflikten schlossen sich in der folgenden Zeit an. Vor allem aus verhandlungstaktischen Gründen verknüpfte die amerikanische Regierung vor der ersten Gipfelbegegnung zwischen Reagan und Gorbatschow in Genf am 21. November 1985 das Thema der regionalen Konflikte und der Menschenrechte mit der Bereitschaft zu Verhandlungen über strategische Nuklearwaffen – das Thema, das aus sowjetischer Sicht eindeutig Vorrang besaß. Während die amerikanische Regierung auf der diplomatischen Ebene eine „linkage" herstellte,[22] verstärkte sie in Afghanistan und anderen Konfliktherden der Dritten Welt den militärischen Druck auf die Sowjetunion und ihre Partner.

Zur gleichen Zeit überprüfte die neue sowjetische Führung ihre Politik in Afghanistan und anderen Krisenherden. Insbesondere während des dritten amerikanisch-sowjetischen Gipfeltreffens in Washington im Dezember 1987 zeichnete sich ab, daß Moskau einen geordneten Rückzug auf politisch und wirtschaftlich weniger kostspielige Positionen anstrebte. Gleichzeitig wurde aber deutlich, daß die Sowjetunion nicht bereit war, das politische Überleben ihrer Partner in der Dritten Welt aufs Spiel zu setzen. Ähnlich wie die Vereinigten Staaten in den frühen siebziger Jahren die Détente zum Rückzug aus Vietnam genutzt hatten, war nun die Sowjetunion bemüht, mit amerikanischer Hilfe die eigene militärische Verwicklung in Afghanistan zu beenden.[23]

## DER DIALOG ÜBER DEN AFGHANISTAN-KONFLIKT

Vorrangiges Ziel der Vereinigten Staaten im Afghanistan-Konflikt war seit dem Einmarsch der sowjetischen Truppen im Dezember 1979 unverändert deren Abzug. Demgegenüber beharrte die sowjetische Führung lange Zeit darauf, daß ein solcher Rückzug erst nach Einstellung der „Einmischung von außen" (insbesondere Pakistan und die Vereinigten Staaten unterstützten den Widerstand der Mudschahedin, der muslimischen Glaubenskämpfer) in Frage käme.[24] Seit Juni 1982 wurde darüber in indirekten Gesprächen zwischen den Regierungen Afghanistans und Pakistans unter der Schirmherrschaft

---

22 Dazu kritisch aus sowjetischer Sicht *Primakov*, a.a.O. (Anm. 16), S. 3.

23 Vgl. die treffende Kennzeichnung Gorbatschows als „Nixon der Sowjetunion", in: *Czempiel*, a.a.O. (Anm. 3), S. 341.

24 Vgl. hierzu auch den Beitrag von Citha D. *Maaß* in diesem Band.

der Vereinten Nationen verhandelt. Während der kurzen Amtszeit von Generalsekretär Andropow zeigten die sowjetischen Unterhändler erstmals konkretes Entgegenkommen; jedoch war die Kluft zwischen den Positionen zu weit und das Klima in den amerikanisch-sowjetischen Beziehungen nicht reif für eine Übereinkunft. Nach der Wiederwahl Reagans im Herbst 1984 und dem Amtsantritt Gorbatschows im März 1985 begann dann die entscheidende Phase.

## *Die entscheidende Phase der Verhandlungen*

Bereits im April 1985 war, so Gorbatschow, im Politbüro beschlossen worden, einen Ausweg aus dem Konflikt zu finden.[25] Einerseits intensivierte die sowjetische Armee ihre Kriegsführung und drängte die Widerstandskämpfer mit Hilfe von Kampfhubschraubern, Kampfflugzeugen und einer verfeinerten Taktik in die Defensive. Andererseits zeigten die sowjetischen Unterhändler bei den Verhandlungen größere Bereitschaft zu Zugeständnissen. Auf sowjetischen Druck wurde Anfang Mai 1986 der bisherige Parteichef Babrak Karmal durch Muhammed Najibullah abgelöst, der auf sowjetisches Drängen mit einem neuen Kurs der „nationalen Versöhnung" die Machtbasis seines Regimes absichern und den Wiederstand politisch schwächen sollte. Präsident Reagan verfügte im April 1985 in der Nationalen Sicherheitsdirektive 166, die sowjetischen Truppen „mit allen verfügbaren Mitteln" aus Afghanistan zu vertreiben. Die amerikanische Militärhilfe für die Mudschahedin wurde mit nachhaltiger Unterstützung durch den Kongreß in den folgenden Jahren drastisch gesteigert.[26] Einige Widerstandsgruppen wurden im Gebrauch von tragbaren, hitzesuchenden Luftabwehr-Raketen des amerikanischen Typs Stinger und des britischen Typs Blowpipe ausgebildet. Ihr Einsatz ab Herbst 1986 fügte den sowjetischen und afghanischen Verbänden erhebliche Verluste zu und zwang sie zu vorsichtigeren militärischen Operationen.

Während sich in Afghanistan immer deutlicher abzeichnete, daß keine der beiden Seiten einen militärischen Sieg erringen konnte, traten die Genfer Verhandlungen in ein entscheidendes Stadium. Das amerikanische Außenministerium hatte bereits im Dezember 1985, nach dem ersten amerikanisch-sowjetischen Gipfeltreffen in Genf, gegenüber dem UN-Vermittler Diego Córdovez die Bereitschaft bekundet, für eine politische Lösung des Kon-

25 Vgl. die Rede Gorbatschows auf dem ZK-Plenum der KPdSU am 18.2.1988, abgedruckt in: *Pravda*, 19.2.1988, S. 1-3, hier S. 3.

26 Im Jahr 1983: 30 Mio. $; 1984: 120 Mio. $; 1985: 250 Mio. $; 1986: 470 Mio. $; 1987: 630 Mio. $; seit 1980 hätten die USA somit insgesamt mehr als 2,1 Mrd. $ für die Militärhilfe aufgewendet. Vgl. Selig S. *Harrison*, Inside the Afghan Talks, in: *FP*, Nr. 72, Herbst 1988, S. 31-60, hier S. 50, und Don *Oberdorfer*, Gorbachev's Dilemmas. Pulling Out of Afghan Quagmire, in: *IHT*, 18.4.1988, S. 1 u. 5.

flikts zu bürgen. Nach dem Konzept von Córdovez sollte der sowjetische Truppenrückzug mit der Einstellung der amerikanischen Militärhilfe an die Mudschahedin gekoppelt werden. Die Frage einer weiteren sowjetischen Unterstützung des Kabuler Regimes blieb ausgeklammert. Im Dezember 1987, als sich Reagan und Gorbatschow in Washington zu ihrem dritten Gipfel trafen, entbrannte innerhalb der amerikanischen Regierung ein Streit über diesen Vermittlungsvorschlag. Während das Außenministerium Córdovez' Konzept unterstützte und auf eine entsprechende Erklärung des stellvertretenden Außenministers John Whitehead vom Dezember 1985 verwies, verurteilten Mitglieder des Kongresses und einflußreiche Kräfte im Weißen Haus die beabsichtigte Einstellung der amerikanischen Waffenhilfe als „Verrat an den Freiheitskämpfern".[27]

Gorbatschow war jedoch weiter entschlossen, seine Truppen zurückzuziehen. In der Annahme, alle wesentlichen Voraussetzungen dafür seien erfüllt, legte er sich am 8. Februar 1988 erstmals öffentlich auf ein Datum des Rückzugsbeginns, den 15. Mai 1988, fest und erfüllte auch die zweite wesentliche Forderung der amerikanischen Regierung, indem er zusagte, die Hälfte des Truppenkontingents bereits innerhalb der ersten drei Monate abzuziehen.[28] Nach heftigen Debatten kam die amerikanische Regierung jedoch zu der Entscheidung, daß die frühere Zusage des Außenministeriums zu verwerfen sei und eine Einstellung der Waffenhilfe an die Mudschahedin nur im Gegenzug zu einem entsprechenden sowjetischen Schritt gegenüber dem Kabuler Regime erfolgen würde. Außenminister Schewardnadse beharrte gegenüber seinem Amtskollegen Shultz darauf, daß dieser Vorschlag „unausgewogen" sei und weder die vertraglichen Verpflichtungen der sowjetischen Regierung noch die geopolitische Realität, die Nähe Afghanistans zur Sowjetunion, berücksichtige.

### *Die Genfer Afghanistan-Abkommen*[29]

In den am 14. April 1988 in Genf unterzeichneten Abkommen vereinbarten die Regierungen Afghanistans und Pakistans eine gegenseitige Nichteinmischung und Nichtintervention sowie die freiwillige Rückkehr von Flüchtlingen nach Afghanistan. Sie unterzeichneten außerdem ein Abkommen über „Wechselbeziehungen für die Regelung der Lage um Afghanistan", das die Vereinigten Staaten und die Sowjetunion als Garantiemächte beglaubigten. Diese Vereinbarung enthielt vor allem den Zeitplan und die Modalitäten des

---

27 Vgl. Rosanne *Klass*, Afghanistan: The Accords, in: *FA*, Bd. 66, Nr. 5, Sommer 1988, S. 922-945; insb. S. 929 ff.

28 Vgl. *EA*, 11/1988, S. D 296-299.

29 Die Dokumente zu den Genfer Afghanistan-Abkommen sind abgedruckt in: *ebd.*, S. D 291-318.

sowjetischen Truppenrückzugs. Dem angeschlossen war ein *Memorandum of Understanding*, das die Beteiligung der Vereinten Nationen und die Mitwirkung eines kleinen Kontingents von Beobachtern festlegte. Außerdem gaben die beiden Großmächte eine Erklärung über internationale Garantien des Abkommens ab. Die Beteiligung der amerikanischen Regierung als „Garantiemacht" war eine Kompromißlösung, die dem Drängen der sowjetischen und afghanischen Regierung entgegenkam, gleichzeitig aber sicherstellte, daß die Abkommen nicht vom amerikanischen Kongreß ratifiziert werden mußten. Unmittelbar nach Unterzeichnung der Genfer Abkommen erklärte die amerikanische Regierung, daß sie in der Frage des Waffennachschubs für den Widerstand auf einer „positiven Symmetrie", der gleichzeitigen Einstellung der sowjetischen Militärhilfe an das Kabuler Regime, beharre.[30]

Die muslimischen Widerstandskämpfer, entscheidende Akteure im Konflikt, waren an den Abkommen nicht beteiligt und fühlten sich auch nicht daran gebunden. Die pakistanische Militärregierung war trotz der Verpflichtung zur „Nichteinmischung" entschlossen, die Mudschahedin weiterhin militärisch zu unterstützen und den anhaltenden amerikanischen Waffennachschub nach eigenem Gutdünken an die einzelnen Widerstandsgruppen, vor allem an die radikalen islamischen Kräfte, zu verteilen. Die Vereinbarungen konnten so kaum verbergen, daß der erzielte Konsens lediglich darin bestand, daß die sowjetischen Truppen abziehen sollten. Wie vereinbart, begann die Sowjetunion am 15. Mai mit dem Abzug ihrer Truppen und schloß ihn binnen neun Monaten am 15. Februar 1989 fristgerecht ab. Gleichzeitig sandte die sowjetische Regierung dem Kabuler Regime weitere umfangreiche Hilfsgüter und stattete es mit neuen Waffensystemen, darunter Raketen des Typs Scud-B, aus. Erst am 7. Dezember 1988 kam Gorbatschow anläßlich seines Kurzbesuchs bei den Vereinten Nationen in New York während eines Gesprächs mit dem scheidenden und dem designierten amerikanischen Präsidenten auf den Vorschlag von Außenminister Shultz vom März zurück und schlug eine beiderseitige Einstellung der Militärhilfe vor. Die Regierung in Washington lehnte dies jedoch unter Hinweis auf die mittlerweile erfolgten umfangreichen sowjetischen Waffenlieferungen ab. Die von den beiden Großmächten garantierten Genfer Vereinbarungen bedeuteten so lediglich, daß der Afghanistan-Konflikt auf seine interne und regionale Dimension reduziert wurde. Da die Kämpfe weiter anhielten, kehrten auch die schätzungsweise mehr als vier Millionen afghanischen Flüchtlinge nicht in ihr Land zurück.

30 Die Erklärung von Außenminister Shultz ist abgedruckt in: *ebd.*, S. D 313 f.

## DAS ENDE DES GOLF-KRIEGS[31]

Kurz nach der Unterzeichnung der Genfer Afghanistan-Abkommen verkündete der Generalsekretär der Vereinten Nationen in einem weiteren regionalen Konflikt einen diplomatischen Erfolg: Am 18. Juli 1988 erklärte sich Iran bereit, der UN-Resolution Nr. 598 vom 20. Juli 1987 ohne Bedingungen zuzustimmen und damit einen Waffenstillstand im irakisch-iranischen Krieg zu ermöglichen. Die Einstellung der Kampfhandlungen trat formell am 20. August 1988 in Kraft. Fast genau acht Jahre nach dem irakischen Angriff vom 22. September 1980 schwiegen am Golf die Waffen.

### *Die Rolle der beiden Großmächte*

Die Vereinigten Staaten und die Sowjetunion hatten gegenüber diesem Konflikt nur geringe direkte Einwirkungsmöglichkeiten; eine Intervention hielten beide für zu riskant und nicht erfolgversprechend. Sie beschränkten sich weitgehend darauf, zwischen beiden Konfliktparteien ein gewisses Gleichgewicht zu erhalten, um einen eindeutigen Sieg einer Seite zu verhindern. Außerdem suchten beide die Kämpfe einzudämmen und insbesondere den zivilen Schiffsverkehr im Golf zu schützen. Weder die Sowjetunion noch die Vereinigten Staaten betrachteten eine der beiden Konfliktparteien als enge Partner. Trotz der starken Spannungen in ihren Beziehungen zu Anfang der achtziger Jahre unterhielten Moskau und Washington seit September 1980 einen Dialog über diesen Krieg, der eine gewisse Verständigung über die beiderseitigen Interessen erlaubte. Die informellen Gespräche und offiziellen Begegnungen von Regierungsvertretern beider Seiten hatten kein Kondominium der Großmächte zur Folge. Die amerikanische Regierung war vielmehr bestrebt, der Sowjetunion ein Recht zur Mitsprache in Angelegenheiten der Golf-Region zu verweigern und den politischen Einfluß Moskaus zurückzudrängen, während die Sowjetunion vor allem die amerikanische militärische Präsenz in der Region zu vermindern suchte.

Die anhaltende Rivalität wurde besonders deutlich, als die sowjetische Regierung im März 1987 dem Ersuchen Kuwaits um Schutz seiner Öltanker entsprach, drei sowjetische Schiffe „vermietete" und sie mit einem kleinen Kontingent militärisch eskortierte.[32] Die Vereinigten Staaten erklärten sich daraufhin bereit, die Hälfte der kuwaitischen Flotte, elf Tanker, unter ameri-

31 Vgl. hierzu auch den Beitrag von Hanns W. *Maull* in diesem Band.

32 Vgl. Helmut *Hubel*, Die sowjetische Nahost-Politik unter Gorbatschow, in: *EA*, 10/1988, S. 277 ff., hier S. 282 f.

kanische Flagge zu setzen und durch eine große Armada von Kriegsschiffen zu schützen. Die formelle Entscheidung kam jedoch erst zustande, nachdem am 17. Mai 1987 ein irakisches Kampfflugzeug (französischer Herkunft) die amerikanische Fregatte *USS-Stark* beschossen hatte und dabei 37 Amerikaner getötet wurden. Sie war außerdem durch das Bestreben Washingtons begründet, den „gemäßigten“ arabischen Regierungen amerikanische Glaubwürdigkeit zu demonstrieren, nachdem der Iran-Contra-Skandal geheime Waffenlieferungen der Vereinigten Staaten an Iran enthüllt hatte.[33]

Um den irakisch-iranischen Krieg unter Kontrolle zu halten, setzten beide Großmächte als wichtigste Instrumente die Lieferung oder die Verweigerung von Waffen sowie die Überlassung von Erkenntnissen ihrer Luftaufklärung ein. Die Vereinigten Staaten verfolgten seit Ende der siebziger Jahre unausgesprochen und seit Dezember 1983 offiziell (mit ihrer „Operation Staunch“) das Ziel, Iran Waffen und Ersatzteile amerikanischer Herkunft zu verweigern. Die Sowjetunion, die 1972 mit Bagdad einen „Freundschaftsvertrag“ geschlossen hatte, war seit den siebziger Jahren wichtigster Rüstungspartner des Irak. Dies hinderte Moskau jedoch nicht daran, nach Kriegsausbruch Bagdad mehr als ein Jahr lang größere Waffenlierungen zu verweigern und Iran Rüstungsgüter anzubieten. Tatsächlich bezog Teheran einen erheblichen Teil seiner Waffen von Nord-Korea und osteuropäischen Verbündeten der Sowjetunion. Angesichts der Tatsache, daß sich der Krieg auf den Golf ausweitete und seit 1987 die zivile Schiffahrt zunehmend beeinträchtigte, waren die Vereinigten Staaten darum bemüht, Moskau zu einer Einstellung der indirekten Waffenlieferungen an Iran zu bewegen. Außerdem suchten sie Iran durch Verhängung von Sanktionen zur Annahme der Resolution 598 des UN-Sicherheitsrats zu zwingen.

Der amerikanisch-sowjetische Dialog über den Krieg und die Rüstungstransfers an die beiden Kontrahenten führte wahrscheinlich zu gewissen Absprachen und zu einem teilweise abgestimmten Vorgehen.[34] Tatsächlich sicherten beide Großmächte (zusammen mit Frankreich) dem Irak eine erhebliche waffentechnische Überlegenheit. Iran war schließlich kaum mehr in der Lage, in ausreichendem Umfang Ersatzteile und neue Waffen zu kaufen. Seine Erschöpfung war zu einem beträchtlichen Teil die Folge des amerikanisch-sowjetischen Verhaltens. Für beide Großmächte wurde der Golf-Krieg ein Lehrbeispiel dafür, daß eine gewisse Abstimmung – trotz anhaltender Rivalität – im Interesse beider Seiten lag.

---

33 Vgl. hierzu auch den Beitrag von Peter *Rudolf* in diesem Band, sowie Rouhollah K. *Ramazani*, The Iran-Iraq War and the Persian Gulf Crisis, in: *Current History*, Bd. 87, Nr. 526, Februar 1988, S. 61-64, 86-88.

34 Vgl. Stephanie G. *Neuman*, Arms, Aid and the Superpowers, in: *FA*, Bd. 66, Nr. 5, Sommer 1988, S. 1044-1066, sowie Shahram *Chubin*, The Super-Powers, Regional Conflicts and World Order, in: IISS, The Changing Strategic Landscape, Part III, London (Adelphi Paper, Nr. 237), Frühjahr 1989, S. 74-93, hier S. 83 f.

## DIE VEREINBARUNGEN ÜBER ANGOLA UND NAMIBIA

Der dritte diplomatische Durchbruch bei Regionalkonflikten wurde am 22. Dezember 1988 in New York erzielt: In Anwesenheit des amerikanischen Außenministers Shultz und des stellvertretenden sowjetischen Außenministers Anatolij Adamischin unterzeichneten die Repräsentanten Angolas, Kubas und Südafrikas im Hauptquartier der Vereinten Nationen ein Abkommen, das dem UN-Generalsekretär empfahl, mit der Durchführung von Resolution 435 zu beginnen und damit die Unabhängigkeit Namibias zu verwirklichen. Ein bereits im Juli vereinbarter Prinzipienkatalog wurde Teil des Abkommens; außerdem verständigten sich Angola und Kuba über den phasenweisen Abzug der etwa 50 000 kubanischen Truppen.[35]

Ähnlich wie bei den Afghanistan-Abkommen handelte es sich im wesentlichen um eine „Ent-Internationalisierung" von zwei Konfliktherden im südlichen Afrika. Da sich beide Großmächte die militärische Unterstützung ihrer regionalen Partner vorbehielten und die Befreiungsbewegung UNITA an den Vereinbarungen nicht beteiligt war, blieb der angolanische Bürgerkrieg allerdings weiterhin ungelöst.[36] Entscheidend für den Durchbruch war, daß die Sowjetunion auf die Vermittlungsbemühungen des Unterstaatssekretärs im amerikanischen Außenministerium, Chester Crocker, konstruktiv einging und auf ihre Partner Kuba und Angola im Sinne einer Kompromißlösung einwirkte. Maßgeblich war außerdem, daß Südafrika militärisch und wirtschaftlich so geschwächt war, daß ihm eine Fortsetzung des Engagements in Namibia kostspieliger erschien als eine politische Lösung. Zum südafrikanischen Einlenken dürfte auch der Wandel in der Haltung der Sowjetunion beigetragen haben, die erstmals offen direkte Gespräche mit Vertretern Pretorias führte und eine Lösung des Apartheid-Problems mit politischen Mitteln befürwortete.[37]

## ABSCHWÄCHUNG DER OST-WEST-RIVALITÄT IN ANDEREN REGIONALKONFLIKTEN

Der amerikanisch-sowjetische Dialog hatte neben den bereits behandelten Fällen weitere Konflikte in Asien und Zentralamerika zum Thema. In Kambodscha und Nicaragua waren zum Ende des Jahres 1988 zwar noch keine spektakulären Erfolge zu verzeichnen; dennoch wurde auch hier

---

35 Die Dokumente sind abgedruckt in: *EA*, 4/1989, S. D 116-132.

36 Eingehend zu den Abkommen und ihrer Vorgeschichte Winrich *Kühne*, Frieden im südwestlichen Afrika? Der Durchbruch bei den Verhandlungen um die Unabhängigkeit Namibias, in: *EA*, 4/1989, S. 105-114, sowie von der *Ropp*, a.a.O. (Anm. 19).

37 Vgl. hierzu auch den Beitrag von Klaus Frhr. von der *Ropp* in diesem Band.

deutlich, daß die Sowjetunion auf ihre Partner im Sinne einer politischen Regelung eingewirkt hatte: Vietnam erklärte seine Absicht, im folgenden Jahr seine Truppen aus Kambodscha abzuziehen; die Regierung Nicaraguas zeigte sich angesichts der deutlich verminderten sowjetischen Wirtschaftshilfe bereit, auf den Friedensplan der fünf zentralamerikanischen Präsidenten einzugehen.[38] Umstritten blieb jedoch zwischen den Großmächten die weitere militärische Unterstützung der Konfliktparteien. Angesichts der anhaltenden amerikanischen Waffenhilfe an die Widerstandsbewegungen insbesondere in Afghanistan und Nicaragua weigerte sich die sowjetische Führung, dem Drängen der Reagan-Regierung nachzugeben und ihre Militärhilfe an die Sandinisten einzustellen.

## *Amerikanisch-sowjetische Entspannung*

Neben dem INF-Abkommen war im Berichtszeitraum der sowjetische Truppenabzug aus Afghanistan die überragende Errungenschaft der erneuten amerikanisch-sowjetischen Entspannung. Die Bilder der abziehenden sowjetischen Soldaten weckten in den Vereinigten Staaten Erinnerungen an das eigene Disengagement in Vietnam und trugen wohl mehr als jedes andere Ereignis zum positiven Wandel der Einstellung gegenüber der Sowjetunion bei. Die Regierung Reagan sah ihre Strategie des machtpolitischen „Zurückdrängens des sowjetischen Expansionismus“ von durchschlagendem Erfolg gekrönt. Aus sowjetischer Sicht ging es beim Rückzug aus Afghanistan um das wichtigste Element einer Umorientierung gegenüber der Dritten Welt, durch die sie auf breiter Front kostspielige militärische und wirtschaftliche Engagements zu vermindern suchte. Dennoch handelte es sich nicht um einen vollständigen Rückzug, wie das zähe Festhalten Moskaus an Partner-Regimen, insbesondere in Afghanistan, erwies. Das Thema der regionalen Konflikte blieb aber weiterhin auf der Agenda der Großmächte: Die Probleme in Afghanistan und Angola, aber auch in Kambodscha oder Nicaragua, waren lediglich eingedämmt bzw. auf ihre lokale und regionale Dimension reduziert worden; auch der Krieg am Golf war nicht endgültig beigelegt.

---

38 Vgl. hierzu auch die Beiträge von Heinrich *Krumwiede* und Oskar *Weggel* in diesem Band.

# III

# DIE INNEREN ENTWICKLUNGEN IN DER SOWJETUNION SOWIE IN OST- UND SÜDOSTEUROPA

## DIE WEITERENTWICKLUNG DES „NEUEN POLITISCHEN DENKENS“ IN DER SOWJETUNION

*Von Eberhard Schulz*

Im Laufe seiner ersten beiden Amtsjahre hatte Generalsekretär Michail Gorbatschow feststellen müssen, daß sich die Sowjetunion nicht nur in einem Zustand der „Stagnation“ befand, sondern daß das stalinistische Denken das Land buchstäblich auf allen Gebieten in eine Sackgasse getrieben hatte.[1] Gorbatschow war selbst in diesem Denken aufgewachsen, und so ist es nicht verwunderlich, daß er bei seinem Machtantritt noch nicht über ein neues Programm verfügte. Sogar die Gesellschaftswissenschaften waren in der Zeit des Stalinismus total vernachlässigt worden, weil jeder Ansatz zu eigenständigem Denken als „Abweichung von der Parteilinie“ gebrandmarkt und bestraft worden war. Gorbatschows Rezepte gingen daher in der Anfangszeit über Maßnahmen zur „Vervollkommnung“ des Systems oder zur „Beschleunigung“ des wissenschaftlich-technischen Fortschritts kaum hinaus.[2] Im Laufe der Zeit jedoch mußte er einsehen, daß eine so eng angesetzte

---

1 Vgl. hierzu Eberhard *Schulz*, Neubeginn in der Sowjetunion, in: IP 1985/86, S. 215-232.

2 Am 6.1.1989 berichtete Gorbatschow in einer Rede vor Wissenschaftlern und Künstlern zwar von Begegnungen mit kritischen Intellektuellen vor seinem Machtantritt; allein ihm und Nikolaj Ryshkow, der damals als Sekretär des ZK die Wirtschaftsabteilung des ZK leitete, hätten bis zu seiner Wahl 110 schriftliche Eingaben vorgelegen, doch war von diesen bis zu einem in sich geschlossenen Reformprogramm noch ein weiter Weg. Vgl. *Prawda*, 8.1.1989.

Reformpolitik wirkungslos blieb. Was der Staat benötigte, war eine Reform an Haupt und Gliedern; deren theoretische Vorbereitung brauchte allerdings Zeit. Außerdem erforderte sie einen entschlossenen Kampf gegen die auswuchernde Bürokratie. Damit wurde die Reform in kurzer Zeit zu einer Machtfrage.

### *Die Machtfrage in der sowjetischen Innenpolitik*

Eine Plenartagung, in der sich das Zentralkomitee (ZK) der KPdSU mit Personalfragen beschäftigen sollte, mußte Ende 1986 mehrfach verschoben werden, bevor sie am 27. und 28. Januar 1987 endlich zustande kam.[3] In seiner langen Einführungsrede warb Gorbatschow nachdrücklich für eine „Demokratisierung" der Partei: Auch die hauptamtlichen Parteifunktionäre – hier beschränkte er sich vorsichtshalber auf die örtliche und regionale Ebene – müßten gewählt werden; die Wahlen müßten echt sein, wirklich eine Auswahl zwischen verschiedenen Kandidaten zulassen und geheim vorgenommen werden. Schließlich schlug er für Mitte 1988 eine Parteikonferenz vor, die die Ergebnisse der ersten Hälfte der Fünfjahrplan-Periode überprüfen sollte. Die Mitglieder des ZK waren sich bewußt, daß diese weitreichenden Vorschläge ihre politische Existenz bedrohten. So setzten sie durch, daß die meisten in der Abschlußresolution unter den Tisch fielen oder stark verwässert wurden. Immerhin konnte Gorbatschow seine Position in der Führungsspitze festigen: Alexander Jakowlew, sein engster Mitarbeiter, wurde Kandidat des Politbüros, und der ihm nahestehende Anatolij Lukjanow rückte zum Sekretär des ZK auf.[4]

Gorbatschow baute diese bescheidenen Erfolge mit großer Hartnäckigkeit aus. Schon im Frühjahr ließ er einige (wenige) Parteisekretäre erstmals mit Gegenkandidaten zur Wahl antreten. Vor allem aber kam ihm der Zufall zu Hilfe: Als der deutsche Sportflieger Mathias Rust am 28. Mai 1987 von der sowjetischen Flugabwehr unbehelligt über Finnland in die Sowjetunion einflog und am Roten Platz landete, hatte Gorbatschow eine willkommene Gelegenheit, dem machtbewußten Militär eine Lektion zu erteilen. Verteidigungsminister Sergej Sokolow wurde am 30. Mai durch General Dmitrij Jasow ersetzt; eine Reihe weiterer Militärs wurde abgesetzt und aus der Partei ausgeschlossen. Eine durchgreifende Veränderung der Parteispitze im Sinne des Reformkurses kam jedoch nicht zustande, wenngleich Jakowlew im Juni die Vollmitglied-

[3] Über die Hintergründe dieser Verschiebung berichtet der Moskauer Korrespondent der italienischen Zeitung *L'Unità*, Giulitto Chiesa. Vgl. Kevin *Devlin*, Plenum Put off four Times: L'Unità on Soviet Struggle, in: *Radio Free Europe Research*, 4.2.1987.

[4] Vgl. *Prawda*, 28. und 29.1.1987.

schaft im Politbüro erlangte. Gegen Ende des Jahres hatte sich Gorbatschow nicht nur der konservativen Bremser, sondern auch des ungebärdigen „linken“ Boris Jelzin zu erwehren, der nach einem heftigen Rundumschlag gegen die gesamte Parteiführung als Chef der wichtigen Moskauer Parteiorganisation nicht mehr zu halten war. Jelzin wurde als Erster Sekretär des Moskauer Stadtkomitees am 11. November 1987 abgesetzt. Seinen Rang als Kandidat des Politbüros verlor er in der nächsten Plenarsitzung des ZK am 18. Februar 1988. Dafür wurde er zum Ersten stellvertretenden Bauminister ernannt. Taktisch brachte Jelzins Angriff von „links“ Gorbatschow Gewinn: Von nun an konnte er sich als Verfechter eines Mittelkurses gegen Angriffe von beiden Seiten profilieren.

## NATIONALE UND SOZIALE UNRUHEN

Freilich half ihm dies in seinem Kampf um die Behauptung der Macht nur auf der Ebene der Parteispitze. Das Machtproblem aber reichte weiter: es ging auch um die Erhaltung des kommunistischen Systems im ganzen. Nachdem Gorbatschow mit seiner Kampagne für Glasnost die Friedhofsruhe des Stalinismus beendet hatte, brachen allenthalben politische Auseinandersetzungen auf. Im Juli 1987 stellten Vertreter der von Stalin gewaltsam ausgesiedelten Krim-Tataren einen offiziellen Antrag auf Rückkehr in ihre Heimat. Eine Staatskommission zur Prüfung der Angelegenheit wurde gebildet, doch schleppten sich die Verhandlungen über Monate hin. Dann kam es im Februar 1988 zu Unruhen in der überwiegend von Armeniern besiedelten Enklave Nagornyj Karabach in Aserbaidschan. Nationale und religiöse Gegensätze verbanden sich hier mit sozialen Spannungen, die sich vor allem in der Industriestadt Sumgait in brutalen Morden entluden und denen die Behörden nichts als schließlich die Gewalt der Truppen entgegenzusetzen hatten. Die bald erhobene Forderung, Nagornyj Karabach in die Unionsrepublik Armenien einzugliedern, wurde vom Präsidium des Obersten Sowjets der UdSSR abgelehnt. Obwohl das Territorium der Zuständigkeit der aserbaidschanischen Behörden entzogen und Moskau direkt unterstellt wurde, konnte eine Befriedung nicht erreicht werden.

Bald flackerten auch an anderen Stellen nationale Auseinandersetzungen auf, vor allem im Kaukasus, die allerdings in der Regel zunächst keine gewalttätigen Formen annahmen. Die zentralasiatischen Völker forderten ebenso wie die Balten, Weißrussen, Ukrainer und „Moldawier“ die Erhebung ihrer nationalen Sprachen zu Staatssprachen der jeweiligen Republik und die Gewährung zumindest kultureller Autonomie. Ende 1988 kam es zu einem ersten regelrechten Verfassungskonflikt zwischen der Estnischen Teilrepublik und der Union – ein Vorbote künftiger Auseinandersetzungen um das Selbstbestimmungsrecht der Völker innerhalb der UdSSR.

### *Wirtschaftliche Engpässe*

Die Gründe für die Unruhen lagen nicht zuletzt in der Verschlechterung der Lebensverhältnisse der breiten Bevölkerungsschichten. Zwar hatte Gorbatschow versucht, die Wirtschaftsreform weiter voranzutreiben, und am 8. Februar 1987 ein Gesetz über die staatlichen Unternehmen vorlegen lassen, das am 30. Juni 1987 verabschiedet wurde und zum 1. Januar 1988 in Kraft trat. Aber immer häufiger mußten sich die Behörden mit dem Mangel an Lebensmitteln und anderen Konsumgütern und Dienstleistungen beschäftigen. Die voranschreitende Auflösung oder Umwandlung von zentralen Organen der Wirtschaftslenkung lähmte das Wirtschaftsleben, weil den Unternehmen die Voraussetzungen dafür fehlten, eigene Verantwortung zu übernehmen. Gelegentlich führte der Reformeifer zu krassen Fehlentscheidungen – etwa die Vorgabe, die Belegschaften sollten ihre Betriebsleiter selbst wählen; diese Bestimmung wurde bald darauf stillschweigend fallengelassen. Nichts konnte die rung der sozialen Verhältnisse deutlicher zum Ausdruck bringen als die Tatsache, daß sich das Politbüro am 19. November 1987 erstmals mit dem Problem einer Arbeitslosenhilfe zu befassen hatte – eine Arbeitslosenversicherung gab es in der Sowjetunion bis zu diesem Zeitpunkt nicht. Zu den weniger auffälligen, langfristig aber zweifellos wichtigen Maßnahmen gehörte die Gründung eines Instituts für Außenwirtschaft, das vor allem die Exportchancen sowjetischer Waren durch Marktstudien fördern sollte.

Die kulturelle Erneuerung blieb weiterhin der stärkste Motor der Perestrojka. Die Auseinandersetzung mit der Geschichte des Sowjetstaats gab den Anstoß zu einer geradezu leidenschaftlichen Wahrheitssuche. Vorher allerdings mußten die Feierlichkeiten zum siebzigjährigen Bestehen der Sowjetmacht überstanden werden; in seiner Festrede am 2. November vermied Gorbatschow kritische Töne, die dem Anlaß nicht entsprochen hätten. Nach und nach wurden Opfer des Stalinismus nicht nur juristisch, sondern auch politisch rehabilitiert, allen voran Nikolaj Bucharin. Mit der Zeit wuchs diesen Diskussionen eine wichtige Funktion im innenpolitischen Machtkampf zu: Seit Gorbatschows Machtantritt hatten die Reformer zentrale Elemente der herrschenden Ideologie in Frage gestellt ohne Rücksicht darauf, daß sie damit der Kommunistischen Partei ihre Legitimation entzogen. Diese Entwicklung erschien den konservativeren Kräften an der Parteispitze auf die Dauer unerträglich. Sie nutzten einen Zeitpunkt, als sich Gorbatschow und Jakowlew nicht in Moskau aufhielten, um am 13. März 1988 in einer Zeitung ein langes Protestpapier der Leningrader Dozentin Nina Andrejewa zu veröffentlichen, das die ideologischen Neuerungen und vor allem die Kritik am Stalinismus als Verleumdung der Sowjetmacht und Gefährdung des Sozialismus brandmarkte.[5] Es bedurfte eines energischen Eingreifens Gorbatschows, um die Bremser zur Räson zu bringen.

---

5 Nina *Andreeva*, Ne mogu postupat'sja principami, in: *Sovetskaja Rossija*, 13.3.1988.

Nun erst begannen parteitreue Ideologen mit dem Versuch, den „wahren“ Leninismus von den „Entstellungen“ durch den Stalinismus zu „reinigen“ und damit die Legitimation Gorbatschows gegenüber den Vertretern des „alten“ Denkens zu stärken. Dies betraf insbesondere das Problem der Demokratie. Gorbatschow hatte erkannt, daß er die Macht des Apparats nur überwinden konnte, wenn er das System der „Nomenklatur“, nach dem alle wesentlichen Posten durch Entscheidungen der Parteibürokratie besetzt werden, allmählich außer Kraft setzte. Dies konnte nur gelingen, wenn durch demokratische, echte Wahlen Gegenkräfte von unten ins Spiel gebracht wurden.

## DIE XIX. PARTEIKONFERENZ

Aus diesem Grund arbeitete Gorbatschow auf die Abhaltung einer Parteikonferenz hin, die vom 28. Juni bis 1. Juli 1988 stattfand. Er hatte ursprünglich vorgehabt, die Delegiertenwahlen für die Parteikonferenz mit einer Rechenschaftskampagne des Parteiapparats zusammenzulegen; offenbar hatte er sich davon versprochen, daß große Teile des stalinistischen Apparats von den Wählern eliminiert würden. Diese Hoffnung trog. Der Parteiapparat erwies sich als geschickt genug, die Aufstellung der Delegierten so zu steuern, daß in der Zusammensetzung der Parteikonferenz keine spürbare Erneuerung eintrat. Gorbatschow wiederum war so klug, die Grenzen seiner Macht zu erkennen und die Parteikonferenz nicht zu überfordern. Statt dessen suchte er sein Ziel der personellen Erneuerung über die Wahl eines „Kongresses der Volksdeputierten“ zu erreichen, der 1989 zusammentreten und ein ständiges Parlament (einen neuen Obersten Sowjet) wählen sollte. Aufgrund der Erfahrungen mit der Parteikonferenz sorgte er dafür, daß der spontane Wählerwille zumindest in den Großstädten mehr Durchschlagskraft erhielt als der Parteiapparat. Auf diese Weise brachte er die Demokratisierung mit zähem Geschick ein kleines bißchen weiter.

### *Der „Coup“ vom September 1988*

Während seines Sommerurlaubs 1988 war Gorbatschow offenbar zu der Erkenntnis gekommen, daß er die notwendige personelle Erneuerung der Partei- und Staatsspitze mit dem bisherigen Tempo nicht würde durchsetzen können. Zum 30. September ließ er eine Plenartagung des ZK einberufen. In einem überaus geschickten Manöver bewog er eine Reihe der altgedienten Führungsmitglieder, freiwillig zurückzutreten. Zu diesen gehörten vor allem die Politbüromitglieder Andrej Gromyko und Michail Solomenzew, die Politbürokandidaten Wladimir Dolgich und Pjotr Demitschew sowie der für die Außenpolitik zuständige ZK-Sekretär Alexander Dobrynin. Sie alle wurden in Pension geschickt. Als wichtigster Aufsteiger rückte der Sekretär des ZK Wadim Medwedjew sogleich als Vollmitglied ins Politbüro auf und übernahm die Leitung der neu geschaffenen wichtigen Kommission des ZK für ideologische Fragen. Mit der Einrichtung dieser und fünf weiterer Kommissionen schwächte Gorbatschow die Macht der Abteilungen des ZK-Sekretariats. Der ganze Apparat wurde neu organisiert, wobei ein Teil der Abteilungen aufgelöst, ein anderer den Kommissionen unterstellt wurde. Jegor Ligatschow, der bis dahin die Aufsicht über das Parteisekretariat ausgeübt hatte, wurde auf den heiklen Posten des Vorsitzenden der Kommission für Agrarpolitik abgeschoben. Am 1. Oktober ließ sich Gorbatschow dann zum Vorsitzenden des Präsidiums des Obersten Sowjets der UdSSR, also zum faktischen Staatsoberhaupt wählen. Gleichzeitig bereitete er eine Verfassungsreform vor, mit der dieses Amt Befugnisse erhalten sollte, die etwa denen des amerikanischen Präsidenten entsprechen. Mit all diesen Maßnahmen hatte Gorbatschow zwar die innenpolitischen und wirtschaftlichen Probleme seines Landes bei weitem nicht gelöst, sich aber jedenfalls gegenüber seinen Kritikern eine starke Machtposition verschafft.

## DIE KONKRETISIERUNG NEUER AUSSENPOLITISCHER IDEEN

Seit den dreißiger Jahren hatte es in der Sowjetunion keine ernsthafte Diskussion über die sowjetische Außenpolitik gegeben; die Veröffentlichungen trugen durchweg offiziösen Charakter, d.h. sie bestanden entweder aus ideologischen Leerformeln oder aus einseitigen propagandistischen Stellungnahmen, in denen stets die Sowjetunion und ihre Klienten als gut und ihre Gegner als böse erschienen. Dieses Muster hatte Gorbatschow schon Anfang 1986 auf dem XXVII. Parteitag der KPdSU vorsichtig relativiert; im Laufe des Jahres 1987 begann er die Veränderungen zu konkretisieren.[6] Zunächst wurden in Veröffentlichungen sowjetischer Wissenschaftler und Publizisten ideologische Korrekturen aufgenommen, die Gorbatschow selbst in seine Reden eingestreut hatte und die das Bild von den „bösen Imperialisten" allmählich entschärften. Diese Tendenz verstärkte sich durch eine Rede, die Gorbatschow am 18. Februar 1988 vor dem Plenum des ZK hielt.[7] Hier stellte er die Welt

---

6 Ausführlich dazu: Eberhard *Schulz*, Das „neue politische Denken" und die Deutschen, in: *ders.*, Die deutsche Frage und die Nachbarn im Osten, München 1989, S. 81-143. Zur Anfangsphase vgl. *ders.*, a.a.O. (Anm. 1), S. 229 f.

7 Wortlaut in: *Prawda*, 19.2.1988.

als ein „einheitliches Haus" dar[8] und sprach von allgemeinmenschheitlichen Problemen und Werten, die den Klasseninteressen nicht mehr nachgeordnet seien. An die Spitze der Werteskala stellte er den Frieden. Der „Imperialismus" sei zwar aggressiv, doch könne der Sozialismus auf seine Natur in einer Weise einwirken, die ihn friedensfähig mache. Im Parteiorgan *Kommunist* wurden die „Imperialisten" erstmals als „Partner" bezeichnet.[9]

## *Forschungsschwerpunkt: Europäische Gemeinschaft*

Das seit langem geplante Europa-Institut der Akademie der Wissenschaften nahm mit einem zunächst noch kleinen Stab und in einer behelfsmäßigen Unterbringung seine Arbeit auf. In der Errichtung dieses Instituts drückte sich die Erkenntnis aus, daß die ideologisch begründete Einteilung der Welt in ein „Lager des Imperialismus" und eines des „Sozialismus" weder den Erfordernissen der sowjetischen Außenpolitik noch wissenschaftlichen Ansprüchen genügte. So wurde Europa, dem eigentlichen Austragungsplatz der Auseinandersetzungen zwischen den beiden „Lagern", als letztem Kontinent ein Regionalinstitut gewidmet. Dies bedeutete jedoch nicht, daß dieses Institut ein Monopol für die Erforschung europäischer Probleme erhielt. Es war vielmehr das alte Institut für Weltwirtschaft und Internationale Beziehungen (IMEMO), das im Dezember 1988 neue Thesen für die Beurteilung der Europäischen Gemeinschaft vorlegte,[10] die sich auffallend von der letzten

---

[8] Der Topos vom „gemeinsamen Haus" erscheint in mehreren Versionen: Schon Breshnew hatte ihn in der Form „gemeinsames *europäisches* Haus" benutzt; das hatte damals eine antiamerikanische Spitze und verfolgte rein propagandistische Zwecke. Gorbatschow übernahm diese Version schon 1985, ohne sie mit konkretem Inhalt zu füllen. Seit den Nationalitätenunruhen im Kaukasus, im Baltikum, in Mittelasien und in der Moldau-Republik wird, manchmal in geradezu beschwörender Weise, von „unserem gemeinsamen Haus, der *Sowjetunion*" gesprochen. Für das „neue politische Denken" in den Außenbeziehungen aber ist die Formel von der *Welt* als einheitlichem bzw. gemeinsamem Haus besonders kennzeichnend. Sie wurde in der kurzen Phase, als Honeckers DDR um eine eigene außenpolitische Note bemüht war (1980-1988), im Sommer 1986 vom Direktor des Instituts für internationale Politik und Wirtschaft (IPW), Max Schmidt, benutzt (*Horizont*, 9/1986) und noch im gleichen Jahr von dem Historiker Jegor Plimak in der *Prawda* (gleichzeitig in: *ND*, 26.11.1986) übernommen. Die Variante „gemeinsames planetarisches Haus" verwandte Gorbatschow ein Jahr später (*Prawda*, 17.9.1987). Doch gab es auch Rückzieher: Der Wissenschaftler Sergej Pronin etwa sah die Welt nur noch als „ein *in vieler Hinsicht* ganzheitliches Haus" und beschwor die Gefahr einer „ideologischen Konvergenz"; die „friedliche Koexistenz" wollte er nur „für eine sich lange hinziehende Periode", also nicht unbegrenzt, gelten lassen (*MEMO*, 10/1988, S. 5-15). In diesem Schwanken wird deutlich, wie schwierig es war, das „neue politische Denken" durchzusetzen.

[9] Vgl. Edvard A. *Arab-ogly*, Real'nosti novogo myšlenija, in: *Kommunist*, Nr. 2/1988.

[10] Evropejskoe soobščestvo segodnja, in: *MĖMO*, 12/1988, S. 5 ff.

offiziösen Einschätzung der Gemeinschaft (durch dasselbe Institut) im Jahre 1962 unterschieden.

Damals war nur vom „Gemeinsamen Markt“ oder der „Europäischen Wirtschaftsgemeinschaft“ die Rede gewesen; jetzt übernahm das IMEMO die Bezeichnung „Europäische Gemeinschaft“. Im Zuge dieser neuen Überlegungen erschien eine ganze Reihe von Veröffentlichungen über den „Imperialismus“ und die „bürgerliche Demokratie“, die zu dem Ergebnis kamen, daß die frühere Einschätzung durch die sowjetische Propaganda irreführend gewesen sei, sich die bürgerliche Gesellschaft nicht nur in wirtschaftlicher, sondern auch in sozialer Hinsicht weiterentwickelt habe, und sich die Außenpolitik der Sowjetunion statt wie früher auf den „internationalen Klassenkampf“ viel mehr auf Zusammenarbeit zum Zweck der Erhaltung des Friedens richten sollte.

### *Überprüfung militärischer Dogmen*

Im Sommer 1988 übte erstmals ein sowjetischer Wissenschaftler öffentlich scharfe Kritik an der stalinistischen Außenpolitik.[11] Damit zog ein Hauch von Glasnost in die sowjetische Außenpolitik ein und bereitete die Bevölkerung auf die Möglichkeit einer Verständigungspolitik gegenüber dem Westen vor. Der Autor des kritischen Aufsatzes, Wjatscheslaw Daschitschew, ein früherer Berufsoffizier, hatte erkannt, daß die stalinistische Außenpolitik das traditionelle Kräftegleichgewicht in Europa vernachlässigt und die Entspannung in Europa zu einer weiteren Verstärkung der sowjetischen Militärmacht mißbraucht hatte. All das habe der Sowjetunion keineswegs genützt, sondern sie im Gegenteil international in eine Sackgasse geführt. Wie Daschitschew hatten einige weitere Wissenschaftler eingesehen, daß der Ausgangspunkt der sowjetischen Militärpolitik nicht mehr zu halten war; die finanziellen Mittel der Sowjetunion reichten einfach nicht aus, einen Rüstungswettlauf gegen die ganze Welt durchzustehen. Schon Ende 1987 hatte der neue Direktor des Europa-Instituts der Akademie der Wissenschaften, Witalij Shurkin, die sowjetische Praxis kritisiert, bei Kräftevergleichen alle denkbaren Gegner – von der NATO bis hin zu China und Japan – zusammenzuzählen. Er hatte hinzugefügt, daß die Sowjetunion nicht die Fähigkeit besitze, mehrere Kriege gleichzeitig siegreich zu bestehen.[12]

Der Direktor des einflußreichen Moskauer IMEMO, Jewgenij Primakow, schlug in einem programmatischen Artikel in der *Prawda*[13] aus ähnlichen

---

[11] Vjačeslav I. Dašičev, Vostok-Zapad: Poisk novych otnošenij, in: *Literaturnaja Gazeta*, Nr. 20, 18.5.1988.

[12] Vitalij V. *Zhurkin*/Sergej *Karaganov*/Andrej *Kortunov*, Ausreichende Verteidigungsfähigkeit oder Wie kommt man aus dem Teufelskreis?, in: *Neue Zeit*, 40/1987, S. 13 ff.

[13] Evgenij *Primakov*, Novaja filosofija vnešnej politiki, in: *Prawda*, 10.7.1987.

Erwägungen vor, die Sowjetunion solle sich in ihrer Abrüstungspolitik darauf konzentrieren zu verhindern, daß ein Gegner, also vor allem die USA, eine Erstschlagskapazität erwerbe, mit der er die Sowjetunion in einem Überraschungsangriff vernichten könnte. Im übrigen solle die Sowjetunion in ihrer Rüstungspolitik das unbedingt notwendige militärische Minimum anstreben und, um dies zu erreichen, notfalls auch einseitige oder nicht vertraglich vereinbarte, aber parallele Abrüstungsschritte in Erwägung ziehen. Shurkin kam in diesem Zusammenhang auf den Begriff „vernünftige Hinlänglichkeit" zurück, den Gorbatschow 1985 einmal erwähnt hatte.[14] Zwei andere Autoren rieten, die sowjetische Rüstung nicht an dem Potential der Gegenseite zu orientieren, sondern lediglich an der Fähigkeit, die andere Seite davon abzuhalten, einen Krieg zu entfesseln. Dabei verwandten sie einen Begriff, der dem französischen der „dissuasion" sehr ähnlich ist und der früher von sowjetischer Seite stets verteufelten „Abschreckung" nahekommt.[15] Wiederum andere Autoren empfahlen die Umstellung der sowjetischen Armee auf eine „nichtprovozierende Verteidigung".[16]

All diese Vorschläge ließen einen starken Einfluß der westlichen Friedensdiskussion erkennen. Sie fanden bei den sowjetischen Militärs zwar nur begrenzte Unterstützung, ermöglichten es Gorbatschow aber, seine Abrüstungspolitik voranzutreiben, ohne die seine Bemühungen um eine Sanierung der sowjetischen Wirtschaft und vor allem der Finanzen von vornherein zum Scheitern verurteilt gewesen wären. Ereignisse in Westeuropa kamen ihm dabei zu Hilfe: Nach der Flugkatastrophe in Ramstein am 28. August 1988 und der lebhaften Debatte in der Bundesrepublik Deutschland über militärische Tiefflüge schränkte die sowjetische Luftwaffe militärische Übungsflüge in Ungarn ein, die dort offenbar schon seit langer Zeit zu Unzufriedenheit in der Bevölkerung geführt hatten. Einen vorläufigen Höhepunkt erreichte diese Politik Gorbatschows mit seiner Rede vor den Vereinten Nationen am 7. Dezember 1988,[17] in der er einseitig eine beträchtliche Reduktion der sowjetischen Streitkräfte in der DDR, der ČSSR, in Ungarn sowie im Westen und im Osten der Sowjetunion ankündigte.

Daß sich Gorbatschow bei diesem Schritt der Unterstützung großer Teile der sowjetischen außenpolitischen Elite sicher sein konnte, zeigten die Ergebnisse einer Umfrage, die das USA- und Kanada-Institut zusammen mit einem weiteren Institut der Akademie der Wissenschaften und einem amerikanischen

---

14 A.a.O. (Anm. 11), sowie *dies.*, in: *SŠA*, 12/1987, S. 12.

15 Aleksej *Izjumov* und Andrej *Kortunov*, Sovetskij Sojuz v menjajuščemsja mire, in: *Meždunarodnaja Žizn'*, 7/1988, S. 53 ff.

16 Andrej *Kokošin* und Viktor *Larionov*, in: *MĖMO*, 8/1987, S. 32 ff.

17 Abgedruckt in: *EA*, 1/1989, S. D 23-37.

Institut bei „mehr als 100" sowjetischen Fachleuten für internationale Beziehungen, Diplomaten und Funktionären durchgeführt hatte.[18] Daraus ergab sich u.a., daß nur 43 Prozent der Befragten an eine Bedrohung durch die USA glaubten, daß 30 Prozent den Übergang zu einer „nichtprovozierenden Verteidigung" auch im Alleingang und weitere 62 Prozent auf der Basis der Gegenseitigkeit befürworteten. Auch hielten immerhin 46 Prozent ein militärisches Gleichgewicht mit den USA nicht für erforderlich (gegenüber 50 Prozent, die dies beibehalten wollten); nur 17 Prozent galten militärische Mittel als die beste Sicherheitsgarantie der UdSSR; stattliche 35 Prozent vertraten die Auffassung, Nuklearwaffen des Westens trügen zur Erhaltung des Friedens bei (44 Prozent sprachen sich dagegen aus) und 48 Prozent hielten die (von Gorbatschow geforderte) völlige Abschaffung der Nuklearwaffen für unmöglich. Außerdem sprachen sich 85 Prozent für die Aufrechterhaltung humanitärer Kontakte (mit dem Westen) unabhängig vom politischen Klima aus und 92 Prozent erklärten ausländische Kritik an der Nichtbeachtung der Menschenrechte für zulässig.

### *Aktivierung der Außenpolitik*

Im Mai 1986 hatte Gorbatschow in einer Konferenz im sowjetischen Außenministerium einen gründlichen Wandel in Stil und Arbeitsweise der sowjetischen Diplomatie verlangt; seine Forderungen wurden aber von dem außenpolitischen Apparat praktisch ignoriert. Ebenso erfolglos blieb eine ähnliche Initiative von Außenminister Eduard Schewardnadse ein Jahr später. Kurz vor der XIX. Parteikonferenz im Sommer 1988 jedoch unternahm Schewardnadse einen zweiten Anlauf. Diesmal erhielt er – vor allem von Bediensteten der jüngeren und mittleren Altersgruppen – über 800 Verbesserungsvorschläge. In einer riesigen Konferenz im IMO, der Ausbildungsstätte seines Ministeriums, erläuterte er den Diplomaten vom 25. bis 27. Juli 1988 ausführlich, wie er sich die Umsetzung des „neuen politischen Denkens" in praktische Außenpolitik vorstellte. In acht Arbeitsgruppen ließ er seine Überlegungen diskutieren.

Die wesentlichen Ergebnisse wurden anschließend veröffentlicht.[19] Danach sollte es in Zukunft gegenüber den „Bruderländern" keine Begrenzung der Souveränität oder gar die Anwendung von Waffengewalt geben. Die nationalen Interessen der Verbündeten müßten respektiert und Beziehungen zwischen den Völkern und nicht nur zwischen den Funktionären hergestellt werden.

---

18 Vgl. Andrej *Mel'vil'* und Aleksandr *Nikitin*, Edino myslit' vse ne mogut, in: *Moskovskie Novosti*, 7.8.1988.

19 Russisch in: *Meždunarodnaja Žizn'*, Nr. 9 und 10/1988, englisch in: *International Affairs* (Moskau), Nr. 10 und 11/1988.

Das Feindbild gegenüber dem Westen müsse abgebaut werden. Auch dürften sich die Außenbeziehungen der Sowjetunion nicht allein auf die USA richten, sondern müßten auch Europa einbeziehen. Die außenwirtschaftlichen Interessen der Sowjetunion müßten von den Auslandsvertretungen stärker gefördert werden. Darüber hinaus sprach sich Schewardnadse dafür aus, die militärische Geheimhaltung einzuschränken. Für sein Ministerium forderte er eine größere Beteiligung am außenpolitischen Entscheidungsprozeß; dabei spielte er auf die Radaranlage von Abalakowo in der Nähe von Krasnojarsk an, die auf Verlangen der Militärs errichtet worden war, obwohl sie den Bestimmungen des ABM-Vertrags mit den USA widersprach. Schewardnadse setzte die Umgestaltung des Außenministeriums fort mit einer Konferenz über den konsularen Dienst, die er am 27./28. Dezember 1988 abhalten ließ.[20] Hier ließ er erkennen, daß die Aufgabe der Konsularabteilungen nicht in erster Linie darin bestehen sollte, sowjetische Staatsbürger im Ausland zu überwachen und zu gängeln, sondern darin, ihnen Hilfe zu leisten und Ausländern die Kommunikation mit Sowjetbürgern zu ermöglichen.

Bei diesen Konferenzen wurde der enge Zusammenhang zwischen Innen- und Außenpolitik deutlich: Dauerhafte Sicherheit, das erkannten die Teilnehmer, könne es auch für die Sowjetunion nicht ohne Vertrauen geben. Dieses aber könne man nur erwerben, wenn in der Sowjetunion die Gesetze über Ein- und Ausreise demokratisiert würden und die Freiheit der Religion sowie der aktiven und passiven Information gewährleistet würden. Auch die sozialistischen Staaten müßten allgemeine Prinzipien und Kriterien für die Menschenrechte entwickeln. Daß diese Forderungen eine sofortige und totale Veränderung der außenpolitischen Praxis der Sowjetunion zur Folge haben würden, konnte nicht unbedingt erwartet werden; Schewardnadses Anregungen stellten jedoch unentbehrliche Voraussetzungen für einen möglichen Wandel dar.

## SCHWERPUNKT DER AUSSENPOLITIK: DIE VERBESSERUNG DER BEZIEHUNGEN ZU DEN USA

In ihrer außenpolitischen Praxis konzentrierte sich die sowjetische Führung erkennbar auf eine Verbesserung der Beziehungen zu den Vereinigten Staaten. Dies hielt sie freilich nicht davon ab, die Zweigleisigkeit des Verfahrens fortzusetzen: Während sie auf der diplomatischen Ebene mit den Regierungen verhandelte, setzte sie gleichzeitig das Instrument der „Volksdiplomatie“ ein, um die USA durch Beeinflussung der öffentlichen Meinung (vor allem in Westeuropa) in Zugzwang zu bringen.

---

20 Englische Veröffentlichung auszugsweise in: *International Affairs* (Moskau), 3/1989.

Zu den bedeutendsten Ereignissen auf der zweiten Ebene gehörten im Februar 1987 das „Forum für eine Welt ohne Kernwaffen“, zu dem angesehene und einflußreiche Persönlichkeiten aus der ganzen Welt nach Moskau eingeladen wurden, darunter der eben erst freigelassene Bürgerrechtler Andrej Sacharow, und im August 1987 eine bilaterale amerikanisch-sowjetische Konferenz im amerikanischen Chautauqua, an der allein 240 zumeist hochrangige sowjetische Wissenschaftler teilnahmen. Dreizehn Monate später folgten die Amerikaner einer sowjetischen Gegeneinladung nach Tiflis. Derartige Veranstaltungen hatten natürlich auch den Effekt, daß die sowjetische Öffentlichkeit ausländischen Einflüssen weiter geöffnet wurde. Dazu trug auch bei, daß die Sowjetunion und ihre Verbündeten seit Anfang 1987 die kostspieligen Störsender gegen westliche Rundfunksendungen nach und nach stillegten; im Zeitalter der Mediensatelliten hätten diese ohnehin über kurz oder lang ihre Bedeutung verloren.

## *Rüstungskontrolle und Abrüstung*

Hauptthema bei der diplomatischen und propagandistischen Aktivität der Sowjetunion war die Abrüstung. In den internationalen diplomatischen Verhandlungen über diese Fragen lag die Initiative weitgehend bei der Sowjetunion, die neben eigenen Vorschlägen auch das Mittel des Drucks einsetzte und ihr wiederholt verlängertes einseitiges Moratorium für Kernwaffentests am 26. Februar 1987 aufhob. Zunehmende Flexibilität zeigten die Sowjets vor allem auf dem Gebiet der Kontrolle möglicher Abrüstungsvereinbarungen. Außenminister Schewardnadse stimmte in Genf am 6. August 1987 grundsätzlich obligatorischen Kontrollen zu und lud die Teilnehmer der Konferenz der Vereinten Nationen über die Chemiewaffen zur Besichtigung einer sowjetischen Anlage für die Vernichtung von Chemiewaffen in Schichany ein. Die Vorführung fand am 1. Oktober tatsächlich statt – am gleichen Tag, an dem Gorbatschow Vorschläge über Rüstungsbegrenzungen in der Arktis vorlegte. Die Einrichtung von Zentren zur Verminderung des nuklearen Risikos vereinbarten die Sowjetunion und die USA am 15. September 1987. Einen vorläufigen Höhepunkt erreichten die sowjetisch-amerikanischen Beziehungen mit der Unterzeichnung des INF-Abkommens am 7. Dezember 1988, das freilich von vielen Militärexperten auf beiden Seiten (und noch mehr bei den Bündnispartnern) aus politischen wie militärischen Gründen kritisiert wurde.[21]

21 Vgl. hierzu ausführlich den Beitrag von Lothar *Rühl* in diesem Band.

## *Menschenrechtsfragen*

Gorbatschow war sich indessen wohl bewußt, daß sich die Beziehungen zu den USA nicht nachhaltig verbessern ließen, wenn sich die sowjetische Aktivität allein auf Abrüstungsvorschläge beschränkte. Zugeständnisse der kommunistischen Seite waren vor allem auf dem Gebiet der Menschenrechte erforderlich. Mit oder kurz nach Sacharow waren Ende 1986/Anfang 1987 noch eine ganze Anzahl weiterer Bürgerrechtler aus der Haft oder aus Arbeitslagern entlassen worden. Ende November 1987 wurde eine Gesellschaftliche Kommission für humanitäre Fragen und Menschenrechte gegründet, deren Vorsitz der Wissenschaftler Fjodor Burlazkij übernahm, der sich schon lange als Kritiker des Stalinismus ausgezeichnet hatte. Dabei nahmen die Behörden in Kauf, daß sich die früheren Häftlinge politisch betätigten, indem sie sich zum Beispiel „informellen" (also nicht vorschriftsmäßig registrierten) politischen Gruppen anschlossen und nicht genehmigte Zeitungen im „Samisdat", also mit Hilfe privater Vervielfältigungsgeräte, herstellten.

Besonders anstößige „Gummiparagraphen" des Strafgesetzbuchs wurden eliminiert oder eingeschränkt.[22] Psychiatrische Anstalten, die bis dahin dem Innenministerium und damit der politischen Polizei unterstanden hatten, gingen in die Zuständigkeit des Gesundheitsministeriums über. Im März 1988 durften sich erstmals sowjetische Schriftsteller in Dänemark mit Kollegen, die aus der Sowjetunion emigriert waren, zu einer Konferenz treffen. Die Zahl der Auswanderungsgenehmigungen nahm zu und erreichte 1987 mit 8 155 für jüdische Sowjetbürger (6 000 bis 7 000 für armenische und rund 14 000 für deutsche Sowjetbürger) den höchsten Stand seit 1981.[23] Zeitweise geriet die amerikanische Botschaft, die auf einen solchen Andrang nicht eingestellt war, in arge Bedrängnis.[24]

## *Militärische Übereinkommen*

Gorbatschow ließ sich auch durch gelegentliche Unannehmlichkeiten, etwa durch das Erscheinen amerikanischer Kriegsschiffe in sowjetischen Hoheitsgewässern im Schwarzen Meer, von seinem Kurs nicht abbrin-

22 Vgl. Aaron *Trehub*, Human Rights in the Soviet Union: Recent Developments, in: *Radio Liberty Research*, Nr. 67/1988.

23 *Radio Liberty Research*, Nr. 13/1988, S. 6, unter Berufung auf UPI, 7.1.1988.

24 Soviet Immigration Requests Swamp U.S. Embassy, in: *U.S. Foreign Policy Information and Texts*, Nr. 213, 14.11.1988.

gen.[25] Begegnungen auf hoher Ebene wurden immer häufiger: Im Februar 1988 war Außenminister George Shultz in Moskau, im März sprachen die Verteidigungsminister Jasow und Frank Carlucci in Bern miteinander; eine Woche später erschien Schewardnadse zu Gesprächen in Washington. Im Mai trafen sich Schewardnadse und Shultz in Genf, und Ende Mai fand ein weiteres Gipfeltreffen zwischen Reagan und Gorbatschow in Moskau statt. Zum ersten Mal nach achtjähriger Pause schlossen die Akademie der Wissenschaften der UdSSR und die NASA am 3. Mai ein Abkommen über Zusammenarbeit ab. Als erster amerikanischer Verteidigungsminister informierte sich Carlucci im August in Moskau und Ende September war Schewardnadse wiederum zu Gesprächen in Washington. Im November durfte Sacharow die USA besuchen – seine erste Reise in den Westen.

In Fragen der militärischen Sicherheit wurden die Regierungsverhandlungen jedoch immer zähflüssiger: Die sowjetische Diplomatie bemühte sich hartnäkkig um die Rettung der Radaranlage bei Krasnojarsk, deren völlige Zerstörung die Amerikaner forderten. Am 27. Oktober 1988 wurde die Anlage der Akademie der Wissenschaften zur friedlichen Nutzung überstellt; die sowjetische Regierung schlug vor, hier ein Zentrum für internationale wissenschaftliche Zusammenarbeit zu errichten. Gleichzeitig teilte sie mit, zwei bewegliche Radarstationen bei Gomel und Moskau, die von den Amerikanern ebenfalls beanstandet worden waren, würden zerstört. Durch diese Schritte ließ sich die amerikanische Regierung aber von ihrer Forderung, die Anlage bei Krasnojarsk zu vernichten, nicht abbringen.

Die persönlichen Beziehungen zwischen Gorbatschow und Präsident Ronald Reagan hatten sich inzwischen so günstig entwickelt, daß der Sprecher des Weißen Hauses, Marlin Fitzwater, die für Anfang Dezember angesetzte Begegnung zwischen den beiden Präsidenten als ein „cordial meeting“ ankündigte.[26] Dieses letzte Treffen während der Amtszeit Reagans mußte Gorbatschow wegen des Erdbebens in Armenien vorzeitig abbrechen. Mit seiner Ankündigung, etwa 500 000 sowjetische Soldaten aus Osteuropa und dem Fernen Osten einseitig zurückzuziehen, gelang ihm dennoch ein Paukenschlag, der in Europa lange nachhallte. Allerdings zeigte sich bald, daß Gorbatschow die Toleranz seiner Militärs arg strapaziert hatte: Generalstabschef Sergej Achromejew trat unmittelbar darauf zurück. Ebenfalls kam in einer ganzen

25 Vgl. dazu: Bumped in the Black Sea, in: *IHT*, 17.2.1988, sowie Eugene J. *Carroll* Jr. (er zeichnet als pensionierter Konteradmiral und stellv. Direktor des Center for Defense Information), Incident in the Black Sea: Who Sent the U.S. Warships?, in: *IHT*, 7.3.1988, und R. Jeffrey *Smith*, Soviets Expel 3 in U.S. Nuclear Unit, ebd., 13.8.1988 (über drei amerikanische Beobachter, die den Rahmen des Erlaubten bei einem sowjetischen Nukleartest überschritten hatten und ausgewiesen wurden).

26 Vgl. *U.S. Foreign Policy Information and Texts*, Nr. 219, 23.11.1988. Es hatte vorher eine Diskussion darüber gegeben, ob das Treffen nicht besser protokollarisch herabgestuft werden sollte.

Reihe von Veröffentlichungen die Abneigung hoher Militärs gegen einseitige sowjetische Abrüstungsschritte zum Ausdruck.[27]

## *Sowjetische Asien-Politik*

Anders als sein Vorgänger Gromyko setzte sich Außenminister Schewardnadse aktiv für die sowjetischen Interessen in der asiatisch-pazifischen Region ein. Zwar kam die Politik gegenüber Japan nicht voran, weil sich keine der beiden Seiten entschließen konnte, in der umstrittenen Frage der vier Kurilen-Inseln nachzugeben, doch besuchte Schewardnadse als erster sowjetischer Außenminister eine größere Anzahl von Ländern in der Region: Im März 1987 reiste er nach Thailand, Indonesien, Australien, Laos, Kambodscha und Vietnam. Hauptzweck seiner Reise war offenkundig, einen Ausweg aus dem Streit um Kambodscha zu finden.[28] Dazu hatte die Sowjetunion schon Druck auf Vietnam ausgeübt. Schewardnadse versuchte nun, freundschaftliche Beziehungen zu den ASEAN-Ländern herzustellen. Außerdem bemühte er sich um eine Belebung der wirtschaftlichen Beziehungen. Im Dezember 1980 setzte er diese Aktivität mit einer großen Reise nach Japan, den Philippinen und Nordkorea fort. Dabei wurden alsbald Gerüchte laut, die Sowjetunion könne bereit sein, ihren Marinestützpunkt in Vietnam zu schließen, falls die USA ihre Stützpunkte auf den Philippinen aufgäben. Da derartige Gedanken von amerikanischer Seite sofort mit aller Schärfe zurückgewiesen wurden, blieb es der Sowjetunion erspart, ihrerseits Farbe zu bekennen.

Ihren bedeutendsten Erfolg in der Region erzielte die Sowjetunion durch den Ausgleich mit China, der durch den Besuch des chinesischen Außenministers Qian Qichen, den ersten Besuch eines hohen chinesischen Politikers in Moskau seit 1956, besiegelt wurde. Dieser Interessenausgleich war zustande gekommen, nachdem die Sowjetunion auf alle wesentlichen chinesischen Forderungen (Rückzug aus Afghanistan, Verminderung ihrer Truppen an der chinesischen Grenze sowie in der Mongolei, und Unterstützung des internationalen Drucks, Vietnam zum Abzug seiner Truppen aus Kambodscha zu zwingen) eingegangen war.[29]

---

27 Vgl. die Nachweise bei Eberhard *Schulz*, a.a.O. (Anm. 6). Schon im Frühjahr 1987 hatten sich die Anzeichen dafür verdichtet, daß die sowjetische Führung einseitige Truppenreduktionen in Osteuropa in Erwägung zog. Zu einer definitiven Entscheidung war es aber nicht gekommen – möglicherweise, weil sich Gorbatschow und das Politbüro über Bedenken von militärischer Seite nicht glaubten hinwegsetzen zu können. Vgl. David *Fouquet*, Kremlin Reported Set to Announce Troop Cutback in Eastern Europe, in: *IHT*, 23.3.1987.

28 Vgl. hierzu auch den Beitrag von Oskar *Weggel* in diesem Band.

29 Vgl. hierzu auch den Beitrag von Joachim *Glaubitz* in diesem Band.

## BEWEGUNGSLOSIGKEIT IN DER WESTEUROPA-POLITIK

Die sowjetische Europa-Politik trat im Berichtszeitraum auf der Stelle. Zwar kaufte die Sowjetunion im Februar 1987 eine Million Tonnen Getreide aus Beständen der Europäischen Gemeinschaft, doch dauerte es bis zum November 1988, bis die Gespräche über ein Handelsabkommen endlich beginnen konnten. Daß sich Gorbatschow mit der britischen Premierministerin Margaret Thatcher persönlich besonders gut verstand, war oft berichtet worden. Als Frau Thatcher dann aber im März 1987 zu ihrem ersten Besuch in Moskau eintraf, blieben die Ergebnisse mager, obwohl ein britisches Konsortium am 4. Februar der Sowjetunion einen Kredit über den stattlichen Betrag von 1,5 Milliarden Pfund eingeräumt hatte. Die britische Regierung versprach sich offenbar von harten Forderungen an Moskau am ehesten Ergebnisse für Fortschritte in der Durchsetzung von Menschenrechten und Demokratie und bemühte sich gleichzeitig zu verhindern, daß das britische Nuklearpotential in europäische Abrüstungsverhandlungen hineingezogen werden könnte. So brachte auch Gorbatschows Gegenbesuch in Großbritannien im Dezember 1987 keine bemerkenswerten Resultate.

Ebenso wenig Bewegung zeigten die sowjetisch-französischen Beziehungen. Premierminister Jacques Chirac wurde im Mai 1987 in Moskau ziemlich kühl empfangen. Präsident François Mitterrand brachte im November 1988 zwar einen Kredit in Höhe von zwölf Milliarden Francs mit, kehrte aber ohne besondere Gegenleistungen nach Paris zurück. Eine bessere Atmosphäre herrschte bei einem Treffen im Kreml mit „Vertretern der französischen Öffentlichkeit“ am 30. September 1987, von dem sich Gorbatschow wohl einen freundlichen Widerhall in Frankreich versprochen hatte, das dort aber kaum Beachtung fand.

Im übrigen gab es Gesten guten Willens, wie die Einstellung des Walfangs, die die Sowjetunion im Sommer 1987 mit Blick auf westliche Umweltschützer verkündete. Der erste Besuch einer Delegation von sowjetischen Konsularbeamten in Israel, also von Vertretern des Außenministeriums, ließ aufhorchen, obwohl diese lediglich über komplizierte Liegenschaftsrechte der Orthodoxen Kirche in Jerusalem verhandeln sollte. Die Sowjets vermieden jedoch sorgfältig jeden Anschein einer Anerkennung israelischer Souveränität über Jerusalem oder einer Aufnahme diplomatischer Beziehungen. Ähnlich ohne unmittelbare Folgen verlief das Höflichkeitstreffen des vatikanischen Kardinalstaatssekretärs Agostino Casaroli mit Gorbatschow aus Anlaß des Millenniums der Christianisierung Rußlands am 13. Juni 1988. Zu diesen vorsichtigen Signalen künftiger Kompromißbereitschaft zählte schließlich auch der Besuch einer Delegation des Internationalen Bundes Freier Gewerkschaften, jener westlichen Gewerkschaftsorganisation, die im Westen zu Zeiten Stalins aus Protest gegen den kommunistisch beherrschten Weltgewerkschaftsbund gegründet worden war.

## *Die Beziehungen zur Bundesrepublik*

Schleppend verliefen die Bemühungen um ein „neues Kapitel" in den Beziehungen zur Bundesrepublik Deutschland. Bundespräsident Richard von Weizsäcker hinterließ bei seinem Besuch in Moskau im Juli 1987 einen tiefen Eindruck, und auch andere prominente deutsche Politiker fanden in Moskau eine positive Reaktion,[30] doch erst im Oktober brachte die Visite von Bundeskanzler Helmut Kohl eine Art Durchbruch und überzeugte die sowjetische Führung davon, daß die Bundesregierung zu einem dauerhaften Ausgleich der Interessen bereit war. Schon im April 1987 waren Abkommen über eine Zusammenarbeit auf den Gebieten Gesundheitspolitik, Nukleartechnik und Landwirtschaft abgeschlossen worden. Am 15. Oktober wurden auch die Gespräche über eine konkrete Ausfüllung des Kulturabkommens nach elfjähriger Pause wieder aufgenommen. Die Sowjetunion ihrerseits gab ein Zeichen guten Willens, indem sie am 28. November verlautbarte, daß Nord-Ostpreußen künftig in gewissem Umfang für Besuchsreisen freigegeben werde.

Wie eine kalte Dusche wirkte dann ein sowjetischer Einspruch über die Aufnahme von Berliner Bundestagsabgeordneten in eine Delegation des Deutschen Bundestages wenige Tage vor dem Antritt der Reise nach Moskau. Ursache für diese Absage war ein Mißverständnis, das aber ein Schlaglicht auf das außerordentliche Mißtrauen der sowjetischen Führung gegen die Berlin-Politik der Bundesregierung warf.[31] Auch sonst kam es immer wieder zu Rückschlägen, die etwa verhinderten, daß die schon für das erste Halbjahr 1988 angekündigte Reise des Bundeskanzlers termingerecht ausgeführt wurde. Der Besuch selbst, der im Oktober endlich zustande kam und bei dem eine große Anzahl weiterer Abkommen unterzeichnet werden konnte, erfüllte vielleicht nicht alle Hoffnungen, bedeutete aber zweifellos einen wichtigen Schritt nach vorn. Dazu hatte auch ein deutsches Bankenkonsortium beigetragen, das der Sowjetunion im Mai einen Kreditrahmen in Höhe von 3,5 Milliarden DM eingeräumt hatte.

---

30 Der bayerische Ministerpräsident Franz Josef Strauß besuchte die Sowjetunion im Dezember 1987, der baden-württembergische Ministerpräsident Lothar Späth im Februar 1988, der ehemalige Bundeskanzler Willy Brandt im April; SPD-Fraktionsführer Hans-Jochen Vogel und Bundeswirtschaftsminister Martin Bangemann kamen im Mai, der rheinland-pfälzische Ministerpräsident Bernhard Vogel, Landwirtschaftsminister Ignaz Kiechle und Außenminister Hans-Dietrich Genscher im Juli 1988.

31 Von den ursprünglich gemeldeten Mitgliedern der Delegation mußten zunächst ein, kurz darauf ein weiterer Abgeordneter der SPD-Fraktion aus (echten) Termingründen absagen. Der Zufall wollte es, daß an ihre Stelle SPD-Bundestagsabgeordnete aus Berlin traten. Das sowjetische Außenministerium vermutete darin einen taktischen Trick mit dem Ziel, die Festigkeit des Berlin-Status zu testen, und ließ sich durch Erklärungen des Ausschußvorsitzenden und Delegationsleiters, Hans Stercken (CDU), sowie von seiten der SPD-Fraktion von seinem Verdacht nicht abbringen. Dieses Verhalten war schwerlich anders zu deuten denn als sowjetischer Versuch, die grundsätzlich vereinbarte Einbeziehung von Bürgern West-Berlins in die beiderseitigen Beziehungen zu hintertreiben. Deshalb sagte Bonn die Reise ab.

### *Größerer Handlungsspielraum für Osteuropa*

Das Auseinanderstreben der innenpolitischen Entwicklung in den verschiedenen Ländern machte die sowjetische Osteuropa-Politik immer schwieriger: Die Sowjetunion, Ungarn und Polen strebten – wenn auch in verschiedenen Richtungen und Formen – eine Umgestaltung des politischen Systems an. In der DDR und Rumänien dagegen behielten die beharrenden Kräfte noch die Oberhand, während die Regime in der Tschechoslowakei und Bulgarien unentschlossen lavierten.[32] Aber auch die Schatten der stalinistischen Vergangenheit der Sowjetunion wurden immer länger. Die auf starken Druck der polnischen Öffentlichkeit hin eingerichtete gemeinsame Historikerkommission der KPdSU und der PVAP hielt im Mai 1987 ihre erste Sitzung ab und steuerte dabei einen offensichtlich von sowjetischer Seite gewünschten Kompromißkurs, nach dem nicht nur die Morde von Katyn, sondern überhaupt alle Belastungen der sowjetisch-polnischen Beziehungen in der Vergangenheit untersucht werden sollten, also auch etwa der polnische Überfall auf das sowjetische Rußland im Jahre 1920. Die lebhafte Kommunikation von Spitzenpolitikern der osteuropäischen Länder und der Sowjetunion machte deutlich, daß dem osteuropäischen Glacis für die Sicherung des Staates Sowjetunion nicht mehr die gleiche Bedeutung beigemessen wurde wie früher, daß das Schicksal der Reformen in den einzelnen osteuropäischen Ländern aber durchaus den Ausgang des Gorbatschowschen Experiments in der Sowjetunion beeinflussen könnte. Tatsächlich vergrößerte sich der innen- und außenpolitische Spielraum der osteuropäischen Staaten gegenüber der Sowjetunion sichtlich.

Hieß das nun, daß die Sowjetunion auf ihre Hegemonie über Osteuropa in aller Form verzichtete? So weit wollte – oder konnte – die sowjetische Führung wohl doch nicht gehen; sie suchte zunächst nach einem Kompromiß in ideologischen Grundsatzfragen. Zu diesem Zweck wurde vom 4. bis 6. Oktober 1988 in Moskau eine Konferenz von Wissenschaftlern der sozialistischen Länder abgehalten. In seinem Grundsatzreferat erklärte der Leiter der Kommission des ZK der KPdSU für ideologische Fragen, Medwedew, die Sowjetunion sei unter Stalin und bis in die Zeit Breshnews von der humanistischen Sozialismuskonzeption Lenins abgewichen. Man dürfe aber auf Lenins Erbe keinen Schatten werfen. Gemeinsam müsse nun nach einer neuen Konzeption gesucht werden. Die Zeiten, in denen Unterschiede in der Entwicklung als Abweichung vom Marxismus-Leninismus und vom sozialistischen Internationalismus gebrandmarkt wurden, seien unwiderruflich vorbei. Letztlich liefen diese Ausführungen auf eine Anti-Breshnew-Doktrin hinaus.

32 Vgl. hierzu ausführlich den Beitrag von Peter *Danylow* in diesem Band.

# REFORM UND STAGNATION IN OSTEUROPA

*Von Peter Danylow*

In der zweiten Hälfte der achtziger Jahre erwiesen sich die europäischen Mitgliedstaaten des Rates für Gegenseitige Wirtschaftshilfe (RGW) immer weniger fähig, die grundlegenden Bedürfnisse ihrer Bevölkerungen zu befriedigen. Die Gesellschaften des realen Sozialismus durchliefen eine schwere Krise. Krisenerscheinungen hatte es zwar in der Vergangenheit immer wieder einmal gegeben, doch hatten die kommunistischen und Arbeiterparteien es vermocht, ihren ideologischen Führungsanspruch mittels verstärkter administrativer Kontrolle – oder sogar durch selektiven Terror – zu stabilisieren. Als letztes und wirksamstes Mittel standen die Truppen der Führungsmacht der sozialistischen Gemeinschaft, der Sowjetunion und die Streitkräfte der Warschauer Vertragsorganisation bereit, um das Gesellschaftssystem des realen Sozialismus um jeden Preis zu erhalten. Die Intervention der fünf Mitgliedstaaten des Warschauer Pakts in der ČSSR am 21. August 1968 stand für die Verbindlichkeit eines Sozialismusmodells für alle osteuropäischen Staaten, weitgehend vorgegeben durch die UdSSR.[1]

## URSACHEN DER REFORMPROZESSE IN OSTEUROPA

Bis in die siebziger Jahre hinein gelang es den Führungsoligarchien in Osteuropa durch die extensive Ausschöpfung der nutzbaren Potentiale von Natur, Bodenschätzen und menschlicher Arbeitskraft, die Instrumente der zentral verwalteten Wirtschaft bis an die Grenze ihrer Möglichkeiten auszunutzen. Die Sowjetunion unter Generalsekretär Michail Gorbatschow wurde zum Zentrum des Reformprozesses. Seit seinem Amtsantritt 1985 vollzog die Sowjetunion einen großangelegten Umbauprozeß ihrer Gesellschaft mit dem Ziel, am Ende die Leistungsfähigkeit des Gesellschaftssystems zu steigern und damit die Konkurrenzfähigkeit zur zweiten Supermacht USA wiederherzustellen.

---

1 Vgl. dazu grundlegend: Hans Georg *Haupt* u.a. (Hrsg.), Die sozialistische Gemeinschaft. Interessen – Zusammenarbeit – Wirtschaftswachstum. Berlin (Ost) 1985. Die sozialistische Gemeinschaft als Bündnis neuen Typs sah auch: O.V. *Borisov* (eigentlich: Oleg B. *Rachmanin*), Sojuz novogo tipa, in: *Voprosy istorii KPSS*, 4/1984, S. 48-49. Zu den wirtschaftlichen Aspekten der Entwicklungen in Osteuropa vgl. Ostkolleg der Bundeszentrale für Politische Bildung (Hrsg.), Rat für Gegenseitige Wirtschaftshilfe. Strukturen und Probleme, Bonn 1987. Zur politischen und ideologischen Zielbestimmung vgl. Margot *Hegemann*, Kurze Geschichte des RGW, Berlin (Ost) 1980.

Die sowjetischen Reformansätze standen nicht isoliert. Ohne die Reformexperimente in der ČSSR und in Ungarn schon in den sechziger Jahren waren die Veränderungen in der UdSSR nicht denkbar, obwohl Gorbatschow sich in der Anfangsphase schon aus ideologischen Gründen nicht auf die Wiederaufnahme administrativ oder gar gewaltsam unterdrückter Reformmodelle beziehen konnte, sondern vor allem auf das Anliegen der Humanisierung des realen Sozialismus. Vorausschauende Politiker in den kleineren Staaten des RGW hatten schon um 1983 erkannt, daß innenpolitische wie außenpolitische Reformen notwendig geworden waren. Die Einleitung eines eigenständigen Reformprozesses bedeutete eine Abkehr vom klassischen realen Sozialismus und beruhte auf einer Neubewertung der nationalen Interessen in den ausgehenden achtziger Jahren des 20. Jahrhunderts.

### *Interessendivergenzen im sozialistischen Lager*

Während in der Aufbauphase des sozialistischen Lagers nach Ende des Zweiten Weltkriegs, noch unter dem dominierenden Einfluß Stalins, das übernationale Interesse aller sozialistischen Staaten als selbstverständlich vorausgesetzt wurde, erfuhr der proletarische Internationalismus im Lauf der Zeit eine Umwertung. Der sowjetische Primat in ideologischer wie politischer und ökonomischer Hinsicht ließ sich immer weniger aufrechterhalten. Die UdSSR garantierte zwar die Grundversorgung mit Energie und Rohstoffen, aber eine Steigerung der Lieferungen an die Bruderstaaten ließ sich nicht mehr ohne weiteres realisieren. Auch die nationalen Interessen der RGW-Staaten befanden sich nicht mehr unbedingt im Einklang miteinander oder mit denen der UdSSR. Diese Interessendivergenzen und Interessenkoalitionen zwischen sozialistischen Staaten gewannen, wie der Sekretär des Zentralkomitees der Ungarischen Sozialistischen Arbeiterpartei und spätere Parlamentspräsident Mátyás Szűrös bereits 1983 hervorhob, größere Bedeutung in der internationalen Politik.[2]

Im Prinzip hatten Interessenkoalitionen unter sozialistischen Staaten auch schon früher eine wichtige Rolle gespielt. Der Einmarsch in der Tschechoslowakei 1968 entsprach ja letztlich einer spezifischen Interessenkoalition: Die spätstalinistischen Dogmatiker in Warschau und Ost-Berlin verbanden sich mit den Verteidigern des sowjetischen Hegemonialanspruchs in Moskau, um das ideologische Weltbild zu retten, das sie durch den von Alexander Dubček

---

2 Vgl. Mátyás *Szűrös*, Interaction of the National and the International in Hungarian Policy, in: *The New Hungarian Quarterly*, Bd. XXV, Nr. 93, Frühjahr 1984, S. 8-18.

und der Kommunistischen Partei der ČSSR eingeleiteten Reformprozeß bedroht sahen.[3]

Wie 1968 erstreckten sich die Reformnotwendigkeiten im Berichtszeitraum in ganz Osteuropa auf alle innerstaatlichen und zwischenstaatlichen Bereiche. Praktisch stand die Veränderung der wirtschaftlichen und politischen Rahmenbedingungen im Vordergrund, obwohl die Ideologie nicht ausgespart blieb. Gerade im ökonomischen Bereich zeigten sich die Defizite der real sozialistischen Volkswirtschaften, ihr Rückstand gegenüber den hochentwickelten Marktwirtschaften des Westens und zunehmend gegenüber den Schwellenländern Südostasiens. Der RGW, als Wirtschaftsintegration der Sozialistischen Gemeinschaft, hatte sein Ziel nicht erreicht: Die eigenständige Entwicklung eines konkurrenzfähigen Wirtschaftssystems war gescheitert.

## *Meinungsverschiedenheiten im RGW*

Auf der 42. Tagung des RGW in Bukarest vom 3. bis 5. November 1986 vermittelten die Regierungschefs bereits den Eindruck tiefergehender Meinungsverschiedenheiten über die Zukunft der östlichen Wirtschaftsintegration. Der sowjetische Ministerpräsident Nikolaj Ryshkow verwies auf das Problem, die Volkswirtschaften zu intensivieren und erwähnte wohl erstmals die Qualitätsmängel der Importgüter aus den RGW-Staaten. Das SED-Zentralorgan *Neues Deutschland* berichtete bezeichnenderweise über diesen Punkt der Kritik nicht.[4]

Die RGW-Mitgliedstaaten einigten sich auf neue Formen der Zusammenarbeit, die in den folgenden Jahren die interne Diskussion und die wirtschaftliche Praxis prägen sollten. Der Schlüssel zum Fortschritt lautete jetzt: Direktbeziehungen zwischen Unternehmen und wissenschaftlichen Einrichtungen herzustellen, um unter Umgehung der Bürokratie eine gemeinsame Produktion, gemeinsame Entwicklung und direkten Erfahrungsaustausch zwischen den Produzenten der beteiligten Staaten aufzubauen.[5] Die Schwierigkeiten lagen auf der Hand: Ökonomische Direktbeziehungen ohne konvertierbare Währung und ohne unternehmerische Entscheidungsfreiheit, also ohne Freiheit von der zentralen Planungsbehörde, eröffneten nur beschränkte Zukunftsperspektiven.

Dennoch trafen die Parteichefs am 10. und 11. November 1986 zusammen, um in einem offenen Meinungsaustausch die vorgesehenen Maßnahmen ideologisch abzusichern. Dabei ging es um die schöpferischen Potentiale des Sozialismus, die es zu entwickeln galt.[6] Die 43. Tagung des RGW vom 13. bis 14.

---

3 Vgl. u.a. Zdeněk *Mlynař*, Nachtfrost, Köln 1978.

4 *FT*, 5.11.1986.

5 Das Abschlußkommuniqué ist abgedruckt in: *EA*, 4/1987, S. D 104-108.

6 Vgl. *ND*, 11. und 12.11.1986.

Oktober 1987 in Moskau stand im Zeichen der „herangereiften Probleme der Umgestaltung des Mechanismus der mehrseitigen Zusammenarbeit". Dabei sollten die „nationalen Wirtschaftsmechanismen" berücksichtigt werden. Die RGW-Staaten verabredeten eine Vertiefung der sozialistischen Arbeitsteilung, angesichts der Erkenntnis, daß eine „bessere Deckung des Bedarfs an moderner Technik und Technologie, an Brennstoffen, an Energie und Rohstoffen, Lebensmitteln und technischen Konsumgütern" notwendig wurde.[7] Auf der 44. Tagung des RGW vom 5. bis zum 7. Juli 1988 in Prag bekräftigten die Ministerpräsidenten nochmals das Ziel einer verbesserten internationalen sozialistischen Arbeitsteilung. Sie begrüßten die Aufnahme von Kooperationsbeziehungen mit der Europäischen Gemeinschaft[8] und einigten sich, mit Ausnahme des rumänischen Vertreters, auf die Schaffung eines gemeinsamen sozialistischen Marktes.[9] Diese Zurückhaltung Rumäniens unterstrich die großen Probleme im RGW, auch nur Absichtserklärungen gemeinsam zu formulieren.

## UDSSR – EIN GESELLSCHAFTSSYSTEM AM SCHEIDEWEG

Im Reformprozeß in der Sowjetunion markierten die Jahre 1987 und 1988 einen Wendepunkt, sowohl in politischer als auch in ideologischer Hinsicht. Innenpolitisch gelang es Generalsekretär Gorbatschow schon auf dem verspätet einberufenen Plenum des Zentralkomitees der KPdSU am 27. Januar 1987, die weitere Richtung des Reformprozesses unzweideutig festzuschreiben.[10] Die Sowjetunion befand sich nach seiner Auffassung in einer Stagnationsphase. Die herrschende Sozialismuskonzeption entstamme nahezu unverändert den dreißiger und vierziger Jahren. Die Resultate seien, so Gorbatschow, fehlendes Verantwortungsgefühl und Mängel in der Praxis der sozialistischen Demokratie. Gorbatschow empfahl die Politik der Perestrojka, des Umbaus, um den sozialen und wirtschaftlichen Fortschritt in der UdSSR zu sichern. Damit einhergehen sollte die Demokratisierung des gesellschaftlichen Lebens, unter dem Motto der „sozialistischen Selbstverwaltung".

Die Forderung nach der Wiederbelebung der Leninschen Prinzipien des demokratischen Zentralismus in der Volkswirtschaft sowie nach Kritik und Selbstkritik im öffentlichen Leben klangen durchaus ambivalent. Gorbatschows ausdrückliche Betonung der Würde des Individuums deutete indessen

---

7 Das Kommuniqué der Tagung ist abgedruckt in: *EA*, 22/1987, S. D 617-619.

8 Vgl. hierzu auch den Beitrag von Angelika *Volle* in diesem Band.

9 Das Abschlußkommuniqué ist abgedruckt in: *EA*, 15/1988, S. D 432-436.

10 Vgl. hierzu auch den Beitrag von Eberhard *Schulz* in diesem Band.

an, daß mit traditionellen Begriffen der kommunistischen Ideologie in der Tat neue politische Inhalte gemeint sein konnten, deren politische Umsetzung abgewartet werden mußte.

## *Einschneidende personelle Veränderungen*

Das zweite Element, das Gorbatschow mehr und mehr betonte, war die Offenheit, Glasnost. Er forderte Kritik und offene Diskussion der wirklichen, vorhandenen Probleme der sowjetischen Gesellschaft und bezog sich in diesem Zusammenhang auf die „moralischen Grundlagen der Gesellschaft" und auf das „Prinzip der Rechtsstaatlichkeit".[11] Als unumgänglich erwies sich das Auswechseln der verantwortlichen Kader, die bisher die Breshnew-Ära gestaltet hatten. Schon die Ablösung des Ersten Sekretärs der KP Kasachstans, gleichzeitig Politbüromitglied des Zentralkomitees der KPdSU seit 1971, Dinmuchamed Kunajew, förderte jedoch die latenten Spannungen in der UdSSR zutage. Die Nominierung eines Russen als Nachfolger führte bereits Ende 1986 zu Straßenkämpfen zwischen verschiedenen ethnischen Gruppen in der kasachischen Hauptstadt Alma-Ata. Damit erschienen die ethnischen Konflikte auf der Tagesordnung.

Die einschneidendsten personellen Maßnahmen erfolgten im Anschluß an den Flug des deutschen Privatpiloten Mathias Rust. Er hatte ungehindert den sowjetischen Luftraum durchflogen und war am Rande des Roten Platzes vor der Kremlmauer gelandet – und dies ausgerechnet am „Tag der Grenztruppen", dem 28. Mai 1987. Dieses Ereignis erlaubte es Generalsekretär Gorbatschow und dem Politbüro der KPdSU, die Armeespitze zu verjüngen. Verteidigungsminister wurde General Dimitrij Jasow, der erst seit Anfang 1987 als stellvertretender Verteidigungsminister für Personalfragen zuständig war und vorher als Kommandeur des Fernöstlichen Militärbezirks gedient hatte. Der reibungslose Wechsel in der Armeeführung erleichterte auch die Verjüngung des Politbüros. Schon auf dem Juni-Plenum des ZK der KPdSU avancierten erklärte Reformer und Gorbatschow-Berater zu Vollmitgliedern des Politbüros: Alexander Jakowlew als maßgeblicher Berater für ideologische Fragen sowie Nikolaj Sljunkow, zuständig für Wirtschaft und RGW-Fragen, und Wiktor Nikonow, der schon seit 1985 die Verantwortung als ZK-Sekretär für Landwirtschaft trug.

Auf der XIX. Allunions-Parteikonferenz vom 28. Juni bis 1. Juli 1988 führte Gorbatschow die Auseinandersetzung mit den reformfeindlichen Kräften weiter. Er setzte sich für eine Verfassungsänderung ein, deren Ziel die Schaffung des Amtes des Präsidenten des Obersten Sowjet war. Ferner

11 *Prawda*, 28.1.1987.

sollte der Oberste Sowjet um 750 Volksdeputierte erweitert werden. Dieser Volkskongreß erhielt die Aufgabe, den Präsidenten zu wählen und wiederum aus seiner Mitte ein kleineres Parlament von nicht mehr als 450 Mitgliedern zu wählen, das kontinuierlich tagen sollte. Die Personalfragen blieben einer kurzfristig anberaumten Tagung des Zentralkomitees am 30. September 1988 vorbehalten. Andrej Gromyko und Michail Solomenzew (bislang Vorsitzender der Partei-Kontrollkommission) traten als Mitglieder des Politbüros zurück, Gromyko gab auch das Amt des Vorsitzenden des Präsidiums des Obersten Sowjet ab. Am folgenden Tag wählte dieses Gremium Gorbatschow zum Präsidenten.

Ein Exponent der konservativen Kräfte, Jegor Ligatschow, verlor seine informelle Rolle als Vertreter des Generalsekretärs und übernahm den zentralen Verantwortungsbereich Landwirtschaft als Vorsitzender einer Kommission des Zentralkomitees. Der ehemalige Chef des Komitees für Staatssicherheit, General Wiktor Tschebrikow, wurde Leiter der Rechtspolitischen Kommission. Seine Nachfolge im KGB trat Wladimir Krjutschkow (bislang Stellvertreter Tschebrikows und Leiter der 1. Hauptverwaltung des KGB, zuständig für Auslandsoperationen) an, der allerdings keinen Sitz im Politbüro erhielt.[12] Die Veränderungen bedeuteten eine Stärkung Gorbatschows, dem es damit gelang, die politischen Gewichte zu verlagern. Sein Ziel: neben der Kommunistischen Partei ein brauchbares Regierungssystem zu etablieren und einen Parlamentarismus zu entwickeln, der seine wirkliche Legitimation durch Wahlen erhielt. Dieser Prozeß verlief zutiefst widersprüchlich und führte zu offenen Auseinandersetzungen in der KP. Das Musterbeispiel dafür bildete das Schicksal des radikalen Reformers Boris Jelzin, der unter undurchsichtigen Umständen in Moskau im Oktober 1987 als Stadtparteisekretär scheiterte und vor dem 19. Parteikongreß seine Rehabilitierung verlangte.

Die größten Schwierigkeiten türmten sich allerdings auf wirtschaftlichem Gebiet auf. Auf der Parteikonferenz analysierte am 29. Juni der Ökonom Leonid Abalkin den Stand der Wirtschaft und warnte vor dem immer größeren Abstand der Sowjetunion im wissenschaftlich-technischen Bereich gegenüber dem Weltstandard. Die Lebensmittelversorgung hatte sich verschlechtert, Zucker mußte rationiert werden, nicht zuletzt, weil die Antialkoholkampagne die Nachfrage nach Zucker für selbstgebrannten Alkohol sprunghaft ansteigen ließ.[13]

---

[12] Die Materialien der 19. Parteikonferenz liegen vor: XIX Vsesojusnaja konferencija Kommunisticeskoj partii Sovetskogo Sojuza. T. 1,2, Moskau 1988. Vgl. auch Johannes *Grotzky*, Die XIX. Parteikonferenz der KPdSU in Moskau, in: *EA*, 20/1988, S. 459-464.

[13] Vgl. *Grotzky*, ebd., S. 462.

## *Abrechnung mit der Ära Stalin*

Während des Reformprozesses bestand ein bedeutsames Problem in der Aufrechterhaltung des ideologischen Erbes der Oktoberrevolution. Gorbatschow stellte sich der Aufgabe anläßlich seiner Rede zur Feier des 70. Jahrestages der Oktoberrevolution am 7. November 1987. Er schilderte ein ambivalentes Bild der sowjetischen Geschichte und nannte namentlich den Altbolschewiken Nikolaj Bucharin, ein Opfer der Säuberungen Stalins. An anderer Stelle pries er die Leninsche Neue Ökonomische Politik (NEP), mit der ab etwa 1922 in verhältnismäßig kurzer Zeit die Verheerungen des Kriegskommunismus überwunden worden waren.

Für dieses Programm war maßgeblich der Ökonom Bucharin verantwortlich. Die Rehabilitierung dieses führenden Wirtschaftstheoretikers hatte sich bereits Anfang des Jahres angedeutet. Generalsekretär Gorbatschow behandelte die Stalin-Ära und die Kollektivierung, die das Bauerntum auslöschte und Millionen Menschenleben forderte, auf dialektische Weise: Die Industrialisierung in den dreißiger Jahren erklärte er für unausweichlich, während er die Exzesse der Kollektivierung verurteilte; die Formel zur Beurteilung Stalins lautete: „... die Schuld Stalins und seiner Umgebung ist gewaltig und unverzeihlich.“ Stalins größtes Verdienst hingegen, den Sieg über Hitlers Armeen, würdigte Gorbatschow in abgewogenen Worten: „Ein Faktor zur Erringung des Sieges war der außerordentliche politische Wille, die Zielgerichtetheit und die Ausdauer sowie die Fähigkeit, Menschen zu organisieren und zu disziplinieren, welche Josif Stalin in den Jahren des Krieges zeigte.“[14]

Während Leonid Breshnews Amtszeit als allgemeine Stagnationsperiode erschien, versuchte Gorbatschow, Nikita Chruschtschow in seiner Bedeutung neu zu bewerten: Schon dieser habe den administrativen Sozialismus aufbrechen wollen, habe humanistische Ideale für den Sozialismus wiederbelebt und vor allem den Personenkult Stalins sowie den Machtmißbrauch in der Stalin-Zeit angeprangert. Gorbatschow betonte, daß Chruschtschows Reformen gerade deshalb gescheitert seien, weil ihnen der breite Demokratisierungsansatz gefehlt habe. In ihrer vorsichtigen Formulierung wies Gorbatschows Rede zum Jahrestag der Oktoberrevolution den Weg zur weiteren Demokratisierung in der UdSSR. Einen ersten Erfolg für einen demokratischeren Wahlprozeß waren schon die am 21. Mai 1987 stattfindenden Wahlen für die lokalen Sowjets, die Räte in den Republiken, den Autonomen Gebieten, den Kreisen bis hinunter zu den einzelnen Orten. Erstmals konnten Wähler in ausgewählten Wahlkreisen unter mehreren Kandidaten wählen.

---

14 *Prawda*, 8.11.1987.

## *Rehabilitierung von Regimegegnern*

Eine politisch-psychologische Klimaveränderung in der sowjetischen Führung zeichnete sich deutlich ab, als Ende 1986 die bedeutendsten russischen Dissidenten Andrej Sacharow und Jelena Bonner aus ihrer Verbannung in Gorkij zurückkehren durften – nach einem Telefongespräch, das Michail Gorbatschow mit Sacharow geführt hatte. In den folgenden Monaten wurden zahlreiche Dissidenten, die wegen antisowjetischer Propaganda verurteilt worden waren, amnestiert und entlassen. Das Strafgesetz der UdSSR wurde einer Revision unterzogen, um es zu humanisieren. Neue gesetzliche Regelungen sollten fortan auch den Mißbrauch der Psychiatrie verhindern.

In diesen Zusammenhang gehörte die erste juristische Rehabilitierung von Opfern der Stalinschen Schauprozesse in den dreißiger Jahren. Der Generalstaatsanwalt der UdSSR verkündete am 4. Februar 1988 die Aufhebung der Schuldsprüche gegen die Opfer des Schauprozesses vom März 1938: Bucharin, Alexej Rykow und andere, wegen haltloser Anschuldigungen und wegen grober Verletzung der sozialistischen Gesetzlichkeit.[15] Mit diesem Schritt gewann die vorgesehene Veränderung des Rechtssystems in der Sowjetunion Glaubwürdigkeit. Die Grundfesten der stalinistischen Willkürherrschaft waren revidiert. Allerdings blieb die juristische Rehabilitierung ein isolierter Schritt, die politische folgte nicht, um den innenpolitischen Wandel abzusichern.

Im Juni 1988 folgten als weitere juristische Rehabilitierungen die der Altrevolutionäre Grigorij Sinowjew, Lew Kamenjew, Karl Radek. Sie waren die Opfer des ersten Schauprozesses von 1936 gewesen. Am 21. Juni erfolgte dann die formelle Wiederherstellung der Parteimitgliedschaft Bucharins, Michail Tomskis und fünf weiterer ehemaliger Parteimitglieder. Am 19. August 1988 schließlich erklärte Michail Solomenzew, Vorsitzender der Parteikontrollkommission und gleichzeitig Leiter der Kommission zur Untersuchung der Stalinschen Säuberungen, daß die Verantwortlichen für die Untaten zur Verantwortung gezogen würden.[16]

## *Versuche nationaler Selbstfindung*

Die Feier des Milleniums der Christianisierung Rußlands vom 5. bis 16. Juni 1988 beleuchtete einen weiteren Bereich des Reformprozesses. Die Wiederbelebung der christlichen Traditionen in Rußland wie der religiösen Identitäten in anderen Bereichen der Sowjetunion waren begleitet von einem Aufflammen nationaler Leidenschaften, die jahrzehntelang unterdrückt worden waren. Die

15 Vgl. *Prawda*, 5.2.1988.

16 Vgl. *Prawda*, 14.6.1988, 22.6.1988, 19.8.1988.

blutigen Auseinandersetzungen zwischen Armeniern und Aserbaidschanern, also von Christen und Moslems, um die armenische Enklave Nagornyj Karabach in Aserbaidschan im Februar 1988 erforderte den persönlichen Einsatz Gorbatschows, um die Lage zu stabilisieren. Das Massaker an Armeniern in der Stadt Sumgait nahe Baku (27. und 28. Februar), der etwa 80 Menschen zum Opfer fielen, konnte die Moskauer Zentrale indessen nicht verhindern. Auch die temporäre, direkte Kontrolle Nagornyj Karabachs durch Moskau konnte im Berichtszeitraum die Probleme des Status dieser armenisch besiedelten Region nicht beseitigen.

Einen anderen Verlauf nahm die nationale Selbstfindung in den drei baltischen Staaten: In Estland erkannte die Republikführung die alte Nationalflagge der Zwischenkriegszeit als offizielle Flagge neben der Estnischen Sowjetrepublik an. In Lettland gedachten Zehntausende öffentlich mehrfach im Verlauf des Jahres 1988 der unter Stalin deportierten Letten. In allen baltischen Staaten protestierten schon am 23. August 1987 zahlenmäßig noch kleine Gruppen gegen das Ribbentrop-Molotow-Abkommen vom gleichen Datum des Jahres 1939, das die Annexion der baltischen Staaten vorbereitete; in der litauischen Hauptstadt Wilnius waren es etwa 500 Personen.

Im Oktober 1988 wurden in Estland, Lettland und Litauen Volksfronten gegründet, die einerseits die Perestrojka unterstützen wollten, andererseits mehr nationale Autonomie von Moskau, wirtschaftlich und kulturell, forderten. Die litauische Bewegung Sajudis verfolgte von Anfang an radikalere Zielsetzungen: Auf der Gründungsversammlung am 22. und 23. Oktober sprach der neugewählte Erste Sekretär der Litauischen KP, Algirdas Brasauskas, und deutete damit grundsätzlich auch seine Bereitschaft an, die nationalen Ziele des litauischen Volkes zu vertreten. Wie in den anderen baltischen Staaten standen auch hier Fragen der unabhängigen wirtschaftlichen Entwicklung im Vordergrund.

Für den Erfolg der Perestrojka genügte offensichtlich nicht allein die gute Absicht, Demokratisierung zu wagen. Die rasche Neutralisierung vieler führender Gegner der Perestrojka half nur im Sinn der Festigung der persönlichen Macht des Generalsekretärs. Allein der Test des Reformprozesses im Alltag mußte letzten Endes über den Erfolg entscheiden. Auf diesem Gebiet standen Gorbatschow die entscheidenden Prüfungen noch bevor.

## UNGARN – WEGE ZUR POLITISCHEN REFORM

Im Zentrum des politischen Handelns standen im Berichtszeitraum die Versuche, Ungarn ökonomisch zu stabilisieren.[17] Zwar war die Versorgungslage

---

17 Vgl. zur Vorgeschichte Peter *Danylow*, Außenpolitische Entwicklungstendenzen in Osteuropa, in: IP 1985/86, S. 239 f.

unverändert gut, doch hatte die Verschuldung in konvertibler Währung gegenüber westlichen Gläubigern bedrohliche Ausmaße angenommen. Die Netto-Verschuldung des Landes lag 1987 und 1988 jeweils über 16 Milliarden Dollar. Der Vorsitzende des Ministerrats, Károly Grósz, trug der schwierigen Lage Rechnung, indem er den Ministerrat im Dezember 1987 reorganisierte, verjüngte und die Ministerien für Binnen- und Außenhandel unter Jozef Marjai zusammenfassen ließ, der gleichzeitig als Stellvertretender Ministerpräsident amtierte.

### *Machtwechsel in der USAP*

Den größten Einschnitt in der ungarischen Reformentwicklung brachte die Konferenz der Ungarischen Sozialistischen Arbeiterpartei (USAP) vom 20. bis 22. Mai 1988. Nach heftigen ideologischen Diskussionen um die zeitgemäße und erfolgversprechende Form der Parteiarbeit im Zeichen einer ökonomisch schwierigen Lage verlor János Kádár – der Schöpfer des vergleichsweise liberalen Kurses nach der nationalen Tragödie des Jahres 1956 – sein Amt als Generalsekretär der USAP. Kádárs Formulierung aus dem Jahr 1961 „... wer nicht gegen uns ist, ist mit uns" bot eine Möglichkeit zur langsamen Überbrückung der inneren Spaltung der ungarischen Nation, ungeachtet seiner Verwicklung in die Abrechnung mit den Exponenten des Volksaufstands von 1956, also in den Prozeß gegen Imre Nagy und seine Hinrichtung. Kádár erhielt den repräsentativen Posten des Parteipräsidenten. Károly Grósz übernahm die Nachfolge als Generalsekretär, gleichzeitig rückten jüngere sowie bekannte, reformorientierte Politiker ins Zentralkomitee nach, darunter der Vorsitzende der Patriotischen Volksfront Imre Pózsgay und die Wirtschaftsreformer Rezsö Nyers und Miklos Németh.

Der Kongreß der USAP legte fest, daß die Partei sich nicht mehr staatliche Funktionen anmaßen solle. Ihre führende Rolle solle sie vielmehr durch legale Einflußnahme in gesellschaftlichen Organisationen sichern. Die Stärkung innerparteilicher Demokratie stand auf der Agenda, Entscheidungen auf der Grundlage des Mehrheitsprinzips sollten auf allen Ebenen Eingang finden. Der Parteikongreß strebte einen Ausbau der verfassungsmäßig garantierten, individuellen und kollektiven Rechte an. Die Beziehungen zwischen dem Staat und seinen Bürgern sollten eine neue rechtliche Grundlage erhalten. Die Delegierten des USAP-Kongresses forderten die Versammlungs- und Vereinigungsfreiheit, Religionsfreiheit sowie die Gleichberechtigung ethnischer Minderheiten. Im Wirtschaftsprogramm wagten die Delegierten die Preisgabe von bisherigen Tabus: weniger zentrale Planung und mehr Autonomie der Unternehmen, dazu Lohnanreize sowie Abbau der Subventionen und die Hinnahme von Arbeitslosigkeit bei gleichzeitiger Einführung eines Sozialversicherungssystems.[18]

In der Frage der Entideologisierung der Politik gingen die Ungarn weiter als die sowjetische Führung. Die Wirtschaftsreformer tendierten zur Abschaffung der traditionellen planwirtschaftlichen Ordnung des realen Sozialismus. Grósz lehnte jedoch die tatsächliche Pluralisierung der Gesellschaft durch Schaffung eines Mehrparteiensystems noch Mitte 1988 grundsätzlich ab.

## POLEN – REFORM, ANARCHIE UND NATIONALER KONSENS

In Polen versuchte die Regierung am 29. November 1987, durch ein Referendum die aus ihrer Sicht notwendigen politischen und ökonomischen Reformmaßnahmen vom Volk bestätigen zu lassen. Das wirtschaftliche Reformprogramm sah Maßnahmen vor wie den Abbau der zentralen Kontrolle über die Wirtschaft, Erleichterungen für private Unternehmungen, daneben die verstärkte Integration von Industriezweigen wie der Mikroelektronik und der Petrochemie, Preiskorrekturen sowie den Abbau von Subventionen. Die Konvertierbarkeit des Złoty wurde für die Mitte der neunziger Jahre anvisiert. Das politische Reformprogramm umfaßte eine Veränderung des Wahlprozesses im Sinne der Auswahl unter mehreren Kandidaten. Eine Stärkung der Verantwortlichkeit der lokalen Behörden sollte mit der Schaffung einer zweiten Kammer des Parlaments (Sejm) einhergehen. Ferner waren ein liberaleres Vereinigungsrecht sowie ein unabhängiges Menschenrechtskomitee vorgesehen.

### *Ablehnung der Reformvorschläge durch die Bevölkerung*

Das Mißtrauen der Bevölkerung führte jedoch zu einer ausgesprochen geringen Wahlbeteiligung von 67 Prozent. Davon sprachen sich nur 44 Prozent für die vorgesehenen wirtschaftlichen Reformen, und 46 Prozent für die politischen Reformen aus.[19] Die Umdeutung des Abstimmungsergebnisses in einen Erfolg durch Regierungssprecher Jerzy Urban konnte nicht verschleiern, daß die Polnische Vereinigte Arbeiterpartei (PVAP) sowie die kommunistische Regierung ihr Vertrauenspotential bei der Bevölkerung verloren hatten. Als das Austerity-Programm der Regierung Zbigniew Messner immer schmerzhafter wurde, reagierten die Arbeiter in Polen mit Streiks. Arbeiterunruhen im August 1988 führten zum Rücktritt der Regierung im September. Die Nachfolge Messners trat Mieczysław Rakowski an, ein ehemaliger Journalist

18 Vgl. *Budapester Rundschau*, 30.5.1988.
19 Vgl. *Rzeczpospolita*, 30.11.1987.

und Parteifunktionär, der Reformen gegenüber aufgeschlossen war, der eine Reihe jüngerer Minister ins Kabinett aufnahm.

Die polnische Gesellschaftskrise erfordert außerordentliche Mittel zur Lösung. Schon am 6. Dezember 1986 hatte der Vorsitzende des Staatsrats, General Wojciech Jaruzelski, einen Konsultativrat bestehend aus Wissenschaftlern und Intellektuellen eingerichtet, um die Probleme der Gesellschaft diskutieren zu lassen. Nach längeren Auseinandersetzungen zwischen Regierung und Opposition über die gleichberechtigte Teilnahme aller gesellschaftlichen Gruppierungen in Polen begannen ab Dezember 1988 in Warschau Gespräche am Runden Tisch. Die politische Rehabilitierung der 1981 verbotenen Gewerkschaftsbewegung der Solidarność, der öffentliche Auftritt ihres Führers Lech Wałesa im polnischen Fernsehen in einer Diskussion mit dem Chef der „offiziellen" Gewerkschaft, Alfred Miodowicz, den Wałesa weit in den Schatten stellte, markierte den Wendepunkt in der polnischen Nachkriegsgeschichte. Der PVAP wurde klar, daß sie ohne die unabhängigen politischen Kräfte nicht mehr auskam.

## KRÄFTE DER BEHARRUNG IN DER DDR

In der DDR beharrte die Führung unter Erich Honecker auf ihrem Kurs eines angeblich effektiv funktionierenden Systems der ökonomischen und sozialen Planung. Während Gorbatschow von der Notwendigkeit einer gründlichen Renovierung des sozialistischen Hauses sprach, vermittelte die DDR-Führung den Eindruck, sie habe kontinuierlich seit Honeckers Amtsantritt Reformen durchgeführt. ZK-Sekretär Kurt Hager erklärte sogar, wenn ein Nachbar seine Wohnung neu tapeziere, brauche man selbst nicht ebenfalls die Tapeten zu wechseln. Die veröffentlichten Zahlen über die wirtschaftliche Leistungsfähigkeit der DDR deuteten unverändert auf eine relativ günstige Lage der Volkswirtschaft hin.[20]

### *Deutschlandpolitische Dimensionen der fehlenden Reformen*

Reformen in der DDR besitzen einen anderen Stellenwert als in der Sowjetunion, in Ungarn oder in Polen. In gewisser Weise heißt Reformpolitik auch Deutschland-Politik. Die DDR-Führung sah sich im Berichtszeitraum zunehmend einem inneren Druck gegenüber: Schon seit 1986 nahm die Zahl der Bewilligungen für Reisen in dringenden Familienangelegenheiten deutlich zu. So besuchten 1987 über drei Millionen DDR-Bürger aller Altersstufen

20 Vgl. Statistisches Jahrbuch der DDR, Berlin (Ost) 1989.

die Bundesrepublik Deutschland; 1988 waren es sogar 6,5 Millionen Besucher.[21] Im Juni 1988 verfolgten Tausende von Ostberliner Jugendlichen von der östlichen Seite des Brandenburger Tors ein Rockkonzert vor dem Reichstagsgebäude in West-Berlin. Daraus entwickelten sich Protestdemonstrationen gegen die Mauer; dabei sangen die Demonstranten überdies die Internationale und riefen den Namen des sowjetischen Generalsekretärs. Die Staatssicherheitskräfte unterdrückten auf massive Weise diese und ähnliche Manifestationen für mehr bürgerliche Freiheit.

Die deutschlandpolitische Dimension der Frage nach Reformen in der DDR blieb auch während des ersten offiziellen Besuchs, den der Staatsratsvorsitzende Honecker der Bundesrepublik Deutschland im September 1987 abstattete, immer präsent. Zum einen erreichte die SED-Führung damit die langerstrebte Anerkennung als gleichberechtigter zweiter deutscher Staat, zum andern warf gerade dieser gleichberechtigte Umgang neue Fragen auf: Welchen Zweck würde die Mauer noch erfüllen, wenn die Entwicklung guter Nachbarschaft erklärtes Ziel beider deutscher Staaten wurde? Honecker räumte ein, daß der Zustand an den Grenzen nicht so sei, wie man es sich wünsche. Eines Tages, so meinte er, könne die Grenze beider deutscher Staaten die Menschen ähnlich verbinden wie die Grenze zwischen der DDR und Polen.[22] Diese Bemerkung, die von ihm improvisiert wurde, war allerdings wenig überzeugend, denn die DDR-Führung hatte bereits Anfang der achtziger Jahre den visafreien Reiseverkehr mit Polen unterbunden.

Anläßlich der Feiern zum 750sten Jahrestag der Gründung Berlins wurden Anstrengungen auf beiden Seiten unternommen, den innerstädtischen Umgang zu entkrampfen. Obwohl schließlich beide Teile Berlins getrennt feierten, war das Scheitern der Diplomatie gegenseitiger Einladungen – nicht zuletzt aufgrund von Vorbehalten der Alliierten – doch ein Signal. Es machte deutlich, daß ein Bedürfnis nach engeren Kontakten zwischen beiden Teilen Berlins bestand, obwohl die politische und ideologische Stagnation in Ost-Berlin diese nicht förderte. Auf die zunehmende Einsicht, daß Reformen in der DDR notwendig werden könnten, deutete auch der Rücktritt eines führenden Mitglieds des Sicherheitsapparats hin: Der Chef der Hauptverwaltung Aufklärung des Ministeriums für Staatssicherheit, Markus Wolf, nahm im Februar 1987 auf eigenen Wunsch seinen Abschied, ohne nähere Begründung. Aufgewachsen in der Sowjetunion und beruflich mit dieser verbunden, repräsentierte er eine Kategorie deutscher Kommunisten, von denen nicht wenige Opfer stalinistischer Willkür geworden waren.

Eine Reformperspektive sollte das gemeinsame Papier der SED mit der Sozialdemokratischen Partei der Bundesrepublik vom August 1987 aufweisen. Darin ging es um den Streit der Ideologien und die gemeinsame Sicherheit, die

21 Vgl. Jahresbericht der Bundesregierung 1988, Bonn 1989, S. XXX, sowie *ND*, 4.1.1989.
22 *ND*, 11.9.1987.

zum Katalysator neuer Entwicklungen werden sollte. In diesem Papier hatte die SED die freie Diskussion über die Vor- und Nachteile sozialer Systeme zugestanden; außerdem war es mit den skeptischen Fragen der SPD und ihrem Zweifel am System der DDR in vollem Wortlaut in der DDR veröffentlicht worden.[23] Der inneren Auseinandersetzung über die Legitimation der SED-Herrschaft mußte sich also auch die alte, stalinistisch erzogene Führungsgarde in Ost-Berlin stellen, nicht nur, weil die Sowjetunion den Stalinismus aufgab und andere sozialistische Staaten ihr Heil in der Marktwirtschaft suchten.

## REFORMUNWILLIGKEIT IN DER ČSSR

Die Tschechoslowakei zählte im Berichtszeitraum nicht zu den reformorientierten Staaten des RGW. Dennoch vollzog die Führung der KPČ einen vorsichtigen Schwenk in Richtung Reform. Die Ablösung Gustáv Husáks, des Mannes, der den Prager Frühling mit der „Normalisierung" innenpolitisch beendet hatte, durch Miloš Jakeš im Februar 1988, signalisierte die Bereitschaft, wenigstens eine Verjüngung der Verantwortlichen in Partei und Regierung durchzuführen. Jakes galt als flexibler Vertreter des alten Kurses, der versuchte, wirtschaftliche Reformen einzuführen, die sich an sowjetischen Vorbildern orientierten. Dies erschien notwendig, weil die Planvorgaben des Jahres 1987 nicht erfüllt worden waren. Der gemeinsamen Wirtschaftspolitik im RGW diente der Beschluß, ab sofort im Handel mit der UdSSR eine begrenzte Konvertierbarkeit der Krone einzuführen.

Die Haltung gegenüber der Vergangenheit, dem Prager Frühling von 1968, blieb ambivalent. Eine Demonstration, die am 20. Jahrestag des Einmarsches der Warschauer-Pakt-Streitkräfte stattfand, löste die Miliz gewaltsam auf; dagegen durfte der damalige Regierungschef Alexander Dubček, dem alle Ehrenrechte und die Parteimitgliedschaft aberkannt worden waren, im November 1988 zur Verleihung der Ehrendoktorwürde der Universität Bologna reisen.

## AUSSENPOLITISCHE KONSEQUENZEN DER GESELLSCHAFTLICHEN REFORMEN

Der Reformprozeß in der UdSSR wirkte sich zweifellos auf die wirtschaftliche und die politische Integration der sozialistischen Staaten aus. Während die ökonomische Krise die Bedingungen der bilateralen Zusammenarbeit im RGW veränderte, hin zu dem Wunsch einer Integration der Einzelstaaten in den Weltmarkt, blieben die politischen Folgen langfristig unkalkulierbar. Außenpolitisch unterstrich Gorbatschow das Recht eines jeden Landes

23 Vgl. dazu *DA*, 1/1988, S. 32-52.

auf seinen eigenen Weg. Es gab keine sowjetische Intervention in Ungarn bei der Abfassung der nationalen politischen Doktrin stärkerer außenpolitischer Unabhängigkeit. Die polnische Staatskrise begleitete die sowjetische Führung verständnisvoll, Gorbatschow sprach 1987 sogar vor dem Sejm und verwies auf Defizite in den menschlichen Beziehungen zwischen den Völkern der sozialistischen Staaten. Ehrliche Aufarbeitung der Geschichte machte auch vor den „weißen Flecken“ nicht halt: Das polnisch-sowjetische Verhältnis litt unter der Stalinschen Erblast der Ermordung Tausender polnischer Offiziere in Katyn durch NKWD-Truppen nach der Besetzung des östlichen Polens durch die UdSSR im Gefolge des Ribbentrop-Molotow-Abkommens vom August 1939.

### *Militärische Konsequenzen*

Die größere Autonomie des politischen Handelns der kleineren Staaten Osteuropas beeinflußte auch das Zusammenwirken in der militärischen Kooperation im Warschauer Vertrag. Dazu trug die amerikanisch-sowjetische Annäherung bei, die Möglichkeiten zu einer friedlicheren Entwicklung in Europa eröffnete. Vor der Generalversammlung der Vereinten Nationen in New York umriß Gorbatschow am 7. Dezember 1988 die Leitlinien der abgestimmten Außen- und Militärpolitik im Warschauer Pakt.[24] Er verkündete den einseitigen Abbau von 500 000 Soldaten und Reduzierungen konventioneller Bewaffnung. Ferner verpflichtete sich die Sowjetunion, im Verlauf der nächsten zwei Jahre sechs Panzerdivisionen aus der DDR, der ČSSR und Ungarn abzuziehen. Diese mit den Stationierungsländern abgestimmte Maßnahme entsprach den Interessen der kleineren Staaten in Osteuropa. Die Verringerung militärischer Belastungen half in der ökonomisch angespannten Lage, die Einsicht bei den verschiedenen Völkern zu fördern, daß unpopuläre und wirtschaftlich schmerzliche Eingriffe notwendig würden. Gorbatschow kündigte die Umwandlung von Rüstungsindustrien in zivile Produktionsstätten an und untermauerte damit seinen Vorschlag und Anspruch, die internationalen Beziehungen zu demilitarisieren.

Dieser Demilitarisierungsprozeß zog mittelfristig eine veränderte Zielsetzung des Warschauer Vertrags nach sich. Jedenfalls eignete sich die militärische Integration nicht mehr dazu, den inneren Zusammenhalt des sozialistischen Bündnisses zu garantieren, wenn gleichzeitig die Kontrolle der Einhaltung nach UN-Maßstäben und die Rechtsprechung des Internationalen Gerichtshofs in Den Haag als verbindliche Norm akzeptiert wurden. Nach neuem sowjetischen Verständnis beinhaltete die Demokratisierung der internationalen Beziehungen die prinzipielle Anerkennung des Interessenausgleichs und

24 Abgedruckt in: *EA*, 1/1989, S. D 23-37.

der Internationalisierung von Problemlösungen in der internationalen Politik. Diese Kategorien galten fortan auch im Verhältnis der sozialistischen Staaten untereinander. Dies schaffte für alle osteuropäischen Staaten neue Handlungsspielräume, die 1987/88 jedoch durch die bestehenden, hauptsächlich wirtschaftlichen Verflechtungen begrenzt blieben.

# DIE ENTWICKLUNGEN AUF DEM BALKAN

*Von Roland Schönfeld*

Innenpolitische Probleme der kommunistisch regierten Balkan-Länder Albanien, Bulgarien, Jugoslawien und Rumänien wie auch ihre traditionellen Spannungen untereinander und mit ihren Nachbarstaaten setzten sich 1987 und 1988 unvermindert fort.[1] Keines dieser Länder fand zu einer befriedigenden, die kulturelle, sprachliche und religiöse Entfaltung ihrer Minderheiten wahrenden Nationalitätenpolitik.

Reformen der staatlichen Organisation mit dem Ziel der inneren Befriedung oder einer Verminderung der Repression wurden in Jugoslawien und Bulgarien vorbereitet und zum Teil durchgeführt. Dabei änderte sich die politische Landschaft am sichtbarsten in Jugoslawien, wo nicht nur einzelne Republikführungen öffentlich gegen die Bundesgewalt agitierten, sondern auch die Legitimität der kommunistischen Einparteienherrschaft an Universitäten, in den halbpolitischen „Bewegungen“ und sogar in den Medien zur Diskussion gestellt wurde. Trotz Unterdrückung entstand auch in Bulgarien, Rumänien und Albanien eine solche Demokratie-Debatte oppositioneller Gruppen, die sich durch die Durchsetzung von mehr „Glasnost“ (Offenheit) in der Gesellschaft und den Medien der Sowjetunion ermutigt fühlen konnten.

Anlaß zur verstärkten Kritik an den von kommunistischen Parteien beherrschten Staatsführungen boten nicht zuletzt deren eklatante Mißerfolge auf dem Gebiet der Wirtschaftspolitik. Die zum Ausgleich der Zahlungsbilanzen notwendigen Einfuhrrestriktionen und Schleuderexporte hatten Produktionsstörungen und Versorgungsengpässe zur Folge. Sinkende Realeinkommen und die Verschlechterung der Lebensbedingungen der Bevölkerung vermehrten Unzufriedenheit und soziale Spannungen.

Deutliche Auflösungserscheinungen im sowjetischen Bündnissystem erweiterten den Handlungsspielraum der Warschauer-Pakt- und RGW-Mitglieder Bulgarien und Rumänien. Diese veränderte außenpolitische Konstellation einer nicht mehr allgegenwärtigen Sowjetunion, die bisher Verständigungs- und Einigungsbestrebungen der Balkan-Länder untereinander mit Argwohn verfolgt hatte, der durch Lieferprobleme geschwächte ökonomische Hebel Moskaus und die verschärfte wirtschaftliche Krise in der Region mögen das Zustandekommen, den unerwartet friedlichen Verlauf und den Erfolg der Konferenz der Außenminister der sechs Balkan-Staaten (Albanien, Bulgarien,

---

[1] Vgl. zur Vorgeschichte Roland *Schönfeld*, Alte und neue Konflikte auf dem Balkan, in: IP 1985/86, S. 247-276.

Griechenland, Jugoslawien, Rumänien und Türkei) vom 24. bis 26. Februar 1988 in Belgrad gefördert haben.[2]

Als erstaunliches Zeichen, daß die Selbstisolierung zu Ende ging, wurden die Teilnahme Albaniens und das souveräne Auftreten des albanischen Außenministers Reis Malile in Belgrad gewertet. Nicht einmal die Minderheitenprobleme gaben zu Streitigkeiten Anlaß. In bilateralen Gesprächen während der Konferenz einigten sich Bulgarien und die Türkei über einen Verhandlungskalender. Albanien und Jugoslawien beschlossen, den 1981 anläßlich des Aufstands in Kosovo abgebrochenen Kulturaustausch wieder aufzunehmen. Auch die Außenminister der Türkei und Griechenlands vereinbarten regelmäßige Gespräche über offene Streitfragen zwischen beiden Ländern. Verständlicherweise standen die wirtschaftlichen Kooperationsmöglichkeiten ganz im Vordergrund der dreitägigen Beratungen, die durch regelmäßige Treffen der Wirtschafts-, Transport- und Industrieminister wie auch der Umweltschutz-Beauftragten fortgesetzt werden sollten. Die Konferenz war ein Meilenstein im Zusammenleben der Balkan-Völker und läutete möglicherweise eine neue Ära verbesserter Beziehungen untereinander ein, auch wenn diese Staaten unter dem schweren Druck innerer Probleme zunächst wieder zur gewohnten Tagesordnung übergingen.

## JUGOSLAWIEN IN BEDRÄNGNIS

Mit Sympathie oder, je nach Standpunkt, mit Schadenfreude beobachtete die Weltöffentlichkeit den verzweifelten Kampf, den die jugoslawisch gesinnten Kräfte unter den Völkern Jugoslawiens gegen die politische Zersetzung der Föderation durch widerstrebende nationale Interessen und einen immer ausgeprägteren Egozentrismus der Teilrepubliken führten. Trotz erneuter Reformversuche war das Land nicht bereit, sich aus seiner ideologischen Selbstfesselung zu befreien.[3] Der Kosovo-Konflikt blieb auch 1987 und 1988 die schwerste Belastung für den inneren Frieden Jugoslawiens und die Zerreißprobe der Föderation. Die galoppierende Inflation und die fortwährend sinkenden Realeinkommen waren im „Armenhaus Jugoslawiens" am bittersten fühlbar. Immer wieder mußten illegale separatistische Organisationen zerschlagen werden, Tausende von Albanern wurden strafrechtlich verfolgt.[4] Da selbst die Ordnungskräfte von albanischen Nationalisten unterwandert waren, entschloß sich die Bundesregierung Ende Oktober 1987 „mit Rücksicht

---

2 Vgl. Jens *Reuter*, Die Außenministerkonferenz der Balkanländer in Belgrad, in: *Südosteuropa*, Heft 4/1988, S. 128-141.

3 Vgl. Roland *Schönfeld*, Das jugoslawische Dilemma, in: *EA*, 15/16, 1989, S. 477-486.

4 Vgl. Jens *Reuter*, Die politische Entwicklung in Jugoslawien, in: *APZ*, B 6/88, 5.2.1988, S. 5 ff.

auf die gespannte Sicherheitslage", eine paramilitärische Eliteeinheit des Innenministeriums in Kosovo zu stationieren.

## *Unruhen in Kosovo*

Zum Protektor der Serben und Montenegriner in Kosovo hatte sich inzwischen ein serbischer Politiker aufgeschwungen, der die in- und ausländischen Medien in zunehmendem Maße beschäftigte und zu einer Schlüsselfigur im Kosovo-Konflikt wurde: Slobodan Milošević, Parteichef der Teilrepublik Serbien, hatte mit seinem energischen Eintreten für die etwa 200 000 „rechtlosen, erniedrigten, beleidigten" Slawen, die mit anderthalb Millionen muslimischen Albanern in Kosovo leben, unter seinen Landsleuten tiefsitzende Emotionen geweckt und nationale Bestrebungen artikuliert, die weit über eine Lösung des Kosovo-Problems hinausgingen.

Er stärkte seine Stellung im Bund der Kommunisten Serbiens, indem er Spitzenpolitiker, die in der Kosovo-Frage zur Mäßigung rieten, wie auch im November 1987 Serbiens Staatspräsident Ivan Stambolić, zum Rücktritt zwang und ihre Posten mit seinen Gefolgsleuten besetzte.[5] Er versicherte sich der Unterstützung der wichtigsten Presseorgane und brachte Rundfunk und Fernsehen Serbiens auf seinen Kurs. Ein von ihm lanciertes Komitee für die Organisation von Solidaritätskundgebungen zugunsten der unterdrückten Serben und Montenegriner in Kosovo mobilisierte Woche für Woche Zehntausende von Menschen, die für eine Stärkung der serbischen Kompetenzen in beiden Autonomen Provinzen demonstrierten. Ende September 1988 errang Milošević seinen ersten großen Erfolg, als das Präsidium des Bundes der Kommunisten Jugoslawiens (BdKJ) einer Änderung der serbischen Verfassung zustimmte und die von Serbiens Regierung geforderte Erweiterung der Kontrollbefugnisse über Kosovo und Vojvodina ausdrücklich guthieß, ja sich davon eine Beruhigung der gefährlich zugespitzten Lage versprach.

Doch das Gegenteil traf ein. Schon in den ersten Oktobertagen wurde die den Verfassungsänderungen widerstrebende Parteiführung der Vojvodina durch organisierte Massenkundgebungen streikender Arbeiter zum Rücktritt gezwungen. Unruhen in Montenegro, bei denen sich Zorn gegen die angeblich lasche Haltung der dortigen Parteiführung in der Kosovo-Frage mit Unmut über die miserablen Lebensverhältnisse mischte, schlug die Polizei mit Knüppeln und Tränengas nieder. Der Parteichef von Kosovo, Azim Vlasi, ehedem von der albanischen Bevölkerung heimlich als „Serbenhund" beschimpft, widersetzte sich den serbischen Forderungen und ließ sich auf Gegendemonstrationen von den Albanern als Volkshelden feiern. Tagelang

---

5 Vgl. Thomas *Brey*, Jugoslawien in der Zerreißprobe, in: *OE*, Heft 6, Juni 1989, S. 573 ff.

protestierten im November 1988 mehr als 100 000 Albaner in Kosovo gegen die Einschränkung der Autonomierechte ihrer Provinz. Gleichzeitig brachten serbische Nationalisten in Belgrad eine Million Menschen auf die Beine, die ein hartes Durchgreifen in Kosovo forderten. Das schließlich von der Bundesregierung über ganz Kosovo verhängte Versammlungsverbot brachte keine Beruhigung, sondern verschärfte die Feindseligkeiten zwischen Albanern und Serben. Es war nur eine Frage der Zeit, bis der Haß wieder in einen blutigen Aufstand münden würde.

### *Zwist in Slowenien*

Der wachsende Einfluß des serbischen Parteiführers, der zweifellos größere Ambitionen hegte, weckte indessen in den anderen Teilrepubliken Ängste aus den Erfahrungen mit der zentralstaatlich-großserbischen Politik der Zwischenkriegszeit. Unter den Journalisten, an den Hochschulen, aber auch in der Parteiführung Sloweniens fand Milošević seine schärfsten Kritiker.

Die Polemik hatte auf beiden Seiten an Schärfe zugenommen, seit die slowenische Führung in ihrer Teilrepublik einen Liberalisierungsprozeß duldete und sogar förderte, der in konservativen Parteikreisen Bedenken und Befürchtungen weckte. Tatsächlich hatte sich in Slowenien ein erstaunlicher Meinungspluralismus entwickelt. Bevorzugte Zielscheibe ätzender Kritik einer fortschrittlichen Presse wurde die herrschende Parteiideologie, die nach Ansicht vieler slowenischer Intellektueller ihre Unbrauchbarkeit zur Lösung der nationalen, sozialen und ökonomischen Probleme längst bewiesen hatte. Auch die Armee als supranationale, gesamtjugoslawische Institution wurde von den slowenischen Medien nicht mehr geschont. Gerüchte um einen von der Armee im Frühjahr 1988 vorbereiteten Putsch in Slowenien, der den angeblichen separatistischen Neigungen dieser Teilrepublik ein Ende bereiten sollte, wollten nicht verstummen. Slowenische Ressentiments entluden sich in der Gründung von „Bewegungen", „Komitees" und „Bünden", die vor allem in der zweiten Jahreshälfte 1988 wie Pilze aus dem Boden schossen. Ihre sehr unterschiedlichen, oft konträren Ziele und Standpunkte reichten vom Schutz der Menschenrechte bis zur Vorbereitung eines Mehrparteiensystems.

Der zunehmende Antagonismus der Teilrepubliken untereinander und das Schwinden gesamtjugoslawischer Solidarität trugen zur Verschärfung der Wirtschaftskrise bei. Das Maßnahmenpaket der Regierung Mikulić vom November 1987, das der Inflationsbekämpfung und der Stabilisierung der Wirtschaft dienen sollte, war bald durch Ausnahmeregelungen durchlöchert und zwischen partikulären Interessen zerrieben worden. Die Jahresinflationsrate stieg Ende 1987 auf 167, Ende 1988 auf 251 Prozent.[6]

6 Tanjug, 1.1.1989.

Eine von Ministerpräsident Branko Mikulić im Frühjahr 1988 einberufene Reformkommission machte die verheerenden Auswirkungen der wirtschaftspolitischen Ohnmacht der Bundesregierung deutlich und beschleunigte die Diskussion über eine Verfassungsänderung. Doch anstatt die Verfassung von 1974 vollständig zu ersetzen und das Gesetz über die vereinte Arbeit abzuschaffen, konnten sich die um ihre Autonomierechte bangenden Republikführungen im November 1988 lediglich auf einige Zusatzartikel einigen, die zwar Ansätze zur ideologischen Selbstüberwindung zeigten, aber die notwendige Konsequenz vermissen ließen.[7] Aus Protest gegen die mangelhafte Umsetzung der Vorschläge der Reformkommission schied deren prominentestes Mitglied, Bundesminister ohne Geschäftsbereich Oskar Kovać, Mitte Dezember 1988 aus dem Kabinett aus. Nur Tage später, am 30. Dezember 1988, trat die Regierung Mikulić zurück.

Außenwirtschaftlich hatte Jugoslawien in diesen Jahren eine Flucht nach Westen angetreten. Nach jahrelanger Anlehnung an die UdSSR wurde 1988 wieder mehr als die Hälfte der gesamten Exporte in die westlichen Industrieländer geliefert. Das jugoslawische Ostgeschäft verlor wegen zunehmender sowjetischer Lieferprobleme und fallender Ölpreise erheblich an Schwung. Von der Sowjetunion gekaufte Waren für umgerechnet mehr als anderthalb Milliarden Dollar blieben bis Ende 1988 unbezahlt. Da die Jugoslawische Nationalbank den Exporteuren diese Beträge vorschießen mußte, sorgte der Handel mit der Sowjetunion für einen zusätzlichen Inflationsschub.[8] So meldeten sich nach einigen Jahren der Clearing-Euphorie die Befürworter einer engeren politischen und wirtschaftlichen Anlehnung an Westeuropa verstärkt zu Wort. Diese Strategie wurde angesichts der Entspannung zwischen Ost und West als vereinbar mit der Position der Blockfreiheit angesehen, die „Äquidistanz" nach beiden Seiten nicht mehr als unerläßlich erachtet.[9]

## UMGESTALTUNGSVERSUCHE IN BULGARIEN

Die bulgarische Führung hatte das Jahr 1987 mit einem Paukenschlag begonnen. Am 1. Januar war ein neues „Regulativ für die Wirtschaftstätigkeit" in Kraft getreten.[10] Die Eigenverantwortlichkeit der Unternehmen und Assoziationen bei verbesserter Rechnungsführung und eine deutliche Absage

---

[7] Vgl. Marlies *Sieburger*, Verfassungsänderungen zur Wirtschaftsreform. Ein Weg aus der Krise Jugoslawiens?, in: *Südosteuropa*, Heft 11/12, 1988, S. 649-665.

[8] Vgl. Anton *Bebler*, Das sowjetische „Neue Denken" und die Sicherheit Jugoslawiens, in: *EA*, 3/1989, S. 94.

[9] So Ranko *Petković*, Neue Akzente in der jugoslawischen Außenpolitik, in: *EA*, 6/1988, S. 160 ff. Vgl. auch Jens *Reuter*, Jugoslawien und Europa, in: *Südosteuropa*, Heft 5, 1988, S. 219-226.

[10] *Dŭržaven Vestnik*, Nr. 3, 13.1.1987.

an die bisher als systemimmanent betrachtete unbegrenzte Staatshaftung für defizitäre Wirtschaftsorganisationen sollten Betriebsleiter und Arbeiter unter Effizienz-Druck setzen, die Einschränkung der staatlichen Planvorgaben eine überdimensionierte Wirtschaftsbürokratie auf das für die unerläßliche Staats- und Parteikontrolle notwendige Maß schrumpfen lassen. Einen direkten Einfluß auf die Produktionsplanung behielt sich der Staat durch die Vergabe der öffentlichen Aufträge vor, die den Spielraum der Unternehmen nach Maßgabe ihrer Bedeutung für die Versorgung der Bevölkerung mit Konsumgütern, für die Erfüllung der Exportpläne und andere als wichtig eingestufte Produktionsziele wieder deutlich einschränkten.

### *Vorsichtige Reformschritte*

Auch diese Reformetappe zeigte die für Bulgarien eigentümliche Verkettung tastender Dezentralisierung mit verschärfter Überwachung. Dasselbe galt für die Ende Juli 1987 vom Plenum des Zentralkomitees der Bulgarischen Kommunistischen Partei (BKP) beschlossene politische Umgestaltung, die nach dem Wunsch des Staats- und Parteichefs Todor Shiwkow dazu beitragen sollte, die Macht, die bisher nur „im Namen des Volkes" ausgeübt worden sei, tatsächlich auf das Volk zu übertragen. Persönlich empfahl er eine Novellierung des Wahlrechts mit der Zulassung mehrerer Kandidaten, deren eher mageres Resultat im Dezember 1987 als Gesetz verabschiedet wurde.[11] Damit erhielten Wahlversammlungen der Bürger und Arbeitskollektive das Recht, zusätzlich zu den Listen der Kommunistischen Partei und der Massenorganisationen eigene Kandidaten aufzustellen, freilich unter der Bedingung, daß diese sich zur Plattform der von der KP kontrollierten „Vaterländischen Front" bekannten.

Um nach offizieller Darstellung die Verwaltung zu vereinfachen und die Autonomie der Gemeinden zu stärken, wurden in einer umfassenden Gebietsreform die bisher 28 Bezirke in neun Regionen zusammengefaßt, was die zentrale Überwachung der selbstverwalteten Gemeinden erleichterte. Daß bei dieser Änderung des Staatsaufbaus die bulgarischen Pirin-Mazedonier ihren eigenen Verwaltungsbezirk Blagojevgrad einbüßten und die Bezirke mit vorwiegend türkischem Bevölkerungsanteil aufgelöst wurden, war vermutlich nicht unbeabsichtigt. Das Ziel der bulgarischen Umgestaltung, so Shiwkow auf dem Juli-Plenum 1987, sei ein System, das den „spezifischen historischen Bedingungen und Möglichkeiten des Landes" entspreche. Damit bekannte sich

---

[11] Dazu Wolfgang *Höpken*, Demokratisierung in kleinen Schritten. Die Kommunalwahlen in Bulgarien, in: *Südosteuropa*, Heft 5, 1988, S. 211 ff. Gesetzestext in: *Dŭržaven Vestnik*, Nr. 98, 18.12.1987.

die KP-Führung zu Reformwillen bei vorsichtiger, nationalbetonter Distanzierung zu den inzwischen viel radikaleren sowjetischen Umgestaltungsvorhaben, deren Vorsprung nur eingeholt werden konnte, wenn man den bereits 1979 – also lange vor Michail Gorbatschows „Perestrojka" – in Gang gebrachten „preustrojstvo" (Umgestaltung) der bulgarischen Wirtschaft und schließlich auch des Staates aus deutlicher Stagnation löste.

Auf einer Nationalen Parteikonferenz Ende Januar 1988 empfahl Shiwkow, von der allgemeinen Umgestaltung auch die Kommunistische Partei nicht auszusparen und die Amtszeit der Funktionäre auf zwei, maximal drei Mandatssperioden von fünf Jahren zu beschränken. Um die Massenorganisationen Kommunistische Partei, Vaterländische Front, Gewerkschaften und Jugendverband durch Wettbewerb zu aktivieren, wurde die Möglichkeit der Gründung unabhängiger Vereinigungen immerhin angedeutet.[12] Shiwkow forderte nach sowjetischem Vorbild mehr Transparenz nicht nur für die Partei, sondern vor allem für Staat und Wirtschaft. Doch die dadurch ermutigte vorsichtige Kritikbereitschaft der bulgarischen Medien ging dem Staats- und Parteichef offenbar zu weit. Ende April 1988, zur Vorbereitung einer für Mai anberaumten Ideologie-Sitzung des Zentralkomitees, warf er der Presse eine zu negative Darstellung der angestrebten Neuordnung vor. Stojan Mihajlow, der ZK-Sekretär für Ideologie, wurde für diesen Mißstand verantwortlich gemacht und auf Shiwkows Betreiben abgesetzt, als das ZK am 20. Juli im Plenum zusammentrat. Überraschend wurde auf dieser Sitzung auch Čudomir Aleksandrow gestürzt, der als Politbüro-Mitglied und ZK-Sekretär vor allem für die Wirtschaftsreformen und die politische Umgestaltung zuständig gewesen war. Ob er tatsächlich in einem Machtkampf mit Shiwkow scheiterte, wie in den westlichen Medien spekuliert wurde, ist ungeklärt.[13] Im Dezember 1988 verloren Aleksandrow und Mihajlow auch ihre Sitze im Zentralkomitee, gleichzeitig wurden die Wirtschaftspolitiker Ognjan Dojnow und Stojan Markow als Mitglied bzw. Kandidat des Politbüros abgewählt. Damit hatte sich der 75jährige Shiwkow offenbar gegen eine Riege jüngerer Spitzenpolitiker durchgesetzt.

Anlaß zu Säuberungen gab auch eine Gründungswelle unabhängiger Vereinigungen, die sich durch die Beschlüsse der Nationalen Parteikonferenz vom Januar 1988 ermutigt fühlten.[14] Darunter hatte das „Komitee für Ruse" mit seinen Protestaktionen gegen die unerträgliche Luftverschmutzung der bulgarischen Donaustadt Ruse durch die Chemieindustrie im gegenüberliegenden rumänischen Giurgiu lebhafte Zustimmung in der Bevölkerung gefunden. Die Regierung sah sich schließlich zu Verhandlungen mit Bukarest genötigt, das

12 Vgl. *Rabotničesko delo*, 29.1.1988.

13 Vgl. Wolfgang *Höpken*, Perestrojka oder potemkinsche Dörfer? Zum Stand der Umgestaltung in Bulgarien, in: *Südosteuropa*, Heft 5, 1989, S. 316 ff.

14 Vgl. ebd., S. 308 ff.

baldige Abhilfe in Aussicht stellte. So war vermutlich weniger diese internationale Verwicklung als vielmehr die Befürchtung, der „grüne" Protest könnte sich über kurz oder lang gegen die eigenen Umwelt-Versäumnisse richten, der Grund, warum die BKP mehrere namhafte Mitglieder und Förderer des Ruse-Komitees aus ihren Reihen ausschloß.

### *Unterdrückung der türkischen Minderheit*

Viel härter und entschiedener ging die bulgarische Führung gegen eine im Januar 1988 gegründete „Vereinigung zum Schutz der Menschenrechte" vor, der sich offenbar auch zahlreiche Vertreter der türkischen Minderheit angeschlossen hatten. Ihr Versuch, die Assimilierungspolitik der Regierung[15] mit Hilfe dieser Organisation anzuprangern, wurde durch Verhaftungen, Zwangsausweisungen und eine diffamierende Pressekampagne im Keim erstickt. Diese Überreaktion der bulgarischen Regierung zeigte, daß dieses Minderheitenproblem längst nicht gelöst war. Es stand vielmehr zu befürchten, daß die bereits im Februar 1988 angekündigte, bis zum Jahresende noch nicht vollzogene Novellierung des Paßgesetzes, die Auslandsreisen für alle Bulgaren ermöglichen sollte, eine Massenabwanderung der bulgarischen Türken zur Folge haben würde. Eine Entspannung in den seit Mitte der achtziger Jahre durch die bulgarische Minderheitenpolitik belasteten Beziehungen zur Türkei war somit nicht abzusehen.

### *Versorgungskrise und wachsende Verschuldung*

Ob die sowjetische Führung versuchte, im Interesse ihrer eigenen Beziehungen zur Türkei besänftigend auf die Verantwortlichen in Bulgarien einzuwirken, war nicht auszumachen. Das ehedem bei jeder Gelegenheit beschworene brüderliche Verhältnis Bulgariens zur Sowjetunion schien seit Gorbatschows Amtsantritt merklich abgekühlt. Auch die bulgarische Wirtschaft litt unter der Kürzung sowjetischer Öllieferungen. Gesteigerte Qualitätsansprüche und die sich offensichtlich häufenden Reklamationen sowjetischer Kunden wegen technologisch rückständiger, unzureichender oder gänzlich ausbleibender bulgarischer Lieferungen stellten die Exportindustrie vor unlösbare Probleme. Mißernten und ein ineffizientes Produktionssystem verhinderten die Steigerung der von sowjetischer Seite vordringlich gewünschten

---

15 Hierzu gehörten der Zwang, türkisch-islamische in bulgarische Namen zu ändern, das Verbot, in der Öffentlichkeit türkisch zu sprechen, und die Schließung von Moscheen.

Nahrungsmittelausfuhr.[16] Die zum Abbau sowjetischer Clearing-Kredite seit 1986 erzwungenen bulgarischen Exportüberschüsse und der dadurch bewirkte Ressourcenabfluß trugen bis Ende 1988 dazu bei, die Versorgungskrise auf dem bulgarischen Binnenmarkt und den Kapitalmangel der Wirtschaft zu verschärfen.

So mußte dringend ein Ausgleich im Handel mit den westlichen Industrieländern gesucht werden. Der Warenaustausch mit dem Hartwährungsraum erbrachte 1987 und 1988 Rekorddefizite von 1,4 bzw. 1,5 Milliarden Dollar. Die Verschuldung Bulgariens in konvertierbaren Währungen stieg bis Ende 1988 auf netto 6,4 Milliarden Dollar an.[17] Bei der nach wie vor strikten staatlichen Überwachung des Außenhandels war dies wohl das Ergebnis einer gezielten Politik. Die bulgarische Wirtschaftsführung nahm eine wachsende Hartwährungsverschuldung in Kauf, um mit Hilfe verstärkter Westimporte die Versorgung des Binnenmarkts zu verbessern, aber auch, um das technologische und qualitative Niveau der einheimischen Produktion – nicht zuletzt im Hinblick auf Lieferverpflichtungen gegenüber der UdSSR – anzuheben. Darauf deuteten auch die Verbesserung der bulgarischen Joint-Venture-Gesetzgebung und die Errichtung zollfreier Wirtschaftszonen im Jahr 1987 hin. Auf dem Plenum des ZK im Dezember 1988 plädierten Außenhandelsminister Andrei Lukanow und Außenminister Petar Mladenow nachdrücklich für eine Öffnung Bulgariens gegenüber dem Westen.

## ALTES DENKEN IN RUMÄNIEN

Im Gegensatz dazu hielt die rumänische Führung auch 1987 und 1988 an ihrer von Weltbank, Internationalem Währungsfonds und anderen westlichen Experten wiederholt kritisierten Politik einer forcierten Schuldenrückzahlung fest. Die dafür notwendigen Exportüberschüsse wurden weiterhin durch Schleuderverkäufe und rigorose Einfuhrrestriktionen erzwungen. Diese „Austerity"-Politik verschärfte die Versorgungsengpässe auf dem Binnenmarkt, erhebliche Teile der industriellen Produktionskapazität blieben ungenutzt, die überfällige Modernisierung der rumänischen Wirtschaft wurde weiter verschleppt und die Bevölkerung durch sinkende Realeinkommen und den wohl niedrigsten Lebensstandard in Europa demotiviert. Die Hartwährungsverschuldung Rumäniens sank 1988 von brutto 6,0 auf 3,7 Milliarden Dollar;[18] die von Staats- und Parteichef Nicolae Ceauşescu als Schlüssel zur „Befreiung

---

16 Vgl. auch zum folgenden Roland *Schönfeld*, Außenwirtschaft, in: Klaus-D. *Grothusen* (Hrsg.), Südosteuropa-Handbuch Band VI: Bulgarien, Göttingen 1990, S. 409 ff.

17 Centrally Planned Economies Outlook, London (Wharton Econometric Forecasting Associates), April 1989, S. 9.4.

18 Ebd., S. 8.3.

des Landes von ausbeuterischen westlichen Bankenkonsortien" und internationalen Finanzorganisationen propagierte vollständige Tilgung der Auslandsschulden rückte in greifbare Nähe.

### *Wachsende Kritik an Ceaușescus Wirtschaftspolitik*

Durch den wider die wirtschaftliche Vernunft erzwungenen Kapitalabfluß sanken die gesamten Investitionen auf das Niveau von 1980. Ein Teil der knappen Mittel wurde zudem der Wirtschaft entzogen und für ertraglose Prestigebauten verwendet. Die zu gnadenlosem Konsumverzicht gezwungene Bevölkerung reagierte mit verzweifelten spontanen Arbeitsniederlegungen; Mitte November 1987 schließlich mit einer vom LKW-Werk „Steagul Roșu" (Rote Fahne) in Kronstadt ausgehenden, rasch um sich greifenden Protestdemonstration, auf der nicht nur die Rücknahme von Lohnkürzungen, sondern auch der Rücktritt Ceaușescus gefordert wurde.[19] Der „Conducător" ließ die Unruhen blutig niederschlagen und verstand es, die Arbeiter zu besänftigen, indem er die Betriebsleitung zur Rechenschaft zog und eine allgemeine Lohnerhöhung und eine verbesserte Lebensmittelversorgung in Aussicht stellte.

Der wachsenden Kritik an seiner Wirtschaftspolitik und seinem Führungsstil aus den Reihen der eigenen Partei, der sich im Januar 1988 auch der ehemalige rumänische Ministerpräsident Ion Gheorghe Maurer anschloß, begegnete Ceaușescu mit hektischer Polemik. Reformen, die auf eine dezentralisierte Planung und Leitung und die Übernahme marktwirtschaftlicher Elemente hinausliefen, lehnte er wiederholt als unbrauchbar und als Verstoß gegen die ideologischen Grundsätze der Staatspartei entschieden ab. Als Gralshüter der reinen Lehre gerierte sich Ceaușescu auch, als Gorbatschow im Mai 1987 Bukarest besuchte und sein Konzept der wirtschaftlichen und gesellschaftlichen Erneuerung unverblümt zur Nachahmung empfahl.[20] Ebenso unbelehrbar zeigte er sich bei seinem Gegenbesuch in Moskau vom 4. bis 6. Oktober 1988. Den deutlichen Mahnungen Gorbatschows, wirtschaftliche Probleme nicht mit anachronistischen Methoden lösen zu wollen und sich der „internationalistischen Verantwortung" für Erfolg und Mißerfolg des ganzen sozialistischen Lagers bewußt zu sein, hielt Ceaușescu den mit seinem Amtsantritt 1965 begonnenen „ruhmreichen Prozeß der gesellschaftlichen und wirtschaftlichen Erneuerung" Rumäniens entgegen.[21]

---

19 Vgl. Anneli Ute *Gabanyi*, Die Nationalkonferenz der Rumänischen K.P., in: *Südosteuropa*, Heft 4, 1988, S. 118 ff.

20 Vgl. Roland *Schönfeld*, Rumänien: Hoher Preis der Autonomiepolitik, in: *APZ*, B 36-37, 5.9.1987, S. 26 ff.

21 *NZZ*, 8.10.1988, *Scînteia*, 6.10.1988. Dazu auch Anneli Ute *Gabanyi*, Rumänische Außenpolitik im Zeichen des „Neuen Denkens", in: *Südosteuropa*, Heft 2/3, 1989, S. 71 ff., bes. S. 77 f.

## *Halsstarrige Minderheitenpolitik*

Das traditionelle, von Mißtrauen, Überheblichkeit und Eigensinn geprägte außenpolitische Verhalten Rumäniens hatte den Staat in eine zunehmende Isolierung gegenüber Ost und West getrieben. Die halsstarrige Minderheitenpolitik der rumänischen Führung trug dazu erheblich bei. Ungarn war erfolgreich bemüht, seinen Dauerkonflikt mit Rumänien wegen der zunehmenden Entrechtung der zwei Millionen Magyaren in Siebenbürgen zu internationalisieren. Auf dem Wiener KSZE-Folgetreffen drängte die ungarische Delegation im Februar 1987 auf die restlose Erfüllung der mit der KSZE-Schlußakte auch von Rumänien eingegangenen Verpflichtung, für die Erhaltung der kulturellen Eigenart und Sprache der Nationalitäten und deren Kontaktpflege mit dem Mutterland Sorge zu tragen.[22]

Auf der Nationalen Parteikonferenz im Dezember 1987 wies Ceauşescu die Versuche „reaktionärer und neofaschistischer Kreise" im Ausland zurück, die rumänische Nationalitätenpolitik zu verunglimpfen. Auf eine gegen die Unterdrückung der magyarischen Minderheit gerichtete Massenkundgebung in Budapest reagierte die rumänische Führung am 1. Juli 1988 mit der Schließung des ungarischen Generalkonsulats in Klausenburg (Cluj-Napoca). Ceauşescu berichtete dem ZK von „chauvinistischen, nationalistischen, antirumänischen und antisozialistischen" Ausschreitungen in Ungarn.[23] Ein Arbeitstreffen zwischen den Parteiführern beider Länder, Nicolae Ceauşescu und Károly Grósz, in Arad am 29. August 1988 wie auch der Besuch des ungarischen ZK-Sekretärs Mátyás Szürös in Bukarest vom 20. bis 22. September 1988 brachten keine greifbaren Ergebnisse. Über die unterschiedliche Interpretation dieser Gespräche kam es im Oktober 1988 zu einem offenen, in den Parteiorganen *Scînteia* und *Népszabadság* ausgetragenen Meinungsstreit.

Die Empfindlichkeiten auf beiden Seiten hatten rasch zugenommen, nachdem Ceauşescu auf der Landeskonferenz der Volksräte Anfang März 1988 verkündet hatte, nach dem bevorstehenden Abschluß der Modernisierung der Städte solle mit der bereits 1974 als Gesetz verabschiedeten, „Systematisierung" genannten Raumordnung auf dem Lande begonnen werden.[24] Um die Lebensbedingungen in Stadt und Land auszugleichen, sei es notwendig, die Zahl der rumänischen Dörfer von etwa 13 000 auf „5 000, höchstens 6 000" zu vermindern und die staatlichen Investitionsmittel auf die „überlebensfähigen" Gemeinden zu konzentrieren. Ungarn warf der rumänischen Führung vor, mit dieser Maßnahme den Bestand der meist in geschlossenen Ortschaften lebenden magyarischen Volksgruppe absichtlich zu gefährden. Weltweite Proteste gegen den Plan hatten zur Folge, daß Ceauşescu in einer öffentlichen

22 *NZZ*, 4.3.1987. Vgl. hierzu auch den Beitrag von Hans-Heinrich *Wrede* in diesem Band.
23 *Scînteia*, 29.6.1988.
24 *Scînteia*, 4.3.1988. Gesetzestext in: *Buletinul Oficial al RSR*, 135, 1.11.1974.

Rede am 28. November 1988 zwar einige der angekündigten Maßnahmen etwas abmilderte, seine Absichten jedoch noch einmal bekräftigte.[25] Mit dem Plan, 550 ländliche Großgemeinden in agroindustrielle Städte zu verwandeln, griff die rumänische Regierung ein Konzept auf, das von der Sowjetunion und Bulgarien längst wieder als unbrauchbar aufgegeben worden war. Im ungarisch-rumänischen Nationalitätenstreit hielt sich die sowjetische Führung bedeckt, mußte sie doch befürchten, daß auch die jahrzehntelang unterdrückte rumänische Minderheit in der Moldauischen Sowjetrepublik, dem ehemals zu Rumänien gehörenden Bessarabien, ihre Minderheitenrechte einklagen würde.

## ALBANIENS „PRAGMATISCHE" POLITIK

Aus demonstrativer Selbstkritik, spärlichen statistischen Daten und ergänzenden westlichen Schätzungen kann geschlossen werden, daß 1987 und 1988 das Nationaleinkommen Albaniens, vermutlich erstmals in der sozialistischen Geschichte des Landes, langsamer gewachsen ist als die Bevölkerung, deren Zunahme mit jährlich mehr als 2 Prozent weiterhin einen europäischen Rekord darstellte. Die Ursachen der sich seit Jahren anbahnenden Wachstumskrise wurden in der überzentralisierten und bürokratisierten Wirtschaftsführung, dem inkompetenten Management der Betriebe und gravierenden Organisationsmängeln geortet. Ein Absinken des ohnehin niedrigen Lebensstandards konnte nur durch die Auflösung von Reserven „verschiedener Art" vermieden werden.[26]

Die von Generalsekretär Ramiz Alia auf dem 9. Parteikongreß im November 1986 angekündigten Maßnahmen zur Stärkung der Selbständigkeit, Initiative und Selbstverantwortung der Betriebe und der Kampf gegen „Schlamperei, Denkfaulheit und Drückebergertum" sollten fortgesetzt, chronisch defizitäre Unternehmen liquidiert werden. Als erfolgreich und nachahmenswert bezeichnete der Planerfüllungsbericht der Regierung die Anfang 1987 begonnenen Experimente mit einigen landwirtschaftlichen Kooperativen, denen gestattet worden war, ihre Produktionspläne selbst aufzustellen und Erträge, die über die Pflichtablieferungen an den Staat hinausgingen, frei auf Märkten zu verkaufen. Das positive Ergebnis dieses Reformversuchs beflügelte den 6. Kongreß der Landwirtschaftlichen Kooperativen im November 1988, der seine Hoffnung auf die Überwindung der bedenklichen Produktionseinbrüche an die Tatsache knüpfte, daß das neue dezentralisierte Verfahren von 1990 an für

25 *Scînteia*, 29.11.1988.

26 Planerfüllungsbericht der Regierung für 1987, in: *Zeri i Popullit*, 29./30.12.1987. Vgl. Louis *Zanga*, Albania's 1987 Plan Results and 1988 Draft Plan, in: Radio Free Europe Research, RAD Background Report Nr. 7, 21.1.1988.

sämtliche Agrargenossenschaften gelten sollte. Die revolutionären Neuerungen im Planungs- und Leitungssystem der albanischen Landwirtschaft wurden bei dieser Gelegenheit von Alia gegen das offenbar noch weit verbreitete „inflexible, passive und konservative Denken" verteidigt.[27]

Die seit dem 9. Kongreß der herrschenden Partei der Arbeit geübte massive Kritik an herkömmlichen Formen der Wirtschaftslenkung und damit indirekt an den Prinzipien der von Enver Hoxha begründeten Politik zentralisierter Planung sowie größtmöglicher Selbstversorgung und Abschottung nach außen, wurde in verstärktem Maße fortgesetzt. An die Spitze der „Erneuerer" hatte sich der Parteichef selbst gestellt, der vor allem von Ministerpräsident Adil Çarçani und dem für Ideologie zuständigen Politbüromitglied Foto Çami unterstützt wurde. Çarçani forderte im März 1987 die Parteikader auf, „nicht Sklaven von Praktiken und Methoden zu bleiben, über die die Zeit hinweggegangen ist". Çami stellte fest, man könne und müsse alles ändern, „wenn es nötig ist" und dadurch die Unabhängigkeit des Landes und die Gesellschaftsordnung nicht gefährdet werde.[28] Gegen die von Partei- und Staatsführung proklamierte Linie vorsichtiger Erneuerung und Distanzierung von einigen der Prinzipien Hoxhas gab es in der Partei, der Intelligenz und der Bürokratie offenbar erhebliche Widerstände. Alia und seine Mannschaft wurden in einen Zweifrontenkampf mit sturen Konservativen auf der einen und ungeduldigen „Perestrojka"-Anhängern auf der andern Seite gezwungen. In einer Vielzahl von Artikeln prangerte die Parteipresse linkes „Sektierertum" und seine dogmatischen Positionen genauso an wie „revionistischen Opportunismus", der nach Moskau schiele.

Als wesentliches Instrument für die Modernisierung der Wirtschaft und die Beschleunigung des Produktionswachstums setzte die Parteiführung eine weitere Öffnung des Landes gegenüber Westeuropa, aber auch den europäischen RGW-Ländern durch. Während jeder Warenaustausch mit der Sowjetunion abgelehnt wurde, entfiel die Hälfte des albanischen Außenhandels auf den RGW. Die Tschechoslowakei löste Jugoslawien 1987 als wichtigsten Handelspartner und Maschinenlieferanten ab.[29]

Straßen- und Seeverbindungen mit den Nachbarstaaten Jugoslawien und Griechenland wurden verstärkt. Den Anschluß an das europäische Eisenbahnnetz hatte Albanien im August 1986 mit der Eröffnung der Strecke von Shkodër nach Titograd gesucht. Doch Jugoslawien sperrte diese Verbindung im Juni 1988, angeblich wegen zu geringer Rentabilität. Es ist nicht

27 *Zeri i Popullit*, 22.11.1988.

28 Vgl. Elez *Biberaj*, Albanien nach Enver Hoxha. Gratwanderung zwischen Kontinuität und Wandel, in: *EA*, 19/1987, S. 562.

29 Vgl. E. Ulrich *Cichy*, Albanien 1988/89, in: Klaus *Bolz* (Hrsg.), Die wirtschaftliche Entwicklung in den sozialistischen Ländern Osteuropas zur Jahreswende 1988/89, Hamburg 1989, S. 352 ff.

auszuschließen, daß die wegen der im Frühjahr 1988 wieder zunehmenden Unruhen in Kosovo verschärften Spannungen zwischen beiden Ländern die jugoslawische Regierung zu diesem Schritt bewogen hatten. Unverkennbar war bei den verbalen Auseinandersetzungen über den Kosovo-Konflikt die Mäßigung der albanischen Führung, die wiederholt ihr Interesse an einer „jugoslawischen“ Lösung des Kosovo-Problems und an einem intakten, handlungsfähigen Nachbarn im Norden beteuerte.

Seit der Aufnahme diplomatischer Beziehungen zur Bundesrepublik Deutschland am 2. Oktober 1987 konnte Albanien seine Wirtschaftsbeziehungen zu einem weiteren westlichen Industrieland erfolgreich vertiefen. 1988 nahm der deutsch-albanische Warenaustausch um 63 Prozent auf 91,6 Millionen D-Mark zu, die deutschen Einfuhren aus Albanien wurden nahezu verdoppelt.[30] Von einer verstärkten Zusammenarbeit mit Westeuropa erwartete die albanische Führung einen Modernisierungsschub für den überalterten Produktionsapparat und die obsolete Infrastruktur. Das in der Verfassung von 1976 verankerte Verbot der Aufnahme von Auslandskrediten wurde nicht als Hindernis betrachtet, bei Maschinenkäufen auf handelsüblichen Finanzierungsformen zu bestehen. So zeigte Albanien nicht nur gegenüber den Nachbarstaaten in der Balkan-Region, sondern auch im Umgang mit dem Westen Kooperationsbereitschaft und Pragmatismus.

30 Ebd., S. 356 und Tabelle II d, S. 369 f.

# DIE WEITERENTWICKLUNG DES KSZE-PROZESSES: DAS FOLGETREFFEN IN WIEN

*Von Hans-Heinrich Wrede*[a]

Das Wiener KSZE-Folgetreffen wurde mit der begründeten Aussicht begonnen, zügig – innerhalb von neun Monaten – eine substantielle, den KSZE-Prozeß dynamisch vorantreibende Schlußvereinbarung der 35 Teilnehmerstaaten[1] zustandezubringen. Das West-Ost-Umfeld war von mehreren positiven Merkmalen bestimmt: dem erfolgreichen Abschluß der Stockholmer Konferenz (KVAE)[2] am 22. September 1986; dem vielversprechenden Neuauftakt im Dialog der Supermächte (auf dem Gipfel in Reykjavik am 11./12. Oktober 1986); zunehmendem Pluralismus und wachsender Offenheit in den Staaten des Warschauer Pakts, inspiriert vom Glasnost-Programm des sowjetischen Parteichefs Michail Gorbatschow. Verlauf und Ergebnisse des Wiener Folgetreffens belegen auch, daß es zweifellos von den günstigen Entwicklungen im West-Ost-Verhältnis nicht unbeeinflußt blieb. Doch dauerte das Wiener Folgetreffen insgesamt mehr als zwei Jahre, nämlich vom 4. November 1986 bis 19. Januar 1989, da die eigenständigen – und oftmals eigenwilligen – KSZE-Verhandlungsinhalte die direkte Umsetzung der vielfältigen Vorschläge in schnelle Resultate mit substantieller Qualität keineswegs gewährleisteten.

## *Das Vorbereitungstreffen in Wien*

Das im abschließenden Dokument des zweiten Folgetreffens vom 9. September 1983 in Madrid vereinbarte Vorbereitungstreffen, das vom 23. September bis 6. Oktober 1986 in Wien stattfand, beschloß für die Tagesordnung der Hauptkonferenz einige wichtige Neuregelungen:[3] Die Zahl öffentlicher Plenarsitzungen wurde erheblich erhöht und die Dauer der Debatte über die Erfüllung der KSZE-Verpflichtungen verlängert. Eine von den Staaten des Warschauer Pakts geforderte Hervorhebung der militärischen Komponente in der Tagesordnung wurde vom Westen und von den Neutralen und Nichtgebundenen Staaten (N+N) zurückgewiesen, so daß alle KSZE-Themen, vor allem die Menschenrechte (Prinzip VII in Korb I) und die humanitäre

---

[a] Der Beitrag stellt ausschließlich die persönliche Meinung des Verfassers dar.

[1] Dies waren alle europäischen Länder mit Ausnahme Albaniens sowie die USA und Kanada.

[2] Die Dokumente sind abgedruckt in: *EA*, 22/1986, S. D 625 ff. Vgl. hierzu besonders Horst *Bacia*, Der Fortgang des KSZE-Prozesses, in: IP 1985/86, S. 122-135, sowie *ders.*, Die Stockholmer Konferenz. Schlußverhandlungen, Ergebnis und Ausblick, in: *EA*, 13/1987, S. 369-378.

[3] Das Schlußdokument des Vorbereitungstreffens ist abgedruckt in: *EA*, 5/1987, S. D 110 ff.

Kooperation (Korb III), weiterhin gleichen Rang genossen. Ferner legten die Teilnehmerstaaten für den Abschluß des Wiener Folgetreffens ein – allerdings unverbindliches – „Zieldatum", den 31. Juli 1987, fest.

## DIE ERÖFFNUNG DES DRITTEN KSZE-FOLGETREFFENS IN WIEN

Entsprechend der in der Tagesordnung getroffenen Vereinbarung wurde das Wiener Folgetreffen auf politischer Ebene begonnen: Fast alle Teilnehmerstaaten entsandten ihre Außenminister zur Eröffnungsveranstaltung vom 4. bis 7. November 1986. Die Eröffnungserklärungen[4] zeigten bemerkenswerte Übereinstimmungen in der grundsätzlichen Bewertung des KSZE-Prozesses: Die bisher erzielten Ergebnisse, darunter auch das kurz zuvor am 22. September angenommene Stockholmer Dokument der Konferenz über Vertrauens- und Sicherheitsbildende Maßnahmen und Abrüstung in Europa (KVAE), wurden von Sprechern aus West, Ost und von den N+N durchweg positiv beurteilt. Alle Seiten würdigten die Bedeutung des KSZE-Prozesses für die Fortentwicklung der multilateralen West-Ost-Kooperation. Bei vielen kleineren und mittleren Staaten klang zudem deutlich durch, daß sie die West-Ost-Beziehungen weder auf das Verhältnis der beiden Supermächte noch auf Abrüstungsfragen allein eingeschränkt wissen wollten. Die Außenminister registrierten bei der Implementierung der seit der Schlußakte von Helsinki 1975 eingegangenen Verpflichtungen[5] aber auch erhebliche Defizite. Während der Westen, vor allem die USA, Kanada und Großbritannien, zahlreiche Verstöße bei der Beachtung der Menschenrechte rügten und dabei konkrete Fälle nannten, beschwerten sich östliche Sprecher über die längst noch nicht ausreichende Verwirklichung der Bestimmungen in Korb II, die Wirtschaftsfragen, industrielle Kooperation, Wissenschaft u.a. betrafen.

Schließlich machten die Außenminister eine Fülle von Anregungen für ein Wiener Schlußdokument. Diese Vorschläge zu allen KSZE-Gebieten – von der militärischen Sicherheit über die Menschenrechte, die wirtschaftliche Kooperation, dem Umweltschutz bis zu den Bereichen von Korb III – bestimmten den weiteren Verlauf des Folgetreffens. Auch einige im KSZE-Prozeß bislang eher vernachlässigte Themen fanden ihrer inzwischen gewonnenen Bedeutung entsprechend Niederschlag in den Anträgen, z.B. der Terrorismus und – nachhaltiger als je zuvor – der grenzüberschreitende Umweltschutz.

---

[4] Auszüge aus den Erklärungen in der ersten (öffentlichen) Phase des Wiener Folgetreffens der KSZE sind abgedruckt in: *ebd.*, S. D 116 ff.

[5] Vgl. hierzu Christian *Meier*, Die Auswirkungen der Konferenz von Helsinki im gesamteuropäischen Rahmen, in: IP 1975/76, S. 91-115.

Darüber hinaus wurden zahlreiche Vorschläge für Expertentreffen und weitere Konferenzen unterbreitet. Umstritten war der Vorschlag des sowjetischen Außenministers Eduard Schewardnadse, in Moskau eine Konferenz über die „menschliche Dimension" zu veranstalten. Der Außenminister der Bundesrepublik Deutschland, Hans-Dietrich Genscher, sprach die Einladung zu einer Ost-West-Wirtschaftskonferenz in der Bundesrepublik Deutschland aus und erneuerte damit einen von Bundeskanzler Helmut Kohl bereits im Mai 1986 gemachten Vorschlag.

## *Die Debatte über die Menschenrechte*

Entsprechend der Tagesordnung waren die ersten drei Monate des Wiener Folgetreffens einer ausführlichen Debatte über die Implementierung der KSZE-Verpflichtungen gewidmet. Im Mittelpunkt stand die Frage der Achtung der Menschenrechte. Gegenüber dem westlichen Menschenrechtskonzept wurden die vom Warschauer Pakt früher im KSZE-Rahmen erhobenen Einwände (Nichteinmischung in innere Angelegenheiten, Entspannung als Voraussetzung der Zusammenarbeit zur Gewährleistung der Menschenrechte) sowie die sogenannten Wirtschafts- und Sozialrechte im Laufe des Folgetreffens immer seltener und schließlich nur noch von Rumänien, der ČSSR und der DDR geltend gemacht. Dagegen vollzog die Sowjetunion eine vielbeachtete Kehrtwendung mit der Erklärung, später auch in offiziellen Kommuniqués der Außenminister-Treffen des Warschauer Pakts wiederholt, die Achtung der Menschenrechte sei ein Pfeiler des internationalen Sicherheitssystems.

Die Delegation der USA, Kanadas und Großbritanniens scheuten sich nicht, die aus ihrer Sicht für Menschenrechtsverletzungen verantwortlichen Staaten – vornehmlich die Sowjetunion, die ČSSR, Rumänien, Bulgarien und die DDR – direkt zu attackieren und eine Fülle von Härtefällen zur Sprache zu bringen und die östlichen Delegationen hartnäckig zur Lösung dieser Fälle zu drängen. Andere Staaten, wie z.B. die Bundesrepublik Deutschland, zogen es vor, auf Menschenrechtsverletzungen ohne Nennung der verantwortlichen Regierungen hinzuweisen, gleichzeitig aber diskret – am Rande der Konferenz oder durch bilaterale Demarchen in östlichen Hauptstädten – die humanitäre Lösung von Härtefällen anzumahnen. Beide Methoden, die öffentliche Diskussion ebenso wie die diskrete Diplomatie, ergänzten sich erfolgreich. Die neutralen Staaten Schweiz, Österreich und Schweden artikulierten ihre Kritik an der Mißachtung der Menschenrechte in einigen Warschauer-Pakt-Staaten ebenfalls deutlich und bewiesen somit ihr eigenständiges Profil. Dies wurde vom Warschauer Pakt respektiert und gefährdete die für die Aushandlung des Wiener Schlußdokuments traditionell vorbehaltene Mittlerrolle der N+N zwischen West und Ost nicht.

Die Vertreter des Warschauer Pakts reagierten auf die Angriffe in den Plenarsitzungen geschickter als noch auf dem KSZE-Expertentreffen über Menschenrechte in Ottawa im Frühjahr 1985. Sie sagten fast immer die Prüfung der zur Sprache gebrachten Fälle zu und waren oft, Monate später, auch in der erfreulichen Lage, die Lösung von Fällen bekanntgeben zu können. Eine besondere Rolle spielte dabei das Verhältnis zwischen den USA und der Sowjetunion: Während der gesamten Dauer des Wiener Treffens übergab die amerikanische Delegation Listen mit Hunderten von Menschenrechtsverletzungen an die sowjetische Seite und konnte bis zum Ende der Konferenz die Lösung der weitaus meisten Fälle erreichen. Die Warschauer-Pakt-Staaten griffen ihrerseits den Westen mit Kritik an der Arbeits- und Obdachlosigkeit in den Vereinigten Staaten an, dem angeblichen Staatsterror in Nordirland oder angeblichen Berufsverboten in der Bundesrepublik Deutschland.

Eine KSZE-Neuerung war die unverhohlene Kritik Ungarns an der menschenrechtswidrigen Behandlung der ungarischen Minderheit in Rumänien: Erstmals kritisierte in einer KSZE-Veranstaltung ein Warschauer-Pakt-Staat einen anderen namentlich. Dagegen gab es in Wien keine Kritik eines westlichen Staates an einem westlichen Partner; die etwa im Europarat von westlichen Staaten vorgebrachten und belegten Behauptungen von Menschenrechtsverletzungen in der Türkei wurden in Wien nicht erhoben. Auch Jugoslawien blieb in Wien öffentlich verschont, doch hatten die zwölf EG-Mitgliedstaaten gemeinsam mit den USA am Rande der Konferenz gegenüber Jugoslawien diskret und nicht ohne Erfolg konkrete Einzelfälle von Menschenrechtsverletzungen angeprangert.

### *Die Vorschlagsphase*

Schon während der Implementierungsdebatte arbeiteten die drei Staatengruppen (West, Ost, N+N) ihre Vorschläge zur Weiterentwicklung der KSZE-Verpflichtungen aus und brachten sie überwiegend ab Ende Januar bis etwa Mitte März 1987 ein. Insgesamt unterbreiteten die 35 Teilnehmerstaaten über 160 Vorschläge zu allen KSZE-Bereichen. Der Schwerpunkt der westlichen Vorschläge lag bei Korb III (Zusammenarbeit in humanitären und anderen Bereichen) und bei den Menschenrechten; die östlichen Staaten demonstrierten vor allem Interesse an Neuverpflichtungen in Korb II (Zusammenarbeit in Wirtschaft, Wissenschaft, Technik und Umwelt). Die N+N schlossen sich mit ihren Vorschlägen im Bereich der Menschenrechte und zu Korb III dem Westen weitgehend an und bekräftigten damit die Wertekongruenz, die sich schon bei den vorangegangenen KSZE-Expertentreffen in Ottawa über Menschenrechte (Frühjahr 1985) und in Bern über menschliche Kontakte (Frühjahr 1986) gezeigt hatte.

Für die Vorschlagsphase war auf den genannten Expertentreffen und auf dem Budapester Kulturforum (Herbst 1985)[6] nützliche Vorarbeit geleistet worden. Alle Seiten erneuerten ihre Vorschläge, oft in modifizierter bzw. erweiterter Form. So kristallisierten sich aus den über 250 Vorschlägen des Budapester Kulturforums zwei Vorschläge zur Kulturfreiheit und zur West-Ost-Kooperation im Kulturbereich heraus, die die westliche Staatengruppe – zunächst im Rahmen der zwölf EG-Mitgliedstaaten, dann im Kreis der 16 NATO-Partner – diskutierte und einbrachte. Dasselbe geschah mit den Vorschlägen des nicht angenommenen Entwurfs für ein Schlußdokument des Berner Expertentreffens,[7] wobei die Wiener Vorschläge der 17 westlichen Staaten und der westlichen Neutralen im Vergleich zu Bern weit ehrgeiziger waren.

Das Streben nach besserer Beachtung der Menschenrechte verbanden die westlichen Unterhändler damit, den inzwischen aus Moskau von höchster Ebene verkündeten Geist von „Glasnost" und „Perestrojka" auf seine Ernsthaftigkeit hin zu überprüfen. Dabei stellte sich heraus, daß die Vorschläge der nicht mehr monolithisch handelnden Warschauer-Pakt-Staaten allerdings noch keineswegs das verkündete Glasnost-Niveau widerspiegelten. Lediglich die Delegationen Ungarns und Polens ließen frühzeitig, wenngleich nicht immer öffentlich, anklingen, daß sie westliche Vorschläge problemlos annehmen, dies aber aus Rücksichtnahme auf ihre weniger fortschrittlichen Verbündeten nicht offen tun könnten. So stellten gemeinsame Vorschläge aller sieben Warschauer-Pakt-Staaten eher die Ausnahme dar. Rumänien isolierte sich mit einer Fülle von absurd anmutenden Konferenzvorschlägen.

Bis in die letzten Tage des Wiener Treffens hinein wurden Vorschläge eingebracht.[8] So ließ es sich der Warschauer Pakt nicht nehmen, bereits wenige Wochen nach Beginn des Wiener KSZE-Folgetreffens seine zentralen Vorschläge einzuführen. Am 8. Dezember 1986 legte er seine Konzeption zur Weiterführung der Verhandlungen über die militärische Sicherheit im KSZE-Rahmen (Fortsetzung der KVAE unter Einschluß des Beginns eigentlicher Abrüstung) vor. Den 16 NATO-Partnern gelang es erst im Juli 1987, also mehr als sieben Monate später, ihren Vorschlag hierzu einzubringen – zum Nachteil des öffentlichen Erscheinungsbildes der westlichen Allianz.[9] Der von Außenminister Schewardnadse bereits angekündigte Vorschlag einer

---

6 Vgl. hierzu auch *Bacia*, a.a.O. (Anm. 2). Dort hatten nicht nur Regierungsvertreter, sondern auch Künstler und Kulturschaffende als Delegationsmitglieder eigene Vorschläge machen können.

7 Die USA hatten als einziger Teilnehmerstaat den von den westlichen Neutralen ausgearbeiteten Entwurf abgelehnt und damit den für die Verabschiedung notwendigen Konsens aller 35 verhindert.

8 Hier galt das Prinzip des souveränen Rechts jedes Teilnehmerstaats, in jeder Phase der Konferenz sich zu jedem Thema äußern und dazu Vorschläge einbringen zu können.

9 Vgl. hierzu auch Karl E. *Birnbaum*, Die KSZE nach der Stockholmer Konferenz als Rahmen für die Zusammenarbeit zwischen Ost und West in Europa, in: *EA*, 6/1987, S. 171-178.

Konferenz zur „menschlichen Dimension" in Moskau wurde am 8. Dezember 1986 formalisiert; er blieb bis zur Schlußwoche des Wiener Treffens kontrovers.

## DAS WIENER SCHLUSSDOKUMENT[10]

### *Prozeduren und Protagonisten*

Die Ausarbeitung des Wiener Schlußdokuments begann in den für die verschiedenen Körbe eingerichteten Arbeitsorganen recht zögernd und überschnitt sich mit der Einbringung weiterer Vorschläge. Von eigentlichen Verhandlungen konnte bis zur Sommerpause 1987, als sich herausstellte, daß das Zieldatum 31. Juli 1987 nicht eingehalten werden würde, nicht die Rede sein. West und Ost beschränkten sich darauf, ihre eigenen Vorschläge zu wiederholen; die N+N-Delegierten warteten auf ihre im KSZE-Prozeß übliche Berufung als Koordinatoren. Nach einem komplizierten Abstimmungsprozeß innerhalb dieser Gruppe wurden Ende Mai 1987, mit Zustimmung von West und Ost, aus ihrer Mitte Delegationsleiter und Delegierte zu Koordinatoren ernannt. Diese versuchten, hinter den Kulissen allmähliche Annäherungen zwischen West und Ost herauszuarbeiten. Lediglich in Korb III war es möglich, auf der Grundlage eines von den Delegationen Österreichs und der Schweiz formulierten, noch vor der Sommerpause eingebrachten Vorschlags, bereits im September die Erörterung von konsensfähigen Texten aufzunehmen. Einen ersten Gesamtentwurf legten die Außenminister der N+N am 13. Mai 1988 vor. Dieser Entwurf erfuhr bis zur endgültigen Annahme des Wiener Schlußdokuments am 15. Januar 1989 kaum noch wesentliche Zusätze oder Modifizierungen.

### *Der Verhandlungsgang*[11]

Zunächst jedoch erfüllte sich zu Beginn der redaktionellen Arbeit noch nicht die mit der günstigen Weiterentwicklung der West-Ost-Beziehungen verbundene Erwartung, in Wien könnten alsbald anspruchsvolle neue Verpflichtungen vereinbart werden. Zwei gegenläufige Tendenzen behinderten die zügige Textarbeit: Einerseits war das östliche Verhandlungsverhalten, insbesondere

10 Das Abschließende Dokument des KSZE-Folgetreffens in Wien ist abgedruckt in: *EA*, 5/1989, S. D 133-164.

11 Vgl. hierzu auch: Norbert *Ropers* und Peter *Schlotter*, Der KSZE-Prozeß, in: Klaus von *Schubert*, Egon *Bahr*, Gert *Krell* (Hrsg.), Friedensgutachten 1988, Heidelberg (FEST) 1988, S. 41-59.

das der sowjetischen Delegation, lange Zeit keineswegs von Glasnost geprägt. Andererseits schraubten vor allem die USA, Großbritannien und Kanada im Laufe des Wiener Folgetreffens die Ansprüche im Bereich der Menschenrechte immer höher. Hierbei spielte der Einfluß der KSZE-Kommission des amerikanischen Kongresses, die in der amerikanischen Delegation mit einem stellvertretenden Delegationsleiter im Botschafterrang vertreten war, eine bremsende Rolle. Der intensive Einsatz (oft mit Blick auf Wählerstimmen) für die Menschenrechte von Minderheiten mit Angehörigen in den USA führte bei der amerikanischen Delegation zu einer fast ausschließlichen Fixierung auf den Menschenrechtsteil des KSZE-Prozesses. Dagegen ging es den meisten Westeuropäern wie den N+N um die Förderung eines umfassenden, gegen internationale Klimaschwankungen resistenten Beziehungsgeflechts zum gegenseitigen Nutzen mit langfristig stabilisierender Wirkung für den Schutz der Menschenrechte.

## KORB I

### *Menschenrechte*

Gleichwohl setzten die westlichen Staaten letztlich mit Erfolg das in der KSZE-Geschichte nach Anspruch und Umfang wohl ehrgeizigste Vorschlagspaket zu den Menschenrechten in Wien durch. Der Sowjetunion und einigen lange widerstrebenden Warschauer-Pakt-Staaten (vor allem Rumänien, der ČSSR, Bulgarien und der DDR) konnten neue Bestimmungen abgerungen werden: zur Religionsfreiheit (auch vom Vatikan und den N+N nachhaltig unterstützt), zur Meinungsfreiheit, zur Freizügigkeit und zu den Rechten von Minderheiten. Kernstück des in Wien angenommenen Menschenrechtskapitels war der vom Westen am 4. Februar 1987 eingebrachte mehrstufige Kontroll- und Konsultationsmechanismus. Dieser umfaßt die Verpflichtung jedes Teilnehmerstaats zur Antwort auf Informationsersuchen und zu bilateralen Treffen im Bereich der Menschenrechte und in konkreten Einzelfällen; ebenso das Recht, über solche Fälle die nicht unmittelbar beteiligten KSZE-Teilnehmerstaaten zu unterrichten. Die Einführung dieses auf Dauer angelegten Kontroll- und Konsultationsmechanismus sollte eine gleichgewichtige Fortentwicklung des KSZE-Prozesses auch bei den Menschenrechten sicherstellen.

### *Militärische Sicherheit*

Beim anderen Thema von Korb I, der militärischen Sicherheit, ging es um die Frage, ob entsprechend dem Madrider Mandat die KVAE vorerst nur die Vertrauensbildung weiterverfolgen solle oder ob auch für die eigentliche

Abrüstung ein gemeinsames Verhandlungsforum der 35 Teilnehmerstaaten beschlossen werden könne. Vor allem die USA plädierten dafür, daß konventionelle Abrüstung allein zwischen den beiden Militärallianzen von West und Ost verhandelt werden solle. Frankreich hingegen befürwortete die in Helsinki begonnene und in Madrid ausgebaute Einbeziehung aller KSZE-Teilnehmer, und wurde darin vom Warschauer Pakt und von den meisten N+N (mit Ausnahme der Schweiz) bestärkt.[12] Erst im Juni 1987 einigten sich die NATO-Außenminister darauf, künftig zwei Verhandlungen über Sicherheit im Rahmen des KSZE-Prozesses zu führen: Zum einen sollten die vertrauens- und sicherheitsbildenden Maßnahmen (VSBM) im Kreis der 35 weiter debattiert werden, zum andern sollten Verhandlungen über konventionelle Stabilität zwischen den 23 NATO- und Warschauer-Pakt-Mitgliedern erfolgen, wobei diese Verhandlungen hinsichtlich Verhandlungsgegenstand, Teilnehmern und Verfahren Autonomie wahren würden.

## KORB II

In Korb II, ein auch aus der Sicht einiger westlicher Staaten (wie z.B. der Bundesrepublik Deutschland) bisher vernachlässigter KSZE-Bereich, konzentrierte sich die aktive westliche Verhandlungsführung vor allem auf die Schaffung besserer geschäftlicher Rahmenbedingungen als Vorbedingung für eine umfassendere wirtschaftliche Kooperation.[13] Die nordischen Länder (Schweden und Finnland ebenso wie Norwegen und Dänemark) forderten anspruchsvolle Standards beim Umweltschutz, denen aber eine Reihe anderer westlicher und östlicher Länder nicht in einem solchen Umfang zu folgen bereit waren. Gleichwohl stellten im Vergleich zu den früheren KSZE-Dokumenten die Bestimmungen im Wiener Schlußdokument zum Umweltschutz einen sichtbaren Fortschritt dar. Östliches Hauptinteresse blieb die von den CoCom-Listen nicht beeinträchtigte technologische Kooperation, ohne daß sich allerdings die Hoffnung auf konkrete Projektvereinbarungen erfüllt hätte. Auf Betreiben der USA und Kanadas wurden erstmals auch menschenrechtliche Elemente in Korb II eingebracht, eine von einigen westeuropäischen Delegationen und auch den N+N bedauerte politisierte Überfrachtung von Korb II. Im übrigen war durchaus das Interesse der USA erkennbar, mit den Warschauer-Pakt-Staaten bilateral Handel zu betreiben,

---

12 Vgl. zur Haltung Frankreichs besonders den Beitrag von Karl-Heinz *Kamp* in diesem Band.

13 Vgl. hierzu auch Ekkehard *Eickhoff*, Das Dritte KSZE-Folgetreffen in Wien. Implementierung der Wirtschaftsbestimmungen, in: *EA*, 2/1987, S. 59-66.

aber ohne Einbindung in multilaterale KSZE-Absprachen oder in Programme der ECE (UN-Wirtschaftskommission für Europa).

Andere Themen von Korb II, wie z.B. der Tourismus und die Frage der Wanderarbeiter, waren nicht unstrittig zwischen West und Ost. Auf Drängen Jugoslawiens wurde ausdrücklich die „menschliche Dimension" der Wanderarbeit anerkannt. Dies hatte insofern keine praktische Bedeutung, als auf den Treffen zur „menschlichen Dimension" auch die Probleme der Wanderarbeiter zur Sprache gebracht werden konnten. Beim Tourismus setzten die Niederlande (gegen den ausgesprochenen Widerstand der DDR) u.a. Bestimmungen zur allmählichen Abschaffung von Mindestumtausch-Erfordernissen und zum Rücktausch von nicht gebrauchter Landeswährung durch Touristen durch.

## KORB III

Korb III, in dem es um die konkrete, vornehmlich kooperativ orientierte Ausprägung der Menschenrechte im Bereich der menschlichen Kontakte, der Information, der Kultur und der Bildung geht, entwickelte sich von Anfang an zu einem Hauptfeld der Wiener Ost-West-Auseinandersetzungen, wobei die neutralen Staaten in der Sache uneingeschränkt westliche Positionen mittrugen. Fast alle Vorschläge des Westens wurden, wenngleich oft in eingeschränkter Form, vom Osten angenommen. Ergebnis sind Vorschriften über die Einschränkung staatlicher Behinderungen, über die Freizügigkeit zwischen West und Ost sowie über die Förderung ungestörter Kontakte zwischen Angehörigen desselben Glaubens und zwischen Minderheiten. Weitere Vorschriften dienen dazu, Journalisten vor Eingriffen der Obrigkeit und Künstler vor Zensur zu schützen und ihre Möglichkeiten zur grenzüberschreitenden Arbeit konkret zu verbessern.

Einen Kern der Wiener Neuverpflichtungen bilden Vorkehrungen, die Dauer von Antragsverfahren bei der Familienzusammenführung und bei Familienbegegnungen auf drei Monate zu reduzieren. Eine Vorschrift mit politischer Signalwirkung ist die Dreitagefrist für die Genehmigung von Reiseanträgen in dringenden Fällen, z.B. beim Besuch von schwer erkrankten Familienangehörigen. Zwar handelt es sich bei den KSZE-Vereinbarungen von Wien nicht um völkerrechtlich zwingende Verpflichtungen, sondern um politische Absichtserklärungen von hohem Rang. Dennoch sind sie wichtige Berufungsgrundlagen für Regierungen ebenso wie für die Bürger der Teilnehmerstaaten. Bestimmte Regierungen können somit in Begründungszwang und Implementierungsdruck hinsichtlich ihrer KSZE-Verpflichtungen geraten.

## EINIGUNG AUF KSZE-FOLGEVERANSTALTUNGEN

Das KSZE-Folgeprogramm war bis zum Schlußtag des Wiener Folgetreffens sowohl innerhalb der westlichen Länder wie zwischen West und Ost umstritten. Vor allem die amerikanische Delegation lehnte eine „Konferenzinflation" ab und stellte sich zunächst gegen den EG-Vorschlag einer West-Ost-Wirtschaftskonferenz. Schließlich wurde diese Konferenz, um deren Austragung sich die Bundesrepublik Deutschland mit Erfolg bewarb, für Ende März 1990 in Bonn beschlossen.

Die Schlußphase des Wiener Folgetreffens wurde wesentlich von der Streitfrage geprägt, ob Moskau als Gastgeber für eine „Konferenz über die Menschliche Dimension" in Frage kam. Während die Bundesrepublik Deutschland unter bestimmten Bedingungen Zustimmung signalisierte, lehnten insbesondere Großbritannien, die USA und Kanada diesen sowjetischen Vorschlag ab. Die USA – und erst danach die grundsätzlich noch skeptischer eingestellte britische Premierministerin Margaret Thatcher – stimmten dem Konferenzobjekt schließlich unter folgenden Voraussetzungen zu: Die sowjetische Regierung solle alle politischen Häftlinge freilassen, die Emigrationszahlen anheben, die Störung westlicher Radiosender einstellen und menschenrechtswidrige Strafgesetze aufheben. Im Rahmen einer mehrstufigen Konferenz über die „menschliche Dimension" wurden sodann drei Treffen von jeweils vierwöchiger Dauer für Paris (Mai/Juni 1989), Kopenhagen (Juni 1990) und Moskau (September/Oktober 1991) beschlossen. Zusätzlich zu den bereits genannten Folgeveranstaltungen sieht das Wiener Schlußdokument ein Informationsforum vor (April/Mai 1989 in London), ein Umweltschutztreffen (Oktober/November 1989 in Sofia), ein Treffen über den Mittelmeer-Raum (September/Oktober 1990 in Palma de Mallorca), ein Expertentreffen über die friedliche Regelung von Streitfällen (Januar/Februar 1991 in La Valletta) sowie ein Symposium über das kulturelle Erbe (Mai/Juni 1991 in Krakau). Das Vierte KSZE-Folgetreffen soll am 24. März 1992 in Helsinki (unter Vorschaltung eines Vorbereitungstreffens) beginnen.

## DER ABSCHLUSS DES WIENER FOLGETREFFENS

Nachdem es gelungen war, am 10. Januar 1989 zunächst das Mandat für die Verhandlungen über konventionelle Streitkräfte in Europa (VKSE)[14] zu verabschieden, dann am 15. Januar 1989 – also noch vor Antritt der neuen amerikanischen Administration am 20. Januar 1989 – auch das Wiener

[14] Abgedruckt als Anhang III des Abschließenden Dokuments des Wiener KSZE-Folgetreffens in: *EA*, 5/1989, S. D 162-164.

Schlußdokument,[15] kamen die Außenminister der 35 Teilnehmerstaaten zur Schlußveranstaltung vom 17. bis 19. Januar 1989 in Wien zusammen. Der Gastgeber, Österreichs Außenminister Alois Mock, hatte die Minister zu diesem Termin bereits Anfang Januar 1989 eingeladen, als die rechtzeitige Annahme des Schlußdokuments noch ungewiß war.

Alle Außenminister begrüßten in ihren Schlußerklärungen[16] die Wiener Ergebnisse, vor allem die gelungene Einigung über ein Mandat für die VKSE[17] und die umfangreichen neuen Vereinbarungen zur gesamten menschlichen Dimension. Noch während der Schlußtage des Wiener Folgetreffens machten jedoch Menschenrechtsverletzungen in einigen östlichen Staaten explizite Kritik an den Regierungen in Prag, Ost-Berlin, Bukarest und Sofia erforderlich. So bezeichneten die Außenminister Hans-Dietrich Genscher, George Shultz und Sir Geoffrey Howe die Berliner Mauer als „Relikt des Kalten Krieges". DDR-Außenminister Oskar Fischer hingegen nannte die Mauer einen „Faktor der Stabilität in Europa", die erst beseitigt werde, wenn die Ursachen für ihren Bau nicht mehr vorhanden seien. Der sowjetische Außenminister Schewardnadse aber formulierte: „Das Wiener Treffen hat den Eisernen Vorhang erschüttert, hat seine rostigen Stäbe geschwächt... Das Flußbett des Kalten Krieges ist eingeengt worden durch die Brandung warmer Fluten."[18]

## *Ausblick*[19]

Trotz außergewöhnlich langer Dauer des Wiener Folgetreffens hat der KSZE-Prozeß mit der Annahme des Wiener Schlußdokuments eine wichtige Bewährungsprobe bestanden. Dieses Dokument setzt neue, hohe Verhaltensstandards, stellt die Weichen für ein vielfältiges Folgeprogramm und kann somit Ausgangspunkt für eine bessere Einhaltung der KSZE-Verpflichtungen sein. Eine auf Kontinuität angelegte KSZE ist zudem geeignet, als gesamt-

---

15 Vgl. Fußnote 10. Die Annahme geschah durch Konsens der 35 Teilnehmerstaaten, war allerdings begleitet von einer einschränkenden „interpretativen Erklärung" Rumäniens, die umgehend von Kanada im Namen des Westens und auch von Österreich als unzulässig zurückgewiesen wurde.

16 Auszüge aus den Erklärungen der Außenminister sind abgedruckt in: *EA*, 6/1989, S. D 165-194.

17 Der formelle Beginn dieser Verhandlungen zwischen den 23 Mitgliedstaaten von NATO und Warschauer Pakt fand am 9.3.1989 in Wien statt, zeitgleich mit dem Beginn der Verhandlungen über vertrauens- und sicherheitsbildende Maßnahmen (VVSBM) zwischen allen 35 KSZE-Teilnehmerstaaten.

18 Wiener Treffen 1986, Protokolle der Schlußerklärungen. 17.-19.1.1989, Wien 1989, CSCE/WT/VR.13, S. 9.

19 Vgl. u.a. Heinrich *Schneider*, Über Wien nach Gesamteuropa? Der KSZE-Prozeß nach dem dritten Folgetreffen, in: *Integration*, 2/1989, S. 47-60.

europäisches Forum, unter ausdrücklich anerkannter Beteiligung der beiden nordamerikanischen Staaten, eine Verengung des West-Ost-Verhältnisses auf die bilateralen Beziehungen der beiden Supermächte abzuwehren. Als Instrument multilateraler Verständigung und Zusammenarbeit zur Entmilitarisierung des West-Ost-Verhältnisses kann die KSZE schließlich zur langfristigen, friedlichen Überwindung der Teilung Europas beitragen. Darüber hinaus stellte die KSZE während des Wiener Folgetreffens allmählich eine umfassende „europäische Öffentlichkeit" her: Nicht nur Regierungen, sondern auch die einzelnen Bürger und nichtstaatlichen Organisationen, insbesondere Menschenrechtsvereinigungen, können ihr Recht zur Mitsprache und Mitbestimmung geltend machen, bei einigen KSZE-Expertentreffen sogar bereits als weisungsunabhängige Delegationsmitglieder.

# IV

# DIE WESTLICHE GEMEINSCHAFT

## INNERE ENTWICKLUNGEN IN DEN USA UND IHRE AUSWIRKUNGEN AUF DIE WESTLICHE GEMEINSCHAFT

*Von Peter Rudolf*

Eine auf den ersten Blick paradoxe Entwicklung kennzeichnete die beiden letzten Amtsjahre von Präsident Ronald Reagan. Einerseits war er durch die Iran-Contra-Affäre politisch geschwächt und einer selbstbewußten Mehrheit der Demokratischen Partei im Kongreß ausgesetzt, andererseits kam er zu den späten Erfolgen in der Außenpolitik, die das bleibende Bild seiner Präsidentschaft prägten.[1]

### DAS ENDE DER ÄRA REAGAN

#### *Die Iran-Contra-Affäre*

Bei der „Iran-Contra-Affäre", die das Jahr 1987 überschattete, handelte es sich um zwei getrennte Verwicklungen mit unterschiedlichen Ursachen, um eine „Iran-Affäre" und eine „Contra-Affäre". Beide überlappten sich an einem Punkt: bei der illegalen Abzweigung von Geldern aus dem Verkauf von Waffen an Iran für die vom Kongreß im Oktober 1984 verbotene mi-

1 Vgl. Gebhard *Schweigler*, Die Vereinigten Staaten am Ende der Reagan-Ära, in: *EA*, 3/1988, S. 59-66.

litärische Unterstützung der Contras, der Opposition in Nicaragua. Der im Februar 1987 veröffentlichte Bericht der von Präsident Reagan eingesetzten Kommission unter Leitung des früheren republikanischen Senators John Tower brachte erstes Licht in die geheime Aktivität des Stabs des Nationalen Sicherheitsrats (NSC); tiefer schürften dann die beiden Ausschüsse des Kongresses, die nach langen Anhörungen ihren abschließenden Bericht im November 1987 vorlegten.[2]

Wie die amerikanische Öffentlichkeit im Laufe der Untersuchungen erfuhr, hatten die geheimen Aktivitäten des NSC-Stabes im Laufe des Jahres 1984 begonnen. Durch das Einwerben von Mitteln aus Staaten wie Saudi-Arabien und Brunei und durch private Spenden in den USA sollte der militärische Widerstand gegen das sandinistische Regime in Nicaragua am Leben erhalten werden. Auf Initiative von Oberst Oliver North im NSC wurde eine private Organisation für verdeckte Operationen aufgebaut. Das geheime Unternehmen operierte am Kongreß vorbei, und Sicherheitsberater John Poindexter und sein Nachfolger Robert McFarlane verschleierten die Aktivität gegenüber dem Kongreß, als im Sommer 1985 in der Presse von der Geldsammlung des NSC berichtet wurde. Die Idee, Waffenlieferungen an Iran für die Freilassung der sieben in Libanon festgehaltenen amerikanischen Geiseln und für die Verbesserung der beiderseitigen Beziehungen zu nutzen, war im Sommer 1985 aufgekommen. Präsident Reagan, interessiert an der Freilassung der Geiseln, erlaubte Israel den Verkauf amerikanischer Waffen nach Iran. Den Erlös aus diesem Waffengeschäft verwandte North zur Unterstützung der Contras. Auch bei dieser Aktivität wurden die für geheime Operationen zuständigen Komitees im Kongreß nicht informiert, und zwar auf Empfehlung Poindexters und nach Entscheidung des Präsidenten.

Die wichtigsten Entwicklungen in der Iran-Contra-Affäre wurden im Berichtszeitraum 1987/88 zwar erhellt; unklar blieb jedoch vor allem die Rolle Präsident Reagans, der sich dem Dilemma ausgesetzt sah, entweder Unkenntnis oder Mitbeteiligung an illegalen Handlungen eingestehen zu müssen. Er erklärte, von der Abzweigung der Gelder aus dem Waffengeschäft nichts gewußt zu haben. Die Tower-Kommission kritisierte den lockeren Führungsstil des Präsidenten und das Versagen seiner engsten Berater. Schärfer war die Kritik der Untersuchungsausschüsse des Kongresses. Für sie lag die Verantwortung letztlich bei Präsident Reagan. Der Präsident habe ein Umfeld toleriert, in dem die Abzweigung der Gelder in dem Bewußtsein vorgenommen wurde, die Politik des Präsidenten auszuführen. Geheimhaltung, Täuschung und Mißachtung der Gesetze – so die Bilanz der Untersuchungsausschüsse –

---

[2] The Tower Commission Report. The Full Text of the President's Special Review Board, New York 1987; 100th Congress, 1st Session, Report of the Congressional Committees Investigating the Iran-Contra Affair, Washington 1987.

hätten die Glaubwürdigkeit der USA untergraben, da parallel zur offiziellen Politik eine entgegengesetzte „private" Politik betrieben wurde. Die Zweifel der amerikanischen Öffentlichkeit und des Auslands an der Glaubwürdigkeit des Präsidenten drängten das Weiße Haus im Sommer 1987, den Schaden zu begrenzen und Führungsstärke zu demonstrieren. Dafür kam vor allem die Außenpolitik und insbesondere der INF-Vertrag in Frage;[3] denn in der Innenpolitik war der Handlungsspielraum des Präsidenten eng begrenzt.

## *Innenpolitische Fesseln*

In den Wahlen von 1986 hatte die Demokratische Partei ihren 1980 verlorenen Mehrheitsstatus im Senat zurückgewonnen. Erstmals in seiner Amtszeit sah sich Präsident Reagan einer Mehrheit der Demokraten in beiden Häusern des Kongresses gegenüber. Der Kongreß hatte sich zudem im Laufe der Ära Reagan beträchtlich gewandelt: Immer seltener konnte sich Reagan in seinen letzten Amtsjahren auf die von ihm in den frühen achtziger Jahren wirkungsvoll aktivierte „konservative Koalition" aus Republikanern und Südstaaten-Demokraten stützen. Die jüngeren demokratischen Abgeordneten und Senatoren aus dem Süden der USA, und besonders die 1986 neu gewählten Senatoren, die ihren Sieg einer hohen Wahlbeteiligung schwarzer Wähler verdankten, waren immer weniger die natürlichen Verbündeten konservativer Republikaner.[4] Die Demokratische Partei trat zudem seit 1983 im Kongreß geschlossener auf und die Abstimmungen verliefen stärker als zuvor entlang der Parteigrenzen, so daß die Erfolgsquote Präsident Reagans immer mehr abnahm. In seinen letzten beiden Amtsjahren konnte er, der zu Beginn seiner Amtszeit eine Erfolgsquote bei Abstimmungen von über 80 Prozent aufweisen konnte, nur 43,5 bzw. 47,4 Prozent der Abstimmungen gewinnen, zu denen er Position bezogen hatte. Sein enger innenpolitischer Handlungsspielraum zeigte sich spektakulär bei seinem Scheitern, die Zustimmung des Senats zur Ernennung des konservativen Robert Bork zum Richter im Supreme Court zu gewinnen. Der schließlich ernannte gemäßigte Konservative Anthony Kennedy war Reagans dritte Wahl.

In der Haushaltspolitik bewegte sich 1987/88 kaum etwas. Unter dem Eindruck des Kurseinbruchs an der New Yorker Börse am 19. Oktober 1987 und der dadurch wachsenden Besorgnis um das Haushaltsdefizit zeigte sich Präsident Reagan zu den bis dahin verweigerten überparteilichen Gesprächen mit den führenden Politikern des Kongresses bereit. Mit den vereinbarten leichten Steuererhöhungen und bescheidenen Kürzungen im Etat wurde zwar

---

[3] Vgl. hierzu ausführlich den Beitrag von Lothar *Rühl* in diesem Band.

[4] Vgl. Joseph A. *Davis*, „Conservative Coalition" No Longer a Force, in: *Congressional Quarterly Weekly Report*, 16.1.1988, S. 110-117.

kein umfassender Beitrag zur Reduzierung des Budgetdefizits geleistet; Regierung und Kongreß entschärften jedoch die Kontroversen in der Haushaltspolitik für das Wahljahr 1988 und vertagten die harten Entscheidungen. Der Kongreß setzte eine überparteiliche Kommission ein, die Vorschläge zur Verringerung des Budgetdefizits vorlegen sollte.

### *Außenpolitische Erfolge*

Die Aufdeckung der Iran-Contra-Affäre, der Tiefpunkt in Reagans Präsidentschaft, war zugleich die Wende zum Erfolg. Hatten sich in dieser Affäre Schwächen und Unzulänglichkeiten des außenpolitischen Entscheidungsprozesses offenbart, als eine innenpolitisch nicht konsensfähige Politik unter Mißachtung des Gesetzes betrieben wurde, gewannen gegen Ende von Reagans Präsidentschaft Professionalismus und Pragmatismus die Oberhand.

Nach jahrelangen Friktionen verfügte die Regierung Reagan im Berichtszeitraum erstmals über einen gut organisierten außenpolitischen Entscheidungsmechanismus.[5] Die früheren Auseinandersetzungen zwischen Außen- und Verteidigungsminister wichen guten Arbeitsbeziehungen zwischen den führenden Politikern. Diese Entwicklung begann mit Frank Carluccis Amtsantritt als Sicherheitsberater Ende 1986; gestärkt wurde sie im Laufe des Jahres 1987 durch den Wechsel von Caspar Weinberger zu Carlucci im Amt des Verteidigungsministers und durch das Ausscheiden führender ideologischer Konservativer aus der Administration, namentlich des einflußreichen Assistant Secretary of Defense Richard Perle. Die ideologischen Konservativen hatten gegen Ende der Amtszeit Reagan keine herausragenden Vertreter mehr innerhalb der Regierung. Schließlich verbesserte sich der Entscheidungsmechanismus durch den Professionalismus von Außenminister George Shultz, Verteidigungsminister Carlucci, Sicherheitsberater Colin Powell und Howard Baker, dem neuen Stabschef im Weißen Haus. Erfolg wurde dort möglich, wo die Außenpolitik auf breite Zustimmung in der Öffentlichkeit und im Kongreß traf. Die Militärhilfe an die Contras, stets heftig umstritten, scheiterte endgültig im Februar 1988 am Repräsentantenhaus, das nach der Iran-Contra-Affäre und vor dem beginnenden Friedensprozeß in Mittelamerika weitere Militärhilfe mit knapper Mehrheit (219:211) ablehnte.

Erfolg verhieß die Politik gegenüber der Sowjetunion. Hier konnte sich Außenminister Shultz mit seiner 1983/84 eingeleiteten Linie der Erweiterung

---

[5] Vgl. Lou *Cannon*, Why Reagan Is Finally Winning in Foreign Policy, in: *WP*, 27.3.1988, S. C1/C4. Vgl. zur Entwicklung des Entscheidungsprozesses auch Stephan G. *Bierling*, Außenpolitik in der Ära Reagan. Akteure, Systemstrukturen, Entscheidungsprozesse, in: *Außenpol.*, IV/1988, S. 341-352.

kooperativer Elemente in den vier Bereichen Rüstungskontrolle, Regionalkonflikte, Menschenrechte und bilaterale (Wirtschafts)beziehungen immer stärker durchsetzen.[6] Die pragmatische Entspannungspolitik – das in den USA verpönte Wort „Détente" wurde nie benutzt – entsprach der Stimmungslage in den USA. Die amerikanische Öffentlichkeit, weder entspannungseuphorisch wie in den frühen siebziger Jahren noch rüstungsbegeistert wie in den frühen achtziger Jahren, wünschte bei allem weiterhin tiefsitzenden Mißtrauen gegenüber der Sowjetunion eine vorsichtig voranschreitende Verbesserung der Beziehungen zur anderen Supermacht. Im Kongreß wurde Reagan weiterhin mit einem starken Interesse der Demokraten an einer Schadensbegrenzung in der Rüstungskontroll-Politik und großen Zweifeln an Sinn und Nutzen des SDI-Programms konfrontiert. Das Interesse an einer strikten Einhaltung des ABM-Vertrags und einer Orientierung an den im SALT-II-Vertrag festgeschriebenen Höchstgrenzen für die strategischen Nuklearstreitkräfte wurde gesetzlich festgeschrieben.

Mit Abschluß des Vertrags über Mittelstreckensysteme (INF) im Dezember 1987 kam Präsident Reagan in der Rüstungskontrolle zu einem ersten außenpolitischen Erfolg, den er gegen den erbitterten Widerstand enttäuschter Entspannungsgegner innenpolitisch durchsetzen konnte. Die Ratifizierungsdebatte zeigte den Einflußverlust der ideologischen Konservativen, deren Kampagne gegen einen unter konservativen Wählern weiterhin populären Präsidenten nicht genügend Dynamik und Unterstützung gewann. Eine neue überparteiliche Mehrheit von gemäßigt konservativen Republikanern und Demokraten zeichnete sich ab.[7] Reagan schied aus dem Amt mit einem Höchstgrad an Zustimmung: 68 Prozent der Amerikaner hießen seine Amtsführung im ganzen für gut; Frieden und Wohlstand galten als sein Erfolg.[8]

## DIE HANDELSGESETZGEBUNG ALS STREITPUNKT ZWISCHEN DEN BÜNDNISPARTNERN

Die Handelsgesetzgebung und die sich darin ausdrückende wirtschaftsnationalistische Stimmung im Kongreß warfen im Berichtszeitraum ihren Schatten auf die Beziehungen der USA zu ihren Verbündeten. Umstritten waren zum einen die protektionistischen und auf die Durchsetzung eines „fairen Handels" zielenden Bestimmungen, zum andern die ebenfalls im Handels- und

6 Zur Entwicklung vgl. Gebhard *Schweigler*, Die Wiederbelebung des politischen Dialogs zwischen den USA und der Sowjetunion, in: IP 1985/86, München 1988, S. 83-102.

7 Vgl. zu der innenpolitischen Bedeutung des INF-Vertrags Harald *Müller*, Der Vertrag. Die Mittelstreckenabrüstung als Zerreißprobe für das konservative Lager in den USA, in: *Friedensforschung Aktuell*, Nr. 19, Winter-1987/88.

8 Vgl. Steven V. *Roberts*, Reagan's Final Rating Is Best Of Any President Since 40's, in: *NYT*, 18.1.1989, S. A1/A14.

Wettbewerbsfähigkeits-Gesetz enthaltene Ausweitung der extraterritorialen Reichweite der amerikanischen Exportkontroll-Gesetzgebung.

### *Protektionismus und Vergeltungsmaßnahmen*

In den Jahren 1987/88 wirkte sich der Führungsverlust der Regierung in der Handelspolitik aus. Das alte Wechselspiel zwischen Präsident und Kongreß hatte sich im Laufe der achtziger Jahre aufgrund weltwirtschaftlicher Veränderungen langsam aufgelöst. Die Reagan-Administration hatte es versäumt, durch eine aktive, auf Zollsenkung und Marktöffnung drängende internationale Verhandlungspolitik den wachsenden protektionistischen Druck ausreichend zu entschärfen und so den Kongreß vor diesem Druck zu schützen.[9] Der Kongreß übernahm die Initiative, reagierte mit einer umfassenden Handelsgesetzgebung.

Aufsehen und Besorgnis im Ausland erregte vor allem eine von dem demokratischen Abgeordneten Richard Gephardt eingebrachte, von den Gewerkschaften unterstützte Bestimmung, die automatische Vergeltungsmaßnahmen vorsah gegen Länder mit großen Überschüssen im Handel mit den USA und „unfairen" Handelspraktiken. Dieser vor allem gegen Japan gerichtete Gesetzesänderungs-Vorschlag wurde vom Vermittlungsausschuß zwischen Repräsentantenhaus und Senat allerdings abgelehnt, andere protektionistische und auf Vergeltung zielende Bestimmungen wurden abgeschwächt. Der Kompromiß über das Handelsgesetz fand auf beiden Seiten des Capitol Hill große Zustimmung, doch legte der Präsident im Mai 1988 sein Veto ein. Gründe dafür waren die protektionistischen Elemente des Gesetzes, in erster Linie aber die im Gesetz enthaltenen Bestimmungen zur Vorankündigung von Betriebsschließungen und zum Export von Erdöl aus Alaska. Im Sommer verabschiedeten schließlich die beiden Häuser des Kongresses mit großer Mehrheit das Handelsgesetz, von dem die zwei von Präsident Reagan ausdrücklich abgelehnten Bestimmungen abgetrennt worden waren. Am 23. August 1988 unterzeichnete Reagan nach langen Kontroversen den Omnibus Trade and Competitiveness Act, das mit mehr als 1 000 Seiten bis dahin längste und detaillierteste Handelsgesetz.

Mit diesem Gesetz erhielt der Präsident die Befugnis, über bilaterale und multilaterale Handelsabkommen zu verhandeln. Dies war wichtig für die Uruguay-Runde des GATT;[10] gleichzeitig verstärkte das Gesetz den Druck

---

[9] Vgl. I. M. *Destler*, American Trade Politics. System Under Stress, Washington, New York 1986; sowie Andreas *Fürst*, The „Interaction Mechanism" Between Congress and the President in Making U.S. Foreign Trade Policy, in: Carl-Ludwig *Holtfrerich* (Hrsg.), Economic and Strategic Issues in U.S. Foreign Policy, Berlin, New York 1989, S. 67-85.

[10] Vgl. hierzu im einzelnen den Beitrag von Michael *Borchmann* in diesem Band.

auf eine härtere Gangart in diesen Verhandlungen. Auf Kritik stieß im Ausland auch der vom Kongreß festgesetzte Reziprozitätsstandard im Bereich der Telekommunikation und bei der Zulassung zum amerikanischen Wertpapiermarkt. Die Reagan-Administration mußte deshalb den Eindruck zerstreuen, die USA rüsteten sich mit dem Handels- und Wettbewerbsgesetz für einen „Handelskrieg". So wurde klargestellt, daß auch der Handelsbeauftragte dem Weisungsrecht des Präsidenten unterliege, die Verpflichtung zu Vergeltungsmaßnahmen breiten Ermessungsspielraum enthielte und insgesamt das Gesetz bei allen Möglichkeiten einer protektionistischen Nutzung auch zur Liberalisierung des Handels eingesetzt werden könne. Die Reaktion der Europäischen Gemeinschaft, die im Laufe der Gesetzgebung wiederholt ihre Kritik vorgebracht und noch vor der Unterzeichnung durch Präsident Reagan mit einer Beschwerde beim GATT gedroht hatte, fiel gemäßigt aus. Bei aller Besorgnis über Protektionismus und Unilateralismus wollte die EG Gegenmaßnahmen von der Anwendung des Handelsgesetzes abhängig machen. Mehr noch als in der EG rief das Handelsgesetz in Japan Kritik hervor, vor allem wegen der in ihm enthaltenen Sanktionen und den Bestimmungen zur multilateralen Exportkontrolle, die auch den Einspruch der EG hervorgerufen hatten.

### *Exportkontroll-Reform und Sanktionen gegen Toshiba*

Im Laufe des Jahres 1987 wuchs vor dem Hintergrund des steigenden Handelsbilanz-Defizits und der zunehmenden Sorge um die Wettbewerbsfähigkeit der USA die Kritik an der restriktiven Exportkontroll-Politik der Regierung Reagan.[11] Dabei ging es vor allem um die Behinderung des innerwestlichen Handels durch das aufwendige Genehmigungsverfahren und die Beschränkung und Auflagen bei der Wiederausfuhr amerikanischer Produkte. Ausgelöst durch eine Studie der National Academy of Sciences richtete sich die Aufmerksamkeit verstärkt auf die wachsenden wirtschaftlichen Kosten des Exportkontroll-Systems zu einer Zeit, in der die amerikanische Vorherrschaft in der Hochtechnologie geschwunden war, und die Zahl der Anbieter sich erhöht hatte.[12] Die Interessenverbände der amerikanischen Hochtechnologie-Industrie drängten auf die Reform der Exportkontroll-Gesetzgebung. Die von

---

[11] Vgl. Jörg *Boltersdorf*, Die Grenzen von Wirtschaftsmacht. Die Exportkontrollpolitik der USA gegenüber der Sowjetunion in den achtziger Jahren, Berlin 1989.

[12] Vgl. die Diskussion und Dokumentation in: U.S. Congress, Senate Committee on Banking, Housing, and Urban Affairs, Subcommittee on International Finance and Monetary Policy: Export Controls, Hearings, 12. und 17.3.1987, Washington 1987; U.S. Congress, House of Representatives, Committee on Foreign Affairs, Subcommittee on International Economic Policy and Trade. National Security Export Controls: Report by the National Academy of Sciences, Hearing, 3.2.1987, Washington 1988.

der Regierung eingebrachte Gesetzesinitiative zur Reform der Exportkontroll-Politik sowie vier weitere Entwürfe wurden 1987/88 im Rahmen des Trade and Competitiveness Act diskutiert.

Die vom Kongreß verabschiedeten Bestimmungen des Handelsgesetzes zur Exportkontroll-Reform zielten auf eine Reihe von Veränderungen: 1. auf die Reduzierung der Kontrollisten; 2. auf den Abbau der Genehmigungspflicht für die Ausfuhr in Mitgliedsländer des CoCom (Exportkontroll-Ausschuß)[13] und die Erleichterung des Reexports von Gütern aus den USA; 3. auf eine beschleunigte Lizenzvergabe und eine Verringerung des während der ersten Hälfte der achtziger Jahre beträchtlich gewachsenen Einflusses des Verteidigungsministeriums, das einen harten Kontrollkurs befürwortete; 4. auf die Stärkung der multilateralen Kontrollen durch die bei Verstößen ausländischer Firmen gegen die CoCom-Regeln festgesetzten obligatorischen Sanktionen.[14] Auslöser hierfür war die Toshiba-Affäre: 1987 wurde bekannt, daß die Toshiba Machine Tool Co. 1982/83 in Verbindung mit der norwegischen Firma Kongsberg Fräsmaschinen und Computerprogramme für die Oberflächenbehandlung von Schiffsschrauben in die Sowjetunion geliefert hatte, durch die eine Ortung der Schiffe durch den Westen angeblich enorm erschwert wurde. Es handelte sich bei diesem Geschäft eindeutig um einen Verstoß gegen die CoCom-Richtlinien. Im Juli 1987 beschloß der Senat den befristeten Ausschluß jeder Firma vom amerikanischen Markt, die seit 1980 CoCom-Regeln mit ernsthaften negativen Wirkungen auf das militärische Gleichgewicht verletzt hatte.

Die amerikanische Regierung, die zwar seit langem an einer stärkeren Kontrolle des japanischen Osthandels interessiert war, hatte aber kein Interesse an gesetzlichen Bestimmungen, die ihre Flexibilität bei der Reaktion auf illegale Technologietransfers durch CoCom-Staaten einengten. Die von den Verbündeten scharf kritisierten Sanktionen drohten aus Sicht des Außenministeriums das Konzept von CoCom zu gefährden, das auf der Verantwortlichkeit der einzelnen Mitglieder für die Durchführung der Kontrollen beruhte.[15] Da die japanische Regierung sich bereit zeigte, ihre Exportkontrollen zu stärken, gab sich die Regierung zufrieden und nutzte die Toshiba-Affäre, um im Herbst 1987 die CoCom-Mitglieder zur Verstärkung ihrer Exportkontrollen zu drängen. Der Vermittlungsausschuß des Kongresses schwächte Ende März 1988 die Sanktionen in weitem Maße ab. Wichtiger als die Sanktionen gegen

---

13 Mitglieder des Coordinating Committee for Multilateral Export Controls (CoCom) sind die NATO-Staaten (mit Ausnahme Islands), Japan und seit April 1989 auch Australien.

14 Vgl. Gordon B. *Smith*, Controlling East-West Trade in Japan, in: Gary K. *Bertsch* (Hrsg.), Controlling East-West Trade and Technology Transfer. Power, Politics, and Policies, Durham, London 1988, S. 137-158, hier bes. S. 150-155; Reinhard *Rode*, Wieviel Exportkontrolle? COCOM auf dem Prüfstand, Frankfurt (HSFK-Report Nr. 6) 1988, S. 21 ff.

15 Vgl. die Stellungnahme von Under Secretary of State Edward J. Derwinski am 14.7.1987 vor dem Kongreß, in: *U.S. Policy Information and Texts*, Nr. 125, 15.7.1987, S. 13-19.

Toshiba war allerdings der in den Trade and Competitiveness Act eingefügte Zusatz zum Export-Verwaltungsgesetz, der obligatorische Sanktionen bei Verletzung der CoCom-Regeln festsetzte – eine deutliche Verstärkung der extraterritorialen Elemente der amerikanischen Kontrollpolitik.

## DIE WIRTSCHAFTSBEZIEHUNGEN MIT DEN VERBÜNDETEN

### *Spannungen im amerikanisch-japanischen Verhältnis*[16]

Das Defizit im Handel mit Japan war seit 1979 sprunghaft angestiegen: 1986 auf 58,5 Milliarden Dollar, 1987 auf die Rekordhöhe von 60,3 Milliarden Dollar, 1988 auf 55,7 Milliarden Dollar.[17] Unruhe und Irritation löste auch der Anstieg japanischer Investitionen in den USA aus: von 35 Milliarden Dollar 1980 auf 280 Milliarden 1988, bei einem spektakulären Investitionsschub von 80 Milliarden Dollar 1987.[18] Der Kongreß fügte im Handelsgesetz eine Bestimmung ein, die den Präsidenten dazu befähigte, Fusion oder Übernahme amerikanischer Firmen durch ausländische Investoren zu überprüfen und gegebenenfalls zu verbieten, wenn die nationale Sicherheit beeinträchtigt würde. Die wirtschaftlichen Gewinne Japans verunsicherten auch die amerikanische Öffentlichkeit: Im März 1988 sahen fast drei Fünftel der Amerikaner in der Wirtschaftsmacht Japan eine größere Bedrohung der nationalen Sicherheit als in der Sowjetunion.[19] Im Kongreß wuchs zudem die Klage über den zu geringen Beitrag der wirtschaftlichen Supermacht Japan zur westlichen Verteidigung. Mit einem Anteil der Verteidigungsausgaben von rund 1 Prozent des BSP erschien Japan im Vergleich mit den amerikanischen Verteidigungsausgaben (rund 6 Prozent des BSP) als „Trittbrettfahrer".[20]

Die Barrieren im Handel mit Japan stießen auf wachsendes Unbehagen. Als Erwiderung auf die nach amerikanischer Ansicht nicht eingehaltene Vereinbarung vom Juli 1986 über die Öffnung des japanischen Markts für

---

16 Als Überblick vgl. George R. *Packard*, The Coming U.S.-Japan Crisis, in: *FA*, Bd. 66, Winter 1987/88, S. 348-367; I. M. *Destler*, Japan-U.S. Relations, The 1980s and Beyond, in: *Holtfrerich*, a.a.O. (Anm. 9), S. 51-63.

17 Vgl. William H. *Cooper*, Japan-U.S. Trade: An Overview, Washington (Congressional Research Service Report) 1988; Larry A. *Niksch*, Japan-U.S. Relations in the 1990s, Washington (Congressional Research Service Report) 1989.

18 Vgl. James K. *Jackson*, Japanese Investment in the United States, in: *CRS Review*, Bd. 10, Juli 1989, S. 11-13.

19 Vgl. die Umfrageergebnisse in *U.S. Policy Informations and Texts*, Nr. 83, 2.5.1988, S. 29-32.

20 Vgl. U.S. Congress, House of Representatives, Committee on Armed Services: Interim Report of the Defense Burdensharing Panel, Washington 1988, S. 62-66.

amerikanische Halbleiter und den Verkauf japanischer Halbleiter in den USA unter Kosten verschärften die USA im April 1987 die Zölle für japanische Elektronikprodukte. Auf dem Weltwirtschaftsgipfel in Venedig im Juni 1987 erklärte sich die Administration dann bereit, die Zölle zum Teil wieder auszusetzen – als „Belohnung" für japanisches Entgegenkommen und als Anreiz für die weitere Marktöffnung.

Zum Testfall für die japanische Bereitschaft zur Marktöffnung entwickelten sich aus amerikanischer Sicht im Berichtszeitraum vor allem der Agrarmarkt und der Bausektor. Der Agrarhandel blieb der Bereich, in dem sich die USA einen Handelsbilanz-Überschuß bewahren konnten:[21] Mit einem Anteil von rund 20 Prozent war Japan für die amerikanische Landwirtschaft der größte Exportmarkt. Die USA drängten auf die weitere Öffnung dieses Markts, vor allem auf die Aufhebung der Einfuhrquoten bei Rindfleisch und Zitrusfrüchten, die in einem 1988 auslaufenden Abkommen festgesetzt waren. Aus dem Kongreß war die Warnung zu vernehmen, daß das Handelsgesetz verschärft werden könnte, falls Japan hierzu nicht bereit sei. Am 20. Juni 1988 unterzeichneten beide Länder ein entsprechendes Abkommen. Bei der Marktöffnung im Bausektor ging es konkret um die Vergabe von Aufträgen für den Bau des Flughafens in Osaka Bay. Der japanische Premierminister Yasuhiro Nakasone hatte zwar im August 1986 gegenüber Präsident Reagan die faire Behandlung amerikanischer Firmen zugesichert; doch das Auftragsvolumen erfüllte nicht die Erwartung in den USA. Der Kongreß erhöhte im Dezember 1987 den Druck auf Japan, indem er japanische Bauunternehmen von Projekten der US-Bundesregierung ausschloß und eine Beteiligung von Firmen jener Länder am Flughafenbau in den USA untersagte, die amerikanischen Firmen gleiche Chancen bei öffentlichen Bauvorhaben vorenthielten. In der Folge bot die japanische Regierung ausländischen Firmen die Beteiligung an einigen Bauprojekten an; doch reichte dies aus amerikanischer Sicht nicht aus.

Die Zusammenarbeit auf dem Rüstungssektor wurde durch das Mißtrauen im Kongreß belastet, Japan könne durch die Nutzung fortgeschrittener amerikanischer Militärtechnologie seine Konkurrenzfähigkeit verbessern. Einige Abgeordnete stießen sich an dem geplanten Verkauf des hochentwickelten AEGIS-Luftverteidigungssystems, mit dem Japan seine See-Verteidigungsfähigkeit verbessern wollte, was eigentlich im Interesse der amerikanischen Verteidigungspolitik im Pazifik liegen mußte.[22] Doch wurde geargwöhnt, daß nur der Zugang zu modernster amerikanischer Technologie eigentliches Motiv für

---

21 Vgl. Donna U. *Vogt*, U.S.-Japanese Agricultural Trade Relations: Selected Information, Washington (Congressional Research Service Report) 1988.

22 Vgl. U.S. Congress, Committee on Armed Services, Seapower and Strategic and Critical Materials Subcommittee, Sale of the AEGIS Weapon System to Japan. Hearings, 1.12.1987, 4. und 18.2.1988, 3.3.1988, Washington 1988.

den Erwerb des AEGIS-Systems sei; Zweifel an der japanischen Fähigkeit zur Geheimhaltung fortgeschrittener Technologie wurden laut. Doch war dies vor dem Hintergrund der Toshiba-Affäre eher ein taktisches Argument, da die sensitive Software ohnehin unter amerikanischer Kontrolle bleiben sollte. Die Kritik der Kongreßmitglieder hatte in erster Linie wirtschaftliche Gründe: Der Verkauf des Luft-Verteidigungssystems sollte an den Erwerb amerikanischer Schiffe gebunden werden. Die Regierung Reagan wandte sich entschieden gegen die Vorstöße im Kongreß, den Verkauf zu blockieren.[23]

Noch an einem weiteren Waffenprojekt entzündete sich eine Kontroverse: am Bau des FSX-Kampfflugzeugs.[24] In der amerikanischen Luftfahrtindustrie wurden japanische Überlegungen zur Entwicklung und zum Bau eines eigenen neuen Kampfflugzeugs als Schritt zum Aufbau einer wettbewerbsfähigen Flugzeugindustrie gesehen. Im Kongreß drängte deshalb vor allem der republikanische Senator John Danforth, Verfechter einer härteren Gangart gegenüber Japan, die japanische Regierung zum Kauf eines amerikanischen Flugzeugs. Unter dem Eindruck der Handelsgesetzgebung und der Toshiba-Affäre im Oktober 1987 gab die japanische Regierung die Entscheidung bekannt, auf die Eigenentwicklung eines Kampfflugzeugs zu verzichten und statt dessen ein amerikanisches Flugzeug als Grundmodell zu erwerben, um es in modifizierter Form weitgehend in Japan bauen zu lassen. Im Dezember 1988 wurde die Vereinbarung über den Erwerb der F-16 von General Dynamics unterzeichnet.

### *Amerikanische Befürchtungen über eine Abschottung der EG*

In den Beziehungen zwischen den USA und der EG setzten sich in den Jahren 1987/88 die Handelskonflikte nach gewohntem Muster fort: Dem Alarm über einen bevorstehenden „Handelskrieg“ folgte die Ankündigung von Fristen und Vergeltungsdrohungen, die in ihrer harschen Rhetorik in erster Linie an das heimische Publikum gerichtet waren. Am Ende bewährten sich meist die eingespielten Verfahren zur Bewältigung der Konflikte.[25] Dies war beispielsweise im Januar 1987 der Fall bei der Beilegung des durch die Süderweiterung der EG ausgelösten Konflikts um einen Ausgleich für höhere Zölle bei der Einfuhr von Mais und Hirse aus den USA nach Spanien und Portugal. Andere Handelskonflikte blieben strittig oder kamen neu auf die Tagesordnung, darunter die Ausfuhrsubventionen der EG für Teigwaren und

---

23 Vgl. Frank *Carlucci* und George *Shultz*, The Japanese and the Aegis Sale, in: *WP*, 1.8.1988, S. A13.

24 Vgl. Roland *Freudenstein*, Die FSX-Kontroverse zwischen den USA und Japan, in: *EA*, 18/1989, S. 553-560.

25 Vgl. Manfred *Knapp*, Das amerikanisch-europäische Verhältnis, in: IP 1985/86, bes. S. 159-166.

das bevorstehende Importverbot für Rinder, die mit Wachstumshormonen behandelt wurden.

Auch der Streit über das Airbus-Projekt belastete die Beziehungen USA-EG. Seit Frühjahr 1986 fanden zwischen den Herstellerländern Frankreich, Großbritannien, Spanien, der Bundesrepublik Deutschland und den USA Gespräche über die staatlichen Subventionen für dieses Gemeinschaftsprojekt statt, bei denen es sich aus amerikanischer Sicht um unlauteren Wettbewerb zu Lasten der amerikanischen Luftfahrtindustrie handelte. Der Erfolg des Airbus und die neuen mit Vorhaben amerikanischer Hersteller konkurrierenden Airbus-Projekte führten zu einer Verhärtung der amerikanischen Position. Der Senat verabschiedete 1987 einen auf den Airbus gemünzten Zusatz zum Handelsgesetz, mit dem die Gegenzollbestimmungen für subventionierte internationale Konsortien verschärft wurden – eine Bestimmung, die auch in der Endfassung des Handelsgesetzes enthalten war. Im März 1988 kam es zu einer informellen Übereinkunft über den Verzicht der EG-Länder auf die staatliche Unterstützung für die Produktion (nicht aber für die Forschung und Entwicklung) des Airbus.

Überlagert wurden die Handelsstreitigkeiten durch die im Sommer 1988 in den USA um sich greifende Unruhe über die Konsequenzen des europäischen Binnenmarkts nach 1992:[26] Würde sich Westeuropa im Innern liberalisieren, nach außen aber immer stärker protektionistisch abschotten, eine „Festung Europa“ aufbauen? Mußte nicht der wachsende Wettbewerbsdruck im Innern den Ruf nach Begrenzung der Konkurrenz von außen verstärken? Würden sich bei der Entwicklung einer europäischen Industrie- und Handelspolitik möglicherweise protektionistische Lösungen durchsetzen? Drohte der wachsende Anpassungsdruck im Binnenmarkt die Bereitschaft der Westeuropäer zur Handelsliberalisierung im Rahmen der Uruguay-Runde des GATT zu vermindern? Diese Sorgen wurden im Sommer und Herbst 1988 besonders von amerikanischen Regierungsvertretern geäußert, die vor allem das in der EG diskutierte „Reziprozitätsprinzip“ kritisierten.[27]

### *Das Freihandelsabkommen mit Kanada*

Während die wirtschaftlichen Beziehungen mit Japan und der EG immer mehr zum Gegenstand der Kritik im Kongreß wurden, war das im Januar 1988 von Präsident Reagan und dem kanadischen Premierminister Brian Mulro-

---

26 Vgl. hierzu auch den Beitrag von Angelika *Volle* in diesem Band.

27 Vgl. *ebd.*, sowie die Rede des Stellvertretenden Schatzministers M. Peter *McPherson*, in: *U.S. Policy Information and Texts*, Nr. 147, 5.8.1988, S. 27-32; sowie die Rede von Handelsminister C. William *Verity*, in: ebd., Nr. 197, 19.19.1988, S. 37-45.

ney unterzeichnete Freihandelsabkommen[28] zwischen den USA und Kanada nur geringer Kritik im amerikanischen Kongreß und in der Öffentlichkeit ausgesetzt. Dies war anders in Kanada, wo ein heftiger Streit um die damit verbundene Gefahr einer wirtschaftlichen, politischen und kulturellen Dominanz durch den großen Nachbarn entbrannte und die nationale Wahlkampagne beherrschte.

In dem Abkommen einigten sich beide Staaten darauf, innerhalb von zehn Jahren fast alle Zölle und nichttarifären Handelshemmnisse abzubauen und ein Verfahren zur Regelung strittiger Handelsfragen einzurichten. Im Kongreß wurden zwar Bedenken und kritische Einwände laut, in denen sich die Interessen jener Industriezweige widerspiegelten, die vermehrte Konkurrenz fürchteten. Doch die Opposition blieb gering – nicht zuletzt deshalb, weil einige Bereiche von der Liberalisierung ausgenommen wurden, oder die Administration Kompensationen zusagte. Selbst eher protektionistisch eingestellte Mitglieder des Kongresses schätzten die auf längere Sicht günstigen Wirkungen des Freihandelsabkommens. Der Kongreß verabschiedete das Abkommen mit großer Mehrheit; am 1. Januar 1989 trat es in Kraft.

## DIE WIRTSCHAFTSBEZIEHUNGEN MIT DER SOWJETUNION

Die USA hatten sich in den letzten Amtsjahren Reagans auf den Weg zur Entspannung mit der Sowjetunion begeben. Doch die Bereitschaft zur wirtschaftlichen Zusammenarbeit und damit, wie manche hofften, einer Stärkung der sowjetischen Reformpolitik unter Gorbatschow war unter den Westeuropäern stärker ausgeprägt als in den USA. Mit der neuen Phase der Entspannung im Ost-West-Verhältnis brach im Berichtszeitraum eine neue Runde der Diskussion über die Gestaltung der Wirtschaftsbeziehungen mit der Sowjetunion an.[29]

### *Die USA auf dem Weg zur wirtschaftlichen Entspannung*

Im Laufe der Amtszeit Reagans hatten die Befürworter einer handelpolitischen Öffnung im Außen- und im Handelsministerium Auftrieb gewonnen. Seit 1985 wurden die in der ersten Hälfte der siebziger Jahre geschaffenen, nach der sowjetischen Invasion in Afghanistan brachliegenden Kooperationsme-

---

28 Abgedruckt in: *International Legal Materials*, Bd. XXVII, Nr. 2, März 1988, S. 293-400.

29 Vgl. Peter *Rudolf*, Osthandel im Wandel. Die USA und die wirtschaftliche Entspannung mit der Sowjetunion, Ebenhausen 1989; *ders.*, Die Vereinigten Staaten vor der wirtschaftlichen Entspannung mit der Sowjetunion, in: *EA*, 8/1989, S. 221-230.

chanismen wiederbelebt und erweitert. Auf dem Washingtoner Gipfeltreffen vom Dezember 1987 erklärten die USA und die UdSSR ihr Interesse an der Ausweitung der beiderseitig vorteilhaften Wirtschaftsbeziehungen und der Entwicklung konkreter Vorhaben durch die Gemeinsame Wirtschaftskommission.[30] Im Vorfeld des Moskauer Gipfeltreffens einigte sich die Regierung Reagan im Frühjahr 1988 auf die Einsetzung bilateraler Arbeitsgruppen und die Stimulierung des Handels mit der Sowjetunion, gegen die Vorbehalte des Verteidigungsministeriums. Während des Besuchs von Handelsminister C. William Verity in Moskau vom 11. bis 14. April 1988, der in Begleitung von 500 amerikanischen Geschäftsleuten stattfand, wurde ein Protokoll zu dem 1984 auf weitere zehn Jahre verlängerten Abkommen über die Förderung der wirtschaftlichen, industriellen und technischen Zusammenarbeit unterzeichnet, das die Vereinbarung auf gemeinsame Unternehmen ausweitete.

Vor dem Hintergrund wachsender Zahlen jüdischer Auswanderer aus der Sowjetunion wurde in den USA die Aussetzung des Jackson/Vanik-Amendments von 1974 diskutiert. Doch reagierte eine ideologisch heterogene Koalition im Kongreß mit Zurückhaltung auf die sich abzeichnende ostwirtschaftliche Dynamik, die sich auf das Interesse in Teilen der amerikanischen Industrie an der Normalisierung der Handelsbeziehungen stützen konnte. Gegen Ende der Amtszeit Reagans fehlte es noch am innenpolitischen Rückhalt für die Aussetzung des Jackson/Vanik-Amendments.[31]

### *Probleme im CoCom*

In den Jahren 1987/88 trafen einige Entwicklungen zusammen, die aus amerikanischer Sicht die Stärkung von CoCom dringlich machten. Das wirtschaftliche Interesse der USA erforderte eine wirkungsvolle multilaterale Kontrollpolitik, um den innerwestlichen Handel möglichst frei von unilateralen, die eigene Wettbewerbsfähigkeit beeinträchtigenden Beschränkungen gestalten zu können. Der Blick auf den europäischen Binnenmarkt ließ die Schaffung einer lizenzfreien CoCom-Zone mit wirksamen Außenkontrollen noch dringlicher erscheinen. Die Verbündeten – vor allem die Bundesrepublik Deutschland – drängten mehr und mehr auf eine Verringerung der CoCom-Kontrollen. Die Reagan-Administration stand daher gegen Ende ihrer Amtszeit vor dem Problem, wie sie in einer Situation bislang unerreichter Ost-West-Entspannung

---

30 Die gemeinsame amerikanisch-sowjetische Erklärung ist abgedruckt in: *EA*, 1/1988, S. D 32-38, hier S. D 38.

31 Vgl. die Diskussion in: U.S. Congress, Commission on Security and Cooperation in Europe, Implementation of the Helsinki Accords. Soviet Trade and Economic Reforms: Implications for U.S. Policy. Hearing, 10.5.1988.

die Bereitschaft der Westeuropäer und Japaner zu einer wirkungsvollen Zusammenarbeit im CoCom aufrechterhalten konnte.[32]

Zu dem CoCom-Treffen Ende Januar 1988 in Paris entsandten die USA mit dem Stellvertretenden Außenminister John Whitehead den bis dahin ranghöchsten amerikanischen Delegationsleiter, ein deutliches Zeichen für die Aufwertung des CoCom. Die Stärkung und Verbesserung der Kontrollen im Austausch gegen die Reduzierung der Kontrolliste zeichnete sich als allianzpolitischer Kompromiß ab. Doch wurde im Laufe des Jahres 1988 die Kontrolliste nur unwesentlich gestrafft, womit der westeuropäische Wunsch nach Liberalisierung der Kontrollpolitik nicht zufriedengestellt werden konnte.

Die Regierung Reagan sah in der Haltung der Verbündeten eine Überreaktion auf den sowjetischen Reformkurs; für sie kam eine beträchtliche Verringerung der Exportbeschränkungen erst bei grundlegenden Veränderungen der sowjetischen Außen- und Sicherheitspolitik in Frage.[33] Erst in den letzten Monaten der Amtszeit Reagans tauchte die Frage auf, ob nach dem Rückzug der Sowjetunion aus Afghanistan die nach dem Einmarsch eingeführten Handelsbeschränkungen bei Hochtechnologie-Produkten gelockert werden sollten, nach denen in der Regel keine Ausnahmen für den Export kontrollierter doppelverwendbarer (d.h. auch militärisch nutzbarer ziviler) Güter in die Sowjetunion gewährt wurden. Außenminister Shultz sprach sich für die Aufhebung dieser Regelung aus und nahm damit die Forderung der Verbündeten auf, die von der britischen Regierung im Oktober 1988 vorgebracht worden war. Entschieden wurde diese innerhalb der Regierung Reagan kontroverse Frage jedoch nicht mehr, da das Verteidigungsministerium auch nach dem Abzug der sowjetischen Truppen aus Gründen nationaler Sicherheit grundsätzlich an der bisherigen restriktiven Politik festhalten wollte.

### *Kontroversen um die westliche Kreditpolitik*

Westliche, d.h. fast ausschließlich westeuropäische und japanische Banken mit relativ günstigen Bedingungen entwickelten sich 1986/87 zum Hauptgläubiger der Sowjetunion; der Anteil der auf amerikanisches Drängen

---

32 Vgl. Michael *Mastanduno*, Technologische Revolution und die Ost-West-Beziehungen. Gibt es eine Zukunft für COCOM?, in: *Europäische Rundschau*, 17. Jg., Nr. 2, 1989, S. 49-57; Hanns-Dieter *Jacobsen*, Die Politik der USA im COCOM, in: Helga *Haftendorn*/Jakob *Schissler* (Hrsg.), Rekonstruktion amerikanischer Stärke. Sicherheits- und Rüstungskontrollpolitik während der Reagan-Administration, Berlin, New York 1988, S. 283-297.

33 Vgl. Allan *Wendt* (Senior Representative for Strategic Technology Policy), U.S. Stance Toward the Soviet Union on Trade and Technology, in: U.S. State Department, *Current Policy*, Nr. 1128, 1988; U.S. Concerned About Technology Sales to East Bloc, in: *U.S. Policy Information and Texts*, Nr. 204, 28.10.1988, S. 19-20.

verteuerten staatlichen oder staatlich verbürgten Kredite fiel im gleichen Zeitraum.[34] 1987/88 zogen die Bankkredite immer stärker die Aufmerksamkeit des Kongresses auf sich: Im Senat brachten 1987 der konservative republikanische Senator Jake Garn zusammen mit seinem eher liberalen Kollegen William Proxmire und im Repräsentantenhaus der konservative Republikaner Jack Kemp Gesetzesentwürfe ein, mit denen dem Präsidenten die Befugnis erteilt werden sollte, den Kapitaltransfer in kommunistische Länder zu verbieten, zu beschränken, zu überwachen oder anderweitig zu regulieren. Abgeordnete und Senatoren drückten zudem 1987/88 wiederholt in Resolutionen und Briefen ihre Sorge über die Vergabe ungebundener Kredite an die Sowjetunion aus und drängten auf die Koordinierung der westlichen Kreditpolitik. Als sich im Herbst 1988 Berichte über die Bereitschaft westeuropäischer und japanischer Banken zu Krediten an die Sowjetunion in Höhe von angeblich rund 9 Milliarden Dollar häuften, verabschiedete der Senat auf Initiative des Republikaners Steven Symms im Oktober 1988 mit 64 zu 2 Stimmen eine Resolution, in der die Administration zur Zusammenarbeit mit den Verbündeten aufgerufen wurde, um die Vergabe von ungebundenen Krediten an die Sowjetunion zu beenden.

Die Vorbehalte gegen einen ungebundenen Ressourcenzufluß in die Sowjetunion beschränkten sich nicht auf den konservativen Teil des Kongresses, der die wirtschaftliche Stärkung der Sowjetunion ablehnte. Auch unter gemäßigten Demokraten, die die sowjetische Reformpolitik begrüßten, regte sich Unbehagen an den Ostkrediten. Senator Bill Bradley befürchtete, den Konservativen in der Sowjetunion könnte durch einen unkoordinierten Zufluß westlicher Ressourcen die Wahl zwischen „Kanonen und Butter" erspart bleiben. Subventionierte günstige Kredite des Westens konnten seiner Auffassung nach nur den Reformdruck zeitweilig mindern und den Gegnern der Perestrojka in die Hände arbeiten.

Die Regierung Reagan lehnte alle Gesetzesinitiativen ab, versuchte allerdings, die Bedenken des Kongresses auszuräumen. Dabei spielte die neue Linie in der Politik gegenüber der Sowjetunion eine Rolle; vor allem aber mußte es von Anfang an aussichtslos erscheinen, die Verbündeten für eine multilaterale Regelung zu gewinnen. Der Nutzen unilateraler Kontrollen schien der Regierung geringer als der Schaden für die amerikanischen Banken und die Attraktivität des amerikanischen Kapitalmarkts. Außerdem sah sie wegen des geringen Umfangs amerikanischer Ostkredite keinen Bedarf für

---

34 Vgl. U.S. Congress, House of Representatives, Committee on Foreign Affairs, Commercial Lending to the Soviet Bloc, Hearing, 17.11.1987, Washington 1989; U.S. Congress, House of Representatives, Committee on Banking, Finance and Urban Affairs, Subcommittee on International Finance, Trade and Monetary Policy, Bank Lending to Warsaw Pact Nations, Hearing, 22.9.1988, Washington 1988.

Kontrollen und hatte an einem Konflikt mit den Verbündeten in dieser Frage kein Interesse.[35]

## DIE WAHLEN VOM NOVEMBER 1988

Am 8. November 1988 gewann der republikanische Kandidat und Vizepräsident George Bush mit 54,3 Prozent aller Stimmen und einer Mehrheit der Wahlmännerstimmen von 426 zu 112 die Präsidentschaft. Zur gleichen Zeit verlor zum erstenmal seit drei Jahrzehnten die in der Präsidentschaftswahl erfolgreiche Partei an Einfluß im Kongreß: Im Repräsentantenhaus weiteten die Demokraten ihre Mehrheit von 255 auf 262 Sitze aus, im Senat festigten sie ihren Mehrheitsstatus mit dem Zugewinn eines Sitzes und stellten im nächsten Kongreß 55 von 100 Senatoren.[36]

### *Der Präsidentschaftswahlkampf und die Außenpolitik*

Die Wahlen 1988 standen nicht im Zeichen einer großen Debatte um den künftigen außenpolitischen Kurs der USA; an der Gestaltung der Beziehungen zur Sowjetunion entzündeten sich nicht die aus früheren Wahljahren bekannten harten Kontroversen: Die von Reagan eingeleitete Entspannungspolitik und die Veränderungen in der Sowjetunion unter Gorbatschow hatten die „sowjetische Bedrohung" weitgehend als wirkungsvolles Wahlkampfthema ausgeschaltet. Die Vertreter des entspannungskritischen Flügels der Republikanischen Partei, der Abgeordnete Jack Kemp und der Fernsehprediger Pat Robertson, scheiterten schon im Vorwahlkampf. Bush, Repräsentant eines pragmatischen konservativen Internationalismus, versprach mit seiner Botschaft „Frieden durch Stärke" die Außenpolitik der Reagan-Administration im wesentlichen fortzuführen.

Bei den Demokraten konnte der Baptistenpastor und Bürgerrechtskämpfer Jesse Jackson, der außenpolitisch die semi-isolationistische Strömung repräsentierte, zwar den Erfolg des Gouverneurs von Massachussetts, Michael

---

35 Die Kredite entsprächen, so wurde betont, den mit den Verbündeten vereinbarten Leitlinien für die Wirtschaftsbeziehungen mit dem Ostblock, nach denen Kredite nicht subventioniert werden sollten. Nach Ansicht der US-Regierung war kein Beitrag zur militärischen Stärkung der Sowjetunion zu befürchten.

36 Zu den Wahlen vgl. Norman J. *Ornstein* und Mark *Schmitt*, The 1988 Election, in: *FA*, Bd. 68, Winter 1988/89, S. 39-52; Everett Carll *Ladd*, The 1988 Elections: Continuation of the Post-New Deal System, in: *Political Science Quarterly*, Bd. 104, Nr. 1, 1989, S. 1-18; William *Schneider*, Solidarity's Not Enough, in: *National Journal*, 21.11.1988, S. 2853-2855; Peter *Rudolf*, Die USA im Präsidentschaftswahlkampf, Ebenhausen 1988; *ders.*, Die Vereinigten Staaten nach den Wahlen, in: *EA*, 1/1989, S. 27-34.

Dukakis, verzögern; doch am Ende setzte sich Dukakis durch, der in der Außenpolitik die Positionen des liberalen Internationalismus vertrat. Bush gewann die Präsidentschaftswahlen, weil er von strukturellen Vorteilen der Republikanischen Partei und strategischen Fehlern seines Gegenkandidaten profitieren konnte. Die amerikanischen Wähler entschieden vor allem im Rückblick auf die Bilanz der vergangenen vier Jahre und weniger mit Blick auf die Positionen der Kandidaten im Wahlkampf. Die Popularität Reagans und eine günstige wirtschaftliche Lage trugen wesentlich zum Sieg von Bush bei.

### *Die Kongreßwahlen*

Manche Beobachter sahen in der Stimmabgabe zahlreicher Wähler für einen Republikaner im Weißen Haus und einen Demokraten auf dem Capitol Hill den Ausdruck einer Vorliebe für eine „geteilte Regierung“ im Sinne von „checks and balances“. Einer anderen Interpretation zufolge drückte sich bei den Präsidentschaftswahlen der ideologische Konservativismus vieler Amerikaner aus, in den Wahlen zum Kongreß aber ihr Liberalismus, die Bejahung staatlicher Leistungen für den einzelnen und staatlicher Intervention in Wirtschaft und Gesellschaft. Auch hatte sich die früher enge Beziehung zwischen Parteizugehörigkeit der Wähler und dem Abstimmungsverhalten bei Kongreßwahlen gelockert. Größer geworden war die Neigung, für die Amtsinhaber zu stimmen, deren Leistungen für die Wähler, ihre Bekanntheit und ihre meist überlegene finanzielle Ausstattung ihnen sehr oft zu einem uneinholbaren Vorsprung verhalfen.

Die seit zwei Jahrzehnten immer wieder erwartete tiefgreifende Neuformierung des amerikanischen Parteiensystems, das Entstehen einer breiten republikanischen Mehrheit, kam aufgrund der Dominanz der Demokraten im Kongreß nicht zustande. Bei den Präsidentschaftswahlen etablierte sich zwar eine lockere republikanische Mehrheit; mit Bushs Sieg waren die Republikaner zum fünftenmal in den letzten sechs Präsidentschaftswahlen erfolgreich. Doch eine gewisse Erosion der die Republikaner tragenden, vor allem von Reagan zusammengeführten Wählerschaft war in den Präsidentschaftswahlen 1988 unverkennbar. Die Ära Reagan[37] hatte die politische Landschaft der USA nicht grundlegend zugunsten der Republikanischen Partei verändert. Auch Reagans Nachfolger blieb dem Zwang zum Kompromiß, dem Druck zur politischen Mitte ausgesetzt.

---

37 Als frühe Bilanz vgl. die Beiträge in: Hartmut *Wasser* (Hrsg.), Die Ära Reagan. Eine erste Bilanz, Stuttgart 1988.

# SICHERHEITSPROBLEME ALS STREITPUNKTE DER WESTLICHEN GEMEINSCHAFT

*Von Karl-Heinz Kamp*

Die zweite Hälfte der achtziger Jahre war im sicherheitspolitischen Bereich von einer Reihe innerwestlicher Auseinandersetzungen gekennzeichnet, die teilweise über das bisher bekannte Maß der Differenzen zwischen souveränen, demokratischen Staaten hinausgingen. Mancher gewohnte „Familienkrach" innerhalb des Westens und insbesondere innerhalb der westlichen Allianz gewann sehr rasch eine Intensität, die Beobachter immer wieder von einem ‚Lackmustest' für den Zusammenhalt des Bündnisses sprechen ließ.

Die Gründe für diese Entwicklung waren meist struktureller Natur. Der Erfolg der NATO, nämlich die Sicherung des Friedens für mehr als vier Jahrzehnte, drohte zu einem Pyrrhussieg für die Allianz zu werden. Nachlassende Bedrohungsgefühle und eine dynamische, reformbereite Führung in der Sowjetunion minderten zunehmend die Einsicht in die Notwendigkeit militärischer Sicherheitsvorsorge in vielen westlichen Staaten. Hinzu kam die immer stärker schwindende Akzeptanz nuklearer Abschreckung als Instrument der Friedenssicherung sowie die schon traditionellen transatlantischen Auseinandersetzungen über Sicherheitsgarantien und Bündnispflichten. Schlagworte wie die einer „neuen europäischen Friedensordnung" mit „struktureller Angriffsunfähigkeit" auf beiden Seiten machten die Runde, ohne daß sie überzeugend mit Inhalt gefüllt worden wären.

## DIE DEBATTE UM DEN ABZUG DER MITTELSTRECKENWAFFEN

### *Zur Vorgeschichte*

Das Gipfeltreffen von Reykjavik im Oktober 1986, auf dem der amerikanische Präsident Ronald Reagan sich weit entfernte von Voraussetzungen und Grundpfeilern der bisherigen Bündnisstrategie,[1] hatte eine zentrale Bedeutung nicht nur für den Fortgang der INF-Verhandlungen, sondern auch im Hinblick auf die Friktionen innerhalb der westlichen Allianz. Die europäische Kri-

---

1 Vgl. hierzu Lothar *Ruehl*, Die Wiederaufnahme der Abrüstungsverhandlungen, in: IP 1985/86, bes. S. 116 f.

tik, aber auch die vieler Amerikaner, richtete sich nicht nur gegen die mangelhafte Verhandlungsführung der amerikanischen Delegation und insbesondere die des Präsidenten,[2] sondern in noch stärkerem Maße gegen den Inhalt der Gespräche. Während sich die amerikanischen Kritiker meist gegen die vom Präsidenten vorgeschlagene Abschaffung aller ballistischen Raketen innerhalb von zehn Jahren wandten,[3] waren die Europäer insbesondere schockiert über den Umstand, daß die amerikanische Seite, ohne jede Konsultation, den Abzug der Mittelstreckenwaffen aus Europa angeboten hatte. Kommentare, die dieses Vorgehen begrüßten und das Nichtzustandekommen der Vereinbarungen von Reykjavik bedauerten, waren in der Minderheit – weithin herrschte das Gefühl des „Schocks von Reykjavik" vor.

Diese Reaktion erklärte sich aus der Geschichte der sogenannten „Nachrüstung". Die Modernisierung der Nuklearwaffen in Europa war ein langgehegtes Ziel der NATO. In diesem Zusammenhang forderten die europäischen Allianzmitglieder, allen voran die Bundesrepublik, in den späten siebziger Jahren eine Erhöhung der Reichweiten der in Betracht kommenden Waffensysteme. Kernwaffen auf europäischem Boden sollten sowjetisches Territorium direkt bedrohen können, nicht nur, um die sowjetische Mittelstreckenkomponente in Gestalt der SS-20 zu kompensieren, sondern auch, um über ein lückenloses Abschreckungsspektrum zu verfügen und so die strategischen Systeme der USA mit den euronuklearen Waffen zu „verbinden".[4] Die in den achtziger Jahren stationierten Pershing-Raketen und Marschflugkörper wurden in diesem Zusammenhang als sichtbarer Ausdruck transatlantischer Koppelung interpretiert. Würden diese Symbole nun leichtfertig zur Disposition gestellt, wären zwangsläufig die amerikanischen Sicherheitsgarantien für Europa in Zweifel zu ziehen.

Neben dieser politischen Argumentation gab es auch militärische Bedenken. Im Oktober 1986 wurden von der Nuklearen Planungsgruppe im schottischen Gleneagles die seit langem in der Ausarbeitung befindlichen Richtlinien für den Nuklearwaffeneinsatz (General Political Guidelines = GPG) verabschiedet.[5] Eine Kernaussage dieses Dokuments war die Betonung des politischen Effekts eines Kernwaffeneinsatzes durch die NATO mit Hilfe von Systemen größerer Reichweite – also genau der Waffen, über deren Abbau verhandelt wurde.[6] Dieser Zusammenhang erklärte auch die heftige

---

2 Vgl. Don *Oberdorfer*, How U.S., in Iceland, Improvised „the Most Important Arms Proposal in History", in: *IHT*, 18. 2. 1987.

3 Vgl. beispielsweise die Rede von Sam Nunn vor dem amerikanischen Senat am 17.10.1986, abgedruckt in: *Europäische Wehrkunde*, Nr. 12/1986, S. 682.

4 Vgl. Hubertus *Hoffmann*, Die Atompartner Washington – Bonn und die Modernisierung der taktischen Kernwaffen, Koblenz 1986.

5 Abgedruckt in: *EA*, 3/1987, S. D 58-60.

6 Vgl. Helga *Haftendorn*, Die Sicherheitspolitik des Westens – Eine Neubewertung der Rolle nuklearer Waffen?, in: IP 1985/86, S. 174.

Kritik führender NATO-Generäle an den Vorschlägen von Reykjavik: Der NATO-Oberbefehlshaber General Bernard W. Rogers und sein Stellvertreter, General Hans-Joachim Mack, wandten sich – in völliger Übereinstimmung mit der westlichen Nuklearplanung – ausdrücklich gegen einen Abzug der Mittelstreckenwaffen.[7]

### *Reaktionen auf die „Null-Lösung“*

Im Januar 1987 brachten die Vereinigten Staaten die „europabezogene Null-Lösung“ offiziell in die siebte Runde der Genfer INF-Verhandlungen ein, d.h. den beiderseitigen Verzicht auf die Mittelstreckenwaffen, bis auf 100 Systeme, die außerhalb des europäischen Territoriums stationiert würden. Dieser Vorschlag, der Mitte des Jahres zu einer „weltweiten Null-Lösung“ ausgeweitet wurde, war in zweierlei Hinsicht wohl unvermeidlich. Zum einen war es der Westen selbst gewesen, der 1981 den Vorschlag eines völligen Verzichts auf die Mittelstreckenwaffen unterbreitet hatte,[8] wohl in der fälschlichen Annahme, daß die Sowjetunion dieses Angebot nicht annehmen würde. Zum andern entsprach die Null-Lösung den beiderseitigen Interessen der verhandelnden Supermächte. Für die Sowjetunion bedeutete der Abzug westlicher Mittelstreckensysteme nicht nur die Revision der Stationierungsentscheidung von 1983, die sie damals mit politischen Mitteln nicht verhindern konnte, sondern die Beseitigung einer als sehr ernst empfundenen Bedrohung durch zielgenaue Atomwaffen mit extrem kurzer Flugzeit. Auf amerikanischer Seite war der innenpolitisch in Bedrängnis geratene Präsident an einem außenpolitischen Erfolg in Gestalt eines Rüstungskontroll-Abkommens in hohem Maße interessiert. Auch war die Aufstellung von Mittelstreckenwaffen in Europa in den USA nicht einhellig begrüßt worden. Die Befürchtung war, daß die von den Europäern angestrebte „Koppelung“ der strategischen Nuklearwaffen mit den Kernwaffen in Europa im Ernstfall die Eskalation eines regionalen Konflikts hinauf zur interkontinental-strategischen Ebene unabwendbar machen und die territoriale Unversehrtheit der USA bzw. ihr Überleben als Nation ernsthaft gefährden würde. Dieses gemeinsame Interesse der USA und der Sowjetunion an der Beseitigung der Mittelstreckenwaffen wurde von den westlichen Verbündeten nicht oder zu spät erkannt.

---

[7] Vgl. Stanley *Sloan*, The NATO Allies and the Reykjavik Summit, Congressional Research Service, Report Nr. 86-993 F, Washington 1986.

[8] Vgl. die Rede des amerikanischen Präsidenten vor dem National Press Club in Washington, D.C., am 18.11.1981, abgedruckt in: *EA*, 24/1981, S. D 654 ff.

Entsprechend schwer taten sich die Europäer mit ihren Reaktionen auf die „einfache Null-Lösung“, die in greifbare Nähe rückte, als Generalsekretär Michail Gorbatschow im Februar das Junktim zwischen einem INF-Abkommen und einer Einigung bei den Weltraumwaffen aufhob.[9] Offiziell war man gezwungen, dieser Regelung zuzustimmen; Kritik konnte deshalb nur in verklausulierter Form vorgebracht werden. Am deutlichsten waren die Bedenken gegen einen Verzicht auf die Mittelstreckenwaffen auf französischer Seite, wo sich Kritiker gar zu der Behauptung verstiegen, die Null-Lösung bedeute ein „nukleares München“[10], die Regierung aber verpflichtet war, zur Null-Lösung zu stehen. Diese Ambivalenz offenbarte das nuklearstrategische Dilemma der Franzosen: Einerseits war Präsident François Mitterrand gezwungen, den Abzug der Mittelstreckenwaffen zu begrüßen, da er sich 1983 demonstrativ auf die Seite von Bundeskanzler Helmut Kohl gestellt und für die Stationierung der Mittelstreckenwaffen im Rahmen des NATO-Doppelbeschlusses geworben hatte. Da die Null-Option ein tragendes Element dieses Doppelbeschlusses darstellte, konnte der französische Staatspräsident nun nicht mehr dagegen argumentieren. Andererseits stand auch in Frankreich außer Zweifel, daß die oft propagierte französische Unabhängigkeit im sicherheitspolitischen Bereich letztlich von einem intakten amerikanischen Nuklearschirm abhängig war. Darüber hinaus bestand die Befürchtung, die nukleare Abrüstung der Supermächte könne Frankreich hinsichtlich des eigenen Kernwaffenpotentials in Zugzwang bringen und die nationale Abschreckungsmacht weiter schwächen. Letztlich versuchte Mitterrand dieser Zwickmühle zu entkommen, indem er darauf verwies, daß Frankreich aufgrund seiner nuklearen Unabhängigkeit von einem bilateralen Rüstungskontroll-Abkommen der Supermächte überhaupt nicht betroffen sei.[11]

Auch Großbritannien hatte die westliche Offerte zum Verzicht auf die Nachrüstung 1981 mitgetragen und konnte so das entsprechende Angebot von 1987 nicht ablehnen. Die britische Regierung verwies aber auf die unklare Situation bei den Kernwaffen kürzerer Reichweite und verlangte eine Klärung dieses Problems, das aber nicht in einer weiteren Null-Lösung in diesem Bereich resultieren dürfe. Statt dessen sollten Möglichkeiten der Kompensation der entfallenden Mittelstreckenkomponente durch neue Nuklearwaffen in Betracht gezogen werden.[12] Die Reaktion der Bundesregierung auf den sich andeutenden Abzug der Mittelstreckenwaffen war nach den Worten von Regierungssprecher Friedhelm Ost geradezu euphorisch. Allerdings verwies auch Bundeskanzler Kohl auf das Kommuniqué der Tagung

---

9 Vgl. hierzu *EA*, 7/1987, S. D 175 ff.
10 Vgl. *NZZ*, 8.3.1987.
11 Vgl. hierzu das Interview mit Mitterrand in: *Le Nouvel Observateur*, 18.12.1987.
12 Vgl. *Arms Control Reporter*, 1987, S. 403.B.428.

des NATO-Rates vom Dezember 1986, demzufolge die Ungleichgewichte bei den Kurzstreckenwaffen nicht außer acht gelassen werden durften.[13] In Großbritannien und der Bundesrepublik Deutschland verband man also die Zustimmung zu dem Mittelstreckenabkommen mit der Forderung nach einer Klärung des Kurzstreckenproblems. Während das aus britischer Sicht aber bedeutete, diese Waffenkategorie in jedem Falle beizubehalten, wurden in der Bundesrepublik maßgebliche Stimmen laut, die eine Beseitigung dieser „singulären Bedrohung“ Deutschlands durch die Kurzstreckenwaffen forderten.[14] Zu einem Aufbrechen dieser unterschiedlichen Interpretationen und Interessen diesseits und jenseits des Atlantiks konnte es bei der „einfachen Null-Lösung“ noch nicht kommen, da die Regierungen der Öffentlichkeit und der Sowjetunion gegenüber im Wort standen. Das sollte sich aber mit dem Beginn der Diskussion um eine „zweite Null-Lösung“ radikal ändern.

### *Reaktionen auf die „doppelte Null-Lösung“*

Die sogenannte „doppelte“ Null-Lösung, d.h. die Ausdehnung des Null-Lösungsvorschlags auf das Reichweitenband zwischen 500 und 1 000 Kilometern, wurde vom sowjetischen Generalsekretär am 10. April 1987 vorgeschlagen.[15] Während die Regierung der Vereinigten Staaten verhalten positiv auf diese Offerte reagierte, waren die Reaktionen in London, Paris und Bonn eher skeptisch. Die Bundesregierung kleidete ihre Ablehnung dieses Vorschlags zunächst in den Vorwand, die von der Initiative betroffenen Raketen vom Typ Pershing-Ia befänden sich im Besitz der Bundesrepublik und seien deshalb aus den Rüstungskontroll-Verhandlungen herauszunehmen. Unterstützt wurde die deutsche Skepsis von der französischen Regierung, die die doppelte Null-Lösung rundweg ablehnte.[16] Die britischen Sorgen äußerten sich in Überlegungen, im Falle eines Abzugs amerikanischer Kernwaffen aus Europa eine stärkere nukleare Kooperation mit Frankreich zu suchen.

Die zögernde Haltung der Europäer stieß bei der amerikanischen Regierung auf Unverständnis, waren es doch europäische Regierungen, die seit

---

13 Vgl. *EA*, 3/1987, S. D 74-77, hier S. 75.

14 So schlossen Vertreter von Regierung und Opposition von der geringen Reichweite der Kurzstreckenwaffen direkt auf eine spezifische Gefährdung der Bundesrepublik: Da nach dem Abzug der Mittelstreckenraketen aus Europa nukleare Kurzstreckenwaffen nur noch auf deutschem Boden verbleiben sollten, würden diese im Konfliktfall ausschließlich auf deutschem Boden detonieren. Dieser vereinfachte, willkürlich konstruierte Zusammenhang wurde publikumswirksam auf die Formel gebracht: Je kürzer die Reichweite, desto toter die Deutschen (So z.B. der außenpolitische Sprecher der CDU-Fraktion, Volker Rühe, in: *Die Welt*, 25.4.1987).

15 In Auszügen abgedruckt in: *EA*, 10/1987, S. D 280 ff.

16 *Arms Control Reporter*, 1988, S. 403.B.471.

Jahren den beiderseitigen Abzug der Mittelstreckensysteme im Rahmen der Rüstungskontrolle gefordert hatten. Auch verwies man auf die umfangreichen Bestände an Kernwaffen aller Reichweitenkategorien, die den Fortbestand der Strategie der Flexiblen Antwort auch in Zukunft sichern würden. Der Vorwurf einer Denuklearisierung Europas sei völlig unbegründert. Der amerikanische Außenminister George Shultz ließ sich gar zu der versteckten Drohung verleiten, daß die Alliierten, die sich der doppelten Null-Lösung widersetzten, letztendlich der Stationierung neuer amerikanischer Kurzstreckenwaffen auf ihrem Boden zustimmen müßten.

Im Mai 1987 zeichnete sich dann ein entscheidender Wendepunkt in der INF-Debatte ab.[17] Völlig überraschend (und offenbar wahltaktisch motiviert) gab Großbritannien seinen Widerstand auf. Der britische Verteidigungsminister George Younger stellte sich auf die Seite der USA und befürwortete nun die doppelte Null-Lösung. Ohne britische Unterstützung war die deutsche Position aber nicht mehr zu halten. Bundeskanzler Kohl schwenkte in seiner Erklärung vom 15. Mai ebenfalls auf den amerikanischen Kurs ein[18] und gab drei Monate später auch den Widerstand gegen die Einbeziehung der deutschen Pershing-Ia auf. Damit war zwar der Weg frei zum Abschluß des INF-Vertrags, unter der Oberfläche zeigten sich aber tiefe Risse, insbesondere zwischen der Bundesrepublik Deutschland und Großbritannien. Die deutsche Kritik bezog sich nicht nur auf das britische „Umfallen", sondern insbesondere auf die Weigerung Großbritanniens, auch über die Systeme unter 500 Kilometern Reichweite zu verhandeln. Maßgebliche Politiker in Regierung und Opposition, wie etwa Alfred Dregger, Volker Rühe und Egon Bahr, warfen der britischen Seite vor, bei der Reichweite von 500 Kilometern eine „Brandmauer" („firebreak") gegen weitere Abrüstungsschritte einziehen zu wollen. So könne Großbritannien sich der Mittelstreckenwaffen auf eigenem Boden problemlos entledigen in der Gewißheit, daß Europa nicht „denuklearisiert" würde, da die Kernwaffen mit einer Reichweite unter 500 Kilometern singulär auf dem Gebiet der Bundesrepublik stationiert blieben.

### *Die Problematik der nuklearen Kurzstreckenraketen*

Auch nach der Unterzeichnung des Abkommens über die Beseitigung der Mittelstreckenwaffen längerer und kürzerer Reichweite (INF-Abkommen) am 8. Dezember 1987[19] war der allianzinterne Streit keinesfalls beigelegt. Hatten bei Vertragsunterzeichnung noch alle Bündnismitglieder außer Frankreich ihre

17 Vgl. *EA*, 10/1987, S. D 261 ff., sowie *EA*, 20/1987, S. D 553 ff.

18 Vgl. *FAZ*, 16.5.1987.

19 Abgedruckt in: *EA*, 1/1988, S. D 18 ff.

volle Unterstützung des Abkommens erklärt, stritt man bald darauf heftig darüber, wie denn mit den verbleibenden Kernwaffen unter 500 Kilometern zu verfahren sei. Amerikaner und Briten verwiesen auf die auch von der Bundesregierung unterzeichneten Abmachungen von Montebello 1983, in denen die Modernisierung der atomaren Kurzstreckenwaffen bekräftigt worden war. Die Bundesregierung konterte mit dem Hinweis, im nuklearen Kurzstreckenbereich sei die Bundesrepublik einer einzigartigen, weil nur auf sie zielenden Bedrohung ausgesetzt, und verlangte die sofortige Aufnahme von Verhandlungen mit dem Warschauer Pakt über die Verminderung dieser Waffen.[20] Die Alliierten vermuteten hinter dieser Position eher innenpolitisch als militärstrategisch motivierte Beweggründe und fürchteten, durch vorzeitige Rüstungskontroll-Verhandlungen in eine problematische Situation zu geraten, die in eine Denuklearisierung Europas mit Deutschland als „unsicherem Kantonisten" zwischen Ost und West münden könnte. Durch mißverständliche oder bewußt vage gehaltene Formulierungen prominenter Mitglieder der Bundesregierung fanden solche Befürchtungen immer neue Nahrung.[21]

Um den deutschen Vorwurf zu entkräften, das euronukleare Potential solle künftig auf dem Territorium der Bundesrepublik konzentriert werden, zeigte sich Großbritannien bereit, einer Erhöhung der Zahl amerikanischer nuklearer Trägerflugzeuge vom Typ F-111 auf britischen Basen zuzustimmen. Derartige Vorstöße erwiesen sich aber im Hinblick auf die Modernisierungsgegner in der Bundesrepublik, Belgien, Griechenland, den Niederlanden und Dänemark als genauso kontraproduktiv wie entsprechende Überlegungen von amerikanischer Seite, die abgezogenen Mittelstreckenwaffen durch neuartige (vertragskonforme) Nuklearsysteme zu ersetzen – beides wurde als Verstoß gegen den „Geist" des INF-Vertrages gewertet.

In der zweiten Jahreshälfte 1988 war es insbesondere Belgien, das sich neben der Bundesrepublik den Unmut der USA und Großbritanniens zuzog. Belgien verweigerte nicht nur amerikanischen Schiffen mit Kernwaffen an Bord die Zufahrt zu seinen Häfen, sondern drohte auch mit einem Ausscheren aus dem Kommuniqué der Nuklearen Planungsgruppe, die im Oktober in Scheveningen tagte, wenn darin ein Modernisierungsprogramm festgeschrieben würde.[22] Zwar gelang es der NATO, das Entstehen einer

20 In diese Richtung zielten Äußerungen von Bundeskanzler Kohl bei seinem Besuch in Washington im Februar 1988. Vgl. *FAZ*, 22.2.1988.

21 Während Bundeskanzler Kohl immer wieder versicherte, eine dritte Null-Lösung komme nicht in Frage, äußerte der CDU-Fraktionsvorsitzende Alfred Dregger die Auffassung, daß bei erreichter konventioneller Parität die nukleare Abschreckung und damit auch die Kurzstreckenwaffen völlig verschwinden könnten. Vgl. *FAZ*, 7.3.1988, sowie Tim *Carrington*, West Germany's Disarmament Paranoia Is Beginning to Bother Its NATO Allies, in: *WSJ*, 10.2.1988.

22 Vgl. *SZ*, 27.10.1988.

weiteren „Fußnotennation“[23] zu vermeiden, dennoch stellte sich das Bündnis zum Jahresende 1988 zerstritten dar. Aus einer eher militärtechnischen Entscheidung von vermeintlich minderer politischer Bedeutung war ein handfester „Raketenstreit“ erwachsen, dessen Beilegung zum Jahreswechsel noch nicht abzusehen war.

## DISCRIMINATE DETERRENCE („SELEKTIVE ABSCHRECKUNG“)

Ein weiterer Streitgegenstand, der auf dem Höhepunkt der INF-Debatte von den Europäern als Indiz für eine Reorientierung der USA hinsichtlich ihres weltpolitischen Engagements gewertet wurde, war der im Januar 1988 erschienene Bericht der „Kommission für eine integrierte langfristige Strategie“.[24]

Profunde Kenner der transatlantischen Beziehungen[25] untersuchten die Frage, wie die Vereinigten Staaten politisch und militärisch auf die sich verändernden weltpolitischen Machtverhältnisse in den kommenden Jahrzehnten reagieren sollten. Die derzeitige Strategie der nuklearen Abschreckung habe, so die Studie, mit dem stetig wachsenden Kernwaffen-Potential der Sowjetunion stark an Glaubwürdigkeit verloren. Das galt insbesondere hinsichtlich der amerikanischen Nukleargarantie für die NATO-Partner, die auch einen regional begrenzten konventionellen Angriff mit dem Risiko des interkontinental-strategischen Nuklearkrieges verknüpfte. Den sich aus einer unkontrollierten Eskalation ergebenden Gefahren für die Unversehrtheit der USA sollte durch selektive Nuklearoperationen entgegengewirkt werden. An den Kosten sollten die Verbündeten stärker beteiligt werden, um so langfristig eine gerechtere Lastenverteilung zu erreichen,

Die bewußt provokante Formulierung einiger Aussagen der Studie[26] rief gerade in der Bundesrepublik heftige Reaktionen hervor. Der CDU/CSU-Fraktionsvorsitzende Alfred Dregger warf den Verfassern der Studie die „Aufkündigung des Abschreckungsverbundes zwischen den USA und Europa“ vor.[27] Ebenfalls kritisch fiel eine gemeinsame Stellungnahme deutscher,

---

23 Insbesondere Griechenland und Dänemark pflegten in der Vergangenheit ihre abweichenden Positionen zum NATO-Konsens in Fußnoten zu den Kommuniqués darzulegen.

24 Discriminate Deterrence. Report of The Commission On Integrated Long-Term Strategy, Washington, Januar 1988.

25 So Zbigniew Brzezinski, Sicherheitsberater unter Präsident Jimmy Carter, Andrew Goodpaster, ehemaliger NATO-Oberbefehlshaber, Fred Iklé, Staatssekretär im amerikanischen Verteidigungsministerium und Henry Kissinger, ehemaliger amerikanischer Außenminister.

26 Teilstudien der einzelnen Arbeitsgruppen der Kommission, deren Veröffentlichung als sogenannte „Follow-On Reports“ für die nächsten Monate angekündigt war, wurden erst sehr viel später zur Publikation freigegeben und nur an ausgewählte Empfänger verteilt.

27 Vgl. *FAZ*, 21.1.1988.

britischer und französischer Fachleute aus:[28] Bedenklich sei die Empfehlung der Kommission, eine größere nukleare Kriegsführungsfähigkeit anzustreben und damit die Aushöhlung der transatlantischen Risikogemeinschaft und die Schwächung der friedenserhaltenden Funktion der Abschreckung zu betreiben. Die Erosion sowohl der Legitimität der nuklearen Abschreckung als auch des Vertrauens in den amerikanischen Verbündeten wäre die unmittelbare Folge. Auch die Abwesenheit Europas in den langfristigen Überlegungen des Berichts wurde beklagt.[29]

In einer Antwort auf die europäische Reaktion führten die amerikanischen Autoren die Kritik der Europäer auf eine Reihe von Mißverständnissen und tiefsitzenden Denkmustern in der Allianz zurück.[30] Die Notwendigkeit, sich innerhalb des Westens auf ein breites Spektrum militärischer Eventualfälle einzustellen, statt sich nur auf die Möglichkeit einer massiven west-östlichen Konfrontation in Europa zu konzentrieren, bliebe genauso bestehen wie die Pflicht, die NATO technologisch und konzeptionell weiter zu entwickeln, um den neuen Herausforderungen gerecht werden zu können. Das bedeute auch, daß die Europäer mehr Verantwortung bei der Verteidigung gemeinsamer Interessen wahrnehmen müßten, wollten sie ihre weltpolitische Geltung vergrößern.

Die Empfehlungen der Kommission trafen auch in den USA nicht überall auf ungeteilte Zustimmung. Im Verlauf des Jahres 1988 zeigte sich außerdem, daß einige der in dem Bericht erhobenen Forderungen als überholt anzusehen waren. So stand die in der Studie vorgeschlagene Ablehnung eines völligen Verbots chemischer Waffen im Gegensatz zu den in der zweiten Hälfte des Jahres immer deutlicher werdenden amerikanischen Bekenntnissen zu einem weltweiten Chemiewaffen-Verbot. Auch war die von der Kommission geforderte Schaffung konventioneller Offensivoptionen in die Tiefe des gegnerischen Raumes hinein durch den Abschluß des INF-Vertrags nicht unerheblich beeinträchtigt worden: dieser verbietet landgestützte nukleare *und* konventionelle Flugkörper mit mehr als 500 Kilometern Reichweite. Schließlich ließ die neue Administration in den Vereinigten Staaten noch vor Amtsantritt vernehmen, daß das Programm einer Strategischen Verteidigungsinitiative (SDI), das in der Studie noch recht breite Beachtung erfuhr, künftig mit geringerem Engagement betrieben würde.

Zum Ende des Berichtszeitraums war der Streit um die selektive Abschreckung weitgehend beigelegt und die Studie aus den Schlagzeilen verschwunden. Kritische Äußerungen der Regierung in Washington hatten zur

---

28 Michael *Howard*, Karl *Kaiser*, François *de Rose*, Differenzierende Abschreckung, in: *EA*, 5/1988, S. 129-131.

29 Vgl. hierzu auch Helga *Haftendorn*, Transatlantische Dissonanzen. Der Bericht über „Selektive Abschreckung" und die Strategiediskussion in den USA, in: *EA*, 8/1988, S. 213-222.

30 Fred *Iklé*, Albert *Wohlstetter*, Zbigniew *Brzezinski*, Henry A. *Kissinger*, Antwort der Iklé-Wohlstetter-Kommission, in: *FAZ*, 26.2.1988.

Beruhigung ebenso beigetragen wie die Erkenntnis vieler Europäer, es hierbei eher mit einem Diskussionsbeitrag als mit einer offiziellen Handlungsanweisung zu tun zu haben. Allerdings dokumentierte der Expertenbericht nicht nur eine gewisse Unzufriedenheit mit den europäischen Bündnispartnern auf amerikanischer Seite. Die europäisch-amerikanische Auseinandersetzung um seine Folgerungen war auch als ein Indiz für den zunehmenden Schwund an transatlantischen Gemeinsamkeiten zu werten.

## DIE TRANSATLANTISCHE DEBATTE UM LASTENTEILUNG

Zwischen Europa und den USA gab es seit jeher Unstimmigkeiten und Verärgerung wegen der unterschiedlichen Beitragsleistungen und -bewertungen für das atlantische Bündnis. Seit Bestehen der NATO war für die Vereinigten Staaten ihr Allianzbeitrag stets eine Art Vorleistung, weniger eine Voraussetzung für die amerikanische Weltmachtrolle. Die Europäer hingegen sahen in den finanziellen Leistungen der USA eher einen unwandelbaren Ausdruck amerikanischer Schutzgarantien.[31]

In den fünfziger und sechziger Jahren stellte der amerikanische Devisenabfluß kein unüberwindbares Problem dar, bedurfte doch der Aufbau der europäischen Streitkräfte, insbesondere der deutschen Bundeswehr, hoher Rüstungskäufe in den USA. In den späten sechziger Jahren endeten jedoch die großen Rüstungsbestellungen bei den amerikanischen Herstellern. Seither stand das Problem des „Burdensharing“ auf der transatlantischen Tagesordnung.

Im Berichtszeitraum wurde der Vorwurf an die Europäer, ihre Verteidigungsausgaben nicht mit ihren wirtschaftlichen Möglichkeiten in Einklang gebracht zu haben, lauter. Die Gründe für die Verschärfung des Streits um die Lastenteilung waren vielfältig: Zum einen wurden sich die Vereinigten Staaten in der zweiten Hälfte der achtziger Jahre zunehmend der Beschränktheit der eigenen finanziellen Mittel bewußt. Als Folge der Gramm-Rudman-Hollings-Amendments von 1985 beschloß der Kongreß eine automatische Reduzierung des Haushaltsdefizits, womit Kürzungen bei den Verteidigungsausgaben unabwendbar wurden. Da die bereits ergangenen Aufträge für Rüstungsgüter nicht mehr rückgängig gemacht werden konnten, mußte – wollte man nicht die bereits getätigten Investitionen verlieren – an anderen Stellen gespart werden, etwa bei den Kosten für die weltweiten militärischen Verpflichtungen. Auch waren seit den Kongreßwahlen im November 1986 und der Übernahme der Senatsmehrheit durch die Demokraten mit den Senatoren Sam Nunn und Carl Levin profilierte Vertreter der amerikanischen Burdensharing-Forderung

31 Vgl. Helga *Haftendorn*, Lastenteilung im Atlantischen Bündnis, in: *EA*, 16/1985, S. 497-506.

an die Spitze der entsprechenden Ausschüsse getreten.[32] Der 1987 einsetzende Präsidentschaftswahlkampf tat ein übriges, die populäre Forderung nach einer stärkeren Beteiligung der wohlhabenden Europäer an der Verteidigung des Westens zu verbreiten.

## *Kritik der USA an den Europäern*

Den rauheren Tonfall der Amerikaner bekamen die Europäer im Februar 1987 erstmals auf der Wehrkunde-Tagung in München zu spüren. Bemerkenswert war dabei, daß die amerikanischen Überlegungen hinsichtlich einer Verminderung der amerikanischen Truppenpräsenz in Europa weniger mit sicherheitspolitischen als mit wirtschaftlichen Argumenten untermauert wurden. Damit wurde ein direkter Zusammenhang zwischen der EG-Wirtschaftspolitik, etwa bei den Subventionen für die Agrarpolitik, und der Verteidigungsfähigkeit der Allianz hergestellt.[33] Die Europäer hielten dem entgegen, daß sich der Beitrag zur NATO nicht nur am Anteil des Verteidigungsetats am Bruttosozialprodukt messen lasse, sondern auch die immateriellen Belastungen einbeziehen müsse.

Der amerikanische Verteidigungsminister Caspar W. Weinberger versuchte in den folgenden Monaten, einer Dramatisierung der Lastenteilungs-Debatte durch einzelne Kongreßmitglieder entgegenzuwirken, indem er in seinem jährlichen Bericht über die Verteidigungsleistungen der Verbündeten ausdrücklich feststellte, daß die Aufwendungen der Alliierten deutlich größer seien als allgemein angenommen werde.[34] Dadurch ließen sich die Kritiker aber nicht besänftigen. Die demokratische Abgeordnete Pat Schroeder, Vorsitzende der „Armed Services Committee Task Force on Burden-Sharing", warf der Regierung vor, mit solchen Berichten die Leistungen der Europäer beschönigen zu wollen.[35] Es war lediglich der beherrschenden Rolle der INF-Debatte in diesem Jahr zuzuschreiben, daß der Streit zunächst überdeckt und zurückgestellt wurde.

1988 nahmen die Auseinandersetzungen wieder stärker zu. Zur Vorbereitung der Frühjahrstagung des Verteidigungs-Planungsausschusses der NATO (Defense Planning Committee = DPC), der sich mit der Neuverteilung der Verteidigungslasten zu befassen hatte, reisten amerikanische Politiker in

---

32 Vgl. Jörg *Baldauf*, Zur amerikanischen Kritik an der US-Truppenpräsenz in Europa, Ebenhausen (SWP-AP 2529) 1987, S. 46.

33 Vgl. *FAZ*, 2.2.1987.

34 Vgl. Department of Defense, Report on Allied Contributions to the Common Defense, Washington 1987.

35 Vgl. *The Economist*, 4.5.1988.

die europäischen Hauptstädte, um den dortigen Regierungen ihre Zielvorstellungen zu erläutern. Zu der Delegation gehörte auch der stellvertretende amerikanische Verteidigungsminister, William Taft, der neben den europäischen Parlamentariern auch die Regierungen Japans und Südkoreas einbezog, um die Regierungsposition darzulegen. Seine Forderungen waren moderater und sachlicher als etwa die von Pat Schroeder, die bei ihrem Besuch in Bonn im April 1988 den Europäern vorwarf, für die Verteidigung der freien Welt mit 300 Dollar pro Kopf nur ein Viertel von dem aufzuwenden, was jeder amerikanische Bürger zu zahlen habe. Im Mai legte ein Ausschuß der Nordatlantischen Versammlung einen Bericht vor,[36] in dem die europäischen Allianzpartner zu größeren Anstrengungen aufgefordert wurden. Insbesondere galt es, nach einheitlichen Bewertungskriterien für die jeweiligen Leistungen zu suchen, um künftigen Streit darüber zu vermeiden. Die NATO-Parlamentarier nahmen auf ihrer nachfolgenden Sitzung in Funchal (Madeira) diesen Bericht zwar zur Kenntnis, widersetzten sich aber weiterreichenden amerikanischen Forderungen.

Auf der Ministertagung des DPC Ende Mai in Brüssel konnten dann einige Detailprobleme gelöst werden, wie etwa die Frage der Verteilung der Kosten für die notwendig gewordene Verlegung eines amerikanischen Kampfbomber-Geschwaders von Spanien nach Italien. Ein neuer Modus für die Lastenteilung wurde allerdings nicht gefunden. Man einigte sich lediglich darauf, bis zum Jahresende eine genaue Prüfung der Leistungen der einzelnen Bündnismitglieder vorzunehmen und einen entsprechenden Bericht vorzulegen.[37] Zur gleichen Zeit versuchte der neue amerikanische Verteidigungsminister Frank Carlucci, wiederum im Jahresbericht über die Beiträge der Verbündeten, die Wogen im eigenen Land zu glätten. Dabei kam ihm entgegen, daß der demokratische Präsidentschaftskandidat, Michael Dukakis, in seinen ersten programmatischen Reden moderat gegenüber den Europäern auftrat. Auch konnte sich die Regierung auf Umfragen stützen, nach denen die Mehrheit der Amerikaner sich für eine Beibehaltung oder gar Erhöhung der Verpflichtungen für Europa aussprach. Der verbreitete Wunsch, die Europäer finanziell stärker zu beanspruchen, hatte sich offenbar noch nicht in isolationistischen Tendenzen niedergeschlagen.[38]

### *Mögliche Neuverteilung der Bündniskosten*

Im August 1988 verband der amerikanische Senat die Verabschiedung des neuen Verteidigungshaushalts mit einem Zusatz, der die Alliierten zu einer

---

36 Vgl. NATO in the 1990s, Special Report to the North Atlantic Assembly, o.O., o.J.
37 Das Kommuniqué ist abgedruckt in: *EA*, 15/1988, S. D 406 ff.
38 Vgl. U.S. Policy Information and Texts, Nr. 91/B/1988, S. 21.

größeren Lastenteilung anhielt: Die Unterhaltskosten für die amerikanischen Truppen in Europa sollten demnach auf dem Niveau von 1988 eingefroren werden; eventuelle Mehrausgaben hätten die Verbündeten zu übernehmen.[39] Zwei Monate später besuchte William Taft abermals Europa, um die Fortschritte in der Lastenteilungs-Debatte zu erörtern. Dabei vermied er zwar Überreaktionen gegenüber seinen europäischen Gesprächspartnern und verwarf die Option eines Truppenabzugs als Instrument der Disziplinierung der Alliierten, ließ aber keinen Zweifel an der Entschlossenheit der USA, die Verteilung der Kosten des Bündnisses neu zu regeln. Dem trat die britische Regierung entschieden mit dem Hinweis entgegen, daß sie, ebenso wie die französische Regierung, gerade dabei sei, die eigenen Nuklearstreitkräfte mit erheblichem Aufwand zu modernisieren und somit bereits einen beachtlichen Beitrag geleistet habe.[40]

Der im Mai durch das DPC angekündigte Bericht zur Lastenteilung lag dann im Dezember vor. Darin wurden positive Entwicklungen durchaus anerkannt und ein simplifizierendes „ally bashing" abgelehnt; allerdings zeigte die Studie eine Vielzahl von Bereichen auf, in denen vermehrte Anstrengungen der europäischen Bündnispartner unerläßlich waren. Auch wurde deutlich auf die Länder verwiesen, deren Verteidigungsbudget unter dem Drei-Prozent-Anteil am Bruttosozialprodukt lag. Ende 1988 forderten Teile des amerikanischen Kongresses die Europäer immer unverblümter zu größeren Zahlungen auf, während letzteren klar war, daß höhere Verteidigungsausgaben politisch nicht durchzusetzen waren. Die amerikanische Regierung versuchte, eher in Form eines Mittlers, einerseits den populären Strömungen im eigenen Land gerecht zu werden, und andererseits die Europäer nicht durch überzogene Forderungen zu verprellen.

## KONVENTIONELLE RÜSTUNGSKONTROLLE ALS INNERWESTLICHES PROBLEM

Die Renaissance konventioneller Rüstungskontrolle, eingeleitet durch den sowjetischen Generalsekretär Gorbatschow, hatte Ende 1986 zu konkreten Ergebnissen auch auf westlicher Seite geführt. In der auf der NATO-Wintertagung im Dezember verabschiedeten Brüsseler Erklärung[41] unterbreiteten die Außenminister der Allianz ihre Vorstellungen zum Fortgang der Gespräche über konventionelle Abrüstung. Demnach sollten zwei Verhandlungsforen gebildet werden, in denen in unterschiedlicher Zusammensetzung über verschiedene Themenbereiche verhandelt werden solle. Mit allen 35 an

39 Vgl. *Congress-Report*, Nr. 8/1988, S. 1.
40 Vgl. *FT*, 7.10.1988.
41 Abgedruckt in: *EA*, 3/1987, S. D 77-79.

der Konferenz für Vertrauensbildung und Abrüstung in Europa (KVAE) beteiligten Staaten sollte über weitere vertrauens- und sicherheitsbildende Maßnahmen gesprochen werden, während die eigentlichen Abrüstungsverhandlungen unter dem Kürzel KRK (Konventionelle Rüstungskontrolle) nur unter Teilnahme der 16 NATO- und sieben Warschauer-Pakt-Staaten geführt werden sollten. Beide Foren würden unter dem „Dach" des KSZE-Prozesses (Konferenz für Sicherheit und Zusammenarbeit in Europa) angesiedelt, wären voneinander jedoch weitgehend unabhängig.[42] Die Komplexität dieses Vorschlags sowie der Umstand, daß es zu seiner Formulierung ganzer acht Monate bedurfte, wiesen darauf hin, daß die innerwestlichen Vorstellungen hinsichtlich der Verminderung nichtnuklearer Rüstung weit auseinanderklafften, und daß die Brüsseler Erklärung nur einen vagen Kompromiß darstellte. Am weitesten lagen dabei die Positionen Frankreichs und der USA auseinander, ein Zwist, der die Verhandlungen während des gesamten Berichtszeitraums belasten sollte.

### *Die Position Frankreichs*

Gleichwohl war durch dieses Dokument die Möglichkeit konkreter Mandatsverhandlungen mit den übrigen Teilnehmern gegeben, die am 17. Februar 1987 in der französischen Botschaft in Wien begannen. Im Verlauf dieser Mandatsgespräche zeigte sich rasch, daß der in Brüssel gefundene Konsens in hohem Maße brüchig war. Frankreich, das sich bis zuletzt gesträubt hatte, an diesen Gesprächen überhaupt teilzunehmen, stimmte letztendlich der Übereinkunft der 16 NATO-Staaten zu, gegenüber den östlichen Verhandlungspartnern mit einer Stimme zu sprechen. Diese Zusage hatten sich die Franzosen durch das Zugeständnis honorieren lassen, bei den internen Beratungen in der High Level Task Force (HLTF) ihre eigene Position uneingeschränkt vertreten zu dürfen.[43] Von diesem Privileg machte Frankreich dann auch regen Gebrauch, so daß gleich nach Beginn der Mandatsgespräche die alten Gegensätze wieder aufbrachen. Durch Verhandlungen von Bündnis zu Bündnis sah Frankreich sich dem Verdacht der vollen Reintegration in die westliche Allianz ausgesetzt und drängte deshalb auf eine stärkere Beteiligung der neutralen und nichtpaktgebundenen Staaten (N+N-Staaten), wie sie in den KSZE-Verhandlungen praktiziert wurde.

---

[42] Vgl. hierzu auch den Beitrag von Hans-Heinrich *Wrede* in diesem Band.
[43] Vgl. *FAZ*, 11.2.1987.

Die USA sahen hingegen die KSZE als eine *politische* Konferenz an, in der keine rechtsverbindlichen Verträge ausgehandelt werden konnten.[44] Da aber der amerikanische Senat jeglicher völkerrechtlich verbindlichen Vereinbarung über Rüstungsverminderungen seine Zustimmung geben mußte, folgte daraus für die Position der Vereinigten Staaten, daß ausschließlich zwischen den Bündnissen verhandelt werden konnte, da es nur um die Streitkräfte der jeweiligen Bündnispartner ging. Bis zum Juli 1987 gelang es, diese Divergenzen zu überwinden. Italien brachte im Auftrag der 16 NATO-Staaten einen Mandatsvorschlag mit einem komplizierten Informationsmodus ein, um beide Foren miteinander zu verzahnen.[45]

## *Innerwestliche Streitpunkte*

In den Folgemonaten entzündete sich dann innerhalb der westlichen Delegationen ein Streit an der Frage, welche Waffen von den Verhandlungen erfaßt werden sollten. Die Vorstellungen reichten dabei von einer reinen Beschränkung der Panzer in Ost und West bis hin zu umfassenden Reduzierungen aller fünf wesentlichen Waffenkategorien: Kampfpanzer, Artillerie, gepanzerte Fahrzeuge, Flugzeuge und Hubschrauber. Gegen die Einbeziehung von Fliegerkräften wendeten sich abermals die Franzosen, da Flugzeuge als Trägersysteme ein Teil der für Frankreich unantastbaren nationalen Nuklearstreitkräfte sind. Unterstützt wurde Frankreich in diesem Punkt von Großbritannien, das ebenfalls über Atomwaffen auf Flugzeugen verfügte. Von amerikanischer Seite geäußerte Vorschläge, sich ausschließlich auf die Verminderung amerikanischer und sowjetischer Soldaten in Europa zu beschränken,[46] stießen wiederum auf Bedenken bei allen Europäern. Ein umfassender Abzug amerikanischer Truppen konnte als falsches Signal nachlassender transatlantischer Kopplung gewertet werden. Diese Meinungsverschiedenheiten, ergänzt durch die Forderungen einzelner N+N-Staaten wie etwa Jugoslawien oder Schweden nach mehr Mitsprache, ließen ursprüngliche Hoffnungen, die Mandatsverhandlungen bis zum Jahresende 1987 abzuschließen, bald zunichte werden. Am Schluß der dritten Verhandlungsrunde Ende 1987 gelang es schließlich allen Beteiligten, sich auf einen bescheidenen Zielkatalog zu einigen, auf dem bei der Wiederaufnahme der Gespräche am 25. Januar 1988 aufgebaut werden sollte.

---

44 Da die N+N-Staaten ihre Streitkräfte nicht mit in die Verhandlungen einbringen, können sie auch nicht am Verhandlungstisch sitzen. Die USA, an effektiven Verhandlungen interessiert, verhandeln nur mit den Staaten, mit denen sie zu einem verbindlichen Ergebnis (Streitkräftereduktionen) kommen können – also nur mit den Bündnispartnern.

45 Vgl. *FAZ*, 28.7.1987.

46 Vgl. Karl-Heinz *Kamp*, Konventionelle Rüstungskontrolle vom Atlantik bis zum Ural, in: *APZ*, B 8/1989, S. 9.

Auch 1988 waren die Mandatsgespräche nicht nur von den in der Rüstungskontroll-Diplomatie üblichen Ost-West Auseinandersetzungen, sondern insbesondere von innerwestlichen Querelen gekennzeichnet. Zu den Problemen, die durch die eigenwillige Haltung Frankreichs hervorgerufen wurden, gesellten sich Sonderwünsche anderer westlicher Verhandlungsteilnehmer, insbesondere der Flankenstaaten der NATO: Die Türkei reklamierte den Ausschluß ihrer südlichen Grenzgebiete zu Iran und dem Irak aus künftigen Abrüstungsvereinbarungen, um den von dort zu erwartenden Bedrohungen entgegentreten zu können.[47] Ähnliche Forderungen erhob Griechenland im Hinblick auf die langjährigen Zwistigkeiten mit dem türkischen Nachbarn. Gleichzeitig geäußerte türkische Wünsche nach einer Einbeziehung der sowjetischen Schwarzmeerflotte in das Rüstungskontroll-Regime lösten heftige Proteste der Amerikaner aus, die jegliche Ausdehnung der Verhandlungen auf Seestreitkräfte im Interesse ihrer eigenen maritimen Überlegenheit zu verhindern suchten. Im Norden waren es die Norweger, die sich durch die innerhalb der westlichen Delegationen diskutierte Einteilung des Verhandlungsgebietes in unterschiedliche Zonen mit jeweils unterschiedlichen Höchstgrenzen für Streitkräfte in diesen Zonen aufgrund ihrer Randlage ausgegrenzt fühlten.

Zu allem Überfluß stellte Paris die Forderung, die Verhandlungen generell von Wien nach Genf zu verlegen, was wiederum von den übrigen Teilnehmern als gezielte Verzögerungstaktik gewertet wurde.[48] Ein im März von der Delegation der Bundesrepublik vorgelegter Mandatsentwurf brachte zwar deutliche Fortschritte, die darin vorgesehene Einteilung des Reduzierungsraums in eine Nord-, Mittel-, und Südzone wurde aber von Frankreich abgelehnt. Statt dessen favorisierten die Franzosen die zonale Zusammenfassung der Staaten der Westeuropäischen Union (WEU), was wiederum bei anderen Teilnehmern auf Unverständnis stieß. Während des Sommers konnten weitere Fortschritte auf dem Weg zum Mandatsabschluß verzeichnet werden, so daß im September eine endgültige Einigung über das Mandat in Reichweite zu sein schien. Aber wieder einmal war es Frankreich, das aus dem erreichten Konsens ausscherte und die bereits einvernehmlich geregelte Anbindung von KRK an KSZE in Frage stellte. Bemerkenswert war die harsche Reaktion des amerikanischen Delegationsleiters auf diese abermalige Verzögerung.[49] Bis zum Jahresende gelang es dann allerdings, eine allseits akzeptierte Formulierung eines Mandats für die Verhandlungen über konventionelle Streitkräfte in Europa zu erzielen.

---

47 Vgl. *FAZ*, 19.7.1988.

48 Vgl. *Arms Control Reporter*, 1988, S. 407.B.19.

49 Vgl. das Interview mit dem amerikanischen KRK-Vertreter, Botschafter Stephen Ledogar, abgedruckt in: U.S. Policy Information and Texts, Nr. 221/1988, S. 13-20.

# V

# DIE EUROPÄISCHE GEMEINSCHAFT IM AUFWIND

## FORTSCHRITTE UND HINDERNISSE AUF DEM WEG ZUR EUROPÄISCHEN UNION

*Von Angelika Volle*

Gerade rechtzeitig zu den Feierlichkeiten anläßlich des 30. Jahrestages der Römischen Verträge konnte am 1. Juli 1987, nach langwierigem Ratifizierungsprozeß, die Einheitliche Europäische Akte (EEA)[1] in Kraft treten. Die zwölf EG-Mitgliedstaaten hatten sich darin auch auf das vorrangige Ziel der Schaffung und Vollendung eines gemeinsamen europäischen Binnenmarkts bis zum 31. Dezember 1992 verständigt. Allerdings standen 1987 der zügigen Verfolgung dieses Zieles noch wesentliche Hindernisse im Weg, die Kommissionspräsident Jacques Delors öffentlich anprangerte: Das EG-Haushaltsvolumen für inzwischen zwölf Mitgliedstaaten reichte nicht mehr aus – 1987 zeichnete sich eine Haushaltslücke von etwa 6 Milliarden Ecu ab (etwa 13 Milliarden D-Mark); schon vor der Erweiterung um Portugal und Spanien waren die ungerechte Verteilung der Eigeneinnahmen und die überhöhten Ausgaben für die Überproduktion in der Landwirtschaft Steine

1 Der Text ist abgedruckt in: *EA*, 6/1986, S. D 163-182. Zu den inhaltlichen Schwerpunkten der EEA vgl. Angelika *Volle*, Die Neubelebung des Integrationsprozesses in der Europäischen Gemeinschaft, in: IP 1985/86, bes. S. 206 ff. sowie die dort angegebene weiterführende Literatur. Vgl. ebenfalls Werner *Ungerer*, Die neuen Verfahren nach der Einheitlichen Europäischen Akte. Eine Bilanz aus der Ratsperspektive, in: *Integration*, 3/89, S. 95-106.

des Anstoßes gewesen;[2] das Wohlstandsgefälle zwischen Nord und Süd war größer geworden; die einzelnen nationalen Märkte schotteten sich immer mehr gegenüber den anderen EG-Staaten ab. Da die europäischen Staats- und Regierungschefs nach der Einigung auf die EEA wenig Anstalten machten, den noch vor Schaffung des Binnenmarkts dringend notwendigen Reformprozeß in der EG weiter voranzutreiben, blieb es der Kommission vorbehalten, entsprechende neue Anstöße für den Einigungsprozeß vorzulegen.

## DAS DELORS-PAKET[3]

Der Präsident der EG-Kommission ergriff deshalb die Initiative unter dem Motto „Die Einheitliche Europäische Akte muß ein Erfolg werden", und präsentierte im Februar 1987 ein in sich geschlossenes Gesamtkonzept.[4] Dieses sogenannte Delors-Paket hatte den Vorteil, daß jedes EG-Land an bestimmten Teilen des Pakets ein großes Interesse hatte und deshalb zu Kompromissen in anderen Bereichen bereit sein mußte, um für die Durchsetzung der eigenen Interessen Verbündete zu gewinnen. Wichtigstes Ziel der Kommission war es, die gegenseitige Abhängigkeit der einzelnen Vorschläge beizubehalten und nicht durch Forderungen einzelner Mitgliedstaaten genötigt zu werden, das Gesamtpaket wieder aufzuschnüren.

Der Delors-Plan hatte in der Hauptsache drei Reformvorschläge zum Inhalt:

1. *Reform der Agrarpolitik*: Die Kommission forderte eine drastische Reduzierung der Überschüsse, eine Kürzung der Etatmittel für diesen Zweck von fast 75 Prozent auf 50 Prozent des Gesamtetats, eine restriktive Preispolitik und einen Abbau des Währungsausgleichs.

2. *Schaffung eines langfristigen, soliden Finanzsystems*: Da die bisherigen Eigenmittel von 1,4 Prozent Mehrwertsteuer (MWSt.) nicht mehr zur Finanzierung des EG-Haushalts ausreichten, schlug die Kommission entweder eine

[2] Die Überproduktion in der Landwirtschaft konnte nicht eingedämmt werden, obwohl die Zahl der im Landwirtschaftssektor Beschäftigten (8,6 % der erwerbstätigen Bevölkerung) zwischen 1974 und 1985 von 15 Millionen auf 10 Millionen gesunken und das Realeinkommen der Bauern um mehr als ein Zehntel gefallen war. Vgl. *The Economist*, 20.6.1987.

[3] Vgl. zum Delors-Paket im einzelnen: Werner *Ungerer*, EG-Fortschritte unter deutscher Präsidentschaft, in: *Außenpol.*, IV/88, bes. S. 316-320; *ders.*, The Main Problems on the EC Agenda. An Insider's View, in: Wolfgang *Wessels*, Elfriede *Regelsberger* (Hrsg.), The Federal Republic of Germany and the European Community: The Presidency and Beyond. Reports given at the symposium held at the College of Europe, Bruges, 5.-7.11.1987, Bonn 1988, S. 95-107; Rudolf *Hrbek*, Der mühsame Einstieg in die EG-Reform, in: *Wirtschaftsdienst*, X/1987, S. 497-505, bes. S. 499 ff.; Franz *Klein*, Europa braucht mehr Eigenmittel, in: *FAZ*, 7.11.1987, S. 15.

[4] Die Einheitliche Europäische Akte muß ein Erfolg werden – Eine neue Perspektive für Europa, in: *EG-Bulletin*, Beilage 1/87, S. 6-28. Dort vgl. ebenfalls das Arbeitsprogramm der Kommission für 1987 – Einführungsrede von Präsident Jacques Delors vor dem Europäischen Parlament, S. 30-79.

Erhöhung des MWSt.-Anteils auf 1,6 Prozent vor oder die Schaffung einer vierten Finanzquelle (zuzüglich zu Zöllen, Agrarabschöpfungen und MWSt.), zu berechnen auf der Grundlage des Bruttosozialprodukts (BSP) oder Bruttoinlandsprodukts (BIP) bei gleichzeitiger Verringerung des MWSt.-Anteils auf 1 Prozent. Die Kommission forderte außerdem eine Verringerung des „Rabatts" für Großbritannien von 66 auf 50 Prozent seiner Beitragszahlungen bei einer gleichzeitigen Verminderung des Anteils der Bundesrepublik an dieser Beitragsrückzahlung.

3. *Erhöhung der Strukturfonds*: Die Kommission forderte eine Verdoppelung der drei Strukturfonds auf etwa 25 Prozent des Gesamtetats bis 1992. Damit sollten die rückständigen Regionen vor allem in Portugal, Spanien, Griechenland und Irland zum EG-Durchschnittswohlstand aufschließen können; die Bekämpfung der Jugendarbeitslosigkeit in diesen Ländern sollte vorrangig gefördert und die Entwicklung bzw. Umwandlung des ländlichen Raums vorangetrieben werden.

Besonders der erste Punkt, Reform der Agrarpolitik, drängte, da die EG durch den Kursverfall des Dollars für die Agrarstützungspreise (beim Verkauf von EG-Überschußprodukten in Drittstaaten) immer mehr Geld aufbringen mußte. Auf dem Gipfeltreffen der Staats- und Regierungschefs unter belgischer Ratspräsidentschaft in Brüssel am 29. und 30. Juni 1987[5] wurde das Delors-Paket diskutiert. Über einen ersten Einstieg in die Problematik kam der Europäische Rat allerdings nicht hinaus: Vorbehalte einzelner EG-Länder führten zu einer Vertagung der Beratungen über das Reformbündel auf den Gipfel unter dänischer Präsidentschaft im Dezember 1987. Die britische Premierministerin Margaret Thatcher unterzeichnete sogar die Schlußerklärung von Brüssel nicht, denn die Ausführungen seien „zu unbestimmt" und würden im übrigen „keine Einsparungen auf dem Gebiet der Agrarausgaben garantieren".[6]

## *Vorbehalte der einzelnen Länder*

Großbritannien verweigerte prinzipiell jegliche substantielle Aufstockung der Eigenmittel, solange nicht die Agarausgaben reduziert und die Überschüsse abgebaut würden. Ihre Zustimmung zur Schaffung einer neuen Finanzquelle auf der Grundlage des BSP machte die britische Premierministerin von einer wirksamen Kontrolle der EG-Ausgaben sowie von einer befriedigenden Lösung beim britischen Finanzausgleich abhängig. Eine spürbare Erhöhung der Strukturfonds für die ärmeren EG-Mitgliedstaaten sowie

[5] Die Dokumente der Brüsseler Tagung des Europäischen Rats sind abgedruckt in: *EA*, 17/1987, S. D 465 ff.

[6] *Hrbek*, a.a.O. (Anm. 3), S. 505.

eine Anhebung der Ausgaben für Forschung und Technologie stießen auf britischen Widerstand.[7]

In ähnlicher Weise versuchte die Bundesrepublik ihre Eigeninteressen zu Gehör zu bringen: Nach Wahlverlusten im Mai 1987 und bevorstehenden Landtagswahlen im Agrarland Schleswig-Holstein im September machten die deutschen Unterhändler in Brüssel deutlich, daß eine Erhöhung der Finanzmittel der Gemeinschaft nur dann auf deutsches Wohlwollen stoßen könne, wenn die Probleme der deutschen Landwirtschaft in der bevorstehenden Runde der Agrarpreisverhandlungen berücksichtigt würden. Preissenkungen für Getreide kamen für sie nicht in Frage; der Währungsausgleich sollte beibehalten werden.[8] Es hatte den Anschein, daß die Bundesregierung zwar mehr Sparsamkeit forderte, eine restriktive Preispolitik in der Landwirtschaft aber zu verhindern suchte. Bezüglich der Erhöhung der Eigenmittel bevorzugte die Bundesregierung die Anhebung des MWSt.-Anteils von 1,4 auf 1,6 Prozent, stand aber der Schaffung einer neuen Einnahmequelle auf der Grundlage des BSP nicht ablehnend gegenüber. Die Verdoppelung der Strukturfonds, die Italien und Spanien als Minimum eines notwendigen Nord-Süd-Ausgleichs forderten, wurde mit Skepsis betrachtet. Spanien und Portugal sahen keine Veranlassung, für die Rückzahlungen an Großbritannien herangezogen zu werden; die Bundesrepublik trat für eine kräftige Verminderung ihres bislang geleisteten Anteils ein.

Die Niederlande und Dänemark sowie Italien waren nicht damit einverstanden, bei der Einführung einer weiteren Einnahmequelle mehr einzahlen zu müssen. Italien, das in der Vergangenheit mit Stolz darauf verwiesen hatte, daß es im Umfang des BSP Großbritannien überholt habe, weigerte sich, das BSP als neue Finanzquelle zu akzeptieren. Angesichts dieser nationalen Vorbehalte unterbreitete die Kommission zur Vorbereitung auf den Kopenhagener Gipfel im Dezember 1987 weitere Vorschläge:[9] Unter anderem sollten für den staatlichen Ankauf der Überschußproduktion landwirtschaftlicher Erzeugnisse zu garantierten Preisen Höchstgrenzen, sogenannte Stabilisatoren, eingeführt werden.

### *Das Scheitern des Gipfels von Kopenhagen*

Zu einem Zeitpunkt, als die internationale Finanzwelt noch unter dem Eindruck des Börsencrashs vom Oktober 1987 stand, und wenige Tage vor dem mit weltweiten Hoffnungen auf Entspannung verknüpften Gipfeltref-

[7] Vgl. Angelika *Volle*, Großbritannien und der europäische Einigungsprozeß, Bonn 1989, S. 53 ff.

[8] Vgl. *FAZ*, 29.6.1987.

[9] Vgl. *FAZ*, 31.7.1987.

fen in Washington zwischen Präsident Ronald Reagan und Generalsekretär Michail Gorbatschow mußten sich die Staats- und Regierungschefs der EG über Produktionsobergrenzen für Weizen den Kopf zerbrechen und mit einem Zahlenwust versehene Vorlagen durcharbeiten, um den Versuch zu unternehmen, politische Entscheidungen in einem Kompromißverfahren herbeizuführen. Doch der Kopenhagener Gipfel am 4. und 5. Dezember 1987 war schon gleich zu Beginn von einem Aufeinanderprallen der unterschiedlichen Auffassungen zwischen der Bundesrepublik und Frankreich einerseits, Großbritannien andererseits gekennzeichnet.

Frankreich und die Bundesrepublik hielten an ihren Forderungen im Bereich der Landwirtschaft fest, da sie das Wählerpotential der Bauern bei den bevorstehenden Wahlen im Auge hatten. Die Bundesregierung beharrte zudem auf dem Konzept der Flächenstillegung, obwohl Erfahrungen in den USA gezeigt hatten, daß nur die unproduktivsten Flächen stillgelegt werden und aus dem verbleibenden Boden das Maximum herausgeholt wird, um einen größtmöglichen Ertrag zu erzielen. Landwirtschaftsminister Ignaz Kiechle war nicht bereit, automatische Preissenkungen wenigstens im Prinzip zu akzeptieren. Die britische Position fand Ausdruck in Premierministerin Thatchers Ausspruch: „Man muß die Wanne zustöpseln, bevor man Wasser einläßt.“[10] Großbritannien werde einer Aufstockung der Finanzen und einer Erhöhung der Strukturfonds nicht zustimmen, falls nicht gleichzeitig Stabilisatoren zur Mengenbegrenzung eingeführt würden. Während die Bundesrepublik und Frankreich diese Begrenzung bei einer Produktion von 160 Millionen Tonnen Getreide sehen wollten, verfocht Großbritannien die von der Kommission vorgeschlagene Höchstmenge von 155 Millionen Tonnen (Dänemark schlug als Kompromiß 158 Millionen Tonnen vor). Ebenfalls sollten unter keinen Umständen die Beitrags-Rückzahlungen an Großbritannien angetastet werden.

Der Gipfel scheiterte, trotz intensiver dänischer Vermittlungsversuche, nach zweitägigen Beratungen. Ein Schlußkommuniqué wurde gar nicht erst erstellt. Kommissionspräsident Delors warf den Regierungschefs vor, ein „Europa der Mittelmäßigkeit“ zu wollen, eine „buchhalterische Bewertung der EG“ vorzunehmen, aber „die Vision, die Philosophie dahinter“ nicht zu sehen.[11] Verabredet wurde ein „Sondergipfel“ in Brüssel, am 11. und 12. Februar 1988, in der Zeit der deutschen Präsidentschaft. Dies bedeutete, daß Bundeskanzler Helmut Kohl, der bislang eine harte Gegenposition zu den im Kommissions-Paket vorgeschlagenen Reformen in der Agrarpolitik eingenommen hatte, eine kompromißbereitere Haltung einnehmen mußte, wenn er den Gipfel zu einem erfolgreichen Durchbruch nutzen wollte.

---

10 Zit. nach: Jürgen *Ruhfus*, Europapolitik im Vorfeld der deutschen Präsidentschaft, in: *Integration*, 4/1987, S. 145.

11 *FT*, 4.12.1987.

## ERFOLGE WÄHREND DER DEUTSCHEN PRÄSIDENTSCHAFT

Außenminister Hans-Dietrich Genscher machte die feste Absicht der Bundesregierung deutlich, während der deutschen Präsidentschaft den europäischen Streit über das Delors-Paket zu schlichten; alle EG-Länder stärker auf die Verwirklichung des Binnenmarkts festzulegen und besonders die außenpolitischen Aktivitäten der EG zu stärken; im besonderen gemeinsam mit den USA und Japan den freien Welthandel aufrecht zu halten und Widerstand gegen den Protektionismus zu leisten, die Zusammenarbeit zwischen EG und EFTA zu fördern sowie die Beziehungen zu Osteuropa zu intensivieren. Schwerpunkte von Bundeswirtschaftsminister Martin Bangemann für die deutsche Präsidentschaft waren Fortschritte beim Binnenmarkt: der Abbau von Hemmnissen im europäischen Warenverkehr; die weitere Liberalisierung im Kapitalverkehr; die Öffnung der öffentlichen Beschaffungsmärkte für den europäischen Wettbewerb; größere Niederlassungsfreiheit und die gegenseitige Anerkennung von Hochschuldiplomen.[12]

### *Der Kompromiß auf dem Gipfeltreffen von Brüssel*

Während der 26stündigen Beratungen auf dem Brüsseler Gipfel drohte ein Kompromiß mehrere Male zu scheitern. Die zunächst von Frankreich und der Bundesrepublik eingeschlagene Taktik einer Isolierung der britischen Premierministerin scheiterte zum einen daran, daß auch die Niederlande zäh Einsparungen im Agrarbereich forderten, bevor sie zur Erörterung einer Erhöhung des EG-Haushalts bereit waren; zum andern wollte die Bundesregierung unbedingt während ihrer Präsidentschaft einen Erfolg erzielen, um die notwendigen Schritte zur Schaffung des Binnenmarkts 1992 endlich einleiten zu können. Schließlich gelang es, alle Mitgliedstaaten dazu zu bewegen, Maximalforderungen aufzugeben, um im Gegenzug wenigstens einige der eigenen Wünsche durchzusetzen. Das Delors-Paket konnte – mit geringfügigen Änderungen gegenüber den Kommissionsvorschlägen – verabschiedet werden:[13]

1. *Agrarreform*: Ein erster Einstieg in die Agrarreform gelang, wenngleich von einem Durchbruch noch nicht gesprochen werden konnte. Bei der

---

12 *FAZ*, 2.1.1988. Vgl. zu den Aufgaben der deutschen Präsidentschaft besonders *Ruhfus*, a.a.O. (Anm. 10), sowie Lutz G. *Stavenhagen*, Politische Prioritäten der deutschen EG-Präsidentschaft, in: *Außenpol.*, 1/88, S. 14-24.

13 Vgl. Werner *Weidenfeld*, Die Bilanz der Europäischen Integration 1987/88: Szenenwechsel in Europa, in: Werner *Weidenfeld*, Wolfgang *Wessels* (Hrsg.), Jahrbuch der Europäischen Integration 1987/88, Bonn 1988, S. 18/19; *Le Monde*, 14./15.2.1988; *FT*, 15.2.1988; *Die Zeit*, 19.2.1988.

Begrenzung der Getreidemenge, deren Abnahme die EG garantiert, einigten sich die EG-Staaten auf die von Frankreich geforderten 160 Millionen Tonnen. Bei einer Mehrproduktion sollte es zu einem Preisabschlag von 3 Prozent kommen – entsprechend der Forderung Großbritanniens.[14] Ebenfalls wurden die deutschen Vorschläge zu Flächenstillegung und Vorruhestand für die Bauern als zusätzliche Stabilisatoren akzeptiert. Der Agraranteil am Gesamthaushalt sollte bis 1992 von etwa 75 auf 62 Prozent heruntergeschraubt werden.

2. *Haushaltsreform*: Zu den bisherigen Eigeneinnahmen der EG kam eine vierte Einnahmequelle hinzu, nämlich 1,3 Prozent des BSP der Mitgliedsländer. Für 1988 bedeutete dies eine Steigerung des Haushaltvolumens auf 43,38 Milliarden Ecu (ungefähr 90 Milliarden D-Mark); nach den alten Berechnungen wären es nur 35,2 Milliarden Ecu, d.h. 23 Prozent weniger gewesen.[15] Die Bundesrepublik verpflichtete sich, ihre EG-Zahlungen für 1988 um 4 Milliarden D-Mark auf 17,9 Milliarden D-Mark zu steigern, im Interesse des zu schaffenden Binnenmarkts.

3. *Anhebung der Strukturfonds*: Die Regierungschefs beschlossen die von der Kommission vorgeschlagene Verdoppelung der Fondsmittel auf circa 13 Milliarden Ecu bis 1993. Die Mittel sollen vorrangig zur Annäherung der Grundinfrastrukturen der rückständigsten EG-Regionen an den EG-Durchschnitt und zur Bekämpfung der Langzeitarbeitslosigkeit verwendet werden.

4. *Beitragsrabatt für Großbritannien*: Der Europäische Rat einigte sich darauf, daß Großbritannien seinen Beitragsrabatt weiterhin in voller Höhe erhalten sollte. Anstelle der Bundesrepublik wurde Italien größter Financier dieser Rückzahlungen.

## *Das EG-RGW-Abkommen*

Auch im außenpolitischen Bereich waren in dieser Zeit Erfolge zu verzeichnen: Neben den zahlreichen Nahost-Vermittlungsversuchen Außenminister Genschers, der Zentralamerika-Initiative „San José IV“ (Tagung der vierten Außenministerkonferenz zwischen den zwölf EG-Ländern und den Staaten Lateinamerikas) sowie Ministertreffen zwischen EG und EFTA war das herausragende Ereignis die Gemeinsame Erklärung von EG und RGW

---

[14] Allerdings war eine Drosselung der Ernten über Preissenkungen ziemlich unwahrscheinlich: Zwischen 1980 und 1986 waren die Getreidepreise um fast 22 % gesunken, die Weizenerzeugung aber von 46 Mio. t auf 64 Mio. t angestiegen! (*Die Zeit*, 19.2.1988).

[15] Vgl. hierzu besonders: *FAZ*, 9.3.1988.

über die Aufnahme offizieller Beziehungen.[16] Die Abmachung konnte am 25. Juni 1988 in Luxemburg unterzeichnet werden, nachdem der RGW die EG in ihren Zuständigkeiten für außenwirtschaftliche Belange (und damit auch die EG-Kommission als Verhandlungsführer für die Gemeinschaft) anerkannt hatte und nicht mehr auf einem Abkommen bestand, das in die handelspolitischen Zuständigkeiten seiner Mitgliedstaaten eingegriffen hätte. Verhandlungen über zweiseitige Abkommen mit den einzelnen Mitgliedstaaten des RGW wurden seitens der EG weiterhin Priorität eingeräumt.[17] Bundeskanzler Kohl bewertete in seiner Regierungserklärung am 24. Juni die Aufnahme dieser Beziehungen als herausragendes Ereignis der deutschen Präsidentschaft und hoffte, „mit diesem Schlußakkord die imposante Liste der außenpolitischen Aktivitäten unter deutschem Vorsitz zu ‚krönen'."[18] In Bonn wurde die Erklärung, in die West-Berlin voll eingebunden wurde, als Fortsetzung der deutschen Ostpolitik im Rahmen der Europäischen Gemeinschaft gewertet.

### *Erste Schritte zu einer Wirtschafts- und Währungsunion*

In seiner Rede vor dem Europäischen Parlament zu Beginn der deutschen Präsidentschaft hatte Genscher eine Idee von Kommissionspräsident Delors vom Dezember 1987 aufgegriffen und (ziemlich unerwartet) den Ausbau des europäischen Währungssystems sowie die Schaffung einer Währungsunion mit einer europäischen Zentralbank gefordert.[19] Bundeskanzler Kohl signalisierte Zustimmung, Bundesbankpräsident Karl Otto Pöhl reagierte eher ablehnend, und französische Politiker setzten sich öffentlich für Genschers Vorschlag ein, ein Sachverständigengremium zu bilden, das Grundsätze für die Entwicklung eines europäischen Währungsraums sowie eines Statuts für eine europäische Zentralbank ausarbeiten sollte. Von der britischen Premierministerin wurden alle derartigen Überlegungen umgehend abgelehnt. Andere Kritiker, wie beispielsweise Pöhl, betonten, es könne eine europäische Zentralbank und eine europäische Währung erst geben, wenn die nationalen Zentralbanken nicht

---

16 Die Gemeinsame Erklärung ist abgedruckt in: *EA*, 19/1988, S. D 576 f. Vgl. hierzu ausführlich Bernhard *May*, Normalisierung der Beziehungen zwischen der EG und dem RGW, in: *APZ*, B 3/89, S. 44-54, bes. S. 47, sowie zur Vorgeschichte des Abkommens Franz *Froschmaier*, Stand und Perspektiven der Beziehungen zwischen RGW und EG: Aus der Sicht der EG, in: *eg-magazin*, 4/1987, S. 25.

17 Vgl. *EG-Nachrichten*, Nr. 44, 1.11.1988, S. 2.

18 So Walter *Scheel*, Die EG nach der deutschen Präsidentschaft – 1992 ist näher gerückt, in: *Integration*, 4/88, S. 145.

19 Die Rede vor dem Europäischen Parlament in Straßburg am 20.1.1988 ist abgedruckt in: *Bulletin*, Nr. 9, 22.1.1988, S. 61-67, hier S. 63 f.

mehr – wie in einigen EG-Ländern – „Unterabteilungen" der Finanzministerien seien, und wenn einheitliche Auffassungen über die notwendige Stabilitätspolitik herrschten. Deutsche und französische Regierungspolitiker betonten hingegen, eine einheitliche EG-Währung erleichtere die für den Ausbau des Binnenmarkts erforderlichen Schritte, um neben den Wirtschaftskonkurrenten Japan und USA mit großen Binnenmärkten und einheitlicher Währung zu bestehen.[20]

Auf dem Gipfel von Hannover am 27. und 28. Juni 1988 zum Ende der deutschen Präsidentschaft beschlossen die EG-Staats- und Regierungschefs – vor allem auf deutsches und französisches Betreiben – den ersten Schritt in Richtung auf eine Wirtschafts- und Währungsunion:[21] Eine Arbeitsgruppe unter der Leitung des Kommissionspräsidenten wurde beauftragt, erste Überlegungen zur Errichtung eines europäischen Zentralbanksystems zu Papier zu bringen. Mrs. Thatcher machte deutlich, daß sie an raschen Fortschritten in der Währungspolitik nicht interessiert sei; eine gemeinsame Währung und eine europäische Zentralbank hielt sie nicht für nötig, um Fortschritte bei der Vollendung des Binnenmarkts zu erzielen. Für sie stand im Vordergrund, daß durch eine Wirtschafts- und Währungsunion „die letzten Reservate wirtschaftspolitischer Souveränität" sowie „nationale Besitzstände und Vorteile" gefährdet wurden[22] – und mit einer allmählichen Aufgabe nationaler Souveränität wollte sie sich nicht abfinden.

Neben diesen Perspektiven der europäischen Integration für die kommenden Jahre verabschiedete der Europäische Rat noch einige (unverbindliche) Erklärungen zu den sozialen Aspekten des Binnenmarkts und über den Umweltschutz; ferner verlängerte er die Amtszeit Delors um weitere zwei Jahre.

### *Bilanz der deutschen Präsidentschaft*[23]

„In den vergangenen sechs Monaten sind mehr Beschlüsse für die Entwicklung Europas gefaßt worden als in den zehn Jahren davor."[24] Mit dieser Bewertung der Zeit der deutschen Präsidentschaft meinte der Kommissionspräsident nicht nur die erfolgreiche Verabschiedung des Reformpakets

---

20 Vgl. *FAZ*, 4.3.1988.

21 Die Dokumente des Gipfels von Hannover sind abgedruckt in: *EA*, 16/1988, S. D 443 ff.

22 *FAZ*, 29.6.1988.

23 Vgl. hierzu *Ungerer*, a.a.O. (Anm. 3); *Weidenfeld*, a.a.O. (Anm. 13); Peter *Hort*, Eine Bilanz der deutschen EG-Präsidentschaft, in: *EA*, 15/1988, S. 421-428, sowie die von Bundesaußenminister Genscher vor dem Europa-Parlament gezogene Bilanz der deutschen Präsidentschaft in der EG und EPZ, in: *Bulletin*, Nr. 85, 21.6.1988, S. 801-807.

24 So Delors am 6.7.1988 vor dem Europa-Parlament.

auf dem Gipfel von Brüssel im Februar, sondern auch die insgesamt 47 verabschiedeten bzw. auf den Weg gebrachten Richtlinien für den Binnenmarkt. Darüber hinaus hatte die enge deutsch-französische Kooperation (im Jahr der Feierlichkeiten zum 25. Jahrestag der Unterzeichnung des deutsch-französischen Freundschaftsvertrags) gezeigt, daß eine gemeinsame Konzeption und paralleles Vorgehen beider Länder die europäische Sache zügig voranbrachten. Nach der Verabschiedung des Delors-Pakets war nun der Weg frei zur Schaffung des gemeinsamen Binnenmarkts.

## UMSETZUNG DER EEA: DIE VOLLENDUNG DES BINNENMARKTS

Ausgangspunkt für die Entscheidung über die Schaffung eines europäischen Binnenmarkts war die Erkenntnis der Notwendigkeit, im Weltwirtschaftssystem als wichtige Größe weiterhin bestehen zu müssen: „Das Bewußtsein über die Stärke der japanischen Wirtschaft und die Verletzlichkeit Europas gegenüber den Wechselfällen der amerikanischen Wirtschaft hat eine Entschlossenheit hervorgebracht, Westeuropas eigene wirtschaftliche und industrielle Fähigkeiten zu verstärken."[25] Hinzu kam die Einsicht, daß die innereuropäischen Handelsbarrieren enorme Kosten verursachten: Der Aufwand für Grenzformalitäten belief sich laut Kommissionsschätzung 1983 auf 24 Milliarden D-Mark, die großen Unterschiede bei den technischen Normen sowie die Abschottung der einzelnen Staaten bei der Vergabe öffentlicher Aufträge trugen ebenso zu der nachlassenden Wettbewerbsfähigkeit der EG bei wie der zunehmende Protektionismus der EG-Staaten untereinander.

Die EG hatte im internationalen Vergleich Marktanteile verloren:[26] Bei Industriegütern sank der EG-Anteil am Gesamtexport der OECD-Länder zwischen 1963 und 1985 auf 26 Prozent, wohingegen sich Japans Anteil im gleichen Zeitraum von 6 auf 17 Prozent steigerte. Bei elektronischen Geräten, chemischen und pharmazeutischen Produkten nahm der EG-Anteil um 10 Prozent ab und sank auf 25 Prozent (der amerikanische Anteil verringerte sich um 5 auf 24 Prozent), während der japanische Anteil von 6 auf 20 Prozent stieg. Die Schaffung des Europäischen Binnenmarkts (mit einem BIP von knapp 4,3 Billionen Dollar 1987; USA = 4,4 Billionen Dollar, Japan = 2,4 Billionen Dollar)[27] mußte deshalb Vorrang haben. Bis Ende 1988 hatte die EG-Kommission circa 90 Prozent der inzwischen auf 279 reduzierten Richtlinien-Entwürfe, die im Weißbuch von 1985 vorgesehen waren, vorgelegt

---

[25] Helen *Wallace*, Europäische Integration: Auf dem Weg nach 1992, in: *EA*, 20/1988, S. 583-590, hier S. 584.

[26] Vgl. *Die Zeit*, 15.1.1988.

[27] Quelle: OECD (Mai 1988), zit. nach: *EZ*, Juli/August 1988, S. 15.

(und war somit im Zeitplan geblieben), von denen der Ministerrat allerdings erst ein Drittel beschlossen hatte.[28]

### *Beurteilung des Binnenmarkts im Cecchini-Bericht*

Die EG-Kommission hatte im Frühjahr 1986 ein Forschungsprogramm in Auftrag gegeben über die „Kosten der Nichtverwirklichung Europas", das von dem italienischen Ökonom Paolo Cecchini geleitet wurde. Ende März 1988 erschien der sogenannte Cecchini-Bericht.[29] Er enthielt die Feststellungen, die zwölf EG-Länder könnten nach der Abschaffung aller Wirtschafts- und Handelshemmnisse etwa 200 Milliarden Ecu (ca. 416 Milliarden D-Mark) einsparen, das BIP der EG werde mindestens um 4,5 Prozent steigen, die Verbraucherpreise würden um 6 Prozent sinken, und es könnten etwa 1,8 Millionen neue Arbeitsplätze geschaffen werden. Bei einer konzertierten Aktion der Zwölf hinsichtlich einer neuen Wachstumspolitik könnte sich diese Zahl sogar auf 5 Millionen erhöhen. Allein im Bereich des öffentlichen Beschaffungswesens wären jährlich 17,5 Milliarden Ecu (ca. 35 Milliarden D-Mark) einzusparen, wenn staatliche Stellen bei der Vergabe von öffentlichen Aufträgen nicht mehr den Weg zu günstigeren Angeboten aus einem Nachbarland versperrten.[30]

Diese Zahlen wurden von Vertretern der EG-Kommission allen Kritikern entgegengehalten, die solche Voraussagen für überoptimistisch und unrealistisch hielten. Allerdings mußte die Kommission zugeben, daß es zur Schaffung eines prosperierenden Binnenmarkts auch der Angleichung der Steuersysteme bedürfe und daß eine derartige Steuerharmonisierung äußerst schwierig zu erreichen sei.[31] Im September 1988 räumte die Kommission ein,

---

28 In der EEA hatte man sich darauf geeinigt, daß eine wesentliche Voraussetzung für einen fuktionierenden europäischen Markt der einvernehmliche Erlaß von etwa 300 Richtlinien sei, die im Weißbuch der Kommission von 1985 aufgeführt waren. (Vgl. Kommission der Europäischen Gemeinschaften, Vollendung des Binnenmarkts. Weißbuch der Kommission an den Europäischen Rat, KOM (85) 310 endg., Brüssel 1985. Kurzform in: *EG-Bulletin*, Heft 6/1985, S. 19 ff.) Diese Richtlinien sollen der Abschaffung aller Hindernisse für den freien Warenverkehr dienen, besonders durch die Annäherung oder gegenseitige Anerkennung von einzelstaatlichen Rechtsvorschriften, beispielsweise bei Industrienormen, Verbrauchssteuern sowie Sicherheitsstandards für industrielle Produkte.

29 Paolo *Cecchini*, Europa '92. Der Vorteil des Binnenmarkts, Baden-Baden 1988 (Cecchini-Bericht).

30 Vgl. Fides *Krause-Brewer*, Hindernisrennen. Hürden auf dem Weg zum Binnenmarkt, in: *Politische Meinung*, Nr. 241, November/Dezember 1988, S. 43-48.

31 Im August 1987 legte die Kommission einen Plan vor, in dem sie zwei Bandbreitensysteme für die MWSt. vorschlug, mit einem Regelsteuersatz von 14 %-20 % und einem ermäßigten Steuersatz für bestimmte Produkte von 4 %-9 %. Dieser Vorschlag blieb im Berichtszeitraum allerdings umstritten.

daß die Fakten bei der Schaffung des Binnenmarkts ein weniger günstiges Bild boten: Die Deregulierung und die Anpassung der Industrieunternehmen an den Binnenmarkt würden zunächst in einigen Sektoren und Regionen zum Verlust von circa 225 000 bis 500 000 Arbeitsplätzen führen, bevor dann 1994/95 etwa 2 bis 5 Millionen neue Arbeitsplätze geschaffen würden (1988 betrug die Arbeitslosenrate in der EG etwa 15 Millionen).[32]

Gewerkschaftsvertreter in den einzelnen EG-Staaten begannen erst zu diesem Zeitpunkt, sich mit Einzelaspekten des Binnenmarkts und ihren Auswirkungen auf die europäischen Arbeitnehmer ernsthaft auseinanderzusetzen. Bis zum Herbst 1988 waren sie sich der Auswirkungen auf sozialpolitischem Gebiet offenbar noch nicht bewußt. Erst als der Cecchini-Bericht auch auf die beträchtlichen Risiken verwies, die ein vermehrter Wettbewerb, Unternehmenskonzentration und die Veränderung von Wirtschaftsstrukturen mit sich bringen würden, begannen europäische Gewerkschaftler, sich für die Erhaltung der Errungenschaften des europäischen Sozialstaats aktiv einzusetzen.[33]

### *Die soziale Dimension des Binnenmarkts*

Wie schon bei den Vorschlägen im Delors-Paket und den Überlegungen zur Schaffung einer europäischen Wirtschafts- und Währungsunion war bei der Weiterentwicklung der Vorstellungen über die soziale Dimension des Binnenmarkts wiederum Kommissionspräsident Delors die treibende Kraft. In seiner Rede vor dem Europa-Parlament am 6. Juli 1988 machte er die aufsehenerregende Ankündigung, „daß in zehn Jahren etwa 80 Prozent der Wirtschaftsgesetzgebung, vielleicht auch der Gesetzgebung im sozialen Bereich von der Gemeinschaft ausgehen werden".[34] Als er dann auf dem britischen Gewerkschaftskongreß im September in Brighton diesen „europäischen Sozialraum" in Form eines Pakets („Sozialcharta") vorstellte und für alle Arbeitnehmer in der EG die Verankerung von Mitbestimmungsrechten, Mindeststandards im Gesundheitswesen und bei der Sicherheit am Arbeitsplatz sowie garantierte Rechte auf lebenslängliche Weiterbildung und Umschulungsmöglichkeiten forderte, zog er sich den Zorn der britischen Premierministerin zu. Sie erkannte als erster Regierungschef die einschneidenden politischen Auswirkungen der Deregulierungen auf EG-Ebe-

32 Vgl. 1992 – The bad news, in: *International Management*, September 1988, S. 22-26; *FT*, 8.9.1988; Wilhelm *Schäffer*, Wachstum und Beschäftigung durch den EG-Binnenmarkt. Anmerkungen zum Zukunftsszenario des Cecchini-Berichts, in: *eg-magazin*, 11/1988, S. 20/21.

33 Vgl. hierzu besonders Wolfgang *Däubler*, Europäischer Binnenmarkt und Gewerkschaftspolitik, in: *Gewerkschaftliche Monatshefte*, 8/1988, S. 459-467, sowie Hans-Eckart *Scharrer*, EG-Binnenmarkt – eine Halbzeitbilanz, in: *Wirtschaftsdienst*, XII/1988, S. 596.

34 *EA*, 16/1988, S. D 438.

ne auf die nationale Wirtschaft, auf Arbeitnehmer wie Arbeitgeber und auf die Machtbefugnisse nationaler Politiker und begann zu bremsen.[35]

Delors ließ sich hiervon nicht beeindrucken. Er unterstrich, daß die soziale Dimension „unabdingbarer Bestandteil unserer europäischen Identität" sei und gab zu bedenken: „Kann man ... an die Schaffung einer politischen Union denken, wenn die Mitgliedstaaten nur bei einer Vollendung des grenzenlosen Binnenmarktes, nicht aber auch bei der Bewältigung gesellschaftlicher, ökologischer und anderer Probleme an einem Strang ziehen? Was wäre eine Europäische Union, die sich einzig und allein in einem gemeinsamen Markt erschöpfen würde?"[36] Auch Bundeskanzler Kohl und Präsident Mitterrand unterstützten die Verankerung sozialer Grundnormen der Gemeinschaft in einem „Sockelgesetz", womit sie die Befürchtungen der Gewerkschaften vor einem Abbau sozialer Errungenschaften ausräumen wollten. Die Gefahr eines Sozialkostenwettbewerbs oder auch das Ausweichen der Unternehmer auf Standorte mit billigeren Arbeitsplätzen oder die Nivellierung bei der rechtlichen Absicherung von Arbeitnehmern waren aus Gewerkschaftssicht nämlich nicht von der Hand zu weisen. Experten warnten allerdings vor der zu ehrgeizigen Forderung nach einer Harmonisierung der sozialen Standards auf möglichst hohem Niveau:[37] Eine Erhöhung der Sozialkosten in den ärmeren EG-Ländern beispielsweise, die hauptsächlich aufgrund ihrer niedrigeren Lohnkosten konkurrenzfähig waren, lag nicht im Interesse der dortigen Arbeitnehmer.

Auf dem Gipfeltreffen von Rhodos am 2. und 3. Dezember 1988 zum Ende der griechischen Präsidentschaft standen derart weitreichende und kontroverse Themen wie die Schaffung eines europäischen Sozialraums oder die Angleichung von Mehrwert- und Verbrauchssteuern nicht auf der Tagesordnung.[38] Statt dessen gaben die Staats- und Regierungschefs auf diesem „Etappengipfel" (Mitterrand) allgemein gehaltene Erklärungen zum Umweltschutz in Europa und zu den audiovisuellen Medien ab.

## HÜRDEN BEI DER SCHAFFUNG DER POLITISCHEN UNION

Im Berichtszeitraum verdeutlichten sich eine Reihe von Problemen, die die Verpflichtung der Mitgliedstaaten auf die Schaffung einer Europäischen Politischen Union in der EEA mit sich brachte. Zum einen sollte diese

---

35 Vgl. *Volle*, a.a.O. (Anm. 7), S. 58 ff., sowie Auszüge aus dem Interview der britischen Premierministerin im BBC am 27.7.1988, in: *EA*, 16/1988, S. D 454-457, und ihre Rede vor dem Europakolleg in Brügge am 20.9.1988, in: *EA*, 24/1988, S. D 682-687.

36 Jacques *Delors*, Kein wirtschaftlicher Fortschritt ohne sozialen Zusammenhang, in: *EG-Nachrichten*, Nr. 42, 18.10.1988, S. 1/2.

37 So *Scharrer*, a.a.O. (Anm. 33), S. 596.

38 Die Dokumente sind abgedruckt in: *EA*, 1/1989, S. D 2-9.

Union nicht nur eine Wirtschafts- und Währungsunion sein, sondern auch eine sicherheitspolitische Dimension haben. Diese „EG-Sicherheitspolitik" sollte über „Substrukturen" hinausgehen, wie die bilaterale deutsch-französische verteidigungspolitische Zusammenarbeit von Großbritannien und Italien mißbilligend tituliert wurde. Ferner zeichnete sich ein Spannungsverhältnis ab zwischen der vertraglichen Verpflichtung auf eine Europäische Union und einer neuerlichen Erweiterung der EG durch Staaten, die vor allem am Binnenmarkt teilhaben, nicht jedoch die politische Weiterentwicklung der EG vorrangig betreiben wollten. Auch die Ängste der USA und Japans vor einer „Festung Europa" mußten ausgeräumt werden.

### *Zusammenarbeit in der Sicherheitspolitik*

Für verstärkte europäische Kompetenzen im Bereich der Sicherheitspolitik sprachen sich 1987 bei Meinungsumfragen 43 Prozent der Franzosen, 37 Prozent der Italiener, 29 der Deutschen und nur 9 Prozent der Dänen aus.[39] Die Zurückhaltung großer Teile der Öffentlichkeit gegenüber der Übernahme sicherheitspolitischer Aufgaben durch die EG stand im Gegensatz zu dem gewachsenen Interesse vieler Politiker, nach dem Gipfel von Reykjavik im Oktober 1986 den europäischen Sicherheitspfeiler zu stärken, damit nicht noch einmal von den beiden Weltmächten über die Köpfe der Europäer hinweg verhandelt würde. Die Überlegungen konzentrierten sich bald auf eine Aktivierung der WEU. In der „Plattform der Europäischen Sicherheitsinteressen",[40] die während der Tagung des WEU-Ministerrats in Den Haag am 27. Oktober 1987 verabschiedet wurde, erinnerten alle sieben WEU-Mitgliedstaaten (die zugleich EG-Mitglieder sind) an die Verpflichtung, die Europäische Union zu schaffen. „Wir sind überzeugt, daß das europäische Einigungswerk unvollständig bleiben wird, solange die Integration nicht auch Sicherheit und Verteidigung umfaßt. ... Wir beabsichtigen daher, eine durch größeren Zusammenhalt geprägte europäische Identität auf dem Gebiet der Verteidigung zu entwickeln."[41] Am 18. April 1988 erhielten Spanien und Portugal eine Einladung zur Aufnahme von Beitrittsgesprächen zur WEU. Nicht gelöst wurde während des Berichtszeitraums die

---

39 *Eurobarometer*-Umfrage 1987 zu „Europa im Jahr 2000", zit. nach: *FT*, 3.4.1987; European Omnibus Survey, Okt./Nov. 1987, zit. nach: *FAZ*, 18.12.1987. Vgl. hierzu auch *Eurobarometer*, Nr. 27/Juni 1987, sowie Elisabeth *Noelle-Neumann*, Europa – das unbekannte, ungeliebte Wesen?, in: *FAZ*, 13.12.1988.

40 Abgedruckt in: *EA*, 22/1987, S. 613-616. Vgl. zum Thema EG und Sicherheitspolitik auch Werner *Weidenfeld*, Neuorganisation der Sicherheit Westeuropas, in: *EA*, 9/1987, S. 263 ff.

41 *EA*, 22/1987, S. D 613.

Frage, ob und wo die verschiedenen WEU-Agenturen zusammengelegt werden könnten: Großbritannien schlug Brüssel vor, wo auch EG und NATO ihren Sitz haben (der Ständige Rat residiert in London); Frankreich dagegen bestand auf Paris, wo die Parlamentarische Versammlung der WEU ihren Sitz hat.

## *Probleme einer erneuten EG-Erweiterung*

Die intensive Vorbereitung der Zwölf auf den Binnenmarkt blieb nicht unbeobachtet: EFTA-Mitglieder wie Norwegen, Österreich, die Schweiz, Schweden und Finnland, aber auch Malta wollten unbedingt an den Errungenschaften eines Marktes mit 320 Millionen Verbrauchern (möglicherweise in Form einer großen Freihandelszone) teilhaben.[42] Norwegen zeigte darüber hinaus Interesse an einer engeren außen- und sicherheitspolitischen Zusammenarbeit mit der EG. Österreich kündigte Mitte 1988 sogar an, im Laufe des kommenden Jahres einen Beitrittsantrag zu stellen – Voraussetzung für einen Beitritt sei aber die Beibehaltung seiner Neutralität. Die Türkei stellte am 14. April 1987 ihr Beitrittsgesuch – doch vor 1992, so die EG-Kommission, würde man sich des Gesuchs im einzelnen nicht annehmen können.

Der unterschiedliche politische Status der EFTA-Mitglieder, wie etwa die Neutralität Österreichs und Schwedens, warf die Frage auf, ob bei einer Erweiterung der EG die Verpflichtung der Zwölf auf das Ziel einer politischen Union überhaupt noch aufrechtzuerhalten sei. Schon bei einem Beitrittsgesuch Österreichs mußte sich die Frage stellen, ob Neutralität mit einer engeren Zusammenarbeit in außen- und sicherheitspolitischen Fragen vereinbar wäre (die Neutralität Irlands kann aus verschiedenen Gründen nicht als Präzedenzfall dienen). Die anderen EFTA-Staaten schienen nicht ernsthaft daran interessiert, die EG zu einem wichtigen Akteur der Weltpolitik weiterzuentwickeln, sondern wollten hauptsächlich vermeiden, daß sie nach Vollendung des Binnenmarkts gezwungen wären, die internen EG-Regelungen zu übernehmen, ohne – als Nichtmitglieder – auf deren Inhalt Einfluß zu haben. Ein Beitritt der Türkei würde durch die daraus entstehenden wirtschaftlichen und politischen Probleme die politische Weiterentwicklung der EG sicherlich hemmen. Angesichts des vielerorts bekundeten Interesses an der EG stellte sich die Frage, ob eine Gemein-

---

42 Vgl. zu den Beziehungen EG-EFTA die Dokumente zur Ministertagung des EFTA-Rates und über das EG-EFTA-Treffen am 28. und 29.11.1988 in Genf, abgedruckt in: *EA*, 1/1989, S. D 18 ff., sowie Helen *Wallace*, The European Community and EFTA: one family or two?, in: *TWT*, Bd. 44, Nr. 10, Oktober 1988, S. 177-179.

schaft mit unterschiedlichen Geschwindigkeiten Gebot der Stunde werden könnte.[43]

### *Unsicherheit über die „Festung Europa"*

Nicht unberechtigt schienen im Berichtszeitraum die vor allem in Japan und den USA geäußerten Sorgen über eine Abschottung der EG gegenüber Drittländern. Zwar wurde seitens der Kommission geäußert, es sei geradezu lächerlich, im Zusammenhang mit dem Binnenmarkt von einer „Festung Europa" zu sprechen: Europa wickle 38 Prozent seines Handels mit der Welt ab, wohingegen der Anteil der USA bei nur 15 Prozent, Japans bei 9 Prozent liege.[44] .Dennoch zeichnete sich schon mit dem „Spaghetti-Krieg" Anfang 1987 ein drohender Konflikt mit den USA über protektionistische Handelspraktiken der EG ab (in diesem Fall bei italienischen Teigwaren), der erst im Herbst des Jahres beigelegt werden konnte.[45] Der grundsätzliche Konflikt aber schwelte weiter:[46] Frankreich, Italien und Spanien gehörten zu den EG-Ländern, die eine Abschirmung des Binnenmarkts nach außen als notwendigen Schutz ihrer Produkte gegen eine zu erwartende Flut japanischer und amerikanischer Konkurrenzangebote betrachteten, vor allem in der Automobilbranche, im Telekommunikationsbereich und bei Finanzdienstleistungen. Die bis 1992 abgeschlossene Harmonisierung technischer und administrativer Normen im Binnenmarkt käme bedauerlicherweise – so die Südstaaten der EG – ebenfalls den japanischen und amerikanischen Konkurrenten zugute. Länder wie die Bundesrepublik, die Niederlande

---

43 Ein „harter Kern", nämlich der innere Kreis der Zwölf, hatte sich in der EEA verpflichtet, auf eine Europäische Politische Union hinzuarbeiten und damit die Integration zu vertiefen. Die neutralen EFTA-Mitglieder, die von vornherein eine Teilnahme an einer europäischen Sicherheitsunion ausschlossen und sich vornehmlich am Binnenmarkt, aber auch an der Schaffung einer Wirtschafts- und Währungsunion interessiert zeigten, könnten möglicherweise einen äußeren Kreis bilden. Für diese Staaten schien nur eine langsamere Geschwindigkeit sowie nur eine begrenzte Weiterentwicklung der EG wünschenswert. Ein dritter Kreis, so deutete sich im Berichtszeitraum an, könnte aus beitrittswilligen osteuropäischen Staaten (z.B. Ungarn, Polen) bestehen, die eine besondere Form der Assoziierung mit der EG – ohne politische oder sicherheitspolitische Dimension – nach Artikel 238 der Römischen Verträge erhalten könnten. Im Vergleich zu den beiden vorgenannten Kreisen würden sie eine noch langsamere Gangart einschlagen wollen. Vgl. Valéry *Giscard d'Estaing*, Yasuhiro *Nakasone*, Henry A. *Kissinger*, Ost-West-Beziehungen. Ein Bericht an die Trilaterale Kommission, Bonn (Arbeitspapier der DGAP Nr. 54) 1989, S. 28.

44 *EG-Nachrichten*, Nr. 16, 15.11.1988, S. 3.

45 Die USA hatten eine drastische Kürzung der EG-Subventionen für Teigwaren um 35 % gefordert. In einem telefonisch ausgehandelten Kompromiß einigten sich die amerikanische Regierung und die EG-Kommission am 1. Oktober 1987 auf eine Kürzung der Subventionen um 27,5 %. Vgl. *eg-magazin*, Nr. 1/2, 1988, S. 33.

46 Vgl. hierzu besonders: *Economist*, 13.2.1988, S. 42 ff.; *FAZ*, 6.8.1988; *Die Zeit*, 28.10.1988, S. 22.

und Großbritannien hingegen plädierten für die Fortsetzung des freien Wettbewerbs in einem weltoffenen Markt.[47]

Protektionismus führte nach Meinung der EG-Kommission keineswegs dazu, die EG-Industrien zu stärken. Allerdings unterstützte sie den Wunsch fast aller EG-Staaten nach „freiwilligen“ Beschränkungen japanischer Automobilhersteller. Ebenso sollte in Zukunft ein wirksamer Schutz der EG vor Drittländern im Telekommunikationssektor gewährleistet werden. Im Finanzbereich schlug die Kommission die Befolgung des „Reziprozitätsprinzips“ vor: Die Niederlassung von Finanzinstitutionen aus Drittländern in der EG sollte davon abhängig gemacht werden, ob Kreditinstitute aus EG-Ländern dort dieselben Freiheiten genießen. Entscheidungen über die Frage, wie weit der EG-Markt nach 1992 für die anderen Partner auf dem Weltmarkt offen bliebe, wurden im Berichtszeitraum nicht getroffen.

[47] Die Bundesrepublik sah sich allerdings im Berichtszeitraum von den anderen EG-Staaten mit dem Vorwurf konfrontiert, sie propagiere zwar die freie Marktwirtschaft, versuche aber mit unzähligen nationalstaatlichen Regelungen und Vorschriften den freien Wettbewerb zu umgehen.

# DIE DEUTSCH-FRANZÖSISCHE SONDERBEZIEHUNG

*Von Ingo Kolboom*

## NEUE RAHMENBEDINGUNGEN DURCH DIE „KOHABITATION“

Seit 1986 bis Mitte 1988 mußte sich die Bonner Regierung der nicht einfachen Aufgabe entledigen, bei dem Verkehr mit dem französischen Konsultationspartner die subtilen Gesetze der Pariser „Kohabitation“ zu beachten. Erstmals in der Geschichte der Fünften Republik gehörten seit den Parlamentswahlen vom März 1986 der Staatspräsident, der dem Ministerrat vorsitzt, und der Premierminister mit seinen Ministern nicht demselben politischen Lager an. Der sozialistische Staatspräsident François Mitterrand und der neogaullistische Premier Jacques Chirac, der in Bonn auf sein eigenes Gewicht pochte, brachten neue Regeln in die deutsch-französische Zusammenarbeit. Zu den inzwischen sehr persönlichen Kontakten zwischen Bundeskanzler Helmut Kohl und Mitterrand, die am 14. Oktober 1988 in Vézelay ihre 60. Begegnung feiern konnten, kam der französische Premierminister als eine zusätzliche Dimension hinzu, die eigener Pflege bedurfte und deren Spielregeln es erst zu erlernen galt.

Nach Überwindung anfänglicher Bonner Unsicherheiten wirkte sich die Situation allerdings positiv auf das Zusammenwirken zwischen beiden Regierungen aus, da in Frankreich beide politische Hauptlager, „la gauche“ und „la droite“, in die Eigendynamik der deutsch-französischen Zusammenarbeit eingebunden waren und sie jeweils für sich nutzen wollten. Ein Beispiel für die produktive Konkurrenz waren die beiden deutsch-französischen Räte für Verteidigung und Sicherheit sowie für Wirtschaft und Finanzen. Als Mitterrand während des gemeinsamen Militärmanövers „Kecker Spatz“ im September 1987 dem Bundeskanzler den Verteidigungsrat vorschlug, ohne seinen Premier informiert zu haben, folgte der Neogaullist Chirac diesem Beispiel und schlug Kohl beim Karlsruher Gipfel im Herbst 1987 den Wirtschafts- und Finanzrat vor, ohne seinen Staatspräsidenten vorab davon zu unterrichten. Das Gesetz der Überraschung bestimmte auch die deutsche Seite, die auf Bundeskanzler Kohls Vorschlag einer gemeinsamen deutsch-französischen Brigade vom Juni 1987 nicht vorbereitet war. Die Genese dieser Brigade wie der Räte illustrierte einen deutsch-französischen Handlungsprozeß, in dem erst durch öffentliche Ankündigungen ein Handlungsbedarf geschaffen wurde.

Für die französische Seite waren mit der Bundestagswahl vom 25. Januar 1987 aufgestaute Unsicherheiten beseitigt worden; das Schreckgespenst eines „rot-grünen“ Wahlsiegs mit neuen „deutschen Ungewißheiten“ war vorerst aus der Welt. Doch mit der unerwarteten Stärkung der Liberalen war auch der eigenständige außenpolitische Kurs von Außenminister Hans-Dietrich Genscher bestätigt worden, was in Paris mit gemischten Gefühlen betrachtet wurde, da dessen Linie der ostpolitischen „Öffnung“ und seine Position in der Frage des Abbaus der nuklearen Mittelstreckenraketen in Paris, vor allem bei der Regierung Chirac, nicht unumstritten war.

Daher gab es in Bonn ein doppeltes Aufatmen, als im Frühjahr 1988 die Kohabitation durch die überzeugende Wiederwahl Mitterrands zum Staatspräsidenten, gefolgt von dem Wahlsieg der Sozialisten bei den Parlamentswahlen am 12. Juni, ein Ende fand. Nun wurde die französische Außen- und Sicherheitspolitik wieder eindeutig im Elysée bestimmt. Die stabile politische Führungssituation in Paris mit dem sozialistischen Premierminister Michel Rocard machte für die Bonner Politik vieles einfacher: Außenminister Roland Dumas und sein Freund und Kollege Genscher setzten ihre früheren gemeinsamen KSZE-Initiativen fort, indem sie am 1. Juli 1988 in Wien gemeinsam den Abschluß der KSZE-Konferenz bis Ende Juli forderten, noch vor der Eröffnung der Verhandlungen über konventionelle Abrüstung in Europa.

Eine Bilanz der deutsch-französischen Kooperation in den Jahren 1987 und 1988 muß auf die bemerkenswerte Anzahl gemeinsamer, detaillierter Abkommen und Beschlüsse – von der Zusammenarbeit bei der Bekämpfung des Terrorismus über das gemeinsame Hochschulkolleg bis zur Gründung der gemeinsamen Fluggesellschaft Euroberlin – hinweisen. Diese Zusammenarbeit zeichnete sich nicht nur durch einen hohen Grad an Deklarationen und Symbolismen aus, sondern auch durch eine Vielzahl konkreter Verwirklichungen auf den verschiedenen Ebenen des transnationalen Umgangs. Die institutionell abgesicherte Zusammenarbeit zwischen beiden Staaten erhielt so im Berichtszeitraum weitreichende neue Anstöße.

## FRANZÖSISCHE BESORGNISSE UM DIE EUROPÄISCHE STABILITÄT

### *Die Debatte um die Mittelstreckenraketen*

Im Kontext der deutsch-französischen Beziehungen war die INF-Debatte des Jahres 1987, die Auseinandersetzungen um die doppelte Null-Lösung also, von zentraler Bedeutung.[1] Hier ging es nicht nur um die Mittelstreckenwaffen als solche, deren Abschaffung in Frankreich wie in der

[1] Vgl. hierzu auch den Beitrag von Karl-Heinz *Kamp* in diesem Band.

Bundesrepublik Deutschland Ängste vor einer „Denuklearisierung" Europas und einer Abkopplung der USA von Europa auslösten. Es ging auch um die widersprüchliche französische Position: die Regierung sprach in dieser Frage mit gespaltener Zunge; sowie um die gespaltene Bonner Position, wobei sich Bonner Kritiker eines INF-Abkommens, wie der CDU/CSU-Fraktionsvorsitzende Alfred Dregger, Unterstützung in Paris erhofften.[2] Im Kern dieser französisch-deutschen Debatte ging es aber hauptsächlich um die alte französische Angst eines „Abdriftens" der Bundesrepublik aus der westlichen Integration nach Osten.

Gerade die formale Logik eines Mittelstreckenabkommens, das die Kurzstreckenraketen aussparte, die vor allem die Bundesrepublik bzw. die DDR (als Standort und als Zielscheibe) betrafen, regte französische Sorgen an. Deutsche Kritiker eines INF-Abkommens befürchteten insbesondere die Denuklearisierung und amerikanische Abkopplung; französische Kritiker sahen zudem eine vermeintlich weiterreichende Gefahr: den Weg Deutschlands in den „Neutralismus". Die besondere Gefährdung Deutschlands durch die übrigbleibenden Kurzstreckenraketen („Konzept des begrenzten Kriegs" in Europa) könne die Deutschen veranlassen, sich durch ein Arrangement mit den Sowjets aus dieser Bedrohungssituation zu lösen. Am Ende eines solchen Arrangements stünde der Rückzug der Bundesrepublik in einen „Sonderweg".[3]

Als Außenminister Genscher im Frühjahr 1987 in einer Rede vor Industriellen in Davos darauf bestand, „Gorbatschow beim Wort zu nehmen",[4] und auch Bundeskanzler Kohl in seiner Regierungserklärung vom 18. März 1987 diesen Kurs bestätigte, schien für manchen französischen Politiker und Kommentator der Weg der Bundesrepublik ins östliche bzw. mitteleuropäische Abseits nur noch eine Frage der Zeit zu sein.[5] Die düsteren französischen Warner, die in dem INF-Abkommen ein neues „München", die Bundesrepublik als Opfer sowjetischer Wiedervereinigungs-Schalmeien sahen und einen deutschen „Sonderweg" beschworen, waren u.a. ehemalige und amtierende Minister aller Parteien, Publizisten, Journalisten und Deutschland-Experten. Als der ehemalige (sozialistische) Verteidigungsminister Charles Hernu die Bundesrepublik als eine „Geisel der Sowjetunion" bezeichnete und die rhetorische Frage nach den Unterschieden zwischen deutschem „Nationalneutralismus"

---

[2] Vgl. Alfred *Dregger*, Unionskurs in Paris bestätigt, in: *SZ*, 15.5.1987.

[3] Vgl. Peter *Ruge*, Bernt *Conrad*, Kohl sieht keinen Dissens, Paris spricht von Irritationen. Besorgte Fragen über Bonner „Sonderweg" in der Sicherheitspolitik, in: *Die Welt*, 28./29.3.1987, S. 1.

[4] Seine Rede zog eine Replik seines französischen Amtskollegen nach sich. Vgl. das Gespräch mit Außenminister Jean-Bernard Raimond „Le fait et le mot" in: *Politique Internationale*, Frühjahr 1987, S. 21-39.

[5] Vgl. z.B. Pierre *Hassner*, Gorbatschow im Westen, in: *Europäische Rundschau*, Nr. 2, 1988, S. 15-24.

und „Nationalsozialismus" stellte, erntete er keinen Widerspruch.[6] In dieser Pariser *classe politique*, die sich in ihrer Haltung von der eigenen Bevölkerung keineswegs bestätigt sah, gab es kaum Stimmen (sieht man einmal von den marginalisierten Kommunisten und vom stets vieldeutigen Präsidenten Mitterrand ab), die die Bonner Tendenz, „Gorbatschow beim Wort zu nehmen", teilten.

## STRATEGIEN DER SCHADENSBEGRENZUNG

Als im Juli 1987 feststand, daß die beiden Supermächte das INF-Abkommen unterzeichnen würden, wurden in Frankreich – wie schon in der ersten Hälfte der achtziger Jahre – Strategien der Schadensbegrenzung entwickelt; auch diese standen in der logischen Weiterentwicklung jener Reaktionen aus der Zeit der Nachrüstungs- und Stationierungsdebatte.[7] Zunächst einmal ging es darum, einer schleichenden Denuklearisierung Europas vorzubeugen, indem entsprechende Positionen für spätere Verhandlungen über Raketen unter 500 km Reichweite festgesteckt wurden. Damit war ein deutsch-französischer Dissens vorprogrammiert, da die Bundesregierung eine nukleare „Brandmauer" auf ihrem Territorium ablehnte und weder die fortbestehende Bedrohung durch sowjetische Kurzstreckenraketen noch eine Nachrüstung im Kurzstreckenbereich akzeptieren wollte. In diesem Zusammenhang rückten auch die französischen prästrategischen Raketen stärker in das deutsche Blickfeld[8] und lösten Irritationen aus. Während der 49. deutsch-französischen Konsultationen am 21. und 22. Mai 1987 in Paris weigerte sich Mitterrand, die Reduzierung bei den Nuklearraketen kürzerer Reichweite zur Vorbedingung für die Realisierung der doppelten Null-Lösung zu machen. Diesen Standpunkt präzisierte Außenminister Jean-Bernard Raimond zwei Tage später, als er bekanntgab, daß die französische Regierung die INF-Verhandlungen über eine doppelte Null-Lösung bei einer unteren Reichweite bis 500 km unterstütze.

Letztlich gelang es nicht, eine gemeinsame deutsch-französische oder gar europäische Haltung in dieser Frage zu definieren. Der Abrüstungsexperte Jean Klein stellte fest, daß Frankreich und Großbritannien es in dieser Frage vorzogen, „sich dem Standpunkt der Vereinigten Staaten anzuschließen, anstatt mit der Bundesrepublik eine Abrüstungsstrategie zu erarbeiten, die den Sicherheitsinteressen Europas besser entsprochen hätte", und verwies auf „die

---

6 *Le Monde*, 15.3.1987. Vgl. auch: Ingo *Kolboom*, Gorbatschow – ein deutsch-französisches Ärgernis? in: *Dokumente*, Nr. 3, Juni 1987, S. 173-174, und *Die Welt*, 30.4.1987.

7 Vgl. Ingo *Kolboom*, Unsicherheiten in der deutsch-französischen Sonderbeziehung, in: IP 1983/84, S. 147-159.

8 Vgl. Roger *de Weck*, Opfer der Abrüstung, in: *Die Zeit*, Nr. 25, 12.6.1987; *NZZ*, 13.10.1988.

Grenzen der deutsch-französischen und der europäischen Zusammenarbeit in Sicherheitsfragen."[9]

### *Vertiefte Kooperation im EG-Rahmen*

Während die französische Politik der Schadensbegrenzung in diesem Fall den Weg über Washington wählte, betrieb sie auf anderen Feldern eine aktive Verstärkung der bilateralen Zusammenarbeit mit der Bundesrepublik und in Ergänzung dazu eine Stärkung der sicherheitspolitischen Identität Westeuropas. Zum einen ging es Frankreich bei dieser Strategie um die Fortsetzung des klassischen deutschlandpolitischen Ziels, nämlich der Kontrolle durch die verstärkte Einbindung der Bundesrepublik in die westliche Integration. Seit dem Elysée-Vertrag von 1963 hatte sich diese multilaterale Integrationsstrategie um die bilaterale Variante, die deutsch-französische Zusammenarbeit, erweitert. Für einige Politiker – wie für die ehemalige Präsidentin des Europa-Parlaments, Simone Veil, und andere Zentrumspolitiker – war die Einbindung eine implizite Selbstverständlichkeit, andere – wie der ehemalige Premierminister Raymond Barre, der ehemalige Außen- und Europaminister Claude Cheysson oder der ehemalige Wirtschaftsminister Pierre Bérégovoy – verbanden ihre kritischen Kommentare mit der expliziten Aufforderung, nun erst recht die Bundesrepublik einzubinden und die verteidigungs- und sicherheitspolitische Zusammenarbeit zu stärken.[10] Cheysson formulierte voller Mißtrauen: Auf „diese Gefahr" (des Abdriftens) müsse der Westen mit einer völligen Integration der Bundesrepublik in die westlichen Bündnisse antworten, damit sie „keinen unterschiedlichen Standpunkt" mehr einnehmen könne. „Auf der Grundlage einer weiterentwickelten Integration dürfen wir Deutschland keine Wahl mehr lassen." Die von Bundeskanzler Kohl vorgeschlagene gemeinsame Brigade erschien Cheysson jedoch kaum als das geeignete Instrument: einen „netten Einfall" nannte er sie; „ein deutsch-französisches Musikcorps wäre fröhlicher gewesen."[11]

### *Vorschläge für einen sicherheitspolitischen Bilateralismus*

Mitterrands ehemaliger Premierminister Laurent Fabius zeichnete die Perspektive einer „deutsch-französischen Konföderation" bzw. einer „veritablen

---

[9] Jean *Klein*, Die Chancen für eine deutsch-französische Zusammenarbeit bei der Abrüstung, in: André *Brigot*, Peter *Schmidt*, Walter *Schütze* (Hrsg.), Sicherheits- und Ostpolitik: Deutsch-französische Perspektiven, Baden-Baden 1989, S. 95-114, hier S. 108.

[10] Vgl. Claude *Cheysson*, in: *Le Monde*, 20.8.1987; Raymond *Barre*, Interview in: *Revue Internationale Stratégique*, Dezember 1987; Pierre *Bérégovoy* in: *Le Monde*, 30.3.1987.

[11] *Le Monde*, 20.8.1987.

deutsch-französischen Koppelung“ auf und plädierte für eine europäische Währung und eine engere militärische Zusammenarbeit zwischen Bonn und Paris.[12] Valéry Giscard d'Estaing, Staatspräsident von 1974 bis 1981 und Vorsitzender des außenpolitischen Ausschusses der Nationalversammlung, schlug – einen Tag nach Kohls Vorschlag einer deutsch-französischen Brigade – mit Blick auf den 25. Jahrestag des Elysée-Vertrags „Gespräche über eine gemeinsame, auf Gegenseitigkeit aufbauende Verteidigungsgemeinschaft“ vor.[13] Verteidigungsminister Jean-Pierre Chevènement reaktivierte Anfang September 1988 den immer wieder vorgetragenen, aber weder von französischer noch von Bonner Seite ernsthaft gewollten Gedanken einer Ausweitung des französischen atomaren Schutzes auf die Bundesrepublik.[14] Die im Laufe des Jahres 1988 eingerichteten deutsch-französischen Räte für Sicherheit und Verteidigung sowie für Wirtschaft und Finanzen sollten, aus französischer Sicht, als elementare Instrumente der Schadensbegrenzung dienen und die Bundesrepublik einbinden. Die im Protokoll über den Verteidigungs- und Sicherheitsrat vom 22. Januar 1988 auf französischen Wunsch festgeschriebene „Strategie der Abschreckung und Verteidigung“, die „sich weiterhin auf eine geeignete Zusammensetzung nuklearer und konventioneller Streitkräfte stützen muß“[15], wurde Teil der Pariser Bestrebungen, der befürchteten „Denuklearisierung“ entgegenzuwirken.

Auch die Bundesrepublik zeigte ihrerseits ein gezieltes Interesse, die europäische Integrations- und atlantische Bündnispolitik durch einen besonderen Bilateralismus mit Paris zu ergänzen. Für die Bonner Außenpolitik diente diese Zusammenarbeit mit Paris der Realisierung politischer Positionen und galt als eine Art Rückversicherung gegen deutsche Alleingänge in Europa. Diese bilaterale Variante des allgemeinen westdeutschen Interesse an einer Selbsteinbindung verband sich in Fragen der Sicherheits- und Verteidigungspolitik mit zusätzlichen Motiven: Neben dem klassischen Motiv, über den bilateralen Brückenschlag Frankreich an die NATO anzubinden,[16] rückte der Aufbau eines europäischen Pfeilers für den Fall der amerikanischen Abkopplung von Europa im Berichtszeitraum in den Vordergrund. Vor diesem Hintergrund waren die deutschen Initiativen eines sicherheitspolitischen Bilateralismus zu sehen. Im Frühjahr wiederholte Alt-Bundeskanzler Helmut Schmidt den Vorschlag einer Vereinigung der konventionellen

---

12 So in einem Rundfunkinterview mit France-Inter am 17.6.1987 und in: *Le Monde*, 20.8.1987 („Pour un couplage franco-allemand“).

13 Interview in: *Die Welt*, 20.6.1987, S. 40.

14 Bei einem Besuch in Bonn am 5.9.1988. Vgl. *SZ*, 6.9.1988.

15 Protokoll über die Schaffung eines deutsch-französischen Verteidigungs- und Sicherheitsrats, abgedruckt in: Hans-Peter *Schwarz*, Eine Entente élémentaire. Das deutsch-französische Verhältnis im 25. Jahr des Elysée-Vertrages. Mit einer Dokumentation von Ingo *Kolboom*, Bonn (Arbeitspapier der DGAP, Bd. 47) [2]1989, S. 40-42, hier S. 40.

16 Frankreich gehörte seit 1966 der militärischen Integration der NATO nicht mehr an.

Streitkräfte beider Länder;[17] kurz danach machte Kohl seinen Vorschlag einer deutsch-französischen Brigade, der auch als bremsende Replik auf Schmidts weitergehende Pläne interpretiert werden konnte. Darüber hinaus gab es 1987/88 ein deutsch-französisches Interesse an einer Kooperation in der Rüstungsproduktion, auch wenn die Zusammenarbeit dort Grenzen fand, wo französisches Exportinteresse andere Akzente setzte. Im Fall der 1987 getroffenen, in Fachkreisen umstrittenen Entscheidung der gemeinsamen Hubschrauberproduktion dominierte zumindest auf deutscher Seite der politische Wille über die technisch-industrielle Rationalität.

## STRUKTURPROBLEME DER ZUSAMMENARBEIT

### *Der Rat für Verteidigung und Sicherheit*

Die Einrichtung der beiden Räte für Verteidigung und Sicherheit sowie für Wirtschaft und Finanzen war ein institutioneller Schulterschluß zwischen Bonn und Paris, mit dem beide aus durchaus unterschiedlichen Motiven die Kooperation vertiefen wollten. Sachlich bedingte Interessendivergenzen waren allerdings vorhanden und ihre Einrichtung selbst gab Anlaß zu mehr als unterschwelligen Konflikten. So hätte die Ratifizierung des Verteidigungs- und Sicherheitsrats im Bundestag gegen die Stimmen der SPD und Grünen vollzogen werden müssen, wenn nicht die Bundesregierung in einer „Denkschrift" und einer Note an die Pariser Regierung klargestellt hätte: „Eine vertragliche Festlegung auf eine bestimmte Strategie der Verteidigung geht hiervon nicht aus."[18] Daß diese Denkschrift auf französischer Seite aber nicht so restriktiv zur Kenntnis genommen wurde, belegt der Bericht der Senatskommission über die Protokolle, in dem mit Zufriedenheit zur Kenntnis genommen wurde, „daß in dem Protokoll, also im deutsch-französischen Vertrag selbst, die Notwendigkeit der nuklearen Abschreckung bestätigt wird"[19]. Diese Formulierung wurde von der dem Außenminister beigeordneten Ministerin Edwige Avice in der Senatsdebatte vom 20. Dezember 1988 wörtlich aufgenommen.

Ein Spiegel der Probleme, insbesondere die unterschiedliche Zugehörigkeit zur NATO, waren das erste gemeinsame Manöver „Kecker Spatz" vom

---

[17] Rede Schmidts in Paris am 25.2.1987, in: *AdG* 1987, S. 30805; Unterredung Schmidts mit Mitterrand am 17.3.1987 und Rede Schmidts in Paris vor den „Clubs Convaincre" am 13.6.1987, in: *Le Monde*, 17.6.1987, S. 8.

[18] Abdruck der Denkschrift bei *Schwarz*, a.a.O. (Anm. 15), S. 82.

[19] Sénat, Première session ordinaire de 1988-1989, Annexe du proces-verbal de la séance du 8 décembre 1988. Rapport au nom de la commission des Affaires étrangères, de la défense et des forces armées, Nr. 122. Par Jacques *Genton*, Paris, o.J., S. 35.

Oktober 1987 und die Aufstellung der deutsch-französische Brigade. Während des Manövers gab es ernste Verstimmungen, als die französische Regierung zwei NATO-Offiziere als Manöverbeobachter wieder auslud, und in einer geheimen „Nuklearzelle" von französischen Teilnehmern der taktische Atomeinsatz durchgespielt wurde. Bei der langwierigen Vorbereitung der Brigade stand das Problem des Oberbefehls lange Zeit im Vordergrund: Beide Streitkräfte unterstanden inkompatiblen Oberbefehlen (NATO/national). Auch zeigte sich gerade im Alltag „die Künstlichkeit und die fehlende organische Einheit dieses Verbandes".[20] Unklar blieben ebenfalls nuklearer Schutz und Auftrag der Brigade.

### *Der Rat für Wirtschaft und Finanzen*

Der auf deutscher Seite zunächst umstrittene Wirtschafts- und Finanzrat wurde von französischer Seite als ein Instrument betrachtet, der Autonomie der Deutschen Bundesbank Fesseln der Integration anzulegen.[21] Damit war der Konflikt vorprogrammiert. Zwar hatte der Zentralbankrat Ende Januar 1988 Bundesbankpräsident Karl Otto Pöhl in den Rat entsandt, aber Vorbehalte geäußert: Die im Bundesbankgesetz von 1957 festgelegte Unabhängigkeit der deutschen Notenbank dürfe nicht angetastet und die Stabilitätspolitik der Bundesbank im Interesse deutsch-französischer Kooperation nicht aufgeweicht werden. Am 4. Februar 1988 erhob die Bundesbank dann in einem Brief an Bundesfinanzminister Gerhard Stoltenberg Bedenken gegen eine Einschränkung der geldpolitischen Autonomie durch den Rat und verlangte eine rechtsverbindliche Festlegung ihrer Unabhängigkeit und Entscheidungsfreiheit. Die Bonner Denkschrift vom 28. Oktober mußte dafür sorgen, deutschen Befürchtungen um den Autonomieverlust der Bundesbank entgegenzuwirken, indem sie festhielt, daß der Finanz- und Wirtschaftsrat „kein Entscheidungs-, sondern ein Konsultationsorgan ist."[22]

## KONTROVERSE UND KONVERGENZ IN DER OSTPOLITIK

Neben den sicherheits- und währungspolitischen Debatten, die im Jahr 1988 die Institutionalisierung der beiden Räte begleitete, begann ein drittes großes Thema die deutsch-französische Zusammenarbeit zu beherrschen: die

20 Karl *Feldmeyer*, Ein Spiegel der Probleme. Die deutsch-französische Brigade ohne Auftrag, in: *FAZ*, 11.10.1988.
21 Vgl. Paul *Bellinghausen*, Kohls Blankoscheck für die Franzosen, in: *Rheinischer Merkur*, Nr. 11, 11.3.1988, S. 9.
22 Abgedruckt in: *Schwarz*, a.a.O. (Anm. 15), hier S. 85.

Ostpolitik. War diese in den Jahren zuvor – in Ermangelung einer eigenen Pariser Ostpolitik – eher von französischen Reserven gegenüber der Bonner Ostpolitik bzw. deutscher „Gorbimanie“ bestimmt oder umgekehrt von deutschen Versuchen, den „Ruf von Osten“ nach Paris zu tragen, so verschob sich seit Jahresbeginn 1988 diese Schieflage. Mit dem Ende der Kohabitation zeichnete sich immer deutlicher eine Korrektur der französischen Außenpolitik ab, als Paris auf breiter Front seine Ostpolitik gegenüber Ost/Mitteleuropa und gegenüber der Sowjetunion reaktivierte. Auch die Bedrohungsperzeption der Sowjetunion in Frankreich selbst änderte sich.[23]

### *Französische Initiativen in der Ostpolitik*

Außenminister Dumas plädierte im September für eine „Neubewertung der Ost-West-Beziehungen“.[24] Anläßlich des Frankreich-Besuchs des sowjetischen Außenministers Eduard Schewardnadse im Oktober sprach die internationale Presse schon von einem „neuen Frühling“ zwischen Paris und Moskau. Höhepunkt der neuen Ostpolitik-Initiativen wurde schließlich der Moskau-Besuch von Präsident Mitterrand Ende November, mit dem er seine Absicht andeutete, das Jahr 1989 zu einem Jahr der französischen Außen- und Ostpolitik machen zu wollen.[25] Als Fernziel nannte er explizit „das Ende des geteilten Europas“ als „eine der großen Aufgaben zum Ende dieses Jahrzehnts“. Daß Frankreich sich bei der Gestaltung dieses Ziels zusammen mit der Sowjetunion – „beide Länder an den beiden äußeren Enden Europas“ – in einer historischen Verantwortung für das „Gleichgewicht in Europa“ sah, betonte der Staatspräsident in einem Interview mit dem sowjetischen Fernsehen am 22. November 1988 und skizzierte damit seine Architektur eines „gemeinsamen Hauses Europa“ – eine Formel, die Mitterrand häufiger nun auch zur eigenen machte.[26]

Diese ordnungspolitische Vorstellung von Europa war eine deutliche Abgrenzung gegenüber der Bonner Ostpolitik, die als Ziel einer Überwindung

---

23 Verschiedene Umfragen belegen, daß Ende 1988 die Sowjetunion in der Bedrohungsskala der französischen Bevölkerung wieder auf den Niedrigstand von 1970 zurückgefallen war. Nur noch 16 % der Franzosen sahen in der Sowjetunion eine Bedrohung Frankreichs und seiner Interessen in der Welt (Platz 4), 12 % hingegen die USA (Platz 6). Vgl. Les Français et la défense nationale. Baromètre SIRPA/SOFRES 1988. Dossier de presse, 7.11.1988 (Resümee in: *Armées d'aujourd'hui*, Nr. 135, November 1988, S. 19-24). Der ansteigende Sympathietrend für Gorbatschow wurde schon im Sommer 1987 im Pariser Außenministerium festgestellt: *Opinions étrangères*, Nr. 4, Juni 1987, S. 6 ff. und Nr. 5, Juli 1987, S. 5.

24 *Le Monde*, 9.9.1988.

25 Vgl. das Interview Mitterrands am Vorabend seiner Moskau-Reise: Mitterrand fait le tour du monde, in: *Libération*, 23.11.1988.

26 Vgl. Ingo *Kolboom*, Mitterrands weltpolitischer Bauplan. Das „gemeinsame Haus Europa“: die Gallizisierung einer sowjetischen Formel, in: *FAZ*, 9.10.1989, S. 8.

des Status quo von der Überwindung der deutschen Teilung bestimmt blieb. Dies konnte sich tendenziell als eine Herausforderung an das französische Gleichgewichtsdenken ausnehmen. Frankreichs neue Ostpolitik bemühte sich um eigenständige Akzente, betonte aber zugleich die Notwendigkeit einer ostpolitischen Kooperation mit der Bundesrepublik, deren Ostpolitik nun nicht mehr dem hohen Maß der Verdächtigung ausgesetzt war wie noch kurz zuvor. Die Motive für diese kooperativen Strukturen der neuen Pariser Ostpolitik waren komplex: Sie gingen aus von der klassischen Überlegung der „Verankerung" der Bundesrepublik in den Westen, von dem Wunsch, Osteuropa „nicht allein den Deutschen zu überlassen" und von der aufrichtigen Überzeugung von der Notwendigkeit einer ostpolitischen bilateralen Zusammenarbeit, da Frankreich für Alleingänge ohnehin nicht stark genug war.

An gegenseitigen öffentlichen Appellen für eine ostpolitische Zusammenarbeit fehlte es 1988 nicht. Sie waren begleitet von konkreten Konsultationen, unter vier Augen, wie bei der Begegnung Kohl-Mitterrand Mitte Oktober in Vézelay, wo es um ihre bevorstehenden Reisen in die Sowjetunion ging (Kohl Ende Oktober, Mitterrand Ende November), oder auch im institutionalisierten Rahmen der 52. Regierungskonsultationen Anfang November, auf denen beide Regierungen vereinbarten, ihre Politik gegenüber der Sowjetunion und Osteuropa künftig eng miteinander abzustimmen.

### *Unterstützung für eine gemeinsame Ostpolitik*

Daß diese Konvergenz der deutsch-französischen Beziehungen sich auf großen Rückhalt bei den Bevölkerungen in beiden Ländern stützen konnte, bewiesen zahlreiche Meinungsumfragen. Bei den Franzosen bezog sich das gestärkte Vertrauen auch auf jenes heikle Thema, das zuvor eine eigenständige Quelle ostpolitischen Mißtrauens gewesen war: Noch nie zuvor war der Prozentsatz der Franzosen, die in einer Überwindung der deutschen Teilung keine Gefahr mehr für Frankreich sahen – die absolute Mehrheit –, so hoch gewesen.[27] Mitterrands Reden steckten 1988 zugleich den Rahmen der ostpolitischen Toleranz und Kooperationsbereitschaft Frankreichs ab: Was gegenüber der Sowjetunion und Ost/Mitteleuropa das Kriterium der Menschenrechte war, das war gegenüber der Bundesrepublik die mit der Sowjetunion in Anspruch genommene Verantwortung für das „Gleichgewicht in Europa".

27 Im Zeitraum 1985-1989 stieg der Anteil der Franzosen, die in der Wiedervereinigung keine politische Gefahr mehr für Europa sahen, von 39 % auf 53 %. Der Anteil derjenigen, die darin eine Gefahr sahen, stagnierte bei 28 % bzw. 29 %, der Prozentsatz der Unentschiedenen sank von 33 % auf 18 %. Vgl. IFOP-Umfrage 1985/1989, abgedruckt in: *Le Monde*, 4.7.1989, S. 3.

# DIE NORDEUROPÄISCHEN STAATEN UND IHRE AUSSENPOLITISCHE ORIENTIERUNG

*Von Falk Bomsdorf*

## DIE GEFÄHRDUNG DER „NORDISCHEN RUHE“

Je weiter die achtziger Jahre fortschritten, desto gefährdeter erschien die „nordische Ruhe“, also der Zustand umfassender Stabilität der nordischen Staaten innerhalb des internationalen und europäischen Machtgefüges.[1] Im Konflikt zwischen Ost und West war der Norden keine Quelle unmittelbarer Spannungen: Es gab weder konkrete Streitpunkte noch gingen aus der nordeuropäischen Region Gefährdungen für die Sicherheit der einen oder anderen Seite aus. Fremde Streitkräfte waren in den nordischen Staaten mit Ausnahme der kleinen amerikanischen Garnison auf Island nicht stationiert. Die nordeuropäischen NATO-Staaten Dänemark und Norwegen waren von der Sowjetunion sowie den Warschauer-Pakt-Staaten durch die Ostsee und die neutralen Länder Schweden und Finnland getrennt. Von einer direkten militärischen Konfrontation zwischen Ost und West, wie sie in Mitteleuropa gegeben war, konnte im Norden nicht die Rede sein.

Durch den Versuch, im Norden ihre global-strategischen Optionen für einen umfassenden militärischen Konflikt zu verbessern, wirkten sowohl die Sowjetunion als auch die Vereinigten Staaten auf die regional-strategische Sicherheitslage ein und veränderten die Bedingungen, die bisher für die Außen- und Sicherheitspolitik der nordischen Staaten gegolten hatten. Die Essenz dieser Politik hatte seit jeher in der Aufrechterhaltung der Balance zwischen den beiden für wesentlich gehaltenen Aufgaben bestanden: Abschreckung wie Beruhigung der Sowjetunion. Beide Elemente dieser nordischen Sicherheitsgleichung hatten seit jeher in einem Verhältnis dialektischer Spannung zueinander gestanden: Bei der Gewährleistung von Abschreckung mußten die regionalen Sicherheitsbedürfnisse der Sowjetunion stets mitbedacht werden, ohne die Abschreckung aufzuheben. Ebenso mußten die Bedürfnisse von Abschreckung in Rechnung gestellt werden, ohne eine nachhaltige Beunruhigung zuzulassen.

Diese Balance ließ sich aufrechterhalten, solange die strategischen Interessen der Sowjetunion im Norden begrenzt waren. Die Aufgabe wurde schwierig, als die UdSSR ihren Basenkomplex auf der Kola-Halbinsel immer weiter

---

[1] Vgl. Falk *Bomsdorf*, Sicherheit im Norden Europas. Die Sicherheitspolitik der fünf nordischen Staaten und die Nordeuropapolitik der Sowjetunion, Baden-Baden 1989.

auszubauen begann und vor allem umfangreiche See- und Luftstreitkräfte dort stationierte. Deren Stärke stellte die Abschreckungsmaßnahmen der nordischen Staaten und insbesondere Norwegens in Frage und erforderte deren Intensivierung. Die rapide gewachsenen strategischen Interessen der Sowjetunion dagegen verlangten seit Mitte der achtziger Jahre zunehmende Beruhigungsmaßnahmen, um einer möglichen Konfrontation zu entgehen. Damit schienen sich die nordischen Staaten in einem Dilemma zu befinden:[2] Es wurde zunehmend schwieriger, der drohenden Alternative – Verwundbarkeit oder Konfrontation – zu entgehen. Eine entscheidende Wahl der nordischen Staaten zwischen größerer Sicherheit und verstärkter Spannung einerseits oder geringerer Spannung und verminderter Sicherheit andererseits schien sich abzuzeichnen.

## *Kontinuität als Grundzug nordischer Außenpolitik*

Wenn die Entwicklung im Norden auch nicht ohne Sorge betrachtet wurde, sah doch keine Regierung Anlaß dafür, von den Grundlinien ihrer bisherigen Außenpolitik – und das hieß vor allem Sicherheitspolitik – abzugehen. Zum einen hatte sich die von den nordischen Staaten jeweils eingeschlagene Grundhaltung in langen Jahren praktischer Politik bewährt. Zum andern zeichnete sich im Anschluß an den erfolgreichen Abschluß der Konferenz über Vertrauens- und Sicherheitsbildende Maßnahmen und Abrüstung in Europa (KVAE) im Herbst 1986 ab, daß die sowjetische Führung unter Generalsekretär Michail Gorbatschow dem „Neuen Denken“ in ihrer Außen- und Sicherheitspolitik Taten folgen lassen würde.[3] Die dem Norden gewidmete Murmansker Rede von Generalsekretär Gorbatschow (Oktober 1988)[4] und die vorangegangenen Besuche von Ministerpräsident Nikolaj Ryshkow in Stockholm und Oslo (Januar 1988)[5] zeigten zwar, daß sich mit Blick auf Nordeuropa die sowjetischen Sicherheitsvorstellungen im wesentlichen nicht geändert hatten. Die nordische Region setzte aber weiterhin auf die Balance zwischen Abschreckung und Beruhigung, d.h. verstärkten Verteidigungsanstrengungen Norwegens, Schwedens wie auch Finnlands entsprachen verstärkte Bemühungen dieser Länder um Rüstungskontrolle.

---

[2] Vgl. Tomas *Ries*, The Nordic Dilemma in the 80's: Maintaining Regional Stability under New Strategic Conditions, Genf (Graduate Institute of International Affairs, PSIS Occasional Paper Nr. 1) 1982, S. 43 ff.

[3] Vgl. hierzu ausführlich den Beitrag von Eberhard *Schulz* in diesem Band.

[4] Abgedruckt in: *ND*, 2.10.1987.

[5] Vgl. dazu *Bomsdorf*, a.a.O. (Anm. 1), S. 191-200.

## DAS BÜNDNIS IM AUFWIND

### *Island*

Auf Island, das über keine eigenen Streitkräfte verfügt, aber Gründungsmitglied der NATO ist, setzte sich im Berichtszeitraum der allmähliche Wandel in der Einstellung gegenüber den auf der Insel stationierten amerikanischen Truppen fort. Die vor allem auf der Angst vor kultureller Erosion beruhende ablehnende Haltung der Isländer gegenüber der amerikanischen Präsenz machte einer vorsichtigen Zustimmung Platz. Gleichzeitig erhöhte sich das sicherheitspolitische Profil des Landes: Der Inselstaat begann aus seiner passiven Rolle herauszutreten und schuf zunehmend Voraussetzungen für eine aktivere Mitarbeit im Rahmen der NATO.

### *Dänemark*

In Dänemark hatte die Regierung nach wie vor mit dem klassischen Ungleichgewicht zwischen den vorgegebenen Aufgaben der Streitkräfte und den zu ihrer Erfüllung vorhandenen Haushaltsmitteln zu kämpfen.[6] Diese Diskrepanz wurde regelmäßig zu Lasten der Verteidigungsfähigkeit überbrückt; der Alterungsprozeß bei Waffen und sonstigem Material ging daher in Dänemark weiter. Der aus den Wahlen vom Mai 1988 hervorgegangenen bürgerlichen Regierung gelang es aber, die dänische Sicherheitspolitik wieder zu einem berechenbaren Faktor zu machen. Dies war nach dem Übergang der Macht von den Sozialdemokraten auf eine bürgerliche Minderheitsregierung 1982 nicht der Fall gewesen: Die Regierung hatte in Fragen der Sicherheitspolitik über keine sie stützende Mehrheit im Parlament verfügt; demgemäß waren mehrfach Resolutionen verabschiedet worden, die der Politik der NATO zuwiderliefen. Die dänische Regierung war daher seinerzeit häufig gezwungen gewesen, sich offiziell gegen NATO-Beschlüsse auszusprechen und dies in NATO-Dokumenten aktenkundig zu machen. Im November 1988 gelang es der Regierung, durch einen „sicherheitspolitischen Burgfrieden" die bisherige sicherheitspolitische Konfrontation im dänischen Parlament zu beenden.

---

[6] Vgl. zu diesem traditionellen Dilemma Nikolaj *Petersen*, Dänemarks Sicherheitspolitik. Von der Konfrontation zum Kompromiß?, in: *EA*, 10/1985, S. 287-296, bes. S. 292 f.

## *Norwegen*

Norwegen gründet seine Sicherheit wie Dänemark auf die Mitgliedschaft im Atlantischen Bündnis. Wie der Nachbarstaat verfolgt es dabei eine Politik der Selbstbeschränkung: Fremde Streitkräfte werden auf norwegischem Boden nicht stationiert, es sei denn, das Land würde angegriffen oder mit einem Angriff bedroht; die Stationierung von Nuklearwaffen wird nicht zugelassen.[7] Diese Politik war von Norwegens Verbündeten nicht immer verstanden worden; vielmehr wurde darin nicht selten eine minderwertige Art von Bündniszugehörigkeit („NATO-Neutralität") gesehen.[8] Durch seinen über längere Frist durchgehaltenen Zuwachs im Verteidigungshaushalt sowie durch die stetig demonstrierte hohe Verteidigungsbereitschaft gelang es Norwegen aber, die Bedenken seiner Verbündeten zu zerstreuen. Die Zustimmung der norwegischen Bevölkerung zur NATO wie auch zur Aufrechterhaltung eigener Streitkräfte blieb auf hohem Stand. Auch die vorübergehende Trübung der Beziehungen zu den USA aufgrund von Lieferungen modernster Technologie an die Sowjetunion durch eine norwegische Staatsfirma[9] war nicht geeignet, das gute Verhältnis Norwegens zur Allianz auf Dauer zu beeinträchtigen.

## *Schwedens Symbiose von Außen- und Sicherheitspolitik*

In Schweden besann man sich 1987/88 zunehmend auf die Balance zwischen „aktiver Außenpolitik" und „starker Verteidigung". Die Außen- und Sicherheitspolitik Schwedens ging unter der Regierung von Ministerpräsident Ingvar Carlsson (seit 1986 im Amt) dem ursprünglichen Konzept der siebziger Jahre entsprechend wiederum eine Symbiose ein.[10] Der auf westlicher Seite nicht selten zu vernehmenden Kritik an der Glaubwürdigkeit der schwedischen Neutralität wurde zunehmend die Grundlage entzogen. Allerdings gelang es den Streitkräften auch weiterhin nicht, die Verletzung schwedischer Hoheitsgewässer durch fremde – und mit großer Wahrscheinlichkeit sowjetische –

---

7 Der Unterschied zwischen der norwegischen und dänischen Haltung besteht in der Geltung und Fassung der den Selbstbeschränkungen jeweils hinzugefügten Vorbehalte. Dabei ging die Entwicklung in Norwegen 1987/88 dahin, die Restriktionen hinsichtlich der Stationierung von Nuklearwaffen als unbedingt geltend anzusehen und nicht mehr wie bisher lediglich „in Friedenszeiten". Vgl. *Bomsdorf*, a.a.O. (Anm. 1), S. 47 ff., 71 ff.

8 Vgl. Nils *Ørvik*, Noninterference and NATO-Neutralism, in: *ders.* (Hrsg.), Semialignment and Western Security, London, Sydney 1986, S. 248-264.

9 Vgl. hierzu auch den Beitrag von Peter *Rudolf* in diesem Band.

10 Vgl. auch Wolfgang A. *Schmidt*, Die schwedische Sicherheitspolitik. Konzeption, Praxis, Entwicklung. St. Gallen (Hochschule St. Gallen, Forschungsstelle für Politikwissenschaft, Beiträge und Berichte Nr. 88) 1983, S. 197.

U-Boote zu unterbinden; auch standen die Verteidigungsplaner unter schweren wirtschaftlichen Zwängen.

In seiner politischen wie militärischen Selbstbehauptung sah sich Schweden durch den Besuch von Ministerpräsident Ryshkow im Januar 1988 bestätigt. Es gelang, die Sowjetunion in der lange Jahre umstrittenen Frage der Abgrenzung von Kontinentalsockel und Wirtschaftszone in der Ostsee zum Einlenken zu bewegen:[11] Das Seegebiet zwischen der Insel Gotland und der baltischen Küste der Sowjetunion wurde geteilt; Schweden erhielt 75 Prozent, die Sowjetunion 25 Prozent. In der öffentlichen Beurteilung hieß es, es gebe kein Beispiel dafür, daß ein kleines Land seine Interessen gegenüber einer Supermacht so gut habe behaupten können wie Schweden.[12]

### *Das Ende der Finnlandisierung*

Finnlands Politik der Neutralität war, trotz mancher Schwierigkeiten und Rückschläge, während der gesamten Nachkriegszeit erfolgreich gewesen. Das Land war außerhalb der Interessenkonflikte der Großmächte geblieben; gleichzeitig hatte es seine Unabhängigkeit, seine traditionellen Werte und seine Demokratie westlichen Zuschnitts bewahrt. Dieser Wirklichkeit entsprach allerdings nicht das Finnland-Bild im Westen: Finnland wurde vielfach als ein Land betrachtet, das sich letztlich sowjetischer Oberherrschaft beugte und dessen Souveränität und Neutralität eher Schein als Realität waren.[13] Diese Fehlwahrnehmung begann 1987/88 zu schwinden. Zwar hielt das Land unbeirrt an seiner spezifischen Neutralitätspolitik fest. Auch das auf Vertrauen gegründete gute Verhältnis zur Sowjetunion blieb unberührt und fand im Austausch von Besuchen sogar einen Höhepunkt. Was sich änderte, war die Sichtweise im Westen. Diese gewandelte Perspektive kam beim Besuch des amerikanischen Präsidenten Ronald Reagan im Mai 1988 in Finnland zum Ausdruck: Reagan zollte der „kreativen Staatskunst" Tribut, die „Finnlands Geschenk an den Weltfrieden" sei; er sprach vom Respekt der USA für Finnlands Neutralität sowie von Unterstützung für seine Unabhängigkeit.[14] Für Finnland war dies positiv: Das Land sah sich zum ersten Mal von Ost wie West nach seiner politischen Leistung beurteilt und nicht nur als Objekt im Machtkampf zwischen den beiden Systemen.

---

11 Beim kurz darauf erfolgten Besuch von Ryshkow in Oslo gelang es nicht, die Sowjetunion zu einem Kompromiß bei der Abgrenzung des in der Barentssee zwischen beiden Staaten strittigen Seegebiets zu veranlassen.

12 *NZZ*, 14.1.1988.

13 Zum Themenkreis „Finnlandisierung" vgl. *Bomsdorf*, a.a.O. (Anm. 1), S. 141 ff. Zur jüngsten Entwicklung vgl. Max *Jakobson*, Finland: So Much for Contempt, in: *IHT*, 10.6.1988.

14 *Jakobson*, ebd.

### *Rüstungskontrolle im Norden*

Alle nordischen Staaten teilten die Sorge, daß die trotz der neuen Entspannungsphase anhaltende Rüstungskonkurrenz auf den Norden übergreifen könne. Sie befürchteten insbesondere, daß die Reduzierung von Nuklearwaffen in Mitteleuropa durch einen entsprechenden Zuwachs nuklearer Waffensysteme in den an Nordeuropa angrenzenden Seegebieten wettgemacht werden könne. Immer deutlicher wurde, daß die Zukunft der nordischen Stabilität davon abhing, ob es gelingen würde, für den Norden Rüstungskontroll-Lösungen zu entwickeln, die den Sicherheitsinteressen der nordischen Staaten und denen der Supermächte entsprachen. Zu diesem Zweck befürworteten die nordischen Staaten Maßnahmen maritimer Rüstungskontrolle, insbesondere vertrauensbildende Maßnahmen, um größtmögliche Stabilität zu erhalten, wenn eine Intensivierung der maritimen Rüstung im Norden schon nicht vermieden werden konnte. Gleichzeitig erhielt das Ziel der Errichtung einer nuklearwaffenfreien Zone in den nordischen Ländern neuen Auftrieb. Dieser Prozeß, in den nordischen Staaten häufig als „Zonenarbeit" bezeichnet,[15] stellte vor allem ein politisches Instrument dar, mit dem der bisherige Zustand von Ruhe und Entspannung erhalten und die Auswirkungen des Ost-West-Konflikts begrenzt werden sollte.

## DER NORDEN UND DIE EUROPÄISCHE INTEGRATION

Neben dem Ost-West-Konflikt und dem drohenden Übergreifen seiner militärischen Ausprägung auf den Norden war es die sich intensivierende westeuropäische Integration, die die außenpolitische Situation in Nordeuropa seit Mitte der achtziger Jahre maßgeblich prägte. Die Europäische Gemeinschaft erschien nicht mehr von „Eurosklerose" befallen, sondern stellte sich den Nordeuropäern als eine „sich dynamisch integrierende und zunehmend auf Wettbewerb eingestellte Institution dar".[16] Ihre wirtschaftliche und politische Anziehungskraft wurde ständig größer.

Gleichzeitig gewannen die Nordeuropäer den Eindruck, daß die sie betreffenden Entwicklungen eher zu ihrem Nachteil ausschlugen: Durch die Südeuropa-Erweiterung der EG war die Randlage Nordeuropas noch verstärkt worden.[17] Zwar hatte diese Randlage in der Vergangenheit zur

---

15 Zur Entwicklung des Vorschlags für eine nuklearwaffenfreie Zone in Nordeuropa und den vielen Funktionen der „Zonenarbeit" vgl. *Bomsdorf*, a.a.O. (Anm. 1), S. 229 ff.

16 Harto *Hakovirta*, The Nordic Neutrals in Western European Integration: Current Pressures, Restraints and Options, in: *Cooperation and Conflict*, Bd. 22, Nr. 4, 1987, S. 266.

17 Vgl. Heinz *Schneppen*, Nordeuropa zwischen Integration und Isolation, in: *EA*, 9/1987, S. 269-276.

Sicherheit des Nordens wesentlich beigetragen und war dementsprechend von den Nordeuropäern sogar bewußt gefördert worden. Nunmehr, da sich das politisch integrierte Europa nach Süden, die Spannung jedoch nach Norden verlagerte, nahmen in den nordischen Staaten die Diskussionen darüber zu, wie der Anschluß an Europa gehalten werden konnte, ohne daß dabei die Grundlinien der bisherigen Außen- und Sicherheitspolitik verlassen oder gar die nordische Stabilität gefährdet wurden. Einerseits gehörten die fünf nordischen Staaten mit ihrem hohen Lebensstandard und ihrem umfassenden Sozialsystem zur europäischen Spitzenklasse; sie verfügten über gewachsene demokratische Strukturen und sahen sich angesichts der Wertvorstellungen ihrer Bürger eng mit den Staaten Westeuropas verbunden. Andererseits war es ihnen trotz ihrer gemeinsamen Geschichte, der Harmonie ihrer Beziehungen und der Gleichartigkeit ihrer gesellschaftlichen Verhältnisse nie gelungen, ihre Zusammenarbeit zur Integration zu verdichten.[18]

### *Skepsis trotz Mitgliedschaft in Dänemark*

In Dänemark, dem einzigen nordischen EG-Mitglied, wurde der Bevölkerung nur allmählich bewußt, daß der Binnenmarkt gerade für die dänische Wirtschaft eine umfassende Herausforderung bedeutete.[19] Dänische Fabriken mit modernsten Produktionsanlagen waren eher die Ausnahme; ein großer Teil der dänischen Industrie war technologisch veraltet. Darüber hinaus waren die meisten dänischen Unternehmen, gemessen an den Erfordernissen des Binnenmarktes, zu klein, um wirtschaftlich konkurrenzfähig bleiben zu können. Auch das dänische Steuersystem hatte Anpassungsprobleme mit dem Binnenmarkt: Dänemark war seit Jahrzehnten ein Hochsteuerland, und zwar sowohl bei den direkten als auch bei den indirekten Steuern. Auf die hohen Einnahmen aus diesen Abgaben konnte und wollte der dänische Staat nicht verzichten: mit ihnen wurde der dänische Wohlfahrtsstaat finanziert. Schon eine Annäherung des dänischen Steuerniveaus an die übrigen EG-Mitgliedstaaten bereitete erhebliche Sorgen.

Vor diesem Hintergrund war es nicht überraschend, daß viele Dänen die unerwünschten Folgewirkungen des Binnenmarkts nicht wahrnehmen wollten. Diejenigen, die dies doch taten, gaben häufig eine pessimistische Einschätzung ab. Das gestörte wirtschaftliche Gleichgewicht Dänemarks werde, so hieß es, auch der Binnenmarkt nicht in Ordnung bringen können. Die dänische Regierung versuchte der um sich greifenden Mißstimmung zu begegnen, indem sie eine Aufklärungskampagne über die Chancen und Risiken des Binnenmarktes lancierte und darauf verwies, daß bei der Harmonisierung von Steuern

18 Vgl. ebd., S. 269.

19 Vgl. Georg *Ring*, Der Binnenmarkt fordert die Dänen heraus, in: *SZ*, 13.9.1988, S. 22.

und Abgaben die Einheitliche Europäische Akte Einstimmigkeit vorschrieb. Doch viele Dänen bezweifelten, daß sich 315 Millionen Westeuropäer von 5 Millionen Dänen bei der Verwirklichung des Binnenmarktes beeinflussen lassen würden.

## *Abwartende Besorgnis in Island*

Auch in Island war die europäische Integration durch den Beitritt Spaniens und Portugals zur Gemeinschaft erneut ins öffentliche Bewußtsein gerückt. Die sich daraus entwickelnde Diskussion[20] wurde durch die spezifische Haltung der Isländer gegenüber der Außenwelt geprägt, wie sie sich in demographischen, geschichtlichen und wirtschaftlichen Faktoren gründete.

Nach jahrhundertelanger dänischer Herrschaft wurde der Inselstaat erst 1944 unabhängig. Die Wirtschaft des Landes (mit einer Bevölkerung von etwa 245 000) ist auf die Verarbeitung und den Export von Fisch angewiesen. Diese Faktoren beeinflußten die zunehmende Debatte über die europäische Integration und die künftige Rolle Islands: Die Notwendigkeit, die auswärtigen Verbindungen des Inselstaats zu intensivieren, kollidierte mit der vorsichtigen Haltung der Isländer gegenüber der Außenwelt. So betrachteten die Isländer die sich vertiefende europäische Integration mit einer gewissen Unruhe und Besorgnis.

Die isländische Industrie hingegen erwies sich 1987/88 als eifrige Befürworterin einer EG-Mitgliedschaft. Auch auf politischer Ebene wuchs das Interesse, die Marktanteile der isländischen Fischindustrie auf dem europäischen Markt abzusichern. Das 1972 mit der EG geschlossene Freihandelsabkommen ermöglichte, mit gewissen Ausnahmen, den Absatz isländischer Fischereiprodukte in Westeuropa. Doch die von der EG als Gegenleistung für Konzessionen gegenüber Island erhobenen Forderungen nach stärkerem Zugang zu den isländischen Fischereigründen wurden von der isländischen Regierung wie bisher abgelehnt. Eine Geschäftsgrundlage für eine vertraglich abgesicherte weitere Annäherung an die EG schien also nicht zu bestehen. Die Isländer ließen durchblicken, daß für sie eine Stärkung der EFTA die bevorzugte Lösung der Integrationsproblematik war.

Die isländische Diskussion über die Anpassung an die europäische Integration besaß auch eine sicherheitspolitische Dimension.[21] Schon früher war

---

20 Vgl. dazu Gunnar Helgi *Kristinsson*, Iceland's Interests and Options in Europe, in: Kari *Möttölä* und Heikki *Patomäki* (Hrsg.), Facing the Change in Europe. EFTA Countries Integration Strategies, Helsinki (The Finnish Institute of Integration Strategies and the Finnish Institute of International Affairs) 1989, S. 22-30; Kristofer *Kristinsson*, EG-Island: Schwierige Gehversuche auf Brüsseler Parkett, in: *EG-Magazin*, Nr. 7/8, 1988, S. 20-21.

21 Vgl. dazu Gunnar H. *Kristinsson*, ebd., S. 25 f.

von isländischer Seite bisweilen der Gedanke angeklungen, die Westeuropäer sollten sich bei den Island berührenden wirtschaftlichen Entscheidungen auch der sicherheitspolitischen Bedeutung des Inselstaats bewußt sein. Im Februar 1988 erklärte der isländische Finanzminister Jón Baldvin Hannibalsson,[22] als Gegenleistung für den Zugang zum Fischereimarkt der EG habe Island mehr zu bieten als lediglich Zugang zu den eigenen Ressourcen. In der neuen EG, so Hannibalsson, gehe es auch um die Zusammenarbeit auf den Feldern Sicherheit und Verteidigung. „Supermächte müssen vorsorgen. Muß nicht die neue EG ... verfolgen, was im Atlantik vor sich geht? In diesem Fall muß sie ... mit uns sprechen – über mehr als Fisch."

### *Norwegens Strategie der Anpassung*

In Norwegen hatte man lange Zeit nicht an das Thema EG gerührt: Das nachwirkende Trauma der Volksabstimmung über den Beitritt zur Gemeinschaft 1972 hatte es allen politischen Kräften des Landes geraten erscheinen lassen, die Frage der westeuropäischen Integration nicht aufzugreifen. Im Frühjahr 1987 beendete die von den Sozialdemokraten gebildete norwegische Regierung aber die Ruhe um das Thema Europa und legte einen Bericht über die Entwicklung der EG und Norwegens Verhältnis zur Gemeinschaft vor.[23] Sie trug damit den gewandelten Verhältnissen Rechnung: Inzwischen lebten 90 Prozent der Westeuropäer innerhalb der Gemeinschaft – gegenüber 60 Prozent 1972. Die EG war zum größten Handelspartner des EFTA-Landes Norwegen geworden: 75 Prozent der Exporte und 50 Prozent der Importe wurden mit den Ländern der Gemeinschaft abgewickelt. Norwegen war außerdem inzwischen, neben dem Sonderfall Island, das einzige europäische NATO-Mitglied außerhalb der EG.

Darüber hinaus war die bisherige norwegische Furcht vor einer Gefährdung der nationalen Unabhängigkeit durch das erfolgreiche Zusammenwirken der Regierungen in der EPZ weitgehend gegenstandslos geworden. Schließlich war die sicherheitspolitische Abhängigkeit Norwegens von den USA durch die wachsende Bedeutung des Hohen Nordens noch gesteigert worden. Gleichzeitig waren die Zweifel der Norweger gewachsen, ob die Vereinigten Staaten in Krisen- und Konfliktzeiten nicht auf Kosten der norwegischen Belange ihre Sicherheitsinteressen in den Vordergrund rücken würden.

Der Europa-Bericht suchte einerseits, den gewandelten wirtschaftlichen und politischen Verhältnissen in Westeuropa Rechnung zu tragen, andererseits

22 Vgl. ebd., S. 26.

23 Ministry of Foreign Affairs, Report Nr. 61 (1986-87) to the Storting on Norway, the EEC and European Cooperation, Helsinki 1987.

eine erneute Kontroverse in Sachen EG in der norwegischen Gesellschaft zu vermeiden. Die Regierung beschränkte sich deshalb darauf, die Aufgaben und Herausforderungen zu definieren, denen sich Norwegen in seinem bestehenden Verhältnis zur EG ausgesetzt sah. Darüber hinaus sollte mit dem Bericht die Grundlage für eine umfassende Debatte über Norwegens Stellung in Europa und seine Rolle in der europäischen Politik gelegt werden. So wurde der Tatsache Rechnung getragen, daß die Arbeiterpartei in Sachen EG keinesfalls geschlossen war, und die Regierung, die im Parlament über keine Mehrheit verfügte, auf die Unterstützung von Parteien angewiesen war, die gegen eine Mitgliedschaft Norwegens in der EG waren.[24]

Die von der norwegischen Regierung eingeschlagene Strategie bestand in einer Politik der Anpassung, aus der Erwägung heraus, daß zwar die norwegische Wirtschaft für die Mitgliedschaft in der EG reif sei, nicht aber die norwegische Gesellschaft. Die Bevölkerung war in der Tat nach wie vor gespalten: Etwa ein Drittel war für einen Beitritt zur Gemeinschaft, ein Drittel dagegen, der Rest unentschieden. Deshalb kam es der Regierung darauf an, das Entstehen neuer wirtschaftlicher Hindernisse zu vermeiden, indem sie sich mit Blick auf den Binnenmarkt „so weit wie möglich" anpaßte.[25] Die Regierung setzte offenbar darauf, daß sich in der Bevölkerung allmählich ein neues Bewußtsein in der Frage des künftigen Verhältnisses zur EG herausbilden würde. In einer „natürlichen und harmonischen Weise", so Außenminister Thorvald Stoltenberg, würde es zu einer Entscheidung für die Gemeinschaft kommen. Die Regierung hielt es für kontraproduktiv, die Frage einer EG-Mitgliedschaft ausdrücklich auf die politische Tagesordnung zu setzen – eine Auffassung, die in den zuständigen Ministerien allerdings mitunter in Zweifel gezogen wurde.

Im August 1988 kündigte die konservative Höyre-Partei an, sie wolle bei den Parlamentswahlen im folgenden Jahr für eine Mitgliedschaft Norwegens in der EG eintreten. Dieser Vorstoß fand zunächst allerdings kein Echo bei den anderen Parteien.

### *Schwedens Wunsch nach Wirtschaftsbeziehungen und Neutralität*

In Schweden war die EG keinesfalls tabu: Sie stand im Gegenteil zusammen mit der Verletzung schwedischer Territorialgewässer durch sowjetische U-Boote im Mittelpunkt der außenpolitischen Diskussion.[26] Auch hier war der

---

24 Vgl. Martin *Saeter*, Norway and European Integration. External Challenges and Domestic Constraints, in: *Möttölä/Patomäki* (Hrsg.), a.a.O. (Anm. 20), S. 37.

25 Vgl. Report to the Storting, a.a.O. (Anm. 23), S. 4.

26 Vgl. Sverker *Aström*, The Nordic Angle I: Sweden's EC Dilemmas, in: *TWT*, Bd. 44, Nr. 11/1988, S. 191-193.

Binnenmarkt Auslöser der Debatte, nachdem ein EG-Beitritt des EFTA-Landes Schweden nach dem Abschluß eines Freihandelsabkommens mit der EG 1972 fünfzehn Jahre lang kein Thema gewesen war.[27] Vor allem die schwedische Industrie befürchtete große Nachteile: Mehr als die Hälfte aller Ausfuhren ging in EG-Länder; jeder dritte Arbeitsplatz in der Industrie hing unmittelbar von diesen Exporten ab. Eine Nichtteilnahme am Binnenmarkt würde sich, so der Sprecher des schwedischen Industrieverbandes, auf die gesamte industrielle Struktur Schwedens sowie auf das Wirtschaftswachstum und damit auch auf den Lebensstandard negativ auswirken.[28] Vertreter der schwedischen Industrie sprachen sich demgemäß für einen Beitritt zur Gemeinschaft aus.

Für die Regierung und die sie tragenden Sozialdemokraten kam allerdings eine EG-Mitgliedschaft Schwedens nicht in Frage. Die bürgerlichen Parteien teilten diese Auffassung, schlossen aber, wie die konservative Moderate Sammlungspartei und die liberale Volkspartei, die Möglichkeit eines Beitritts nicht für alle Zukunft aus.[29] Der Außenpolitische Ausschuß des Parlaments einigte sich im Mai 1988 in dieser Frage auf eine Kompromißformel, in der es hieß, die Mitgliedschaft in der EG sei „in den bevorstehenden Verhandlungen" kein Ziel.[30] Alle politischen Kräfte waren sich darin einig, daß Schweden am Binnenmarkt so weit wie möglich teilnehmen sollte. Die offizielle schwedische Haltung lautete kurz und lapidar: Die Neutralitätspolitik des Landes schließt eine Mitgliedschaft Schwedens in der EG aus.

Gemeint war damit nach schwedischer Auffassung zum einen die Tatsache, daß 11 von 12 EG-Mitgliedstaaten der NATO angehörten, und in Verbindung mit der Verpflichtung zu Konsultationen schon deshalb eine Mitarbeit Schwedens in der EPZ unmöglich sei. Letztlich stand hinter der schwedischen Zurückhaltung die Befürchtung, das Land werde mit einem Beitritt zur EG seine spezifischen Errungenschaften („schwedisches Modell"), seine besondere Sozialstruktur sowie seine autonome politische Entscheidungsfähigkeit verlieren. Die Entwicklungen in Osteuropa und der Sowjetunion sowie der sich abzeichnende Entschluß Österreichs zum Beitritt zur EG führten dazu, daß die schwedische Regierung verlauten ließ, sie wolle bei einer Intensivierung des europäischen Annäherungsprozesses nicht abseits stehen, sondern gemeinsam mit den anderen EFTA-Ländern handeln.[31]

---

27 Vgl. *EG-Magazin*, Nr. 5/1988, S. 14.

28 *FT*, 17.5.1988.

29 Vgl. *FAZ*, 19.5.1988.

30 Carl-Einar *Stalvant*, How a Non-EC Member Copes with the Internal Market. The Case of Sweden, in: *Möttölä/Patomäki* (Hrsg.), a.a.O. (Anm. 20), S. 52. Vgl. auch *Aström*, a.a.O. (Anm. 26), S. 192.

31 Vgl. *EG-Magazin*, Nr. 5/1988, S. 15.

### *Finnlands Vorbehalte bei der EG-Annäherung*

Für Finnland (seit 1961 der EFTA assoziiert und seit 1984 Mitglied) waren die Jahre 1987/88 eine Zeit größerer Annäherung an das sich weiter integrierende Europa. Dies kam auch in dem im Mai 1988 gestellten Antrag auf Mitgliedschaft im Europarat zum Ausdruck. Zwar hatte Finnland bereits seit einiger Zeit in diesem Gremium mitgearbeitet, sich in der Frage eines Beitritts aber zurückgehalten. Der nun gestellte Antrag signalisierte, daß Finnland eine aktivere Europa-Politik zu führen gedachte. Im übrigen spielte – angesichts der Entwicklungen in Osteuropa – offenbar auch der Wunsch eine Rolle, nicht später in den Europarat aufgenommen zu werden als einzelne osteuropäische Staaten.

Der EG näherte sich Finnland ebenfalls weiter an, wenn auch mit Vorbehalten.[32] Das Land sah sich, wie so häufig in seinen Beziehungen zur Außenwelt, zwischen zwei Notwendigkeiten:[33] Auf der einen Seite brauchte die finnische Wirtschaft den Zugang zum EG-Markt, in den 42 Prozent der Exporte gingen. Auf der andern Seite durfte Finnland die Glaubwürdigkeit seiner Neutralitätspolitik nicht unterminieren. Am 1. November 1988 legte die Regierung dem Parlament einen Bericht über Finnlands Einstellung gegenüber dem westeuropäischen Integrationsprozeß vor.[34] In elf Prinzipien waren darin die Ziele und Richtlinien festgelegt, an denen sich Finnland in Fragen der europäischen Integration zu orientieren gedachte. Als Kernpunkt äußerte die Regierung dabei die Auffassung, daß sich eine Mitgliedschaft Finnlands in der EG nicht mit der Neutralitätspolitik des Landes vereinbaren lasse. Man strebe daher keinen Beitritt zur Gemeinschaft an.

Zur Begründung führte Außenhandelsminister Pertti Salolainen an,[35] Endziel der EG sei die wirtschaftliche und politische Union. Die Voraussetzung dafür, daß Finnland eine glaubhafte Politik der Neutralität führen könne, sei aber, die finnische Souveränität in der Außenpolitik vollständig aufrechtzuerhalten. Die Lösung für Finnland bestehe daher in dem Bestreben, mit der EG „so eng wie möglich" zusammenzuarbeiten. Die EFTA sollte gefestigt, ein gemeinsamer Standpunkt in möglichst vielen Fragen erreicht werden. Als vereinigte Gruppe besäßen die EFTA-Staaten eine stärkere Verhandlungsposition gegenüber der EG.[36]

---

32 Vgl. *ebd.*, Nr. 6/1988, S. 20.

33 Vgl. *ebd.* und Esko *Antola*, The Finnish Integration Strategy. Adaptation with Restrictions, in: *Möttölä/Patomäki* (Hrsg.), a.a.O. (Anm. 20), S. 55-70, insb. S. 56 unter Berufung auf Klaus Törnudd.

34 Finnland och den västeuropeiska integrationen. Statsradets redegörelse till riksdagen om Finlands förhallende till den ekonomiska integrationsutvecklingen i Västeuropa 1.11.1988, Helsingfors 1988.

35 Die englische Fassung der Rede ist abgedruckt in: *Antola*, a.a.O. (Anm. 33), S. 63 ff.

36 Ebd., S. 65.

Im Vordergrund der finnischen Integrationspolitik stand damit die Lösung von praktischen Problemen „in souveräner Anpassung".[37] Dahinter verbarg sich die Auffassung, daß für Finnland wie für alle Nichtmitglieder der EG eine rein technisch-pragmatische Annäherung der beste Weg sei. In dieser Lösung verband sich das traditionelle finnische Bestreben, im Verhältnis zur Sowjetunion ein niedriges Profil zu zeigen, mit der Abneigung, souveräne Entscheidungsbefugnisse auch nur teilweise auf supranationale Gremien zu übertragen.

37 *NZZ*, 8.6.1988.

# VI

# WELTWIRTSCHAFT

## KOOPERATIVES KRISENMANAGEMENT IN DER WELTWIRTSCHAFT

*Von Jürgen Pfister*

In der Wirtschaftspolitik der Industrieländer stand in den Jahren 1987 und 1988 die Intensivierung der wirtschaftspolitischen Zusammenarbeit im Vordergrund. Ziel war es, die riesigen außenwirtschaftlichen Ungleichgewichte – das hohe Leistungsbilanz-Defizit der Vereinigten Staaten und die entsprechenden Überschüsse in Japan, einigen pazifischen Schwellenländern und der Bundesrepublik – unter Aufrechterhaltung des Wachstums zu vermindern. Dabei galt es ebenso, davon ausgehende Störungen auf den Finanzmärkten zu vermeiden bzw. negative Konsequenzen für das Wachstum (wie den Dollarkurs-Verfall und den Börsencrash) in Grenzen zu halten, sowie ein Wiederaufleben der Inflation zu verhindern. Neben Meinungsverschiedenheiten in der Diagnose und hinsichtlich der richtigen Therapie erwiesen sich hierbei Spannungen zwischen nationalen Interessen und den weltwirtschaftlichen Erfordernissen zur Erhaltung von Wachstum und Stabilität als Hauptproblem. Außer dem globalen makroökonomischen Management waren im Berichtszeitraum das Verschuldungsproblem zahlreicher Entwicklungsländer, handelspolitische Konflikte – ihrerseits überwiegend Folge der großen Leistungsbilanz-Ungleichgewichte – und in Europa die verstärkten Integrationsbestrebungen innerhalb der Europäischen Gemeinschaft die vorrangigen wirtschaftspolitischen Themen.

## DIE WIRTSCHAFTLICHE AUSGANGSSITUATION IN DEN INDUSTRIELÄNDERN

Der Aufschwung in den Industrieländern befand sich 1987 schon in seinem fünften Jahr. Das Expansionstempo war jedoch recht unterschiedlich: So war die Inlandsnachfrage in den Vereinigten Staaten von 1982 bis 1986 real um fast ein Viertel gestiegen, in Japan um knapp 15 Prozent und in der Bundesrepublik nur um 9 Prozent. Dieses Nachhinken, das auch für Europa im ganzen galt, führte einerseits zu der These von der „Eurosklerose", andererseits erklärt es das Entstehen der riesigen Leistungsbilanz-Ungleichgewichte. In den USA betrug der Fehlbetrag 1986 133 Milliarden Dollar und sollte erst im darauffolgenden Jahr mit 144 Milliarden Dollar seinen Höhepunkt erreichen. Das Ausmaß der Verschlechterung wird deutlich, wenn man dieses Ergebnis mit dem Durchschnitt der Jahre 1973 bis 1980 vergleicht, in denen trotz zweimaliger schubartiger Erhöhung der Ölpreise die amerikanische Leistungsbilanz ausgeglichen war. Japan wies 1986 einen Überschuß in Höhe von 86 Milliarden Dollar auf, die Bundesrepublik hatte ein Plus von 39 Milliarden Dollar zu verzeichnen; hier wie dort war von 1973 bis 1980 im Durchschnitt nur ein geringer Überschuß entstanden. Gemessen am Sozialprodukt waren die Überschüsse in beiden Ländern 1986 deutlich höher als das amerikanische Defizit.[1]

Die außergewöhnliche Veränderung der Wechselkurse in diesem Aufschwung und die Reaktion der Wirtschaftspolitik darauf beeinflußten die konjunkturelle Entwicklung maßgeblich. In der sogenannten Plaza-Vereinbarung vom September 1985 hatten die Finanzminister und Notenbank-Gouverneure der fünf größten Industrieländer eine Abwertung des Dollar für wünschenswert erklärt. Der Kursverfall der amerikanischen Währung, der bereits im Frühjahr 1985 eingesetzt hatte, verstärkte sich daraufhin.[2] Belastend kamen die kurzfristig negativen Auswirkungen des Ölpreis-Verfalls hinzu, d.h. eine verminderte Nachfrage der OPEC-Länder und der ölexportierenden Entwicklungsländer sowie verringerte Investitionen im Bereich der Gewinnung von Energierohstoffen in den Industrieländern. Mit der unaufhaltsam scheinenden Dollarabwertung wurden in den Aufwertungsländern Überlegungen angestellt, wie die Inlandsnachfrage zum Ausgleich der verschlechterten Exportperspektiven gestärkt werden könnte. Die USA drängten auf solche Schritte, damit das amerikanische Außenhandelsdefizit über vermehrte Exporte – statt über eine Reduzierung der Einfuhr – abgebaut werden konnte. Unter diesen Umständen erwartete die OECD für 1987 ein Wachstum in den

1 *OECD Economic Outlook*, Nr. 46, Dezember 1989.

2 Vgl. hierzu Hartmut *Fest*, Hans-Peter *Fröhlich*, Neue Herausforderungen für die Weltwirtschaft, in: IP 1985/86, S. 62 ff.

Industrieländern von 2,75 Prozent und eine geringfügig höhere Inflationsrate von 3 Prozent.[3]

*Konjunkturkennzahlen 1986-1988*

| | Wirtschaftswachstum in % | | | Verbraucherpreise Veränderung gegen Vorjahr in % | | | Leistungsbilanz-Salden Mrd US-Dollar | | |
|---|---|---|---|---|---|---|---|---|---|
| | 1986 | 1987 | 1988 | 1986 | 1987 | 1988 | 1986 | 1987 | 1988 |
| USA | +2,7 | +3,7 | +4,4 | +1,9 | +3,7 | +4,1 | −133 | −144 | −127 |
| Kanada | +3,1 | +4,5 | +5,0 | +4,2 | +4,4 | +4,0 | −8 | −7 | −8 |
| Japan | +2,5 | +4,5 | +5,7 | +0,6 | +0,1 | +0,7 | +86 | +87 | +80 |
| Deutschland | +2,3 | +1,7 | +3,6 | −0,2 | +0,2 | +1,2 | +39 | +45 | +49 |
| Frankreich | +2,3 | +1,9 | +3,4 | +2,7 | +3,1 | +2,7 | +2 | −4 | −4 |
| Italien | +2,5 | +3,0 | +3,9 | +5,9 | +4,7 | +5,0 | +3 | −1 | −5 |
| Großbritannien | +3,4 | +4,7 | +4,2 | +3,4 | +4,2 | +4,9 | 0 | −5 | −26 |
| Spanien | +3,3 | +5,5 | +5,0 | +8,8 | +5,2 | +4,8 | +4 | 0 | −4 |
| Niederlande | +2,0 | +1,1 | +2,9 | +0,1 | −0,7 | +0,7 | +5 | +3 | +5 |
| Schweiz | +2,8 | +2,3 | +3,0 | +0,7 | +1,5 | +1,8 | +7 | +7 | +9 |
| Belgien | +1,8 | +2,0 | +4,3 | +1,3 | +1,6 | +1,2 | +3 | +3 | +4 |
| Schweden | +2,2 | +2,6 | +2,5 | +4,3 | +4,2 | +5,8 | 0 | −1 | −2 |
| Österreich | +1,1 | +1,9 | +4,2 | +1,7 | +1,4 | +2,0 | 0 | 0 | 0 |
| Dänemark | +3,1 | −0,7 | −0,4 | +3,6 | +4,0 | +4,6 | −5 | −3 | −2 |
| Norwegen | +4,2 | +3,4 | +2,7 | +7,2 | +8,7 | +6,7 | −4 | −4 | −4 |
| EG | +2,6 | +2,7 | +3,7 | +3,4 | +3,1 | +3,3 | +50 | +37 | +16 |
| OECD | +2,6 | +3,5 | +4,4 | +2,7 | +3,3 | +3,7 | −16 | −38 | −50 |

*Quelle*: *OECD Economic Outlook*, Nr. 46, Dezember 1989

## UNRUHE AN DEN DEVISENMÄRKTEN

Anfang 1987 war durch den seit fast zwei Jahren zu beobachtenden rapiden, unaufhaltsam erscheinenden Kursverfall des Dollar in den Aufwertungsländern eine kritische Situation entstanden. Zum einen nahmen in der Exportindustrie die Befürchtungen zu, die preisliche Wettbewerbsfähigkeit würde zu stark beeinträchtigt. Zwar war der Anteil der Ausfuhren nach den

[3] Vgl. *OECD Economic Outlook*, Nr. 40, Dezember 1986. Vergleiche zwischen prognostizierten und tatsächlichen Werten sind z.T. dadurch erheblich erschwert, daß häufig Revisionen der Ausgangsdaten, auf denen die Prognosen aufbauen, vorgenommen werden. So ging die OECD beispielsweise im Herbst 1986 von einer Wachstumsrate in den USA für 1985 von 2,7 % aus; diese Rate wurde 1989 mit 3,4 % angegeben.

USA in der Bundesrepublik mit 11 Prozent bei weitem nicht so groß wie in Japan mit 39 Prozent. Auch die D-Mark veränderte sich in dieser Zeit kaum gegenüber den Währungen der europäischen Handelspartner, die den größten Teil der deutschen Ausfuhren abnahmen. Aber deutsche Anbieter mußten nun mit verstärkter Konkurrenz von Herstellern aus dem Dollarraum in den europäischen Nachbarländern rechnen. Überdies war die europäische Exportindustrie insgesamt durch die Dollarabwertung negativ betroffen, so daß die Nachfrage nach deutschen Erzeugnissen in Europa auch von daher leiden mußte. Die Befürchtungen der deutschen Exportwirtschaft waren somit berechtigt. Für die Inlandsnachfrage wurde diese Eintrübung der Absatzerwartungen dadurch spürbar, daß die exportorientierten Unternehmen ihre Investitionspläne kürzten oder zumindest streckten.

### *Der Kursverfall des Dollars*

Zum andern mußte der anhaltende Verfall des Dollarkurses die Bereitschaft der Ausländer, das Defizit in der amerikanischen Leistungsbilanz zu finanzieren, beeinträchtigen. Die Besitzer von Dollarforderungen hatten in den vergangenen zwei Jahren beträchtliche Verluste hinnehmen müssen. Eine stabilisierende Spekulation, die davon ausging, daß nach dem starken Fall des Dollarkurses nun wieder genügend Aufwertungspotential entstanden war, mochte sich nicht einstellen. Die Situation für den Dollar wurde dadurch verschärft, daß die Leistungsbilanzen der Länder mit hohen Defiziten und Überschüssen kaum auf die starken Verschiebungen der Währungsrelationen zu reagieren schienen.[4] Von der Entwicklung der Leistungsbilanzen gingen also falsche Signale auf die Devisenmärkte aus, weil sie eine weitere Dollarabwertung bzw. D-Mark- und Yen-Aufwertung zu rechtfertigen schien.

Eine Rezession in den Aufwertungsländern hätte 1987 gravierende negative Folgen für die Weltwirtschaft gehabt. Es bestand binnenwirtschaftlich keine Notwendigkeit zur Nachfragedrosselung, im Gegenteil, die Beeinträchtigung

---

[4] Hierin kam der sogenannte J-Kurven-Effekt zum Ausdruck: Auf eine Abwertung reagiert die Leistungsbilanz zunächst mit steigendem Defizit, bevor sich eine Verbesserung einstellt; das Defizit folgt einem von links unten geschriebenen J. Analog steigt im Fall einer Aufwertung zunächst der Überschuß in der Leistungsbilanz. Der Hintergrund ist folgender: Zunächst verändern sich die Mengen der gehandelten Güter kaum, weil die Anpassung an die geänderten Preise Zeit benötigt. Da die Preise (in Landeswährung) sofort reagieren, steigt der Wert der importierten Güter im Abwertungsland – nahezu unveränderte Mengen bei höheren Preisen – und das Defizit nimmt zu. In den Vereinigten Staaten erreichte das Defizit in der Leistungsbilanz erst im dritten Quartal 1987 seinen höchsten Wert (160 Mrd. Dollar auf Jahresbasis). In der Bundesrepublik hatte sich der Leistungsbilanz-Überschuß im 1. Halbjahr 1987 gegenüber dem 1. Halbjahr 1985 trotz Exportschwäche auf über 40 Mrd. DM verdoppelt. Dabei spielte freilich auch die Ölverbilligung eine Rolle.

der Exportnachfrage hatte zu einer unerwünschten Wachstumsverlangsamung geführt. Vor allem hätte eine solche Entwicklung die Chance auf eine Verbesserung der amerikanischen Handelsbilanz über wachsende Exporte zunichte gemacht und damit voraussichtlich zu schweren Störungen an den Finanzmärkten geführt.

Diese Zusammenhänge veranlaßten die Finanzminister und Notenbankpräsidenten der sechs größten Industrieländer (ohne Italien) am 22. Februar 1987 in Paris Maßnahmen zu beschließen, die eine Fortsetzung des Aufschwungs bei niedriger Inflation gewährleisten sollten.[5] Dazu gehörten eine Anregung der Inlandsnachfrage in Japan und der Bundesrepublik sowie erste Schritte zur Konsolidierung des amerikanischen Bundeshaushalts, um den Anpassungsprozeß der Leistungsbilanzen zu fördern. Weiterhin hielten sie die seinerzeit erreichten Wechselkurse zum Dollar (etwa 1,85 DM bzw. 155 Yen) für weitgehend in Übereinstimmung mit den Fundamentalfaktoren. Nachhaltige weitere Wechselkursänderungen wurden als abträglich für das Wachstum und den Anpassungsprozeß bezeichnet. Die Finanzminister und Notenbankpräsidenten vereinbarten daher, eng zusammenzuarbeiten, um die Wechselkurse auf dem damaligen Niveau zu stabilisieren. Dieser letzte Teil der Vereinbarung, der sich in wenigen Zeilen am Ende des Kommuniqués findet, ist als Louvre-Abkommen bekannt geworden und hat von dem Gesamtpaket die größte Bedeutung erlangt. Die Frage, ob bei diesem Treffen konkrete Zielzonen für die Wechselkurse zum Dollar vereinbart wurden, ist bis heute umstritten, letztlich aber auch unerheblich.[6]

Schon im März 1987 geriet der Dollar erneut unter Abwertungsdruck. An den Märkten wurde die Entschlossenheit der Regierungen bezweifelt, die Vereinbarungen aus dem Louvre-Akkord zu erfüllen. Überdies verstärkten sich die Anzeichen, daß die USA ihr Außenhandelsdefizit durch protektionistische Maßnahmen zu verringern suchten. Tatsächlich kam es dann aber zu Interventionen an den Devisenmärkten in bisher nicht gekannten Dimensionen. Die Veränderungen der Zinsen, teils marktinduziert, teils geldpolitisch forciert, unterstützten die Interventionspolitik. Mit der Erweiterung des Zinsvorsprungs für Dollaranlagen war ein Ausgleich geschaffen für das Mißtrauen in den Dollar. Darüber hinaus nutzten vor allem die japanische und die amerikanische Regierung jede Gelegenheit, um die Vereinbarung vom Februar zu bekräftigen. Zur Stabilisierung an den Devisenmärkten trug weiterhin bei, daß in Japan erste Schritte zur Belebung der Inlandsnachfrage eingeleitet wurden. Im Mai/Juni erholte sich der Dollar, erreichte allerdings zunächst noch nicht das Louvre-Niveau. Beim Weltwirtschaftsgipfel im Juni

---

5 Die Erklärung ist abgedruckt in: *EA*, 9/1987, S. D 258-260.

6 Vgl. zum Zielzonen-Konzept John *Williamson*, The Exchange Rate System, Washington 1985. Eine Übersicht zur Kooperation in der Währungspolitik gibt Yoichi *Funabashi*, Managing the Dollar. From the Plaza to the Louvre, Washington 1988.

in Venedig wurde der Louvre-Akkord bekräftigt, aber neue konkrete Schritte wurden nicht beschlossen.[7] Gleichwohl blieb der Dollar fest, nicht zuletzt unterstützt durch bessere Ergebnisse der amerikanischen Handelsbilanz.

### *Der Dollar unter Aufwertungsdruck*

In dem Augenblick, wo der Dollar nicht mehr als abwertungsverdächtig galt, gewannen die Zinsdifferenzen einen größeren Einfluß auf die Entscheidungen der internationalen Anleger. Da hier die USA Japan und der Bundesrepublik weit voraus waren, floß mehr Kapital in die USA als zur Finanzierung des Leistungsbilanz-Defizits erforderlich war. Der Dollar geriet unter Aufwertungsdruck. Ende Juli waren wieder annähernd die Kurse zur Zeit der Louvre-Vereinbarung erreicht. Als im August politische Einflüsse (Spannungen in der Golf-Region) dem Dollar zusätzlichen Auftrieb gaben, hielten es die Notenbanken für angezeigt, gegen den Dollar zu intervenieren. Die Märkte blieben aber in ihrem Urteil schwankend. Aufkommende Inflationsgefahren in den USA und wieder ungünstigere Handelsbilanz-Ergebnisse führten schon bald erneut zu einer Dollarschwäche. Der Zinsanstieg in Amerika wurde Anfang September durch eine Anhebung des Diskontsatzes flankiert.

Als der Eindruck eines Zinswettlaufs zwischen den USA, Japan und der Bundesrepublik entstand und in den USA Kritik an der Zinspolitik im Ausland laut wurde, kam an den Devisenmärkten Verunsicherung auf. Kurz nach dem Kurseinbruch an den Aktienbörsen am 19. Oktober wendete sich die Stimmung gegen den Dollar. Die Inflationsgefahr schien gebannt, vielmehr traten Rezessionsängste an deren Stelle. Durch einen Schwenk der Anleger vom Aktienmarkt zum Rentenmarkt sowie eine geldpolitische Lockerung der amerikanischen Notenbank sanken die Zinsen beträchtlich. Am Devisenmarkt entstand der Eindruck, daß sich die Beteiligten unter diesen Bedingungen nicht mehr an die Louvre-Vereinbarung halten würden. Der Dollarkurs gab trotz massiver Interventionen erheblich nach. Auch Leitzins-Senkungen in Europa konnten daran nichts ändern. Selbst die Bekräftigung des Louvre-Abkommens in einer Erklärung der Siebener-Gruppe am 22. Dezember blieb zunächst ohne Wirkung. Bei fortgesetzten Interventionen verstärkte sich der Dollarkurs-Verfall Ende Dezember. Zum Jahresende war der Dollar auf 1,58 DM bzw. 124 Yen gefallen, das waren 15 bzw. 20 Prozent niedriger als zur Zeit der Louvre-Vereinbarung. Diese spekulative Übertreibung korrigierte sich Anfang 1988 rasch. Interventionen, deutlich bessere Handelsbilanz-Zahlen in den USA und nicht zuletzt die Tatsache, daß sich die Rezessionsbefürchtungen infolge des Börsencrashs als überzogen erwiesen hatten, trugen dazu bei.

---

[7] Die Wirtschaftserklärung von Venedig ist abgedruckt in: *EA*, 13/1987, S. S. D 346-352.

### *Die Beurteilung des Louvre-Abkommens*

Eine Bewertung des Louvre-Abkommens läßt auch aus der Rückschau kein eindeutiges Urteil zu. Zunächst ist anzuerkennen, daß es zum Zeitpunkt der Vereinbarung dringenden Handlungsbedarf gab, weil es den Märkten an Orientierung fehlte und eine gefährliche Fehlentwicklung drohte. Vergessen wird aber oft, daß die Stabilisierung der Wechselkurse nur ein Teil der Vereinbarung war, der andere lautete: Anpassung der Inlandsnachfrage in den Überschußländern und in den Vereinigten Staaten. Tatsächlich erwies sich dieser zweite Teil als bestimmend für den Erfolg. Dies zeigte sich an der Dollarschwäche unmittelbar nach Abschluß der Vereinbarung, als es noch an wirtschaftspolitischen Maßnahmen fehlte, und an der Marktreaktion auf den Börsencrash, als eine Reorientierung der Wirtschaftspolitik auf nationale Ziele erwartet wurde. Zweifelhaft ist aufgrund der Erfahrung mit der Louvre-Vereinbarung, ob eine Fixierung nominaler Wechselkurse oder Kursbänder in Anbetracht von Inflationsdifferenzen und erheblichen Leistungsbilanz-Ungleichgewichten auch auf mittlere Sicht vorteilhaft ist. Die Auswirkungen traten im Sommer 1987 und vor allem 1988 zutage: Die Kapitalströme orientierten sich an Zinsdifferenzen mit der Folge einer Aufwertungstendenz an sich schwacher Währungen und einer Abwertungstendenz an sich starker Währungen.

Eine Wirtschaftspolitik, die den Erfordernissen der außenwirtschaftlichen Anpassung Rechnung trägt, muß in Notsituationen mit Vereinbarungen über Wechselkurse flankiert werden. Was konzertiertes Handeln an den Devisenmärkten vermag, wurde in der Zeit des Louvre-Abkommens eindrucksvoll bewiesen. Gezeigt hat die Erfahrung von 1987, daß auf wirtschaftspolitische Kooperation nur gesetzt werden kann, wenn es zwischen nationalen Zielen und weltwirtschaftlichen Erfordernissen keine Divergenzen gibt.

## TURBULENZEN AUF DEN FINANZMÄRKTEN

### *Der Börsencrash vom Oktober 1987*

Das Jahr 1987 war nicht nur auf den Devisenmärkten, sondern auf allen Finanzmärkten von Unruhe und Ungewißheit geprägt. Es ist wohl keine übertriebene Feststellung, daß das Leistungsbilanz-Defizit der USA die wesentliche Ursache hierfür war. Spektakulärstes wirtschaftliches Ereignis war zweifellos der weltweite Kurssturz an den Aktienbörsen am 19. Oktober. Dieses Ereignis stellte das Geschehen an den Renten- und Devisenmärkten in den Schatten.[8] Im ersten Halbjahr setzte sich zunächst die Hausse, die 1982 eingesetzt hatte, fort. In der Bundesrepublik jedoch, wie auf einigen anderen europäischen Märkten, hatten die Aktienkurse schon 1986 ihren Höchststand erreicht. Dies hing mit den verschlechterten Exportaussichten im Zuge der Dollarabwertung zusammen. In Japan, dessen Währung sich ebenfalls kräftig aufgewertet hatte, wirkte sich dies freilich vor dem Crash nicht auf die Kurse aus. Das Ausmaß der Kursverluste im Oktober schien kaum in Zusammenhang mit der Marktentwicklung in den Monaten zuvor zu stehen. Weitgehend parallel verlief auch die Erholung an den Aktienbörsen, die um die Jahreswende 1987/88 einsetzte. Der japanische Aktienmarkt zeigte vor und nach dem Crash die beste Entwicklung.

Noch gibt es keine abschließende Erklärung für den Kurssturz vom Oktober 1987 und auch hinsichtlich der Konsequenzen bestehen unterschiedliche Auffassungen fort. Zu den Ursachen zählt sicherlich die gesamtwirtschaftliche Konstellation in den großen Industrieländern, insbesondere die hohen Ungleichgewichte in den Leistungsbilanzen. Zwar hatten die betroffenen Länder vereinbart, über eine Anpassung der Inlandsnachfrage die Voraussetzung für einen Abbau der Ungleichgewichte zu schaffen. Auch waren sie im Louvre-Abkommen übereingekommen, die Wechselkurse zu stabilisieren. Aber bis zum Herbst 1987 zeigten sich nur geringe Erfolge. Das Mißtrauen der Märkte kam in der Verweigerung einer privaten Finanzierung des amerikanischen Leistungsbilanz-Defizits zum Ausdruck. Die Befürchtung, nur eine Weltrezession könnte die Probleme lösen, gewann an Boden. Hinzu kamen der weltweite Zinsanstieg und der Eindruck an den Märkten, der internationale Konsens in der Währungspolitik sei brüchig geworden. Offizielle Äußerungen von amerikanischer Seite schienen diesen Eindruck zu stützen. Schließlich spielten die Gefahr, daß die amerikanische Regierung zu protektionistischen Maßnahmen greifen könnte, sowie eine gewisse Verschärfung des Schuldenproblems der Entwicklungsländer eine Rolle.[9]

Diese fundamentalen Faktoren waren zweifellos von großer Bedeutung, sind aber kaum geeignet, die Ereignisse vollständig zu erklären. Vor allem ihr Zeitpunkt, das Ausmaß und die Parallelität an nahezu allen Märkten

---

8 An den Rentenmärkten kam die seit Jahren zu beobachtende Tendenz fallender Zinsen 1987 zum Ende und wurde von einer Phase steigender Zinsen abgelöst. Die Zinsen am Geldmarkt folgten mehr oder weniger dieser Bewegung. Nach dem Börsencrash im Oktober gaben die Zinsen wieder nach. Der stärkere Preisauftrieb dürfte kaum der Hauptgrund für den Zinsanstieg gewesen sein. Vielmehr deutete die gestiegene Unbeständigkeit auf zunehmende Unsicherheit hin. Der Dollarkurs-Verfall und die Verweigerung der privaten Anleger, Kapitalimport zur Finanzierung des Defizits in der amerikanischen Leistungsbilanz zu leisten, lieferten dafür genügend Anlaß. Erst als sich das Louvre-Abkommen als tragfähig erwies, schrumpfte die Mißtrauensprämie im US-Zins wieder. Die Situation blieb aber labil, wie die Marktreaktionen auf die monatliche Veröffentlichung von Handelsbilanz-Ergebnissen in den USA zeigten.

9 Vgl. hierzu auch den Beitrag von Volker *Stüven* in diesem Band.

sind damit wohl nicht zu begründen. Es ist daher anzunehmen, daß das Kursniveau vor dem Crash spekulativ überhöht war. Solche Übertreibungen sind für Finanzmärkte durchaus nicht untypisch, wie insbesondere an den Devisenmärkten zu beobachten ist. Man kann von sich selbst verstärkenden Erwartungseffekten sprechen: die Hausse nährt die Hausse. In einer solchen Situation können oft an sich geringe Anlässe der Auslöser sein, mit dem den Marktteilnehmern die Überbewertung drastisch vor Augen geführt wird. Ähnlich wie für die fundamentale Erklärung des Crash gilt, daß die Überbewertungs-These allein nicht ausreicht, das Geschehen zu erklären. Untersuchungen zu den Bewertungen am Aktienmarkt kommen nicht zu überzeugenden Ergebnissen. Als Grund für den Börsencrash wird schließlich Marktversagen genannt, wobei institutionelle Veränderungen und neue Techniken für die Stärke des Einbruchs und die rasche internationale Ausbreitung verantwortlich gemacht werden.

Der Börsencrash am 19. Oktober 1987 ging zweifellos von den USA aus, breitete sich jedoch sehr schnell auf fast alle Börsen der Welt aus. In New York fiel der Dow-Jones-Index um 23 Prozent, das war der stärkste Einbruch, der jemals an einem Tag registriert wurde. Auch am Tag danach kam es zu krisenhaften Zuspitzungen. Entschlossenes Handeln der Notenbanken verhütete Schlimmeres. Die Übertragung auf die Börsen anderer Länder geschah hauptsächlich durch Verkäufe ausländischer Anleger, aber auch durch eine Neubewertung der Aktienkurse durch inländische Investoren in Anbetracht der Vorgänge am amerikanischen Markt. Die institutionellen Anleger spielten hierbei eine besondere Rolle. In Europa wurden vorwiegend jene Märkte getroffen, die als hoch liquide gelten und wo Aufwertungsgewinne realisiert werden konnten, also die Bundesrepublik, die Schweiz und die Niederlande.[10] In einigen Märkten – Japan, Frankreich und Spanien gehören dazu – konnten die Kurseinbrüche durch administrative Eingriffe begrenzt werden.

Die Behörden der verschiedenen Länder reagierten auf den Crash nicht einheitlich. Die rasche Bereitstellung von Liquidität durch die Notenbanken, um Liquiditätsprobleme nicht zu Solvenzproblemen werden zu lassen, war jedoch durchgängig zu beobachten. Vielfach wurden die Deckungsvorschriften für Termingeschäfte erhöht.[11] Der Börsencrash hat gezeigt, daß eine

---

[10] In der Bundesrepublik verkauften Ausländer im Oktober 1987 netto Aktien im Wert von 3,6 Mrd. DM, im 4. Quartal 1987 insgesamt erhöhte sich der Betrag auf 7,1 Mrd. DM.

[11] Bezüglich der Maßnahmen, um Vorgänge wie im Oktober 1987 in Zukunft auszuschließen, kamen die verschiedenen Untersuchungskommissionen nicht zu einem einheitlichen Urteil. Übereinstimmend wurde lediglich ein Ausbau der Kapazität der Handelssysteme, eine verbesserte Kapitalausstattung der Marktmacher sowie eine intensive Abstimmung zwischen der Aufsicht von Kassa- und Terminmärkten gefordert. Reformmaßnahmen sollten möglichst international koordiniert werden. Inzwischen haben die Aufsichtsbehörden einiger Länder erste Schritte gemäß diesen Empfehlungen beschlossen. Vgl. auch Bank für Internationalen Zahlungsausgleich, 58. Jahresbericht, Basel 1988, S. 107 ff.

internationale Diversifizierung von Portfolios nicht unter allen Umständen zu einer Risikominderung führt. Vielmehr wird dadurch eine weltweite Parallelentwicklung an den Märkten gefördert. Weiterhin können die zunehmende Bedeutung weniger großer Adressen an den Märkten sowie die gleichförmige Anwendung von Anlagestrategien, die realwirtschaftliche Faktoren außer acht lassen, zu stärkeren Kursausschlägen führen. Schließlich können national abweichende institutionelle Regelungen und neue Finanzinstrumente, die die Risiken umverteilen, aber insgesamt nicht verringern, zu Instabilitäten führen.

## DER UNTERSCHÄTZTE WIRTSCHAFTSAUFSCHWUNG

In auffallendem Kontrast zu den turbulenten Verhältnissen an den Finanzmärkten verlief die realwirtschaftliche Entwicklung in den Industrieländern 1987 in eher ruhigen Bahnen. Das Wachstum in den OECD-Ländern betrug 3,5 Prozent nach 2,6 Prozent im Vorjahr,[12] wobei im zweiten Halbjahr trotz des Crash eine Beschleunigung zu verzeichnen war. Der Verbraucherpreisanstieg erhöhte sich 1987 überwiegend wieder, nachdem die Einflüsse der Ölverbilligung und außerhalb der USA der Importverbilligung durch die Dollarabwertung nachließen.

### *Gründe für die Unterschätzung des Booms*

Die wirtschaftlichen Erwartungen für 1988 gingen überwiegend von einer Wachstumsabschwächung aus. Tatsächlich nahm das Sozialprodukt in den OECD-Ländern insgesamt um 4,4 Prozent zu. Trotz des kräftigen Wachstums war der Preisauftrieb in den Industrieländern 1988 verhältnismäßig gering. Eine Reihe von Gründen lassen sich anführen, weshalb die Beschleunigung des Wachstums 1988 unterschätzt wurde:

Der naheliegendste, aber keineswegs wichtigste Grund war die Überschätzung der negativen konjunkturellen Wirkungen des Börsencrash. Erfahrungsgemäß kann ein einmaliges Ereignis die Einstellungen und Verhaltensweisen nicht nachhaltig prägen. Die kräftige Erholung an den Börsen im Verlauf von 1988 sorgte dafür, daß die Anleger diese negative Erfahrung verdrängten. Die Lockerung der Geldpolitik als Reaktion auf den Crash tat ein übriges. Gleichwohl blieb der Crash nicht ohne Folgen: In vielen Ländern, in denen die Sparquote der privaten Haushalte über viele Jahre rückläufig gewesen war, kehrte sich diese Entwicklung 1988 um oder kam zumindest zum Stillstand. Ein weiterer Grund war zweifellos, daß schon die Dynamik

12 Vgl. hierzu auch die Tabelle auf S. 199.

im zweiten Halbjahr 1987 – hierüber gab es zum Zeitpunkt der Prognosen noch keine genauen Angaben – unterschätzt worden war.[13]

Vor allem aber hatte die Geldpolitik in vielen Ländern seit geraumer Zeit eine kräftige Ausweitung der Geldmenge bewirkt. Die niedrigen Preissteigerungs-Raten und die starken Wechselkurs-Änderungen erschwerten aber eine Interpretation, da sie zu Verschiebungen in der Geldnachfrage führen konnten. Überdies wurde die konjunkturelle Wirkung von den ausgeprägten Schwankungen der Exportnachfrage überdeckt. Die konjunkturanregenden Effekte dieser Politik wurden daher vielfach unterschätzt.

Die Industrieländer profitierten 1988 von den Spätfolgen des Dollarkurs- und Ölpreis-Verfalls. Während nämlich die amerikanischen Exporte nun voll auf die verbesserte preisliche Wettbewerbsfähigkeit reagierten, hatten sich die Unternehmen in den Aufwertungsländern an die Höherbewertung angepaßt und konnten ihre Ausfuhr wieder spürbar ausweiten. Der Ölpreis-Verfall, dessen negative Auswirkungen zunächst dominiert hatten, wirkte nun positiv. Hierzu trug nicht nur die zum Teil verzögerte Reaktion der Konsumenten bei, sondern insbesondere die Tatsache, daß die Investoren auf die Verbilligung der Produktion erst reagiert hatten, als sich abzeichnete, daß es sich nicht nur um eine kurzfristige Verbesserung der Rentabilität handelte.

Da im Zentrum der Wachstumsbeschleunigung die Unternehmensinvestitionen standen, zahlte sich nun vermutlich eine Neuorientierung der Wirtschaftspolitik aus, die in vielen Industrieländern in der ersten Hälte der achtziger Jahre eingesetzt hatte. Dazu gehörten neben der Betonung von Geldwertstabilität und Haushaltskonsolidierung auf makroökonomischer Ebene eine starke Verbesserung der Unternehmensgewinne, nicht zuletzt durch eine moderate Lohnpolitik, generell eine Verbesserung der Rahmenbedingungen für das Investieren durch Steuersenkung, Deregulierung, Liberalisierung und Privatisierung sowie eine insgesamt positivere Einstellung in Politik und Gesellschaft zu Investitionen und Innovationen.

Die Investitionsdynamik erhielt in Europa einen zusätzlichen Schub durch das Binnenmarkt-Programm der EG, das allmählich konkrete Gestalt annahm.[14] Psychologisch waren sowohl die Fixierung eines konkreten Datums, Ende 1992, wie auch die verheißungsvollen Ergebnisse einer Studie der EG-Kommission (Cecchini-Bericht)[15] von Bedeutung. So entstand eine Art Aufbruchstimmung bei den europäischen Unternehmen. Die Stärkung der Wettbewerbsfähigkeit zur Vorbereitung auf die Marktöffnung erforderte

---

13 Für die OECD-Länder insgesamt war das Sozialprodukt im 4. Quartal 1987 um knapp 2 % höher als im Jahresdurchschnitt (Überhang). 1988 hätte sich folglich ein Wachstum in dieser Höhe schon ergeben, wenn das Sozialprodukt das Niveau vom 4. Quartal gehalten hätte.

14 Vgl. hierzu auch den Beitrag von Angelika *Volle* in diesem Band.

15 Paolo *Cecchini*, Europa '92. Der Vorteil des Binnnenmarktes, Baden-Baden 1988. Vgl. auch: Kommission der Europäischen Gemeinschaften, Europas Zukunft – Binnenmarkt 1992, in: *Europäische Wirtschaft*, Nr. 35, März 1988.

vielfach vermehrte Investitionen. Ebenfalls schien die wirtschaftspolitische Kooperation der großen Industrieländer zu funktionieren und trug zu einer Stabilisierung der Erwartungen bei. An den Finanzmärkten kam dies in der Erholung an den Aktienmärkten und relativ stabilen Verhältnissen an den Devisenmärkten zum Ausdruck. Eine wesentliche Rolle spielte schließlich auch die Dauer der Aufwärtsbewegung: 1988 war das sechste Jahr des Aufschwungs. Viele hatten aus diesem Grund eine zyklische Korrektur unterstellt.

Sobald deutlich wurde, daß der Börsencrash kein Vorbote einer Weltrezession war, sondern im Gegenteil sich die Wachstumsdynamik als unerwartet stark erwies, korrigierten die meisten Notenbanken ihren Kurs, den sie zuvor unter dem Eindruck des Crash noch weiter gelockert hatten. Die amerikanische Notenbank ging mit der Straffung der Zügel voran, die anderen – mit Ausnahme Japans – folgten. Der Kurswechsel in der Geldpolitik war auch von aufkommenden Inflationsbefürchtungen bestimmt. Hierzu trug sowohl die hohe Kapazitätsauslastung in vielen Ländern und die zumindest in einigen Staaten angespannte Lage am Arbeitsmarkt bei, als auch das teilweise scharfe Anziehen der Rohstoffpreise (ohne Öl). Die Zinsen am Kapitalmarkt folgten den Geldmarktsätzen kaum, so daß die Zinsstruktur-Kurve flacher wurde und sich in Großbritannien sogar umkehrte. An den Märkten stärkte das entschlossene Handeln der Notenbanken das Vertrauen in die Sicherung des Geldwerts; die kräftige Belebung an den Aktienbörsen wurde durch die Geldpolitik nicht entscheidend behindert.

## KOOPERATION UND KONFRONTATION IM INTERNATIONALEN KRISENMANAGEMENT

Die internationale Kooperation geriet dagegen 1988 in eine kritische Situation. Es fehlte, insbesondere in den Vereinigten Staaten, an der Bereitschaft, die im Louvre-Abkommen vereinbarte Doppelstrategie – Anpassung der Inlandsnachfrage und Stabilisierung der Devisenmärkte – entschlossen umzusetzen. Im letzten Jahr der Amtszeit von Präsident Ronald Reagan und angesichts der bevorstehenden Wahlen erwies sich die amerikanische Finanzpolitik als bewegungsunfähig. Das Defizit im Bundeshaushalt 1988 stieg auf 155 Milliarden Dollar an. Übrig blieb nur die Politik der Wechselkurs-Stabilisierung, die auf dem Weltwirtschaftsgipfel in Toronto vom 19. bis 21. Juni 1988 noch einmal bekräftigt wurde.[16] Die Nachteile dieser Politik wurden 1988 überdeutlich. Die Abwertungserwartung für Währungen mit hohen Zinsen – überwiegend die Folge höherer Inflationsraten und/oder hoher Leistungsbilanz-Defizite –

---

16 Die Erklärungen der Staats- und Regierungschefs sind abgedruckt in: *EA*, 14/1988, S. D 378-387.

wurde von der Politik künstlich verringert. Es floß mehr Kapital in die Vereinigten Staaten, als zur Finanzierung des Leistungsbilanz-Defizits erforderlich war.

Nun mußte gegen eine zu starke Aufwertung des Dollar interveniert werden. Die Verbesserung der amerikanischen Handelsbilanz stützte die positive Grundstimmung für den Dollar. Die Notenbanken anderer Länder – wie Kanada, Großbritannien und Spanien – sahen sich ebenfalls mit einer Aufwertungstendenz für ihre Währung konfrontiert. Die Kehrseite dieser Entwicklung bestand zunächst darin, daß sich die Notenbanken der eigentlichen Hartwährungsländer, insbesondere die Deutsche Bundesbank, zu einer stärkeren Straffung ihres Kurses genötigt fühlten, als dies aus binnenwirtschaftlichen Gründen erforderlich schien. Weiterhin hatten die Länder, deren Währungen aufwerteten, überwiegend Leistungsbilanz-Defizite, so daß zumindest langfristig die Ungleichgewichte eher verschärft wurden, obgleich sie dafür Stabilität importierten. Schließlich verringerte die Stabilisierung ihrer Währungen in den Überschußländern den Druck zur Wiederankurbelung der Inlandsnachfrage. Damit konnte aber allenfalls Zeit gewonnen werden.[17]

Von einer internationalen Kooperation im Sinne der Doppelstrategie des Louvre-Abkommens blieb also 1988 nicht viel übrig. Die Notenbanken, von der Finanzpolitik kaum unterstützt, fanden sich oft im Konflikt zwischen binnenwirtschaftlichen Notwendigkeiten und außenwirtschaftlichen Erfordernissen. Der vielbeschworene Anpassungsprozeß war Ende 1988, jedenfalls gemessen an den Leistungsbilanz-Salden, zum Stillstand gekommen. So verlief das Jahr zwar sehr viel besser als erwartet; der Preis dafür war freilich hoch: Alte Probleme waren einer Lösung nicht näher gekommen, neue Probleme, vor allem die Gefahr eines Wiederauflebens der Inflation, kamen hinzu.

---

17 Trotz Liberalisierung und Globalisierung der Finanzmärkte, die prinzipiell eine reibungslose Finanzierung von Leistungsbilanz-Defiziten in bisher unbekannter Größenordnung ermöglichen, kann kein Land – auch die USA nicht – auf Dauer in großem Stil auf Pump leben. Dies gilt vor allem dann, wenn die Leistungsbilanz-Defizite in zu hohem Konsum – staatlichem wie privatem – wurzeln. Eine Verzögerung der notwendigen Anpassungsschritte birgt die Gefahr, daß die Finanzmärkte später eine zu scharfe Anpassung diktieren, die dann in die Krise führen kann.

# DIE ROLLE DES INTERNATIONALEN WÄHRUNGSFONDS IM SCHULDENMANAGEMENT

*Von Volker Stüven*

In der Diskussion über die internationale Schuldenkrise standen auch 1987/88 die Zahlungsprobleme der hochverschuldeten Länder in Lateinamerika im Vordergrund des öffentlichen Interesses. Die große Bedeutung, welche den Schuldenproblemen dieser Länder zugemessen wurde, resultierte zum einen aus der absoluten Höhe der Verschuldung, zum andern aus dem Tatbestand, daß der größte Teil der Auslandsverschuldung in dieser Ländergruppe aus privaten Bankkrediten bestand. Private Kreditgeber stellten bis zum Jahre 1987 insgesamt 68 Prozent der öffentlichen und öffentlich garantierten langfristigen Kredite in Höhe von 402 Milliarden Dollar zur Verfügung.[1] Der Internationale Währungsfonds (IWF) hatte in der Folge der Schuldenkrise seit 1982 durch eine stark ausgeweitete Kreditvergabe im Rahmen von Beistandsprogrammen eine aktive Rolle im Schuldenmanagement dieser Länder gespielt.[2] Das Engagement wurde begründet mit dem Hinweis auf die Aufgabe des IWF, für die Stabilität des internationalen Währungs- und Finanzsystems zu sorgen.

## *Kritik an der Politik des IWF*

Die Fortführung der bisherigen IWF-Politik gegenüber den hochverschuldeten Ländern Lateinamerikas stieß im Berichtszeitraum jedoch zunehmend auf Akzeptanzprobleme. Die wirtschaftliche Situation breiter Bevölkerungsschichten hatte sich im Verlauf der Schuldenkrise merklich verschlechtert. Für den mangelnden wirtschaftlichen Erfolg wurden immer häufiger – nicht zuletzt von Politikern der jeweiligen Schuldnerländer – die strikten Anpassungsprogramme des IWF verantwortlich gemacht. In dieser Situation wurde die politische Durchsetzung weiterer IWF-Programme der alten Form immer schwieriger. Für den Währungsfonds als Institution war das fortdauernde Engagement im internationalen Schuldenmanagement jedoch von großer Bedeutung. Nach dem Verlust seiner ursprünglichen Aufgaben durch den Zusammenbruch des Bretton-Woods-Systems hatte sich der IWF im internationalen Schuldenmanagement ein neues Betätigungsfeld erschlossen. Die Verschuldungskrise der Entwicklungsländer war für die Führung des IWF

---

[1] Vgl. The World Bank, World Debt Tables 1988/89, Bd. I: Analysis and Summary Tables, Washington 1988, S. 18-21.

[2] Vgl. Horst *Schulmann*, Fortentwicklung und Auswirkungen des internationalen Schuldenproblems, in: IP 1983/84, S. 197-207.

somit ein schlagkräftiges Argument für die Ausweitung seiner finanziellen und personellen Ressourcen.[3]

Neben Lateinamerika stellten die afrikanischen Länder südlich der Sahara[4] die zweite wichtige Gruppe von Problemschuldnern dar. Im Vergleich zum lateinamerikanischen Schuldenproblem war die absolute Höhe der Verschuldung dieser Staaten mit 103 Milliarden Dollar gering, zudem waren 71 Prozent der Kredite von öffentlichen Institutionen bereitgestellt worden.[5] Aufgrund der niedrigen Pro-Kopf-Einkommen war die relative Schuldenlast jedoch höher als in den hochverschuldeten Ländern Lateinamerikas, so daß es in den Jahren 1987/88 zu einer Neuorientierung beim Schuldenmanagement durch die internationalen Finanzinstitutionen und öffentlichen Gläubiger kam. Ziel war eine substantielle Reduzierung der Schuldenlast für die ärmsten Entwicklungsländer, insbesondere in Afrika, sofern diese Länder Anpassungsmaßnahmen zur Wiedererlangung ihrer Zahlungsfähigkeit einleiteten.

## DIE NEUE ROLLE DES IWF IM SÜDLICHEN AFRIKA

Der IWF war im südlichen Afrika in den achtziger Jahren vor allem im Zusammenhang mit „Pariser-Club"-Umschuldungen[6] tätig geworden. Die dabei vereinbarten kurzfristigen und nachfrageorientierten Anpassungsprogramme waren jedoch weitgehend gescheitert. Die wirtschaftliche Entwicklung in dieser Ländergruppe war von 1980 bis 1988 durch einen Rückgang des Pro-Kopf-Einkommens von 3,2 Prozent pro Jahr gekennzeichnet.[7] Angesichts dieser Entwicklung wurde zunehmend in Frage gestellt, ob die „klassischen" IWF-Anpassungsprogramme, wie sie in den wichtigen lateinamerikanischen Schuldnerländern mit einer besser entwickelten industriellen Basis angewendet wurden, eine angemessene Antwort auf die wirtschaftlichen Probleme im südlichen Afrika waren.

Ursächlich für die schlechte wirtschaftliche Lage waren sowohl der starke Verfall der Rohstoffpreise als auch verfehlte Wirtschaftspolitiken, die durch die Überbewertung der Währungen die Entwicklung einer diversifizierten und wettbewerbsfähigen Exportindustrie behindert hatten. Die Bewältigung der Zahlungsbilanzprobleme der afrikanischen Länder südlich der Sahara bedurfte daher in erster Linie einer Umstrukturierung der Angebotsseite.

---

3 Vgl. Bruno S. *Frey*, International Political Economics, Oxford 1984, Kap. 8.

4 Die Definition der Ländergruppe „Afrika, südlich der Sahara", wie sie u.a. von der Weltbank verwendet wird, umfaßt alle afrikanischen Länder mit Ausnahme von Südafrika.

5 Vgl. World Debt Tables 1988/89, a.a.O. (Anm. 1), S. 6-9.

6 Umschuldungen im Rahmen des „Pariser Clubs" betreffen ausschließlich Kredite, die von öffentlichen Kreditgebern bereitgestellt wurden.

7 Vgl. World Debt Tables 1988/89, a.a.O. (Anm. 1), S. XIV.

Dazu waren die Anpassung der Exportstruktur an die verschlechterte Situation bei den Rohstoffexporten und die dazu notwendige Schaffung geeigneter wirtschaftspolitischer Rahmenbedingungen erforderlich. Eine Reduktion der inländischen Nachfrage, die die Zahlungsbilanz durch einen starken Importsog belastet, erschien angesichts der gesunkenen und sehr niedrigen Pro-Kopf-Einkommen dagegen keine realisierbare Strategie.[8] Die Erklärung vom Weltwirtschaftsgipfel in Venedig im Juni 1987 spiegelte diese Erkenntnis wider:[9] Als Instrument zur Schuldenreduzierung in diesen Ländern „sollte die Möglichkeit der Anwendung niedrigerer Zinsen auf ihre vorhandenen Schulden erwogen werden, und insbesondere im Pariser Club sollten Vereinbarungen über längere Tilgungsfristen und tilgungsfreie Zeiten erreicht werden, um die Schuldenlast zu mildern". Dies bedeutete jedoch, daß die vom IWF koordinierten kurzfristigen und nachfrageorientierten Anpassungsprogramme und damit die traditionelle Rolle des IWF als Begleiter von „Pariser-Club"-Umschuldungen an Bedeutung zu verlieren drohten.

### *Schaffung von Strukturanpassungsfazilitäten*

Andererseits bot die Erklärung von Venedig für den IWF günstige Voraussetzungen für die Fortsetzung eines Weges, der bereits im März 1986 durch die Schaffung der Strukturanpassungsfazilität (Structural Adjustment Facility = SAF) begonnen hatte. Die SAF stellte finanzielle Mittel in einem Umfang von 6,2 Milliarden D-Mark zugunsten von Entwicklungsländern mit niedrigem Pro-Kopf-Einkommen und langwierigen Zahlungsbilanzproblemen bereit. Insgesamt waren 62 Länder grundsätzlich berechtigt, Kredite aus dem Strukturanpassungsfonds zu erhalten. Darunter befand sich auch der größte Teil der afrikanischen Länder südlich der Sahara.[10] Von den 25 Strukturanpassungsprogrammen, die bis Ende April 1988 beschlossen worden waren, wurden allein 19 mit afrikanischen Ländern südlich der Sahara vereinbart.[11] Auf der Jahrestagung von IWF und Weltbank im September 1987 befürwortete der Geschäftsführende Direktor des IWF, Michel Camdessus,

---

[8] Vgl. Gerald K. *Helleiner*, The Question of Conditionality, in: Carol *Lancaster*, John *Williamson* (Hrsg.), African Debt and Financing, Washington (Institute for International Economics), Mai 1986, S. 63-91, hier S. 71.

[9] Abgedruckt in: *EA*, 13/1987, S. 343-353, hier S. D 351.

[10] Die folgenden Länder waren aufgrund ihrer relativ besseren wirtschaftlichen Situation (gemessen am Pro-Kopf-Einkommen) von SAF-Programmen ausgeschlossen: Botsuana, Kamerun, Kongo, Elfenbeinküste, Gabun, Mauritius, Nigeria, Swasiland und Simbabwe. Vgl. World Debt Tables 1988/89, a.a.O. (Anm. 1), S. XV.

[11] Vgl. z.B. Joslin *Landell-Mills*, Helping the Poor – the IMF's New Facilities for Structural Adjustment, Washington (International Monetary Fund), o.J., S. 5.

eine Verdreifachung der SAF auf 20,7 Milliarden D-Mark. Zur Finanzierung dieser Mittelaufstockung wurden niedrig verzinste Kredite an den IWF vorgeschlagen, die insbesondere von den Industrieländern mit Handelsbilanzüberschüssen bereitgestellt werden sollten.[12] Die Initiative des IWF war weitgehend erfolgreich und führte im Dezember 1987 zur Schaffung der Erweiterten Strukturanpassungsfazilität (Enhanced SAF) mit einem Umfang von 13,8 Milliarden D-Mark.[13]

Die Programme im Rahmen der SAF sollten vor allem wachstumsorientiert sein und über einen mittelfristigen Zeitrahmen verfügen. Eine Erhöhung des gesamtwirtschaftlichen Angebots sollte die notwendigen längerfristigen makroökonomischen Anpassungen erleichtern. So sollten z.B. verstärkte Produktionsanreize in der Landwirtschaft geschaffen werden, indem Höchstpreise bei Nahrungsmitteln aufgehoben oder gelockert wurden. Die Rückzahlung der (mit nur einem halben Prozent verzinsten) Kredite erfolgte über einen Zeitraum von zehn Jahren mit einer rückzahlungsfreien Zeit von fünfeinhalb Jahren.[14] Durch diese Ansatzpunkte bildeten die Programme der SAF eine Alternative zu den „klassischen" Anpassungsprogrammen des IWF.

## *Aufgabenüberschneidung zwischen IWF und Weltbank?*

Die Schaffung der wachstumsorientierten SAF stellte eine wichtige Innovation für die Arbeit des IWF in Afrika dar und entsprach der neuen politischen Bewertung des Schuldenproblems in den ärmsten Entwicklungsländern. Es stellte sich jedoch die Frage, ob der IWF die geeignete Institution für die Bereitstellung von Anpassungskrediten in dieser Form war. In seiner ursprünglichen Konzeption sollte der IWF als monetäre Institution Ländern mit Zahlungsbilanzproblemen kurzfristigen Beistand leisten. Entsprechend den Anforderungen dieser Beistandsprogramme erwarb der IWF im Verlauf seiner Tätigkeit eine große Kompetenz bei der Bewältigung makroökonomischer Ungleichgewichte. Die längerfristigen und wachstumsorientierten Programme im Rahmen der SAF paßten aber nicht in diesen traditionellen Aufgabenbereich des IWF. Zudem führte die Betonung sektoraler Anpassungen und mikroökonomischer Veränderungen zu einer erheblichen Überschneidung mit den Aufgaben der Weltbank. Neben der reinen Projektfinanzierung unterstützte die Weltbank sektorale Anpassungsprogramme durch die Vergabe von längerfristigen Strukturanpassungskrediten.

---

12 Zur Kontroverse über die Finanzierung vgl. o.N., Rückgriff auf Rezepte der Vergangenheit, in: *NZZ*, 30.9.1987.

13 Vgl. o.N., Enhanced Structural Adjustment Facility Will Provide SDR 6 Billion in New Financing, in: *IMF Survey*, 11.1.1988, S. 5.

14 Vgl. *Landell-Mills*, a.a.O. (Anm. 11).

Diese starke Überschneidung der Tätigkeiten von Weltbank und IWF im Rahmen von wachstumsorientierten, längerfristigen Anpassungsprogrammen war geeignet, mehrere Probleme zu verursachen. Vor allem bestand die Gefahr, daß bei der Erstellung von Strukturanpassungsprogrammen Doppelarbeit geleistet wurde. Der IWF kooperierte zwar mit der Weltbank, doch die Entscheidung zu einem Strukturanpassungsprogramm wurde letztlich unabhängig von der Weltbank getroffen.[15] Des weiteren entstand ein verstärkter Koordinationsbedarf zwischen IWF und Weltbank, um die Interdependenzen zwischen IWF-Strukturanpassungsprogrammen und sektorspezifischen Weltbankprogrammen zu berücksichtigen. Für ein Entwicklungsland, das mit beiden Institutionen Anpassungsprogramme verhandelte, konnte die notwendige Koordination Zeitverzögerungen und Schwierigkeiten bei der Erstellung der Programmentwürfe bedeuten. Letzteres war insbesondere im Fall unterschiedlicher Analysen des IWF und der Weltbank in bezug auf die erforderlichen Anpassungsmaßnahmen zu befürchten.

Ein weiterer kritischer Aspekt der SAF war das hohe Subventionselement dieser Kredite. Zwar beinhalteten auch normale IWF-Kredite an Entwicklungsländer Subventionselemente; aber die zehnjährige Laufzeit verbunden mit dem niedrigen Zinssatz von einem halben Prozent rückte die Strukturanpassungskredite in die Nähe von Entwicklungshilfekrediten.[16] Die hohen Subventionszahlungen, finanziert durch freiwillige Beiträge einiger Industrieländer, liefen der ursprünglichen monetären Konzeption des IWF klar zuwider. Das Prinzip der revolvierenden Mittelverwendung im Fonds wurde damit endgültig durchbrochen. Der IWF schickte sich formal an, Aufgaben zu übernehmen, die bislang der Weltbank zugerechnet worden waren, und in denen die Weltbank bereits eine anerkannte Kompetenz erworben hatte.

## VERRINGERTE AKZEPTANZ VON IWF-PROGRAMMEN IN LATEINAMERIKA

In den durch die Rückzahlung alter IWF-Kredite belasteten Staaten Lateinamerikas waren die Akzeptanzprobleme des IWF eher noch größer als in Afrika. Diese Länder waren im allgemeinen nicht mehr bereit, neue IWF-Anpassungsprogramme zu vereinbaren. Diese Einstellung der Regierungen war wohl auch darauf zurückzuführen, daß es trotz der Einleitung von Anpassungsmaßnahmen in der Folge der Schuldenkrise seit 1982 nicht gelungen

---

15 Vgl. Richard E. *Feinberg*, The changing relationship between the World Bank and the International Monetary Fund, in: *International Organization*, Bd. 42, 1988, S. 545-560, hier bes. S. 558 f.

16 Vgl. *Commerzbank Außenhandelsblätter*, Nr. 5/1988, S. 1-2.

war, die Kreditvergabe durch die privaten Banken zu stabilisieren. Unter den IWF-Programmen wurden zwar die binnen- und außenwirtschaftlichen Ungleichgewichte deutlich reduziert. Gegenüber den privaten Kreditgebern verzeichneten die hochverschuldeten Entwicklungsländer[17] von 1983 bis 1986 jedoch erstmals einen negativen Transfersaldo, der sich auf 52 Milliarden Dollar belief.[18] Dieser Ressourcenabfluß wurde vielfach für die schlechte wirtschaftliche Entwicklung in diesen Jahren mit sinkenden Investitionen und einem Rückgang des Pro-Kopf-Konsums um 3 Prozent verantwortlich gemacht.[19]

Vor diesem Hintergrund wurde zunehmend eine mittelfristige Strategie gefordert, die es den Entwicklungsländern ermöglichen sollte, durch einen ausreichenden Finanzmittelzufluß die kurzfristigen sozialen Kosten von Anpassungsprogrammen zu mildern. Die multilateralen Institutionen waren wegen der Dominanz privater Kredite jedoch kaum in der Lage, diesen Mittelzufluß sicherzustellen, solange die privaten Kreditgeber bemüht waren, ihre Engagements weiter zu reduzieren. Der Baker-Plan[20] stellte eine erste politische Antwort auf dieses Problem dar. Im Rahmen eines wachstumsorientierten Strukturanpassungsprogramms mit erhöhten Investitionen in den Entwicklungsländern sollten die privaten Banken verpflichtet werden, durch eine Ausweitung ihrer Kreditvergabe den Anpassungsprozeß zu unterstützen. Zusätzliche öffentliche Kredite sollten durch die Weltbank und regionale Entwicklungsbanken zur Verfügung gestellt werden. Dem IWF wurde dagegen keine neue Rolle im Schuldenmanagement zugewiesen.

In den Jahren 1987/88 wurde das Scheitern des Baker-Plans immer deutlicher. Es gelang nicht, die privaten Banken zu einer substantiellen Erhöhung ihres Kreditengagements in den hochverschuldeten Entwicklungsländern zu bewegen.[21] Für den IWF war damit die Möglichkeit gegeben, erneut aktiv eine neue, eigene Rolle im zukünftigen Schuldenmanagement zu suchen. Dabei mußte die neue Strategie jene Probleme wachstumsorientierter Anpassungsprogramme beachten, welche die privaten Banken bislang von der erneuten finanziellen Beteiligung beim Schuldenmanagement abgehalten hatten.

---

17 Diese Ländergruppe umfaßt Argentinien, Bolivien, Brasilien, Chile, Costa Rica, Elfenbeinküste, Ecuador, Jamaika, Jugoslawien, Kolumbien, Mexiko, Marokko, Nigeria, Peru, Philippinen, Uruguay, Venezuela.

18 Der Transfersaldo bezeichnet die Summe der Neuausleihen abzüglich der geleisteten Zins- und Tilgungszahlungen. Hier handelte es sich um öffentliche und öffentlich garantierte langfristige Schulden gemäß World Debt Tables 1988/89, a.a.O. (Anm. 1), S. 31.

19 Vgl. World Debt Tables 1988/89, a.a.O. (Anm. 1), S. XVII.

20 Für eine Analyse des Baker-Plans vgl, Rudolf *Herlt*, Die internationale Schuldenkrise und der Baker-Plan, in: IP 1985/86, S. 71-81.

21 Vgl. die Einschätzung in: IMF, *World Economic Outlook*, April 1989, S. 51.

### *Hindernisse für einen wachstumsorientierten Ansatz*

Die fehlende Bereitschaft der privaten Banken, sich an multilateralen Anpassungsprogrammen zu beteiligen, kann vor allem mit deren kritischer Beurteilung der gegebenen Anwendungsvoraussetzungen für eine solche Strategie begründet werden. Es wurde im Berichtszeitraum immer häufiger auf die fehlenden Anreize für die Entwicklungsländer verwiesen, die zur Verfügung gestellten Ressourcen für Investitionen zur Strukturverbesserung einzusetzen. Die investive Verwendung zusätzlicher Ressourcen ist jedoch nur dann zu erwarten, wenn für die verschuldeten Länder zusätzliche Investitionen und das daraus resultierende Wachstum mit einem höheren Nutzen verbunden sind als die sofortige konsumptive Verwendung der verfügbaren Mittel. Fehlende Insvestitionsanreize trotz verfügbarer Ressourcen können insbesondere aus hohen zukünftigen Zahlungsverpflichtungen des Investors resultieren. Eine solche Situation entsteht z.B. in einem Land, wenn erwartet wird, daß die Zahlungsfähigkeit aufgrund des zukünftigen wirtschaftlichen Wachstums nicht ausreicht, um den gesamten Schuldendienst zu leisten. Im Falle von Ressourcenzuflüssen durch neue Kredite würde dieses Land zwar in die Lage versetzt, durch zusätzliche Investitionen seine Wachstumsrate zu steigern und seine Zahlungsfähigkeit zu erhöhen. Solange jedoch die Zahlungsfähigkeit des Landes seine Schuldendienstverpflichtungen nicht übersteigt, fließt der gesamte Ertrag der zusätzlichen Investitionen in den Schuldendienst. Unter diesen Bedingungen besteht für die Regierung des Landes kein Anreiz, günstige Bedingungen für die investive Verwendung der neuen Kredite in der Privatwirtschaft zu schaffen bzw. selbst Investitionen zu tätigen.[22] Statt dessen ist eine konsumptive Verwendung zu erwarten.

In den Jahren 1987/88 setzte sich verstärkt die Auffassung durch, daß derartige Anreizprobleme insbesondere in den 15 hochverschuldeten Entwicklungsländern existierten, auf die der Baker-Plan abgezielt hatte. Auch der IWF machte sich die Auffassung zu eigen, daß die fehlenden Investitions- und Anpasssungsanreize, die aus einem Schuldenüberhang resultierten, ein wichtiges Problem bei der Bewältigung der Schuldenkrise darstellten.[23] Die ablehnende Haltung der privaten Banken gegenüber einer Erhöhung ihres Kreditengagements im Rahmen des Baker-Plans regte die Suche nach alternativen Lösungen des Schuldenproblems an. Insbesondere wurde ein partieller Schuldenerlaß diskutiert, da die Banken offensichtlich nicht erwarteten, durch neue Kreditvergaben den erwarteten Rückzahlungswert ihrer

---

22 Für eine theoretische Analyse dieser Anreizprobleme vgl. Jeffrey *Sachs*, The Debt Overhang of Developing Countries, in: Guillermo *Calvo* u.a. (Hrsg.), Debt, Stabilization and Development: Essays in Memory of Carlos Díaz Alejandro, Oxford 1989, S. 80-102.

23 Vgl. *World Economic Outlook*, April 1989, S. 53 f.

bestehenden Forderungen zu verbessern. Möglicherweise konnte jedoch – ähnlich wie im Falle eines insolventen Unternehmens – durch einen partiellen Forderungsverzicht der gesamte erwartete Rückzahlungswert der bestehenden Forderungen gegenüber den hochverschuldeten Entwicklungsländern erhöht werden. Durch eine Schuldenreduktion ließ sich eine sofortige Freisetzung inländischer Ressourcen erreichen, die andernfalls für den Schuldendienst eingesetzt werden mußten. Durch einen verringerten zukünftigen Schuldendienst konnten möglicherweise die Anreize für eine wachstumsorientierte, investive Verwendung dieser Mittel verstärkt werden.[24]

## DIE JAHRESTAGUNG 1988 VON IWF UND WELTBANK

### *Vorschläge zum Schuldenerlaß*

Angesichts des Fehlschlags des Baker-Plans war die Jahrestagung von IWF und Weltbank in Berlin im September 1988[25] geprägt von der Unsicherheit bezüglich der zukünftigen Schuldenstrategie gegenüber den hochverschuldeten Entwicklungsländern. Einigkeit bestand darüber, daß auch weiterhin Anpassungsprogramme in diesen Ländern der Stärkung der Wachstumskräfte eine hohe Priorität einräumen sollten. In dieser Situation wurden vor allem durch Äußerungen des Vorstandssprechers der Deutschen Bank, Alfred Herrhausen, Hoffnungen geweckt, die auf eine wachsende Bereitschaft der Banken zur Reduzierung der ausstehenden Schulden zielten. Dieser hatte bereits im September 1987 erklärt, daß im Rahmen von Umschuldungsverhandlungen auch das Instrument des Schuldenerlasses nicht ausgeschlossen werden könne.[26] Auch bei den amerikanischen Banken hatten sich die Voraussetzungen für eine begrenzte Realisierung von Verlusten aus Entwicklungsländerkrediten durch die Bildung von Rückstellungen verbessert. Neue Strategien, die explizit auch Schuldenreduzierungen beinhalteten, stießen jedoch insbesondere in den USA auf Widerstand. Es wurde befürchtet, daß Maßnahmen zum Schuldenerlaß durch die Einbeziehung des IWF und der Weltbank zu einer Verlagerung der internationalen Kreditrisiken von den privaten Banken zu den Steuerzahlern der Industrieländer führen würden.[27]

---

24 Vgl. Paul *Krugman*, Market-Based Debt-Reduction Schemes, Cambridge, Mass. (National Bureau of Economic Research Working Paper Nr. 2587), Mai 1988, S. 9-13.

25 Vgl. hierzu die Sammeldokumentation in: *EA*, 20/1988, S. D 579-614.

26 Vgl. Alfred *Herrhausen*, Zeit ist Geld: Die überschuldeten Länder und ihre Gläubiger können die Misere nur langfristig überwinden, in: *Die Zeit*, Nr. 38, 16.9.1988, S. 35-36.

27 Vgl. Walter S. *Mossberg*, Brady Warns IMF and Japan On Their New Debt Plans, in: *WSJ* (European edition), 28.9.1988.

Diese Befürchtungen waren insbesondere verknüpft mit verschiedenen Vorschlägen zur Schaffung einer „Schuldenreduzierungsfazilität".[28] Das gemeinsame Prinzip dieser Vorschläge lag darin, daß eine neue Institution, gestützt auf den IWF oder die Weltbank, ausstehende Forderungen gegenüber den hochverschuldeten Entwicklungsländern von den Banken mit einem Abschlag auf den Nominalwert erwerben sollte. Dieser Abschlag sollte dann durch eine Reduzierung des Nominalwertes der Schuld an die Entwicklungsländer weitergegeben werden. Die privaten Banken sollten im Austausch für ihre Entwicklungsländer-Forderungen handelbare Schuldtitel der neu zu schaffenden multilateralen Institution erhalten, welche faktisch öffentlich garantiert gewesen wären. Die Kritiker einer solchen „Schuldenreduzierungsfazilität" argumentierten außerdem, daß ein uniformes Vorgehen beim Schuldenerlaß, das nicht die besonderen Bedingungen in den jeweiligen Ländern berücksichtigte, negative Wirkungen auf die Anpassungsbemühungen der einzelnen Schuldnerländer haben würde.

### *Stärkung der Rolle des IWF*

Sowohl der IWF als auch die japanische Regierung versuchten auf der Jahrestagung, durch eigene Initiativen zur Schuldenreduzierung den Bedenken der USA gegenüber einem allgemeinen Schuldenerlaß und der möglichen Belastung der Steuerzahler entgegenzuwirken. Der Geschäftsführende Direktor des IWF Camdessus plädierte für eine Beibehaltung des fallweisen Ansatzes bei Umschuldungen, wie er vom IWF traditionell praktiziert wurde. Er forderte von den privaten Banken die Bereitschaft, im Rahmen solcher Umschuldungen auch Elemente eines partiellen Schuldenerlasses zu akzeptieren.[29] Dabei wurde deutlich, daß der IWF eine Schuldenreduzierung in der Form des Rückkaufs der Bankenforderungen mit einem Abschlag durch die Entwicklungsländer anstrebte.

Die vorgeschlagene Einbindung des Schuldenerlasses in die Umschuldungsprogramme war geeignet, die Rolle des IWF im internationalen Schuldenmanagement wieder zu stärken. Diese Strategie diente außerdem als Argument in der Diskussion über die fällige Quotenerhöhung für den IWF.[30] Eine Verminderung der Verschuldung der Entwicklungsländer bei den privaten Banken war realistisch nur in Verbindung mit der Bereitstellung weiterer öffentlicher multi- und bilateraler Kredite zu erreichen. Es mußte deshalb zweifelhaft erscheinen, ob die Banken neben dem Schuldenerlaß auch noch zu

[28] Vgl. James D. *Robinson* III, A Comprehensive Agenda for LDC Debt and World Trade Growth, London (The Amex Bank Review Special Papers Nr. 13), März 1988.

[29] Vgl. Auszüge aus der Rede von Camdessus in: *EA*, 20/1988, S. D 609-614.

[30] Vgl. o.N., USA wollen keine Quotenerhöhung, in: *SZ*, 29.9.1988.

neuen Kreditengagements in den betroffenen Ländern bereit sein würden. Für das Schuldnerland würde die Reduzierung der Auslandsschulden somit zwar zu einem verminderten Ressourcenabfluß in der Zukunft führen; die darüber hinaus im Rahmen der Anpassungsprogramme benötigten Mittel mußten jedoch mit hoher Wahrscheinlichkeit durch öffentliche Institutionen, z.B. den IWF, gewährt werden. Die vom IWF angestrebte Kombination von höheren Neuausleihen und Schuldenrückkauf bedeutete letztlich, daß die Rückkäufe durch öffentliche Kredite finanziert würden.

## *Die japanische Initiative*

Die japanische Initiative, der sogenannte Miyazawa-Plan, war dagegen weniger weitgehend. Er zielte auf die Umwandlung von Bankkrediten mit variabler Verzinsung in handelbare, festverzinste Schuldverschreibungen. Die Zinszahlungen dieser neuen Schuldtitel sollten garantiert werden, indem das Schuldnerland beim IWF Devisenbestände in entsprechender Höhe auf einem Treuhandkonto hinterlegte.[31] Die Finanzierungserfordernisse des Miyazawa-Plans wurden damit auf die benötigten Devisen für die Zinsgarantie beschränkt. Vorbedingung für die Schuldenumwandlung war, daß das Schuldnerland mit dem IWF ein Anpassungsprogramm vereinbarte, und die Verfügbarkeit der notwendigen Finanzmittel durch multilaterale Kredite gewährleistet war. Zusätzlich erhielt auch der IWF Unterstützung von Japan, das – unabhängig von der Realisierung des Miyazawa-Plans – eine substantielle Erhöhung der IWF-Quoten befürwortete.[32] Außerdem legte die japanische Delegation einen Plan vor, der die Kofinanzierung von IWF-Programmen durch die staatliche Export-Import Bank von Japan vorsah.[33] Schuldnerländer, die IWF-Programme vereinbart hatten, sollten durch langfristige, ungebundene Kredite zu günstigen Konditionen in ihrer mittelfristigen Anpassung unterstützt werden. Das verstärkte Engagement Japans im Schuldenmanagement diente auch dazu, die japanische Forderung nach einer überproportionalen Beteiligung an der IWF-Quotenerhöhung zu unterstützen. Das Ziel war, für Japan nach den USA die zweithöchste Quote und eine entsprechende Stimmenanzahl im IWF zu erreichen. Die Aussicht auf zusätzliche Finanzmittel erleichterte jedoch auch dem IWF die Realisierung seiner Pläne zum Schuldenrückkauf, die erhebliche zusätzliche Ressourcen erforderten.

---

31 Vgl. Stephen *Fidler*, Japan unveils Third World debt initiative, in: *FT*, 28.9.1988.

32 Vgl. Statement by Satoshi Sumita, Governor of the Bank of Japan at the Annual Meetings of the International Monetary Fund and the World Bank, Berlin, 27.9.1988, in: Deutsche Bundesbank, Auszüge aus Presseartikeln, 3.10.1988, S. 7-9, hier S. 8.

33 Vgl. ebd.

## KRITIK AN DER SCHULDENSTRATEGIE DES IWF

Allerdings muß aus ökonomischer Sicht die neue Schuldenstrategie des IWF aus mehreren Gründen kritisiert werden:

– Der Rückkauf von Altschulden durch ein Schuldnerland war zwar geeignet, die künftigen Zahlungsverpflichtungen des Landes zu reduzieren. Er bedingte aber zunächst einen Ressourcentransfer ins Ausland, der trotz des Abschlags auf den Nominalwert der Schuld größer war als die laufende Zinszahung für diese Schuld.[34] Kurzfristig erhöhte ein Schuldenrückkauf daher den Auslandsfinanzierungsbedarf des betreffenden Landes.

– Des weiteren war der Erfolg des Schuldenerlasses davon abhängig, ob es dem IWF gelang, die Banken zu einem koordinierten Vorgehen zu veranlassen. Für jede einzelne Bank bestand nämlich der Anreiz, eine Beteiligung am Schuldenerlaß zu verweigern. Sie konnte dann als „Freifahrer" von der verbesserten Zahlungsfähigkeit des Schuldnerlandes profitieren, die aus dem Schuldenerlaß durch andere Banken resultierte.[35]

– Der entscheidende Punkt war jedoch, daß ein Schuldenrückkauf bei gleichzeitiger Erhöhung der IWF-Kreditvergabe die Substitution privater Bankkredite durch IWF-Mittel bedeutete. Auf der Basis eines verringerten Schuldenstandes fand somit trotz des Schuldenerlasses durch die Banken eine Verlagerung von Kreditrisiken auf den IWF statt. Trotz fallweiser Umschuldungen wurden damit die Mechanismen einer „Schuldenreduzierungsfazilität" eingeführt. Ein Schuldenerlaß in Analogie zu nationalen Vergleichsverfahren, wie sie im Falle insolventer Unternehmen angewendet werden, hätte dagegen von den Banken eine einseitige Reduzierung ihrer ausstehenden Forderungen verlangt. In diesem Fall wären die reduzierten Forderungen bei den Banken verblieben, ihre Rückzahlungswahrscheinlichkeit hätte sich aber wegen des partiellen Schuldenerlasses erhöht.

Diese Kritik an der Übernahme privater Kreditrisiken durch multilaterale Organisationen traf in vermindertem Maße auch auf den Miyazawa-Plan zu. Während der vom IWF befürwortete Schuldenrückkauf zu einer Verlagerung sowohl der Zins- als auch der Rückzahlungsrisiken führte, war die Risikoverlagerung beim Miyazawa-Plan auf die Zinszahlungen beschränkt. In beiden Fällen verringerte der IWF jedoch mit der Bereitschaft zur Risikoübernahme den Anreiz für die Banken, einseitige Schuldenerleichterungen einzuräumen.

---

34 Die Banken waren überdies nur bereit, ihre Forderungen zu verkaufen, wenn der Rückkaufpreis über dem erwarteten Wert der zukünftigen Schuldendienstzahlungen lag.

35 Dieses Problem wurde auch bei früheren Vorschlägen zu Schuldenreduzierung gesehen. Vgl. *Robinson* III, a.a.O. (Anm. 28), S. 12.

### *Der Erfolg der IWF-Initiative*

Die Initiativen des IWF zum Schuldenmanagement zielten darauf ab, die Rolle des IWF unter geänderten Rahmenbedingungen zu stärken. Dieses Bemühen war im Berichtszeitraum weitgehend erfolgreich. Die Ausweitung des IWF-Engagements in den ärmsten Entwicklungsländern, insbesondere in Afrika südlich der Sahara, wurde auf der Jahrestagung in Berlin durchweg positiv beurteilt und als Ergänzung der bestehenden Weltbank-Programme begrüßt.[36] Der Vorschlag des IWF zur Einbeziehung von Schuldenreduzierungen in die Umschuldungsabkommen wurde vom neuen amerikanischen Finanzminister aufgenommen und löste als Teil des sogenannten „Brady-Plans"[37] die bis dahin offiziell zugrundegelegte Baker-Strategie ab. Dabei wurde auch deutlich gemacht, daß zu diesem Zweck Kredite von IWF und Weltbank zur Reduzierung der privaten Bankkredite eingesetzt werden sollten.[38] Ob dies auf dem Wege des Schuldenrückkaufs oder gemäß des Miyazawa-Plans erfolgen sollte, blieb weiterhin offen. Die Notwendigkeit einer IWF-Quotenerhöhung als Voraussetzung für umfangreiche Schuldenreduzierungen wurde jedoch zunehmend anerkannt. Der Erfolg der IWF-Initiativen und der damit verbundenen Neuausleihen zeigte sich auch darin, daß der IWF nach vier Jahren im Geschäftsjahr 1988/89 gegenüber seinen Kritikern erstmals wieder auf eine positive Nettokreditvergabe verweisen konnte.[39] Die Reduzierung der Verschuldung der Entwicklungsländer gegenüber den privaten Banken, die durch zusätzliche öffentliche Kredite finanziert wurde, bewirkte jedoch letztlich nur eine Verlagerung privater Kreditrisiken auf multilaterale Organisationen und verminderte die Anreize der privaten Gläubiger für einseitige Schuldenerleichterungen.

---

36 Vgl. o.N., Die ärmsten Entwicklungsländer können zufrieden heimkehren, in: *FAZ*, 30.9.1988.

37 Vgl. Thomas *Kampffmeyer*, Der Brady-Plan, Berlin 1989, sowie *ders.*, Der Brady-Plan: Durchbruch an der Schuldenfront, in: EA, 3/1990, S. 105-114.

38 Vgl. Peter *Norman*, Peter *Riddell*, US seeks IMF agreement on Brady debt plans, in: *FT*, 1./2.4.1989.

39 Vgl. o.N., Währungsfonds leiht wieder mehr aus, in: *SZ*, 26.4.1989.

# PROBLEME DER HANDELSFREIHEIT UND DES PROTEKTIONISMUS: DIE URUGUAY-RUNDE

*Von Michael Borchmann*

Weltwirtschaftlich betrachtet standen die achtziger Jahre unter dem Stern eines neuen Protektionismus. Die Gründe für die zunehmende Abkehr vom Prinzip des Freihandels lassen sich mit guten Argumenten auf Konjunktureinbrüche in den Jahren 1974/75 und 1981/82, auf die Verschärfung des internationalen Wettbewerbsdrucks auf Problembranchen der Industrieländer und den hohen Forschungs- und Entwicklungsaufwand bei technologieintensiven Produkten zurückführen, die gleichzeitig einen immer kürzeren Lebenszyklus aufweisen.[1] Für das internationale Handelssystem tat sich ein Scheideweg auf: auf der einen Seite Marktöffnung und Handelssicherheit und auf der andern Abschottung und Handelskonflikte. Die Abschottung hatte in erster Linie der Verbraucher im sich abschottenden Land zu tragen, denn der größte Verlierer einer protektionistischen Handelspolitik ist in der Regel das sich abschottende Land selbst. Die Handelsnationen der Welt machten sich daher auf, den im einzelnen zwar mühseligen, aber Wohlstand verheißenden Weg einer Bekämpfung des Protektionismus zu beschreiten. Sie leiteten 1986 im Rahmen des GATT eine neue Welthandelsrunde ein, an deren Ende eine Stärkung und Fortentwicklung des multilateralen Handelssystems stehen soll.

## INSTITUTION UND FUNKTION DES GATT

Das GATT ist ein multilaterales Abkommen, das eine Reihe von Vorschriften zur Regelung des Welthandels enthält. Es ist weiterhin ein Forum, auf dem die Länder ihre Handelsprobleme erörtern und über den Abbau von Handelshemmnissen verhandeln können. Inhaltlich zielen die im einzelnen recht komplizierten GATT-Regeln auf eine liberale Weltwirtschaftsordnung, in der staatlicher Interventionismus gering ist und Unternehmen möglichst gleiche Wettbewerbschancen haben. Dieses Ziel soll durch eine Reihe von Ordnungsprinzipien erreicht werden, die sich zusammengefaßt als Charta des freien Welthandels bezeichnen lassen. Im Vordergrund stehen dabei die folgenden Prinzipien: der Grundsatz der Meistbegünstigung, der Grundsatz der Inländerbehandlung, der Abbau der Zolltarife, das Verbot mengenmäßiger

---

1 Vgl. Hans-Peter *Fröhlich*, Das GATT am Scheideweg, Köln 1989.

Beschränkungen sowie die Einführung von Konsultations- und Streitschlichtungsverfahren.[2]

Institutionell hat das GATT lediglich eine rudimentäre Organisationsstruktur. Das Abkommen nennt als Organ die Vertragsparteien, deren Vertreter periodisch zusammentreten, „um die Durchführung derjenigen Bestimmungen dieses Abkommens sicherzustellen, die ein gemeinsames Vorgehen erfordern, und um allgemein die Durchführung dieses Abkommens und die Erreichung seiner Ziele zu erleichtern" (Artikel XXV). Der 1960 geschaffene und sich aus 66 Mitgliedern zusammensetzende GATT-Rat hat vor allem die Tagungen der Vertragsparteien einschließlich der Ministerkonferenzen und Handelsrunden vorzubereiten und durchzuführen. Die administrativen Funktionen obliegen dem von einem Generaldirektor geleiteten GATT-Sekretariat mit Sitz in Genf. Schließlich arbeiten noch zahlreiche – ständige oder befristete – Fachausschüsse.

## DIE ERKLÄRUNG VON PUNTA DEL ESTE

### *Gründe für die Einleitung einer neuen Welthandelsrunde*

Insgesamt hatten die Welthandelsrunden der Vergangenheit die Bedeutung der Zölle (tarifäre Handelshemmnisse) im Welthandel drastisch reduziert. Nach Schätzungen des GATT-Sekretariats betrug die durchschnittliche Zollbelastung industrieller Fertigwaren in den wichtigsten Industrieländern Anfang 1987 nur noch etwa 6,5 Prozent. Allerdings blieb gleichwohl die Zollbelastung auf einigen speziellen Sektoren (vor allem im Agrar- und Textilhandel) bestehen. An die Stelle der tarifären Handelshemmnisse trat jedoch zunehmend, insbesondere nach der zweiten Ölkrise, eine Behinderung des Welthandels durch nichttarifäre Handelshemmnisse.

Der Begriff des nichttarifären Handelshemmnisses ist recht unbestimmt.[3] Beispiele hierfür sind etwa mengenmäßige Beschränkungen (z.B. Ein- und Ausfuhrkontingente oder freiwillige Export-Selbstbeschränkungsabkommen), administrative Handelsbeschränkungen (z.B. Antidumping-Maßnahmen, Verbraucherschutzbestimmungen oder technische Normen und Standards) oder preisbeeinflussende Handelshemmnisse (preisliche Belastungen von Ein- oder Ausfuhr, preisliche Entlastung der Inlandsproduktion und preisliche Entlastungen der Ausfuhr). Insgesamt existierten im Berichtszeitraum mehr als 800 Varianten nichttarifärer Handelshemmnisse, von denen etwa 40 Prozent des

---

[2] Vgl. hierzu näher Albrecht *Weber*, Geschichte der internationalen Wirtschaftsorganisationen, Wiesbaden 1983, S. 75 ff.

[3] Vgl. zur Problematik des Begriffs Richard *Senti*, GATT – Allgemeines Zoll- und Handelsabkommen als System der Welthandelsordnung, Zürich 1986, S. 146 ff.

Welthandels betroffen waren. Eine Spitzenstellung nahmen die Branchen Bekleidungsindustrie (67,5 Prozent), Stahl (64 Prozent) und Agrarprodukte (50 Prozent) ein.[4]

In dieser von zunehmend protektionistischen Tendenzen geprägten Situation drängten vor allem die USA, von einer immer stärker defizitären Handelsbilanz beunruhigt, auf die möglichst baldige Einberufung einer neuen GATT-Runde. Zentrales Anliegen der USA war es, den Agrarmarkt zu liberalisieren und den Agrarhandel den gleichen Vereinbarungen zu unterwerfen, wie sie nach GATT-Regeln für Industrieerzeugnisse gelten. Dies geschah vor dem Hintergrund amerikanischer Absatzschwierigkeiten bei US-Agrarprodukten: Während die Vorratslager überquollen und die Überschußproduktion den Staatshaushalt jährlich mit immensen Summen belastete, entwickelten sich die USA – früher einmal größter Exporteur von Agrarprodukten – 1986 sogar zu einem Netto-Importeur von landwirtschaftlichen Gütern. Eine entscheidende Ursache hierfür schien im Agrarprotektionismus der EG zu liegen. Ein weiteres vordringliches Anliegen der USA war es, den Dienstleistungsverkehr in die GATT-Regeln einzubeziehen. Zu diesem Bereich gehören die freie Wahl der Transportmittel und -wege, die Zulassung von Banken- und Versicherungs-Dienstleistungen sowie die Öffnung des Nachrichtenverkehrs. Der „tertiäre Sektor" gilt als exponierte Wachstumsbranche, war jedoch noch in hohem Maße reglementiert. Schließlich wurden von den USA auch weitere Aspekte ins Gespräch gebracht wie etwa der Schutz des geistigen Eigentums sowie Schutzregeln für Auslandsinvestitionen.

Die Reaktionen auf den Vorstoß der USA waren nicht überall zustimmend: So wurde etwa seitens der EG die Einbeziehung des Dienstleistungssektors in eine neue Welthandelsrunde befürwortet, andererseits konnten sich die EG-Staaten – nicht zuletzt mit Rücksicht auf französische Interessen – mit einer Festlegung von Verhandlungszielen im Agrarbereich nicht anfreunden. Seitens der Entwicklungsländer wurde vorgebracht, daß zunächst die unerledigten Vereinbarungen der „Tokio-Runde" des GATT (1973 bis 1976 in Genf) zugunsten der Entwicklungsländer umgesetzt werden sollten. Zudem befürchteten sie eine Dominierung ihres Dienstleistungssektors durch die Industriestaaten, falls es in diesem Bereich zu einer Liberalisierung kommen würde.

### *Das Verhandlungsprogramm für die Uruguay-Runde*

Nach nicht sehr einfachen Vorverhandlungen kam es schließlich im September 1986 zu der GATT-Ministerkonferenz in Punta del Este (Uruguay). Die

4 Angaben nach Hans-Joachim *Hochstrate* und Ralf *Zeppernick*, Störungen des Welthandels – neuere Entwicklungen, in: *Wirtschaftsdienst*, Nr. X, 1988, S. 500 f.

dortigen Gespräche gestalteten sich schwierig; Hauptstreitpunkte waren die Einbeziehung des Dienstleistungssektors und des Agrarbereichs in eine neue Welthandelsrunde.[5] Am 20. September beschlossen die 92 teilnehmenden Nationen die Eröffnung einer neuen Runde multinationaler Handelsverhandlungen, die „Uruguay-Runde". In der Ministererklärung von Punta del Este wurden die Ziele, Modalitäten und Themen dieser Verhandlungen festgelegt.[6] Als Globalziele definierte die Erklärung eine Eindämmung und Zurückdrängung des weltweit um sich greifenden Protektionismus, eine weitere Liberalisierung und Ausweitung des Welthandels, eine Stärkung der Rolle des GATT, eine Erhöhung der Fähigkeiten des GATT-Systems zur Reaktion auf die Entwicklung des internationalen wirtschaftlichen Umfelds (u.a. durch einen Ausbau der Beziehungen des GATT zu wichtigen internationalen Organisationen) sowie eine Flankierung gleichlaufender gemeinsamer Aktionen auf nationaler und internationaler Ebene zur Stärkung der Verbindung zwischen Handels- und anderen Wirtschaftspolitiken.

Zu Verhandlungsgegenständen wurden zum einen die traditionellen Themen wie tarifäre und nichttarifäre Handelshemmnisse bestimmt. Darüber hinaus wurde die heikle Frage der Landwirtschaft auf die Tagesordnung gesetzt, um die Probleme im Weltagrarhandel zu entspannen. Auf die Einbeziehung der Landwirtschaft hatten neben den USA vor allem die Staaten der sogenannten CAIRNS-Gruppe gedrängt.[7] Die Kritik dieser Gruppe zielte nicht allein auf den Agrarprotektionismus der EG, sondern ebenso auf protektionistische Maßnahmen der USA und Japans. Die EG, die einer Einbeziehung des Agrarbereichs zunächst mit großer Zurückhaltung begegnete, wertete es schließlich als Teilerfolg, daß sich die Verhandlungen nicht nur auf die Ausfuhrsubventionen beziehen sollten, sondern auf alle den Agrarsektor berührenden Fragen.[8]

Ferner wurden erstmals auch die „neuen Themen" auf die Agenda gesetzt, nämlich der Dienstleistungsverkehr, das geistige Eigentum und die handelsbezogenen Investitionsmaßnahmen. Der Dienstleistungssektor war – wie sich bereits im Vorfeld der Verhandlungen abgezeichnet hatte – der zweite Hauptkonfliktpunkt der Konferenz. Am Ende stand ein Kompromiß zwischen den Befürwortern (den Industriestaaten) und den Gegnern einer stärkeren Liberalisierung (vor allem Brasilien und Indien): Die Verhandlungen über

---

5 Vgl. Michael *Borchmann*, GATT – Auftakt zu einer neuen Welthandelsrunde, in: *Recht der Internationalen Wirtschaft*, Nr. 6, 1987, S. 444 ff., hier S. 446 f.

6 Abdruck der Ministererklärung in: *EA*, 6/1987, S. D 163 ff.

7 Diesem losen Zusammenschluß von 14 Ländern, die sich als „nichtsubventionierende Freihändler" verstehen, gehören so unterschiedliche Staaten wie etwa Argentinien, Australien, Brasilien, Kanada, Neuseeland und Ungarn an.

8 Vgl. EG-Kommission (Hrsg.), XX. Gesamtbericht über die Tätigkeit der Europäischen Gemeinschaften 1986, Brüssel/Luxemburg 1987, Ziff. 810.

Dienstleistungen sollten zwar nach den Verfahrensregeln des GATT, aber in einem separaten Ausschuß geführt werden. Zudem enthielt der entsprechende Teil der Erklärung die bedenkliche Formulierung, daß sich die auszuhandelnden Grundsätze und Verhaltensregeln für den Dienstleistungsbereich an den politischen Zielen nationaler Gesetze und Verordnungen orientieren sollten, während das GATT an sich darauf abzielt, „die handelspolitische Praxis der Mitgliedstaaten dem multilateralen Handelsvölkerrecht anzupassen und unterzuordnen."[9]

## ORGANISATION UND BEGINN DER VERHANDLUNGEN

Entsprechend den Vorgaben von Punta del Este organisierte sich die Gruppe für die Verhandlungen über Waren in 14 Unterausschüssen mit jeweils eng begrenzter Themenstellung: 1. Zölle; 2. Nichttarifäre Maßnahmen; 3. Rohstoffe; 4. Textil und Bekleidung; 5. Landwirtschaft; 6. Tropische Erzeugnisse; 7. Artikel des allgemeinen Abkommens; 8. Übereinkommen und Übereinkünfte aufgrund der Tokio-Runde; 9. GATT-Schutzklauseln; 10. Subventionen und Ausgleichsmaßnahmen; 11. Geistige Eigentumsrechte; 12. Handelsbezogene Investitionsmaßnahmen; 13. Streitschlichtung; 14. Funktionieren des GATT-Systems. Dem Güterverhandlungsausschuß selbst wurde die Überwachung der Arbeit der einzelnen Unterausschüsse übertragen. Neben diesem Ausschuß wurde – ohne Unterausschüsse – der separate Ausschuß für die Verhandlungen über Dienstleistungen eingerichtet. Verklammert wurden beide Ausschüsse durch den Ausschuß für Handelsverhandlungen.

Zu Beginn des Jahres 1987 wurden nach teilweise schwierigen Vorverhandlungen die Verhandlungspläne für die einzelnen Ausschüsse festgelegt. Auch die Besetzung der Vorsitzfunktionen in den Ausschüssen gestaltete sich zu Macht- und Einflußkämpfen der verschiedenen Verhandlungsgruppen (USA, EG, Entwicklungsländer, Agrarländer). Die Arbeit während des Jahres 1987 bestand im allgemeinen darin, in einer Eingangsphase die jeweiligen Probleme zu analysieren und die Verhandlungspositionen vorzubereiten.[10]

Mit dem Beginn des Jahres 1988 traten die Ausschüsse in das Stadium der Verhandlungen über Sachfragen. Die Verhandlungen wurden dadurch kompliziert, daß der Ausschuß für Handelsverhandlungen am 18. Februar 1988 beschloß, diesen Ausschuß bereits am 5. Dezember in Montreal auf Ministerebene einzuberufen. Im Verlauf der 1988 geführten Verhandlungen

[9] Wolfram van den *Wyenberg*, Anlauf zu einer reformierten Welthandels- und Wettbewerbsordnung, in: *Blick durch die Wirtschaft*, 26.9.1986.

[10] Vgl. Peter *Witt*, Die Uruguay-Runde. Auf dem Weg zu einem verbesserten Welthandelssystem?, in: *EA*, 2/1988, S. 41-48.

wurden recht unterschiedliche Fortschritte erzielt. Dies galt insbesondere auch für die beiden Hauptkonfliktbereiche von Punta del Este, nämlich den Dienstleistungssektor und den Agrarsektor. So ließen sich im Ausschuß für Dienstleistungsverkehr stetige Fortschritte verzeichnen, da viele Entwicklungsländer zu erkennen gaben, daß sie nicht der von einigen Ländern vertretenen negativen Verhandlungsposition folgen, sondern sich um Kompromisse bemühen wollten. Zwar traten verschiedene Industriestaaten unter der Führung der USA generell für eine Liberalisierung im Sinne von „Inländerbehandlung" und „Nichtdiskriminierung" ein und standen der Einbeziehung von Entwicklungskriterien zögernd gegenüber. Doch zeigte sich die EG frühzeitig bereit, den Interessen der „gemäßigten" Entwicklungsländer Rechnung zu tragen.

Schroffe Gegensätze taten sich demgegenüber in der Agrarverhandlungsgruppe auf. Die USA forderten die Festlegung eines langfristigen Verhandlungsziels, nämlich die Beseitigung aller Beihilfen für die Landwirtschaft, die sich unmittelbar oder mittelbar auf den Agrarhandel auswirkten. Einzige Ausnahmen sollten nicht an die Erzeugung gebundene direkte Einkommensbeihilfen für die Landwirte sowie die Nahrungsmittelhilfe sein. Darüber hinaus sollten alle Einfuhrhemmnisse aufgrund nichttarifärer Maßnahmen (Abschöpfungen oder Kontingentierungen) durch nach oben begrenzte Zollsätze ersetzt werden, die anschließend schrittweise abgebaut werden sollten. Schließlich verlangten die amerikanischen Unterhändler eine Harmonisierung der gesundheitspolizeilichen und pflanzenschutzrechtlichen Vorschriften auf nachprüfbar wissenschaftlicher Grundlage.

Die EG schlug demgegenüber ein Vorgehen in zwei Etappen vor. Zunächst sollten kurzfristige Maßnahmen zur Entspannung auf den wichtigsten krisengeschüttelten Märken getroffen werden. Damit sollten Stillstandsverpflichtungen einhergehen, d.h. Verpflichtungen, über das 1984 bestehende Niveau von Unterstützungsmaßnahmen für die Landwirtschaft hinaus keine neuen Maßnahmen zu treffen. Langfristig sollte dann eine einschneidende Verringerung der Unterstützungsmaßnahmen angestrebt werden. Die CAIRNS-Gruppe verfolgte etwa die gleichen langfristigen Ziele wie die USA und plädierte darüber hinaus für Übergangsmaßnahmen. Diese sollten in einem „Einfrieren" und in einer konzertierten Verringerung der Unterstützungsmaßnahmen bestehen. Für die Jahre 1989 und 1990 sollten jeweils 10 Prozent Reduzierungen in folgenden Bereichen Pflicht sein: Ausfuhrsubventionen, Verringerung der kontrollierten Preise, Produktionskontrolle, Absatz der Lagerbestände und Erweiterung des Marktzugangs.[11]

---

[11] Vgl. auch Eckart *Guth* und Bettina *Hartwig*, Agrarhandelspolitik im GATT. Erfahrungen im Hinblick auf die Uruguay-Runde, in: *EA*, 18/1988, S. 533-542.

## KONFLIKTFELDER UND PROTEKTIONISMUS IM WELTHANDEL

Während die Uruguay-Runde des GATT nicht ohne Perspektiven begonnen wurde und ein ernsthaftes Bemühen der Beteiligten um Lösung der anstehenden Probleme zu verzeichnen war, zeigten sich andererseits auch wachsende Schwierigkeiten und Spannungen im handelspolitischen Alltag. So verwies das GATT-Sekretariat in seinem ersten Halbjahresbericht 1987 auf eine merkliche Zunahme von Handelskonflikten und Streitschlichtungsverfahren. Infolge wachsender Handelsbilanz-Ungleichgewichte, verschärften Wettbewerbs, größerer Wechselkursausschläge und steigender Verschuldung stieg der protektionistische Druck.

### *Probleme zwischen Japan und den USA*

Im Vordergrund des Argwohns stand Japan. Zum offenen Konflikt kam es im März 1987 im Bereich des Handels mit Halbleitern (Chips). Dieser Bereich war 1986 durch ein „freiwilliges Selbstbeschränkungsabkommen" geregelt gewesen, eine moderne Form des Protektionismus. Es enthielt eine Verpflichtung Japans, den Verkauf von Chips zu Niedrigpreisen einzustellen und mehr Halbleiter aus den USA zu importieren. Unter Berufung darauf, daß Japan dieses Abkommen nicht eingehalten habe, belegten die USA entsprechende Importe aus Japan mit Strafzöllen in Höhe von 100 Prozent. Dies ließ wiederum in Europa die Befürchtung wachsen, die mit Strafzöllen von den USA ferngehaltenen japanischen Erzeugnisse könnten auf den europäischen Markt gelangen. Daher erwog die EG, ebenfalls hohe Zusatzzölle für derartige Waren zu erheben.

Im amerikanisch-japanischen Verhältnis führte die Strafaktion dazu, daß beide Staaten am 2. September 1987 ein bilaterales Abkommen über den Handel mit Halbleitern abschlossen,[12] demzufolge die amerikanischen Antidumpingverfahren gegen japanische Halbleiterimporte ausgesetzt wurden. Als Gegenleistung führte die japanische Regierung ein Überwachungssystem ein, das die Preise der meisten in die USA ausgeführten Halbleiter sowie die Preise der japanischen Ausfuhren in Drittstaaten und insbesondere in die EG kontrollierte. Ferner verpflichtete sich die japanische Regierung, die Entwicklung der Halbleitereinfuhren nach Japan zu unterstützen.[13] Die EG bezeichnete das Abkommen als inakzeptabel, da es die auf dem europäischen Markt zu zahlenden Preise sowie den Zugang Europas zum japanischen Markt beeinträchtigte, und brachte die Angelegenheit im GATT zur Sprache. Im März 1988 veröffentlichte eine auf Antrag der Gemeinschaft eingesetzte

---

12 Vgl. *Bulletin EG*, 7/8-1986, Ziff. 2.2.10.

13 Vgl. Anm. 8, Ziff. 825.

Sondergruppe ihren Bericht und verurteilte darin das von Japan eingerichtete System zur Überwachung der Drittlandmärkte. Der Bericht wurde am 4. Mai 1988 vom GATT-Rat angenommen.[14]

## *Schwierigkeiten zwischen EG und USA*

Ausdruck einer verschärft protektionistischen amerikanischen Handelspolitik war das am 23. August 1988 von Präsident Ronald Reagan unterzeichnete Handels- und Wettbewerbsgesetz („Trade Bill"), das die Möglichkeiten der amerikanischen Regierung erweiterte, international vereinbarte Handelsregeln nach eigenem Ermessen auszulegen und einseitige Maßnahmen zu ergreifen.[15] Im einzelnen wurden durch das Gesetz die nationalen Rechtsvorschriften über Schutzmaßnahmen, unlauteren Wettbewerb, Antidumping- und Antisubventionsmaßnahmen sowie Ausgleichszölle wesentlich geändert.

Für die EG brachte der Rat der Außenminister umgehend seine Besorgnis über das Handelsgesetz zum Ausdruck. Das Europäische Parlament erklärte in einer Entschließung, daß das Gesetz Bestimmungen über eine einseitige Neufestlegung der GATT-Grundsätze enthalte und eine gefährliche Tendenz zu sektoraler Gegenseitigkeit aufweise. Das Parlament forderte Kongreß und amerikanische Regierung auf, dafür Sorge zu tragen, daß mit der Durchführung des neuen Gesetzes nicht der Fortgang der GATT-Gespräche gefährdet werde und es nicht zu einer Verschlechterung der bilateralen Handelsbeziehungen zwischen der Gemeinschaft und den USA komme.[16] In dieser Beziehung hatte sich ohnedies bereits viel Konfliktstoff angesammelt. Schon am 22. Januar 1987 hatte das Europäische Parlament in einer Entschließung die Befürchtung geäußert, „daß andauernde Handelsstreitigkeiten zwischen USA und EG auch längerfristige negative Auswirkungen auf die europäisch-amerikanische Partnerschaft haben, die weder im Interesse der USA noch Europas liegen."[17] Im Rahmen der allgemein angespannten transatlantischen Wirtschaftsbeziehungen gab es eine Reihe sektoraler Problemfelder, die für Schlagzeilen in der Presse sorgten. So wurde der Streit über den Export von Teigwaren aus der EG in die USA („Spaghetti-Krieg") über ein bereits 1986 geschlossenes Abkommen hinaus fortgesetzt.[18] Im August 1987 kam es dann zu einer Vereinbarung zwischen beiden Seiten, die Frage der

---

14 Vgl. EG-Kommission (Hrsg.), XXII. Gesamtbericht über die Tätigkeit der Europäischen Gemeinschaften 1988, Brüssel/Luxemburg 1989, Ziff. 885.

15 Vgl. hierzu ausführlich den Beitrag von Peter *Rudolf* in diesem Band.

16 Vgl. *Bulletin EG*, 10/1988, Ziff. 2.2.19.

17 *Amtsblatt der EG*, Nr. C 46, 23.2.1987, S. 79.

18 Vgl. hierzu Manfred *Knapp*, Das amerikanisch-deutsche Verhältnis, in: IP 1985/86, S. 164.

Ausfuhrerstattungen für Teigwaren im Rahmen der multilateralen Handelsverhandlungen der Uruguay-Runde zur Sprache zu bringen.[19]

Nachhaltige Proteste in den USA löste das von der EG erlassene Verbot der Erzeugung und des Verkaufs von hormonhaltigem Fleisch mit Wirkung vom 1. Januar 1988 aus,[20] das als ungerechtfertigt und diskriminierend betrachtet wurde. Der amerikanische Präsident ließ die Vorbereitung von Handelssanktionen im Umfang von 100 Millionen Dollar gegen die Einfuhr von Rindfleisch aus dem EG-Raum für den Fall anordnen, daß die EG das Importverbot für hormonbehandeltes Fleisch aufrecht erhielte. Vor dem Hintergrund der amerikanischen Proteste beschlossen die EG-Agrarminister im November 1987, die Importsanktionen erst zum Januar 1989 wirksam werden zu lassen. Damit war der Konflikt aber nur aufgeschoben.

Gegen andere Regelungen der EG beantragten die USA die Einsetzung von Sonderausschüssen des GATT mit dem Ziel einer Überprüfung dieser Regelungen. Dies galt zum einen für die Richtlinie von 1972 über Fleischeinfuhren,[21] mit der gewährleistet werden sollte, daß die für eingeführtes frisches Fleisch geltenden gesundheitspolitischen Schlachtvorschriften den Gemeinschaftsvorschriften angeglichen wurden. Zum andern beanstandeten die USA bestimmte Gemeinschaftsbeihilfen für die Erzeugung von Langkornreis und Sojabohnen. Die EG verwies allerdings darauf, daß die Reissubventionen nicht neu seien, sondern lediglich eine Modifizierung des bestehenden Systems darstellten. Überdies entstünden den amerikanischen Erzeugern durch die Beihilfen für Sojabohnen keine Schäden.[22]

Außerhalb des Agrarsektors nahmen die USA die angeblich unzulässigen öffentlichen Beihilfen der an dem Airbus-Programm beteiligten europäischen Staaten ins Visier. Hintergrund dieses zu Beginn des Jahres 1987 ausbrechenden Konflikts war der sich immer stärker abzeichnende Erfolg des Airbus auf dem amerikanischen Markt. Zum andern projektierte das zuvor lediglich mit dem Bau von Mittelstrecken-Flugzeugen befaßte Airbus-Konsortium den Einstieg ins Langstreckengeschäft und drohte damit, Konkurrent für Boeing und McDonnel Douglas zu werden. Daraufhin warf die amerikanische Regierung den beteiligten Staaten vor, die Airbus-Industrie in den vergangenen Jahren mit rund 10 Milliarden Dollar subventioniert zu haben. Von europäischer Seite lautete die Gegenrechnung: Den USA sei ebenfalls eine Subventionierung ihrer Luftfahrtkonzerne vorzuhalten, die sich aus der Vermischung von Rüstungs- und Zivilprogrammen ergebe. Seit 1970 seien militärische und zivile Projekte

---

19 Vgl. *Bulletin EG*, 7/8-1987, Ziff. 2.2.17.
20 *Amtsblatt der EG*, Nr. L 382, 31.12.1985.
21 *Ebd.*, Nr. L 302, 31.12.1972.
22 Vgl. hierzu XXII. Gesamtbericht, a.a.O. (Anm. 14), Ziff. 878.

der amerikanischen Flugzeugindustrie in Höhe von 47 Milliarden Dollar unterstützt worden. Mit dem Streit wurde zum einen der GATT-Ausschuß für den Handel mit Zivilluftfahrzeugen befaßt, zum andern fanden bilaterale Verhandlungen statt.[23] Im Oktober 1987 schlossen beide Parteien auf einem Ministertreffen in London einen Kompromiß; bei einem zweiten Treffen im März 1988 konnten in mehreren Bereichen gewisse Fortschritte erzielt werden.[24]

Zu Belastungen in den transatlantischen Beziehungen führte schließlich auch das in der Einheitlichen Europäischen Akte formulierte Ziel der Schaffung eines einheitlichen Binnenmarktes bis zum Ablauf des Jahres 1992. Unter dem Stichwort „Festung Europa" manifestierten sich auch in den USA Befürchtungen, ein sich nach außen abschottender europäischer Binnenmarkt könne die eigenen Wirtschaftsinteressen gefährden. Die Gemeinschaft, voran Kommissionspräsident Jacques Delors, wies demgegenüber immer wieder darauf hin, daß die stark vom Welthandel abhängige EG ein großes Interesse an der Beibehaltung eines freien Handelssystems habe.

### *Probleme zwischen der EG und Japan*

Die dritte Seite des Handelsdreiecks EG-USA-Japan, die Beziehungen zwischen der EG und Japan, war ebenfalls mit vielen Problemen konfrontiert. 1986 waren Warenströme in einem Volumen von 31 Milliarden Dollar von Japan in die EG geflossen, dagegen nur in Höhe von 11 Milliarden Dollar von der EG nach Japan. Dabei lag das Hauptproblem weniger in dem Handelsbilanz-Defizit an sich, das die Gemeinschaft durch anderweitig erzielte Handelsbilanz-Überschüsse ausgleichen konnte. Bedenken riefen vielmehr die Handelsstruktur und die aggressive Exportstrategie japanischer Unternehmen hervor. Während der größte Teil der japanischen Ausfuhren in die EG auf Produkte der Spitzentechnologie (Unterhaltungselektronik, Büromaschinen, EDV-Technik, Fotoausrüstung, Kraftfahrzeuge) entfiel, bestanden die Ausfuhren der Gemeinschaft im wesentlichen aus Nahrungsmitteln, pharmazeutischen Produkten, chemischen Erzeugnissen, Textilien und Spezialmaschinen für bestimmte Industriezweige. Zudem betrieb Japan auf den internationalen Märkten eine aggressive Preispolitik: Mit Niedrig- oder gar Dumpingpreisen versuchten japanische Unternehmen, in einer „Laserstrahl-Strategie" die europäische Konkurrenz sowohl auf deren eigenen Märkten als auch in Drittländern auszuschalten.

---

23 Vgl. EG-Kommission (Hrsg.), XXI. Gesamtbericht über die Tätigkeit der Europäischen Gemeinschaften 1987, Brüssel/Luxemburg 1988, Ziff. 756.

24 Vgl. *Bulletin EG*, 3/1988, Ziff. 2.2.12.

Die Ursachen für den mangelnden Erfolg europäischer Produkte auf dem japanischen Markt schließlich wurden von beiden Seiten in unterschiedlichen Faktoren gesehen: Während Japan auf mangelnde europäische Wettbewerbsfähigkeit verwies, kritisierte die EG die Abschottung des japanischen Markts durch administrative und technische Hemmnisse, ein durch japanische Hersteller stark kontrolliertes Vertriebssystem sowie eine öffentliche Meinung, die den Erwerb einheimischer Waren als patriotische Pflicht ansah. Im April 1988 genehmigte der Ministerrat die ersten Antidumpingzölle auf in der EG montierte Erzeugnisse (elektronische Waagen und elektronische Schreibmaschinen). Japan reagierte hierauf mit der Drohung, das GATT zur Entscheidung anzurufen und ersuchte bei der EG um bilaterale Konsultationen, die im Berichtszeitraum nicht zu Ergebnissen führten.

### *Das Ministertreffen von Montreal*

Das Ergebnis der Tagung des Ausschusses für die Handelsverhandlungen der Uruguay-Runde auf Ministerebene vom 5. bis 9. Dezember 1988 in Montreal wurde von Experten folgendermaßen charakterisiert: „Noch nie in der Nachkriegszeit war das Bekenntnis zur Marktwirtschaft, zu einem offenen, multilateralen Welthandelssystem so einhellig wie in Kanada. Alle Minister der 103 teilnehmenden Staaten, von China über die osteuropäischen Länder, die Entwicklungsländer aller Kontinente und die großen Industrieländer haben den Freihandel gelobt. Der Handel wurde immer wieder als der große Motor bezeichnet, der die Weltwirtschaft in Gang halte. Aber alle Hoffnungen wurden brüsk abgeklemmt. Der große Sprung nach vorn bei der Revision des während 40 Jahren verlotterten Welthandelssystems des GATT ist nicht gelungen."[25] Zwar wurde im Rahmen der Halbzeit-Tagung über elf der insgesamt 15 Verhandlungsthemen Einigung erzielt; vier Bereiche (Landwirtschaft, Schutz des geistigen Eigentums, Textilien und Schutzklauseln) blieben jedoch strittig. Der Ausschuß für Handelsverhandlungen beschloß, für die erste Aprilwoche 1989 ein neues Treffen (auf hochrangiger Beamtenebene) nach Genf einzuberufen. Bis dahin wurde der Generaldirektor des GATT und Vorsitzende des Ausschusses für die Handelsverhandlungen beauftragt, Konsultationen zu führen, um Lösungen für die offenen Fragen zu finden und eine Einigung über das gesamte Verhandlungspaket herbeizuführen.[26]

---

[25] Erich *Reyhl*, Konferenz der Lippenbekenntnisse, in: *Handelsblatt*, 12.12.1988.

[26] Vgl. GATT (Hrsg.), News of the Uruguay Round, Nr. 023, 14.12.1988, S. 2.

# DIE EINIGUNG IN GENF

Erst in der „Verlängerung" des Montreal-Treffens vom 5. bis 8. April 1989 in Genf gelang es, eine umfassende Zwischenbilanz der Uruguay-Runde zu verabschieden, die Verhaltens- und Verhandlungsrichtlinien für alle 15 von der Handelsrunde erfaßten Themenbereiche gab. Damit war zugleich die Blockierung der bereits in Montreal erzielten Verständigungen aufgehoben. Allerdings waren auch die Nachverhandlungen problematisch: Kurz zuvor hatten die Mitglieder der CAIRNS-Gruppe mit einem „Massenauszug" aus der GATT-Runde gedroht. Neben den Sachproblemen beeinträchtigten auch Verfahrensmodalitäten die Genfer Verhandlungen. Daß es doch noch zu einem positiven Ergebnis kam, wurde nicht zuletzt GATT-Generaldirektor Arthur Dunkel zugeschrieben, der mit Einsatz und Durchsetzungsvermögen entscheidend zum erfolgreichen Abschluß der Halbzeit-Konferenz beitrug.

Gerungen wurde in Genf erneut vor allem um eine Kompromißformel im Agrarbereich. Im Ergebnis sollte das Niveau der Schutzmaßnahmen und Hilfen für die Landwirtschaft nicht erhöht werden; nach einer politischen Absichtserklärung sollte das Subventionsniveau bereits 1990 verringert werden. Die USA rückten von ihrer Forderung nach einer völligen Eliminierung der Subventionen ab und stimmten einer Zielsetzung zu, langfristig ein faires und marktgerechtes System des Agrarhandels zu schaffen. In einem noch zu vereinbarenden Zeitraum sollten die Subventionen „substantiell und progressiv" verringert werden. Spätestens mit dem Abschluß der Uruguay-Runde sollten die Einzelheiten des langfristigen Reformprogramms festgelegt werden.

Auf dem Textilsektor verständigten sich die Minister darauf, zum Ersatz des 1991 auslaufenden Welttextilabkommens und seiner Importquoten bis 1990 eine Lösung zu finden, wie der Textilhandel wieder den GATT-Regeln unterworfen werden könnte. Im übrigen sollten sich alle Beteiligten bemühen, die Lage in diesem Bereich mit Blick auf die angestrebte Liberalisierung im Rahmen des GATT zu verbessern. Ferner wurde beschlossen, die mögliche Anwendung von GATT-Regeln für den Schutz geistigen Eigentums zu prüfen. Dazu gehörten auch die von den Industriestaaten geforderten internationalen Vorschriften gegen nachgeahmte Produkte. Im Interesse der Entwicklungsländer wurde allerdings das GATT-Mandat relativ allgemein gehalten. Ferner sollten nationale juristische Regelungen und Fragen des Technologietransfers gebührend berücksichtigt werden. Im Bereich der Schutzklauseln schließlich sollten die Regeln verbessert werden, um Umgehungen der GATT-Bestimmungen – wie etwa durch freiwillige bilaterale Exportbeschränkungen – möglichst zu unterbinden. Überdies sollte die Befristung von Schutzmaßnahmen bekräftigt werden. Alle diese Fragen sollten im Rahmen eines umfassenden Abkommens geregelt werden.

# JAPAN ALS AUFSTREBENDE FINANZMACHT

*Von Hans-Peter Fröhlich*

Eine in London erscheinende englischsprachige Wirtschaftszeitung notierte in einem Bericht über Alan Greenspan, er sei als Vorsitzender des amerikanischen Notenbanksystems der zweitwichtigste Entscheidungsträger in der internationalen Wirtschaftspolitik – hinter dem japanischen Finanzminister.[1] Noch Mitte der achtziger Jahre wäre diese Rangfolge auf allgemeines Unverständnis gestoßen; 1987/88 war das nicht mehr der Fall. Die darin enthaltene Anerkennung der Rolle Japans im Weltfinanzgefüge beschreibt eindrucksvoller als manche monetären Statistiken, in welchem Maße sich der fernöstliche Handelsriese im internationalen Geld und Kapitalverkehr etabliert hatte. Zumindest in wichtigen Teilbereichen des internationalen Finanzsystems besaß Japan im Berichtszeitraum zweifellos eine weltweite Vormachtstellung. Diese beruhte auf zwei unterschiedlichen, sich aber wechselseitig ergänzenden Faktoren: Zum einen war Japan mit Abstand die größte Gläubigernation der Welt; zum andern hatten sich japanische Banken in kurzer Zeit hohe Marktanteile im internationalen Finanzgeschäft erkämpft.

Aus weltwirtschaftlicher Sicht warf die japanische Position im Finanzbereich eine Reihe von Fragen auf. Sie reichten von den speziellen Anlagegewohnheiten japanischer Geldgeber bis zum wirtschaftspolitischen Handlungsspielraum ausländischer Regierungen. Die Implikationen der Finanzmacht Japans reichten indes weit über die Sphäre des Ökonomischen hinaus. Es ging letztlich darum, inwieweit Japan über seine Funktion als Bankier der Welt auf längere Sicht auch in eine geopolitische Führungsrolle hineinwachsen würde.

## HINTERGRÜNDE FÜR JAPANS AUFSTIEG ZUR FINANZMACHT

Japan rückte in der zweiten Hälfte der achtziger Jahre geradezu sprungartig an die Spitze der internationalen Finanzmächte vor. Das heißt freilich nicht, daß es sich dabei um ein überraschendes Phänomen handelte. Die dahinter stehenden Triebkräfte waren vielmehr zum Teil seit langer Zeit am Werk. Die Jahre 1987/88 sahen insofern allenfalls den Kulminationspunkt einer beinahe zwangsläufig ablaufenden Entwicklung, bei der eine Reihe von Faktoren zusammengespielt hatten.

1 David *Hale*, Arise, Sir Alan of the US Fed, in: *FT*, 7.6.1989, S. 21.

## *Japans Erfolge auf den Exportmärkten*

Die Position Japans im internationalen Finanzverkehr Ende der achtziger Jahre wäre nicht vorstellbar ohne die seit Jahrzehnten währende Exportoffensive japanischer Unternehmen auf den ausländischen Warenmärkten. Zum einen bauten japanische Konzerne ein weltumspannendes Netz an Lieferverträgen, Distributionssystemen und Fertigungsstätten auf. Aus diesen Aktivitäten ergab sich zwangsläufig ein wachsender Bedarf an Finanzdienstleistungen der verschiedensten Art, angefangen von kurzfristigen Handelskrediten für ausländische Importeure bis zur Absicherung längerfristiger Wechselkursrisiken. Von daher war zu erwarten, daß japanische Banken ihren Kunden ins Ausland folgen würden.

Diese alte Erfahrungsregel schien im Fall Japan sogar in besonderer Weise zuzutreffen. Im Gegensatz zur Bundesrepublik etwa, deren Exportvolumen noch über dem Japans lag, hatte Japan keine nennenswerten Auslandsmärkte gewissermaßen direkt vor der eigenen Haustür.[2] Das bedeutete, daß japanische Banken weniger problemlos als etwa die deutschen das Auslandsgeschäft ihrer Kunden von zu Hause aus betreuen konnten; sie mußten in stärkerem Maße selbst vor Ort präsent sein. Diese Notwendigkeit wurde verstärkt durch die für die japanische Wirtschaft typischen „Unternehmensfamilien" aus zusammengehörigen Industriekonzernen, Zulieferbetrieben, Banken und Versicherungen. Hieraus ergibt sich für die Banken beinahe eine Art Verpflichtung, ein befreundetes Unternehmen auf seinem Weg ins Ausland zu begleiten.[3]

Die langjährigen Exporterfolge waren für die Finanzmarktposition Japans Ende der achtziger Jahre noch in anderer Weise relevant. Die japanische Wirtschaft führte wesentlich mehr Waren und Dienstleistungen aus, als sie importierte. Infolgedessen verzeichnete Japan hohe Leistungsbilanz-Überschüsse, die im Berichtszeitraum eine Größenordnung von 80 bis 85 Milliarden Dollar jährlich erreichten. Die zwangsläufige Kehrseite eines Leistungsbilanz-Überschusses ist jedoch, daß das betreffende Land im selben Umfang Auslandsaktiva („Devisen") erwirbt. Die Japaner sammelten daher als Volkswirtschaft immer höhere Vermögenswerte im Ausland an, über die sie zwangsläufig auf irgendeine Weise disponieren mußten – und entwickelten sich dadurch weltweit zum größten Investor. So wurde Japan gewissermaßen als unausweichliche Begleiterscheinung seiner güterwirtschaftlichen Erfolge auch in eine finanzwirtschaftliche Schlüsselposition hineingezogen.

---

2 Die Bundesrepublik lieferte 1987/88 rund die Hälfte ihrer Ausfuhren in die EG-Länder. Nimmt man die Exporte in die EFTA-Staaten hinzu, so machte der europäische Anteil sogar mehr als zwei Drittel aus.

3 Vgl. Günter *Dufey*, The Role of Japanese Financial Institutions Abroad, in: Charles *Goodhart* und George *Sutija* (Hrsg.), Japanese Financial Growth, London 1990 (in Vorbereitung).

Derselbe Sachverhalt läßt sich noch aus einem anderen Blickwinkel beleuchten: Der Leistungsbilanz-Überschuß eines Landes – bzw. der damit verbundene Zuwachs an Auslandsforderungen – entspricht der Differenz zwischen gesamtwirtschaftlicher Ersparnis und Investition; er ist tendenziell um so größer, je höher die Ersparnisbildung ausfällt. Japan verfügt im internationalen Vergleich traditionell über eine der höchsten Sparquoten: So sparten japanische Haushalte in den achtziger Jahren im Schnitt etwa 15 Prozent ihres Einkommens; in den USA beispielsweise waren es nur 5 Prozent. Bezieht man neben den privaten Haushalten auch die Unternehmen und den Staat ein, so waren die Unterschiede noch größer. Insofern ließ sich Japans immense Gläubigerposition gegenüber dem Rest der Welt wesentlich auf das besonders ausgeprägte Sparverhalten der Japaner zurückführen.

Die genannten strukturellen Tendenzen in der japanischen Volkswirtschaft zum Aufbau hoher Auslandsvermögens-Bestände wurden durch das Preis- bzw. Renditegefälle zwischen In- und Ausland bei zahlreichen Anlageformen unterstützt, das wiederum mit dem reichhaltigen Sparangebot in Japan zusammenhing. Ein typisches Beispiel waren Aktien: An der Börse in Tokio wurden Aktien im Zeitraum 1987/88 im Schnitt mit dem 60- bis 70fachen ihres Gewinns bewertet; in den USA und der Bundesrepublik war es jeweils weniger als das 20fache. Ähnlich verhielt es sich mit Immobilien. Die Grundstückspreise in japanischen Großstädten hatten sich im Laufe der achtziger Jahre real, d.h. nach Ausschaltung der allgemeinen Preissteigerungsrate, verdreieinhalbfacht. In besonderem Maße war davon Tokio betroffen. Es wurde geschätzt, daß das Gelände des Kaiserpalasts im Zentrum der Stadt am freien Markt genau so viel wert wäre wie etwa die Hälfte der Fläche Kanadas oder ganz Kalifornien. Angesichts solcher Verhältnisse erschienen viele ausländische Vermögenswerte aus japanischer Perspektive als höchst attraktive Form der Ersparnisanlage.

### *Internationalisierung der Finanzmärkte*

Japan profitierte zudem von dem allgemeinen Trend zur Internationalisierung der Finanzströme, der die Weltwirtschaft in den achtziger Jahren erfaßt hatte. Dabei waren die einzelnen nationalen Geld- und Kapitalmärkte immer stärker zu einem globalen Weltfinanzmarkt zusammengewachsen. Im Zuge dieser Entwicklung kam es zum Aufbau einer weltumspannenden Infrastruktur für Finanzdienstleistungen, die Geldanlagen oder Kreditaufnahmen für Japaner – ebenso wie für Unternehmen und Privatpersonen in anderen Ländern – im Ausland kaum aufwendiger gestaltete als im Inland. Gleichzeitig wurden nationale Märkte dereguliert und innovative Finanzierungstechniken entwickelt, die international aktiven Banken ein neues Betätigungsfeld eröffneten.

Japan war für dieses neue Zeitalter zunächst schlecht gerüstet. Die japanischen Finanzmärkte waren bis in die jüngere Vergangenheit in hohem Maße staatlich reguliert und vom Ausland abgeschottet. Erst gegen Mitte der achtziger Jahre setzte eine nachhaltige Liberalisierung ein. Man mag es als Ironie der Geschichte empfinden, daß dies wesentlich auf Drängen der USA geschah, die Ende der achtziger Jahre am stärksten von der Vormachtstellung Japans im Finanzbereich betroffen waren. Auf amerikanische Initiative wurde im Herbst 1983 zwischen Japan und den USA das sogenannte Yen-Dollar-Komitee gebildet. Dieser Ausschuß legte im April 1984 konkrete Vorschläge für eine Öffnung des japanischen Finanzsystems vor, die in der Folgezeit auch weitgehend umgesetzt wurden.[4] Die Ratio für den amerikanischen Liberalisierungsanstoß lag in der Erwartung eines spürbaren Beitrags zum Abbau des bilateralen Handelsungleichgewichts zugunsten Japans. Die Überlegung war, daß ein erleichterter Zugang zum japanischen Finanzmarkt den Yen für Ausländer attraktiver machen und über eine entsprechende Yen-Aufwertung den Strom japanischer Warenexporte in die USA eindämmen würde. In der Folgezeit erhöhte sich zwar der Außenwert der japanischen Währung drastisch, doch ergab sich daraus nicht die erhoffte Umkehr in den Handelsströmen.[5]

Allerdings erwies sich für Japan die Öffnung seiner Geld- und Kapitalmärkte als ein entscheidener Schritt auf dem Weg zur internationalen Finanzmacht. Dadurch wurden nämlich nicht nur ausländische Geldanlagen in Japan erleichtert, sondern auch japanische Kapitalexporte ins Ausland. Beispielsweise stiegen die Höchstgrenzen für Auslandsinvestitionen japanischer Großanleger wie Lebensversicherungen und Pensionskassen in mehreren Schritten – allein dadurch wurden Milliardenbeträge für Auslandsanlagen frei.

Noch bedeutsamer war in diesem Zusammenhang der Aufbau eines japanischen Offshore-Markts. Hierbei handelt es sich um einen speziellen Markt für grenzüberschreitende Transaktionen, der in Anlehnung an ähnliche supranationale Kapitalmärkte im Ausland („Eurodollar-Märkte") besonders günstige Bedingungen für die dort tätigen Banken bietet. Der japanische Offshore-Markt wurde am 1. Dezember 1986 eröffnet. Damit hatte der Finanzplatz Tokio umgehend erheblich an internationaler Wettbewerbsfähigkeit gewonnen. Dies zeigte sich nicht zuletzt in einem geradezu explosionsartigen Wachstum des Geschäftsvolumens. In weniger als zwei Jahren – zur Jahresmitte 1988 – hatte der japanische Offshore-Markt vom Umfang her bereits den vergleichbaren amerikanischen Markt („International Banking

---

4 Vgl. dazu Ulrike *Schaede*, Liberalisierung des japanischen Finanzmarktes und Internationalisierung des Yen, in: *ifo-Schnelldienst*, Nr. 5-6/1989, S. 42 ff.

5 Der sogenannte reale Außenwert des Yen gegenüber einem Bündel von 18 wichtigen Währungen stieg im Zeitraum 1985/86 beinahe abrupt um rund 30 % an – eine im internationalen Vergleich äußerst ungewöhnliche Entwicklung. 1987/88 stieg der reale Außenwert des Yen nochmals um rund 10%.

Facilities"), der 1981 eingerichtet worden war, überholt. Angesichts dieser Entwicklung erwiesen sich die japanischen Zugeständnisse an die USA im Rahmen des Yen-Dollar-Komitees gleichsam als trojanisches Pferd.[6]

## JAPANS POSITION AUF DEN WELTFINANZMÄRKTEN

Japan entwickelte sich im Berichtszeitraum international unbestritten zu einer der führenden Finanzmächte. Diese Position läßt sich freilich nicht anhand eines einzelnen Indikators ablesen. So war beispielsweise die dominierende Rolle des Dollars auf den weltweiten Geld- und Kapitalmärkten ein wesentlicher Bestandteil der Finanzmacht USA. Demgegenüber hatte der Yen als internationale Währung nur eine untergeordnete Bedeutung. Auf ihn entfielen 1987/88 rund 7 Prozent der von den Notenbanken weltweit gehaltenen Devisenbestände, was lediglich der Hälfte des D-Mark-Anteils entsprach. Nur wenig günstiger stellte sich die Verwendung des Yen an den privaten Kredit- und Anlagemärkten dar.[7] Gleichwohl entwickelte sich Japan rasch zu einem führenden Devisenhandelszentrum. 1986 befand sich Tokio mit einem täglichen Umsatzvolumen von 48 Milliarden Dollar unter den Währungsbörsen der Welt auf Platz drei hinter London (90 Milliarden) und New York (59 Milliarden). Damit schickte sich Tokio an, mit seiner Devisenbörse eine ähnliche Stellung einzunehmen, wie sie die Aktienbörse bereits besaß: Diese war, gemessen am Kurswert der gehandelten Unternehmen, im Berichtszeitraum weltweit zur Nummer eins mit einem Vorsprung von rund 50 Prozent gegenüber New York geworden.[8]

### *Japan als größter Gläubiger der Welt*

Japan baute 1987/88 in geradezu atemberaubendem Tempo Forderungen gegen das Ausland auf. Noch zu Beginn der achtziger Jahre war die japanische Netto-Auslandsposition mit rund 11 Milliarden Dollar im internationalen

---

6 Vgl. hierzu aus amerikanischer Sicht Daniel *Burstein*, Yen. Die japanische Herausforderung, München 1989.

7 Ein möglicher Grund für den im Vergleich zu Japans Rolle im Welthandel bescheidenen Verbreitungsgrad des Yen im Finanzbereich lag in dem Umstand, daß nur 35 % der japanischen Exporte und 12 % der Importe in Yen fakturiert wurden. Zum Vergleich: Für die Bundesrepublik betrugen die entsprechenden Werte 80 bzw. 50 %.

8 Die Rolle Tokios als wichtiges finanzielles Handelszentrum war allerdings eher eine Begleiterscheinung als ein ökonomischer Indikator für die Stellung Japans als internationale Finanzmacht. Diese gründete sich primär auf die hohe japanische Gläubigerposition gegenüber dem Rest der Welt sowie den Expansionsdrang japanischer Banken im internationalen Kreditgeschäft.

Vergleich kaum der Rede wert. Ende 1986 übertraf sie bereits mit gut 180 Milliarden Dollar nicht nur die aller anderen Länder zum damaligen Zeitpunkt, sondern auch den bisherigen Rekordwert der USA aus dem Jahr 1981. Innerhalb der folgenden zwei Jahre bis Ende 1988 ergab sich dann erneut eine massive Erhöhung auf fast 300 Milliarden Dollar (die allerdings teilweise auf einer Höherbewertung des Yen gegenüber dem Dollar beruhte), womit Japan zu dem mit Abstand „reichsten Land der Welt" wurde.[9]

Privatsektor und Staatssektor teilten sich die japanischen Auslandsforderungen Ende 1988 genau zur Hälfte. Der Schwerpunkt lag insgesamt auf ausländischem Wertpapierbesitz. Hinsichtlich der Struktur des Auslandsvermögens ergab sich jedoch ein merklicher Umschwung: Der Erwerb von Wertpapieren ging tendenziell zurück zugunsten von Direktinvestitionen, d.h. Beteiligungen an ausländischen Unternehmen, Gründungen japanischer Firmen im Ausland sowie Erwerb von Immobilienobjekten. Im Zeitraum 1981 bis 1984 flossen im Jahresdurchschnitt weniger als 5 Milliarden Dollar in diese Anlageform; 1986 waren es dann bereits 15 Milliarden und 1988 sogar 34 Milliarden Dollar. Mit Abstand wichtigstes Zielland für die japanischen Direktinvestitionen waren die USA, auf die 1988 gut die Hälfte entfiel, gefolgt von den Ländern der Europäischen Gemeinschaft mit einem Sechstel.

### *Japanische Direktinvestitionen im Ausland*

Für das Anschwellen der japanischen Direktinvestitionen gab es eine Reihe von Gründen. Zum einen waren, nicht zuletzt durch die kräftige Yen-Aufwertung nach 1985, ausländische Vermögenswerte für Japaner vergleichsweise preiswert geworden. Zum andern wurden aus dem gleichen Grund japanische Exportgüter auf den Weltmärkten tendenziell teurer, was zu Produktionsverlagerungen ins Ausland zwang. Hinter dem Aufbau einer breiteren Produktionsbasis auf den ausländischen Absatzmärkten stand noch ein weiteres Motiv: In dem Maße, in dem durch Produktion vor Ort japanische Exporte substituiert wurden, sollten protektionistische Einstellungen im Ausland abgemildert werden. Nur allzu bald zeigte sich jedoch, daß dies nicht gelang. Japanische Unternehmenskäufe weckten in Übersee oft genau so starken Widerstand wie die Exportströme. Dies betraf vor allem die USA, aber auch Europa. Man beklagte dort entweder einen „Ausverkauf" der heimischen Industrie, oder fürchtete sich vor der strikt auf Effizienz und Produktivität

---

[9] In Relation zum BSP stellen sich diese Zahlen etwas bescheidener dar: Danach rangierte Japan Ende 1988 mit 14 % hinter Großbritannien (23 %) und der Bundesrepublik (17 %). Vgl. Bank of Japan, *Balance of Payments Monthly*, Juli 1989, S. 83.

ausgerichteten japanischen Unternehmensphilosophie.[10] Das Außenministerium in Tokio sah vor diesem Hintergrund Anlaß, sich mit einem „Selbstbeschränkungs-Appell“ an die Banken zu wenden, um weitere internationale Friktionen dieser Art zu verhindern.

### *Der Vormarsch japanischer Banken*

Japanische Kreditinstitute eroberten während der achtziger Jahre in einer beispiellosen Offensive internationale Marktanteile. Auch hier erwies sich die Periode 1987/88 als eine Phase besonderer Dynamik: Ende 1986 befanden sich beispielsweise unter den zehn größten Banken der Welt (gemessen am Bilanzvolumen) „nur“ sieben japanische Institute; Ende 1988 erreichte gerade noch eine ausländische Bank die Liste der obersten Zehn.[11] Ein noch aussagefähigerer Indikator ist der Bestand an Forderungen im grenzüberschreitenden Bankgeschäft, das traditionell einem besonders scharfen internationalen Wettbewerb unterliegt. Hier konnten die Banken in Japan während der ersten Hälfte der achtziger Jahre (auf Dollar-Basis gerechnet) ihren Marktanteil nur leicht von 5 auf 6 Prozent erhöhen. Im Anschluß daran kam es zu einem rasanten Zuwachs: Ende 1986 standen nach Erhebungen der Bank für Internationalen Zahlungsausgleich (BIZ) bereits mehr als 10 Prozent aller grenzüberschreitenden Bankforderungen in den Bilanzen von in Japan ansässigen Banken; Ende 1988 waren es sogar über 16 Prozent.[12]

Betrachtet man das gesamte internationale Bankgeschäft, zu dem neben den grenzüberschreitenden Transaktionen Fremdwährungsgeschäfte mit Inländern zählen, so zeigte sich ein ähnliches Bild: Japanische Banken hatten hier 1988 einen Marktanteil von 21 Prozent. Japan überflügelte damit sogar erstmals Großbritannien, das bis 1988 die führende Nation im internationalen Bankgeschäft war. Am Bankplatz London hielten japanische Banken 1988 36 Prozent aller internationalen Forderungen, verglichen mit 30 Prozent 1985. Der japanische Anteil war damit in London mehr als doppelt so hoch wie der britische und lag höher als der Anteil der britischen und amerikanischen Banken zusammengenommen.[13]

---

10 An den betroffenen Unternehmensstandorten wurde diese Ansicht in der Regel nicht geteilt. Dort waren japanische Investoren wegen des Beschäftigungsgewinns bei zudem guten Arbeitsplatzbedingungen willkommen. Oft wurde die Entscheidung japanischer Unternehmen für den jeweiligen Auslandsstandort als Beweis für die Attraktivität der Region gewertet.

11 Vgl. *The Banker*, Juli 1989, S. 54 ff.

12 Vgl. Bank für Internationalen Zahlungsausgleich, Entwicklung des internationalen Bankgeschäfts und die internationalen Finanzmärkte, Basel (verschiedene Jahrgänge).

13 Vgl. Tim *Carrington*, Tokyo is Found to Surpass London in Global Banking, in: *WSJ*, 11.5.1989.

Die rasche und erfolgreiche Offensive japanischer Kreditinstitute war – neben dem eingangs beschriebenen allgemeinen Hintergrund – im wesentlichen auf zwei Faktoren zurückzuführen. Erstens verfügten sie über eine hohe internationale Wettbewerbsfähigkeit dank niedriger Finanzierungskosten. Japanische Sparer legen traditionell hohe Beträge auf Sparkonten an, die nur vergleichsweise niedrig verzinst werden. Im Vergleich zu ausländischen Konkurrenzinstituten, die einen größeren Anteil ihrer hereingenommenen Mittel mit höheren Zinsen bedienen müssen, konnten japanische Banken damit ihren Kreditnehmern niedrigere Zinsen offerieren. Zweitens mußten japanische Banken nicht mehr über eine betont aggressive Preispolitik konkurrieren. Nachdem die erste Hälfte der achtziger Jahre für sie auf internationaler Ebene noch eine Art Lehrzeit darstellte, waren sie 1987/88 mit allen Techniken des internationalen Finanzgeschäfts vertraut. Mitunter führten sie Neuerungen ein, die die Konkurrenz aufschrecken ließen. Hier zeigte sich einmal mehr die außerordentliche Anpassungs- und Innovationsfähigkeit japanischer Unternehmen in Verbindung mit hocheffizienten Management-Methoden.[14]

## WELTWIRTSCHAFTLICHE IMPLIKATIONEN

Kapital ist generell knapp in der Welt. Indem die japanische Volkswirtschaft aufgrund ihrer überdurchschnittlichen Sparneigung in hohem Umfang Kapital bildet und einen beträchtlichen Teil davon im Wege des Kapitalexports dem Ausland zur Verfügung stellt, leistete sie einen Beitrag zur Verringerung der Kapitalknappheit und zur Erhöhung des materiellen Wohlstands in der Welt. Andere Länder mit geringerer Ersparnisbildung und lohnenderen Investitionschancen als Japan konnten dadurch ihre Produktionskapazitäten schneller aufstocken, als es ihnen aus eigener Kraft möglich gewesen wäre. Entsprechende Produktivität der Verwendungszwecke des Leihkapitals aus Japan vorausgesetzt, blieb selbst unter Berücksichtigung der Schuldzinsen ein Zuwachs des Sozialprodukts.

### *Ausländische Ressentiments*

Am Beispiel der Direktinvestitionen im Ausland wurde bereits deutlich, daß japanische Kapitalexporte im Empfängerland oft emotionale Reaktionen hervorriefen. Das gleiche galt auch allgemein für Japans machtvolles Auftreten auf den Weltfinanzmärkten. Für viele Beobachter steckte hinter der Offensive der japanischen Banken mehr als nur ein marktmäßiger Prozeß, der sich aus

---

[14] Vgl. hierzu Richard *Wright*, Günter *Pauli*, Die zweite Welle. Japans Angriff auf die Weltfinanz, Wien 1988, hier bes. Kapitel 8.

Unterschieden in der internationalen Wettbewerbsfähigkeit ergab. Sie sahen im Finanzgeschäft nur einen weiteren Industriezweig, der von der „Japan AG" unter strategischen Gesichtspunkten gezielt für einen Angriff auf etablierte Weltmarktpositionen ausgewählt wurde. Von „unfairen Handelspraktiken" war die Rede und der Ruf nach protektionistischen Gegenmaßnahmen wurde lauter.

So wurde beispielsweise argumentiert, die Börse in Tokio sei ein Instrument moderner japanischer Industriepolitik geworden. Mit ihrem hohen, durch ein staatliches und privates Sicherheitsnetz aufrecht erhaltenen Kurs-Gewinn-Verhältnis stelle sie eine „Herausforderung für die nationalen Finanz- und Bankensysteme" in den USA und Europa dar.[15] Tatsache war, daß sich japanische Banken angesichts des hohen Aktienkursniveaus das zum Wachsen benötigte Eigenkapital in großem Umfang und zu sehr günstigen Konditionen beschaffen konnten. Relevant wurde dies insbesondere im Zusammenhang mit den neuen internationalen Eigenkapital-Mindeststandards für Banken aus dem Jahr 1988. Japanische Kreditinstitute konnten dadurch ihre Wettbewerbsposition gegenüber ausländischen Konkurrenten weiter stärken.

Ausländische Ressentiments gegen die japanische Vormachtstellung auf den Finanzmärkten wurden auch durch Japans zunehmende Entwicklung zum „Rentier" provoziert. Die hohen Auslandsaktiva garantieren dem Land einen hohen laufenden Zinsertrag, der gewissermaßen ein „arbeitsloses" Einkommen darstellte. Aus japanischer Sicht machte der Aufbau einer solchen Rentiers-Position durchaus Sinn – angesichts einer demographischen Entwicklung, die sich (wie in der Bundesrepublik) allmählich zu Lasten des erwerbstätigen Bevölkerungsanteils verschob.

### *Die japanisch-amerikanischen Beziehungen*

In besonderer Weise berührte Japans Aufstieg zur Weltfinanzmacht seine wirtschaftlichen Beziehungen zu den USA. Diese waren in der Zeit, in der Japan zum größten Gläubiger avancierte, weltweit der mit Abstand größte Schuldner geworden. Andererseits lagen die Vereinigten Staaten bezüglich Einkommen und Wohlstand international nach wie vor unbestritten an der Spitze. Damit entstand eine Situation, die vor allem die USA vor erhebliche Anpassungsprobleme stellte. Nicht nur für das bilaterale Verhältnis beider Länder, sondern für die Weltwirtschaft insgesamt war es wichtig, daß sich diese Umstellung möglichst spannungsfrei vollzog.

Ein wesentlicher Aspekt dabei war der enger gewordene wirtschaftspolitische Handlungsspielraum der USA. Geld- und finanzpolitische Ent-

---

[15] Vgl. Klaus C. *Engelen*, Ist der Aktienboom in Tokio ein Instrument der japanischen Regierungspolitik?, in: *Handelsblatt*, 27.2.1989, S. 8.

scheidungen konnten nicht mehr nur nach binnenwirtschaftlichen Erwägungen getroffen werden, sondern zunehmend auch im Hinblick darauf, das Vertrauen ausländischer Kapitalgeber – und damit in erster Linie der Japaner – zu erhalten.[16] In dem Maße, in dem Japan sich aufgrund seiner zunehmenden finanzwirtschaftlichen Kraft zu einem gleichgewichtigen Gegenpart zu den USA entwickelte, geriet es zwangsläufig auch in eine größere Verantwortung für die Weltwirtschaft. Die japanischen Regierungsverantwortlichen schienen sich dieser Aufgabe bewußt zu sein und sie anzunehmen. Ein Indiz dafür war das vergleichsweise hohe Maß an wirtschaftspolitischer Kooperationsbereitschaft etwa im Rahmen der Weltwirtschaftsgipfel oder G-7-Treffen. So erledigte Japan hinsichtlich des 1987/88 im Vordergrund stehenden Bemühens um einen Abbau der weltweiten Leistungsbilanz-Ungleichgewichte seine Aufgaben aktiver und erfolgreicher als die Bundesrepublik als zweites großes Überschußland. Ähnlich verhielt es sich in der Frage der Wechselkursstabilisierung. Noch vor dem „Louvre-Abkommen" der wichtigsten Industrieländer vom Februar 1987[17] hatte sich Japan bilateral mit den USA auf ein abgestimmtes Verhalten zur Beeinflussung des Yen/Dollar-Kurses geeinigt. Verglichen mit Europa hatte sich Japan damit aus amerikanischer Sicht als der handlungsfähigere Steuermann der internationalen Wirtschaftspolitik erwiesen, was nicht zuletzt auch daran lag, daß Europa in dieser Hinsicht noch kein gemeinsames Konzept entwickelt hatte.

### *Verantwortung für die Dritte Welt*

Besondere Beachtung im Zusammenhang mit seiner gestiegenen weltwirtschaftlichen Verantwortung verdient Japans Rolle gegenüber den Entwicklungsländern. Als größte Gläubigernation der Welt stand Japan hier unter einem erhöhten Erwartungsdruck. Offensichtlich sahen sich auch die verantwortlichen Entscheidungsträger in Japan selbst unter dem Zwang, die hohen Überschüsse ihres Landes teilweise zur Verbesserung der wirtschaftlichen Entwicklungschancen in anderen Teilen der Welt einzusetzen.[18] Der Antrieb dazu schien allerdings eher der Furcht vor einer weiteren Yen-Aufwertung

---

16 Ein Beispiel für das geänderte wirtschaftspolitische Kräfteverhältnis war 1987/88 die Diskussion um „Reagan Bonds". Damit waren – in Anlehnung an die „Carter Bonds" von 1978 – auf Nicht-Dollar-Währungen lautende Staatsanleihen gemeint, die das Risiko von Dollarkurs-Schwankungen vom ausländischen Anleger auf den amerikanischen Steuerzahler übertragen. Die amerikanische Regierung konnte jedoch diesen – im Ausland geborenen – Wunsch zurückweisen, da Japan nicht mit Nachdruck darauf bestand.

17 Vgl. die Erklärung der Finanzminister und Notenbankgouverneure der sechs großen westlichen Industrieländer zu ihrem Treffen in Paris am 22.2.1987, in: *EA*, 9/1987, S. D 258-260.

18 Vgl. Yusuke *Kashiwagi*, Japan as a major creditor country and her relations with Europe, in: *European Affairs*, Nr. 1/1989, S. 59-63.

und protektionistischen Repressalien im Ausland zu entspringen als einem ausgeprägten Verantwortungsgefühl.[19]

Sichtbarsten Ausdruck fand die japanische Hilfsbereitschaft gegenüber der Dritten Welt in einer beispiellosen Steigerung der öffentlichen Entwicklungshilfe. Noch Mitte der sechziger Jahre hatte Japan selbst Entwicklungshilfe empfangen; 1988 übertraf es erstmals die USA als größtes Geberland. Dazwischen lagen ab 1977 drei aufeinanderfolgende Pläne, denen zufolge die Ausgaben für Entwicklungshilfe jeweils gezielt in Zeiträumen von drei bis fünf Jahren verdoppelt wurden. 1987 wurden mit dem sogenannten Nakasone-Paket darüber hinaus zusätzliche Mittel in Höhe von 30 Milliarden Dollar bereitgestellt. Auf dem Weltwirtschaftsgipfel 1988 in Toronto kündigte Japan dann für die Periode 1988 bis 1992 seinen vierten Verdoppelungsplan mit einem Volumen von über 50 Milliarden Dollar an.[20] Hinter diesen Programmen stand ein umfassendes Entwicklungskonzept, bei dem ein relativ geringer Betrag öffentlicher Hilfsgelder kombiniert wurde mit marktmäßigen Finanzierungen und, in noch stärkerem Umfang, privatwirtschaftlichen Mitteln – einschließlich Direktinvestitionen mit entsprechendem Transfer von Technologie und Management-Wissen. Dadurch sollte in den Empfängerländern die Leistungsfähigkeit des Privatsektors nachhaltig und dauerhaft gesteigert werden.

Das Verantwortungsgefühl Japans gegenüber der Dritten Welt bezog sich auch auf die sogenannte Schuldenkrise. Auf der gemeinsamen Jahrestagung von Internationalem Währungsfonds und Weltbank vom 27. bis 29. September 1988 in Berlin unternahm der japanische Finanzminister Kiichi Miyazawa zu deren Lösung einen formellen Vorstoß, der allerdings keine greifbaren Konsequenzen hatte.[21] Es schien jedoch sicher, daß Japan sich im Falle einer multilateralen Entschuldungsstrategie aktiv beteiligen würde.

## JAPANS STELLUNG IN DER WELT

Durch seinen neugewonnenen Status als internationale Finanzmacht hatte Japan im Berichtszeitraum ein wirtschaftliches Gewicht in der Welt gewonnen, das nicht ohne Einfluß auf seine Rolle innerhalb der Staatengemeinschaft bleiben konnte. Auf der Bühne der Weltpolitik nahm Japan zwangsläufig einen zentralen Platz ein, nachdem es sich lange eher am Rande gehalten hatte.

[19] So Terutomo *Ozawa*, Recycling Japan's surpluses for developing countries, Paris (OECD Development Centre Studies) 1989, hier bes. S. 24.

[20] Zu Einzelheiten der japanischen Entwicklungshilfe vgl. Bernhard *May*, Japans neue Entwicklungspolitik. Entwicklungshilfe und japanische Außenpolitik, München 1989.

[21] Vgl. zur Jahresversammlung 1988 von IWF und Weltbank die Dokumentation in: *EA*, 20/1988, S. D 579-614.

Die japanische Regierung war offenbar bereit, von sich aus einen Beitrag für eine bessere Zukunft der Welt insgesamt zu leisten. Ministerpräsident Noboru Takeshita erwähnte in diesem Zusammenhang neben der Entwicklungspolitik wiederholt die Zusammenarbeit bei der Schaffung des Friedens, die Intensivierung des internationalen Kulturaustausches oder die verstärkte Hilfe für Flüchtlinge.[22] Hierzu paßte auch, daß 1988 mit der Ernennung von Hiroshi Nakajima zum Generaldirektor der Weltgesundheitsorganisation (WHO) erstmals ein Japaner die Leitung einer großen Sonderorganisation der Vereinten Nationen übernahm. Allerdings war Japan aus der Sicht des Auslands keine westliche Gesellschaft, sondern in sprachlicher, kultureller und geographischer Hinsicht eher ein „Outsider“: der japanischen Rolle in der Weltpolitik schienen damit Grenzen gesetzt. Darüber hinaus wurde Japans wirtschaftliche Stärke im Ausland mit latentem Mißtrauen beobachtet. Umfragen zufolge stellte für die Hälfte der amerikanischen Bevölkerung die Wirtschaftskraft Japans eine größere Bedrohung dar als die militärische Stärke der Sowjetunion.[23] Doch die Einsicht begann sich durchzusetzen, daß Japan – ebenso wie die anderen großen Wirtschaftsblöcke – ein unverzichtbarer Bestandteil der Weltwirtschaft war und einen ganz speziellen Beitrag für das Wohlergehen aller zu leisten bereit war.

---

22 So zitiert vom ehemaligen Außenminister Saburo *Okita*, Japans weltpolitische Rolle, in: *EA*, 24/1988, S. 712-721.

23 Vgl. Peter *Riddell*, Signs of strain in the Pacific friendship, in: *FT*, 31.5.1989, S. 18.

# VII

# KRISENHERDE IM NAHEN UND MITTLEREN OSTEN

## REGIONALE ENTWICKLUNGEN UND VERSCHIEBUNGEN IM NAHEN OSTEN

*Von Arnold Hottinger*

Das Jahr 1988 sollte wichtige Veränderungen in der Politik der Palästinenser gegenüber Israel hervorbringen, alle in Zusammenhang mit dem Ausbruch des Aufstandes, „Intifada" genannt, der Bewohner der besetzten Gebiete gegen die israelische Besatzungsmacht, der am 8. Dezember 1987 ausbrach und seither andauert. Zuvor, im Jahr 1987, hatten die PLO-Aktivisten ebenfalls im Rampenlicht der Aktualität gestanden – aus mehreren Gründen: Die Belagerung der Palästinenserlager in Libanon hatte sich verschärft; die Palästinenser führten einen Versöhnungskongreß in Algier durch; der israelische Außenminister Shimon Peres lancierte im Mai 1988 ein Friedensprojekt mit den Palästinensern, ohne damit jedoch bei seinen Koalitionspartnern durchdringen zu können; und schließlich schien die Sache der Palästinenser auf dem Arabischen Gipfeltreffen von Amman im November 1987 gegenüber der Notwendigkeit, den irakisch-iranischen Krieg zu beenden, geringere Priorität zu erhalten. Doch all diese Entwicklungen sollten durch den Ausbruch der Intifada überholt und in den Schatten gestellt werden.

### DER LAGERKRIEG IN LIBANON

Der sogenannte Lagerkrieg in Libanon, in dem die schiitischen Amal-Milizen mit syrischer Rüstungshilfe und Rückendeckung versuchten, der Palästinenserlager südlich von Beirut – Sabra, Schatila und Burj al-Barajneh

– und jener östlich von Sidon und bei Tyros (Sur) Herr zu werden, um sie zu entwaffnen, war im September 1986 mit neuer Heftigkeit ausgebrochen. Kämpfer von Fatah hatten östlich von Sidon die Initiative ergriffen und eine Reihe von Stellungen der Amal erobert, die, bei Maghdouche gelegen, die Lager von Ain al-Helwe und Miya Miya aus der Höhe dominierten. Die Amal-Kämpfer lösten Gegenoffensiven aus, die sie gegen die Lager von Beirut und Tyros richteten, in deren Umfeld Amal sich in der Übermacht befand. Doch da sie auch dort die Lager nicht zu erstürmen vermochten, umzingelten sie sie und versuchten, Burj al-Barajneh, das größte von den vor Beirut gelegenen, und Raschidiye vor Tyros im Februar 1987 auszuhungern. Ein Fatwa, d.h. ein religiöses Gutachten, das die belagerten Palästinenser sich am 6. Februar erteilen ließen und nach dem es im äußersten Notfalle zulässig sei, Menschenfleisch zu essen, rüttelte die Außenwelt so auf, daß sie Druck auf Syrien und Amal ausübte, Lebensmitteltransporte nach den Lagern durchzulassen. Das Rote Kreuz konnte am 14. Februar die ersten Nahrungsmittel durchbringen. Dies dürfte der Zweck des Fatwas gewesen sein.

Schon Ende Januar war es zu einem Ausgleich um Maghdouche gekommen, der mit Hilfe der nasseristischen Lokalmiliz von Sidon erreicht wurde. Nasseristen besetzten die umkämpften Höhenzüge und übergaben sie später den Amal-Milizen. Dafür hob Amal seine Belagerung der Lager vor Beirut und Tyros teilweise auf. Doch die Verhandlungen zogen sich hin. Ein Friedensschluß kam erst am 11. September zustande, und eine wirkliche Entspannung trat schließlich Ende Januar 1988 ein. Eine Bilanz des Lagerkriegs von September 1986 bis Februar 1988 durch das libanesische Rote Kreuz gab 1 924 Tote und 4 549 Verwundete an.[1]

### *Syriens Rückkehr nach West-Beirut*

Inzwischen war es in West-Beirut vom 15. bis 20. Februar zu heftigen Kämpfen zwischen den Milizen der Linksparteien (Drusen, KPL, Großsyrische Partei) und Amal gekommen, die rund 200 Tote und 450 Verwundete kosteten. Amal hatte zuvor im libanesischen Süden eine Mord- und Entführungskampagne gegen die libanesischen Kommunisten, alte politische Rivalen von Amal, durchgeführt. Auch der Lagerkrieg hatte die Lage zwischen den Linksmilizen und Amal angespannt. Syrien sah sich am 21. Fe-

1 Damit war der Lagerkrieg noch immer nicht abgeschlossen. Neue Kämpfe brachen am 3.4.1988 aus, als die Anhänger der prosyrischen Abu-Musa-Gruppe (Fatah-Provisorische Führung) und jene von Fatah in Streit gerieten. Die Abu-Musa-Milizen wurden zuerst aus ihren Stützpunkten vertrieben, konnten aber dann, von den Syrern neu ausgerüstet und mit Artillerie unterstützt, zurückkehren und das Lager von Schatila erobern. 96 Arafat-Kämpfer und 11 politische Kader verließen Schatila am 28.6.1988 und zogen nach Ain al-Helwe vor Sidon ab. Diese bewaffnete Auseinandersetzung kostete etwa 60 Tote und 400 Verwundete.

bruar gezwungen, in den Kampf einzugreifen, in den seine Verbündeten untereinander verwickelt waren. 3 000 Mann syrischer Truppen schritten zur Wiederbesetzung von West-Beirut, das Syrien 1982 unter dem Druck der Israeli geräumt hatte. Die Syrer schlossen 75 Standquartiere der verschiedenen Milizen, erschossen 17 Aktivisten von Hizbollah in Kämpfen am 24. Februar, entschlossen sich jedoch, auf den Einmarsch in die südlichen Vororte zu verzichten. Diese wurden weiter von Hizbollah und Amal beherrscht, und die westlichen Geiseln wurden wahrscheinlich hier gefangen gehalten.

## VERSÖHNUNG UNTER DEN PALÄSTINENSERN IN ALGIER

Mit algerischer Hilfe bereitete die PLO eine Sitzung ihres Nationalrats in Algier vor, die dazu bestimmt war, die wichtigsten PLO-Gruppen, die sich im November 1984 von der Dachorganisation getrennt hatten, in die PLO zurückzubringen: die Volksfront zur Befreiung Palästinas unter Georges Habasch und die Demokratische Front unter Naif Hawatmeh. Sie hatten damals die Politik Yasser Arafats, die auf eine Zusammenarbeit mit König Hussein von Jordanien abzielte, nicht mitmachen wollen. Inzwischen war diese Politik fehlgeschlagen, und der König hatte am 19. Februar 1986 auf die Zusammenarbeit mit der PLO verzichtet.[2] Dies erlaubte in der Folge die Wiederaufnahme der beiden „revolutionären" Gruppierungen in die PLO, weshalb die Konferenz in Algier (20. bis 25. April 1987) als „Versöhnungskonferenz" bekannt wurde. Fünf kleine, radikale und stark von Syrien abhängige Gruppen[3] blieben jedoch der Konferenz fern und söhnten sich nicht mit der PLO aus; alle hatten ihren Sitz in Damaskus.

Die arabische Gipfelkonferenz von Amman vom 8. bis 11. November 1987 war in erster Linie mit dem irakisch-iranischen Krieg[4] und seinen Folgen beschäftigt. Trotz der Teilnahme von Palästinenserführer Arafat wurden die palästinensischen Fragen zurückgestellt. Die Konferenz begnügte sich damit, eine internationale Friedenskonferenz für Palästina und die Räumung der besetzten Gebiete zu fordern. Sie verurteilte auch den Terrorismus in all seinen Formen, unterschied ihn jedoch von Befreiungskämpfen. Doch der Hauptakzent lag auf den Versuchen, die Präsidenten Hafez al-Assad und Saddam Hussein zu versöhnen, was freilich mißlang, sowie eine möglichst vollständige gesamtarabische Stellungnahme gegen den Krieg und seine Fortführung durch Iran zustande zu bringen.

---

[2] Vgl. Gudrun *Krämer*, Das „Ende" von Camp David, in: IP 1983/84, S. 267 f.; und Arnold *Hottinger*, Krisen in der arabisch-islamischen Welt, in: IP 1985/86, S. 277-280.

[3] Die fünf waren: PFLP-Generalkommando unter Ahmed Jibril; FLPP unter Tal'at Yaqub; Fatah – Revolutionäre Räte unter Abu Nidal; Fatah – Provisorische Führung unter Abu Musa und Saiqa, die stets von Syrien beherrschte Bewegung.

[4] Vgl. hierzu besonders den Beitrag von Hanns W. *Maull* in diesem Band.

Die PLO näherte sich Ägypten an, obgleich diese Schritte auf scharfe Proteste der radikalen Gruppen von Habasch und Hawatmeh stießen. Die Organisation eröffnete im November sogar wieder ein Büro in Kairo.

## AUSBRUCH DER INTIFADA

Die Anliegen der Palästinenser rückten jedoch schlagartig wieder ins Zentrum der arabischen Aufmerksamkeit, als am 8. Dezember 1987 die Intifada ausbrach. Es handelte sich um einen Verzweiflungs- und Volksaufstand der Bewohner der besetzten Gebiete. Er begann in Gaza, nachdem ein israelischer Militärlastwagen am Kontrollposten zwischen Gaza und Israel in einem Unfall zwei wartende Privatautos mit palästinensischen Arbeitern erdrückt hatte. Vier Menschen verloren ihr Leben, sieben wurden schwer verletzt. Gerüchte wollten wissen, es sei kein Unfall gewesen, sondern ein Racheakt,[5] weil drei Tage zuvor ein israelischer Zivilist in Gaza erstochen worden war, von dem die Palästinenser glaubten, er sei ein israelischer Geheimagent gewesen. Dies führte zu Demonstrationen mit Steinwürfen im Lager von Jabaliya, aus dem drei der Toten stammten. Ein Schüler, Hatem as-Sisi, wurde von israelischen Soldaten erschossen. Am nächsten Tag demonstrierten erneut Schüler; diesmal wurden 27 Jugendliche durch Schüsse der israelischen Truppen verwundet.

Dem Ausbruch der Intifada war eine mehrmonatige Periode erhöhter Spannungen in Gaza vorausgegangen. Am 1. Oktober 1987 war ein Agent der israelischen Sicherheitsdienste von vier Palästinensern erschossen worden. Die vier wurden ihrerseits von israelischen Soldaten erschossen. Nach der Erschießung von zwei weiteren Palästinensern war am 8. Oktober ein Generalstreik ausgerufen worden. Drei Tage später wurden zwölf Palästinenser verletzt. Am 1. November waren in einer Mittelschule in Jabaliya Steine geworfen worden. Israelische Soldaten schlugen darauf den elfjährigen Ibrahim Abu Sayih bewußtlos. Dieser Brutalität folgten am nächsten Tag Schülerdemonstrationen, Straßensperren, Steinwürfe und Verhaftungen. Am 10. November wurde in einer Mädchenschule die 17jährige Sahina bint al-Hussain von Soldaten erschossen. Dies führte zu neuen Protesten an den Schulen.

Doch diese und ähnliche Zwischenfälle waren nur die unmittelbar vorausgehenden Unruhen in Gaza. Um die Bewegung zu verstehen, muß man die zwanzig Jahre Besatzung in Rechnung stellen, die auf den Gebieten lastete. Während langer Jahre hatten die Palästinenser von Gaza geglaubt,

5 Der Umstand, daß der verantwortliche Armee-Chauffeur, Herzl Bokovza, erst zwanzig Monate später vor Gericht gestellt wurde, trug nicht dazu bei, solche Gerüchte zu entkräften. Eine Sprecherin des israelischen Justizministeriums erklärte, die lange Dauer der Polizeinachforschungen und die Überlastung der Gerichte seien der Grund für die Verzögerung. (AP-Bericht vom 16.8.1988.)

die arabischen Staaten oder ihre Brüder, die Palästinenserkämpfer aus dem arabischen Exil, könnten sie von der israelischen Besatzung befreien. Diese Hoffnungen erwiesen sich immer deutlicher als Illusionen, je heftiger die arabischen Staaten untereinander im Streit lagen, je mehr der Krieg mit Iran das irakische Kriegspotential in Anspruch nahm, je mehr die Palästinenser der PLO in Libanon zuerst unter der israelischen Invasion Libanons von 1982 zu leiden hatten und je mehr sie dann durch die von Syrien geförderte Spaltung in ihren eigenen Reihen und die Kämpfe, die sie untereinander austrugen, geschwächt wurden, und je erbärmlicher sie schließlich in ihren libanesischen Lagern unter den Druck der Belagerung durch die ebenfalls von Syrien geförderte Amal-Bewegung gerieten. Die Bewohner der besetzten Gebiete erlebten ferner, wie auch die diplomatischen Lösungsversuche, die Arafat und König Hussein gemeinsam zu unternehmen gedachten, fehlschlugen und wie schließlich der Krieg des Irak gegen Iran Vorrang vor ihren Anliegen erlangte.

Gleichzeitig wuchs der Druck, den die israelischen Besatzungsbehörden auf die Bewohner der besetzten Gebiete ausübten, immer weiter an. Die israelische Propagandaversion vom materiellen Wohlstand der besetzten Gebiete, die im Westen und bei vielen Israeli selbst Glauben fand, erschien den Palästinensern als eine zynische Entstellung der Tatsachen. Während der Jahre des Ölbooms in Saudi-Arabien und den anderen Ölstaaten war zwar allerhand Geld, das Palästinenser als Fremdarbeiter verdienten, in die besetzten Gebiete zu ihren Familien zurückgeflossen. Doch die Palästinenser verglichen ihre Lebensbedingungen nicht mit jenen früherer Jahrzehnte in der jordanischen Zeit. Sie blickten vielmehr auf Israel und auf Jordanien. In beiden Nachbarstaaten ging es der Bevölkerung viel besser als in den besetzten Gebieten. Die Palästinenser fragten, warum ein Israeli gleicher Qualifikation zwischen vier- und sechsmal mehr verdienen solle als sie.[6] Wichtiger noch als die Frage des Lebensstandards waren die Freiheitsberaubungen und das weitgehende Fehlen jeder Rechtssicherheit gegenüber den willkürlichen Übergriffen der Besatzungsmacht.[7]

---

6 Das Pro-Kopf-Einkommen in Gaza betrug 1986 und 1987 jährlich 750 Dollar, in Israel hingegen rund 5 200 Dollar. Vgl. Amnon *Kapeliouk*, Le cri étouffé des Palestiniens, in: *Le Monde Diplomatique*, Januar 1988. Sein Urteil lautet: „Die Wirtschaft ist völlig abhängig von Israel." Einzelheiten über die wirtschaftliche Lage in den besetzten Gebieten sind abgedruckt in den seit 1982 veröffentlichten Jahrbüchern des West Bank Data Base Project, das Meron Benvenisti, der frühere Stellvertretende Bürgermeister von Jerusalem, mit Hilfe der Ford und Rockefeller Foundation betreibt. Die Berichte werden jährlich von der *Jerusalem Post* veröffentlicht. Vgl. zu den wirtschaftlichen Sanktionen und Druckversuchen angesichts der Intifada *FT*, 28.3.1988.

7 Vgl. das ausführlich begründete Urteil von Alexander *Flores*, in: „Intifada". Aufstand der Palästinenser, Berlin 1988, S. 33: „Das Resultat ist ein praktisch unbegrenzter Handlungs- und Entscheidungsspielraum für die Militärbehörden. Für die Palästinenser gibt es dabei, wo die israelischen Interessen berührt sind, praktisch keinerlei Rechtssicherheit. Gleichzeitig entsteht bei vielen israelischen und ausländischen Beobachtern der Eindruck völliger Rechtlichkeit."

Die unter der Besatzung stehenden Palästinenser führten einen zähen Kampf um ihren Boden, den die Israeli mit allen Mitteln – legalen, halblegalen und illegalen – in ihren Besitz zu bringen suchten. Israeli hatten 1987 schon etwa 50 Prozent des Bodens der Westjordan-Gebiete und etwa 30 Prozent des ohnehin äußerst knappen Landes in Gaza in ihren Besitz gebracht.[8] Die Palästinenser im Gaza-Streifen waren der Willkür der israelischen Sicherheitsdienste ausgesetzt, die ihre Gefangenen mißhandelten und politisch Verdächtige folterten.[9] Die Zukunftsaussichten für die palästinensische Jugend der besetzten Gebiete waren düster. Die meisten jungen Leute konnten nur schlechtbezahlte Arbeit der untersten Kategorien in Israel erwarten, selbst wenn es ihnen gelang, sich eine gute Schul- und vielleicht sogar Hochschulausbildung zu erarbeiten. Israelische Regeln unter der Besatzungsmacht sorgten dafür, daß in den besetzten Gebieten keine wirtschaftlichen Unternehmen aufgezogen wurden, die für die israelische Industrie eine Konkurrenz dargestellt hätten. Für die israelische Industrie waren die besetzten Gebiete ein monopolisiertes Exportgebiet.[10]

Im Gaza-Streifen war die Lage besonders unerträglich, weil eine große, elende und stets anwachsende Bevölkerungsmasse auf sehr engem Bereich zusammengepfercht leben mußte. Für viele Bewohner gab es keine Arbeit außer niedrigsten Dienstleistungen in Israel. Einen guten Einblick in die tägli-

---

8 Meron Benvenisti spricht von 53 % der West Bank unter israelischer Verfügungsgewalt. Vgl. The West Bank Data Base 1987, Jerusalem 1987.

9 Für weitere Einzelbelege über Folter vgl. Arnold *Hottinger*, Der „Aufstand" der Araber in den besetzten Gebieten. Eine Wende in der Palästina-Frage, in: *EA*, 11/1988, S. 38 ff., bes. Anm. 4. Es gibt zahlreiche Berichte über Folterungen, die begreiflicherweise von Arabern stammen. Ein israelischer Bericht ist der sogenannte Landau-Bericht von Oktober 1987, der allerdings nur teilweise veröffentlicht wurde. Darin wird von offizieller Seite nachgewiesen, daß israelische Sicherheitsbeamte seit 1967 foltern, seit 1971 in vermehrtem Ausmaß, und daß sie vor Gericht ihre Handlungsweise systematisch und unter Meineid abgestritten haben. Die Landau-Kommission wurde eingesetzt, nachdem das israelische Höchste Gericht festgestellt hatte, daß ein israelischer Offizier, der Tscherkesse Izat Nafsu, zu Unrecht zu 18 Jahren Gefängnis verurteilt worden war. Er war durch Foltermethoden zu falschen Geständnissen gezwungen worden. Dies führte zur Aufdeckung der systematisch geübten Praxis von „physischen und psychologischen Druckmethoden". Diese sind auch in der Folge nicht verboten worden. (Vgl. auch Glenn *Frankel*, The limits of Israeli democracy, in: *IHT*, 31.10.1987.)

10 Dazu Amnon *Kapeliouk*: „Jede Schaffung einer wirtschaftlichen Unternehmung in den besetzten Gebieten muß die Zustimmung der israelischen Behörden erlangen. Diese wollen vermeiden, daß eine Infrastruktur entsteht, die einem künftigen palästinensischen Staat dienen könnte. Die Aktivitäten der wichtigsten palästinensischen Unternehmung in den besetzten Gebieten, der Arabischen Gesellschaft für Elektrizität in Jerusalem, wurden eingeschränkt. (Inzwischen ist sie stillgelegt worden)... Fast die gesamten Nahrungsmittel- und Bekleidungssektoren befinden sich in der Hand von fünf israelischen Großfirmen. Handelsbilanz zwischen den besetzten Gebieten und Israel: mehr als 500 Millionen Dollar zugunsten Israels. Steueraufkommen: 188 Millionen Dollar; Verwaltungsausgaben, Subventionen etc.: 85 Millionen; Profit: 103 Millionen Dollar." (Vgl. Anm. 6.) Dazu ist noch daran zu erinnern, daß die palästinensischen Fremdarbeiter in Israel Sozialbeiträge zahlen, aber keine Sozialleistungen erhalten. Dies macht seit 1970 800 Millionen Dollar ohne Zinsen aus.

che Schikanierung durch die Besatzungsmacht, der die Bewohner von Nablus kurz vor dem Ausbruch der Intifada ausgesetzt waren, gibt die detaillierte Beschreibung von Florence Beaugé, die zusammenfassend urteilt: „Man kann die Bedeutung, die die zahllosen und absurden Kleinquälereien täglicher Art für die Bevölkerung haben, gar nicht übertreiben. Die Notwendigkeiten der Sicherheit können nicht alles erklären. Es ist offensichtlich, daß der Zweck darin besteht, durch lächerlich kleine Einzelhandlungen den Bewohnern der besetzten Gebiete das Leben unerträglich zu machen."[11]

## *Die Ausbreitung des Aufstands*

Die Erhebung griff rasch um sich – in erster Linie dank der außerordentlichen Brutalität der israelischen Repressionsmethoden. Diese lösten immer neue Empörung aus. In wenigen Tagen breitete sich der Aufruhr auf die Westjordan-Gebiete und auf die arabischen Teile von Jerusalem aus. Weit abgelegene Dörfer, die sich jahrzehntelang ruhig verhalten hatten, verbarrikadierten nun ihre Zugangswege, hißten die palästinensische Flagge, erklärten sich zu „befreiten Gebieten" und empfingen die israelischen Truppen, wenn sie einfuhren, um ihre Herrschaft neu aufzuerlegen, mit Steinen. Die israelische Armee sah sich gezwungen, bedeutend mehr Truppen einzusetzen, um Ruhe zu halten, als bis dahin zur Aufrechterhaltung der Militärbesatzung genügt hatten.[12]

Die Erhebung war ohne Zweifel spontan ausgebrochen.[13] Doch schon in den ersten Wochen legte die Führung der PLO in der Diaspora großen Wert auf die Feststellung, daß sie den Aufstand ausgelöst habe. Dies traf insofern zu, als die PLO selbst aktiv bemüht gewesen war, den Geist des Widerstands in den besetzten Gebieten aufrechtzuerhalten und zu fördern. Doch bestand wenig Zweifel, daß die PLO selbst, ebenso wie Israel, vom Ausbruch der Bewegung überrascht worden war. Die Führung an Ort und Stelle wurde dann von einer „Vereinigten Führung" in die Hand genommen, die aus Mitgliedern der verschiedenen Widerstandsgruppen und der Kommu-

---

11 Journées calmes à Naplouse, in: *Le Monde Diplomatique*, Februar 1988, S. 6 und 7.

12 Eine gute Schilderung der Mentalität der jungen Träger des Aufstands gibt Alain *Gresh*, La génération de l'Intifada, in: *Le Monde Diplomatique*, Mai 1988, S. 3.

13 Im Schlußkapitel des Romans von Zaher *Khalifa*, Die Sonnenblume, der 1980 erschien (deutsche Ausgabe: Zürich 1986), ist die Intifada vorausbeschrieben. Vgl. auch *Flores*, a.a.O. (Anm. 7), S. 67 ff. über den Ausbruch des Aufstands. Seine Schlußfolgerung lautet: „Hauptbestandteil des explosiven Gemisches, das in den Tagen nach dem 8. Dezember hochging, sind ein scharfes Gefühl von Entrechtung bei der Masse der Bevölkerung, das Bewußtsein, nichts zu verlieren zu haben, und der Wille, sich nicht darein zu ergeben – besonders ausgeprägt bei der Jugend."

nistischen Partei zusammengesetzt war. Sie veröffentlichte Flugblätter, in denen der Bevölkerung allgemeine Richtlinien für die nächsten Protestaktionen gegeben wurden: Streiks, Demonstrationen in bestimmten Regionen und aus bestimmten Anlässen. Der Schwerpunkt des Aufstands lag jedoch auf lokaler Ebene bei den zahllosen Komitees und informellen Gruppen von Jugendlichen und jungen Männern (Schabâb, ein traditioneller Begriff), die die Aktionen durchführten und für die Einhaltung der Streikparolen sorgten.

### *Zwischen Gewaltlosigkeit und Gewalt*

Arafat selbst betonte zu Beginn des Aufstands, es sollten keine Schußwaffen verwendet werden. Er erklärte wiederholt, es gebe Waffenverstecke in den Gebieten, doch die Gewehre sollten nicht eingesetzt werden. Man wolle den Israeli keinen Vorwand dafür liefern, die volle Gewalt ihrer Kriegsmaschinerie gegen die palästinensische Bevölkerung einzusetzen und diese zu massakrieren.[14] Doch Steinwürfe und auch Molotow-Cocktails galten als legitime Waffen, deren Gebrauch die „Vereinigte Führung" empfahl. Dieses Niveau beschränkter Gewaltanwendung entspricht offensichtlich den sozialen Traditionen der Palästinenser, einer Bauern- und Stadtbevölkerung friedlicher Lebensweise, jedoch mit starken Kampf- und Kriegstraditionen und -mythen. Der völlig gewaltlose Widerstand, „civil disobedience" nach dem Vorbild Gandhis, wurde oft diskutiert und auch gelegentlich praktisch durchzusetzen versucht, war jedoch nicht zu verwirklichen, sei es wegen der Härte der Gegenmaßnahmen,[15] sei es – vielleicht ebenso wichtig – wegen der Traditionen und Werte in der arabischen Gesellschaft, zu denen heldischer und durchaus blutiger Kampf für Recht und Gerechtigkeit gehören.

### *Die israelischen Repressionsmethoden*

Die regelmäßige Chronologie des Abschnitts „Unterdrückung" in der *Revue des Etudes Palestiniennes*[16] weist für Dezember 1987 bis Dezember

---

14 Vgl. das Interview Arafats in: *Revue des Etudes Palestiniennes (REP)*, Nr. 27, Frühjahr 1988, S. 7. Vgl. auch *Hottinger*, a.a.O. (Anm. 9), S. 309, Anm. 25.

15 In Bethlehem und Beit Sahur kam es am 22.6.1988 zur Umzingelung der Ortschaften; Identitätskarten und Führerscheine wurden eingezogen, weil die Bevölkerung sich weigerte, Steuern zu bezahlen.

16 Vgl. die Bände 27 bis 31, Frühling 1987 bis Frühling 1988. Die Zeitschrift beschreibt jeden der hier statistisch zusammengefaßten Verstöße einzeln mit Angabe von Ort, Zeit und Handlung. Für jede wird eine Quelle angeführt. Zugrunde liegt die Auswertung zahlreicher israelischer und palästinensischer Zeitungen und Agenturen sowie der *IHT*. In Band 28 wird

1988 auf folgende Verstöße hin: Verhaftungen und Verurteilungen, Hausarrest, Ausweisungen: 379; Gefängnisse und Folter: 98; widerrechtliche Landnahme 47; Kollektivstrafen: 460; zugemauerte oder gesprengte Wohnungen: 136; Einschüchterungsmaßnahmen und Brutalitäten: 31; Terrorismus durch Extremisten und Siedler: 170; Staatsterrorismus: 742; Einschränkungen im Erziehungs- und Gesundheitswesen: 95; Zensur und kulturelle Repression: 60; wirtschaftliche Unterdrückung: 154. Dies gibt einen Begriff der Vielfalt und Vielzahl der im ersten Jahr der Intifada angewandten Unterdrückungsmethoden. Eine Bilanz der Toten und Verwundeten nach dem ersten Jahr der Intifada durch das Hilfswerk der Vereinten Nationen UNRWA ergab 350 getötete Palästinenser, davon 58 Prozent unter 15 Jahre alt, und 34 000 Verwundete. Die Menschenrechtsorganisation al-Haq ergänzte: 1 600 Ausgangsverbote, davon 400 für mehr als drei Tage. Die israelischen Opfer: 11 Tote und 1 100 Verwundete, davon 700 Soldaten. Nach der Statistik der israelischen Streitkräfte wurden 4 500 administrative Festnahmen (d.h. ohne Verurteilung) durchgeführt; 100 Häuser gesprengt (auch dies geschieht ohne Urteil durch einen Richter) und 150 Wohnungen zugemauert. Schließlich wurden 34 Personen außer Landes befördert.[17]

Die meisten dieser Repressionsmaßnahmen, auch die sehr einschneidenden, wie administrative Haft von sechs Monaten und verlängerbar sowie das Zerstören von Häusern, nicht zu reden von kurzen Festnahmen, die in vielen Fällen von Prügeleien und Foltern begleitet waren, wurden von der Militärverwaltung ohne Gerichtsurteile durchgeführt.[18] Die Militärgerichte, die auch eingesetzt wurden, arbeiteten normalerweise derart schematisch und einseitig, daß eher von einer Justiz-Farce die Rede sein mußte als von Justiz.

Zur Repression gehörte auch das Erschießen von Demonstranten und sogar fliehenden angeblichen Demonstranten; das eine Zeitlang geübte Brechen von Händen, Armen und Beinen durch gezielte Schläge mit Schlagstöcken oder Gewehrkolben; der Gebrauch von Tränengas in geschlossenen Räumen, der sich vielfach als tödlich erwies, besonders bei Kleinkindern und gesundheitlich Geschwächten; der Gebrauch von Gummi- und Plastikkugeln, die oft aus so

---

darauf verwiesen, daß infolge der Zensur die bisher verwendeten palästinensischen Quellen stark zurücktreten mußten. Dies gilt auch für die späteren Bände.
Unter „wirtschaftlicher Unterdrückung" sind zu verstehen: willkürliche Schließung von Geschäften, Aufbrechen der wegen Streiks geschlossenen Läden, willkürliche Steuerforderung und Beschlagnahme von Geldsummen, Kollektivstrafen wirtschaftlicher Art sowie das Unterbrechen von Telefonverbindungen, Wasser und Elektrizität für bestimmte Dörfer u.ä.

17 *Maghreb/Machrek*, Nr. 124, April, Mai, Juni 1989, S. 106.

18 Eine gute Übersicht gibt die Menschenrechtsorganisation al-Haq, Punishing a Nation. Human Rights Violations during the Palestine Uprising, Dezember 1987 bis Dezember 1988, Ramallah 1989, dort bes. Kapitel 6 (The Administration of Justice), S. 227-266. Al-Haq ist der Internationalen Juristenkommission in Genf angeschlossen. Vgl. auch Andrew *Whiteley*, Israel puts tougher curbs on the Palestinians, in: *FT*, 30.3.1988.

großer Nähe abgeschossen wurden, daß sie schwere und manchmal tödliche Verwundungen verursachten – abgesehen von den mehr sensationellen „Entgleisungen" wie dem Begraben Lebender, dem Zu-Tode-Prügeln von Opfern,[19] dem Aufbinden von Kindern auf Jeeps der Armee, um diese vor Steinwürfen zu schützen, dem wahrscheinlichen Einsatz von Todeskommandos und anderem mehr.[20] Die auch von den Israeli immer wieder kritisch hervorgehobenen Zustände in Gefangenenlagern, Gefängnissen, Polizei- und Geheimdienstgefängnissen und die dort angewandten Foltern sind ebenfalls zum Abschreckungspotential der Besatzungsmacht zu rechnen.[21]

---

19 Vgl. *REP*, Nr. 31, Frühling 1989, S. 235 (Übersetzung des hebräischen Artikels von Eyal *Halfon*, in: *Kol Hair*, 13.1.1988): Auszug aus einem Militärgerichts-Protokoll, Dossier 248/88. Unteroffizier Ytzak Adler, angeklagt, Hani al-Hashmi am 22.8.1988 in Jabalieh ermordet zu haben: „Nach Ihrer Erfahrung impliziert ein Verhaftungsbefehl, daß geprügelt wird?"
– Adler: „Ich habe die Schläge gesehen, die die Leute erhalten, nicht nur von den Soldaten, sondern auch von Offizieren und hohen Offizieren. Jedermann, der gegen das Ausgehverbot verstößt, erhält Schläge, auch wenn er keine Steine geworfen hat."
– „Hat man Ihnen befohlen, zu schlagen?"
– Adler: „Der Befehl, den ich erhielt und was man mich zu tun gelehrt hat, ist, die Person festzuhalten und zu schlagen. Schläge auf die Hände, damit er keine Steine mehr werfen, und auf die Beine, damit er nicht mehr rennen kann."
– Gerichtspräsident: „Wer hat Ihnen das gesagt?"
– Adler: „Meine direkten Vorgesetzten."
– Anwalt: ...„Der Autopsiebericht sagt, der Tote sei mit einer Waffe geschlagen worden."
– Adler: „Ich habe ihn mit meiner Waffe auf die Knie geschlagen."
– Anwalt: „Wie genau?"
– Adler: „Nun, was geschieht, ist, daß man das Gewehr an der Schulter trägt, man gebraucht den Tragriemen als Hebel. Man benützt das Gewehr nicht als Schlagstock, man stößt es in sie hinein. Das ist sehr normal."
– Anwalt: „Wo haben Sie das gelernt?"
– Adler: „Ich habe Soldaten und Offiziere sich ihrer Waffen bedienen gesehen, wenn die Schlagstöcke fehlten."
– Anwalt: „Warum haben Sie nicht geschossen?"
– Adler: „Man schießt nicht auf einen Mann aus einer Distanz von zwei Metern. Die Kugel kann abgeleitet werden und jemand anderen treffen."

20 Für Belege siehe al-Haq, Punishing a Nation, a.a.O. (Anm. 18). Vgl. auch *Hottinger*, a.a.O. (Anm. 9), Anm. 11 bis 18.

21 Als Abschreckung sollte vielleicht auch die Ermordung von Abu Jihad (Khalil al-Wazir) durch ein israelisches Kommando am 16.4.1988 in Tunis dienen. Er war damals der zweite Mann Arafats. Dieser israelischen Aktion war ein Infiltrationsversuch vorausgegangen, den nach israelischem Dafürhalten Abu Jihad organisiert hatte. Drei eingeschleuste Palästinenser aus dem Sinai hatten am 7.3.1988 einen Bus auf der Straße nach Dimona gekapert, Geiseln genommen und waren selbst mit drei israelischen Geiseln umgekommen, als die Israeli den Bus stürmten. Abu Jihad galt aber auch als der Koordinator der Intifada. Diese Kommando- und Mordaktion trug weiter zur Anfachung des Aufstands bei. Sie führte auch nach einem Staatsbegräbnis für Abu Jihad in Damaskus am 20.4. zu einer oberflächlichen Aussöhnung zwischen Arafat und Präsident Assad am 25. bis 27.4., die jedoch nicht andauern sollte. Die prosyrischen Palästinensergruppen traten in Damaskus dagegen auf. Am 1.5. gaben die Syrer 21 verhaftete Palästinenser frei, doch hielten sie 2 000 weitere in Syrien und Libanon eingekerkert, vermutlich meist Arafat-Anhänger.

## *Auswirkungen auf Israel*

Die Wirkung der Intifada auf Israel scheint doppelter Art gewesen zu sein: Es gab Randgruppen in Israel, die sich über die Zustände empörten und sich Gedanken über die langfristige Wirkung machten, die die Dauerrepression für die israelische Armee und die gesamte Gesellschaft haben werde. Dies waren in der Knesset meist nur am Rande vertretene Links- und Menschenrechtsgruppen. Umgekehrt gab es auch einen extremen Flügel auf der Rechten und unter den religiösen Aktivisten und Siedlergruppen, die der Ansicht waren, die Armee gehe nicht scharf genug gegen die Palästinenser vor. In diesen Kreisen war auch mehr und mehr von „Transfer“[22] die Rede, womit eine mehr oder minder vollständige, mehr oder minder blutige Austreibung der Bevölkerung der besetzten Gebiete in die arabischen Nachbarstaaten gemeint ist, hauptsächlich nach Jordanien.

Zwischen diesen beiden Meinungsextremen, die beide durch die Ereignisse an Lautstärke und Zahl zunahmen, blieben weiter die beiden großen Parteien: Likud mit seiner festen Entschlossenheit, alle Territorien unter allen Umständen zu behalten, und die Arbeiterpartei mit der Bereitschaft, einige Teile der besetzten Gebiete abzutreten (ohne daß sie präzise sagen konnte, an wen), jedoch nicht die gesamten Gebiete und nicht Ost-Jerusalem, und ohne Zulassung eines unabhängigen palästinensischen Staates.

Die Wahlen in Israel am 1. November 1988 bestätigten dieses Bild. Likud verlor einen Sitz gegenüber 1984 (40 statt 41), die Arbeiterpartei 5 (39 statt 44). Die den großen Blöcken entzogenen Stimmen fielen den religiösen Parteien zu, die 18 statt zwölf Abgeordnete erhielten. Die Parteien links von der Arbeiterpartei konnten einen zusätzlichen Sitz gewinnen, sie erhielten zehn statt neun Abgeordnete. Nach langen Koalitionsverhandlungen Yitzhak Shamirs, die auch mit dem religiösen Block geführt wurden, ergab sich erneut eine große Koalition mit der Arbeiterpartei. Nur einige Ministerien wurden neu besetzt; Peres wurde Finanz- statt Außenminister. Ein harter Politiker des Likud-Blocks, Moshe Arens, übernahm das Außenministerium.

## *Ausstrahlung auf das Ausland*

Die Wirkung der Intifada im Ausland griff tiefer. In den ersten Monaten gelangten zahlreiche Fernsehbilder des oft sensationellen und grausamen

22 Vgl. Israel *Shahak*, L'idée de „transfer“ dans la doctrine sioniste, in: *REP*, Nr. 29, Herbst 1988, S. 103-133, sowie Alain *Franchon*, Le „transfer“ – une idée „inimaginable“ qui fait son chemin, in: *Le Monde*, 14.8.1988.

Geschehens auf die Bildschirme der Amerikaner und Europäer.[23] Sie übten eine gewisse Wirkung aus. Am wichtigsten war wohl der Effekt auf die amerikanischen Juden. Unter ihnen gab es eine Minderheit von Gewicht, die begann, sich über Israel neue Fragen zu stellen.

Doch mit den Monaten lernten die israelischen Besatzungsbehörden, die ausländische Berichterstattung besser in den Griff zu bekommen. Jeder Offizier erhielt die Möglichkeit, ein Gebiet, in dem sich Unruhen oder Repressionsaktionen abspielten, zu geschlossenen militärischen Zone zu erklären und die Presse- und Fernsehleute auf diese Weise auszuschließen. Davon wurde beinahe routinemäßig Gebrauch gemacht. Die Informationsstellen, die die Palästinenser betrieben, wurden durch Militärbefehl geschlossen.[24] Viele der palästinensischen Journalisten wurden im administrativen Verfahren gefangengesetzt. Die palästinensischen Zeitungen unterlagen einer strengen Militärzensur. Sie konnten sogar dafür bestraft werden, daß sie Artikel abdruckten, die bereits in der hebräischen Presse erschienen waren. Auch die Tatsache, daß Demonstrationen und Repressionsakte stets nach dem gleichen Schema abliefen, trug dazu bei, daß die Intifada allmählich aus den Schlagzeilen verschwand.

### *Veränderungen in der palästinensischen Gesellschaft*

Doch innerhalb der palästinensischen Gesellschaft der besetzten Gebiete bewirkte der Aufstand bedeutende Veränderungen. Die Palästinenser verloren

---

23 Der Umstand, daß Außenminister Shultz während des Jahres 1988 viermal in den Nahen Osten kam, um Friedensideen zu erproben und zu lancieren, kann ebenfalls mit der Wirkung der Intifada verbunden werden. Sie beunruhigte die amerikanischen Behörden offensichtlich. Shultz hatte allerdings keine brauchbaren Pläne vorzulegen. Er kam vom 25. bis 30.2. nach Jerusalem, Amman, Damaskus, Kairo, kehrte am 3. bis 5.3. nach Jerusalem, Amman, Kairo zurück und überreichte ein Dokument, auf welches er in zehn Tagen Antwort forderte. Zwei weitere Rundreisen: 3. bis 8.4.: Israel, Jordanien, Ägypten, Syrien, Saudi-Arabien und 3. bis 7.6.: Kairo, Amman, Jerusalem, Damaskus folgten. Auch der Assistant Secretary of State Richard Murphy unternahm eine Rundreise vom 1. bis 11.8. nach Genf, Beirut, Damaskus, Jerusalem, Amman und Kairo. Die Position der Amerikaner war jedoch weder mit jener der israelischen Koalitionsregierung noch mit jener der Palästinenser noch mit der König Husseins in Einklang zu bringen. Der ägyptische Präsident Hosni Mubarak allein pflegte sie zu ermuntern, ihre guten Dienste fortzuführen, ohne jedoch ihren Vorschlägen ohne Reserven zustimmen zu können.

24 Radwan Abu-Ayash, der Vorsitzende der palästinensischen Journalistenunion, merkte an: „Die Bewohner des Lagers von Kalandia z.B. sind nicht mehr in der Lage, zwischen Journalisten und Sicherheitsagenten zu unterscheiden (weil diese so oft mit falschen Journalistenausweisen auftreten). Sie mißtrauen nun allen Leuten, die ankommen und sagen, sie seien Journalisten. Wenn man Gefahr läuft, mit Steinen empfangen zu werden, zögert man, sich auf Reportagen zu begeben." *REP*, Nr. 29, Herbst 1988, S. 319.

weitgehend die Furcht vor dem israelischen Repressionsapparat. Sie hatten auch immer weniger zu verlieren, je schlechter ihre Lebensumstände wurden. Beides galt besonders für die Kinder und Jugendlichen. Sie suchten sich so zu organisieren, daß sie von Israel möglichst unabhängig wurden. Volkskomitees[25] für Nahrungsmittelbeschaffung, Kleinanbau, eigene Gesundheitsversorgung und Ausbildung angesichts der durch die Israeli fast ständig geschlossenen Schulen und völlig geschlossenen Hochschulen, entstanden zur Unterstützung der Familien von Opfern und Gefangenen an vielen Orten. Die Besatzungsbehörden verboten sie und drohten den Teilnehmern mit Gefängnisstrafen. So wurden sie gezwungen, geheim zu wirken. Aktivistengruppen begannen, gegen die von den Israeli als Spione und Denunzianten verwendeten „Kollaborateure" vorzugehen. Viele von ihnen, manchmal wohl auch bloß vermeintliche, wurden ermordet, zumeist erstochen. Dies nahm so zu, daß die „Vereinigte Führung" warnte, solche Mordaktionen müßten von ihr autorisiert werden.

Fern- und Nahziele der Erhebung sind mehrmals von der „Vereinigten Führung" festgesetzt worden. Doch gab es ein überragendes Ziel, das alle Beteiligten kennen: den Abzug der israelischen Truppen aus den besetzten Gebieten. Immer wieder wurde von den führenden Figuren innerhalb und außerhalb der Gebiete wiederholt, die Intifada werde und müsse fortdauern, bis die Besatzungsarmee abgezogen sei.

Die Israeli dachten allerdings nicht daran, dies zu tun. Doch die Dauer des Aufstands und das Durchhaltevermögen der Palästinenser in den besetzten Gebieten haben alle Beobachter, nicht zuletzt die israelischen Machthaber selbst, überrascht. Daß die Palästinenser ihre Bewegung über viele Monate hinweg durchhalten konnten, trotz aller Machtmittel des Staates und seiner Armee und trotz der Brutalität seines repressiven Vorgehens, kam unerwartet. Die Zahl der Opfer, Tote und Verwundete, nahm jeden Monat etwas zu; die Opfer wurden auch immer jünger. Tausende von Palästinensern, die der Besatzungsmacht als Drahtzieher erschienen, waren mit oder ohne Gerichtsverhandlungen festgenommen worden. Doch der Aufstand dauerte an, und ein Nachlassen war nicht festzustellen. Die „Vereinigte Führung" war weiter in der Lage, alle paar Wochen ihre Flugblätter mit Weisungen auf die Straße zu bringen. Manche der ursprünglich skeptischen Beobachter begannen zu glauben, die Bewegung werde in der Tat unbeschränkt andauern, wenn auch mit der Zeit vielleicht in geschwächter Form, weil die Bevölkerung zu viel Leid, Entbehrungen und materielle Verluste in sie investiert habe, um sie noch fallen lassen zu können.

---

25 Zur Bedeutung der Volkskomitees vgl. *Flores*, a.a.O. (Anm. 7), S. 98 ff. Vgl. zum Verbot der Volkskomitees durch die Israeli unter Strafandrohung von zehn Jahren Gefängnis *Le Monde*, 19.8.1988.

### *Auswirkungen auf die palästinensische Politik*

Die führenden palästinensischen Politiker unterstrichen immer wieder, daß es das neue Phänomen des Aufstands war, „die gesegnete Intifada“, wie Arafat ihn nannte, das den Palästinensern außerhalb Israels erlaubte, ihre bisherige Politik zu revidieren. Die Bewegung war die erfolgreichste Aktion, die je von Palästinensern durchgeführt worden war.

Für die Kampfgruppen der PLO hatte bisher als Ziel gegolten, ganz Palästina müsse vom Zionismus befreit werden. Ihr wichtigster Slogan war die „Heimkehr“ gewesen; viele von ihnen oder ihre Familien stammten aus Haifa oder Jaffa oder aus den heute zerstörten 383 arabischen Dörfern[26] des in den Grenzen von 1949 gelegenen Staates Israel. Dennoch war den realistischeren unter den Palästinenserführern schon nach 1971, dem Jahr der endgültigen Austreibung der Kampfgruppen aus Jordanien, deutlich geworden, daß die Rückgewinnung von ganz Palästina schwerlich ein erreichbares Ziel darstellte. Das Ausscheiden Ägyptens aus der arabischen Gesamtfront, das sich 1974 abzeichnete, 1977 nach dem Besuch Anwar as-Sadats in Jerusalem offensichtlich geworden war und 1979 durch den Friedensvertrag mit Israel endgültig wurde, verstärkte das Bewußtsein der realistischeren PLO-Politiker, daß die „Heimkehr“ nur mehr ein Wunschtraum, nicht aber eine erreichbare politische Möglichkeit sei.

Doch nicht alle PLO-Führer waren Realisten. Es gab auch die „Revolutionäre“, die schon immer angenommen hatten, die gesamte arabische Welt müsse einer Sozialrevolution unterzogen werden, bevor eine Rückeroberung Palästinas denkbar werde. Habasch und Hawatmeh waren die Einflußreichsten dieser Revolutionäre. Sie widersetzten sich dem Ansinnen, sich mit einem „Mini-Palästina“, wie man damals sagte, zufriedenzugeben. Die Diskussion über dieses Thema führte dazu, daß die beiden Gruppen ihre Mitwirkung in der PLO zeitweise suspendierten. Sie kehrten erst wieder in die Dachorganisation zurück, als 1974 ein Verbalkompromiß ausgearbeitet wurde; die PLO beschloß auf der 12. Zusammenkunft ihres Nationalrats in Kairo vom 1. bis 9. Juni 1974, sie werde künftig in jedem Stück Palästinas, das sie befreien könne, eine nationale Autorität errichten. Dabei konnten die Pragmatiker planen, daß sie sich mit diesem „Stück“ zufriedengeben könnten, die Revolutionäre, daß es nur ein erster Schritt auf die Befreiung von ganz Palästina hin sein werde. Bei dieser doppeldeutigen Regelung blieb es, bis die Intifada das Thema erneut zur Diskussion stellte.[27]

---

26 Vgl. Sami *Aldeeb*, Frieden in Palästina, Freiburg i.Ü. 1986, S. 94-111, mit einer revidierten Namensliste der Dörfer. Eine erneut überarbeitete Ausgabe von Christoph *Uehlinger* (Freiburg i.Ü. 1989) kommt auf insgesamt 383 Ortschaften. Ursprünglich von Israel Shahak veröffentlicht unter dem Titel: The Shahak Papers, Beirut (Palestinian Research Center) 1973.

27 Vgl. hierzu Arnold *Hottinger*, Arafats Friedensangebot an Israel. Ein Durchbruch in der Palästina-Frage?, in: *EA*, 2/1989, S. 39-46.

## ABTRETUNG VON CISJORDANIEN DURCH KÖNIG HUSSEIN

Zwei äußere Entwicklungen halfen dabei: König Hussein erklärte am 31. Juli 1988 überraschend, sein Land verzichte auf eine künftige Rolle in den besetzten Gebieten und beabsichtige, eine politische und administrative Trennung von den Westjordan-Gebieten durchzuführen. In einer Ansprache an die Nation[28] begründete der König dies damit, daß die Palästinenser und die anderen Araber eine solche Loslösung zu wünschen schienen, weil sie glaubten, daß dadurch „der Kampf zur Befreiung des palästinensischen Landes verstärkt" werden könne. Doch der König hatte vorher keine Konsultationen mit den Palästinensern geführt. Weitere Gründe für sein Tun ließen sich vermuten, etwa daß er durch eine klare Trennung Jordaniens von „Palästina" der Gefahr eines „Transfers" der palästinensischen Bevölkerung vorbeugen wollte.[29] Jedenfalls aber war die PLO durch den Schritt des Königs gezwungen, die Verantwortung für das besetzte Gebiet soweit möglich für die Gegenwart und als Anspruch für die Zukunft zu übernehmen.

Der zweite Faktor lag in der Haltung der Sowjetunion. Angesichts ihrer neuen Nahost-Politik, die auf eine internationale Friedenskonferenz abzielte, lag ihr daran, realistische Lösungsvorstellungen zu fördern. Sie empfahl deshalb der PLO dringend und übte auch ihren beträchtlichen Einfluß auf die revolutionären Gruppen aus, sich von der utopischen Vorstellung der Befreiung ganz Palästinas abzuwenden und das realistischere Ziel eines palästinensischen Staates in den besetzten Gebieten ins Auge zu fassen. Arafat hatte zwischen dem 7. und 10. April 1988 zum ersten Mal seit fünf Jahren Moskau wieder besucht und war von Gorbatschow empfangen worden.

### *Vorbereitende Diskussionen*

Am 16. Juni erschien in der *Washington Times* eine Darstellung der palästinensischen Friedensvorstellungen aus der Feder von Bassam Abu Scharif, eines der wichtigeren Berater Arafats, in der dieser eine Zweistaatenlösung des Palästina-Problems in Formulierungen vorlegte, die leicht die Zustimmung friedliebender Außenstehender erlangen konnten. Arabische Zeitungen übernahmen das Papier; es erschien in *al-Fajr*, *al-Ahram*, *al-Qabas* und anderen Zeitungen. Habasch kritisierte es ein erstes Mal am 20. Juni in Presseerklärungen; Abu Nidal drohte dem Verfasser am 24. Juni mit seiner Ermordung. Shamir sprach von „ Staub in den Augen". Am 28. Juni erklärte

28 Text in: ebd., S. D 42-45.

29 Vgl. Yehoshafat *Harkabi*, Israel must face Reality, in: *The Guardian Weekly*, 14.8.1988: „Er (Hussein) weiß, daß er im besten Fall König der Jordanier sein kann, aber nicht der Palästinenser."

Abu Iyad, nach der Ermordung von Abu Jihad nun wohl der zweite Mann von Fatah, die Abweichungen von der Linie der PLO müßten enden.[30] Doch Abu Scharif verteidigte seinen Vorschlag in verschiedenen Interviews und Radiodiskussionen.

In Vorbereitung auf das Treffen des Nationalrats der Palästinenser, der nach mehreren Verschiebungen dann im November 1988 zusammentrat, entstand eine heftige Diskussion über die Zweistaatenlösung, die eine Anerkennung Israels in seinen Grenzen von 1949 bis 1967, oder diesen ähnlichen Grenzlinien, in sich schloß. Das wichtigste Argument der Befürworter war stets die Intifada. Die schweren Opfer der Bevölkerung der besetzten Gebiete, so sagten die Befürworter der Zweistaatenlösung, brächten für die PLO die Verpflichtung mit sich, Lösungen anzustreben, die immerhin die Möglichkeit einer Verwirklichung in sich trügen. Die Palästinenser in den besetzten Gebieten und in Israel machten ihrerseits klar, daß sie praktisch erreichbare Lösungsvorschläge erhofften. Nur die fundamentalistische Minderheit unter diesen Aktivisten, Hamas genannt, wollte sich entsprechend der ihr eigenen theologischen Sicht mit nicht weniger zufriedengeben als einem arabischen Gesamt-Palästina.

### *Offizielle Annahme des Zweistaatenplanes*

Der Nationalrat der Palästinenser, der sich in Algier versammelte, verabschiedete am 15. November 1988 einerseits eine Unabhängigkeitserklärung des Palästinensischen Staates,[31] andererseits eine Politische Erklärung.[32] In dieser Erklärung wurden zum ersten Mal die Resolutionen 242 und 338 des Sicherheitsrats explizit angesprochen, in denen das Recht aller Nationen der Region, in sicheren und anerkannten Grenzen zu leben, unterstrichen wird.

---

30 Dies war wohl nur eine taktische Stellungnahme, vielleicht, um einen neuen Bruch innerhalb der PLO zu vermeiden. Später trat Abu Iyad für das Zweistaatenprojekt ein. Über die Diskussion äußerte er sich ausführlich in: *REP*, Nr. 30, Winter 1988, S. 9-22. Vgl. auch den Artikel von Ziyad *Abu-Amr*, Le débat interpalestinien avant le CNP, in: ebd., S. 23-34. Die Diskussion fand auch ein starkes Echo in der Weltpresse. Ein Wendepunkt scheint eingetreten zu sein, als die Idee beigesteuert wurde, sofort einen Palästinensischen Staat zu proklamieren. Dies ermöglichte dann die Annahme der Resolution 338, die von den Palästinensern als bloßen „Flüchtlingen" spricht. Diese Idee fand ihren Ursprung in dem sogenannten Husseini-Papier in Jerusalem. Es wurde so genannt, weil es von den Israeli im Zentrum für Arabische Studien, Jerusalem, bei einer Durchsuchung in der Nacht vom 25. auf den 26.7. gefunden wurde, dessen Direktor Feisal al-Husseini war. Vgl. *Libération*, 8.8.1988. Doch schon im Mai hatte Jerome M. *Segal* in der *Washington Post* diesen Schritt vorgeschlagen. Nachdruck in: *The Guardian Weekly*, 29.5.1988.

31 Text in: *EA*, 2/1989, S. D 46 ff.

32 Text in: ebd., S. D 49 ff., die kritische Stelle S. D 52.

Damit war eine indirekte Anerkennung Israels gegeben und die Zweistaatenlösung indirekt angenommen. Die Erklärung legte freilich das Hauptgewicht auf das Recht der Palästinenser auf einen eigenen Staat, „mit Jerusalem als Hauptstadt". Habasch und Hawatmeh forderten, daß über den Abschnitt, in dem die beiden Resolutionen des Sicherheitsrats erwähnt waren, separat abgestimmt werde. Sie und ihre Gesinnungsgenosssen stimmten dagegen, betonten jedoch, daß sie gewillt seien, sich der Mehrheit zu fügen. Das Abstimmungsergebnis lautete: 253 Stimmen dafür, 46 dagegen, zehn Enthaltungen.

Eine Debatte in der Generalversammlung der Vereinten Nationen über das Palästina-Problem sollte dazu dienen, den Wunsch der PLO zu unterstreichen, über eine Internationale Friedenskonferenz zu einer Zweistaatenlösung zu gelangen. Der amerikanische Außenminister George Shultz verweigerte Arafat jedoch ein Visum nach New York. Die UN-Sitzung mußte daher nach Genf verlegt werden.[33] Dort hielt Arafat am 13. Dezember 1988 eine Rede,[34] in der er die Resolutionen 242 und 338 des Sicherheitsrats als die Grundlage erwähnte, auf der die von der PLO angestrebte Friedenskonferenz durchzuführen sei. Damit war eine Zweistaatenlösung impliziert. Er verurteilte auch jeglichen Terrorismus, einschließlich des staatlichen, betonte aber zugleich das Recht unterdrückter Völker, für ihre Befreiung zu kämpfen.

Doch diese indirekte Zusage zu den beiden UN-Resolutionen genügte Washington nicht, um Gespräche mit der PLO aufzunehmen. Durch Vermittlung schwedischer Diplomaten, die zwischen Arafat und Washington als Verbindungsglieder wirkten, wurde ein genauer Wortlaut ausgearbeitet, den Arafat verantworten konnte und der Washington genehm sein würde.[35] Dann kam es am 14. Dezember zu einer Presseerklärung Arafats,[36] in der er nochmals die Annahme der beiden Resolutionen sowie den Terrorverzicht in klaren Worten und in englischer Sprache bestätigte. Er sagte auch, die Intifada werde nicht aufhören, bis „praktische und spürbare Schritte zur Verwirklichung ihrer nationalen Ziele und Errichtung ihres palästinensischen Staates" unternommen würden.

Diese Erklärung genügte den Vereinigten Staaten, um auf ihrer Basis einen Dialog mit der PLO aufzunehmen. Er wurde, trotz heftiger Proteste aus Israel, schon am 16. Dezember in Tunis zwischen dem dortigen amerikanischen Botschafter und Vertretern der PLO begonnen, um später unter dem neuen US-Präsidenten Bush fortgeführt zu werden.

---

33 Abstimmungsresultat in der UN-Generalversammlung: 154 für Verschiebung nach Genf; zwei dagegen (USA und Israel); eine Enthaltung (Honduras). Ähnliche Resultate wurden zuvor bei einer Abstimmung über die Zulässigkeit einer Visumsverweigerung erzielt.

34 Auszüge in: *EA*, 2/1989, S. D 57 ff., die entscheidende Stelle S. D 60.

35 Vgl. Edward *Cody*, From „Condemn" to „Renounce". Arafats linguistic journey to US acceptance, in: *IHT*, 17./18.12.1988.

36 Text in: *EA*, 2/1989, S. D 61 f.

Gesamtresultat dieser Entwicklung war, daß nun ein Friedensangebot der PLO gegenüber Israel vorlag. Seine Grundlage war allerdings eine Zweistaatenlösung, die voraussetzte, daß Israel die besetzten Gebiete (einschließlich Ost-Jerusalems) räumte. Da die Israeli nicht bereit waren, dies zu tun, da sie die PLO auch weiterhin nicht als Gesprächspartner anerkennen wollten und keinen unabhängigen Staat der Palästinenser neben Israel zulassen wollten, blieb die Lage weiter blockiert. Die Intifada dauerte an, und die Gespräche zwischen Washington und der PLO versprachen keine raschen Fortschritte, weil die Amerikaner in wichtigen Bereichen eine ähnliche Haltung wie die Israeli einnahmen. Ähnlich wie die israelische Arbeiterpartei lehnten auch sie einen unabhängigen palästinensischen Staat neben Israel ab und faßten höchstens einen Teilrückzug der israelischen Truppen aus den besetzten Gebieten ins Auge.

# DER IRANISCH-IRAKISCHE KRIEG

*Von Hanns W. Maull*

## ESKALATION UND WAFFENSTILLSTAND

Mit der iranischen Großoffensive auf Basra am 9. Januar 1987 (Operation Karbala) trat der Golf-Krieg[1] in seine letzte und entscheidende Phase: Mehrere Wochen lang, bis Mitte April, versuchten die iranischen Streitkräfte in einer Reihe von Angriffen an allen drei Fronten eine militärische Entscheidung zu erzwingen. Der Schwerpunkt dieser Offensiven lag eindeutig auf dem Versuch, die zweitgrößte irakische Stadt Basra zu erobern. Nach blutigen und insbesondere für Iran äußerst verlustreichen Kämpfen scheiterte dieser Versuch Teherans, den Konflikt durch einen militärischen Durchbruch zu seinen Gunsten zu entscheiden. Schon zu diesem Zeitpunkt zeichnete sich bereits das Ende der Feindseligkeiten ab: Irans Streitkräfte konnten sich von den Verlusten an Menschen und Material, die sie vor Basra erlitten, nicht mehr erholen.

Dennoch hielt Teheran an seiner Absicht fest, eine militärische Entscheidung zu erzwingen, die jedoch nach der Niederlage vor Basra nur mehr auf dem Wege eines Abnutzungskriegs erzwungen werden konnte. Eine zentrale Rolle spielte dabei das wirtschaftliche Stehvermögen der beiden Kontrahenten: Die Fähigkeit zur Finanzierung eines langen Abnutzungskriegs beruhte für beide Länder in erster Linie auf Öleinnahmen. Das Schwergewicht der Kampfhandlungen verlagerte sich daher zunehmend auf den Seekrieg gegen die Ölexporte des Golfs. Dabei gelang dem Irak, was er bei einem früheren Versuch 1984 nicht geschafft hatte: die Internationalisierung des Kriegs und damit die Einbindung des Westens in eine Strategie, die Iran dazu zwingen sollte, die Kampfhandlungen einzustellen und einen für Bagdad annehmbaren Frieden zu schließen.

Die Internationalisierung des Golf-Kriegs im Jahr 1987 schuf tatsächlich wichtige Voraussetzungen für die Beendigung der Kampfhandlungen im August 1988, wenngleich letztlich die militärische Erschöpfung Irans für die Annahme des Waffenstillstands durch Teheran entscheidend gewesen sein dürfte. Dennoch verstärkte die Internationalisierung des Kriegs durch das Eingreifen westlicher Marineverbände das System konzentrischer Wälle, die die expansive Dynamik der iranischen Revolution eindämmen und den

---

1 Zur Vorgeschichte vgl. Peter *Hünseler*, Der Irak und sein Konflikt mit dem Iran, Bonn (Arbeitspapiere zur Internationalen Politik Nr. 22) 1982; *ders.*, Der iranisch-irakische Krieg, in: IP 1981/82, S. 236-249; Mir A. *Ferdowsi*, Krieg ohne Gewinner, in: *Information für die Truppe*, 7/1985, S. 67-81; Tareq *Ismael*, Iran and Iraq. The Roots of Conflict, Syracuse 1982.

Status quo in der Region bewahren sollten. Den ersten dieser Wälle bildete die irakische Front mit ihren massiven Verteidigungsstellungen insbesondere vor Basra. Regionalpolitisch vertieft wurde diese Front durch die massive finanzielle, logistische und z.T. auch personelle Unterstützung einer starken Mehrheit der arabischen Welt für den irakischen Abwehrkampf gegen die iranischen Offensiven. Den dritten Ring der Eindämmungspolitik schließlich bildete die westliche Unterstützung für den Irak durch die Übernahme des Geleitschutzes für den Tankerverkehr im Golf, soweit er von Iran bedroht wurde.

Diese erfolgreiche Verteidigung des regionalen Status quo hatte für die internationale Politik allerdings einen hohen Preis: Sie bedeutete die Parteinahme für einen Staat, der den Golf-Krieg durch seinen sorgfältig geplanten und vorbereiteten Großangriff auf Iran am 22. September 1980 ohne überzeugende Rechtfertigung begonnen und ihn unter krasser Mißachtung völkerrechtlicher Verpflichtungen durch massiven Einsatz von Mittelstreckenraketen und Chemiewaffen noch zu einem Zeitpunkt austrug, als Teheran seine Friedensbereitschaft bereits eindeutig signalisiert hatte. Die Gefahren einer Weiterverbreitung von Massenvernichtungswaffen, die man bis dahin vor allem in der Ausbreitung von Kernwaffen sah, erhielten durch den wirkungsvollen und weitgehend ungestraften Einsatz von chemischen Kampfstoffen und zahlreichen Mittelstreckenraketen aus eigenen Montagestätten eine neue und veränderte Aktualität: Nach dem Golf-Krieg mußte für viele Länder der Dritten Welt die Kombination aus weitreichenden Mittelstreckenraketen und chemischen Kampfstoffen als eine gefährlich verlockende Alternative zu einer Kernwaffenoption erscheinen.

## KRIEGSURSACHEN UND KRIEGSVERLAUF

Die Wurzeln des Golf-Kriegs reichen weit in die Vergangenheit zurück: Die Konflikte um die Grenzziehung zwischen den beiden Staaten begannen bereits in ottomanischer Zeit. Die eigentlichen Ursachen lagen freilich in der machtpolitischen und ideologischen Konfrontation von zwei – dem eigenen Selbstverständnis nach – „revolutionären" Systemen. Zentraler Konfliktpunkt war also die Legitimität der jeweiligen politischen Ordnung. Die Herausforderung ging dabei eindeutig von der jungen islamischen Revolution in Iran aus, die durch ihren expansiven, ja universalen Machtanspruch implizit wie explizit die Existenzberechtigung der politischen Systeme an den arabischen Ufern des Schatt al-Arab und des Golfs in Frage stellte.[2]

---

2 Vgl. hierzu Rouhollah K. *Ramazani*, Revolutionary Iran. Challenge and Response in the Middle East, Baltimore 1986; Richard *Cottam*, Regional Implications of the Gulf War. Iran:

## *Die erste Phase: Auswirkungen der Revolution in Iran*

Die Führung in Bagdad fühlte sich durch diese revolutionäre Herausforderung zutiefst verunsichert. Angetreten mit einem eigenen, säkularnationalistischen revolutionären Anspruch, war das Regiment der Baath-Partei vor allem auf die Machterhaltung mit allen Mitteln ausgerichtet, darunter auch auf die wirtschaftliche, soziale und politische Mobilisierung der Bevölkerung für Entwicklungsziele.[3] Das Ergebnis war eine in hohem Maße repressive Entwicklungsdiktatur, in der die Macht in den Händen einer relativ kleinen Gruppe von Männern um Saddam Hussein lag, der im Juli 1979 die Position des Staatspräsidenten übernommen und damit seine Macht gefestigt hatte. Allein die Konsolidierung eines revolutionären islamischen Systems schiitischer Orientierung im Nachbarland Iran mußte für das Baath-System angesichts seiner sozioökonomisch diskriminierten und politisch unterdrückten schiitischen Bevölkerungsmehrheit zum Problem werden.

Hinzu kam, daß die Revolutionäre in Teheran keinerlei Neigung zeigten, den 1975 zwischen Schah Reza Pahlevi und Saddam Hussein ausgehandelten Modus vivendi des Abkommens von Algier zu respektieren. Führende Vertreter der Revolution in Teheran riefen sogar offen zum Sturz des Baath-Regimes auf.[4] Gleichzeitig vernachlässigte Iran geradezu sträflich seine Streitkräfte, die im Rahmen der revolutionären Machtkämpfe zwischen liberalen und radikalen Kräften systematisch aufgerieben und geschwächt wurden. Das Ergebnis war eine gefährliche Mischung von rhetorisch-subversiver Aggressivität und militärischer Schwäche.

## *Die Ambitionen des Irak*

Iraks Kriegsmotive stellten sich gewissermaßen spiegelbildlich dar – und zwar als eine „Mischung aus Furcht und Ambition".[5] Während sich Bagdad politisch durch die revolutionäre Herausforderung bedroht fühlte (eine Bedrohungsperspektive, die vor allem aus den Legitimationsdefiziten des Systems herrührte und somit der Kritik der Revolutionäre gewissermaßen

---

Motives Behind Foreign Policy, in: *Survival*, November/Dezember 1986; Johannes *Reissner*, Iran – Irak: Kriegsziele und Kriegsideologien, Ebenhausen (SWP-S 342) 1987.

3 Vgl. zum Irak allgemein: Christian *Moss Helms*, Iraq. Eastern Flank of the Arab World, Washington 1984 (aus einer eher regimefreundlichen Position), sowie Marion *Farouk-Sluglett*, Peter *Sluglett*, Iraq Since 1958. From Revolution to Dictatorship, London 1987.

4 Vgl. *Ramazani*, a.a.O. (Anm. 2), S. 57 ff., und Majid *Khadduri*, The Gulf War, Oxford 1988, S. 64 ff.

5 Shahram *Chubin*, Iran and the War. From Stalemate to Ceasefire, in: Hanns W. *Maull*, Otto *Pick* (Hrsg.), The Gulf War. Regional and International Dimensions, London 1989, S. 5-16, hier S. 6.

stillschweigend recht gab), sah es sich militärisch angesichts der Zerrüttung der iranischen Streitkräfte durch die revolutionären Wirren und Säuberungen eindeutig überlegen. Saddam Hussein zog daraus – wohl bereits im April 1980 – die Konsequenz: Dem revolutionären Spuk in Teheran sollte durch einen militärischen Blitzkrieg ein rasches Ende bereitet und dabei sollten zugleich Bagdads weiterreichende Ambitionen realisiert werden. Dazu zählten die Revision der „Schmach" des Abkommens von Algier; die Eroberung einer Vormachtstellung im Golf und schließlich die Übernahme der Führungsposition in der arabischen Welt, die nach dem Ausschluß Ägyptens aus der Arabischen Liga im Gefolge des Camp-David-Vertragswerks mit Israel vakant schien.[6]

Der Entschluß zur militärischen Offensive war somit keinesfalls, wie der Irak das beansprucht, als Akt der Selbstverteidigung gerechtfertigt. Er beruhte zudem auf einer Reihe gefährlicher Fehleinschätzungen und falschen Voraussetzungen. So erwies sich der militärische Widerstand Irans als unerwartet zäh und die Vorstellung eines Blitzkriegs nach dem Modell der israelischen Siege im Juni 1967[7] deshalb rasch als illusionär. Auch stellte sich bald heraus, daß der irakische Angriff das iranische Revolutionssystem stärkte, weil er damit den iranischen Patriotismus für seine Ziele einspannen konnte. Schließlich hoffte der Irak auch darauf, die iranischen Araber in der Ölprovinz Khusistan als Überläufer bzw. „Fünfte Kolonne" gewinnen zu können – tatsächlich jedoch zeigte diese (schiitische) Minderheit wenig Neigung, Teherans Vorherrschaft gegen diejenige Bagdads einzutauschen.

Der irakische Angriff fuhr sich bereits nach wenigen Wochen fest. Damit war die erste Phase des Kriegs – diejenige der irakischen Offensive – abgeschlossen; das zentrale Kriegsziel, der Sturz des Revolutionssystems, war in unerreichbare Ferne gerückt.

### *Die zweite Phase des Golf-Kriegs*

In der zweiten Phase des Kriegs, in der Iran – zunächst begrenzt und erfolglos, dann immer machtvoller und mit Erfolg – die Gegenoffensive begann, traten auch die Sekundärziele Bagdads (die Korrektur der Grenzen in Khusistan, im Schatt al-Arab und in der Mittelfront, sowie die Rückgabe der

---

6 Vgl. hierzu vor allem Efraim *Karsh*, The Iran-Iraq War. A Military Analysis, London (Adelphi Paper Nr. 220) 1987, sowie Gary *Sick*, Trial by Error. Reflections on the Iran-Iraq War, in: *Middle East Journal*, Frühjahr 1989, S. 230-246.

7 Die irakischen Pläne orientierten sich offenbar explizit an Israels Kampagnen im Juni-Krieg 1967. So *Sick*, ebd., Fußnote 8.

drei arabischen Inseln in der Straße von Hormus) in den Hintergrund: Saddam Hussein suchte zunehmend verzweifelt nach einem Weg, den Krieg ohne Gesichtsverlust zu beenden und einen Modus vivendi mit dem Revolutionsregime zu finden. Schon Mitte 1982 – also noch vor den Vorstößen iranischer Truppen auf irakisches Territorium – strebte Bagdad also eine Rückkehr zum Status quo ante an, freilich mit klaren Garantien Irans für den Verzicht auf revolutionäre Betätigung im Irak.

In diese zweite Phase des Kriegs, die von 1981 bis 1987 dauerte, fiel im Juli 1982 eine einschneidende Zäsur: die Entscheidung Teherans, die Gegenoffensiven in den Irak hineinzutragen. Ironischerweise beruhte diese Entscheidung des iranischen Revolutionsführer, Ayatollah Ruhollah Khomeini, geradezu spiegelbildlich auf ähnlichen (und ähnlich falschen) Annahmen wie der Entschluß Saddam Husseins zum Angriff: Khomeini setzte darauf, daß die irakische Gegenwehr unter dem Ansturm der revolutionären Streitkräfte zerbrechen und die unterdrückte Bevölkerungsmehrheit der irakischen Schiiten sich gegen Bagdad erheben würde. Tatsächlich versteifte sich der Widerstand des Irak jedoch in dem Maße, in dem seine Streitkräfte nun das eigene Vaterland zu verteidigen hatten, und auch die schiitischen Iraker entschieden sich, wie sich der relativ geringen Zahl von Deserteuren entnehmen läßt, gegen die iranische Revolutionsideologie und für die irakische Nation.[8] Die iranischen Offensiven fuhren sich fest, der Landkrieg erstarrte bis zum Jahr 1986 erneut zum Grabenkrieg.

## DIE INTERNATIONALISIERUNG DES GOLF-KRIEGS[9]

Keine der beiden Seiten vermochte bis 1987 – dem Beginn der dritten und letzten Phase des Kriegs – eine militärische Entscheidung herbeizuführen: Die militärischen und politischen Strukturen des Irak erwiesen sich – durch massive internationale Unterstützung – als robust genug, um dem iranischen Anrennen zu widerstehen; umgekehrt zeigte sich, daß das Revolutionsregime in Teheran politisch-ideologisch nicht flexibel genug war, um seine Strategie auf andere, erfolgversprechendere Wege umzulenken. Khomeini selbst beharrte unbeugsam auf seinem umfassenden Kriegsziel eines Sturzes des Baath-Regimes und verschenkte damit die Möglichkeit, Verhandlungen aus einer Position der Stärke aufzunehmen. Die militärische Führung wiederum versteifte sich auf eine revolutionäre Kriegführungsstrategie, die auf dem Schlachtfeld überaus hohe Opfer forderte und zudem wenig erfolgreich war, dafür jedoch den Vorteil hatte, daß sie die revolutionäre Machtbasis in Form

8 Dies galt jedoch nicht für die irakischen Kurden, die offenbar zu Tausenden die irakischen Streitkräfte desertierten. Vgl. Malcolm *Yapp*, The Mice Will Play, in: *Maull/Pick*, a.a.O. (Anm. 5), S. 103-120.

9 Vgl. hierzu auch den Beitrag von Helmut *Hubel* in diesem Band.

der Pasdaran (Revolutionswächter) aufwertete und zugleich die regulären Streitkräfte als potentielle alternative Machtbasis schwächte.[10]

### *Angriffe auf den Tankerverkehr*

Der Krieg entwickelte sich daher immer mehr zu einem Abnutzungskrieg, in dem beide Seiten nach einem militärischen Hebel suchten, um ihre Zielsetzungen durchzusetzen. Dabei rückten zwangsläufig die Ölexporte beider Seiten in den Mittelpunkt: sie bildeten die ökonomische Basis der beiden Kriegsmaschinerien. Gelang es einem der beiden Kontrahenten, die Öleinnahmen des andern nachhaltig zu drosseln, konnte das dem Kriegsverlauf eine entscheidende Wende geben. Beide Seiten intensivierten daher die Angriffe gegen den Tankerverkehr im Golf. Irak richtete seine Attacken dabei unmittelbar gegen die Exportschlagadern Irans, den Verladehafen Kharg und den Tankerverkehr von dort nach Süden. Teheran dagegen verstärkte den Seekrieg gegen arabische, vor allem kuwaitische Tanker, um diese Staaten zur Einstellung ihrer finanziellen und logistischen Unterstützung für Bagdad zu zwingen. Im November 1986 wandte sich Kuwait deshalb mit der Bitte um internationalen Geleitschutz für seine Tanker an die ständigen Mitglieder des UN-Sicherheitsrats.[11]

Tatsächlich entschlossen sich im April 1987 die Sowjetunion und im Mai auch die Vereinigten Staaten, Kuwait Geleitschutz für seine Ölexporte zu gewähren. Beide Supermächte waren nunmehr unmittelbar in den Golf-Krieg verwickelt, der Konflikt war von einem regionalen zu einem internationalen Krisenherd geworden.[12] Damit hatte der Irak das Ziel erreicht, das er bereits 1984 mit einer ersten Runde des Tankerkriegs im Golf anvisiert hatte. Um den iranischen Kampfwillen zu brechen und Teheran zum Einlenken zu zwingen,

---

10 Der größte militärische Erfolg Irans seit 1982 war die Eroberung des Hafens Fao im Februar 1986 – Ergebnis einer sorgfältig vorbereiteten Aktion der regulären Streitkräfte. In der Folge kam es zu Spannungen zwischen Pasdaran und regulären Streitkräften, die mit dem Sieg der Pasdaran und der Rückkehr zur revolutionären Taktik des massierten Frontalangriffs („Menschenwellen") endeten. Die hohen Kosten und geringen Chancen dieser Taktik demonstrierte dann die iranische Niederlage vor den Verteidigungslinien um Basra. Vgl. *Karsh*, a.a.O. (Anm. 6), *Sick*, a.a.O. (Anm. 6) und Sharam *Chubin*/Charles *Tripp*, Iran and Iraq. War, Society and Politics 1980-1986, Genf (Programme for Strategic and International Security) 1986, S. 43 ff.

11 Vgl. hierzu und zum Tankerkrieg die Einzelheiten in: Committee on Armed Services, National Security Policy Implications of United States Operations in the Persian Gulf, Washington (House of Representatives, US Congress), Juli 1987, S. 7 ff.

12 Vgl. hierzu ausführlich Hanns W. *Maull*, Die Internationalisierung des Golf-Krieges in: *EA*, 19/1987, S. 533-542.

mußte Iran mit massiver militärischer Überlegenheit konfrontiert werden. Dies ließ sich am besten dadurch erreichen, daß die Großmächte gegen Iran mobilisiert würden.

### *Die dritte Phase des Kriegs: Das amerikanische Engagement*

Während diese Strategie Bagdads in einem ersten Anlauf 1984 gescheitert war, hatte sie 1987 Erfolg – ironischerweise trotz oder vielleicht sogar gerade wegen des irrtümlichen Angriffs eines irakischen Kampfflugzeugs auf das amerikanische Kriegsschiff USS *Stark* am 17. Mai 1987. Dieser Irrtum kostete 37 amerikanische Soldaten das Leben – und führte dazu, daß die USA ihr Engagement im Golf nun massiv verstärkten. Zwei Tage später gab Washington bekannt, daß elf kuwaitische Tanker der amerikanischen Flagge unterstellt und mit amerikanischem Geleitschutz ausgestattet werden sollten.

Drei Motive erklären diese Entscheidung Washingtons, sich auf Seiten des Irak in den Golf-Krieg einzuschalten: Erstens waren die USA bestrebt, die Vertrauens- und Glaubwürdigkeitskrise der amerikanischen Politik im arabischen Golf zu überwinden, die durch die heimlichen Waffenlieferungen an Teheran ausgelöst worden war. Zweitens sollte die iranische Revolution eingedämmt und der regionale Status quo gegen die Herausforderung der Revolutionäre verteidigt werden. Hierzu gehörte speziell auch die Offenhaltung der Straße von Hormus, die Iran mit chinesischen *Silkworm*-Raketen im Frühjahr 1987 bedrohte. Und drittens ging es um die Fortsetzung der traditionellen Eindämmungspolitik gegenüber der Sowjetunion in der Golf-Region: Moskau sollte auch weiterhin aus dem Golf herausgehalten werden.[13]

Wie sich bald herausstellen sollte, war das amerikanische Engagement zunächst unzureichend durchdacht und umgesetzt. Wie die Beschädigung der umgeflaggten und eskortierten *Bridgeton* durch eine Mine am 24. Juli 1987 zeigte, fehlte es den US-Kriegsschiffen an Minenräum-Kapazitäten[14] – eine Schwäche, die Iran sofort zu nutzen suchte. Es war nicht zuletzt die Einsicht der Verbündeten in diese Achillesferse des amerikanischen Engagements, die

---

[13] Zu den Einzelheiten des Entscheidungsprozesses vgl. *IHT*, 24.8.1987; zur Analyse insbesondere Janice *Gross Stein*, The Wrong Strategy in the Right Place. The United States in the Gulf, in: *International Security*, Winter 1988/89, S. 142-167, sowie Barry *Rubin*, Drowning in the Gulf, in: *FP*, Nr. 69, Winter 1987/88, S. 120-134; Nader *Entessar*, Superpowers and Persian Gulf Security. The Iranian Perspective, in: *Third World Quarterly*, Oktober 1988, S. 1427-1451, und *Sick*, a.a.O. (Anm. 6). Der Schutz der freien Schiffahrt im Golf dagegen, den die USA ebenfalls als Grund für ihr Eingreifen nannten, wurde faktisch nur einseitig angestrebt, da die irakischen Angriffe auf iranische Tanker weitergehen konnten.

[14] Vgl. hierzu IISS, Strategic Survey 1987-1988, London 1988, S. 129.

die europäischen Verbündeten der USA dazu veranlaßte, eigene Marineverbände in den Golf zu entsenden.

Auf dem Höhepunkt westlicher Marinepräsenz im November und Dezember 1987 umfaßte die westliche Flotte im Golf insgesamt 48 Kriegsschiffe; die Sowjetunion entsandte sechs Schiffe. Amerikanische Einheiten waren dabei wiederholt in Vergeltungsaktionen und Kampfhandlungen mit iranischen Einheiten verwickelt – so etwa bei der Aufbringung eines iranischen Minenlegers oder bei der Zerstörung von iranischen Ölbohrinseln als Vergeltungsaktion gegen iranische Angriffe auf (unbegleitete) amerikanische Tanker in kuwaitischem Hoheitsgebiet im September/Oktober 1987. Den Höhe- und Endpunkt der militärischen Zusammenstöße bildeten die Seegefechte im April 1988 unmittelbar nach der irakischen Rückeroberung von Fao; sie kulminierten im tragischen Abschuß eines iranischen Zivilflugzeugs, dem 290 Menschen zum Opfer fielen.[15]

Die beträchtlichen Kosten und unüberschaubaren Risiken des westlichen Engagements erhöhten zwangsläufig das Interesse der USA an einem Waffenstillstand. Parallel zur militärischen Internationalisierung des Konflikts begann daher eine Intensivierung der Bemühungen um einen Waffenstillstand im Rahmen des UN-Sicherheitsrats. Im Mai 1987, nur wenige Tage vor dem irrtümlichen Angriff auf die USS *Stark*, besuchte der zuständige Staatssekretär des amerikanischen Außenministeriums, Richard Murphy, Bagdad und versprach, Washington werde sich für eine bindende UN-Sicherheitsrats-Resolution verwenden, die Iran durch ein verbindliches Waffenembargo zum Waffenstillstand zwingen sollte. Tatsächlich übernahmen die Vereinigten Staaten ab diesem Zeitpunkt die Führung in den Bemühungen des UN-Sicherheitsrats um eine Waffenstillstands-Resolution, die im Januar 1987 begonnen hatten.[16]

Am 20. Juli wurde die UN-Sicherheitsrats-Resolution Nr. 598 einstimmig verabschiedet.[17] Der Sicherheitsrat forderte darin die sofortige Einstellung der Kampfhandlungen sowie den Austausch der Kriegsgefangenen und kündigte eine Untersuchung der Kriegsschuldfrage sowie weitere, nicht spezifizierte Maßnahmen für den Fall an, daß sich eine der Parteien diesem Aufruf entziehen sollte. Bagdad akzeptierte die Resolution, Teheran verlangte dagegen zunächst die Einberufung der Untersuchungskommission zur Klärung der Kriegsschuld-Frage. Die Bemühungen der Vereinigten Staaten um eine „zweite Resolution" zur Intensivierung des Drucks auf Iran scheiterten im Februar 1988. Der Irak reagierte darauf mit einer massiven Eskalation der Kampfhandlungen.

---

15 Vgl. hierzu besonders ebd., S. 127 ff., sowie Strategic Survey 1988-1989, London 1989, S. 173 ff.

16 Vgl. *Sick*, a.a.O. (Anm. 6), S. 239 f.

17 Text der Resolution in: *EA*, 19/1988, S. D 558 f.

## DAS ENDE DER KAMPFHANDLUNGEN

Erst nach Ablauf eines weiteren Jahres endeten die Auseinandersetzungen auf dem Schlachtfeld. Am 18. Juli 1988 akzeptierte Teheran formell die UN-Sicherheitsrats-Resolution Nr. 598, am 20. August trat der Waffenstillstand in Kraft. Ausschlaggebend für das Einlenken Teherans war die dramatische Verschlechterung seiner Position auf dem Schlachtfeld und die zunehmende Erschöpfung der iranischen Kriegsressourcen, doch trug wohl auch die internationale Isolierung Irans dazu bei, Khomeini einen dramatischen Kurswechsel abzutrotzen. Im Frühjahr 1988 mußte Iran einen schweren Schlag nach dem anderen hinnehmen: Im April konnten irakische Verbände die Halbinsel Fao zurückerobern, im Mai Shalamcheh, im Juni die Erdölregion Majnoon. Zugleich verursachten die gezielten Luftangriffe der irakischen Luftwaffe auf strategische Wirtschaftsziele immer schwerwiegendere Engpässe in der Versorgung und bei den Öleinnahmen. Im Juli schließlich durchbrachen irakische Verbände an mehreren Stellen die iranischen Verteidigungslinien und stießen tief nach Iran hinein vor; zugleich lieferte der Abschuß des iranischen Airbusses am 3. Juli 1988 den Revolutionsführern den letzten, ausschlaggebenden Anstoß zur Annahme des Waffenstillstands.

### *Die militärische Unterlegenheit Irans*

Diese dramatische Veränderung der Entwicklungen auf dem Schlachtfeld kam nicht von ungefähr: Die militärischen Kräfteverhältnisse hatten sich trotz der weit größeren Bevölkerungszahl Irans (etwa 55 Millionen Einwohner gegenüber rund 17 Millionen Irakis) im Verlauf des Kriegs stetig zugunsten des Irak verschoben: Während Iran 1979 über Streitkräfte von etwa 400 000 Mann (reguläre Verbände und Reserven) und der Irak über rund 450 000 Mann verfügte, veränderte sich diese Relation 1988 auf 1,6 Millionen zu 1,1 Millionen. Dementsprechend hatte sich der Irak gegen Ende des Kriegs auch eine eindeutige Überlegenheit bei der Zahl der aktiven Divisionen verschafft. Noch klarer zeigte sich die Überlegenheit des Irak im Bereich des Kriegsmaterials.[18] Hinter dieser Entwicklung standen ungleich höhere Waffenimporte des Irak, der nach amerikanischen Schätzungen im Zeitraum 1982 bis 1986 mit knapp 32 Milliarden Dollar beinahe viermal soviel Kriegsgerät einführte wie Iran (8,4 Milliarden Dollar).[19]

---

18 1979 verfügte Iran über 1 735 Kampfpanzer, der Irak über 1 800; 1988 dagegen zählten die Arsenale Irans gerade noch 1 000, die des Irak dagegen 4 500 Kampfpanzer. Die zahlenmäßige Überlegenheit Irans bei Kampfflugzeugen verkehrte sich im selben Zeitraum ebenfalls in eine 9:1 Übermacht des Irak. Vgl. Anthony H. *Cordesman*, The Regional Balance, in: *Maull/Pick*, a.a.O. (Anm. 5), S. 73-89, Tabelle 1.

19 US Arms Control and Disarmament Agency, World Military Expenditure and Arms Transfers 1988, Washington 1988, Tabelle III.

Die eindeutige militärische Überlegenheit des Irak gegen Ende des Kriegs spiegelte die umfassende internationale Unterstützung Bagdads und die wachsende Isolierung Teherans wider. Die umfangreichen Waffenkäufe Iraks im Ausland (vor allem in der Sowjetunion, Frankreich und China, aber auch in einer Reihe von anderen Staaten) konnten mindestens teilweise durch „Kredite" der konservativen arabischen Golf-Staaten finanziert werden; Bagdad vermochte damit auf ein schier unerschöpfliches Waffenarsenal zurückzugreifen. Demgegenüber war Iran primär auf Nord-Korea, China und auf den internationalen Waffenhandel angewiesen, die nur unterlegenes Kriegsgerät zu oft überhöhten Preisen anzubieten hatten. Die amerikanischen Waffenlieferungen im Rahmen der Iran-Contra-Episode[20] konnten diese Defizite nicht ausgleichen, und die gewaltigen militärischen Vorräte, die der Schah angehäuft hatte, gingen 1987/88 zunehmend zur Neige. Hinzu kam schließlich auch, daß sich die Gewichte im Ölkrieg zwischen Iran und dem Irak immer mehr zugunsten des Irak verschoben, der seine Ausfuhren durch die Erweiterung seines Export-Pipelinenetzes stetig zu steigern vermochte und zudem von den Ölausfuhren der verbündeten Staaten Saudi-Arabien und Kuwait finanziell profitierte. Die Erdölausfuhren Teherans stagnierten dagegen unter dem Druck der irakischen Luftangriffe auf Verladehäfen und iranische Tanker. So lagen die irakischen Öleinnahmen, die in der ersten Kriegsphase noch erheblich niedriger waren als die persischen, ab 1986 deutlich höher.[21]

### *Sinkende Kampfmoral*

Die militärischen und wirtschaftlichen Ressourcen Irans wurden also durch den Krieg immer mehr aufgezehrt. Noch bedeutsamer freilich war wohl die Erschöpfung des revolutionären Elans: Für eine immer größere Zahl von Iranern wurden die Opfer und Verluste dieses Kriegs sinnlos; immer weniger waren bereit, sich an die Front zu melden. Anzeichen sinkender Kriegsbereitschaft und Kampfmoral waren schon vor 1988 erkennbar gewesen; sie wurden jedoch dramatisch verstärkt durch das Umschwenken des Irak auf eine Strategie des Terrors. Dieser Terror richtete sich in Form von Chemiewaffen-Einsätzen gegen die iranischen Streitkräfte (bei der Rückeroberung von Fao am 18. April 1988), aber auch gegen die Zivilbevölkerung (in der kurdischen Stadt Halabja am 15. März 1988 sowie,

20 Vgl. hierzu auch den Beitrag von Peter *Rudolf* in diesem Band.

21 Die Öleinnahmen betrugen 1980 in Iran 13 Mrd. Dollar, im Irak 26 Mrd. Dollar. Sie sanken 1981 kriegsbedingt auf 10 Mrd. Dollar (Iran) bzw. 11 Mrd. Dollar (Irak). 1988 waren sie für Iran um weitere 20 % auf 8 Mrd. Dollar zurückgegangen, während der Irak seine Öleinnahmen gegenüber 1981 um 9 % auf 12 Mrd. Dollar steigern konnte. (*Petroleum Economist*, Juli 1989, S. 214.).

nach Annahme des Waffenstillstands durch Iran, am 1. August 1988 gegen die iranische Stadt Oshnoviyeh). Hinzu kam der „Krieg der Städte" in Form von Raketenangriffen durch Mittelstreckenwaffen auf die iranische Zivilbevölkerung: Seit dem 29. Februar 1988 feuerte der Irak innerhalb von nur fünf Wochen etwa 150 modifizierte sowjetische *Scud*-Mittelstreckenraketen auf iranische Großstädte. Nach iranischen Angaben forderten diese Angriffe über 10 000 Tote.[22]

Doch auch die flagrante Verletzung des Genfer Protokolls von 1925 durch den Irak, das den Einsatz von chemischen Waffen verbietet, konnte die internationale Isolierung Irans nicht aufhalten. In der Region und weltweit stand Iran 1988 praktisch allein: Seit sich die Spannungen zwischen Saudi-Arabien und Iran Ende Juli 1987 während der jährlichen Pilgersaison in Mekka in Unruhen iranischer Pilger entladen hatten, die mehrere hundert Tote forderten, bemühte sich Saudi-Arabien um die Isolierung Irans und brach schließlich im April 1988 die diplomatischen Beziehungen ab. Ägypten und Jordanien hatten den Irak seit Kriegsbeginn mit Waffenlieferungen, Soldaten und Logistik unterstützt; damit stand als einziges gewichtiges arabisches Land nur noch Syrien auf der Seite Irans.[23]

Die beiden Supermächte UdSSR und USA unterstützten Irak militärisch (Moskau mit Rüstungshilfe, Washington mit seinem Geleitschutz für Iraks Verbündete im Golf und mit Satelliteninformationen) wie politisch (durch die Waffenstillstands-Resolution im Sicherheitsrat), und auch die europäischen Mächte Großbritannien und Frankreich hatten sich im Juli 1988 eindeutig gegen Teheran gestellt. Wirtschaftlich und militärisch ausgeblutet, moralisch erschöpft, innenpolitisch durch Richtungskämpfe zerstritten und außenpolitisch isoliert, stand das Revolutionsregime in Teheran nun vor dem Trümmerhaufen seiner Kriegsstrategie. Um den Fortbestand der Revolution zu sichern, blieb Khomeini keine andere Wahl mehr als die Annahme des Waffenstillstands.

Damit endete ein Krieg, der länger gedauert hatte als der Zweite Weltkrieg. Die Verluste des Irak werden auf rund 300 000 Tote, die Irans auf 750 000 bis 900 000 geschätzt.[24] Die wirtschaftlichen Kosten des Kriegs (zerstörte Infrastruktur, zusätzliche Militärausgaben, verlorene Öleinnahmen) beziffern japanische Experten mit insgesamt 414 Milliarden Dollar, d.h. 189 Milliarden für Iran, 226 Milliarden für den Irak).[25]

---

22 Vgl. *Chubin*, in: *Maull/Pick*, a.a.O. (Anm. 5), S. 13, sowie *Sick*, a.a.O. (Anm. 6), und Strategic Survey 1988-1989, a.a.O. (Anm. 15), S. 177 f.

23 Vgl. hierzu *Chubin/Tripp*, a.a.O. (Anm. 10), Kapitel 8 und 9, sowie Ursula *Braun*, The Gulf Cooperation Council, in: *Maull/Pick*, a.a.O. (Anm. 5), S. 90-102.

24 *The Economist*, 30.7.1988; *Newsweek*, 1.8.1988.

25 *FT*, 19.7.1988. Kamran *Mofid*, After the Gulf War, in: *TWT*, März 1989, S. 49, beziffert allein die Infrastruktur-Zerstörungen auf 369 Mrd. Dollar für Iran und 188 Mrd. für den Irak.

## FOLGEN DES KRIEGS

Mit dem Inkrafttreten des Waffenstillstands war der Konflikt zwischen Iran und Irak keineswegs beigelegt: Die Friedensverhandlungen unter Leitung des Vermittlers der Vereinten Nationen führten im Berichtszeitraum noch nicht einmal zu einem umfassenden Austausch der Kriegsgefangenen, geschweige denn zu substantiellen Fortschritten in Richtung auf eine Lösung der politischen Streitfragen. Der Krieg, den beide Regime mit dem Ziel führten, das jeweils andere Regime zu stürzen, stärkte paradoxerweise die Position beider Systeme: Saddam Hussein konnte sich als militärischer Sieger fühlen und nunmehr über die schlagkräftigste und am besten ausgerüstete arabische Armee gebieten; sein innenpolitischer Führungsanspruch schien ungefährdet.

Doch auch das Revolutionsregime in Teheran ging aus dem Krieg eher gefestigt hervor. Es konnte den Konflikt dazu nutzen, seine innenpolitische Machtbasis zu festigen und die Oppositionskräfte entscheidend zu schwächen. Die Nachfolge Khomeinis, der am 3. Juni 1989 starb, sollte sich dementsprechend reibungslos vollziehen: Die Gegenkräfte innerhalb des Regimes gefährdeten niemals seine Machtposition, sondern demonstrierten eher ihre Unumstrittenheit. Allerdings mußte sich das Revolutionssystem nun bei der Bewältigung der Probleme bewähren, die es aufgrund des Kriegs lange Jahre ungelöst vor sich herschieben konnte: Die Vernachlässigung der landwirtschaftlichen und industriellen Entwicklung, die Verschlechterung der Lebensbedingungen breiter Bevölkerungsschichten, die zunehmende Korruption.[26]

Auch regional erschien der Status quo durch das Kriegspatt gestärkt. Die Herausforderung der iranischen Revolution erschien zunächst einmal gezähmt, und mit ihrer Eindämmung bestand auch die Chance einer Umorientierung Teherans auf die vorrangige Entwicklung der Revolution in Iran selbst. Die konservativen arabischen Staaten gingen gestärkt aus dem Krieg hervor: Ihr Gewicht war durch die Schwächung Irans und des Irak gewachsen.

International demonstrierte der Golf-Krieg die Möglichkeiten wie auch die Grenzen der Einflußnahme der Großmächte auf regionale Konflikte. Der Krieg war in der Region entstanden und konnte trotz der Bemühungen der Großmächte erst beendet werden, als Teherans Kriegswille gebrochen war. Auf der andern Seite gelang es internationalen Bemühungen, den Krieg geographisch einzudämmen und eine militärische Kräfterelation herzustellen, die die Erhaltung des Status quo und die Beendigung der Kampfhandlungen begünstigte. Dabei bildeten die sowjetischen und französischen Waffenlieferungen entscheidende Instrumente, die allerdings in vieler Hinsicht auch höchst problematisch waren: So erlaubten es beispielsweise die französischen

26 Vgl. hierzu Richard *Cottam*, Inside the Iranian Revolution, in: *Middle East Journal*, Frühjahr 1989, S. 168-185.

*Exocet*-Raketen Bagdad, die Kampfhandlungen zur See zu eskalieren, ein Prozeß, der schließlich in den Einsatz westlicher Marineverbände mündete. Möglicherweise schuf die Unterstützung des Westens für den Irak und die Konfrontation mit Teheran zudem Rahmenbedingungen, die es dem Irak erleichterten, sich Zugang zu sensitiven Technologien der Raketen- und Chemiewaffenproduktion zu verschaffen.

Die Entsendung westlicher Marineverbände in den Golf erwies sich bei allen Problemen und Kosten in doppelter Hinsicht als erfolgreich: Zum einen bildete sie ein gelungenes Beispiel des Zusammenspiels der NATO-Verbündeten bei der Bewältigung einer Krise außerhalb des NATO-Geltungsbereichs. Zum andern konnte der Einsatz auch insofern als erfolgreich gelten, als er mittelbar zur Beendigung der Kampfhandlungen beitrug, indem er die Position des Irak (der seit 1982 kontinuierlich einen Waffenstillstand angestrebt hatte) stärkte und Iran militärisch schwächte und politisch isolierte. Die beiden Schienen der amerikanischen Golf-Politik – die militärische Intervention und die diplomatischen Bemühungen in den Vereinten Nationen – standen also in einem inneren Zusammenhang. Auch dürfte das amerikanische Engagement im Golf der Kooperation mit der Sowjetunion zur Beendigung des Golf-Kriegs eher genützt als geschadet haben.

Eine weitere Schlußfolgerung aus dem Golf-Krieg bezieht sich auf die Sicherheit der westlichen Energieversorgung. Die Erdölausfuhren aus der Golf-Region wurden von den z.T. massiven Kampfhandlungen zur See zwar immer wieder betroffen, aber zu keinem Zeitpunkt ernsthaft beeinträchtigt. Zwar wurden im Verlauf des Kriegs etwa 500 Tanker angegriffen und beschädigt, doch waren dies insgesamt weniger als ein Prozent des gesamten Tankerverkehrs im Golf. Hinzu kam die Erweiterung des Pipelinenetzes, die den Export des Öls aus dem Golf auf dem Landweg erlaubte; hierdurch wurde die strategische Bedeutung der Straße von Hormus für die Ölversorgung der Industriestaaten erheblich relativiert.

# VIII

# WANDEL AUF DEM AFRIKANISCHEN KONTINENT

## UNRUHE IN NORDAFRIKA

*Von Joachim Tzschaschel*

### EINHEIT UND VIELFALT IM WIDERSTREIT

Der Versuch, die politischen Entwicklungen der Jahre 1987 und 1988 in Nordafrika zu beurteilen, lenkt den Blick auf zwei Vorgänge: zum einen auf die Wiederannäherung und Aussöhnung zwischen Marokko und Algerien, die am 16. Mai 1988 zur Wiederaufnahme der seit 1976 unterbrochenen diplomatischen Beziehungen führte. Damit wurden die Voraussetzungen für eine Auflockerung, vielleicht auch für eine Lösung der Westsahara-Frage geschaffen, die lange Jahre als Schlüsselproblem der Gesamtregion jeden Fortschritt auf dem Weg zur „Einheit des Großen Maghreb" (Nordafrika ohne Ägypten) blockierte. Zum andern prägte sich das wegen seiner Erstmaligkeit bemerkenswerte Gipfeltreffen der fünf Staatschefs des Maghreb (Algerien, Marokko, Tunesien, Libyen und Mauretanien) ein, zu dem es im Anschluß an die Gipfelkonferenz der Arabischen Liga am 10. Juni 1988 in Algier gekommen war.

Der eintägige Maghreb-Gipfel war fast datumsgleich mit dem 30. Jahrestag jener für den Maghreb bedeutsamen Konferenz von Tanger (27. bis 30. April 1958), auf der Marokko, Algerien und Tunesien deklaratorisch den Grundstein für die seither fortwirkende Idee der Einheit des Maghreb gelegt hatten. Auf dem Gipfel in Algier wurde diesem Gedenktag jedoch aus gutem Grund wenig Beachtung geschenkt: Ein Rückblick auf die mageren Ergebnisse bisheriger Einigungsbemühungen hätte das Auseinanderklaffen von Wunsch und Wirklichkeit allzu deutlich werden lassen. Der neue Ansatz im Juni 1988 führte zur Bildung beratender Kommissionen, die den Weg zu einer Maghreb-Union ebnen und ein neues Gipfeltreffen für Anfang 1989 vorbereiten sollten.

Der nach außen erfolgten regionalen Konsolidierung in Nordafrika, die außerdem von Algerien und Tunesien durch Wiederaufnahme der diplomatischen Beziehungen zu Ägypten (23. Januar 1988 bzw. 24. November 1988) unterstrichen wurde, entsprachen jedoch nicht die von alten und neuen Elementen der Unruhe genährten inneren Spannungszustände in diesem Ländergürtel. Algerien war in der Woche vom 4. bis 11. Oktober 1988 durch blutige Straßenkämpfe zwischen jugendlichen Demonstranten und Ordnungshütern von Armee und Polizei in die schwerste Krise seit der vor 26 Jahren erkämpften Unabhängigkeit geraten. Die sozioökonomischen Ursachen dieser Revolte waren offensichtlich. Die Unterstützung jedoch, die die Protestbewegung nach Ausbruch von Aufruhr und Gewalt durch die algerischen radikalen Anhänger des Islam fand, reflektierte ein in allen Maghreb-Ländern zu beobachtendes Erstarken – in jedem Land mit unterschiedlichem Gewicht – radikalislamischer Umtriebe. Die politischen Ansprüche dieser Islamisten wurden jeweils um so fordernder, je unfreier die herrschenden politischen Systeme sich entwickelten und desto größer die wirtschaftlichen Nöte und sozialen Spannungen wurden. Entsprechend unterschiedlich reagierten die einzelnen Machtzentren auf islamistische Unruheherde: durch Repression in Algerien, durch Konzessionen (seit 1988) in Tunesien. Zu keinem Zeitpunkt konnte jedoch der islamische Störfaktor für sich allein genommen die etablierten Herrschaftssysteme gefährden.

Im positiven Sinne wurde die Gesamtentwicklung durch den unblutigen Machtwechsel in Tunesien beeinflußt. Dort war am 7. November 1987 Staatspräsident Habib Bourguiba durch General Zine el-Abidine Ben Ali abgesetzt und abgelöst worden. Die Entschlossenheit, mit der das neue Regime die Fragen innerer Reformen und das Problem des Nachbarschaftsverhältnisses zu Libyen löste, widerlegte die immer wieder aufgekommene Sorge, ein Ende der Ära Bourguiba würde zwangsläufig zu einem Vakuum der Macht, zu Begehrlichkeiten des libyschen Nachbarn und damit zu folgenschweren Turbulenzen in Nordafrika führen.

## DER WESTSAHARA-KONFLIKT IM ZEICHEN MAROKKANISCH-ALGERISCHER WIEDERANNÄHERUNG

Die politischen Lösungsversuche im Streit um die Zukunft der Westsahara wurden im Berichtszeitraum auf zwei Ebenen fortgesetzt, auf der internationalen durch UNO und OAU, auf der bilateralen zwischen Marokko und Algerien.

Die bereits im Jahre 1986 auf Initiative des UN-Generalsekretärs Javier Pérez de Cuéllar in seinem New Yorker Büro geführten Gesprächsrunden (ohne Begegnung der beiden Konfliktparteien: Marokko einerseits, der POLISARIO = Frente Popular para la Liberación de Saguia el-Hamra y de Rio de Oro andererseits) wurden im April 1987 wiederaufgenommen. Daran schlossen sich weitere Gesprächskontakte an:

– des UN-Untergeneralsekretärs Abdulrahim Farah mit König Hassan II. von Marokko und Muhammad Abdelaziz, dem Staatspräsidenten der Arabischen Demokratischen Republik Sahara (ADRS), am 18. bzw. 21. Juni 1987;

– des UN-Generalsekretärs und des amtierenden OAU-Vorsitzenden Sassou Nguesso sowohl mit einer sahrauischen als auch mit einer marokkanischen Delegation in Genf im Juli 1987.

Die durchweg enttäuschenden Ergebnisse dieser Kontakte waren auf die unverändert kontroversen Standpunkte der Konfliktparteien hinsichtlich der Voraussetzungen zur Durchführung eines Referendums zurückzuführen. Marokko hielt an seiner Weigerung fest, in direkte Verhandlungen mit der POLISARIO-Front zum Abschluß eines Waffenstillstands einzutreten und das Referendum ohne administrative und militärische Zwänge unter Aufsicht von UN und OAU durchführen zu lassen.

Auf der bilateralen Ebene marokkanisch-algerischer Kontakte kam es am 4. Mai 1987 zu einem zweiten Treffen zwischen König Hassan II. und Staatspräsident Chadli Bendjedid im Beisein des saudiarabischen Königs Fahd Ibn Abd al-Aziz, der dieses Gipfeltreffen vermittelt hatte. Der Begegnungsort, Akid Lutfi an der marokkanisch-algerischen Grenze, war der gleiche wie bei den ersten direkten Gesprächen im Februar 1983.[1] Das Ergebnis dieses zweiten Treffens entsprach etwa dem geringen Erfolg des ersten: keine Annäherung der Standpunkte in den substantiellen Fragen des Westsahara-Konflikts. Ein gewisser Abbau bilateraler Spannungen kam darin zum Ausdruck, daß die Fortsetzung der Kontakte und ein Gefangenenaustausch (150 marokkanische, 102 algerische Soldaten) beschlossen wurden.

Auf der militärischen Ebene bestätigte der anhaltende Abnutzungskrieg mit Einzelvorstößen von Kampfgruppen der POLISARIO-Front gegen die marokkanischen Verteidigungsstellungen die Unlösbarkeit des Konflikts mit militärischen Mitteln. Der Bau eines weiteren (sechsten) Schutzwalls durch die marokkanischen Streitkräfte verlängerte die „Mauer-Front" von bisher 2 400 auf 2 775 Kilometer im äußersten Südwesten des Konfliktraums, um den sahrauischen Truppen den Zugang zum Atlantik zwischen Dakhla und La Guera abzuschneiden. Marokko konnte damit die gesamten Küstengewässer der Westsahara unter seine Kontrolle bringen. Mit diesem verlängerten

[1] Vgl. hierzu Joachim *Tzschaschel*, Das Spannungsfeld im Maghreb, in: IP 1983/84, S. 269-280.

Schutzwall wurden wichtige Interessen Mauretaniens berührt. Er führte auf einer Strecke von etwa 220 Kilometern an der mauretanischen Grenze entlang. Die marokkanischen Stellungen näherten sich bis auf wenige Kilometer der für die mauretanischen Eisenerztransporte wichtigen Eisenbahnlinie Zouèrate-Nouadhibou. Den Truppen der POLISARIO-Front blieb – ohne Verletzung der mauretanischen Neutralität – kaum mehr Bewegungsspielraum.

Die Gründe für die Erfolglosigkeit der bis dahin unternommenen Lösungsversuche lagen vor allem in dem von Starrsinn und Mißtrauen geprägten Klima zwischen Rabat und Algier. Eine Wende brachte erst die marokkanisch-algerische Aussöhnung und die Wiederaufnahme der diplomatischen Beziehungen am 16. Mai 1988. In den Vereinbarungen hierüber wurde das Problem der Westsahara zwar nur am Rande erwähnt, aber zweierlei war nun deutlich geworden. Erstens konnte Marokko Algerien nun nicht mehr als den Konfliktgegner bezeichnen und dem direkten Gespräch mit der POLISARIO-Front ausweichen. Zweitens waren beide Länder, vor allem auch die algerische Führung, zu der Einsicht gekommen, daß der Streit um die Westsahara inzwischen zweitrangig geworden war gegenüber wichtigeren Interessen. Hierzu gehörte die intermaghrebinische Annäherung, die bislang durch immer neue Formen der „Achsen-Politik" – mit wechselnder Rollenverteilung und Einflußnahme Libyens – blockiert wurde. Hierzu gehörte aber auch die beiderseitige Einsicht in die Vorteile wirtschaftlicher Kooperation, etwa auf der Basis des Austausches algerischer Primärenergie gegen marokkanische Agrarprodukte. Darüber hinaus wurden bereits im August 1988 Beratungen über ein altes algerisches Wunschprojekt aufgenommen, den Bau einer Erdgasleitung von Algerien über Marokko, Gibraltar, Spanien und Frankreich bis in die Bundesrepublik Deutschland.

### *Erste Erfolge der Friedensbemühungen*

Das veränderte politische Klima verhalf den Friedensbemühungen des Generalsekretärs der Vereinten Nationen zu einem ersten Erfolg: Am 30. August 1988 stimmten in Genf Marokko und die am 16. August umgebildete Exilregierung der ADRS unter ihrem neuen Chef Mahfoud Ali Beiba einem UN-Friedensplan im Prinzip zu, wenn auch unter beidseitigen Vorbehalten. In den Grundzügen zeichneten sich hierbei folgende Vorstellungen für eine Regelung ab: Nach Vereinbarung eines von UN-Beobachtern zu überwachenden Waffenstillstands in der Westsahara sollte es nach Ablauf von etwa sechs Monaten zur Volksabstimmung über die Frage „Unabhängigkeit oder Anschluß an Marokko" kommen. Der Sicherheitsrat der Vereinten Nationen genehmigte am 20. September 1988 diesen Plan und erteilte dem UN-Generalsekretär die Vollmacht, einen Sonderbeauftragten (den am 19. Oktober 1988 ernannten uruguayischen Diplomaten Hector Gros Espiell) einzusetzen, der für den Zeitraum zwischen dem Beginn des Waffenstillstands und der

Verkündung des Ergebnisses der Volksabstimmung die oberste Autorität im Territorium darstellen sollte. Fraglich blieb, ob sich die Terminvorstellungen angesichts der zahlreichen politischen und technischen Einzelfragen würden durchsetzen lassen. Hierzu gehörten vor allem die Probleme des Kreises der Abstimmungsberechtigten sowie des – zumindest teilweisen – Rückzugs der marokkanischen Truppen und Verwaltungsorgane vor Abstimmungsbeginn.[2]

Gleichzeitig mit der marokkanisch-algerischen Aussöhnung registrierte die POLISARIO-Front ein gewisses Nachlassen algerischer logistischer Unterstützung und Waffenhilfe. Der durch den Erfolg des marokkanischen Mauerbaus ohnehin fast beendete Wüstenkrieg hatte sich 1988 auf wenige örtliche, militärisch belanglose Vorstöße der Sahrauis beschränkt. Lediglich am 16. September 1988 führte die POLISARIO-Front bei Oum Dreiga, 150 Kilometer von der mauretanischen Grenze entfernt, erbitterte Gefechte, um auch nach der Aussöhnung zwischen Rabat und Algier die Aufmerksamkeit auf sich als den eigentlichen Verhandlungspartner Marokkos zu lenken.

## ALGERIEN ZWISCHEN REVOLTEN UND REFORMEN

Mit Jahresbeginn 1987 stand Algerien innenpolitisch noch unter den Nachwirkungen der im November 1986 in der östlichen Landeshälfte, vor allem in Constantine, ausgebrochenen Unruhen. Sie waren durch unzufriedene Jugendliche ausgelöst worden, die gegen Unzulänglichkeiten der materiellen Versorgung und gegen soziale Mißstände demonstriert hatten. Noch blieben diese Vibrationen ohne Breitenwirkung. Dasselbe galt für die sporadisch auftretenden Aktionen der radikalen algerischen Anhänger des Islam, die unter Kontrolle der Regierung blieben. Im Juli 1987 wurden durch den Gerichtshof für Staatssicherheit vier von insgesamt 202 angeklagten islamistischen Untergrundkämpfern zum Tode verurteilt. Hiervon unabhängig kam die Regierung jedoch der in der Bevölkerung weit verbreiteten religiösen Wiederbelebung (sofern daraus nicht politische Ansprüche abgeleitet wurden) durch großzügige Unterstützung beim Bau von Moscheen entgegen. Wie stark trotz des säkularen Grundmusters religiöse Vorbehalte von Staat und Partei respektiert wurden, erwies sich immer wieder an der Erfolglosigkeit, die Geburtenexplosion durch staatliche Kampagnen zur Familienplanung einzudämmen.

Um so wichtiger wurden die Versuche der Regierung, durch einen entschlossenen Reformkurs die durch den Verfall von Ölpreis und Dollarkurs sich laufend verschärfende Wirtschaftskrise aufzufangen. Die Auslandsver-

---

2 Vgl. Walter *Jesser*, Der Westsahara-Konflikt, in: Helmut *Hubel* (Hrsg.), Nordafrika in der internationalen Politik, München 1988, S. 103-124.

schuldung Algeriens war 1986 auf 21 Milliarden Dollar gestiegen, durch Liberalisierung des Handels, Lockerung der Devisenvorschriften, vorsichtiges Aufbrechen des staatlichen Außenhandelsmonopols und durch weitere Aufwertung des privaten Wirtschaftssektors. Das Planungsministerium wurde im November 1987 aufgelöst. Diese Leitlinien kennzeichneten eine schrittweise Abkehr vom staatlichen Dirigismus und vom sozialistischen Modell schlechthin. Dabei mußte Chadli Bendjedid mit Rücksicht auf orthodoxe Parteikader sehr vorsichtig zwischen Kontinuität und Wandel operieren. Als am 30. September 1987 die Einführung der Selbstverwaltung in den Staatsbetrieben für den 1. Januar 1988 angekündigt wurde, hieß es von offizieller Seite sogleich, daß diese rein wirtschaftliche Liberalisierungsmaßnahme nichts am ideologischen Grundmuster der Partei ändern würde.

In Wirklichkeit war aber in diesem Reformkurs mehr zu sehen als ein nur taktisches Manöver von rein temporärer Bedeutung. Die gelegentlich aufgekommene Frage, ob diese algerische Spielart von „Perestrojka" auch als eine Art Resonanz auf die sowjetischen Reformbestrebungen zu sehen sei, schien falsch gestellt: Hier wie dort waren es keine ideologischen Motive, sondern spezifisch wirtschaftliche Tatsachen und Nöte, die den Wandel zwingend machten. Die Vergleichbarkeit zwischen algerischem und sowjetischem Systemwandel blieb auch deshalb wenig überzeugend, weil die algerische „Perestrojka" nicht von einer entsprechenden Politik des „Glasnost" begleitet wurde. Die Wahl zur algerischen Nationalversammlung am 26. Februar 1987 bedeutet für sich allein genommen nur ein unzureichendes Ventil für den aufgestauten Unmut einer Bevölkerung, die nicht nur eine bessere Versorgung, sondern im gleichen Zuge auch mehr Freiheit forderte.

### *Faktoren für die Auslösung der Proteste*

Die Gründe und Anlässe für Unzufriedenheit und Protest verdichteten sich im Laufe des Jahres 1988: Eine ungewöhnliche Trockenheit verursachte die schlechtesten Ernteerträge seit 50 Jahren; das Sparprogramm der Regierung und eine ungebremste Inflation hatten die Lebensmittelpreise extrem hochschnellen lassen; das ohnehin spärliche Devisenkontingent für Auslandsreisen wurde gestrichen. Jugendliche Demonstranten – von 22,6 Millionen Algeriern waren drei Viertel jünger als 30 Jahre und davon die Hälfte arbeitslos – lehnten sich in der Woche vom 4. bis 11. Oktober 1988 zunächst durch Demonstrationen, sodann durch gewaltsame Ausschreitungen gegen die wirtschaftliche Dauerkrise und eine chancenlose Zukunft auf. Die im staatlichen Fernsehen täglich verbreiteten Bilder vom „Steinwerfer-Aufstand" im besetzten Palästina[3] mögen dabei ebenso stimulie-

[3] Vgl. hierzu auch den Beitrag von Arnold *Hottinger* in diesem Band.

rend gewirkt haben wie die Schützenhilfe, die den Triebkräften der Revolte im weiteren Verlauf der Unruhen durch radikale Islamisten gegeben wurde. Nach offiziellen, wahrscheinlich nach unten korrigierten Angaben wurden über zweihundert jugendliche Demonstranten getötet.

Neben dem Protest gegen die wirtschaftlichen und sozialen Mißstände zielte diese Revolte zugleich gegen die Verkrustung des gesamten politischen Systems und gegen die Herrschaftsmethoden seiner von Armee und Einheitspartei gestützten Statthalter. Die demokratische Fassade des Staatsapparats sollte demaskiert werden. Staatspräsident Chadli Bendjedid gelang es nach einer Woche blutiger Auseinandersetzungen jedoch, die Lage dadurch zu normalisieren, indem er strukturelle Reformen ankündigte, in allen Schlüsselpositionen Personalveränderungen vornahm und die Versorgungslücken wenigstens kurzfristig durch Räumung von Lagerbeständen überbrücken ließ. Von nun an sollte der Präsident und nicht mehr die Staatspartei FLN den Ministerpräsidenten ernennen, der nicht mehr der Partei, sondern dem Parlament verantwortlich sein sollte. Durch ein Referendum vom 4. November 1988 wurde dieses schmale Zugeständnis an den Volkswillen legitimiert und legalisiert. Zwar wurde außerdem die künftige Möglichkeit der Parlamentskandidatur auch unabhängiger Kandidaten angekündigt, ein Mehrparteiensystem vom Staatspräsidenten jedoch als noch verfrüht abgelehnt. Angesichts der Staatskrise stellte sich Chadli, entgegen seiner ursprünglichen, unter dem Einfluß der Revolte geäußerten Absicht, für ein drittes Mandat zur Verfügung und wurde als alleiniger Kandidat am 22. Dezember 1988 von 81 Prozent der Wahlberechtigten wiedergewählt.

In den Augen der Kritiker und Protestierenden war damit zwar ein Stück Kontinuität gesichert, aber einem grundlegenden Wandel nicht genügend Spielraum eingeräumt worden. Der Eindruck „zu wenig und zu spät" gab die Stimmung im Lande wieder.[4] Erneut hatte Chadli offensichtlich Rücksichten auf den konservativen Flügel der Staatspartei nehmen müssen. Bereits fünf Wochen nach den Unruhen wurden in einem FLN-Kommuniqué wieder die Lobsprüche der Partei auf sich selbst als „Führer der Nation und Vorhut im Kampf" aufgewärmt und davor gewarnt, „die geheiligten Errungenschaften der Revolution durch Angriffe gegen die alten Widerstandskämpfer in Frage zu stellen".[5]

---

4 Mit diesen Schlagworten agitierte der im Exil lebende ehemalige Staatspräsident Ben Bella während und nach der Oktober-Revolte 1988 gegen den Reformkurs des algerischen Regimes.

5 *FAZ*, 19.11.1988.

### *Außenpolitische Prioritäten*

Mit der partiellen Neuordnung der inneren Verhältnisse stellte sich auch die Frage möglicher Kurskorrekturen in der Außenpolitik. Der amtierende Außenminister Taleb Ibrahimi war im Zuge des Kabinettswechsels abgelöst worden. Aber Algerien blieb – ungeachtet oder vielleicht gerade aufgrund eigener innerer Spannungen – weiterhin bemüht, regionale Antagonismen innerhalb des Maghreb abzubauen. Die Politik algerisch-marokkanischer Aussöhnung mit dem Ziel einer baldigen Beilegung des Westsahara-Konflikts wurde ebensowenig unterbrochen wie die eingeleitete Politik einer in erster Linie auf wirtschaftliche Kooperation abzielenden guten Nachbarschaft mit Tunesien und Libyen. Neben dem aussichtsreichen, im Grundsatz zwischen Algier und Rabat vereinbarten Projekt einer Erdgasleitung von Algerien über Marokko nach Westeuropa war es im März 1988 zu einer Vereinbarung zwischen Algerien, Libyen und Tunesien über den Bau einer 400 Kilometer langen Erdgasleitung von Algerien über Süd-Tunesien nach Libyen gekommen. Für Algerien bot sich damit die Möglichkeit, seine bis dahin noch nicht voll genutzten Exportmöglichkeiten zu verbessern: Die potentielle jährliche Ausfuhrkapazität an Erdgas von 47 Milliarden Kubikmetern war beispielsweise im Jahr 1987 mit nur 26 Milliarden Kubikmetern Erdgasexport keineswegs ausgeschöpft worden.

Ob Algerien einen erweiterten wirtschaftlichen Handlungsspielraum im Sinne einer politischen Führungsrolle im Maghreb werde nutzen können, schien nach den inneralgerischen Erschütterungen des Jahres 1988 nicht mehr gesichert. Dieser Anspruch wirkte deshalb nicht überzeugend, als es Algerien im Berichtszeitraum nicht gelang, das eigene Haus in Ordnung zu halten und den Vertrauensentzug der jüngeren Generation wieder wett zu machen.

## LIBYEN AUF ORIENTIERUNGSSUCHE

Der jahrelang unberechenbare Pendelschwung libyscher Außenpolitik zwischen wechselnden Schwerpunkten,[6] sei es in Richtung Maghreb oder Maschrek, sei es in Richtung arabischer oder afrikanischer Einheitspläne, kam in den Jahren 1987/88 zu einer gewissen Beruhigung und zu einer Rückbesinnung auf den Ausbau solider Beziehungen zu den Ländern des Maghreb. Diese Genügsamkeit war die Folge vielfacher Rückschläge seit 1986:

– die Schwächung der libyschen Wirtschaftskraft durch Ölpreisverfall und westliche Embargomaßnahmen. Seit 1987 konnte die Versorgung mit Grundnahrungsmitteln nicht mehr ausreichend sichergestellt werden;

---

6 Vgl. hierzu Helmut *Hubel*, Der Konflikt zwischen Libyen und den USA im internationalen Zusammenhang, in: IP 1985/86, S. 316-326.

– militärische Mißerfolge der libyschen Interventionspolitik in Tschad;
– die außenpolitische Isolierung Libyens, nicht nur auf der internationalen Bühne, sondern auch in der arabischen Welt. Selbst innerhalb der Maghreb-Länder war diese Isolierung augenfällig geworden, nachdem König Hassan II. die am 13. August 1984 geschlossene marokkanisch-libysche Föderation[7] am 29. August 1986 einseitig aufgekündigt hatte.

Diese drei Faktoren einer wirtschaftlichen, militärischen und außenpolitischen Ernüchterung lösten 1987 und 1988 einen vielschichtigen Wandlungsprozeß in der libyschen Politik aus.

## *Korrekturen libyscher Innen- und Wirtschaftspolitik*

Zu den einschneidendsten Maßnahmen der 1988 eingeleiteten „Korrektur der Revolution“[8] gehörte die Entmachtung der 1977 eingesetzten „Revolutionären Komitees“, deren repressive Willkür die Bevölkerung in Angst und Schrecken gehalten hatte. Anstelle ihrer bisherigen Rolle als polizeiliche und sondergerichtliche Herrschaftsinstrumente sollten die Komitees ab August 1988 in weniger einflußreiche politische Funktionen eingebunden werden. Vorausgegangen war am 3. März 1988 die Öffnung der Gefängnisse für die Masse der politischen Gefangenen (etwa 600) durch Oberst Khadafi sowie die Verabschiedung einer Art Charta der Menschenrechte. Zugleich wurde eine wirtschaftspolitische Neuorganisation eingeleitet durch Lockerung des staatlichen Außenhandelsmonopols, durch Schaffung von Freiräumen für private Unternehmen sowie durch Übergabe unproduktiver kleinerer und mittlerer Staatsbetriebe in die Hände der Arbeiter. Die Möglichkeiten für Auslandsreisen wurden erleichtert. Armee und Polizei sollten nach einer Ankündigung Khadafis vom 1. September 1988 in ihrer bisherigen Organisationsform abgeschafft und „in die Hände des Volkes gelegt“ werden. Die Wehrpflicht wurde zwar beibehalten, aber von zwei Jahren auf nur eines verkürzt.

Alle Verlautbarungen und alle Ansätze für eine gewisse Liberalisierung ließen aber keinen Zweifel daran aufkommen, daß Khadafi an seiner Fiktion einer „Basisdemokratie“, dem im Grünen Buch festgelegten Prinzip der direkten Volksherrschaft, als dem ihm am sichersten erscheinenden Weg der persönlichen Machterhaltung festhalten wollte. Insofern blieben vor allem bei den angekündigten Liberalisierungsmaßnahmen für die Wirtschaft starke Zweifel hinsichtlich der Durchsetzbarkeit langfristig angelegter Struktur-

---

7 Vgl. *Tzschaschel*, a.a.O. (Anm. 1), S. 273 f.

8 Redewendung des libyschen Staatschefs Muammer el-Khadafis in seinen Ansprachen am 29.8. und am 1.9. 1988 aus Anlaß des 19. Jahrestags der libyschen Revolution.

veränderungen. Mit ihnen hätte Khadafi das ideologische Fundament seines revolutionären Konzepts der Dritten Universaltheorie in Frage gestellt.[9]

### *Neuorientierung libyscher Regionalpolitik*

Im Bereich des Maghreb blieb die außenpolitische Orientierung Libyens in den Jahren 1987/88 weitgehend ein Spiegelbild der jeweiligen Allianzpolitik Algeriens.[10] In der Zeit zwischen 1983 und 1987, als die Westsahara-Frage noch der kardinale Streitpunkt zwischen Algerien und Marokko war, suchte Algerien bündnispolitischen Rückhalt bei Tunesien und Mauretanien („Traité de Fraternité et Concorde" vom 19. März 1983), während Libyen eine Gegenposition bezog und auf eine marokkanische bilaterale Bündnisofferte einging („Vertrag von Oujda" vom 13. August 1984)[11]. Erst nach der einseitigen Kündigung der Föderation durch Hassan II. am 29. August 1986 und erst recht nach der Normalisierung der algerisch-marokkanischen Beziehungen seit Mai 1988 suchte Khadafi Anlehnung an Algerien. Im lang anhaltenden Streit um die Modalitäten dieser libysch-algerischen Annäherung standen sich zwei gegensätzliche Vorstellungen gegenüber: Khadafi drängte während seines Besuchs in Algier vom 28. bis 30. Juni 1987 auf den Vertragsabschluß für eine algerisch-libysche „Union", die er möglichst schon bis zum 1. November des gleichen Jahres verwirklicht sehen wollte. Die algerische Führung ging jedoch hierzu auf deutliche Distanz und versuchte statt dessen, Libyen für den Beitritt zu dem seit 1983 bestehenden Dreibund Algerien-Tunesien-Mauretanien zu gewinnen. Khadafi wich einer solchen festen Einbindung aus und bestand auf dem vordringlichen Zusammenschluß Libyens mit Algerien, dem sich Tunesien und Mauretanien später anschließen sollten.[12] Keine dieser unterschiedlichen Vorstellungen – außer den bilateralen Vereinbarungen engerer algerisch-libyscher Wirtschaftskooperation – wurde weiterverfolgt, zumal nach Wiederaufnahme der algerischen Beziehungen zu Marokko (16. Mai 1988) die bisherigen Frontstellungen und Achsenbildungen Sinn und Bedeutung verloren, und Khadafi sein Eigengewicht gegenüber Marokko und Algerien nicht mehr wie bisher ausspielen konnte.

---

9 Vgl. hierzu ausführlich Hanspeter *Mattes*, Wirtschaftsreform, staatlicher Sektor und Privatisierungsdebatte im Maghreb, Hamburg (Mitteilungen des Deutschen Orient-Instituts, Nr. 32) 1988.

10 Vgl. Joachim *Tzschaschel*, Politische Allianzen und Rivalitäten um den „Großen Maghreb", in: *Hubel* (Hrsg.), a.a.O. (Anm. 2), S. 85-102.

11 Der Föderationsvertrag ist abgedruckt in: *EA*, 5/1985, S. D 136 ff.

12 Vgl. *Jeune Afrique*, Nr. 1412, 27.1.1988.

Zwischenzeitlich war es außerdem zu einem empfindlichen Gewichts- und Gesichtsverlust Libyens durch die militärischen Mißerfolge im Tschad-Konflikt gekommen. Im Juli und August 1987 gelang es den Regierungstruppen Tschads unter Hissène Habré den von libyschen Invasionstruppen besetzten Nordteil des Landes freizukämpfen und vorübergehend sogar den von Libyen beanspruchten Aouzou-Streifen sowie die auf libyschem Gebiet liegende Basis Maaten-es-Sarra zu besetzen.[13] Die Umkehr der Kräfteverhältnisse geschah vor dem Hintergrund des Ausscherens von Goukouni Weddei, dem Gegenspieler Habrés, und seiner muslimischen (aber nichtarabischen) Anhänger der Tubu-Stämme aus der prolibyschen Front. Angesichts der drohenden außenpolitischen Isolierung Libyens und dieses bei Volk und Armee immer unpopulärer werdenden Krieges entschloß sich Khadafi, den sechsjährigen Konflikt beizulegen. Am 1. September 1987 willigte er in einen Waffenstillstand ein; am 3. Oktober 1988 wurden die seit 1982 unterbrochenen Beziehungen zwischen Libyen und Tschad wiederaufgenommen.

## *Die Beziehungen zu Tunesien*

Von dem politischen und militärischen Ballast des Tschad-Konflikts abgesehen, hatte sich – trotz des Prestigeverlusts – Khadafis Handlungsspielraum auf der Suche nach neuen Verbündeten verbessert. Der Machtwechsel in Tunis vom 7. November 1987 schuf neue Voraussetzungen nicht nur für eine Normalisierung, sondern für eine enge bilaterale Kooperation. Bereits am 5. Februar 1988 empfing Tunesiens neuer Präsident, General Zine el-Abidine Ben Ali, den libyschen Staatschef zu einem Staatsbesuch. Vorausgegangen waren die Beilegung des im August 1985 entstandenen Streits über die Ausweisung tunesischer Gastarbeiter aus Libyen sowie die Wiederaufnahme der deshalb unterbrochenen diplomatischen Beziehungen am 28. Dezember 1987. Die Entsendung tunesischer Gastarbeiter wurde sogleich wieder aufgenommen. Auf dem hinsichtlich der Besitzrechte umstrittenen Kontinentalsockel der Kleinen Syrte (Golf von Gabès) wurde eine gemeinschaftliche Erdölförderung vereinbart. Der ab 15. Februar 1988 visafreie Touristenverkehr belebte zugleich den Warenaustausch zwischen beiden Ländern. Allein in den Monaten Januar bis Juli 1988 konnte Tunesien 150 Millionen Dollar aus dem libyschen Touristenverkehr verbuchen. Von daher wurde verständlich, daß sich Präsident Ben Ali über amerikanische Verstimmungen, französische Warnungen und algerisches Mißtrauen hinsichtlich einer zu engen tunesischen Anlehnung an Khadafi hinwegsetzte.

---

13 Vgl. zur Vorgeschichte Reinhold *Meyer*, Der Regionalkonflikt um Tschad, in: IP 1983/1984, S. 281-293; vgl. auch Jean-Joseph *Clam*, Der libysch-tschadische Konflikt, in: *Hubel* (Hrsg.), a.a.O. (Anm. 2), S. 125-149.

## NEUE KONTUREN IM VERHÄLTNIS LIBYEN – USA

Als eine Nebenwirkung der neuen tunesisch-libyschen Freundschaft konnte Ben Alis Überredung von Khadafi gewertet werden, an dem Maghreb-Gipfeltreffen am 10. Juni 1988 in Algier teilzunehmen. Khadafis Überwindung von Mißvergnügen und Mißtrauen – vor allem gegenüber dem marokkanischen König – war aber auch aus anderen, tiefer liegenden Gründen erklärbar: Angesichts der regionalen und internationalen Isolierung Libyens suchte Khadafi für äußerste Notfälle den Schutz einer Solidargemeinschaft. Gegen Ende des Jahres 1988 wurde in Tripolis noch die Hoffnung genährt, mit dem Präsidentenwechsel im Weißen Haus käme es zu einer Neubewertung der amerikanisch-libyschen Beziehungen. Zwischen September und Dezember zeichneten sich jedoch neue Schatten ab, die dem von Ronald Reagan gepflegten Feindbild neue Konturen gaben. Die 1986 gegen Libyen verhängten Sanktionen – Handelsembargo, Einfrieren libyscher Guthaben in den USA und Einschränkung des Reiseverkehrs – wurden im Dezember 1988 für weitere sechs Monate verlängert mit der Begründung, Libyen unterstütze weiterhin weltweit Terrorismus und Subversion. Konkret ging es dabei auch um die sich seit September 1988 verdichtenden Hinweise, Libyen errichte mit Hilfe westdeutscher Zulieferungen eine der größten Giftgas-Produktionsstätten der Dritten Welt. Diese amerikanischen Besorgnisse wurden am 21. Dezember durch Erklärungen aus dem Weißen Haus unterstrichen, der Präsident halte sich eine militärische Option offen. Die Arabische Liga warnte allerdings die USA vor dem Versuch, Libyen wie im April 1986 anzugreifen.[14]

Auf die Hilfe der Sowjetunion in einer möglichen neuen Konfrontation mit den USA konnte sich Khadafi zu diesem Zeitpunkt nicht mehr verlassen. Die internationale Großwetterlage hatte indirekt nicht nur die Lösungsversuche der Konflikte in Tschad und in der Westsahara befördert. Nach der von Michail Gorbatschow vorgezeichneten außenpolitischen Leitlinie sollte die Entspannung zwischen den Supermächten[15] auch durch lokale Unruheherde nicht gefährdet und durch deren Eingrenzung ein Abbau des sowjetischen Überengagements in der Dritten Welt ermöglicht werden.

---

14 Vgl. *SZ*, 24./25./26.12.1988. Am 15.4. 1986 hatte die amerikanische Luftwaffe als Vergeltung für angebliche libysche Verwicklungen in einen Westberliner Terroranschlag die libyschen Städte Tripolis und Bengasi bombardiert. Eines der Ziele, hierbei Khadafi zu beseitigen, wurde verfehlt, seine innenpolitische Stellung eher gestärkt.

15 Vgl. hierzu auch den Beitrag von Helmut *Hubel* in diesem Band.

# DAS SÜDLICHE AFRIKA ZWISCHEN ERSTARRUNG UND VERHANDLUNGSBEREITSCHAFT

*Von Klaus Frhr. von der Ropp*

Politik und Wirtschaft hatten Mitte der achtziger Jahre in Südafrika einen kaum noch zu übertreffenden Grad der Verflechtung erreicht. Für die mit drakonischen Mitteln erfolgte Niederschlagung der Aufstände der Jahre zuvor in den schwarzen Ghettos war nämlich ein hoher Preis zu zahlen: An die Stelle der wirtschaftlichen Dynamik in den siebziger Jahren waren, politisch bedingt, verbreitetes Disinvestment nordamerikanischen und europäischen Kapitals getreten, sowie mangelnde Investitionsbereitschaft auch der inländischen Wirtschaft, Warenboykott, weitgehende Abschottung vom internationalen Kapitalmarkt mit den entsprechenden Folgen für den Technologietransfer, legaler und auch illegaler Kapitalabfluß, Wechselkursverfall, hohe Inflationsraten, der Verlust von Fachkräften sowie eine katastrophal hohe, in schwarzen Regionen des östlichen Kaps an die 60-Prozent-Marke heranreichende Arbeitslosigkeit.[1] Diese Entwicklung wog um so schwerer, als es keinerlei Anzeichen für eine politische Lösung der Konflikte zwischen Schwarzen und Weißen gab.

## DER WIDERSTAND DER SCHWARZEN BEVÖLKERUNG

Wie in den Jahren zuvor wurde auch 1987/88 jeweils in der Jahresmitte für weitere zwölf Monate landesweit der Ausnahmezustand verhängt. Dies erleichterte es Pretoria, den 1912 gegründeten, 1960 verbotenen und seither aus dem Exil und aus dem Untergrund heraus agierenden African National Congress (ANC) und die ihm politisch nahestehende United Democratic Front (UDF) zu bekämpfen. Bei diesen Organisationen handelte es sich um die mit Abstand gefolgschaftsstärkste Befreiungsbewegung des schwarzen und (mit deutlichen Abstrichen) auch des braunen Südafrika. Demgegenüber waren die Anhänger des gleichfalls 1960 gebannten Pan Africanist Congress (PAC) und der ihm eng verwandten Azanian People's Organisation (Azapo) wie auch diejenigen der gefolgschaftsstarken Inkatha-Bewegung der im ländlichen Raum lebenden Zulus in der Minderzahl.

Die meisten Schwarzen bekannten sich zum revolutionären Alleinvertretungsanspruch von ANC und UDF. Die Anhänger in Südafrika selbst führten

---

[1] Vgl. Axel J. *Halbach*, Südafrika: Ökonomische und politische Aspekte einer sich zuspitzenden Krisensituation, in: *ifo-Schnelldienst*, 25-26/88, S. 36-42; Jesmond *Blumenfeld*, Die südafrikanische Wirtschaft – jüngster Gefangener der Apartheid?, in: *EA*, 17/1988, S. 491-500. Vgl. hierzu auch den Text des Vortrags des Vorstandsvorsitzenden von Anglo-American, Gavin *Relly*, am 21.9.1988 in Bonn vor der DGAP.

häufig eine militantere Sprache als die Vertreter des ANC im Ausland, die – im Berichtszeitraum nicht ohne Erfolg – bemüht waren, auch mit den Regierungen der für Südafrika wichtigen westlichen Industriestaaten ins Gespräch zu kommen. Die militanteren Anhänger in Südafrika selbst feierten in den Ghettos das 25jährige Bestehen der Guerilla-Armee des ANC, u.a. mit Graffiti-Parolen wie „Viva Russia", Symbolen von Hammer und Sichel und zahlreichen Hinweisen der Verehrung und Bewunderung für Nelson Mandela, den seit 1962 inhaftierten ANC-Führer. Dieser war längst zum Symbol des schwarzen Freiheitswillens geworden und blieb es auch, als sich im September 1988 ein „Mandela Crisis Committee" konstituierte, das die selbstherrlichen Aktivitäten seiner Ehefrau Winnie untersuchen sollte. Verbreitet war unter den Mitgliedern von ANC/UDF wie auch unter den oft noch militanteren Anhängern von PAC/Azapo die Überzeugung, Pretoria sei im Kampf gegen sie zu jeder Ruchlosigkeit fähig. Mancher Revolutionär glaubte sogar, die Regierung in Pretoria könne durch die Verhängung von Sanktionen seitens des Westens gestürzt werden. Wer hier Zweifel anmeldete, sah sich mit der Frage konfrontiert, die der anglikanische Erzbischof von Südafrika und Friedensnobelpreisträger von 1984, Desmond Tutu, seinen Kritikern stellte: „Wenn nicht Sanktionen, was dann?"[2] Das Millionenheer der arbeitslosen und verbitterten Jugendlichen in den schwarzen Ghettos ging noch weiter und unterstützte die wiederholt vorgebrachte Forderung des OAU-Präsidenten und Staatspräsidenten von Sambia, Kenneth D. Kaunda, der Westen müsse Pretoria den Krieg erklären.[3] Der Westen (wie auch die führenden Wirtschaftskreise Südafrikas) war unfähig, eine Antwort auf die Forderung des schwarzen Südafrika nach Machtumkehr zu geben und zugleich das Existenzrecht der fünf Millionen weißen Afrikaner in einem Südafrika ohne Apartheid machtpolitisch abzusichern.

### *Neue Wege des Widerstands*

Der schwarze Widerstand suchte und fand weitere Möglichkeiten, seine Macht zu demonstrieren. Zwar waren die Gewerkschaften weiterhin dadurch geschwächt, daß sie in ideologisch miteinander rivalisierenden Dachverbänden organisiert waren, nämlich in dem dem ANC/UDF verbundenen Congress of South African Trade Unions (Cosatu) und in dem PAC/Azapo zugehörigen

---

2 Zit. nach Amarnath *Singh*, The Politics of Sanctions, in: *Frontline*, 8-9/1987, S. 14-16, hier S. 15.

3 Vgl. Andrew *Meldrum*, Interview with President Kenneth Kaunda, in: *Africa Report*, 11-12/1987, S. 43-46, hier S. 43.

National Congress of Trade Unions (Nactu). Dennoch boten sie dem System die Stirn: So beteiligten sich im August 1987 über 300 000 in der National Union of Mine Workers organisierte Bergarbeiter an einem Lohnstreik. Sie vermochten zwar nicht, ihre Forderungen durchzusetzen. Dennoch war dieser Arbeitskampf bemerkenswert, da die Streikenden – obgleich sie nicht über Streikkassen verfügten – den Streik drei Wochen lang durchhielten. Nach Schätzungen waren Anfang Juni 1988 sogar zwischen 2,5 und 3 Millionen Mitglieder von Cosatu-Gewerkschaften an einem dreitägigen Streik gegen ein neues Arbeitsgesetz beteiligt, das ihnen zu unternehmerfreundlich erschien.

Als Pretoria im Berichtszeitraum zahlreiche der tragenden Organisationen des Widerstands, darunter UDF, Azapo und der Südafrikanische Jugendkongreß, durch Bannung in ihrer Arbeit drastisch einschränkte, übernahmen die dem ANC nahestehenden Teile der christlichen Kirchen die Rolle von Sprechern der Revolution. Die Folge war u.a., daß im Herbst 1988 nie identifizierte Täter Anschläge auf den Sitz des Südafrikanischen Kirchenrats (SACC) in Johannesburg und auf das Gebäude der Südafrikanischen Katholischen Bischofskonferenz (SACBC) in Pretoria verübten. Bei einem ähnlichen Anschlag war im Mai 1987 im Hauptquartier Cosatus in Johannesburg gleichfalls großer Sachschaden entstanden. Wie bei den im In- und Ausland begangenen Mordanschlägen auf ANC-Aktivisten[4] lag auch hier der (allerdings nie bewiesene) Verdacht nahe, daß extremistische weiße Kreise („death squads") für die Übergriffe verantwortlich waren. Auch konnten die Angriffe auf SACC und SACBC möglicherweise in Zusammenhang mit dem Treffen gesehen werden, zu dem im Mai 1987 südafrikanische und ausländische Kirchenführer in Lusaka/Sambia mit Vertretern der Befreiungsbewegung zusammengekommen waren. Viele südafrikanische Kirchenvertreter hatten sich nämlich Positionen von ANC, PAC und SWAPO zu eigen gemacht.[5] Außerhalb Südafrikas war fälschlicherweise die Meinung verbreitet, auch die weißen Anglikaner, Methodisten und Katholiken, deren Kirchen zu SACC bzw. SACBC gehörten, hießen diese Positionen gut. Das war jedoch keineswegs der Fall. Es galt vielmehr, daß sie „starke Worte des Protestes im Munde führten, jedoch im Widerstand unglaublich schwach sind."[6]

---

4 In den achtziger Jahren fielen fast 20 Oppositionelle im Ausland Anschlägen zum Opfer. Für besonderes Aufsehen sorgten die Ermordung der damaligen Generalsekretärin der SACP, Ruth First, 1982 in Maputo/Mosambik, und im April 1988 in Paris der Mord an Dulcie September, der Sprecherin der dortigen ANC-Mission.

5 Beyers C. F. *Naudé*, The Report on the World Council of Churches Conference, Lusaka, in: Refugees and Exiles Challenge the Churches/Report on the 19th Annual National Conference of the SACC held at St. Barnabas College, Johannesburg, 29.6.-3.7.1987, S. 64-69.

6 So der Kapstädter Theologe Charles Villa *Vicencio*, Trapped in Apartheid, Maryknoll, New York, Kapstadt 1988, S. 93, 94.

### *Gegenrevolutionäre Kräfte*

Während die Außenwelt ihr Augenmerk hauptsächlich auf kirchliche und gewerkschaftliche Proteste richtete, wurde das Leben in den Ghettos vor allem durch „konterrevolutionäre Kräfte“ bestimmt. Diese Anhänger von ANC/UDF waren während der landesweiten Rebellionen von 1984 bis 1986 häufig mit Waffengewalt gegen die Mitglieder rivalisierender Bewegungen, d.h. Inkatha in KwaZulu/Natal und PAC/Azapo im östlichen und westlichen Kap, vorgegangen. Außerdem übten sie in allen Regionen gegenüber Mitbürgern, die sich ihrem Kampf nicht anschlossen, revolutionären Terror aus. Berüchtigt waren insbesondere die sogenannten Halskrausenmorde („necklacing“). Dadurch wurde es der Regierung in Pretoria möglich, mit Einsatz der Streitkräfte, der Polizei sowie des wiederaufgebauten Netzes von Spitzeln die Herrschaft über die Ghettos zurückzugewinnen. In Graffitis wurden Nelson Mandela, Oliver Tambo, Desmond Tutu u.a. mit Schmähungen bedacht oder durch obszöne Äußerungen beleidigt. Zwar untersagte der ANC derartige Aktionen, doch beugten sich die jugendlichen Revolutionäre diesem Gebot nicht und bekundeten, sich niemandem unterwerfen zu wollen.

In Natal begünstigten fortwährende Auseinandersetzungen zwischen Zulus, die sich zu Inkatha bekannten, und Zulus, die der UDF verbunden waren, das Bemühen Pretorias, die Kontrolle über die Ghettos zurückzugewinnen. Täglich führten ihre bewaffneten Kämpfe um die Beherrschung der schwarzen Vorstädte von Durban und Pietermaritzburg wie auch ländlicher Regionen zu gewaltsamen Auseinandersetzungen mit zahlreichen Toten und Verletzten und lösten große Flüchtlingsströme innerhalb KwaZulu/Natals aus.

Ende Oktober 1988 fanden in den schwarzen Wohngebieten Gemeinderatswahlen statt. Die Gewinner dieser Wahl sollten nach Auffassung Pretorias schwarze Politiker benennen, die in einem „Statutory Council“ mit weißen und braunen Parlamentariern die Verfassung für die Post-Apartheid-Zeit ausarbeiten sollten. Zahlreiche schwarze Verantwortliche riefen – unter bewußtem Verstoß gegen das geltende Recht – zum Boykott des Urnengangs auf, da sie den Plänen Pretorias mißtrauten. Die Proteste waren erfolgreich: Die Wahlbeteiligung war ausgesprochen niedrig (im Durchschnitt eher unter 10 Prozent) und die dennoch Gewählten so wenig repräsentativ, daß die in Aussicht genommene Verfassunggebende Versammlung nicht zusammentrat.

## DIE UNBEWEGLICHKEIT DER WEISSEN BEVÖLKERUNG

Das politische Leben des weißen Südafrika wurde zunehmend durch die geistige und politische Unbeweglichkeit von Staatspräsident Pieter Willem Botha geprägt. Seine Starrheit war nicht nur altersbedingt, sondern rührte auch aus dem Umstand, daß seine durchaus weitsichtigen und mutigen Wirtschafts-

und Sozialreformen Südafrika dem inneren und äußeren Frieden nicht näher gebracht hatten. Doch auch kein anderer gewählter weißafrikanischer Staatspräsident wäre im Berichtszeitraum in der Lage gewesen, den in- und ausländischen Forderungen nach Abschaffung von Eckpfeilern der Apartheid nachzukommen.[7]

Hingegen war vorstellbar, und darüber wurde 1987/88 im südafrikanischen Kabinett auch mehrfach diskutiert, daß der an Tuberkulose erkrankte Nelson Mandela und andere gleichfalls wegen politischer Delikte seit Jahrzehnten inhaftierte Führer der Schwarzen entlassen werden könnten. So wurde im November 1987 der wegen Hochverrats verurteilte ANC-Führer und Kommunist Govan Mbeki nach 23 Jahren Inhaftierung freigelassen. Ein Jahr später folgte ein anderer Führer des ANC, Harry Gwala, der 1977 wegen politischer Delikte zu einer lebenslänglichen Haftstrafe verurteilt worden war. Im November 1988 wurde ebenfalls der PAC-Präsident Zephania Mothopeng nach Verbüßung von zwei Dritteln einer 15jährigen Haftstrafe aus dem Gefängnis entlassen. Das gleiche galt für viele der Tausende von politischen Gefangenen, die in den Jahren zuvor festgenommen, aber nie einem Richter vorgeführt worden waren. Weiter ging Pretoria jedoch nicht. Zu groß war die Sorge, die rechtsoppositionelle Konserwatieve Party (KP) des Pastors Andries Treurnicht könne die „Laschheit" Bothas nutzen. Die KP war 1982 von NP-Abtrünnigen gegründet worden und hatte seither die Politik Bothas, tiefgreifende Änderungen im wirtschaftlichen und sozialen Bereich sowie moderate Reformen im politischen Sektor durchzuführen, als zu „liberal" bekämpft.

Zwei Wahlen unter den weißen Afrikanern zeigten, daß die Sorge Pretorias berechtigt war: Bei den Parlamentswahlen im Mai 1987 gewann die KP, die sich erstmals den Wählern stellte, 26 Prozent der Stimmen; die noch weiter rechts stehende Herstigte Nasionale Party brachte es auf 3 Prozent. Beide waren vor allem in den ländlichen Regionen von Transvaal erfolgreich. Die NP, die 1981 noch auf 57 Prozent der Stimmen gekommen war, erzielte nur 52 Prozent; ihre Verluste hielten sich deshalb in Grenzen, da viele „liberale" englischsprachige Weiße für sie und ihr Programm gemäßigter Reformen stimmten. Im Oktober 1988 bestätigten die Wahlen zu den weißen Gemeinderäten diese Entwicklung. Sie war auch damit zu erklären, daß die Regierung eine Fülle von Verstößen etwa gegen das „Gesetz über die Besiedlung

---

7 Zu diesen Eckpfeilern der Apartheid gehört das „Gesetz über die Registrierung der Bevölkerung", das in der Praxis zum Ausschluß der Schwarzen von der Teilhabe staatlicher Macht im „weißen" Südafrika führt. Das „Land-Gesetz" teilt Südafrika in schwarze „Heimatländer" (13 % der Gesamtfläche des Landes) und ein „weißes" Territorium (87 %) ein. Das „Gesetz über getrennte öffentliche Einrichtungen" ermächtigt Gemeinden, Schwarze und Braune von der Benutzung von Parks, Stränden usw. auszuschließen. Schließlich weist das „Gesetz über die Besiedlung ausgewiesener Gegenden durch bestimmte Gruppen" der Bevölkerung im „weißen" Südafrika nach rassischen Kriterien getrennte Wohnbezirke zu.

ausgewiesener Gegenden durch bestimmte Gruppen" („Group Areas Act") tolerierte, indem sie es wegen der Wohnungsnot in „schwarzen" Vorstädten hinnahm, daß ganze Vororte „weißer" Großstädte (Johannesburg, Kapstadt) illegal mehrheitlich von Nicht-Weißen bewohnt wurden.

## BEMÜHUNGEN UM EINEN INNERSÜDAFRIKANISCHEN DIALOG

Anfang 1986 verließ der liberale Oppositionsführer Frederik Van Zyl Slabbert die Nationalversammlung in Kapstadt in der Erkenntnis, daß das Schicksal der Kap-Republik nicht innerhalb, sondern außerhalb des Parlaments entschieden werde. Mit politischen Freunden gründete er das Institut für eine Demokratische Alternative für Südafrika (IDASA), das seine wichtigste Aufgabe darin sah, (weiße) Unterdrücker und (schwarze) Unterdrückte zu Gesprächen über die Zukunft Südafrikas zusammenzubringen. Von den vielfältigen Aktivitäten des IDASA sorgte in Südafrika wie auch im Ausland eine Konferenz für besonderes Aufsehen, die im Juli 1987 in Dakar/Senegal stattfand. Dort kamen etwa 60 Weiße – weitgehend afrikaanse Dissidenten – und eine Reihe führender ANC-Funktionäre unter Führung des „Informationsministers" des ANC, Thabo Mbeki, zu Gesprächen über die politischen und wirtschaftlichen Strukturen des Post-Apartheid-Südafrika zusammen.

Die Haltung des ANC war hier ungleich konzilianter als die kompromißlose Sprache seiner Sympathisanten und Mitglieder in den Ghettos Südafrikas. Auf diese Weise suchte der ANC die Teilnehmer der Konferenz davon zu überzeugen, daß sein revolutionäres sozialistisches Regime gleichwohl ein westlich-demokratisches, also pluralistisches, sein werde. Dennoch blieb fraglich, ob die weißen Konferenzteilnehmer und die ANC-Delegierten dasselbe meinten, wenn sie vom „demokratischen Charakter" des Post-Apartheid-Südafrika sprachen. Die weitaus meisten IDASA-Delegierten forderten, das Bekenntnis zum politischen Pluralismus müsse auch das „Recht auf Opposition"[8] einschließen; der ANC vermochte dem, wie er in Dakar ausführte, nur in den Grenzen der „Intoleranz des Befreiungskampfes" („liberatory intolerance") zuzustimmen. Genau dies aber war stets die Sprache der radikalen ANC-Vertreter gewesen, die für das künftige Südafrika kein liberales

---

8 So der Kapstädter Philosoph André du *Toit*, Beginning the Debate, in: *Die Suid-Afrikaan*, 9/1987, S. 18-21, hier S. 18. Die Opposition, auf die der ANC mit seinem Demokratieverständnis bei den weißen Teilnehmern der Konferenz in Dakar stieß, mag mit ausschlaggebend dafür gewesen sein, daß sich der ANC in seinen „Verfassungsrechtlichen Richtlinien" vom Sommer 1988 zum politischen Pluralismus bekannte, ohne auf das „Korrektiv" von «liberatory intolerance» zurückzukommen. Die Richtlinien sind abgedruckt in: *Front File*, 8/1988, S. 1-3.

System, sondern eine Volksdemokratie vorsahen. Vor diesem Hintergrund rief Slabbert den ANC auf, zur Überwindung der Apartheid die weißen Südafrikaner, und hier insbesondere die Afrikaaner, davon zu überzeugen, daß es jenseits von Apartheid ein gleichberechtigtes Miteinander mit besonderem Schutz für Minderheiten geben müsse.[9]

IDASA und ANC blieben in der Folgezeit im Gespräch: Weitere Treffen fanden in Simbabwe statt und wurden vom Sprecher des simbabwischen Parlaments, Dydimus Mutasa, unterstützt. An den Begegnungen zwischen weißen und schwarzen Afrikanern waren zunehmend auch Weiße beteiligt, die der in Pretoria regierenden NP zumindest nahestanden.

## VERÄNDERUNGEN IN DER SÜDAFRIKA-POLITIK WESTLICHER STAATEN

### *Die Europäischen Gemeinschaften*

Unter dem Eindruck der innersüdafrikanischen Unruhen hatten die EG-Staaten im zweiten Halbjahr 1986 den Plan einer westeuropäischen Südafrika-Initiative im Rahmen der EPZ entwickelt.[10] Anvisiert wurde die Einberufung einer Konferenz, zu der alle Parteien des Südafrika-Konflikts eingeladen werden sollten. Die Vorstellung war, daß sie sich unter Vermittlung der EG auf ein westlich-demokratisches System einigen könnten. In der Praxis hätte das aufgrund der numerischen Stärke der südafrikanischen politischen Parteien einen Machtverzicht der Weißen zugunsten des ANC bedeutet.

Großbritannien und Portugal war klar, daß selbst im Lager der „Gemäßigten" kaum jemand zu einem solchen Machtwechsel bereit war. Daher sorgten sie dafür, daß diese Initiative schon Anfang 1987 nicht weiter verfolgt wurde. Sie waren überzeugt, daß das weiße Südafrika, und hier insbesondere das Afrikanerdom, aufgrund der großen kulturellen Kluft zwischen den Bevölkerungsgruppen erst nach einer militärischen Niederlage bereit sein würde, ein System des „ein Mensch – eine Stimme" für das Post-Apartheid-Südafrika zu akzeptieren. So suchten sie, ähnlich wie Slabbert in Dakar, für die Kap-Republik nach einer Lösung *sui generis*. Seine Partner fand London außer in Lissabon und – mit Einschränkungen – in Paris in der Sowjetunion, nicht in den anderen EG-Staaten. Die ethnischen Probleme im Baltikum, in

[9] Slabbert und andere IDASA-Delegierte stützten sich damit auf die Vorstellungen des Bundesgeschäftsführers der SPD, Egon Bahr, von einem Post-Apartheid-Südafrika. Vgl. *Deutsches Allgemeines Sonntagsblatt*, 10.7.1977, S. 8.

[10] Vgl. hierzu auch Klaus Frhr. von der *Ropp*, Die Republik Südafrika unter wachsendem internationalem Druck, in: IP 1985/86, S. 359 f.

Transkaukasien, in Kasachstan und Zentralasien befähigten die sowjetische Regierung, die Lösung des Südafrika-Konflikts nicht länger nur in bloßer Machtumkehr zu sehen.

So überraschte kaum, daß der britische Außenminister Sir Geoffrey Howe im Mai 1988 in einer Grundsatzrede in London über die politischen Perspektiven Südafrikas[11] Boris Asoyan zitierte, den führenden Südafrika-Spezialisten der sowjetischen Diplomatie, der von Südafrikas „vielfältiger, dynamischer, außerordentlich komplexer und verwirrender Realität" gesprochen hatte. Asoyan (und nach ihm auch andere sowjetische Offizielle) distanzierte sich damit von der langjährigen sowjetischen Praxis, sich die Sicht eines eng mit der südafrikanischen Kommunistischen Partei (SACP) kooperierenden ANC von der Unvermeidlichkeit des militärischen Sieges über das weiße Minderheitsregime zu eigen zu machen. Moskau unterstützte weiterhin ANC und SACP, war jedoch im übrigen bemüht, bei ihnen die Bereitschaft zur Teilung der Macht in einem neuen Südafrika mit anderen politischen Gruppen zu wecken und sie von ihren dogmatischen Vorstellungen vom Sozialismus abzubringen. Die britische Regierung war ihrerseits bemüht, Pretoria zu entsprechenden Kompromissen zu bewegen.

Auch eine weitere EG-Initiative blieb ohne Erfolg: 1987 entwickelten Bundesaußenminister Hans-Dietrich Genscher und der südafrikanische Pastor und führende UDF-Repräsentant Allan Boesak den Plan („Genscher-Boesak-Initiative"), die verschiedenen Gruppen des südafrikanischen Widerstands während der deutschen EG-Präsidentschaft im ersten Halbjahr 1988 unter der Schirmherrschaft der EG in der Bundesrepublik Deutschland zusammenzubringen. Teilnehmer sollten Vertreter des dem ANC verbundenen „Mass Democratic Movement" sein (das sich aus UDF, Cosatu und zahlreichen Kirchenvertretern zusammensetzte), Repräsentanten der Inkatha-Bewegung Mangosuthu G. Buthelezis und schließlich Vertreter von PAC/Azapo sowie einige im Exil lebende ANC- und PAC-Repräsentanten. Sie alle sollten bei dieser Konferenz ihre Meinungsverschiedenheiten diskutieren und nach Möglichkeit beilegen. Das Vorhaben scheiterte aber schon bald daran, daß sich die Delegierten des „Mass Democratic Movement" weigerten, mit Vertretern Inkathas zu sprechen, in denen sie – zu Unrecht – Marionetten Pretorias sahen.

Erfolgreich war die EG hingegen in anderen Bereichen. So drohte sie – mit Zustimmung der Sanktionsgegner in London, Bonn und Lissabon – Pretoria mit weiteren Sanktionen (u.a. Rückberufung der Botschafter der EG-Länder aus Südafrika; Verminderung des Personals der diplomatischen Vertretungen Südafrikas in den EG-Staaten; Einführung von Sichtvermerken sowie Einstellung des direkten Luftverkehrs) für den Fall, daß die sogenannten Sharpeville Six im März 1988 hingerichtet werden sollten. Die Sharpeville Six, sechs

[11] South Africa: No Easy Answers, in: Central Office of Information (Hrsg.), London 1988.

schwarze Afrikaner aus dem Township Sharpeville, waren wegen Mordes in Mittäterschaft an einem Kollaborateur Pretorias zum Tode verurteilt worden. Im In- und Ausland stieß auf scharfe Kritik, daß das zuständige Gericht nicht allen Verurteilten einen eigenen Tatbeitrag nachgewiesen und sich statt dessen damit begnügt hatte, ihren „gemeinsamen Vorsatz" festzustellen. Obwohl dieser Schritt die Regierung bei den weißen Afrikanern politisch teuer zu stehen kam (sie lieferte so der KP Argumente für deren These von der zu großen Nachgiebigkeit der NP), beugte sie sich der EG-Forderung: Die Hinrichtungen unterblieben, die Todesstrafen wurden 1989 in langfristige Haftstrafen umgewandelt.

Auch in einem weiteren Fall konnten sich die EG-Staaten gegenüber Pretoria durchsetzen: Gemäß Anhang I der geltenden Konvention von Lomé, in dem sich die EG- und die AKP-Staaten zur „Ausmerzung von Apartheid" verpflichtet hatten, finanzierte die EG seit Mitte der achtziger Jahre sogenannte positive Maßnahmen zugunsten des schwarzen Widerstands. Hierbei handelte es sich vorwiegend um die Förderung von Erziehungsvorhaben im weitesten Sinn, die Teil des schwarzen Kampfes gegen Apartheid waren. Antragsberechtigt waren der Südafrikanische Kirchenrat und die Südafrikanische Bischofskonferenz, der sogenannte Kagiso-Trust sowie die Gewerkschaften (hier vor allem Cosatu). Dies erklärte, weshalb nahezu ausschließlich UDF-Projekte gefördert wurden. Mit einem im Kapstädter Parlament eingebrachten Gesetzentwurf versuchte die Regierung in Pretoria, diese und vergleichbare Maßnahmen dritter Staaten unmöglich zu machen, sie zumindest eigener Kontrolle zu unterwerfen. Angesichts von Sanktionsdrohungen der EG wurde dieser Gesetzentwurf im Berichtszeitraum jedoch nicht verabschiedet. Dagegen zeigte sich die Regierung im Februar/März 1988 bei einer Debatte des UN-Sicherheitsrats über die Bannung progressiver Organisationen des schwarzen Widerstands in Südafrika unnachgiebig.

### *Positionen der Bundesrepublik Deutschland*[12]

Die Politik der Bundesrepublik Deutschland wie auch der sie tragenden Parteien gegenüber dem südlichen Afrika wurde nach wie vor vornehmlich durch innenpolitische Erwägungen geprägt. Die Unionsparteien vermochten vor der Bundestagswahl Anfang 1987 nicht, sich auf eine gemeinsame Position zu einigen: Die bayerische CSU sowie größere Teile der CDU folgten dem bayerischen Ministerpräsidenten Franz Josef Strauß, der der Unterstützung

---

12 Vgl. zur deutschen Diskussion u.a. Deon *Geldenhuys*, Die Zukunft Südafrikas aus deutscher Sicht, in: *Außenpol.*, 1/1985, S. 80-98, sowie Dieter *Mahncke*, Konflikt in Südafrika. Die politische Problematik Südafrikas in ihren innen- und außenpolitischen Dimensionen, Paderborn 1989.

der Reformpolitik von Staatspräsident Botha das Wort redete. Politiker um den CDU-Generalsekretär Heiner Geißler dagegen teilten die Auffassung von Bundesaußenminister Genscher, wonach der Südafrika-Konflikt nur durch den Machtverzicht der weißen Minderheit zugunsten der schwarzen Mehrheit zu lösen sei. Eine dritte Gruppe in der Union, zu der auch Bundeskanzler Helmut Kohl und der Südafrika- und Namibia-Experte der Fraktion, Karl-Heinz Hornhues, zählten, suchten wie Slabbert, Großbritannien und die Sowjetunion nach einer Lösung, die zwar Apartheid überwand, jedoch gleichzeitig das Existenzrecht der weißen Afrikaner in Südafrika festigte.[13] Die Folge war, daß sich, wie schon nach der Bundestagswahl von 1983, die Koalitionsparteien nicht auf eine gemeinsame Südafrika- (und Namibia-) Politik verständigen konnten.

Ministerpräsident Strauß reiste im Januar 1988 außer in das schwarze Afrika auch nach Südafrika und Namibia. Er unternahm seine Reise als Sonderbeauftragter des Bundeskanzlers unter bewußter Außerachtlassung des Bonner Auswärtigen Amts. Der Wert seiner Mission lag darin, daß er, der gerade zuvor in Moskau gewesen war, seine südafrikanischen Gastgeber davon überzeugen konnte, daß die Südafrika-Politik der UdSSR nicht länger auf einen revolutionären und gewaltsamen Wandel abzielte. Strauß wiederholte gegenüber Kohl seine Forderung, die Reformanstrengungen Pretorias zu unterstützen sowie Bophutatswana, ein von Pretoria in die „Unabhängigkeit" entlassenes „homeland" diplomatisch anzuerkennen. Diese blieb in Bonn zwar ungehört, löste jedoch im schwarzen Afrika große Verunsicherung aus. Bundespräsident Richard von Weizsäcker, der im März 1988 nach Mali, Nigeria und Simbabwe reiste, verurteilte die Politik der Apartheid auf das Schärfste und stellte fest, daß sich niemand in Pretoria auf einen Freibrief verlassen sollte, „wonach zusätzliche verbindliche Maßnahmen bei uns nicht mehr erwogen würden...".[14] Ähnliches erfuhr der im britischen Exil lebende ANC-Vorsitzende Tambo, als er Mitte 1988 in Bonn vom Bundespräsidenten und vom Bundesaußenminister, nicht jedoch vom Bundeskanzler, empfangen wurde. Letztlich setzte sich in der Politik der Bundesregierung die Auffassung Genschers durch, wonach Apartheid nicht zu reformieren, sondern zugunsten eines Systems der (schwarzen) Mehrheitsherrschaft abzuschaffen sei.

---

[13] Vgl. Karl-Heinz *Hornhues*, Südafrika – Strategie für einen friedlichen Wandel, in: Volker *Rühe*, Herausforderung Außenpolitik. Die neue Generation der CDU/CSU meldet sich zu Wort, Herford 1988, S. 143-160, sowie Hans Hugo *Klein*, Über mögliche verfassungspolitische Optionen Südafrikas, in: Walter *Fürst* u.a., Festschrift für Wolfgang Zeidler, Berlin, New York 1987, S. 1899-1917.

[14] Erklärung des Bundespräsidenten vor der Presse in Lagos zur Südafrika-Politik, in: *Bulletin*, 26.3.1988, S. 363.

### *Das Nachlassen des Engagements der USA*

Das Abflauen der offenen Rebellion und auch das durch die neue Politik der Sowjetunion bedingte Nachlassen der Rivalität der beiden Supermächte in Südafrika führten dazu, daß die amerikanische Regierung diesem Land im Berichtszeitraum einen eher geringen Stellenwert beimaß. Selbst die Vorlage eines Berichts über die Situation der Flüchtlinge in Mosambik,[15] der eindeutig darauf hinwies, daß Pretoria die Politik der Destabilisierung der ehemaligen portugiesischen Kolonie fortsetzte, vermochte daran wenig zu ändern. Die amerikanische Regierung konzentrierte ihre Anstrengungen hauptsächlich auf die Lösung des Namibia- und Angola-Konflikts. Anders die Haltung des Kongresses: Er behandelte 1988 einen Gesetzentwurf zu weiteren Handelssanktionen gegenüber Südafrika. Im August 1988, also zu Beginn des in den USA, sprachen sich etwa 60 Prozent der Mitglieder des Repräsentantenhauses für weitere Südafrika-Sanktionen aus, die einem Handelsembargo nahekamen. Im Senat wurde der Gesetzentwurf (der auch den Auftrag an den amerikanischen Präsidenten enthielt, mit europäischen und auch asiatischen Regierungen Verhandlungen aufzunehmen, um zu veranlassen, daß auch sie harte Sanktionen verhängten), nicht verabschiedet, wohl auch deshalb, weil sich erste Erfolge der amerikanisch-sowjetisch-britischen Namibia- und Angola-Vermittlung in der zweiten Jahreshälfte 1988 abzeichneten.

## NEUBEGINN DER NAMIBIA-VERHANDLUNGEN

Noch im April 1988 hatte es Pretoria abgelehnt, den Verfassungsentwurf der von den Südafrikanern abhängigen Windhuker Übergangsregierung zu akzeptieren, weil dieser ein System des „ein-Mensch-eine-Stimme" vorsah. Pretoria machte sich damals noch die Bedenken vor allem der weißen Bewohner Südwestafrikas/Namibias zu eigen, in der Verfassung noch Volksgruppenrechte zu verankern. So überraschte allgemein, daß Südafrika im Mai 1988 unter der Führung des amerikanischen Assistant Secretary of State for African Affairs, Chester A. Crocker, in London mit Angola und Kuba Verhandlungen aufnahm, die dann in Kairo, Genf, New York und Brazzaville fortgesetzt wurden.[16] Die Verhandlungen zielten auf die Implementierung des in Reso-

---

[15] Robert *Gersony*, Summary of Mozambiquan Refugee Accounts of Principally Conflict-Related Experience in Mozambique. Report Submitted to Chester A. Crocker, Washington (State Department), April 1988.

[16] Vgl. André du *Pisani* und Klaus Frhr. von der *Ropp*, The Western Namibia-Initiatives: Past, Present and Future, in: *International Affairs Bulletin*, 2/1988, S. 4-22, sowie Klaus Frhr. von der *Ropp*, Friedensinitiativen im Südwesten Afrikas, in: *Außenpol.*, 2/1989, S. 193-205. Zur Vorgeschichte vgl. Robert von *Lucius*, Die verfassungs- und völkerrechtliche Entwicklung Südwestafrikas, in: *Vereinte Nationen*, Nr. 3/1973, S. 88-92.

lution 435 (1978) enthaltenen UN-Plans zur Entlassung Namibias in die Unabhängigkeit sowie auf den Abzug der etwa 50 000 kubanischen Soldaten aus Angola ab. Als Mittlerstaaten traten die USA, die UdSSR und Großbritannien auf.

Washington und London arbeiteten bezüglich der Namibia-Problematik schon seit Mitte 1981 auf das Engste zusammen. Sie taten dies in bewußter Abkehr von der Namibia-Initiative der westlichen „Fünf" vom März 1977, die schon Ende der siebziger Jahre an der mangelnden Sachkunde und Behutsamkeit einiger ihrer Initiatoren gescheitert war.[17] Sachkunde und Behutsamkeit bewiesen jetzt die sowjetischen Verhandlungsführer, die mit amerikanischen und britischen Unterhändlern eine neue Kontaktgruppe bildeten. Ihnen allen war klar, daß Südafrika seine Position im Südwesten des Kontinents nur aufgeben könnte, wenn es nicht gleichzeitig gedrängt würde, anschließend in Pretoria die Regierungsmacht aufzugeben. Die sowjetischen Unterhändler verstanden es, den weißen Afrikanern glaubhaft zu machen, daß Moskau ihre Existenzangst erkannt hatte und an einer friedlichen Entwicklung im südlichen Afrika interessiert war.

Der durch Sinn für die Realitäten gekennzeichnete Wandel in ihrer Südafrika-Politik befähigte die östliche Supermacht, wie in anderen Regionen so auch im südlichen Afrika nach Verhandlungslösungen für regionale Konflikte zu suchen.[18] Dazu trugen verschiedene weitere Entwicklungen bei: Durch die Lieferung von hochwertigen Rüstungsgütern und den Aufbau eines modernen Luftabwehrsystems im Süden Angolas hatte sich die sicherheitspolitische Lage Angolas und Kubas verbessert, die Südafrikas hingegen verschlechtert. Auch zeigte das Unvermögen von Einheiten der südafrikanischen Armee, gemeinsam mit Truppen der nationalistischen angolanischen Befreiungsbewegung UNITA im Berichtszeitraum die im südöstlichen Angola gelegene, strategisch wichtige Kleinstadt Cuito Cuanavale zu erobern, Südafrika die Grenzen des militärisch Machbaren auf. Schließlich sah sich Pretoria nicht mehr imstande, die vier Milliarden Rand pro Jahr für die Kriegskosten aufzubringen. Im übrigen mußte es für den Fall der Fortführung seiner Namibia- und Angola-Politik mit harten Sanktionen von seiten Washingtons rechnen. Weniger für Pretoria, um so mehr aber für Washington war wichtig, daß die Sowjetunion jetzt bereit war, Kuba dazu zu bringen, sein Expeditionscorps aus Angola abzuziehen.

Ende Dezember 1988 schlossen Südafrika, Kuba und Angola in New York ein Übereinkommen.[19] Es sah vor, daß die Durchführung der Resolution 435

---

17 Vgl. Klaus Frhr. von der *Ropp*, Südafrika und Namibia – Das Scheitern der Friedensinitiativen, in: IP 1979/80, S. 338-357, sowie *ders.*, Perspektiven einer Lösung des Namibia-Konflikts, in: *Verfassung und Recht in Übersee*, 4/1987, S. 431-442, hier S. 437-441.

18 Vgl. hierzu auch den Beitrag von Helmut *Hubel* in diesem Band.

19 Vgl. hierzu die ausführliche Dokumentation in: *EA*, 4/1989, S. D 113 ff.

am 1. April 1989 beginnen sollte, damit Namibia Anfang 1990 unabhängig werden könne. Ferner wurde darin der Abzug von 50 000 kubanischen Militärs in sechs Phasen bis Mitte 1991 festgelegt. Einzelheiten des Rückzugs wurden in einem bilateralen Vertrag geregelt, den Angola und Kuba schlossen. Die Kontrolle des Rückzugs oblag der neu gebildeten United Nations Angola Verification Mission. In diesem Zusammenhang war wichtig, daß es nicht gelang, den angolanischen Bürgerkrieg beizulegen. Die hier vermittelnden afrikanischen Staaten Kongo, Gabun, Elfenbeinküste und Zaire scheiterten ebenso wie Mitte der siebziger Jahre die OAU und ab 1981 auch Washington. Die angolanische Regierung von José Eduardo dos Santos war grundsätzlich bereit, die Angehörigen der UNITA zu amnestieren, wollte jedoch nicht diese gefolgschaftsstarke Bewegung an der politischen Macht teilhaben lassen.

Schließlich enthielt das Abkommen von New York „Antisubversions-Absprachen" zwischen der Kap-Republik und Angola in der Art, wie Pretoria sie in den Jahren zuvor mit Mosambik, Swasiland, Botsuana und Lesotho abgeschlossen hatte. Danach mußte Südafrika seine Unterstützung für die UNITA und Angola seine zugunsten des ANC einstellen. Der ANC räumte daraufhin seine in Angola gelegenen Basen, die zuvor für ihn von hervorragender Bedeutung gewesen waren. Kuba, Südafrika, Angola, die USA und, auf Insistieren Pretorias, die Sowjetunion, sollten die Einhaltung der Abkommen in einer „Gemeinsamen Kommission" überwachen. Auch die Reisen, die Staatspräsident Botha im September/Oktober 1988 nach Mosambik, Malawi, Zaire und in die Elfenbeinküste unternahm, demonstrierten, daß es Pretoria partiell gelungen war, seine politische Isolierung zu überwinden.

## SIMBABWE

Stärker als in anderen EG-Staaten wurde in Großbritannien mit Sorge beobachtet, daß das Ende 1979 in der Lancaster-House-Konferenz für die damalige Besitzung Süd-Rhodesien ausgehandelte politische System inzwischen seine westlich-demokratischen Elemente eingebüßt hatte. So war das Land mit der im Dezember 1987 erfolgten zwangsweisen Inkorporierung der Minderheitspartei ZAPU (Zimbabwe African People's Union) in die ZANU (Zimbabwe African National Union) des Staatspräsidenten Robert G. Mugabe *de facto* zum Einparteienstaat geworden. Schon zuvor war eine Welle der Gleichschaltung bei den Kirchen, den Medien und auch der Universität von Harare erfolgt.

Impulse für ein neues demokratisches Südafrika vermochten im Berichtszeitraum von Simbabwe kaum mehr auszugehen, auch deshalb, weil sich die Zahl der einheimischen Weißen seit der Unabhängigkeit Anfang 1980 um fast zwei Drittel auf etwa 70 000 verringert hatte. Viele jüngere Weiße kehrten

Simbabwe den Rücken, da sie für sich kein berufliches Fortkommen sahen und/oder sie ihren Kindern eine bessere schulische Erziehung zukommen lassen wollten, als sie in Simbabwe möglich war. Ältere Weiße, denen sich diese Probleme nicht mehr stellten, kehrten hingegen nach Simbabwe zurück. Der Verlust weißer Arbeitskräfte brachte für die Volkswirtschaft Simbabwes viele Probleme. Ein weiteres wichtiges Hemmnis für die wirtschaftliche Entwicklung des Landes war, daß sich Regierung und ZANU zum „wissenschaftlichen Sozialismus" bekannten. Zwar kam es kaum zu Verstaatlichungen und sonstigen Eingriffen des Staates in die Wirtschaft, aufgrund der revolutionären Rhetorik entstand jedoch unter simbabwischen und ausländischen Geschäftsleuten große Verunsicherung und ein wirtschaftliches Klima, das möglichen in- und ausländischen Investoren kaum Anreize bot.

# IX

# VERÄNDERUNGEN IN ASIEN

## DEMOKRATISIERUNG UND REGIONALER WANDEL IN OST- UND SÜDOSTASIEN

*Von Oskar Weggel*

Mit „Demokratisierung" verbindet sich in Asien nur selten die Vorstellung von parlamentarischer Demokratie im westlichen Sinne. Gemeint ist zumeist eher die Zunahme an obrigkeitlicher Dialogbereitschaft und Berechenbarkeit – ein Prozeß, wie er beispielsweise in der Volksrepublik China unter dem Stichwort „Rechts- statt Personenherrschaft" firmiert. Freie Wahlen sind keineswegs eine Grundvoraussetzung für eine solche Entwicklung, wenngleich sie zumindest ein Indiz dafür abgeben.

Die Jahre 1987/88 waren durch turbulente Wahlen und blutig verlaufende Demokratisierungsbewegungen, aber auch durch Entspannungs- und Regionalisierungstendenzen in der südostasiatischen Region gekennzeichnet. 1987 fanden in Papua-Neuguinea, 1988 in Indonesien, Thailand, Singapur, auf den Philippinen, in Hongkong, Südkorea und Laos Wahlen statt. In Hongkong und Macao, also jenen beiden Kolonialgebieten, die bis 1997 bzw. 1999 an die Volksrepublik China zurückgegeben werden sollen, kam es zu ersten vorsichtigen Demokratisierungsversuchen, die allerdings am Einspruch der VR China scheiterten.

## MACHTKONSOLIDIERUNG UND ÖFFNUNGSBEREITSCHAFT

### *Südkorea*

Im Zeichen schwerer innenpolitischer Auseinandersetzungen begann in Südkorea 1986/87 eine Verfassungsdiskussion, in deren Gefolge die bisherige Präsidialverfassung durch ein Kabinettssystem nach westeuropäischem Muster ersetzt werden sollte. Präsident Chun Doo Hwan, um dessen Amt es letztlich ging, brach schließlich die Diskussion einseitig ab, löste damit aber im Juni 1987 die heftigsten Studentendemonstrationen seit 1960 aus. Daraufhin lenkte die Regierung überraschend ein und versprach eine neue Verfassung, die im Oktober 1987 in einem Referendum von 93 Prozent der Bevölkerung angenommen wurde. Kernpunkt der geänderten Verfassung war die wiedereingeführte Direktwahl des Staatspräsidenten. Außerdem wurde die Macht des Präsidenten, vor allem sein Notverordnungsrecht, deutlich eingeschränkt, während gleichzeitig die Nationalversammlung erweiterte Kompetenzen erhielt. Am 16. Februar 1988 fanden aufgrund der neuen Verfassung Präsidentschaftswahlen statt, bei denen der Kandidat der Regierungspartei, Roh Tae Woo, mit 37 Prozent die Stimmenmehrheit erreichte. Kim Young Sam und Kim Dae Jung, die ursprünglich als populäre Oppositionskandidaten in Erscheinung getreten waren, hatten den Fehler begangen, nicht gemeinsam zu kämpfen, sondern gegeneinander anzutreten, so daß letztlich doch wieder die Regierungspartei den Sieg davontrug.[1] Bei den Parlamentswahlen am 26. April 1988 verlor die Regierungspartei von Staatspräsident Roh Tae Woo mit nur 125 Sitzen ihre absolute Mehrheit; die drei Oppositionsparteien gewannen zusammen 164 Sitze. Zehn Mandate gingen an unabhängige Kandidaten.

Der von Staatspräsident Roh eingeleitete Demokratisierungsprozeß wurde durch drei Entwicklungen begünstigt: zum einen durch ein explosives Wirtschaftswachstum im Laufe des Jahres 1988, ferner durch die glanzvolle Durchführung der Olympischen Sommerspiele 1988, die von einem stolzen „Wir-Gefühl" getragen war, zum dritten aber auch durch eine erneute Annäherung an Nordkorea, die bei der Bevölkerung gut ankam und zu einem nationalen Konsens führte. Dieser Annäherungsprozeß zwischen Nord und Süd manifestierte sich 1987/88 vor allem in zwei Entwicklungen: Zum einen erklärte sich Südkorea bereit, von (dem viel ärmeren) Nordkorea Hilfslieferungen für die Opfer von Überschwemmungen im südlichen Teil anzunehmen, zum andern kam es zu ersten Verwandtenbesuchen.

---

1 Vgl. hierzu u.a. Klaus *Rodenberg*, Seoul 1988: Süd-Koreas schwierige Spiele, in: *EA*, 13/1987, S. 379-386.

## *Taiwan*

Auch in Taiwan bildete sich allmählich ein demokratisches Klima heraus. Am 14. Juli 1987 hob die taiwanesische Regierung den seit dem 19. Mai 1949 verhängten Ausnahmezustand auf und leitete damit eine historische Wende ein. Hatte bisher das gesamte Verfassungsleben unter dem Damoklesschwert jederzeit verhängbarer „antikommunistischer" Notstandsmaßnahmen gestanden, so wurden jetzt die Türen zu einer echten Demokratisierung aufgestoßen. Vor allem wurde die bisher verbotene Neugründung von Parteien unter der Voraussetzung gestattet, daß sie keine Kommunismus-Sympathien zeigten und außerdem für die Wiedervereinigung Taiwans mit dem chinesischen Festland eintraten. Allerdings erging am gleichen Tag ein nationales Sicherheitsgesetz, demzufolge Versammlungen und Vereinigungen von Bürgern sowie Ein- und Ausreise über die Staatengrenze weiterhin eingeschränkt blieben. Am 13. Januar 1988 starb der Sohn Chiang Kai-sheks, Chiang Ching-kuo, Präsident der Republik China sowie Vorsitzender der Kuomintang. Unter Chiangs Leitung hatte sich Taiwans Führung konsolidiert, war die Korruption systematisch bekämpft und eine prowestliche Außenpolitik betrieben worden. Auch die antikommunistische Ausrichtung hatte sich in den letzten Jahren seiner Herrschaft abgeschwächt.

Chiang hinterließ ein Erbe, auf dem sein Nachfolger, Li Teng-hui, aufbauen konnte. Li, der in den USA studiert hatte und Sachverständiger für Landwirtschaftsfragen war, sollte vor allem die traditionelle Kluft zwischen Taiwanesen und zugewanderten Chinesen aus der Volksrepublik verringern. Bereits kurz nach seiner Wahl zum Staatspräsidenten erließ er Gesetze zu einer liberaleren Handhabung von Versammlungen und Demonstrationen sowie zum großzügigeren Umgang mit der Presse.[2] Beim XIII. Parteitag der Kuomintang im Juli 1988 wurde Li auch zum Parteivorsitzenden gewählt. Nachdem bislang nur die Kuomintang und zwei unbedeutende Gruppierungen die Geschicke des Landes bestimmt hatten,[3] wurden zahlreiche politische Parteien bis Ende 1988 offiziell zugelassen. Als stärkste Oppositionsgruppierung bildete sich die „Demokratische Fortschrittspartei" heraus, die im April 1988 den Beschluß faßte, daß Taiwan unabhängig sein und den Anspruch auf Wiedervereinigung mit dem Festland aufgeben sollte.[4]

Der Demokratisierungsprozeß in Taiwan konnte nicht zuletzt deshalb einen günstigen Verlauf nehmen, weil Taiwans Wirtschaft im Berichtszeitraum jährlich um eine zweistellige Rate wuchs: So stieg z.B. das reale BSP 1987 um über 11 Prozent.[5] Bis Ende 1988 waren die Devisenreserven auf

---

2 Vgl. *China aktuell*, Januar 1988, Ü 49 f.

3 Näheres in: ebd., Mai 1989, Ü 26.

4 Näheres in: ebd., April 1988, Ü 34.

5 *Chung-yang Jih-pao*, 25.2.1988.

73,5 Milliarden Dollar angewachsen, womit Taiwan an zweiter Stelle hinter Japan (92,5 Milliarden) und sogar noch knapp vor der Bundesrepublik (60 Milliarden) lag.[6] Sogar dem Ostblock öffnete das antikommunistische Taiwan die Tore: Im September 1988 hielt sich zum ersten Mal seit 40 Jahren eine sowjetische Handelsdelegation auf, um Strategien für eine langfristige Kooperation auszuarbeiten.[7]

## VERJÜNGUNG DER FÜHRUNGSELITE IN DEN ASEAN-STAATEN

### *Indonesien*

Im März 1988 wurde der 67jährige Präsident Suharto für eine vierte Amtszeit gewählt. Die 1 000 Delegierten der „Beratenden Volksversammlung" waren größtenteils vom Präsidenten ernannt bzw. repräsentierten „staatstragende Gruppierungen", nämlich drei politische Parteien, darunter als größte die Staatspartei GOLKAR, deren Hauptziel es war, die Vorherrschaft Suhartos und der Armee zu erhalten. Es war deshalb nicht verwunderlich, daß angesichts einer solchen Zusammensetzung die Wiederwahl des Präsidenten ohne Gegenstimme erfolgte.

Suharto, der zu einer Art Vaterfigur für die meisten Indonesier geworden war, stand schwierigen wirtschaftlichen Problemen gegenüber, wenngleich 1987/88 die Bedingungen für ausländische und inländische Privatinvestitionen verbessert wurden und das Land 1988 ein Wirtschaftswachstum von 4,5 Prozent erzielen konnte. Dennoch war Indonesien im Berichtszeitraum mit rund 45 Milliarden Dollar Auslandsschulden das am schwersten belastete Land in Asien. Die Einnahmen aus den Mineralexporten gingen drastisch zurück. Nur ein geringer Teil der jährlich rund zwei Millionen jugendlichen Arbeitskräfte, die auf den Arbeitsmarkt drängten, konnten in die nach wie vor unterentwickelte Wirtschaft integriert werden. Auch das Hauptziel der Regierungspolitik, die Selbstversorgung mit Reis, drohte zu scheitern. In dieser Situation hielt es Suharto für ratsam, sich bereits 1988 nach einem möglichen Nachfolger umzuschauen. Seine Wahl fiel auf seinen langjährigen Mitarbeiter Sudharmono, der zum Vizepräsidenten ernannt wurde.[8] Bei der gleichzeitig stattfindenden Kabinettsumbildung wurden 19 der 38 Ministerposten mit

6 *China aktuell*, November 1988, Ü 47, mit weiteren Angaben.
7 Ebd., Oktober 1988, Ü 35.
8 Ausführlich hierzu: *Südostasien aktuell*, Mai 1988, S. 200 ff.

jüngeren Politikern besetzt, ohne daß die politische Kontinuität aufgegeben wurde.

## *Thailand*

Auch in Thailand kam es zu einem – u.a. der Verjüngung dienenden – Führungswechsel. Bei den Wahlen im Juli 1988 siegte zwar erneut die bisherige Regierungspartei Chart Thai (Thailändische Nationalpartei) zusammen mit drei weiteren koalitionsgewillten Parteien. Doch lehnte der seit acht Jahren amtierende bisherige Ministerpräsident Prem Tinsulanonda aus Altersgründen eine erneute Übernahme der Kabinettsführung ab, so daß der Vorsitzende der Chart Thai, Chatichai Choonhavan, am 28. Juli seine Nachfolge antreten konnte. Der ehemalige Diplomat Chatichai, der im Gegensatz zu seinem Vorgänger nie ein militärisches Amt bekleidet hatte, versuchte von Anfang an mit den Nachbarn Thailands, vor allem mit Laos und Vietnam, durch gegenseitige Besuche zu einem friedlichen Ausgleich und allmählicher Entspannung zu gelangen.

Ebenfalls blieb Thailand seinem Ruf treu, zum asiatischen Wirtschaftswunder der späten achtziger Jahre zu werden. Es blieb das Land mit den besten und gewinnträchtigsten Investitionsbedingungen Südostasiens, konnte seine Devisenreserven bis Ende 1988 auf rund 7 Milliarden Dollar aufstocken und im gleichen Jahr ein Wirtschaftswachstum von 8,5 Prozent erzielen. Zu diesem Wirtschaftserfolg trugen nicht nur Leichtindustriegüter, sondern auch Reis- und Gummiexporte bei.

## *Singapur und Malaysia*

In Singapur errang die People's Action Party (PAP) bei den Wahlen am 3. September 1988 erneut den erwarteten Sieg und konnte 80 der 81 Parlamentssitze besetzen. Nach dem Schock von 1984, als die PAP nur 62,9 Prozent der Stimmen erringen konnte, herrschte diesmal wieder Zufriedenheit. Ministerpräsident Lee Kuan Yew, der seinem Kabinett seit 1959 vorstand, hatte im Berichtszeitraum damit begonnen, Nachwuchskräfte auf verantwortliche Posten zu setzen und außerdem angekündigt, in Zukunft nicht mehr als Ministerpräsident kandidieren zu wollen. Zu seinem Nachfolger, der einer jüngeren Regierungsmannschaft vorstehen sollte, bestimmte er seinen Stellvertreter Goh Chok Tong, von dem er sich eine Fortsetzung seiner erfolgreichen Wirtschaftspolitik versprach, die 1988 mit 11 Prozent Zuwachs des BSP die höchste Wachstumsrate seit 1975 vorweisen konnte.

In Malaysia kam es während der wahlfreien Jahre 1987/88 zu heftigen innenpolitischen Auseinandersetzungen, die an die Substanz der demokratischen Verfassung gingen. Vor allem wurde die Regierungspartei United Malayan National Organization (UMNO) 1988 durch Flügelkämpfe einer harten Belastungsprobe ausgesetzt. Dem führenden UMNO-Politiker, Ministerpräsident Dato Seri Mahathir Mohammed, gelang es noch 1988, die Streitigkeiten soweit zu schlichten, daß die Regierung im Amt bleiben und Malaysia seine bisherige Politik fortführen konnte. Allerdings beschloß die UMNO – nach zahlreichen Austritten – eine Neuorganisation, nannte sich danach „UMNO baru" („Neue UMNO") und gab sich im Oktober 1988 eine neue Satzung, die allerdings vom Vorgängerstatut kaum abwich.[9]

### *Philippinen*

Auf den Philippinen, die 1988 den 90. Jahrestag ihrer Unabhängigkeit feierten, beruhigte sich die bisher so turbulente Lage. Nach fünf gescheiterten Militärputschen, zwei Kabinettsumbildungen und einer Reihe politischer Morde schienen sich die Wogen zu glätten. Dies zeigte sich nicht zuletzt bei der Zustimmung von 16,6 Millionen Wählern für die neue Verfassung (4,9 Millionen stimmten dagegen) am 2. Februar 1987, bei den nationalen Wahlen im Mai 1987 sowie bei den Regionalwahlen im Februar 1988. Der Versuch von Vizepräsident Salvador Laurel, mit seiner im August 1988 gegründeten UNA (Union for National Action) die im Land beliebte und von mehr als drei Vierteln der Bevölkerung unterstützte Präsidentin Corazon Aquino aus dem Amt zu verdrängen, erwies sich als erfolglos.[10]

Innenpolitisches Hauptproblem der Philippinen blieb die kommunistische Aufstandsbewegung. Zwischen 1982 und 1987 lag die Mitgliederzuwachsrate der Kommunistischen Partei der Philippinen (KPPh) bei 41 Prozent; die organisierte „Massenbasis" dürfte 1988 bei 750 000 Anhängern, die Zahl der regulären KP-Mitglieder bei etwa 30 000 gelegen haben. Der bewaffnete Flügel der KP, die „Neue Volksarmee" (NPA), umfaßte im Mai 1987 nach Schätzungen der philippinischen Armee etwa 20 000 Berufssoldaten, die hauptsächlich von Kleinbauern unterstützt wurden. Allein im ersten Halbjahr 1988 kam es zu über 1 500 bürgerkriegsähnlichen Zusammenstößen, bei denen mehr als 2 000 Personen den Tod fanden – unter ihnen fast 1 000 kommunistische Aufständische und 570 Angehörige bewaffneter Regierungsorganisationen, d.h. der Streitkräfte, der Polizei und der Miliz. Wegen der zunehmenden Aktivitäten der Aufständischen mußten die Wahlen auf der Dorf- und Stadtgemeinde-Ebene, die seit dem Machtwechsel vom Februar

---

9 Vgl. ebd., November 1988, S. 468-471.

10 Zur philippinischen Oppositionspartei vgl. ebd., September 1988, Ü 91.

1986 überfällig und auf den 9. Mai 1988 angesetzt waren, erneut verschoben werden.

Das andere Hauptproblem war die ungleiche Verteilung des Bodens.[11] Dem Agrarzensus von 1980 zufolge, der noch nicht überarbeitet wurde, gab es auf den Philippinen 3,42 Millionen Landwirtschaftsbetriebe, von denen 86 Prozent unter 5 ha lagen und an der gesamten landwirtschaftlichen Nutzfläche einen Anteil von rund 50 Prozent bestritten. Am andern Ende der Skala waren zwar nur 0,43 Prozent der Betriebe über 25 ha groß, doch machten sie bei der landwirtschaftlichen Nutzfläche immerhin 11,5 Prozent aus. Angesichts dieses krassen Gefälles erging im Juni 1988 unter der Leitung der Großgrundbesitzerstocher Corazon Aquino ein heftig umstrittenes Landreformgesetz, das die Obergrenze für den Agrarbesitz pro Familie auf 5 ha festlegte. Die Umverteilung sollte innerhalb von zehn Jahren gegen Entschädigung erfolgen.[12]

Die Regierung sorgte außerdem für ein gutes Investitionsklima, das durch die billigen Arbeitskräfte, den stabilen Wechselkurs zwischen Peso und Dollar und durch eine relativ gefestigte politische Situation begünstigt wurde. Gegenüber dem Vorjahr nahm der Zufluß ausländischen Investitionskapitals 1988 um fast 500 Prozent zu. Dies war in der Tat auch nötig; hatte 1987 doch der Investitionsanteil am BSP lediglich 14,6 Prozent betragen – gegenüber 74 Prozent Konsumausgaben. Die Auslandsverschuldung der Philippinen war bis Ende 1988 auf 27,9 Milliarden Dollar gestiegen und sollte nach den Plänen der Regierung bis 1992 bei 33 Milliarden Dollar gehalten werden.

## BLUTIGE NIEDERSCHLAGUNG DER DEMOKRATIEBEWEGUNG

### *Birma*

Turbulent entwickelte sich der Kampf um demokratische Rechte in Birma. Im März und Juni 1988 protestierten in Rangun zahlreiche Studenten gegen das abgewirtschaftete Regime der regierenden Birmanischen Sozialistischen Programmpartei (BSPP). Zunächst verhielt sich die Regierung unter General Ne Win gegenüber den Protestaufzügen passiv, verhängte dann aber am 3. August 1988 das Kriegsrecht und ließ auf die Bevölkerung schießen. Die Zahl

---

11 Etwa 37 % des Einkommens konzentrieren sich auf die obersten 10 % der Bevölkerung. Vgl. National Economic and Development Authority (NEDA), Mittelfristiger Entwicklungsplan 1987-1992, Manila 1986, S. 11.

12 Vgl. *Straits Times*, 9.6.1988, sowie ausführlich James *Putzel*, Die Zukunft der Philippinen. Corazon Aquino vor alten und neuen Herausforderungen, in: *EA*, 16/1988, S. 465-474.

der tatsächlichen Todesopfer blieb unbekannt; Birma gab offiziell 112 Tote und 267 Verletzte an, die Zahlen gingen jedoch vermutlich in die Tausende.[13] Schon am 23. Juli hatte der 77jährige Ne Win nach 26 Regierungsjahren seinen Rücktritt erklärt und eine Volksabstimmung über die Einführung eines Mehrparteiensystems vorgeschlagen, das aber von der Partei nicht akzeptiert wurde. Nachfolger Ne Wins wurde sein enger Vertrauter, Sein Lwin, der allerdings nach nur 17tägiger Amtszeit aufgrund der anhaltenden blutigen Unruhen im Lande zurücktreten mußte. Seine Nachfolge trat Justizminister Maung Maung an, der am 25. August das Kriegsrecht wieder aufhob.

Hauptgrund für die Studentendemonstrationen war der Wunsch nach einer Änderung des abgewirtschafteten Regimes, das gekennzeichnet war durch rapide Inflation, grassierende Korruption und ungleiche Verteilung der Einkommen. Die gestiegenen Erwartungen in der Bevölkerung konnte der in Yale promovierte Zivilist Maung Maung jedoch auch nicht erfüllen: Die Reisknappheit und die Verteuerung von anderen Grundnahrungsmitteln hielt an und die Opposition rief zu einem Generalstreik auf, der am 8. September begann. Am darauffolgenden Tag gab die Oppositionspartei „Allianz für Demokratie und Frieden" (ADF) die Bildung einer Gegenregierung unter dem 81jährigen ehemaligen Premierminister U Nu bekannt. Daraufhin stimmten sowohl die BSPP als auch das Parlament der Wiedereinführung eines Mehrparteiensystems und Parlamentswahlen zu. Präsident Maung Maung kündigte am 11. September innerhalb von drei Monaten freie Wahlen an und erfüllte damit die Forderungen der Opposition nach Wiederherstellung der Demokratie.

Doch am 18. September putschte das Militär unter Führung von General Saw Maung, der sich zum Ministerpräsidenten, Außen- und Verteidigungsminister ausrief. Bei den Unruhen kamen etwa 400 bis 500 Menschen ums Leben. Das Mehrparteiensystem blieb zwar erhalten – allerdings in einer kaum lebensfähigen Form: Anfang November 1988 hatten sich nämlich bereits 78 Parteien registrieren lassen, um sich den für 1990 anberaumten Wahlen zu stellen. Die Aussichten für Birma waren dadurch nicht gerade sicherer geworden, denn für die Zukunft deuteten sich zumindest drei Möglichkeiten an: Übergang zur Demokratie, Wiederaufnahme der Militärherrschaft oder aber Bürgerkrieg. Ende 1988 schien sich abzuzeichnen, daß die eingeleitete Wirtschaftsreform und die Öffnung gegenüber dem Ausland ebenso vorangetrieben wurden wie die Abkehr vom Sozialismus.

---

[13] Zur Situation in Birma vgl. Günter *Siemers*, Regierungswechsel in Birma: Wandel eines Systems?, in: *EA*, 23/1988, S. 687-696, sowie den offiziellen Bericht über die Märzunruhen in Birma und die neuen Unruhen im Juni und Juli in: *Südostasien aktuell*, Juli 1988, Ü 98.

## WIRTSCHAFTSREFORMEN IN DEN INDOCHINA-LÄNDERN

Vietnam, Laos und Kamputschea, die zu den ärmsten Ländern Asiens gehören, bemühten sich im Berichtszeitraum um durchgreifende Reformen im wirtschaftlichen als auch im politischen Bereich.

### *Vietnam*

Obwohl Vietnam im Frühjahr 1988 mit einer ernsthaften Nahrungsmittelkrise zu kämpfen und unter Inflationserscheinungen zu leiden hatte, ließ es sich in seinem beim VI. Parteitag (Dezember 1986) beschlossenen Reformkurs nicht beirren, sondern veröffentlichte im März 1988 drei Regelungen für staatliche, kollektive und private Wirtschaftsbetriebe, durch die der Einzelinitiative mehr Raum gegeben und gleichzeitig eine Bresche in das so lange Zeit hochzentralisierte Wirtschaftssystem geschlagen werden sollte.[14] Möglich geworden war diese politische Kontinuität nicht zuletzt dadurch, daß die Reformer ihre Machtbasis hatten erweitern können. Dies zeigte sich vor allem an der Herausbildung einer Achse Saigon – Haiphong, die sich aus Mitgliedern beider Städte zusammensetzte, die einander bereits von der früheren Kampfzeit her kannten und jetzt gemeinsame Interessen wiederentdeckten.[15]

Bei ihren Reformen nahmen sich die Vietnamesen China zum Vorbild und führten ein Konzept durch, das sich mit folgenden Stichworten umschreiben läßt: Öffnung nach außen und Strukturreform nach innen, wobei die Neustrukturierung auf die Autonomie von Betrieben, Entlohnung nach Leistung, Straffung des Managements, Ausschaltung ineffizienter Betriebe, eine Bankenreform sowie die Ausgabe von Aktien und Anteilsscheinen hinauslief. Zu den einschneidenden Änderungen der Perestrojka à la Vietnam („doi moi") gehörte u.a. die zunehmende Betriebsautonomie vor allem bei Gewinnen und Verlusten, eine striktere Kontrolle über die Geldausgabe und eine behutsame Freigabe von Preisen. Hand in Hand damit verliefen Kampagnen gegen Korruption und Ineffizienz. Vorbild der beiden Hauptreformer, Nguyen Van Linh (ZK-Generalsekretär) und Vo Van Kiet (Planungschef), war inzwischen die Privatwirtschaft geworden, von der man einschneidende Impulse für die Beseitigung der strukturellen Defizite, vor allem aber mehr Eigeninitiative erwartete. Die Bestimmungen über das Privatgewerbe vom 9. März 1988 garantierten ausdrücklich die Existenz von Einzelwirtschaftsunternehmen und Privatfirmen der Land-, Forst- und Fischereiwirtschaft sowie der Kleinindustrie. Der Staat sollte zur Entwicklung von Privatunternehmen in den Bereichen Ackerbau, Tierhaltung, Aufforstung, Fischhaltung und Verarbeitung

---

14 Näheres dazu in: *Südostasien aktuell*, Mai 1988, S. 228 ff.

15 Näheres dazu in: ebd., S. 225 f.

von Landwirtschafts-, Forst- und Meeresprodukten günstige Bedingungen schaffen. Das Eigentums-, Erb- und Verkaufsrecht sowie das Recht auf eigene Firmen und Gleichberechtigung vor dem Gesetz sollten gewährleistet werden. Außer der Entrichtung von Steuern sollten Firmen gegenüber dem Staat keine weiteren Verpflichtungen haben. Die Reformer bedauerten ausdrücklich die Unterdrückung der südvietnamesischen Wirtschaft und die Übertragung des ineffektiven nordvietnamesischen Modells auf den Süden in den Jahren nach 1978.

Darüber hinaus trug Vietnam der in Asien fast zur Mode gewordenen Strömung Rechnung, möglichst viele ausländische Investitionen anzulocken und zu diesem Zweck noch eigene Wirtschaftssonderzonen einzurichten. Im Januar 1988 erging ein neues Auslandsinvestitionsgesetz, das ausgesprochen liberale Bestimmungen enthielt. Da viele potentielle Investoren jedoch befürchteten, die unzureichende Infrastruktur des Landes könne sich negativ auf die Gewinnsituation auswirken, beschloß die Regierung in Hanoi, auch noch die Wirtschaftssonderzonen-Strategie Chinas zu übernehmen: Im Dezember 1988 wurde die „Saigon Export Processing Zone“ (SEPZONE) errichtet. Außerdem bemühte sich Hanoi, seine Kamputschea-Politik neu zu gestalten und auf diese Weise all jene Boykottmaßnahmen zu beseitigen, die vom Westen nach dem Einmarsch vietnamesischer Truppen in Kamputschea 1979 über Vietnam verhängt worden waren. Im April 1988 legte Hanoi das bisherige Außenhandelsministerium sowie die Staatliche Kommission für Auswärtige Wirtschaftsbeziehungen zum Außenwirtschaftsministerium zusammen, womit eine Gewichtsverlagerung vom Außenhandel auf eine komplexe Außenwirtschaft (vor allem in Hinblick auf die Kooperation mit ausländischen Unternehmen) begünstigt werden sollte.[16]

### *Laos*

Auch in Laos begann sich das Reformrad zu drehen: Die Zahl der Sowchosen wurde verringert und schrittweise ein System der vertraglichen Bewirtschaftung mit einzelnen Haushalten eingeführt. In einigen Gebieten wurde das Land den Bauern zurückgegeben, in den Städten wurde eine Reihe ehemaliger staatlicher Unternehmen privatisiert. Management statt Administration, Koordination statt Subordination und die Belebung aller „fünf Eigentumsformen“,[17] auch des Privateigentums, standen im Mittelpunkt der reformerischen Therapiemaßnahmen, die beim IV. Parteitag der

---

16 Näheres in: ebd., S. 233.

17 Die fünf Eigentumsformen umfaßten das staatliche, kollektive, individuelle und Famili-eneigentum, sowie das Mischeigentum (z.B. Joint Ventures zwischen staatlich und privat, kollektiv und privat, oder staatlich und kollektiv). Ausführlich dazu: Oskar *Weggel*, Reformen in Laos, in: ebd., S. 239-248.

Laotischen Revolutionären Volkspartei im November 1986 und bei einer Tagung der Nationalversammlung Anfang Februar 1988 festgelegt wurden. Nach dem Vorbild Vietnams erließ Laos am 25. Juli 1988 ein Gesetz zur Errichtung von Joint Ventures.[18]

Im Juni 1988 fanden zum ersten Mal in Laos Wahlen auf Kreisebene, im November 1988 auf Provinzebene statt. Mit der zunehmenden Demokratisierung glaubte die laotische Führung, die Bevölkerung für mehr Loyalität und wirtschaftliche Mitarbeit gewinnen zu können. Ein Zehntel der Bevölkerung hatte seit 1975 das Land in Richtung Thailand verlassen, diese sollten wieder zur Rückkehr bewegt werden. Auch wurden 10 000 der vermutlich 15 000 Insassen von „Erziehungslagern" in die Freiheit entlassen. Ferner zeigte sich das „neue Denken" in der Lockerung von Kontrollen über Produktion und Handel, vor allem in der Wiederzulassung des Privatunternehmertums. Die Führung erließ sogar 1988 ein Investitionsgesetz, das ausländische Anleger anziehen sollte, durchforstete die Bürokratie und straffte das Organisationswesen.

Auch die lange Zeit gespannten Beziehungen zwischen Laos und Thailand begannen sich zu entspannen. Noch im November und Dezember 1987 war es zu Gefechten um drei wegen der ungenauen Abgrenzung zwischen beiden Ländern territorial umstrittene Hügel im laotisch-thailändischen Grenzbereich gekommen.[19] Obwohl es bei den Auseinandersetzungen Tote und Verletzte gab, erfolgte eine Versöhnung innerhalb von Jahresfrist. Ausschlaggebend hierfür war das im Februar 1988 abgeschlossene Waffenstillstandsabkommen, aber auch der Besuch des thailändischen Ministerpräsidenten Chatichai im November 1988 in Vientiane. Beide Seiten einigten sich darauf, ein gemeinsames Grenzkomitee zur Lösung aller strittigen Grenzfragen einzurichten, eine Brücke über den Mekong zu bauen, ein Komitee für Kooperationsfragen zu gründen, die Frage der Repatriierung laotischer Flüchtlinge anzupacken und einen stärkeren Besuchsaustausch zuzulassen.[20]

## *Kambodscha*[21]

In der Volksrepublik Kamputschea war seit 1979 nicht jene rigorose Enteignungs-, Planungs- und Verteilungspolitik betrieben worden wie in Vietnam und im „Demokratischen Kamputschea" unmittelbar nach 1975.

---

18 Text in: ebd., November 1988, S. 504 ff.

19 Unterschiedliche Erklärungen des thailändischen Außenministeriums vom 21.12.1987 in: Summary of World Broadcasts, 29.12.1987; Erklärung des laotischen Außenministeriums vom 28.12.1987, in: ebd., 30.12.1987.

20 Xinhua, 26.11.1988.

21 Seit Mai 1989 heißt die Volksrepublik Kamputschea offiziell wieder Kambodscha.

Aus diesem Grund waren hier auch keine besonderen Reformmaßnahmen nötig. Zwar litt die Landwirtschaft nach wie vor unter der Hypothek des Bürgerkriegs, der nicht zuletzt auch im Hauptreisanbaugebiet Kamputscheas in der nordwestlichen Provinz Battambang weiterging, dennoch konnte die Reisproduktion von 565 000 t 1979 auf 2,7 Millionen t 1988 gesteigert werden,[22] obgleich der Mangel an Kapital und Trockenheitseinbrüche den Bauern vor allem 1987 besonders schwer zu schaffen gemacht hatten.[23]

## NEUE ENTWICKLUNGEN IM ASEAN-BÜNDNIS

Der Einigungsprozeß des 1967 gegründeten ASEAN-Bündnisses (Mitglieder: Malaysia, Philippinen, Indonesien, Singapur, Thailand und Brunei) setzte sich im Berichtszeitraum fort. Nach Gipfelkonferenzen auf Bali (Mai 1976) und in Kuala Lumpur (August 1977) folgte im Dezember 1987 die dritte Gipfelkonferenz der Staats- und Regierungschefs in Manila.[24] Hauptthemen des Gipfels waren die überfällige Intensivierung der wirtschaftlichen Zusammenarbeit sowie die Sicherheitspolitik. Vier Wirtschaftsabkommen wurden unterzeichnet, zur Verbesserung der ASEAN-Präferenz bei Handelsvereinbarungen, über den schrittweisen Abbau der nichttarifären Handelshemmnisse, über industrielle Joint Ventures im ASEAN-Bündnis und zur Förderung sowie zum Schutz von Investitionen aus dem ASEAN-Bereich.

Bei den Diskussionen zur regionalen Sicherheit ging es vor allem um weitere Fortschritte in Kamputschea sowie um die Frage, ob das ZOPFAN-Konzept (Zone of Peace, Freedom and Neutrality in Southeast Asia) zurückzustellen oder beschleunigt weiterzubetreiben sei. Thailand, Singapur und die Philippinen sprachen sich eher für eine Verschiebung, Indonesien und Malaysia dagegen für eine Verwirklichung des Konzepts aus. Als erster Schritt in Richtung auf ZOPFAN sollte ein Vertrag über eine südostasiatische nuklearwaffenfreie Zone (SEANWFZ) unterzeichnet werden.[25] Zum Abschluß der Gipfelkonferenz trafen die sechs ASEAN-Führer mit dem japanischen Ministerpräsidenten Noboru Takeshita zusammen, der nach Manila gekommen war, um über die Verwendung einer von Japan zugesagten Entwicklungshilfe von 2 Milliarden Dollar zu sprechen.[26] Die überragende Bedeutung Japans für die sechs ASEAN-Staaten wurde damit erneut deutlich.

---

22 Radio Phnom Penh, in: Summary of World Broadcasts, 1.5.1989; weitere Einzelheiten dazu in: *Südostasien aktuell*, Mai 1989, S. 268 f.

23 Weitere Einzelheiten dazu in: *Südostasien aktuell*, Mai 1989, S. 269 f.

24 Vgl. Manfred *Mols*, ASEAN am Vorabend der dritten Gipfelkonferenz, in: *EA*, 22/1987, S. 655-664.

25 Ausführlich dazu: *Südostasien aktuell*, Januar 1988, Ü 1.

26 Vgl. zur japanischen Entwicklungshilfe besonders Bernhard *May*, Japans neue Entwicklungspolitik. Entwicklungshilfe und japanische Außenpolitik, München 1989.

### *Die wirtschaftliche und politische Rolle Japans*

Das Projekt, das den Namen „ASEAN-Japan Development Fund“ trug und auf eine Art Marshall-Plan für den ASEAN-Bereich hinauslief, war von Tokio bereits im Dezember 1987 ausgearbeitet worden. Mittel aus diesem Fonds sollten in erster Linie den finanzschwächeren Mitgliedern der ASEAN zur Verfügung stehen. Wie sich bald herausstellte, sollte dieser Plan aber letztlich weniger den ASEAN-Mitgliedern bei der Lösung von Finanzproblemen, als vielmehr japanischen Firmen beim verstärkten Einstieg in Südostasien helfen. Erstes ASEAN-Projekt, das aus den Mitteln des neuen Fonds finanziert wurde, war dann auch das Tochterunternehmen eines japanischen Elektrokonzerns, das sich in Thailand niederließ, um dort mit einheimischen Firmen ein Joint Venture zu gründen.[27] Besonders unglücklich in seinen Beziehungen zu Japan zeigte sich Indonesien, das zum Hauptkreditnehmer Japans geworden war und nach Japan fast ausschließlich Rohstoffe exportierte, während es von dort mit Fertigwaren überschwemmt wurde.[28] Zusätzlich mußten die Einfuhren aus Japan in Yen beglichen werden, also einer Währung, die gerade im Zeitraum 1987/88 stetig im Wert anzog, während Indonesien den Löwenanteil seiner Exporteinnahmen in Dollar bezog, der zu dieser Zeit gerade wieder an Wert verlor. Indonesien geriet dadurch in eine Währungs-Verlust-Schere.

## REGIERUNGSSKANDAL IN JAPAN

Japans Politik stand im Berichtszeitraum im Zeichen eines Regierungsskandals: Dem Lockheed-Skandal von 1976 und dem Grumman-Skandal von 1978/79 folgte 1987/88 der Recruit-Cosmos-Skandal. Ministerpräsident Takeshita und andere Mitglieder seines Kabinetts hatten sich vom Recruit-Cosmos Immobilien- und Medien-Großkonzern Aktien zum Nennwert beschaffen lassen, noch ehe diese bei der Börse notiert waren; im Anschluß an die Notation schoß der Wert der Aktien auf ein Vielfaches des Nennwerts hoch. Da gerade der Grundstückshandel in Japan ein heißes Eisen ist, brach eine Welle der Empörung über die Regierung herein, und Ministerpräsident Takeshita mußte seinen Hut nehmen. Trotz dieses Skandals blieb die seit über 30 Jahren regierende Liberaldemokratische Partei (LDP) Japans nach wie vor die einzige regierungsfähige Partei, zumal ihre Abgeordneten über feste ländliche Wahlhochburgen verfügten und die Parteikasse stets mit „Spenden“

27 *Straits Times*, 4.3.1988; *Asian Wall Street Journal*, 24.3.1988. Vgl. hierzu auch Susumo *Awanohara*, Japan und Ostasien: Auf dem Weg zu einer pazifischen Arbeitsteilung, in: *EA*, 22/1988, S. 639-648.

28 *Straits Times*, 13. und 19.9.1988.

der Wirtschaft gefüllt wurden. Dieser Tatbestand ist Folge einer engen Verflechtung von Politik und Unternehmertum, die schon seit langem die Bezeichnung „Japan AG" nach sich zog. Bei aller Kritik an den Verflechtungen zwischen Industrie und Regierung blieb den japanischen Wählern jedoch bewußt, daß gerade diese enge Zusammenarbeit dem Land ein Maß an innerer Stabilität, wirtschaftlichem Wachstum und allgemeiner Krisenfestigkeit beschert hat, auf das andere Industrienationen mit Neid blicken.

Trotz der gewaltigen Wertsteigerung des Yen wurde der Export keineswegs beeinträchtigt, sondern sie ermöglichte gleichzeitig gewaltige finanzielle Investitionen Japans im Ausland.[29] Gleichwohl hegte Japan wegen der Ausweitung zahlreicher amerikanischer Freihandelszonen sowie angesichts des Entstehens eines europäischen Binnenmarkts 1993 Isolierungsängste und schlug deshalb im Mai 1988 die Bildung einer pan-pazifischen Organisation vor, die dem Muster der OECD folgen und in einer Anfangsphase aus Japan, den USA, Australien und den asiatischen Schwellenländern bestehen sollte. Auch die ASEAN-Staaten und China sollten zur Mitarbeit eingeladen werden. Doch bei den meisten Adressaten stieß dieses Vorhaben auf Ablehnung, vor allem wegen der Furcht vor der überragenden Wirtschaftsmacht Japan. Angesichts dieser Umstände übernahm Australiens Ministerpräsident Robert Hawke die Initiative und schlug für das kommende Jahr ein Forum für die asiatisch-pazifische Wirtschaftskooperation (APED) vor.

### *Die Beziehungen ASEAN – EG*

Auf der Suche nach alternativen Partnern fand die EG bei den ASEAN-Staaten verstärkte Aufmerksamkeit, nicht zuletzt auch zum Thema „EG 1992". Hauptverbindungsglied zwischen den beiden Bündnissen sind die ASEAN-EG-Außenministertreffen seit 1978, die 1980 in Kuala Lumpur zur Unterzeichnung des ASEAN-EG-Kooperationsabkommens geführt haben und bei denen die Wirtschaftsbeziehungen seit einigen Jahren im Vordergrund stehen. Zwischen 1980 und 1988 konnte sich das Austauschvolumen zwischen beiden Bündnissen verdoppeln und lag Ende 1988 bei 18,9 Milliarden Ecu. Erfreulich für die ASEAN-Länder war, daß sie bei diesem Handel seit 1985 regelmäßig Überschüsse erzielten (49,3 Prozent aller ASEAN-Exporte in die EG waren vollverarbeitete Gegenstände). Allerdings spielte der EG-Handel nur eine drittrangige Rolle: 1986 beliefen sich die Einfuhren der ASEAN-Staaten aus der EG auf 82 Milliarden Dollar (d.h. 14 Prozent aller Importe), aus Japan und den USA dagegen auf je 40 Prozent. An den ASEAN-Exporten bestritt die EG 13 Prozent, Japan und die USA dagegen jeweils mehr als 20

29 Vgl. hierzu im einzelnen den Beitrag von Hans-Peter *Fröhlich* in diesem Band.

Prozent. 1986 machte der ASEAN-Handel gerade 1 Prozent des Welthandels der EG aus.[30] Diese Zahlen änderten sich 1987/88 nicht wesentlich.

## DIE ROLLE DER GROSSMÄCHTE IM ASIATISCH-PAZIFISCHEN RAUM

Führende Großmacht im asiatisch-pazifischen Raum blieben weiterhin die USA. Im Oktober 1988 erhielten sie nach zähen Verhandlungen mit den Philippinen das Recht, ihre Stützpunkte Subic Bay Naval Base und Clark Air Base gegen entsprechende Zahlungen auch weiterhin zu behalten. Allerdings war mit dieser Abmachung noch keine Dauerlösung für die amerikanischen Stützpunkte auf den Philippinen gefunden worden. In diesem Zusammenhang war auch die Frage aufgetaucht, ob die Vereinigten Staaten nicht Ausweichmöglichkeiten in Indonesien erhalten könnten. Jakarta trat jedoch Spekulationen dieser Art mit Entschiedenheit entgegen, da sich seine „unabhängige" und „aktive" Außenpolitik nicht mit einem Militärbündnis vertrage, und Indonesien nach wie vor auf die Neutralisierung Südostasiens und auf eine letztendliche Umwandlung dieses Gebiets in eine nuklearwaffenfreie Zone hinstrebe.[31]

Diskussionen in den USA über eine verstärkte Heranziehung Japans bei der Verteidigung Ost- und Südostasiens ließen im Berichtszeitraum bei den ASEAN-Staaten, deren Mitglieder zum größten Teil während des Zweiten Weltkriegs von japanischen Streitkräften besetzt worden waren, alte Ängste, vor allem aber die Frage aufkommen, ob die ASEAN die im Falle einer Verringerung der amerikanischen Streitkräfte in Südostasien entstehende Lücke nicht selbst ausfüllen sollte. Einstweilen schien Übereinstimmung darin zu bestehen, daß ein solcher Prozeß, sollte er eines Tages nötig sein, keinesfalls multilateral, sondern eher bilateral erfolgen solle.

### *Sowjetunion*

Seit dem Machtantritt von Generalsekretär Michail Gorbatschow wandte sich Moskau verstärkt der pazifisch-asiatischen Region zu. Besonders spektakulär waren zwei Reden des Generalsekretärs im Juli 1986 in Wladiwostok und im September 1988 in Krasnojarsk.[32] In der Rede von Wladiwostok machte Gorbatschow Vorschläge zur Gründung eines asiatisch-pazifischen Forums,

30 Im einzelnen hierzu: *Südostasien aktuell*, Juli 1988, Ü 1.
31 Vgl. *Straits Times*, 20.7.1988.
32 Abgedruckt in Auszügen in: *EA*, 16/1988, S. D 457-466, sowie in: *EA*, 20/1988, S. Z 168 f.

dem im Gegensatz zum Breshnew-Plan von 1969 (Kollektives Sicherheitssystem für Asien) nunmehr auch die VR China angehören sollte. „Dialog statt Konfrontation" hieß die neue Devise. In der Rede von Krasnojarsk schlug Gorbatschow einen Sieben-Punkte-Plan zur „Stärkung der Sicherheit im asiatisch-pazifischen Raum" vor: 1. Denuklearisierung der Region, 2. Konsultationen zwecks Vermeidung militärischer Zusammenstöße in den kritischen Grenzabschnitten zwischen der Sowjetunion, China, Japan und der Demokratischen Volksrepublik Korea, 3. Verringerung der Flugbewegungen der Luftwaffen in der Region, 4. Verzicht der Sowjetunion auf ihre „Flottenversorgungs-Station" im vietnamesischen Cam Ranh, falls gleichzeitig auch die USA ihre militärischen Stützpunkte auf den Philippinen auflösten, 5. Gespräche zur Vermeidung von Marine- und Luftwaffenzusammenstößen, 6. Abhaltung einer internationalen Konferenz im Jahr 1990, die den Indischen Ozean zu einer Friedenszone erklären sollte und 7. die Schaffung eines Forums, auf dem die Sowjetunion mit Ländern der Region Sicherheitsgespräche führen könnte.[33]

Zwar zeigte sich die Sowjetunion in Asien mit militärisch eindrucksvoller Präsenz: Dort standen Ende 1988 900 000 ihrer Soldaten, ebenso ein Drittel ihres strategischen Raketenarsenals sowie ihre größte Marineflotte mit fast 840 Überwasserschiffen und 140 U-Booten. Die einzigen Verbündeten des Kremls in der Region jedoch, Vietnam und Nordkorea, waren wirtschaftlich zerrüttet. Hinzu kam, daß aus ökonomischer Sicht die UdSSR keine attraktive Alternative zu den Vereinigten Staaten als pazifische Macht bot.

Die Sowjetunion ihrerseits zeigte wachsendes Interesse, mit den Ländern der asiatisch-pazifischen Region zu einem Ausgleich zu kommen und auch vom Handel mit den dortigen Anrainern zu profitieren.[34] Vor diesem Hintergrund kündigte der sowjetische Außenminister Eduard Schewardnardse an, daß Gorbatschow beabsichtige, Japan im Jahre 1991 zu besuchen. Die japanische Regierung begrüßte diesen Vorschlag sogleich und stellte, anders als bei einer ähnlichen Ankündigung 1986, nicht sogleich wieder die Forderung nach einer Lösung der Gebietsfrage, d.h. der Rückgabe von vier Nordkurilen-Inseln.

### *USA*

Japan hatte aber nicht nur mit der Sowjetunion, sondern auch mit seinem wichtigsten Partner, den USA, Probleme, von denen vor allem vier im Berichtszeitraum Brisanz erlangten. Dazu gehörten einmal das wachsende Handelsbilanz-Defizit der USA, zweitens der Streit um den gemeinsamen

33 Weitere Einzelheiten in: *China aktuell*, Oktober 1988, Ü 2.

34 Vgl. auch Dieter *Heinzig*, Die Hinwendung der Sowjetunion zum asiatisch-pazifischen Raum, in: *EA*, 11/1987, S. 323-330.

Bau des Kampfflugzeugs FSX, in dessen Vorfeld sich japanische und amerikanische Industrien um Technologieanteile stritten, drittens die amerikanische Forderung an Japan, künftig sämtliche Stationierungskosten für die amerikanischen Truppen zu übernehmen (bis Ende 1988 waren es nur 40 Prozent), und viertens die amerikanische Forderung nach Öffnung des japanischen Agrarmarktes. Dieser Forderung konnte die regierende LDP jedoch nicht nachgeben, da der Hauptteil ihrer Stammwähler aus dem bäuerlichen Bereich kommt.

## DER ENTSPANNUNGSPROZESS IN INDOCHINA

Erste Entspannungstendenzen zeigten sich 1987/88 in Indochina. Die Kamputschea-Frage wurde seit 1988 international, nicht zuletzt aber auch auf vier nationalen Ebenen diskutiert. Nach dem Sieg der Kommunisten in den drei Indochina-Ländern waren die ASEAN-Staaten politisch enger zusammengerückt und hatten sich vor allem für die Lösung der Kamputschea-Frage engagiert. Hierbei übernahm Jakarta die Sprecherrolle und schuf in Form von zwei informellen Treffen vom 25. bis 28. Juni 1988 und Anfang 1989 die Voraussetzungen für Gespräche der vier kambodschanischen Bürgerkriegsparteien. Ziel der ASEAN war es hierbei, Kamputschea und Laos zur Unabhängigkeit von Vietnam zu verhelfen und die beiden zusammen mit Vietnam und Birma für ein Zehnerbündnis im Rahmen der ZOPFAN zu gewinnen. Auch in Frankreich fanden im Dezember 1987 Gespräche statt, nämlich zwischen dem Präsidenten des Demokratischen Kamputschea (DK), Prinz Norodom Sihanouk, und dem Ministerpräsidenten der Volksrepublik Kamputschea (VRK), Hun Sen.[35] Die Ergebnisse dieses Treffens, dem sich eine zweite Zusammenkunft im Januar 1988 anschloß, waren zwar unbedeutend, ebneten aber den weiteren Weg für die informellen Gespräche.

Im Juni 1988 fand in Bogor (nahe Jakarta) ein Kamputschea-Treffen statt, in dessen erster Phase die vier kambodschanischen Bürgerkriegsparteien an den Verhandlungstisch traten, die von ihren jeweiligen Verbündeten, nämlich der VR China und den ASEAN-Staaten auf der einen sowie von der Sowjetunion auf der anderen Seite genau instruiert waren. Allerdings geschah dies, wie immer wieder betont wurde, nur in nichtoffizieller Eigenschaft. In der zweiten Phase des Treffens kamen die sechs ASEAN-Länder, Laos und Vietnam hinzu.[36] Vor allem Moskau nutzte seine Einflußmöglichkeiten auf Hanoi. Nicht zuletzt im Zusammenhang mit dem zehnjährigen Jubiläum des

---

35 *Renmin Ribao*, 10.12.1987; Voice of the Democratic Kampuchea, 7. und 12.12.1987; Xinhua, 5.12.1987.

36 Zu den Einzelheiten vgl. Oskar *Weggel*, Die Kambodscha-Frage vor einer Lösung? Annäherung und offene Probleme, in: *EA*, 21/1988, S. 615-624.

vietnamesisch-sowjetischen Freundschaftsvertrags (im November 1988) war deutlich geworden, wie sehr Vietnam von der Sowjetunion abhing. Allein 1986 hatte sich die sowjetische Wirtschaftshilfe auf 1,8 Milliarden Dollar und die Militärhilfe auf 1,44 Milliarden Dollar belaufen.[37] Die Sowjetunion unterstützte Vietnam bis Ende 1988 bei der Wiederherstellung und bei der Modernisierung von mehr als 300 Projekten in den verschiedensten Wirtschaftssektoren – angefangen von Kraftwerken über Ölbohrungen bis hin zum Bau der Thang-Long-Brücke bei Hanoi. Als Gegenleistung konnte die sowjetische Pazifikflotte die Marinebasis in der Bucht von Cam Ranh benutzen – das sowjetische Gegenstück zur amerikanischen Subic Bay auf den Philippinen.[38]

Im Zusammenhang mit den sino-sowjetischen Kamputschea-Verhandlungen 1988 ließ Moskau Hanoi spüren, wie sehr es an einer Aussöhnung mit Beijing interessiert war: Moskau verzichtete nicht nur auf eine „kleine Lösung", d.h. eine Lösung unter Ausschluß der Roten Khmer,[39] sondern veranlaßte Vietnam zu einem vorzeitigen Truppenabzug aus Kamputschea. Unter sowjetischem Druck erklärte sich Vietnam dann auch im Januar 1989 bereit, seine Verbände bereits bis zum September aus Kamputschea abzuziehen, falls die politischen Bedingungen dafür vorlägen – eine Einschränkung, die lediglich gesichtswahrende Funktion hatte.

Bei allen Treffen schälten sich im Lauf der Zeit klare Positionen heraus: Sihanouk verlangte für die DK-Seite eine „Vier-Parteien-Regierung, Vier-Parteien-Verwaltung und eine Vier-Parteien-Armee".[40] Die Vier-Parteien-Regierung sollte nach Abzug der Vietnamesen aus Kamputschea aufgestellt werden. Hand in Hand mit ihrer Bildung sollten die VRK und das DK formell aufgelöst und die Organisation allgemeiner Wahlen unter internationaler Kontrolle in Angriff genommen werden. Hun Sen stellte sich entschieden gegen diese Vierer-Option und verlangte, daß statt der von Sihanouk gewünschten Vier-Parteien-Regierung ein „Oberster Nationalrat" als Wahlvorbereitungsorgan gebildet werden sollte. Von einer Auflösung der VRK könne keine Rede sein. Auch wäre nur eine Drei-Parteien-Armee denkbar, keinesfalls aber eine Einbeziehung der „völkermörderischen" Khmer-Rouge-Einheiten. Als Teilnehmer an einer im kommenden Jahr in Paris abzuhaltenden Internationalen Kamputschea-Konferenz schlug Sihanouk die fünf Mitgliedstaaten des Ständigen UNO-Sicherheitsrats sowie den UNO-Generalsekretär, ferner die sechs ASEAN-Staaten, darüber hinaus Japan, Indien, Australien, Neuseeland, Vietnam, Laos und die vier kambodschanischen Parteien vor.

---

37 Tabelle und nähere Erläuterungen in: *Südostasien aktuell*, November 1986, S. 558.

38 Ausführlich zu diesem Fragenbereich ebd., S. 499-504.

39 Ebd., Januar 1989, S. 56 f.

40 Xinhua, 8.5.1989.

# CHINA UNTER WACHSENDEM INNENPOLITISCHEN DRUCK

*Von Joachim Glaubitz*

In den Jahren 1987/88, rund ein Jahrzehnt nach dem Beginn der Wirtschaftsreformen, traten in der Volksrepublik China verstärkt wirtschaftliche und innenpolitische Probleme auf. Obwohl die Führung die Notwendigkeit politischer Strukturreformen erkannt hatte, scheute sie vor entschlossenen Schritten in diese Richtung zurück. Auch in der Wirtschaft unterblieben die erforderlichen Maßnahmen zur Reform des Preissystems und der Unternehmensstruktur. Die Innenpolitik zeigte wieder Ansätze zu verstärkter Propagierung ideologischer Maximen. Die Gegensätze zwischen Befürwortern der Reformen und ihren Kritikern traten offen zutage. Auf die Außenbeziehungen hatte diese Entwicklung jedoch keinen erkennbaren Einfluß. Im Verhältnis zu den beiden Weltmächten USA und Sowjetunion vermochte sich China mit geschickter Diplomatie sogar die Position des umworbenen Partners zu sichern. Die Politik der Öffnung wurde unvermindert fortgesetzt.

## SPANNUNGEN IM INNERN

Die Studentenbewegung, in China eine traditionsreiche Institution, lenkte um die Jahreswende 1986/87 mit Protestdemonstrationen die Aufmerksamkeit auf sich und brachte damit eine seit langem aufgestaute Unzufriedenheit unter den chinesischen Intellektuellen zum Ausdruck. Obwohl die Intelligenzija nur ein schmales Segment in der chinesischen Gesellschaft bildet, ist ihre politische Wirkung nicht zu unterschätzen. Sie repräsentiert die kritische, politisch motivierte Elite des Landes.

### *Studentenproteste gegen die „Vier Grundprinzipien"*

Die Demonstrationen, die im Januar 1987 ohne ein gewaltsames Eingreifen der Staatsmacht ein Ende fanden, hatten sich im Verlauf von vier Wochen von ihren ursprünglichen Zentren in Hefei, Beijing, Shanghai und Nanjing auf 27 Städte des Landes ausgedehnt und über 150 Institutionen der höheren Bildung erfaßt. Eine einheitliche landesweite Organisation der Bewegung unter einer starken Führung kam jedoch nicht zustande. Unzufriedenheit mit den politischen und sozialen Verhältnissen, undemokratische Zustände an den Hochschulen und die durch offene oder versteckte Preiserhöhungen sich verschlechternden Lebens- und Studienbedingungen galten als Ursachen für die Proteste. Mit ihren Forderungen nach Demokratie, Freiheit und Menschenrechten setzten sich die Studenten dem berechtigten Verdacht aus, gegen die „Vier Grundprinzipien", nämlich gegen das Festhalten am Führungsmonopol der Kommunistischen Partei Chinas, am sozialistischen Weg, an der Diktatur des Proletariats und am Marxismus-Leninismus sowie den Mao-Zedong-Ideen, zu opponieren. Die Auswirkung der Demonstrationen war erheblich: Als direkte Folge der Unruhen sah sich Hu Yaobang, Generalsekretär des Zentralkomitees der KP, gezwungen, Selbstkritik zu üben und sein Amt zur Verfügung zu stellen. Ministerpräsident Zhao Ziyang wurde zusätzlich mit dem Amt des Parteichefs betraut.

Außer der Vernachlässigung des Kampfes gegen Liberalisierungstendenzen – im Parteijargon: „Verletzung der Prinzipien der Partei und der kollektiven Führung" – sollen Hu intern selbstherrliche Entscheidungen in den Beziehungen zu Japan sowie ein zu enges persönliches Verhältnis zum japanischen Premierminister Yasuhiro Nakasone vorgeworfen worden sein.[1] Bezüglich der Rolle Deng Xiaopings bei Hus Amtsenthebung verwiesen japanische Quellen auf geheime Parteidokumente, denen zufolge dieser bereits im September 1986 vor den Gefahren jeder Art von Liberalismus gewarnt haben soll. Ferner hieß es, Deng habe im Dezember und Januar ein strenges Vorgehen gegen die Studenten und die Bestrafung jeder Störung von Ruhe und Ordnung gefordert, um die Lage nicht außer Kontrolle geraten zu lassen.[2]

Die Demonstrationen der Studenten mit ihren die Parteiherrschaft in Frage stellenden Forderungen lösten Anfang 1987 unter der Losung „Kampf gegen bürgerliche Liberalisierung" eine Pressekampagne aus, die Denkweise und Vorstellungswelt der orthodoxen Kräfte in der Partei widerspiegelte. Der neue amtierende Generalsekretär des ZK, Zhao Ziyang, bemühte sich, die Verunsicherung unter den Intellektuellen in Grenzen zu halten, indem er den „Kampf gegen die bürgerliche Liberalisierung" auf die Kommunistische Partei beschränkte, die Landwirtschaft ausdrücklich davon ausnahm und für die Industrie lediglich eine „Erziehung anhand positiver Beispiele" ankündigte.[3]

Außer Hu Yaobang verlor auch der Leiter der Abteilung Propaganda beim ZK der KP Chinas, Zhu Houze, seinen Posten. Er hatte die Schaffung großzügigerer Bedingungen für die Freiheit der Presse, der Meinungsäußerung und Kultur befürwortet. Ferner wurden drei prominente Intellektuelle wegen ihrer angeblichen Förderung bürgerlicher Liberalisierungstendenzen aus der KP Chinas ausgeschlossen: der Astrophysiker Fang Lizhi, der Schriftsteller Wang Ruowang aus Shanghai und der Schriftsteller und Publizist Liu Binyan.[4] Im Frühsommer gelang es dann den die Reformen fördernden Kräften in der Parteiführung um Zhao Ziyang, wieder die Oberhand zu gewinnen. In einer

---

1 Vgl. *The China Quarterly*, Nr. 110, Juni 1987, S. 337.
2 Ebd., S. 338.
3 *China aktuell*, Januar 1987, S. 11.
4 Vgl. ebd.

Rede am 26. Mai 1987 warnte Zhao vor einer dogmatischen Auslegung der „Vier Grundprinzipien"; für die chinesische Presse war dies das Stichwort für eine Kritik an „linkem" Gedankengut, das als Haupthindernis für die Weiterführung der Reformen hingestellt wurde. Auch Deng Xiaoping griff diesen Ton auf. Damit schien die Initiative der orthodoxen, die Reformen bremsenden Kräfte („Kampf gegen die bürgerliche Liberalisierung") abgeschlagen worden zu sein.[5]

## *Der Parteitag vom Oktober 1987*

Zwei für die Innen- und Wirtschaftspolitik des Landes richtungweisende Ereignisse fielen in die Berichtszeit: der XIII. Parteitag der KP Chinas im Oktober 1987 und die Tagung des VII. Volkskongresses im März/April 1988. Schon Monate vor dem Parteitag war aus dem Munde so einflußreicher Politiker wie Deng Xiaoping oder Zhao Ziyang zu hören, wie dringend eine Reform der politischen Strukturen sei.[6] Auch im Parteitagsreferat Zhao Ziyangs, dessen Wahl zum Generalsekretär keine Überraschung mehr war, nahm die Frage der politischen Strukturreform einen prominenten Platz ein. Zhao sprach von einer „sozialistischen Demokratie" und erteilte dementsprechend der Übernahme von „Gewaltenteilung und Parteienpluralismus aus dem Westen" eine Absage.[7] Dies bedeutete nichts weniger als das Festhalten an der Herrschaft der Kommunistischen Partei. Der Stillstand in der Frage der politischen Strukturreform war nicht mehr zu übersehen.

Interessant im Sinne der sozialistischen Formationstheorie war die von Zhao vorgenommene Einordnung Chinas in die Entwicklungsgeschichte des Sozialismus. Seinen Ausführungen zufolge befindet sich China im Anfangsstadium des Sozialismus. Diese Phase werde wenigstens hundert Jahre, also bis in die Mitte des kommenden Jahrhunderts, dauern – von der Gründung der Volksrepublik 1949 an gerechnet. Als Begründung für diese Einordnung dienten ihm die historischen Besonderheiten Chinas. Er hob hervor, daß es sich um ein chinesisches Spezifikum handele, das darum in den Vorstellungen der Begründer des Marxismus nicht enthalten sei und für Länder, die den Sozialismus aufbauen, keine theoretische Allgemeingültigkeit beanspruchen könne.[8]

Als personelle Ergebnisse des Parteitags mit politischer Relevanz sind folgende Bewegungen festzuhalten: die Erneuerung von einem Viertel der Mitglieder des ZK; der Rückzug Deng Xiaopings aus den Führungsgremien

---

5 *China aktuell*, Mai 1987, S. 362.
6 Vgl. *The China Quarterly*, Nr. 111, September 1987, S. 518.
7 Bericht des Zentralkomitees (Auszüge), in: *EA*, 3/1988, S. D 62-82, hier S. D 77.
8 Ebd., S. D 65 ff.

der Partei – ausgenommen die Militärkommission beim ZK; eine Mehrheit des Reformflügels in ZK und Politbüro, nicht aber im fünfköpfigen Ständigen Ausschuß des Politbüros. Politisch geringeres Gewicht hatte die erste Plenartagung des neugewählten VII. Nationalen Volkskongresses vom 25. März bis 13. April 1988. Aufgrund des dominierenden Einflusses der Kommunistischen Partei waren alle wichtigen personellen Beschlüsse dieses 2 970 Abgeordnete umfassenden Gremiums bereits im Zuge der Vorbereitung zum XIII. Parteitag der KPCh ausgehandelt worden. Die beiden herausragenden Personalentscheidungen waren die Einsetzung des konservativen Li Peng (Jahrgang 1928) in das Amt des Ministerpräsidenten und die Übernahme des Amts des Staatspräsidenten durch den 81jährigen Yang Shangkun als Nachfolger des 79jährigen Li Xiannian.[9]

### *Die wirtschaftliche Lage*

Der Rechenschaftsbericht der Regierung, vorgelegt von Li Peng, konzentrierte sich auf die Probleme und Ergebnisse der wirtschaftlichen Entwicklung des Landes. Als eines der kritischsten Probleme nannte er die hohe Inflation. Er sprach von irrationalen Preisen, die zu einer Senkung des Lebensstandards der Bevölkerung führten und befürwortete eine Kombination von Deregulierung, Anpassung und Kontrolle der Preise für jeweils bestimmte Warengruppen. Falls erforderlich, seien Obergrenzen für die vereinbarten Preise festzusetzen oder die Preisschwankungen zu begrenzen. Der Begriff des Marktes als preisregulierender Faktor blieb unerwähnt.[10] Auch der für Wirtschaftsfragen zuständige Vize-Premier Yao Yilin äußerte sich zu diesem Thema. Er schloß auch für die Zukunft steigende Preise nicht aus, bekundete aber die Absicht, die Steigerungen unter 10 Prozent halten zu wollen.[11] In anderem Zusammenhang wurde Li Peng mit der Bemerkung zitiert, die Inflation habe bereits 15 bis 20 Prozent erreicht.

Die soziale Dimension dieses Problems ist nicht zu unterschätzen. In der zweiten Hälfte 1988 kam es in zahlreichen Städten und Regionen des Landes zu Panikkäufen, weil die Bevölkerung einen weiteren Preisanstieg befürchtete. Ein Polizeibericht aus Guangdong im Süden Chinas sprach von einer alarmierenden Zunahme von Streiks, öffentlichen Protesten und Kritik auf Wandzeitungen als Folge der Preissteigerungen und des unangemessen

---

[9] Für die zahlreichen Neu- und Umbesetzungen im Regierungsapparat vgl. Peter *Schier*, Ein kurzer Überblick über die 1. Plenartagung des VII. Nationalen Volkskongresses, in: *China aktuell*, April 1988, S. 279-282.

[10] Vgl. *Beijing Review*, Nr. 17, 25.4.-1.5.1988, S. 30-31.

[11] Ebd., S. 13-14.

niedrigen Niveaus der Löhne.[12] Li Pengs Kongreßbericht enthielt auch kritische Hinweise auf kriminelle Aktivitäten wie Hinterziehung von Steuern, Bestechung, Erpressung und Betrug.[13]

Zur Sorge auf lange Sicht gab die demographische Entwicklung Anlaß. Die Staatliche Kommission für Familienplanung rief in einem gemeinsam mit der Propaganda-Abteilung des ZK Ende 1988 herausgegebenen Rundschreiben zur verstärkten Propagierung der Geburtenkontrolle auf. Das Dokument wies darauf hin, daß zwischen 1989 und 1994 jährlich 100 Millionen Frauen in China ihre höchste Fertilitätsphase erreichen werden. Eine andere Quelle stellte fest, daß für die kommenden acht Jahre mit jährlich 20 Millionen Geburten zu rechnen sei. Die wieder steigende Geburtenrate drohte die Ergebnisse der Wirtschaftsreformen zunichte zu machen. Chinesische Schätzungen nannten für 1987 für die städtischen Gebiete eine Rate von 14,30 Geburten pro 1 000 Einwohner, für ländliche Gebiete von 24,94. Diese beängstigende Entwicklung wurde durch das Problem der Stadtwanderung noch verschärft. Sie erhöhte die sozialen Spannungen in den Ballungszentren und schuf ein gefährliches Unruhepotential. Laut Nachrichtenagentur Xinhua zogen im Berichtszeitraum jährlich acht Millionen Menschen in die Städte. Dort lebten 1987/88 400 Millionen Menschen, doppelt so viele wie 1979.[14]

## DIE WEITERENTWICKLUNG DER AUSSENBEZIEHUNGEN

### DAS VERHÄLTNIS ZUR SOWJETUNION

Der Prozeß der Wiederannäherung zwischen China und der Sowjetunion machte 1987/88 erkennbare Fortschritte. Beide Kontrahenten waren aus unterschiedlichen Gründen an einer Verbesserung ihrer Beziehungen interessiert. Die Sowjetunion sah in einer Normalisierung ihres Verhältnisses zu China eine wichtige Voraussetzung für den Erfolg ihrer neuen Asien-Politik; die chinesische Führung hatte erkannt, daß entspannte Beziehungen zu Moskau ihren außenpolitischen Handlungsspielraum, vor allem gegenüber den USA, erweitern würden. Auch war im Hinblick auf die eigenen Wirtschaftsreformen das Interesse Chinas an einem intensiveren Handel, an Wirtschafts- und Technologiebeziehungen mit der Sowjetunion gewachsen.

---

12 Vgl. *The China Quarterly*, Nr. 116, Dezember 1988, S. 862.

13 Vgl. *Beijing Review*, Nr. 17, 25.4.-1.5.1988, S. 34-35.

14 *The China Quarterly*, Nr. 117, März 1989, S. 193.

### *Politische Zugeständnisse Moskaus im Kambodscha-Konflikt*

Trotz seines Interesses an einem Wandel in den beiderseitigen Beziehungen verstand es China, mit einer Mischung aus skeptischem Zögern und verheißungsvollen Angeboten zur Normalisierung, die Sowjetunion allmählich in die Rolle eines Demandeurs zu drängen. China nutzte den sowjetischen Eifer nach Verbesserung der Beziehungen, um seine eigenen Ziele zu erreichen. Es stellte Bedingungen. Indem es kompromißlos an der Forderung festhielt, die Sowjetunion müsse zunächst „drei Hindernisse" beseitigen; bevor eine volle Normalisierung der politischen Beziehungen erfolgen könne, trotzte es Moskau ein Zugeständnis nach dem andern ab. Unter den „drei Hindernissen" verstand die chinesische Führung die Intervention der Sowjetunion in Afghanistan, die sowjetische Unterstützung für die vietnamesische Aggression gegenüber Kambodscha[15] und die Präsenz sowjetischer Streitkräfte entlang der sowjetisch-chinesischen Grenze.

Im Oktober 1986 hatte die sowjetische Seite eingewilligt, das Kambodscha-Problem auf die Tagesordnung der Konsultationen der Vizeaußenminister in Beijing zu setzen. Sie verzichtete damit auf die sogenannte Drittstaatenklausel, d.h. auf die Weigerung, Probleme dritter Staaten mit China zu erörtern. Im Frühjahr 1987 folgte nach jahrelanger Weigerung schließlich das sowjetische Zugeständnis, in den halbjährlichen Konsultationen die „drei Hindernisse" zu diskutieren.[16] Danach setzte die chinesische Regierung durch, daß bei den Konsultationsrunden im April und Oktober 1987 das Kambodscha-Problem, das nach chinesischer Ansicht wichtigste der „drei Hindernisse", in den Mittelpunkt der Erörterungen gerückt wurde. Im August 1988 trafen beide Vizeaußenminister in Beijing sogar zu einem ausschließlich dem Kambodscha-Problem gewidmeten Arbeitstreffen zusammen. Dabei scheint in dem Annäherungsprozeß der beiden Seiten ein Durchbruch erzielt worden zu sein, denn bald danach sprach Chinas Ministerpräsident Li Peng von der Möglichkeit eines chinesisch-sowjetischen Gipfeltreffens.[17]

Die chinesischen Unterhändler hatten verstanden, wie sehr Generalsekretär Michail Gorbatschow an einer Begegnung mit ihrem einflußreichsten Politiker Deng Xiaoping lag. Geschickt verknüpften sie darum die Realisierung dieses Gipfels mit der Beseitigung des für sie wichtigsten „Hindernisses": der vietnamesischen Aggression in Kambodscha. Sie forderten, die Sowjetunion müsse zuvor auf den Abzug der vietnamesischen Streitkräfte aus Kambodscha hinwirken.

---

15 Seit Mai 1989 heißt die Volksrepublik Kamputschea offiziell wieder Kambodscha.
16 Vgl. *China Daily*, 4.4.1987.
17 Vgl. *Japan Times*, 19.9.1988.

Deng hatte erstmals im Herbst 1986 seine Bereitschaft zu einem Treffen mit Gorbatschow erklärt.[18] Ende 1987 wiederholte er seine Offerte und stellte sie unter die Bedingung, daß der sowjetische Führer „Vietnam überzeugen kann, alle seine Truppen aus Kambodscha zurückzuziehen".[19] Wenige Tage danach ließ Gorbatschow verlauten, er sei bereit, mit Deng Xiaoping an einem beliebigen Ort zusammenzutreffen.[20] Sogleich reagierte Deng und wiederholte noch einmal seine Bedingung für eine Begegnung. Die Gelegenheit eines Interviews mit der chinesischen Zeitschrift *Liaowang* benutzte dann Gorbatschow Anfang Januar 1988, um – ohne zu diesem Punkt gefragt worden zu sein – ein weiteres Mal sein Interesse an einer sowjetisch-chinesischen Gipfelbegegnung auszudrücken.[21] Die chinesische Antwort war kurz: Deng Xiaoping habe die Bedingungen für ein Treffen mit dem sowjetischen Parteichef klargemacht; die Sowjetunion müsse Vietnam zum Abzug seiner Truppen aus Kambodscha veranlassen.[22]

Die chinesische Seite machte nie den vollzogenen Abzug der vietnamesischen Streitkräfte zur Bedingung. Sie bediente sich der interpretierbaren Formel, die Sowjetunion müsse auf Vietnam „einwirken" oder „Druck ausüben" und so ihren Verbündeten zum Abzug veranlassen. Mit dieser Flexibilität behielt China genügend Spielraum für die Entscheidung, wann dieses „Hindernis" als beseitigt anzusehen sei. Bei dem chinesisch-sowjetischen Arbeitstreffen Ende August 1988 scheint die sowjetische Seite auf die Forderung Chinas, die Führung in Hanoi im geforderten Sinn zu beeinflussen, eingegangen zu sein. Die unmittelbar danach getroffene Vereinbarung wechselseitiger Besuche der Außenminister – Qian Qichen im Dezember 1988 in Moskau und Eduard Schewardnadse in Beijing – waren die ersten Besuche auf dieser Ebene seit drei Jahrzehnten. Daraus ließ sich ableiten, daß man in der Verständigung über das Kambodscha-Problem ein gutes Stück vorangekommen war.

Ein Termin für ein chinesisch-sowjetisches Gipfeltreffen wurde zwar Ende 1988 noch nicht publiziert, doch deutete der Generalsekretär der KPCh, Zhao Ziyang, gegenüber japanischen Besuchern an, daß die Begegnung in der ersten Hälfte des kommenden Jahres stattfinden könnte.[23] Im gleichen Sinn äußerte sich auch der chinesische Außenminister bei seinem Besuch in Moskau.[24] Auch Bemühungen um einen Abbau der beiden anderen „Hindernisse" machten eine baldige Begegnung der beiden Spitzenpolitiker immer wahrscheinlicher.

---

[18] Vgl. Joachim *Glaubitz*, Fortführung der Reform- und Öffnungspolitik Chinas, in: IP 1985/86, S. 367-368.

[19] AFP, Reuters, AP, 16.11.1987, zit. in: Radio Liberty Research (RL) 473/87, 20.11.1987, S. 5.

[20] *Asahi Evening News*, 28.11.1987.

[21] Vgl. *Prawda* und *Izvestija*, 11.1.1988.

[22] Vgl. *China Daily* und *Renmin Ribao*, 13.1.1988.

[23] Vgl. *China Daily*, 5.11.1988.

[24] Vgl. ebd., 3.12.1988.

Im Februar 1988 hatte Gorbatschow den 15. Mai als Beginn des Rückzugs der sowjetischen Streitkräfte aus Afghanistan im Verlauf von zehn Monaten angekündigt. Mitte April verpflichtete sich die Sowjetunion in Genf im Rahmen eines umfassenden Vertragswerks, den Abzug ihrer Truppen bis zum 15. Februar 1989 durchzuführen.[25]

In der Frage einer Verminderung der sowjetischen Truppenpräsenz im Gebiet der Grenze zu China war die Lage Ende 1988 allerdings noch unklar. Gorbatschow hatte zwar Anfang Dezember 1988 vor den Vereinten Nationen im Zuge genereller Reduzierungsmaßnahmen eine Verringerung der sowjetischen Streitkräfte auch im asiatischen Teil des Landes und in der Mongolischen Volksrepublik angekündigt,[26] doch waren am Jahresende noch keine Einzelheiten über diese Absicht bekannt. Die Truppenstärken im Grenzbereich, Fragen der gemeinsamen Grenze und die Forderung nach einem vollständigen Abzug der sowjetischen Streitkräfte aus der Mongolei waren allerdings Themen der Gespräche des chinesischen Außenministers bei seinem Besuch in Moskau Anfang Dezember 1988.[27] In der Frage der gemeinsamen Grenze einigten sich die Unterhändler – nach achtjähriger Unterbrechung –, den Verlauf der gesamten Grenze zu erörtern, beginnend mit dem Ostabschnitt. Arbeitsgruppen für eine detaillierte Diskussion dieses Grenzabschnitts trafen sich 1988 dreimal abwechselnd in den Hauptstädten beider Länder und konnten sich im Oktober 1988 über den größten Teil des Ostabschnitts einigen.

### *Bilaterale Handelsbeziehungen*

Weitgehend unabhängig von Fortschritt oder Stagnation in den politischen Beziehungen entwickelten sich Handel und Wirtschaftsbeziehungen. Bereits 1986 war die Sowjetunion zum fünftgrößten Handelspartner Chinas aufgestiegen, nach Hongkong, Japan, den USA und der Bundesrepublik. Chinesischen Angaben zufolge erreichte das Handelsvolumen 1987 den Wert von 2,52 Milliarden Dollar; 1988 stieg es auf 3,2 Milliarden Dollar.[28] Daneben florierte zunehmend der 1983 wiederaufgenommene Grenzhandel. Er erreichte 1988 ein Volumen von wertmäßig 274 Millionen Dollar – mehr als dreimal so viel wie 1987. Heilongjiang im Nordosten, die Innere Mongolei und Xinjiang

---

25 Im einzelnen dazu: Uwe *Halbach*, Der militärische Rückzug aus Afghanistan, in: Sowjetunion 1988/89, Köln (BiOst) 1989, S. 269 ff. Vgl. hierzu auch die Beiträge von Helmut *Hubel* und Citha D. *Maaß* in diesem Band.

26 Vgl. die Rede von Generalsekretär Gorbatschow vor der UN-Generalversammlung am 7.12.1988, in: *EA*, 1/1989, S. D 35.

27 Vgl. *NZZ*, 3.12.1988.

28 *China Daily*, 4.12.1988 und Charts Concerning Chinese Communists on the Mainland, Taipeh 1989, S. 19.

(Sinkiang) im Nordwesten waren die wichtigsten Regionen dieses Handels, der in erster Linie mit Waren der lokalen Produktion betrieben wird.[29] Bemerkenswert war auch die Vereinbarung beider Seiten, daß China im kommenden Jahr etwa 10 000 Arbeiter aus der Provinz Heilongjiang zum Einsatz in der Bauindustrie in den sowjetischen Fernen Osten entsenden werde.[30]

## DIE BEZIEHUNGEN ZU DEN USA

Die chinesisch-amerikanischen Beziehungen behielten während der Berichtszeit unvermindert ihre Intensität. Die USA waren aus chinesischer Sicht die überlegene Militärmacht des asiatisch-pazifischen Raums und bildeten damit ein Gegengewicht zur hochgerüsteten Landmacht Sowjetunion. Sie waren ferner sowohl einer der wichtigsten Märkte für chinesische Güter als auch Lieferant von Technologie. Darüber hinaus wurden an amerikanischen Universitäten Tausende von chinesischen Studenten und jungen Wissenschaftlern ausgebildet – ein wichtiges Potential für den langfristigen Erfolg der Modernisierung Chinas.

Angesichts der strategischen Bedeutung der USA beobachtete China aufmerksam die sich erneut anbahnende amerikanisch-sowjetische Entspannung und Zusammenarbeit. Mit Bezug auf das INF-Abkommen überwogen auf chinesischer Seite zunächst die skeptischen Töne: Dies sei zwar eine wichtige Vereinbarung, hieß es Ende 1987 in der chinesischen Presse, aber die betroffenen Waffen machten nur drei Prozent des Kernwaffenarsenals aus; die Entscheidung könne nur als ein erster Schritt angesehen werden; das Fehlen eines Abkommens über die Reduzierung der strategischen Kernwaffen und die fortgesetzte Diskussion über Weltraumwaffen bezeuge das Fortbestehen von Widersprüchen.[31]

Diese Skepsis war ein knappes Jahr später einer grundlegend anderen Einschätzung gewichen. Nun sah man in Beijing die Beseitigung der Raketen mittlerer Reichweite als den Beginn einer neuen Ära in den amerikanisch-sowjetischen Beziehungen: Konfrontation und Rüstungswettlauf hätten sich in Dialog und wirtschaftlichen Wettbewerb gewandelt. Die Neugestaltung dieser Beziehungen sei nicht taktischer, sondern strategischer Natur. Ihre Entspannung nütze nicht nur diesen beiden Ländern, sondern werde auch einen gewaltigen Einfluß auf die Weltpolitik und Weltwirtschaft haben.[32]

29 Vgl. *Beijing Review*, Nr. 23, 5.-11.6.1989, S. 22.
30 *China Daily*, 4.12.1988.
31 *The China Quarterly*, Nr. 113, März 1988, S. 171.
32 *Beijing Review*, Nr. 40, 3.-9.10.1988, S. 11-12.

Das bilaterale Verhältnis zwischen China und den USA war durch zahlreiche wechselseitige Besuche hochrangiger Politiker gekennzeichnet. Zwei Reisen von Außenminister George Shultz nach Beijing (März 1987 und Oktober 1988) und der Besuch seines Amtskollegen Wu Xueqian in den USA (März 1988) boten die Chance für einen kontinuierlichen Gedankenaustausch über Fragen der internationalen Politik. Besondere Bedeutung für die bilateralen Beziehungen maßen beide Seiten dem Besuch einer Delegation unter Yang Shankun, dem Stellvertretenden Vorsitzenden der Zentralen Militärkommission, im Mai 1987 in Washington bei. Yang wurde von Präsident Ronald Reagan, Vizepräsident George Bush, Außenminister Shultz und Verteidigungsminister Caspar Weinberger empfangen.

Zur 5. Sitzung der Gemeinsamen Chinesisch-Amerikanischen Handelskommission reiste im April 1987 Handelsminister Malcolm Baldridge nach China. Er erörterte mit den zuständigen Politikern die Frage verstärkter Wirtschaftskooperation und drückte die Hoffnung auf eine nicht mehr ferne Investitionsgesetzgebung aus. Ministerpräsident Zhao Ziyang beurteilte die Aussichten auf ein baldiges Abkommen über Investitionsschutz positiv.[33]

### *Kurzfristige Belastungen im chinesisch-amerikanischen Verhältnis*

Das Problem, dessen Lösung die chinesische Seite immer wieder anmahnte, betraf Taiwan.[34] In den Jahren 1987/88 zeigten sich in dieser Frage keine Veränderungen. Eine zeitweilige Belastung des chinesisch-amerikanischen Verhältnisses brachte dagegen der iranisch-irakische Krieg. Die USA warfen China seit Anfang 1987 vor, Raketen des Typs *Silkworm* an Iran zu liefern. China wies den Vorwurf zurück, Regierungschef Zhao Ziyang schloß dann aber in einem Interview mit der Fernsehgesellschaft NBC Ende September 1987 überraschenderweise nicht aus, die Raketen könnten auf Umwegen nach Iran gelangt sein.[35] Ein Berater der chinesischen Führung ging Anfang 1988 noch einen Schritt weiter, indem er erklärte, China habe in jüngster Zeit Maßnahmen ergriffen, den Strom chinesischer Waffen von internationalen Märkten nach Iran zu verhindern.[36] Der Abschuß einer *Silkworm*-Rakete auf einen unter amerikanischer Flagge fahrenden Tanker in kuwaitischen Gewässern veranlaßte schließlich die Regierung in Washington im Oktober 1987, auf Vorschlag des Senats den Transfer amerikanischer Technologie mit militärischem Nutzwert an China zu überprüfen und einen Exportstopp zu verhängen.[37]

---

33 Vgl. *The China Quarterly*, Nr. 111, September 1987, S. 536.

34 Vgl. *Glaubitz*, a.a.O. (Anm. 18), S. 371, Anm. 39.

35 Vgl. *NZZ*, 30.9.1987.

36 *Beijing Review*, Nr. 7 und 8, 15.-28.2.1988, S. 25.

37 Vgl. *Japan Times*, 24.10.1987.

Zu zeitweiligen Irritationen führte auch die amerikanische Kritik am Vorgehen der chinesischen Behörden in Tibet. Die Regierung in Beijing protestierte im Oktober 1987 gegen eine Resolution des amerikanischen Senats zur „Tibet-Frage", mit der die Administration veranlaßt werden sollte, Menschenrechtsverletzungen Chinas in Tibet als wichtigen Faktor bei der weiteren Gestaltung der amerikanisch-chinesischen Beziehungen zu berücksichtigen. Beijing sprach wie üblich in solchen Fällen von Einmischung in innere Angelegenheiten.[38]

## SCHWIERIGKEITEN IM JAPANISCH-CHINESISCHEN VERHÄLTNIS

Zwang zur Kooperation und Sorge vor einer Dominanz sind die beiden Faktoren, die Chinas Politik gegenüber seinem japanischen Nachbarn bestimmen. Dies gilt mit gewissen Modifikationen auch für die China-Politik Japans. Beide Länder sind wechselseitig voneinander abhängig, und der Charakter ihrer Beziehungen ist nicht ohne Einfluß auf die Stabilität in der Region.

Nachdem die Führer in Beijing bis Anfang der achtziger Jahre nicht müde wurden, Japan wegen der Bedrohung durch die Sowjetunion zu größeren Verteidigungsausgaben zu ermutigen, war es einigermaßen überraschend, daß China zum Jahresbeginn 1987 erstmals Besorgnis über Japans Verteidigungshaushalt äußerte und das Überschreiten seiner Begrenzung auf 1 Prozent des BSP kritisierte.[39] Seitdem wurde Japan wiederholt vor der Gefahr gewarnt, erneut eine seine Verteidigungsbedürfnisse überschreitende Militärmacht aufzubauen. Dieses Thema kam auch beim Besuch des Generaldirektors des japanischen Verteidigungsamtes, Yuko Kurihara, Ende Mai 1987 in China zur Sprache. Es war der erste Besuch eines japanischen Verteidigungsministers auf dem chinesischen Festland seit Ende des Zweiten Weltkriegs. Kurihara traf mit Verteidigungsminister Zhang Aiping zu „freundschaftlichen und offenen" Gesprächen zusammen, Deng Xiaoping jedoch empfing „aus Alters- und Gesundheitsgründen" den japanischen Gast nicht.[40] Beträchtlichen Wirbel löste die Bemerkung eines Beamten des japanischen Außenministeriums aus, Deng Xiaoping habe den Kontakt mit der Wirklichkeit verloren, er sei „ein Mann über den Wolken". Mit gewundenen Kommentaren versuchte die japanische Seite der Äußerung einen positiven Sinn zu unterlegen, aber Beijing betrachtete die Angelegenheit erst nach einer Entschuldigung als beigelegt.[41]

---

38 *Beijing Review*, Nr. 42, 19.10.1987, S. 5.
39 *Renmin Ribao*, 11.2.1987.
40 *The China Quarterly*, Nr. 111, September 1987, S. 532.
41 Ebd.

### *Aufarbeitung der Vergangenheit*

Ein schwerwiegenderes Problem entstand im Februar 1987 durch eine Gerichtsentscheidung zugunsten Taiwans. Das Bezirksgericht in Osaka hatte Taiwan das Eigentumsrecht über das frühere Kokaryo-Studentenheim in Kyoto zugesprochen. China erhob seinerseits Anspruch, nannte die gerichtliche Entscheidung einen Verstoß gegen die legitimen Rechte und Interessen der chinesischen Regierung und forderte von der Regierung in Tokio eine Revision des Urteils. Premierminister Nakasone erklärte, die Regierung könne in den Rechtsstreit nicht eingreifen. Der Fall wurde schließlich an den Obersten Gerichtshof verwiesen. China spielte den Streit zeitweilig so hoch, daß eine in Hongkong erscheinende Zeitung die Möglichkeit eines Abbruchs der diplomatischen Beziehungen nicht mehr ausschloß. Selbst auf dem Treffen des Komitees für Chinesisch-Japanische Freundschaft im 21. Jahrhundert spielte die Angelegenheit eine zentrale Rolle.[42]

Die nächste Belastung des komplizierten chinesisch-japanischen Verhältnisses wurde im April 1988 durch die Bemerkung eines Kabinettsmitglieds, des Generaldirektors des Staatlichen Bodenamtes, Seisuke Okuno, hervorgerufen. Okunos Äußerung, Japan sei niemals ein aggressives Land gewesen und habe den Krieg zum Schutz seiner eigenen Sicherheit begonnen, löste in China und Korea Protestreaktionen aus. Die Bemerkung fiel beim Besuch im Yasukuni-Schrein, dem Schrein der Kriegstoten, in dem auch Japans Kriegsverbrecher registriert sind. Weitere Äußerungen, mit denen Okuno seine Auffassungen interpretieren wollte, machten die Angelegenheit nur noch schlimmer. Am 13. Mai 1988 trat Okuno von seinem Amt zurück und schied damit aus der Regierung aus.[43] Wie schwer den Konservativen Japans noch immer der Umgang mit der Vergangenheit ihres Landes fällt, zeigte auch das Verhalten des Premierministers, der Okuno nicht nur nicht sofort aus seinem Kabinett entließ, sondern auch dessen Äußerungen nicht unzweideutig verurteilte – ein Verhalten, das China gleichfalls kritisch registrierte.[44]

All diese Probleme traten in den Hintergrund, als Premierminister Noboru Takeshita am 25. August 1988 zu einem fünftägigen Besuch in China eintraf. Seit dem Abschluß des Friedens- und Freundschaftsvertrags im August 1978 waren zehn Jahre vergangen. Beide Seiten hatten Anlaß zu einem positiven Rückblick: Der Handel war seither um 260 Prozent gestiegen und hatte allein bis Mitte 1988 einen Wert von 8,6 Milliarden Dollar erreicht. Das chinesische Handelsbilanzdefizit, das in der Vergangenheit

42 Vgl. *Japan Times*, 3.12.1987; Summary of World Broadcasts: The Far East, Nr. 8642, 10.8.1987, und ebd., Nr. 8624, 20.7.1987.

43 Vgl. *The China Quarterly*, Nr. 115, September 1988, S. 518; Summary of World Broadcasts: The Far East, Nr. 0152, 16.5.1988.

44 Summary of World Broadcasts: The Far East, Nr. 0136, 27.4.1988.

immer wieder Chinas Kritik herausgefordert hatte, war verschwunden. China konnte in der ersten Hälfte 1988 sogar einen Überschuß von 500 Millionen Dollar verbuchen. Insgesamt wurden 400 Gemeinschaftsunternehmen (joint ventures) betrieben. Für den Zeitraum von 1990 bis 1995 sagte Takeshita neue Kredite in Höhe von 800 Milliarden Yen (6 Milliarden Dollar) zu, die für 42 Modernisierungsprojekte verwendet werden sollten. China waren insgesamt Kredite in Höhe von 300 Milliarden Yen (für 1978 bis 1983) und 470 Milliarden Yen (für 1984 bis 1989) gewährt worden. Mit dem für die weitere Vertiefung der bilateralen Wirtschaftsbeziehungen wichtigen Unterzeichnung eines Investitionsschutzabkommens endete der offizielle Teil dieses erfolgreichen Besuchs. Takeshita rief beide Seiten dazu auf, „einen neuen und kühnen Sprung in Richtung auf das 21. Jahrhundert" zu tun.[45]

## DAS PROBLEM HONGKONG

Die Gemeinsame Britisch-Chinesische Erklärung zur Hongkong-Frage vom 19. Dezember 1984 sieht die Einrichtung eines Sonderverwaltungsgebiets Hongkong und die Beibehaltung des bestehenden Wirtschafts- und Gesellschaftssystems über den 1. Juli 1997, den Zeitpunkt der Unterstellung unter die Souveränität der Volksrepublik China, hinaus vor.[46] Zur konkreten Ausgestaltung dieser Übereinkunft wurde u.a. ein Komitee ins Leben gerufen, dessen Aufgabe die Ausarbeitung eines Grundgesetzes (Basic Law) ist. Dieses Basic Law Drafting Committee (BLDC) legte einen Entwurf vor, der am 28. April 1988 gleichzeitig in China und Hongkong veröffentlicht wurde. Dieser führt Einzelheiten zur Beibehaltung des kapitalistischen Systems Hongkongs nach 1997 sowie die Fortdauer der geltenden Gesetze für weitere 50 Jahre aus. Hongkong soll ferner seinen Status als internationales Finanzzentrum, als Freihafen und unabhängiges Zollgebiet behalten und wird als Sonderverwaltungsgebiet direkt der Zentralregierung unterstehen.[47]

Der Entwurf des Grundgesetzes scheint unter den beteiligten Gruppen ohne prinzipielle Meinungsverschiedenheiten ausgearbeitet worden zu sein. Der Versuch der Regierung in Hongkong, direkte Wahlen zum Legislativrat einzuführen, stieß allerdings in Beijing auf Widerstand. Die chinesische Führung wünschte nicht, daß vor dem Inkrafttreten des Basic Law irgendwelche größeren Veränderungen im politischen System der Kolonie vorgenommen wurden. Die Einführung der Wahlen wurde zunächst auf 1991 vertagt.[48]

---

45 *Asahi Evening News*, 23.8.1988; *The China Quarterly*, Nr. 116, Dezember 1988, S. 870-872.

46 Vgl. hierzu auch Joachim *Glaubitz*, Chinas Öffnung zum Westen, in: IP 1983/84, bes. S. 336 ff.

47 Der Entwurf ist abgedruckt in: *The China Quarterly*, Nr. 115, September 1988, S. 516-518.

48 Vgl. Asia Yearbook 1989, S. 117.

Aufhorchen ließ ferner eine Rede Deng Xiaopings an die Adresse des BLDC, in der dieser darauf hinwies, daß die Gültigkeit des Grundgesetzes vom Fortbestehen des sozialistischen Systems in China unter der Führung der KPCh abhänge. Das Prinzip „ein Land – zwei Systeme" liege zwar der Existenz eines regionalen Kapitalismus zugrunde, aber der Hauptteil des Staates sei und bleibe sozialistisch. Deng warnte vor einer irgendwie gearteten Teilung der drei Gewalten der Hongkonger Regierung und vor der Übernahme des britischen oder amerikanischen Parlaments- bzw. Kongreßsystems. Der Begriff „demokratisch" beziehe sich auf eine sozialistische, nicht auf eine bürgerliche Demokratie. Schließlich bemerkte er, daß nach 1997 Probleme auftreten könnten, die ein Eingreifen der Zentralregierung in Beijing erforderlich machten.[49]

Eine Äußerung in dieser Tonlage war kaum geeignet, das Vertrauen der Bevölkerung in das Schicksal des „Sonderverwaltungsgebiets" zu stärken. Schätzungsweise 35 000 bis 50 000 Menschen verließen seit 1987 jährlich Hongkong. Für 1988 wurde eine noch größere Abwanderung erwartet. Bei anhaltender Aufnahmebereitschaft der Zielländer wurde bis 1997 mit dem Fortgang von insgesamt etwa 750 000 Menschen gerechnet.[50]

49 *The China Quarterly*, Nr. 112, Dezember 1987, S. 701.
50 Vgl. Asia Yearbook 1989, S. 117-118.

# MACHTVERSCHIEBUNGEN IN SÜDASIEN

*Von Citha D. Maaß*

Eine Kette von Ereignissen im Berichtszeitraum 1987/88 löste einschneidende Machtveränderungen in der südasiatischen Region aus: Der Lösungsversuch im srilankischen Tamilen-Konflikt war durch Indiens Entschluß bestimmt, im indisch-srilankischen Abkommen vom 19. Juli 1987 die Rolle der Garantiemacht zu übernehmen und außerregionale Mächte aus dem Konflikt herauszuhalten. Das internationale Interesse richtete sich vor allem auf die Unterzeichnung der Genfer Afghanistan-Abkommen durch Afghanistan, Pakistan, die Sowjetunion und die USA am 14. April 1988, den sowjetischen Truppenabzug aus Afghanistan seit dem 15. Mai, den mysteriösen Tod des pakistanischen Präsidenten Mohammed Zia ul Haq am 17. August und die Rückkehr Pakistans zu einer zivilen Regierung nach dem Wahlsieg von Benazir Bhutto am 16. November 1988.

## AFGHANISTAN

Die Genfer Afghanistan-Abkommen[1] leiteten keinen Kriegsschluß ein, sondern nur eine neue Phase des Bürgerkriegs zwischen den Mudschahedin und dem sozialistischen Regime unter Staats- und Parteichef Mohammed Najibullah. Von einer Ost-West-Auseinandersetzung, die zum Kompromiß zwischen den beiden Großmächten Sowjetunion und Vereinigte Staaten geführt hatte,[2] sank der Konflikt zu einem lokalen Krieg ab. Um so erbitterter betrieben die beiden innerafghanischen Kontrahenten ihren politischen und militärischen Positionskampf, um für die Situation nach dem Abschluß des sowjetischen Rückzugs, der auf den 15. Februar festgelegt war, gerüstet zu sein.[3]

### *Die Machtkonsolidierung Najibullahs*

Die Voraussetzungen, unter denen die islamischen Widerstandsgruppen und die Regierung in Kabul ihre Strategien planten, waren in den Phasen vor, während und nach der abschließenden Genfer Verhandlungsrunde durch Ungleichgewichte charakterisiert: Vor der Genfer Runde verfügte das Regime

---

1 Abgedruckt in: *EA*, 11/1988, S. D 291-318.

2 Vgl. zur Rolle der beiden Supermächte im Afghanistan-Konflikt besonders den Beitrag von Helmut *Hubel* in diesem Band.

3 Vgl. Olivier *Roy*, Afghanistan vor einer ungewissen Zukunft, in: *EA*, 9/1988, S. 233-240.

unter Najibullah über den entscheidenden Informationsvorsprung, daß der sowjetische Generalsekretär Michail Gorbatschow einen Truppenabzug schon seit 1985 ernsthaft anstrebte. Neben der militärischen Positionsverbesserung schien es daher opportun, eine ergänzende politische Offensive zu starten. Als solche war Najibullahs Offerte an Parteilose und Widerstandskämpfer zu verstehen, sich seiner „Politik der nationalen Aussöhnung" anzuschließen. Diese neue Politik beabsichtigte, durch eine begrenzte Öffnung dem Regime größere Unterstützung in der Bevölkerung und unter rückkehrwilligen Flüchtlingen zu verschaffen.[4] Als vorbereitenden Schritt hatte Najibullah zwischen Mai und Dezember 1986 seinen Vorgänger Babrak Karmal, der in die Sowjetunion abgeschoben wurde, nach und nach abgelöst. Im Dezember 1986 arbeiteten Moskau und Kabul in mehrmaligen Konsultationen ihre gemeinsame Strategie aus, so daß Najibullah im Januar 1987 einen sechsmonatigen Waffenstillstand verkünden konnte.

Um die Kontrolle über die beabsichtigte Öffnung in seiner Hand zu konzentrieren, vervollständigte Najibullah zunächst seine Machtfülle. Er übernahm am 30. September 1987 das Präsidentenamt und wurde dadurch faktisch Staatsoberhaupt. Dann bildete er am 17. Oktober Zentralkomitee und Politbüro um. Auf dem Parteitag der marxistisch ausgerichteten Demokratischen Volkspartei Afghanistans (DVPA) vom 18. bis 20. Oktober ließ er seine Politik der nationalen Aussöhnung bestätigen und sicherte sich die Zustimmung für die Bildung einer Koalitionsregierung, für eine neue Verfassung und für die Wahl des Präsidenten. Für den 29./30. November 1987 berief er schließlich gemäß der afghanischen Tradition eine Große Ratsversammlung (Loya Jirga) ein. Unabhängigkeit und Repräsentativität der 1 500 Delegierten waren umstritten, doch ihren formalen Zweck erfüllte die Loya Jirga: Sie setzte die neue, ein pluralistisches System anstrebende Verfassung in Kraft und wählte Najibullah zum Staatspräsidenten. Dieser hatte Ende 1987 somit zwar die formale Unterstützung für seine Öffnungspolitik erhalten, doch stellte sich die erhoffte Zustimmung durch die Bevölkerung auch 1988 nicht ein.[5] Damit war seine politische Offensive gescheitert.

### *Die Strategie der Mudschahedin*

Sowohl die islamischen Widerstandsgruppen als auch ihre westlichen Waffenlieferanten und deren politische Berater zweifelten bis Ende 1987 daran, daß Gorbatschow tatsächlich die Truppen abziehen würde. Folglich legte der

---

4 Vgl. Dieter *Braun* und Karlernst *Ziem*, Afghanistan. Sowjetische Machtpolitik – Islamische Selbstbestimmung, Baden-Baden 1988, S. 76-89.

5 Vgl. Karlernst *Ziem*, Ein Zwischenbericht: Zur Lage in Afghanistan, in: *Außenpol.*, 1/1989, S. 51-53.

Widerstand den Schwerpunkt weiterhin darauf, lokale Geländegewinne zu erzielen und militärischen Offensiven der sowjetisch-afghanischen Truppen standzuhalten.

Zwei große Offensiven konnten die Mudschahedin abwehren: so im Mai 1987 den gemeinsamen sowjetisch-afghanischen Versuch, zu dem von den Widerstandsgruppen belagerten Ali Kheyl (Provinz Paktia) durchzudringen, und im Juni den Versuch der DVPA-Truppen, die Widerstandsbasen im Arghandab-Tal nahe Kandahar zu schwächen. Im November/Dezember 1987 mußten die Mudschahedin allerdings eine psychologisch bedeutsame Niederlage hinnehmen, als 10 000 sowjetische Truppen den seit sechs Jahren bestehenden Belagerungsring um Khost (nahe der pakistanischen Grenze) durchbrachen.[6] Solange ein sowjetischer Truppenabzug ungewiß war, ließ sich die einseitige Konzentration auf eine militärische Positionsverbesserung rechtfertigen. Doch in der nachfolgenden Phase rächte es sich, daß eine politische Koordinierung, die über den seit 1985 bestehenden losen Zusammenschluß der im pakistanischen Exil lebenden Führer (Peshawar-Allianz) hinausging, an den anhaltenden internen Machtrivalitäten scheiterte.

Das entscheidende Ungleichgewicht zwischen Regierung und Widerstand während der Genfer Runde bestand darin, daß das DVPA-Regime direkter Verhandlungspartner in Genf war und als eine der Vertragsparteien die Abkommen unterzeichnete. Dagegen waren die sunnitischen Mudschahedin-Gruppen in Genf indirekt durch Pakistan vertreten. Den schiitischen Gruppen hatte Iran eine Teilnahme an der UN-Vermittlungsaktion von Anfang an verweigert; diese erkannten deshalb die Abkommen nicht an. Das hatte zur unmittelbaren Folge, daß die Mudschahedin die Abkommen ablehnten und sich nicht an die Vereinbarungen gebunden fühlten. Außerdem wurde durch die Unterzeichnung die Fiktion aufrechterhalten, daß das DVPA-Regime international anerkannt sei, im Gegensatz zur Peshawar-Allianz der Mudschahedin, die noch nicht einmal den Status einer Exilregierung besaß.[7]

Die Anerkennung des Kabul-Regimes war das politische Zugeständnis, das die USA und Pakistan machten, um den sowjetischen Truppen einen gesichtswahrenden Abzug zu ermöglichen. Das Zugeständnis wurde ihnen dadurch erleichtert, daß der Widerstand auch in dieser Phase nicht in der Lage war, eine politische Alternative anzubieten: Ein Versuch der Peshawar-Allianz, im Februar 1988 für die von ihr gebildete „Interimsregierung" internationale Anerkennung zu finden, scheiterte und legte überdies interne Aufspaltungen bloß. Der „traditionalistische" Führer Sibghatullah Mojadeddi protestierte z.B.

---

6 Charles *Dunbar*, Afghanistan in 1987. A year of decision?, in: *Asian Survey*, Bd. XXVIII, Nr. 2/1988, S. 150.

7 Vgl. *Ziem*, a.a.O. (Anm. 5), S. 45.

offen dagegen, daß Ahmad Shah von der „radikal-islamischen“ Partei Abdul Rasul Sayyafs zum Interimspräsidenten ernannt wurde.[8]

*Unklare politische Verhältnisse nach den Genfer Abkommen*

Psychologisch war die Situation in Afghanistan durch die vorherrschende Lageeinschätzung bestimmt, daß es nach dem Stichtag des 15. Februar 1989 nur noch eine Frage von Wochen oder Monaten sein werde, bis Kabul gestürmt und die DVPA-Anhänger in blutiger Vergeltung getötet würden. Die afghanische Geschichte bot reichliches Anschauungsmaterial für derartige Racheakte. Diese „Endkampfstimmung“ unter den DVPA-Anhängern erhöhte zwangsläufig das Durchhaltevermögen, verschärfte aber auch die Gefahr eines Putsches. Ihr Durchhaltevermögen wurde von Moskau politisch und mit allen verfügbaren Mitteln gestärkt. Die Sowjetunion scheute keine Kosten und Risiken, in den verbleibenden Rückzugsmonaten hochwertige Waffen und – während der Hungersnot am Jahresende 1988 – täglich Nahrungsmittel und Brennstoff nach Kabul einzufliegen, ganz zu schweigen von den beim Rückzug an die DVPA-Truppen übergebenen Waffen.

Staats- und Parteichef Najibullah erhielt jedoch keine vergleichbare Unterstützung. Im Mai 1988 ernannte er auf Druck Moskaus den parteilosen Mohammad Hassan Sharq zum Premierminister, der im Juni eine „Koalitionsregierung“ bildete, in der die DVPA aber weiterhin die Vormacht besaß. Im Oktober gelang es Najibullah zwar, einen Putschversuch des DVPA-Militärs zu überstehen, doch wurde seine Position durch die erstmalige direkte Kontaktaufnahme zwischen Moskau und der Peshawar-Allianz geschwächt: Vom 3. bis 5. Dezember 1988 verhandelte Julij Woronzow[9] in Saudi-Arabien mit dem Allianz-Mitglied Burhanuddin Rabbani über die Freilassung sowjetischer Kriegsgefangener. Die Gespräche verliefen zwar ergebnislos, doch sah die Situation auch für das DVPA-Regime Ende 1988 düster aus: Flügelkämpfe wurden nur mühsam unter Kontrolle gehalten, und Moskau schien Najibullah zur Disposition stellen zu wollen, wenn es dadurch die DVPA insgesamt als politischen Faktor retten konnte.

Auf seiten der Mudschahedin löste deren Siegesgewißheit nicht nur ein Nachlassen westlicher Unterstützung aus, sondern führte auch zu taktischen Fehlern der Peshawar-Allianz bei ihrem politischen und militärischen Vorgehen.[10] Zum einen übersahen die Mudschahedin, daß die amerikanischen

---

8 Vgl. Richard P. *Cronin*, Afghanistan in 1988. Year of Decision, in: *Asian Survey*, Bd. XXIX, Nr. 2/1989, S. 214-215.

9 Julij Woronzow war Stellvertretender sowjetischer Außenminister und wurde zusätzlich im Oktober 1988 überraschend zum Botschafter in Kabul ernannt.

10 Vgl. Citha D. *Maaß*, Der sowjetisch-afghanische Krieg. Innenpolitische Voraussetzungen, Verlauf und Endphase, in: *APZ*, B 9/1989, 24.2.1989, S. 3-6, und S. 14.

Waffenlieferungen bisher erfolgt waren, um den sowjetischen Truppenrückzug zu erzwingen, nicht aber, um eine Herrschaft der Mudschahedin (möglicherweise sogar in fundamentalistischer Version) einzusetzen. Die politischen Machtrivalitäten zwischen den Peshawar-Führern traten zum andern immer krasser zutage, so daß die Zurückhaltung der USA aus amerikanischer Sicht gerechtfertigt erschien. Darüber hinaus zeichnete sich seit Beginn des sowjetischen Rückzugs in aller Deutlichkeit ab, daß die vor Ort kämpfenden Feldkommandanten verärgert waren über die machtpolitischen Streitigkeiten der Peshawar-Führer, und sich von diesen teilweise distanzierten. Letztlich wurden die Auseinandersetzungen zwischen den zahlreichen Mudschahedin-Anführern durch den plötzlichen Tod des pakistanischen Präsidenten Zia im August 1988 noch verschärft, da Zia unablässig in die internen politischen Machtverhältnisse eingegriffen hatte. Sein Tod entfachte zur Jahreswende 1988/89 neuerliche Rivalitäts- und Richtungskämpfe zwischen den ideologisch stark divergierenden Mudschahedin-Parteien. Statt geschlossen gegen das DVPA-Regime zu kämpfen, verzettelten sie ihre Kräfte in untereinander ausgetragenen Fehden.

## PAKISTAN

Präsident Zia ul Haqs Politik der „Zivilisierung", d.h. seine vorgeblichen Demokratisierungsversuche, wurden bis zur Jahresmitte 1988 von der Bevölkerung zwar mit großer Skepsis, aber auch mit einer gewissen Zuversicht beurteilt. Zwar ging die Abkehr von der Militärherrschaft (am 30. Dezember 1985 hob Zia das Kriegsrecht auf) und die Rückkehr zur Demokratie, die mit dem umstrittenen Referendum vom 19. Dezember 1984 begann, nur im Schneckentempo voran. Doch schienen die von Zia für 1990 angekündigten Nationalwahlen sowohl das absehbare Ende seiner persönlichen Herrschaft als auch der Vormachtstellung des militärisch-bürokratischen Apparats anzudeuten. Die vorsichtige Zuversicht basierte auch darauf, daß Zia seit dem Referendum schrittweise und handverlesen zivile Politiker in die Regierungsverantwortung eingebunden hatte.

### *Zweifel an Zias Demokratisierungspolitik*

Es handelte sich hierbei allerdings weniger um eine Stärkung der demokratischen Institutionen als vielmehr um die Einbindung einer Zia loyal ergebenen Gruppe von Politikern und einflußreichen Persönlichkeiten. Aus dieser Einschränkung erwuchs auch die Skepsis, da die Bevölkerung gelernt hatte, Zias Ankündigungen grundsätzlich zu mißtrauen. Ende der siebziger Jahre hatte er den Termin für Wahlen immer wieder hinausgeschoben und schließlich auf die Vertröstungstaktik ganz verzichtet. Parteien hielt er für „unislamisch" und erklärte sie für „eingegangen". Seine Islamisierungspolitik stand in Verdacht, hauptsächlich seine eigene Macht zu legitimieren, obwohl seine persönliche Strenggläubigkeit unbestritten war.

Ihm wurde unterstellt, die „Zivilisierung" seit den Wahlen im Februar 1985, bei denen keine Parteien zugelassen waren, nur eingeleitet zu haben, um sich ein „demokratisches Feigenblatt" zuzulegen – mit Blick auf die durch den Afghanistan-Konflikt außerordentlich hohe amerikanische Militär- und Wirtschaftshilfe und, damit verbunden, auf die alljährliche wohlwollende Begutachtung der pakistanischen Nuklearpolitik durch den amerikanischen Präsidenten.[11]

Im Verlauf des Jahres 1987 geriet die Zivilisierungspolitik in eine kritische Phase, die sich im Winter 1987/88 zuspitzte und im Frühjahr 1988 anläßlich Zias starrer Haltung bei den Genfer Afghanistan-Verhandlungen ihren Kulminationspunkt erreichte. Die Ursache lag in der Person des Premierministers Mohammad Khan Junejo. Unauffällig aber beharrlich wandelte sich Junejo seit seiner Einsetzung als Premierminister im April 1985 von einem Günstling Zias zu einem eigenständigen politischen Herausforderer mit wachsendem Anhang im islamisch-traditionellen Establishment. Die anfängliche Übereinstimmung zwischen Zia und seinem zivilen Premierminister wandelte sich in dem Maß in eine interne Kompetenzrivalität, wie die allgemeinen Forderungen nach Redemokratisierung erstarkten. Dabei verband Zia und Junejo das gemeinsame Interesse, Benazir Bhuttos[12] Pakistan People's Party (PPP) als Sammelbecken der sozialistischen Kräfte von der Macht fernzuhalten. Junejos Bestreben war es, sich selbst und die von ihm reaktivierte Pakistan Muslim League (PML) zum hauptsächlichen Nutznießer der gegen Zia und die Macht des militärisch-bürokratischen Apparats gerichteten Demokratisierungsbewegung zu machen und möglicherweise Zia zu vorgezogenen Nationalwahlen zu zwingen.

Zur entscheidenden Machtprobe zwischen Junejo und Zia kam es während der Genfer Afghanistan-Verhandlungen. Im Vergleich mit Zia, der sich gegen einen Kompromiß zu Lasten der Mudschahedin sperrte, erwies sich Junejo als flexibler. Unter Umgehung Zias kooperierte Junejo in den entscheidenden Wochen, um eine möglichst frühe Regelung zu erreichen. Als er im März 1988 eine Allparteienkonferenz, an der sogar Benazir Bhutto teilnahm, mit

---

11 Das Symington Amendment von 1976, das Glenn Amendment von 1977 und das Solarz Amendment von 1985 machen die Freigabe amerikanischer Hilfe davon abhängig, daß der Präsident dem Congress bestätigt, daß das Empfängerland nicht im „Besitz" einer Atombombe ist. Diese „Unbedenklichkeitserklärung" konnte Präsident Reagan angesichts des Ausbaus der pakistanischen Nuklearkapazität nur noch mit Mühe begründen. Vgl. Dieter *Braun* und Karlernst *Ziem*, Die nukleare Komponente eines latenten wie akuten Regionalkonflikts: Indien/Pakistan, in: Dieter *Senghaas* (Hrsg.), Regionalkonflikte in der Dritten Welt, Baden-Baden 1989, S. 273-294.

12 Benazir Bhutto war die Tochter des von Zia 1977 entmachteten und am 4.4.1979 gehängten pakistanischen Premiers Zulfikar Ali Bhutto und eine erbitterte Feindin Zias.

dem Ziel veranstaltete, einen nationalen Konsens für eine Afghanistan-Formel zu erzielen,[13] kam das einer offenen Herausforderung an Zia gleich. Dieser reagierte am 29. Mai mit der überraschenden Absetzung Junejos und löste die Nationalversammlung auf; dies wurde später vom Obersten Gerichtshof als böswillig, gesetzeswidrig und willkürlich bezeichnet.[14] Letztlich errang Zia damit einen Pyrrhussieg.

## *Die Nachfolge Zias*

Präsident Zia ul Haqs mysteriöser Tod bei einem Flugzeugabsturz am 17. August 1988 war auslösendes Moment für einen grundlegenden Wandel der innenpolitischen Machtverhältnisse in Pakistan:[15] Hatte Zia noch bei den Gemeindewahlen („Local Bodies Poll") am 30. November 1987 keine Parteien zugelassen, fanden ein Jahr später, am 16. November 1988, erstmals seit 1977 freie Nationalwahlen statt. Zwar schien es zum Zeitpunkt von Zias Tod noch, als seien die Parteien organisatorisch nicht auf Wahlen vorbereitet; doch binnen drei Monaten änderte sich das Bild. Obwohl die PPP als die anhängerstärkste Partei bekannt war, kam das Wahlergebnis dennoch überraschend:[16] Bhutto erhielt 92 der 205 Sitze, verfehlte damit aber die absolute Mehrheit. Ihr schärfster Rivale, der Führer der konservativen Koalition Islamic Democratic Alliance (IDA),[17] Nawaz Sharif, sicherte sich zwar nur 55 Sitze, kontrollierte aber die politisch einflußreichste Provinz Punjab und gewann dadurch weit mehr Gewicht, als es sein numerischer Sitzanteil widerspiegelte.

Um eine Parlamentsmehrheit zu erhalten, bildete Bhutto eine Koalition mit der auf die Provinz Sind begrenzten Partei der Mohajirs,[18] dem Mohajir Qaumi Movement (MQM). Diese war erstmals im Parlament vertreten und hatte überraschend 13 Sitze errungen. Mit dieser Koalition ging Bhutto allerdings ein Stabilitätsrisiko ein, denn die Mohajirs waren seit Mitte der achtziger Jahre vor allem in Karatschi und Haiderabad/Sind in ethnische Unruhen mit sozioökonomischem Hintergrund verwickelt und hatten sich noch nicht in die ethnische Struktur Pakistans eingefügt.

---

13 Vgl. Rasul B. *Rais*, Pakistan in 1988. From Command to Conciliation Politics, in: *Asian Survey*, Bd. XXIX, Nr. 2/1989, S. 200.

14 Vgl. *Dawn*, 9.10.1988.

15 Vgl. Citha D. *Maaß*, Pakistan nach dem Tod von Zia ul Haq. Instabilität oder Entspannung?, in: *EA*, 19/1988, S. 553-554.

16 Vgl. Khushi M. *Khan*, Zur politischen Lage in Pakistan nach Zia, in: *APZ*, B 9/1989, 24.2.1989, S. 15-24, bes. S. 19-20, sowie für das Wahlergebnis *Dawn*, 26.11.1988.

17 Der IDA gehörte auch Junejos inzwischen zur Bedeutungslosigkeit verurteilte PML an.

18 Als Mohajirs werden die 1947 aus Indien zugewanderten urdusprachigen Moslems bezeichnet, die sich in den Städten der Provinz Sind niedergelassen haben.

Die Verzögerung bei Bhuttos Vereidigung zur Premierministerin am 2. Dezember 1988 war darauf zurückzuführen, daß das Militär, der Interimspräsident Ghulam Ishaq Khan und auch das breite politische Spektrum der PPP-Gegner ihren Hauptopponenten Nawaz Sharif mit einer IDA-Regierung an der Spitze des Staates sehen wollten. Bhutto konnte sich die Regierungsübernahme nur mit erheblichen Konzessionen an das Militär sichern.[19] Dazu gehörte auch die Übernahme des bisherigen Außenministers Sahabzada Yaqub Khan, der mit seinen reichen diplomatischen Erfahrungen für die Kontinuität in der USA- und Afghanistan-Politik bürgen sollte.

Die amerikanische Regierung wertete Bhuttos Amtsantritt als ein Signal für die Demokratisierung des politischen Systems. Darin sah das Weiße Haus ein gewichtiges Argument, um im amerikanischen Kongreß das umfangreiche Hilfspaket gegenüber den Kritikern der pakistanischen Nuklearpolitik zu rechtfertigen. Auch die europäischen Staaten begrüßten die Demokratisierung. Die Sowjetunion erhoffte sich vor allem von Bhutto eine politische Lösung des Afghanistan-Konflikts.

## INDIEN

Ein schon mehrfach beobachtetes Phänomen im Wechselspiel zwischen Indiens Innen- und Außenpolitik trat im Berichtszeitraum deutlich zutage. Innenpolitisch stolperte die Regierung unter Premierminister Rajiv Gandhi über einen Skandal nach dem andern, außenpolitisch erzielte sie mit ihrer Politik der Stärke jedoch Erfolge. Gandhi konnte seine Popularität, die zu einem sensationell hohen Wahlsieg im Dezember 1984 geführt hatte (seine Congress-Partei hatte mit 415 Sitzen 76,6 Prozent der insgesamt 542 Sitze im Unterhaus gewonnen), nicht aufrecht erhalten.

### *Innenpolitische Skandale*

Im August 1988 wurde bei Meinungsumfragen ein überraschender Popularitätsverlust festgestellt,[20] der schon zu Beginn von Gandhis zweitem Regierungsjahr im Januar 1986 eingesetzt hatte. Er schritt im Laufe des Jahres 1987 rapide fort, bedingt durch Gandhis Zerwürfnis mit seinem Wirtschaftsminister Vishwanath Pratap Singh, der in der Bevölkerung geschätzt, aber von Wirtschaftsführern angefeindet wurde. Gandhis Wahlversprechen von 1984, die Korruption zu bekämpfen und eine „saubere" Regierung einzuführen, war von Singh konsequent verfolgt worden. Er galt als der einzige nicht korrupte

19 Vgl. *Khan*, a.a.O. (Anm. 16), S. 23/24.

20 Die Berechnungsgrundlage ist erläutert in: *India Today*, 31.8.1988, S. 12-19.

Minister in Gandhis Kabinett. Mit seinen Steuerfahndungen in prominenten Wirtschaftskonzernen, die der Congress-Partei wohlgesonnen waren, hatte er sich so viele einflußreiche Feinde gemacht, daß Gandhi ihn unter demütigenden Umständen am 24. Januar 1987 in das Verteidigungsministerium „zwangsversetzte". Schon im April schied Singh aus dem Kabinett aus.

Als er am 16. Juli 1987 auch noch aus der Congress-Partei austrat und seinen Oberhaussitz niederlegte, begann sein Aufstieg als Integrationsfigur der zersplitterten Opposition und als zukünftiger Gegenspieler Gandhis in den bis Ende 1989 fälligen Nationalwahlen.[21] Am 2. Oktober 1987, dem Geburtstag Mahatma Gandhis, gründete er das Volksforum (Jan Morcha), das sich als „Bewegung", nicht als Partei verstand. Am 15. Juni 1988 schlug er in den Nachwahlen zum Unterhaus in Allahabad (Uttar Pradesh) mit überwältigendem Vorsprung den Congress-Gegenkandidaten, und fügte damit Gandhi eine demütigende Niederlage zu, der die Wahl zu einem nationalen Prestigetest hochgespielt hatte. Nach mehrmals gescheiterten Einigungsversuchen führte Singh dann am 6. August sieben Oppositionsparteien in der lose koordinierten National People's Front zusammen und gründete mit einigen dieser Gruppierungen am 11. Oktober 1988 eine neue Partei, die Volkspartei (Janata Dal).

Hintergrund für das endgültige Zerwürfnis zwischen Gandhi und seinem ehemaligen Minister waren verschiedene Skandale um Rüstungsbeschaffungen. Noch als Finanzminister hatte Singh eine amerikanische Detektei engagiert, um illegale Auslandskonten indischer Staatsbürger ausfindig zu machen. Diese enthüllte, daß beim 1981 erfolgten Ankauf deutscher U-Boote vermutlich Schmiergelder in Höhe von etwa 25 Millionen Dollar in Regierungskanäle gelenkt wurden, als noch Indira Gandhi Premierministerin war. Diese Enthüllung besiegelte Singhs Schicksal im Kabinett. Wenige Tage später folgte der nächste Skandal: Es wurde bekannt, daß der schwedische Konzern Bofors 400 Haubitzen im Wert von über 1,2 Milliarden Dollar an die indische Armee verkauft hatte. Dabei sollten 40 Millionen Dollar auf Schweizer Konten abgezweigt worden sein. Der Bofors-Vertrag war im Februar 1986 abgeschlossen worden, als Gandhi selbst das Verteidigungsministerium leitete.[22]

---

21 Vgl. Dagmar Gräfin *Bernstorff*, Neue Entwicklungen im indischen Parteiensystem, in: Werner *Draguhn* (Hrsg.), Indien in den 90er Jahren, Hamburg 1989, S. 55-58.

22 Im Bofors-Skandal richtete sich der Verdacht gegen Gandhis engste Freunde, die Bachchan-Brüder. Zunächst gelang es Gandhi, seine eigene Familie gegen den Korruptionsverdacht abzuschirmen. Doch als sich seine Popularität infolge mehrerer innenpolitischer Fehlentscheidungen (z.B. im Punjab), die zu Congress-Wahlniederlagen in der Mehrzahl der Nach- und Bundesstaatenwahlen 1987 und 1988 führten, verringerte, wandelte sich die wachsende Desillusionierung in deutliche öffentliche Kritik. Diese fand ihren Höhepunkt, als Gandhi mit einer verschärften Notstandsgesetzgebung im März 1988 eine Kontroverse auslöste und im August 1988 zur Rücknahme der „Defamation Bill" (einem Gesetz zur Knebelung der Presse) gezwungen wurde.

### *Außenpolitische Schwerpunkte*

In der Außenpolitik versuchte Indien seinen Anspruch durchzusetzen, als regionale Vormacht von den südasiatischen Nachbarn und von den USA anerkannt zu werden; die freundschaftlichen Beziehungen zur Sowjetunion aufrechtzuerhalten; international einen China vergleichbaren Status zu erlangen und eine globale Rolle einzunehmen. Dies wurde in der Region von Gandhi mit einer Politik der Stärke und des „doppelten Maßstabs“[23] betrieben, vergleichbar mit der regionalen Konfrontationspolitik seiner Mutter. Bei genauerer Betrachtung war jedoch kein umfassendes Konzept erkennbar. Indiens verspätete Reaktion auf Gorbatschows Entspannungspolitik gegenüber den USA und gegenüber China[24] und dessen neuerliche Mahnung während seines Indien-Besuchs im November 1988 machten das Fehlen einer flexiblen Konzeption deutlich und erweckten den Eindruck, Indien hinke hinter den Ost-West-Veränderungen her.

Allerdings konnte Indien – mit Einschränkungen – im Berichtszeitraum seine internationale Position verbessern. War die außenpolitische Lage Anfang 1987 noch von einer akuten Kriegsgefahr an der Grenze zu Pakistan bestimmt, so erlebten die Beziehungen zwischen beiden Ländern 1988 einen dramatischen Wandel. Das Verhältnis der beiden Staaten war durch die schweren Kämpfe in den seit 1984 anhaltenden kriegerischen Auseinandersetzungen im September 1987 in Kaschmir und durch im Frühjahr/Sommer 1988 eskalierende Spannungen an der Grenze zu Punjab und Kaschmir stark beeinträchtigt. Mit Benazir Bhuttos Wahlsieg und Regierungsübernahme brach das Tauwetter zwischen den beiden „Erzfeinden“ aus. Ein Gipfeltreffen zwischen den beiden Premierministern vom 29. bis 31. Dezember 1988 in Islamabad endete mit der Unterzeichnung von drei Abkommen (Nichtangriff auf Nuklearanlagen, Kulturaustausch, Verhinderung von Doppelbesteuerung).[25] Das gleichzeitig in Islamabad stattfindende vierte Treffen[26] der sieben Staats- und Regierungschefs im Rahmen des Südasiatischen Verbandes für Regionale Zusammenarbeit (SAARC) wurde vom Einvernehmen zwischen Gandhi und Bhutto dominiert. Die übrigen fünf SAARC-Mitglieder (Bangladesch, Bhutan, Malediven, Nepal, Sri Lanka) spielten nur eine Statistenrolle, als es darum ging, einen gemeinsamen Ansatz zur Bewältigung der vielfältigen regionalen Probleme zu finden.

---

23 So verwendete Delhi weiterhin einen „doppelten Maßstab“ in der Kontroverse um eine angebliche Terroristenunterstützung: Während Indiens langjährige Hilfe für die tamilischen Untergrundgruppen in Sri Lanka als gerechtfertigt dargestellt wurde, griff Delhi die Regierung Zia heftig wegen der angeblichen Unterstützung für Sikh- und Kaschmir-Extremisten an.

24 Vgl. Dieter *Braun*, Indien und der Wandel der Mächtekonstellation in Asien, in: *Asien*, Nr. 32, Juli 1989, S. 59-69.

25 Ein Teil der Abkommen ist abgedruckt in: *EA*, 1/1990, S. D 36 f.

26 Die Erklärung von Islamabad ist abgedruckt in: *ebd.*, S. D 31-35.

Indiens Beziehungen zu den USA kamen nur schrittweise voran: zwei Schritte vor, einen Schritt zurück. Beispielhaft dafür war der Kauf eines Computers für die Wetterbeobachtung. Zunächst gab Washington eine moderne Version für den Verkauf frei, und Indien akzeptierte bestimmte Sicherheitsauflagen. Dann allerdings machte Washington eine Rückzieher, weil es befürchtete, daß Indien die Technologie an die Sowjetunion weitergeben würde. Darauf erneuerte die Sowjetunion ihr eigenes Angebot, das aber technologisch weniger attraktiv war. Das konterte Washington mit dem Angebot einer kleineren Computer-Version, die Indien schließlich zähneknirschend akzeptierte.

Mit der Sowjetunion wurde die langjährige wirtschaftliche und militärtechnologische Kooperation ausgebaut. Ende 1987 wurde das von der Sowjetunion ausgeliehene atombetriebene U-Boot „Chakra" in die indische Marine integriert. Anläßlich der Besuche des indischen Verteidigungsministers Krishna C. Pant im Februar 1988 in der Sowjetunion und seines sowjetischen Kollegen Dimitrij Jasow in Indien im September 1988 wurden Lizenzbau sowie Ankauf sowjetischer Systeme in den Bereichen Elektronik, Luftwaffe und Unterwassermarine sondiert. Während Gorbatschows Indien-Besuch vom 18. bis 20. November 1988 wurden nicht nur ein neues Handelsabkommen mit einer 35prozentigen Volumenssteigerung gegenüber dem Vorjahr, sondern auch der Kauf zweier sowjetischer schlüsselfertiger Kernkraftwerke mit 1 000-Megawatt-Reaktoren abgeschlossen.

Im politischen Bereich wirkte sich das freundschaftliche Verhältnis Indien-Sowjetunion auf Indiens Politik gegenüber Afghanistan und China aus: Im Fall Afghanistans bestand Interessengleichheit, das DVPA-Regime an der Macht zu halten. Nach Abschluß der Genfer Abkommen gehörte Indien zu den wenigen Staaten, die darauf hinwiesen, daß im Frühjahr 1989 nicht mit dem sofortigen Fall des Kabuler Regimes zu rechnen sei. Demonstrativ lud Delhi Najibullah zu einem offiziellen Besuch ein und sicherte ihm bei seinem Staatsbesuch in der ersten Maiwoche 1988 Finanzhilfen für sein Rehabilitationsprogramm und Unterstützung für seine internationale Aufwertung zu.

Bezüglich Chinas sah sich Delhi nachdrücklich von Gorbatschow ermahnt, endlich das distanzierte Verhältnis mit Beijing zu verbessern. Es dürfte kein Zufall gewesen sein, daß Gorbatschow seine für das Frühjahr 1989 vereinbarte China-Reise während seines Indien-Besuchs im November 1988 bekanntgab. Gandhi mußte damit rechnen, daß sich eine sowjetisch-chinesische Aussöhnung nachteilig auf Indiens Ambitionen in Asien auswirken würde, und unternahm Ende 1988 eine „Goodwill-Tour" nach China. Da Gandhi im Hinblick auf die 1989 anstehenden Nationalwahlen zu keinen Konzessionen in der seit dem Krieg von 1962 ausstehenden Grenzregelung bereit war, lag die Bedeutung seines Besuchs in einer atmosphärischen Verbesserung. So wurde vereinbart, die jährliche Konsultationsrunde auf die

Ebene der stellvertretenden Außenminister und im Falle wichtiger regionaler oder globaler Ereignisse auf die der Außenminister anzuheben.

## SRI LANKA

Am 29. Juli 1987 wurde das kontroverse indisch-srilankische Abkommen abgeschlossen mit dem Ziel, den seit 1983 andauernden Guerillakrieg der tamilischen Untergrundgruppen für einen eigenen Tamilen-Staat (Tamil Eelam) zu beenden.[27] In dem Abkommen verpflichtete sich Colombo, die tamilische Mehrheitsprovinz im Norden mit der Minderheitsprovinz im Osten zu einer Verwaltungseinheit mit weitreichender Autonomie zusammenzuschließen und die Bevölkerung in einem bis Ende 1988 durchgeführten Referendum nachträglich über den Zusammenschluß entscheiden zu lassen.

Delhi übernahm die Rolle einer Garantiemacht und verpflichtete sich, die tamilischen Extremisten zu entwaffnen, ihre Basen im südindischen Bundesstaat Tamil Nadu zu schließen und für den Schutz der tamilischen Minderheit zu bürgen. Zu diesem Zweck entsandte es eine „Friedenstruppe" nach Sri Lanka, die anfangs aus 6 000 regulären Soldaten bestand, aber binnen weniger Monate auf über 65 000 aktive Soldaten zuzüglich logistischem Personal anwuchs. Heftig umstritten waren die indischen Bedingungen in dem beigefügten Briefwechsel, die von singhalesischen Nationalisten als Eingriff in Sri Lankas Souveränität angeprangert wurden: Binnen 48 Stunden sollten die Feindseligkeiten eingestellt und binnen 72 Stunden die Waffen der Guerillakämpfer eingesammelt werden. Diese Bedingungen erwiesen sich als illusorisch und als die zentralen Kritikpunkte, an denen sich antiindische Agitationen in Sri Lanka, aber auch Bedenken indischer Beobachter entzündeten. So nahm die wichtigste Guerillagruppe „Tamil Tigers" (Liberation Tigers of Tamil Eelam = LTTE) unter Vellupillai Prabhakaran bereits im September 1987 den Kampf wieder auf und provozierte die „Friedenstruppe" zum direkten militärischen Eingreifen. Im Oktober kam es zu einem 17tägigen Entscheidungskampf um Jaffna zwischen der „Friedenstruppe" und der LTTE. Die „Friedenstruppe" nahm Jaffna ein und fügte der LTTE erhebliche Verluste zu, konnte aber weder die Flucht der überlebenden Kämpfer noch Prabhakarans Untertauchen im angrenzenden Dschungel verhindern.

Der Kampf um Jaffna bildete den Wendepunkt. Seither stand fest, daß sich die „Friedenstruppe" auf einen langen Aufenthalt einrichtete. Die befürchteten Auswirkungen traten bald ein: Von singhalesischen Nationalisten wurde die „Friedenstruppe" als Besatzungsarmee gebrandmarkt; Übergriffe indischer

---

27 Der Text des Abkommens ist abgedruckt in: *EA*, 18/1987, S. D 517-520. Vgl. auch Citha D. *Maaß*, Das indisch-srilankische Abkommen vom Juli 1987, in: *EA*, 21/1987, S. 623-632; *dies.*, Internationale Auswirkungen der Unruhen in Südasien, in: IP 1985/86, S. 398-403.

Soldaten auf die Zivilbevölkerung wurden hochgespielt, und in der tamilischen Bevölkerung wuchs die Ablehnung der oft nicht tamilischsprachigen indischen „Beschützer". Folgenschwerste Konsequenz war jedoch das Erstarken des singhalesischen Extremismus der linksradikalen „Volksbefreiungsfront" Janatha Vimukthi Peramuna (JVP). Der tamilische Guerillakampf im Norden und Osten fand in den südlichen, von Singhalesen bewohnten Gebieten im Guerillakampf der JVP sein Pendant. Dieser schüchterte nicht nur die Bevölkerung ein, sondern zeigte auch unter den Politikern Wirkung. Während Präsident Junius R. Jayewardene als einziger den JVP-Terror namentlich verurteilte, bedienten sich die um Jayewardenes Nachfolge konkurrierenden Politiker einer nationalistischen, auf die von der JVP geschürten Ressentiments abgestimmte Rhetorik.

Unbestritten war allerdings, daß ohne die Präsenz der „Friedenstruppe" der riskante Schritt, 1988 in sukzessiven Wahlgängen demokratische Strukturen wiederherzustellen, nicht möglich gewesen wäre. In den singhalesischen Provinzen wurden aus Sicherheitsgründen die Provinzräte in drei Etappen gewählt (am 28. April, am 2. und am 9. Juni 1988) und in den tamilischen Provinzen am 19. November. Entscheidend war weniger das Ergebnis, als vielmehr die Tatsache, daß Wahlen überhaupt durchgeführt werden konnten. In den Präsidentenwahlen am 19. Dezember 1988 errang Ranasinghe Premadasa in einem Dreieckskampf mit 50,4 Prozent der Stimmen knapp die Mehrheit. Premadasa gehörte Jayewardenes United National Party (UNP) an, hatte sich aber 1987 gegen das Abkommen ausgesprochen und stammte als erster Präsident nicht aus der hochkastigen singhalesischen Elite.

Reiht man das Abkommen in Indiens Regionalpolitik ein, so wurde deutlich, daß Indien versuchte, mit Machtdemonstrationen seine Rolle als regionale Ordnungsmacht zu konsolidieren. Dazu gehörte Delhis „humanitäre Mission" am 3. und 4. Juni 1987, in der es unter Verletzung der srilankischen Lufthoheit von Flugzeugen Lebensmittel über den tamilischen Provinzen abwerfen ließ, wie auch am 3. November 1988 die „Rettungsaktion" zugunsten des maledivischen Präsidenten Maumoon Abdul Gayoom, der von einer aus 200 tamilischen Söldnern in Sri Lanka zusammengestellten Truppe gestürzt werden sollte.[28] Sowohl das indisch-srilankische Abkommen als auch die maledivische Aktion fanden einhellige Zustimmung bei den westlichen Regierungen, d.h. Indiens Ordnungsrolle wurde außerhalb der Region akzeptiert. Doch Indiens Nachbarn fühlten sich in ihrem alten Mißtrauen bestätigt. Da Delhis Modell einer regionalen Konfliktlösung im Tamilen-Konflikt immer mehr Widerstand provozierte, wurden die Grenzen der indischen Regionalpolitik sichtbar.

28 Vgl. *India Today*, 30.11.1988, S. 28-32.

## SÜDASIEN IM UMBRUCH

Der militärische Rückzug der sowjetischen Supermacht aus Afghanistan, die Neubelebung des Demokratisierungsprozesses in Pakistan und die historisch gesehen einzigartige Chance für eine Entspannung zwischen Indien und Pakistan deuteten darauf hin, daß sich in der Region tiefergehende Machtverschiebungen anbahnten. Der Umbruch weckte die Hoffnung, daß das globale Entspannungsklima und die in der Asien-Politik angestrebte Annäherung zwischen der Sowjetunion und China auch auf Südasien übergreifen werde.

Diesen entspannungsfördernden Entwicklungen in der Region standen jedoch im Berichtszeitraum bereits erkennbare Unsicherheitsfaktoren gegenüber: Infolge der noch ungeklärten Machtverhältnisse in Afghanistan hatte vorerst eine militärische Konfliktlösung Vorrang. Sollte eine radikal islamistische Regierung in Kabul die Macht übernehmen, konnte das nicht nur den regionalen Entspannungsprozeß behindern, sondern auch in Pakistan den Gegnern einer Demokratisierung Auftrieb geben. Ebenfalls beschränkte sich die Annäherung zwischen Indien und Pakistan vorerst auf eine atmosphärische Verbesserung, während eine substantielle Entspannung noch erhebliche Vorarbeiten im bilateralen Verhältnis der Innenpolitik beider Länder erforderte.

Schließlich wirkte sich der drohende Fehlschlag der indischen Friedensmission in Sri Lanka ambivalent auf den Entspannungsprozeß aus. Indien mußte sich vergegenwärtigen, daß seiner regionalen Ordnungsrolle Grenzen gesetzt waren, sofern es seine Ordnungsvorstellungen mit militärischen Mitteln durchzusetzen versuchte. Sollte es sich dagegen auf einen politischen Dialog mit seinen Nachbarn verlegen, konnte es seine regionale Vormachtstellung entspannungsfördernd einsetzen.

# X

# ENTWICKLUNGEN IN ZENTRALAMERIKA

## FRIEDENSPLÄNE FÜR ZENTRALAMERIKA

*Von Heinrich-W. Krumwiede*

Am 7. August 1987 vereinbarten die Staatspräsidenten der fünf zentralamerikanischen Länder Costa Rica, El Salvador, Guatemala, Honduras und Nicaragua in Esquipulas (Guatemala) ein Abkommen (gemeinhin Esquipulas-II-Abkommen oder einfach Esquipulas-II genannt)[1] über Maßnahmen, die der konfliktgeschüttelten Region den Frieden bringen sollten.[2] Das Abkommen basierte auf einem Friedensplan des costaricanischen Staatspräsidenten Oscar Arias,[3] dem für seine Verdienste 1987 der Friedensnobelpreis zuerkannt wurde. Der Arias-Plan hatte einer Konferenz der Staatspräsidenten von Costa Rica, El Salvador, Honduras und Guatemala in San José (Costa Rica) im Februar 1987 vorgelegen, die dann am 15. Februar 1987 beschlossen, den Staatspräsidenten Nicaraguas zu Verhandlungen auf Grundlage dieses Plans nach Esquipulas einzuladen.

Der Friedensplan knüpfte an die lateinamerikanische Contadora-Initiative an, die sich bemüht hatte, einen Kompromiß zwischen den Sicherheitsinteressen der USA und den Überlebensinteressen der nicaraguanischen Sandinisten zu finden.[4] Präsident Arias wandte sich gegen amerikanische Bestrebungen, mit Hilfe der Contras das sandinistische Regime zu stürzen und zielte gleichfalls darauf ab, die Region aus dem Ost-West-Konflikt herauszuhalten. Zur Erreichung dieser Ziele sah er aber einen anderen Ansatz vor und zog aus dem Scheitern der vielversprechenden Contadora-Initiative den

---

1 Am 24.5.1986 hatte schon ein erstes Präsidententreffen in Esquipulas stattgefunden, deshalb war von „Esquipulas-II" die Rede.

2 Text in: *EA*, 18/1987, S. D 499-504.

3 Text in: Oscar *Arias*, Frieden für Zentralamerika, Frankfurt/M. 1987, S. 107-114.

4 Vgl. hierzu Heinrich-W. *Krumwiede*, Internationale Dimensionen der Krise in Zentralamerika, in: IP 1983/84, S. 351-367; *ders.*, Die Entwicklungen in Zentralamerika, in: IP 1985/86, S. 424-433; Institut für Iberoamerika-Kunde (Hrsg.), Friedenssuche in Zentralamerika, Hamburg (Lateinamerika-Analysen, Daten, Dokumentation, Beiheft 3), 1987.

Schluß, daß für zentralamerikanische Probleme nicht von außen, sondern nur von innen, durch die Zentralamerikaner selbst, eine Lösung gefunden werden könne. Das aus dem Arias-Plan hervorgegangene Esquipulas-Abkommen gab den Zentralamerikanern Gelegenheit, eine gewisse Unabhängigkeit nicht nur gegenüber den USA, sondern auch innerhalb Lateinamerikas zu demonstrieren. Der Staatspräsident El Salvadors, José Napoleón Duarte, sprach vom Esquipulas-Abkommen als einem „zweiten Akt der Unabhängigkeit" Zentralamerikas.[5] Es war deshalb nur konsequent, daß die zentralamerikanischen Präsidenten den nordamerikanischen Friedensplan für Zentralamerika, auf den sich die Regierung Reagan und die beiden Kongreßparteien (Reagan-Wright-Plan) in Reaktion auf den Arias-Plan kurz vor der Esquipulas-Konferenz geeinigt hatten,[6] in Esquipulas nicht behandelten.

Wie vorher schon die Contadora-Initiative, fand auch das Esquipulas-Abkommen breiteste internationale Unterstützung. Erwähnung verdient, daß der Friedensplan von Esquipulas zu einem gemeinsamen zentralamerikanisch/lateinamerikanisch/westeuropäischen Anliegen wurde. Die Europäische Gemeinschaft veranstaltete im Berichtszeitraum zwei weitere gemeinsame Außenministertreffen mit den fünf zentralamerikanischen Staaten und den acht lateinamerikanischen Staaten, die die Contadora-Initiative trugen. Sie identifizierte sich nicht nur mit dem Friedensplan von Esquipulas, sondern verstärkte auch ihre ökonomischen Hilfeleistungen für Zentralamerika, die das sandinistische Nicaragua einschlossen.[7]

## DAS ABKOMMEN VON ESQUIPULAS

### *Der Inhalt des Abkommens*

Die Contadora-Initiative hatte sich auch auf Probleme der inneren Ordnung der zentralamerikanischen Staaten erstreckt. Ihre Hauptaufmerk-

5 *Monitor-Dienst* (Lateinamerika), 19.1.1988, S. 2.

6 Text in: *EA*, 18/1987, S. D 497 f.

7 Die Dokumente zur Vierten Konferenz europäischer und lateinamerikanischer Staaten im Februar/März 1988 in Hamburg (San-José-IV-Konferenz) sind abgedruckt in: *EA*, 8/1988, S. D 214-232. Nach *SZ*, 28.2.1989, S. 11, vergab die EG von 1983 bis 1988 insgesamt 420 Mio. Dollar Entwicklungshilfe an Zentralamerika, wovon 30% nach Nicaragua flossen. 1988 war die Hilfe für Zentralamerika mit 135 Mio. Dollar dreimal höher als 1984.

samkeit galt aber eindeutig den – auch von den USA – als besonders wichtig eingeschätzten sicherheitspolitischen Problemen, für deren Lösung sie ein ganzes Bündel an Maßnahmen vorschlug. Demgegenüber konzentrierte sich das Esquipulas-Abkommen auf innenpolitische Probleme sowie auf die Verifikation von Fortschritten in diesem Bereich als vordringliche Aufgabe und wies die Regelung sicherheitspolitischer Probleme weiteren Verhandlungen in Zusammenarbeit mit der Contadora-Gruppe zu.

Das Abkommen enthielt neben Vereinbarungen zur Wiedereingliederung von Flüchtlingen und Bekenntnissen zum „Prinzip der sozialen Gerechtigkeit“ nicht nur konkrete Verpflichtungen zu Friedensmaßnahmen im engeren Sinne, sondern auch zur Demokratisierung der politischen Systeme. Die Verhandlungspartner gingen davon aus, daß ein enger Zusammenhang zwischen Demokratisierungs- und Friedensfortschritten bestand. Als wichtigste Verpflichtungen zur Demokratisierung wurden aufgeführt: die Aufhebung des Ausnahmezustands; Gewährleistung voller Meinungs-, Informations- und Versammlungsfreiheit; die Abhaltung freier, international beobachteter Wahlen zu den in den Verfassungen angegebenen Terminen, zusätzlich Wahlen zum neu zu bildenden Zentralamerikanischen Parlament in der ersten Jahreshälfte 1988. Wichtigste Verpflichtungen zu nationalen Friedensmaßnahmen im engeren Sinne waren: Dialoge der Regierungen mit der Opposition; politische Amnestie; Schritte zur Vereinbarung des Waffenstillstands in Ländern, in denen Bürgerkriege herrschen.

Ferner fand sich im Esquipulas-Abkommen die außerordentlich wichtige Verpflichtung, von Maßnahmen abzusehen, die Nachbarländer destabilisieren könnten, insbesondere im eigenen Land Guerilla-Gruppen nicht zu dulden und zu unterstützen, die den Regimesturz in einem Nachbarland anstrebten. Diese Bestimmung implizierte konkret, daß das sandinistische Nicaragua zusagte, auf Hilfsmaßnahmen zugunsten der salvadorianischen Guerilla zu verzichten, und Honduras sich auf die Auflösung der Contra-Lager im eigenen Land festlegte. An ausländische Regierungen wurde appelliert, ihre Hilfeleistungen für Aufstandsbewegungen einzustellen. Damit waren in erster Linie die USA gemeint.

Die Einhaltung der Demokratisierungs- und Friedensverpflichtungen sollte zunächst durch „nationale Versöhnungskommissionen“ überprüft werden. Für diese Kommissionen war eine pluralistische Zusammensetzung vorgeschrieben. Ihnen sollten neben einem Vertreter der Regierung ein Repräsentant der parteipolitischen Opposition, ein Mitglied der Bischofskonferenz und ein „angesehener Bürger“ angehören, der weder der Regierung noch der Opposition zuzurechnen war. In einem zweiten Schritt war eine internationale Verifikation vorgesehen. Eine „internationale Überwachungs- und Kontrollkommission“ sollte 120 Tage nach der Vertragsunterzeichnung einen Bericht über die Erfüllung der Vertragsverpflichtungen vorlegen, der einem neuen zentralamerikanischen Präsidenten-Gipfel als Grundlage diente. Die Kommission setzte sich aus den Generalsekretären der Organisation Amerikanischer Staaten (OAS) und der Vereinten Nationen (bzw. deren Repräsentanten), den Außenministern der fünf zentralamerikanischen Staaten sowie den Außenministern der Contadora-Gruppe und ihrer südamerikanischen Unterstützungsgruppe zusammen.

Ursprünglich sollten die Verpflichtungen des Abkommens innerhalb von 90 Tagen erfüllt sein. Man einigte sich dann aber auf einen neuen Termin im Januar 1988. Dementsprechend fand die Gipfelkonferenz der zentralamerikanischen Staatspräsidenten, auf der die Erfüllung der Vertragsverpflichtungen evaluiert werden sollte, nicht wie ursprünglich vorgesehen 1987, sondern erst am 15. und 16. Januar 1988 in San José statt.

### *Die Hauptadressaten des Abkommens*

Das Esquipulas-Abkommen zielte eindeutig darauf ab, daß die USA auf eine Strategie des Regimesturzes gegenüber dem sandinistischen Nicaragua verzichten und die Unterstützung des Contra-Kampfes einstellen sollten.[8] Mit seiner Orientierung hin auf eine schnelle Demokratisierung in Nicaragua brachte das Abkommen die Regierung Reagan in nicht unerhebliche Verlegenheit; es fing sie gewissermaßen in den Fesseln ihrer eigenen öffentlich vorgetragenen Argumentation, da die amerikanische Regierung gegenüber der Öffentlichkeit ihre Unterstützung für die Contras als eine Art Demokratiehilfe dargestellt hatte. Dabei hatten neben normativen Gesichtspunkten (Ersatz eines „totalitären Regimes" durch eine Demokratie) immer auch sicherheitspolitische Kriterien eine maßgebliche Rolle gespielt. Argumentiert wurde, daß nur die Durchsetzung eines genuin demokratisch-pluralistischen politischen Systems in Nicaragua eine dauerhafte Garantie außen- und sicherheitspolitischen Wohlverhaltens des Landes darstellen würde. Gleichzeitig war die Regierung aber auch davon überzeugt, daß sich die Sandinisten als Marxisten-Leninisten nicht zu einer überzeugenden demokratischen Öffnung bereit finden würden.[9]

In gleicher Weise machte sich das Abkommen die öffentliche Rhetorik der Sandinisten zunutze, die Abweichungen von ihren ursprünglichen Zu-

---

8 Vgl. zum folgenden ausführlicher: Heinrich-W. *Krumwiede*, Der Arias-Friedensplan für Zentralamerika, in: *Außenpol.*, 1/1988, S. 63-75. Vgl. auch Sabine *Kurtenbach*, Zentralamerika: Frieden in Sicht?, in: Deutsches Übersee-Institut Hamburg (Hrsg.), Jahrbuch Dritte Welt 1989, München 1988, S. 187-206.

9 Vgl. z.B. die Argumentation in Henry *Kissinger* u.a., Report of the National Bipartisan Commission on Central America, Washington 1984, die sich die Administration zu eigen machte. Auch von Kritikern der Regierung, so beispielsweise der Linowitz-Kommission, die der Demokratischen Partei nahesteht, wurde nicht erwartet, daß die Sandinisten in der Frage der Staatsform zu größeren Zugeständnissen bereit sein würden. Vgl. *IHT*, 15.4.1986, S. 6.

sagen (Pluralismus, Blockfreiheit, gemischtwirtschaftliche Ordnung) mit der Contra-Politik der USA gerechtfertigt und eine genuine Demokratie in Aussicht gestellt hatten, wenn die amerikanische Aggression beendet sei. Das Abkommen berücksichtigte die Überlebensinteressen der Sandinisten, verlangte von ihnen aber auch besondere Anpassungsleistungen, denn Nicaragua hatte von den fünf Unterzeichnerstaaten den größten Nachholbedarf an formaler Demokratie. Oscar Arias hielt die Sandinisten für Marxisten-Leninisten. Dem skeptischen Einwand, daß Marxisten-Leninisten sich noch nie zur Etablierung eines echten demokratischen politischen Systems bereit gefunden hätten, begegnete er mit dem Argument, bisher habe sich auch noch niemals eine marxistisch-leninistische Regierung auf derartige vertragliche Demokratisierungsvereinbarungen eingelassen.[10] Der Staatspräsident Guatemalas, Vinicio Cerezo, neben Oscar Arias Hauptbetreiber des Abkommens, vertrat auf die Frage, ob das Abkommen entgegen seinen Intentionen den Sandinisten die nötige Zeit zur Festigung der Macht gebe, die Ansicht: „Esquipulas-II fördert weder die von den Sandinisten sicherlich gewünschte Festigung ihrer Macht, noch den gewaltsamen Umsturz, den ihre Feinde anstreben. Unsere Aufgabe ist es, geeignete Voraussetzungen dafür zu schaffen, daß das nicaraguanische Volk selbst über seine Regierung entscheidet."[11]

## *Motive für die Zustimmung zum Abkommen*

Wenn man fragt, warum die amerikafreundlichen Nachbarstaaten Nicaraguas dem Esquipulas-Abkommen zustimmten, nachdem sie vorher verschiedenen Contadora-Plänen eine Absage erteilt hatten, sind die obengenannte Auffassung, daß die Probleme Zentralamerikas nur durch die Zentralamerikaner selbst gelöst werden können, sowie das Streben nach Eigenständigkeit nicht ausreichend.[12] Grundlegendes Motiv für den Arias-Plan und das Esquipulas-Abkommen war wohl die Einsicht in die mangelnden Erfolgsaussichten der von der amerikanischen Regierung gegenüber Nicaragua verfolgten Strategie des Regimesturzes. Präsident Ronald Reagan war gerade in seiner Nicaragua-Politik durch die Iran-Contra-Affäre entscheidend geschwächt, eine Unterstützung seiner bisherigen antisandinistischen Politik durch den Kongreß war alles andere als gewiß und seine Amtszeit ging eh im Januar 1989 zu Ende. Kenner der Lage rechneten nicht unbedingt damit, daß der neue amerikanische Präsident, gleichgültig welcher Partei er angehörte, die Nicaragua-Politik seines Vorgängers weiter verfolgen würde. Angesichts

---

10 Vgl. das Interview mit Arias, in: *Die Welt*, 14.3.1988, S. 7.

11 *Monitor-Dienst* (Lateinamerika), 29.9.1988, S. 5.

12 Vgl. zum folgenden auch Susan *Kaufman Purcell*, The Choice in Central America, in: *FA*, 1/1987, S. 109-127.

dieser Erwartungen entschieden sich die amerikafreundlichen Regierungen Zentralamerikas für eine Verhandlungsstrategie, die das sandinistische Regime demokratisch reformieren wollte.

Da die vier Länder bereits in einem formalen Sinn (Costa Rica auch in einem substantiellen Sinn) Demokratien waren, verlangte ihnen das Abkommen keine größeren Leistungen ab. Für die salvadorianische Regierung hatte das Esquipulas-Abkommen den zusätzlichen Vorteil, daß die in El Salvador herrschende Staatsform auch durch die Sandinisten anerkannt und dem Kampf der Linksfront Frente Democrático Revolucionario/Frente Farabundo Martí de Liberación Nacional (FDR/FMLN) und seinen Forderungen nach einer Regierungsbeteiligung und einer militärischen Machtteilung indirekt eine Absage erteilt wurde.

Es scheint möglich, daß die Sandinisten bei der Vertragsunterzeichnung die durch das Esquipulas-Abkommen ausgelöste Veränderungsdynamik nicht vorhersahen und es hauptsächlich als ein Dokument verstanden, das ihre Herrschaft legitimierte.[13] Das Abkommen trug bei allen Reformforderungen einigen Grundinteressen der Sandinisten durchaus Rechnung. So verlangte es von ihnen nicht, nachträglich die Wahlen von 1984 zu delegitimieren und Neuwahlen zu veranstalten, sondern sah Wahlen zu den in der Verfassung genannten Terminen vor. Auch wenn es Bemühungen um einen Waffenstillstand und in allgemeiner Form politische Amnestie vorschrieb, ließ sich doch aus dem Text keine zwingende Verpflichtung zu direkten Verhandlungen der sandinistischen Regierung mit der Contra und zur Generalamnestie aller politischen Gefangenen ableiten.

Selbst wenn die Sandinisten die Veränderungsdynamik des Abkommens voraussahen, gab es für sie gute Gründe, dem Abkommen zuzustimmen.[14] Zum ersten Mal sah sich die sandinistische Regierung innerhalb Zentralamerikas nicht mehr politisch isoliert, sondern es schien sich eine zentralamerikanische Einheitsfront unter Einschluß Nicaraguas zu etablieren. Ferner erlaubte es das Abkommen den Sandinisten, die amerikanische Regierung in Zugzwang zu bringen, denn in dem Maße, in dem die Sandinisten die vertraglichen Vereinbarungen erfüllten, stiegen voraussichtlich die Aussichten, daß der amerikanische Kongreß keine neue Militärhilfe für die Contras bewilligte. Zumindest aber bot das Abkommen den Sandinisten die Möglichkeit zum Zeitgewinn.

---

[13] Vgl. zu dieser Interpretation Dario *Moreno*, Peace and the Nicaraguan Revolution, in: *Current History*, Bd. 86, Nr. 533, 1988, S. 405-408, 431-432.

[14] Verwiesen sei auch darauf, daß den Sandinisten kein alternativer Kurs blieb, weil die Sowjetunion nicht bereit war, die hohen Kosten und Risiken der Errichtung eines „zweiten Kuba" in Nicaragua auf sich zu nehmen. Vgl. *Krumwiede*, Die Entwicklungen in Zentralamerika, a.a.O. (Anm. 4), sowie *ders.*, Der Arias-Friedensplan, a.a.O. (Anm. 8).

## DIE ERFÜLLUNG DES ABKOMMENS

Eine Analyse der Maßnahmen, die in den einzelnen zentralamerikanischen Ländern im Zuge der Esquipulas-Vereinbarungen durchgeführt wurden,[15] bestätigt, daß dieser Friedensplan hauptsächlich auf die spezifischen Verhältnisse Nicaraguas und einen Abbau der Konfrontation zwischen den USA und Nicaragua zugeschnitten war. Auch für bloß formal demokratisch strukturierte Länder, wie El Salvador und Guatemala, die man als „militärisch korsettierte Demokratien" charakterisieren könnte,[16] waren die Verpflichtungen zur Demokratisierung im Esquipulas-Abkommen ohne größere Relevanz, da in diesen Ländern z.B. keine Notstands- oder Pressezensur-Gesetze aufgehoben werden mußten. Naiv war es auch zu erwarten, daß sich in diesen Ländern nach Esquipulas-II die Qualität der Demokratie wesentlich verbessern würde. In El Salvador und Guatemala vergrößerte sich nach dem Abkommen der Bewegungsspielraum oppositioneller Gruppen[17] und die Pressefreiheit nahm zu, andererseits kam es aber zu einem Anstieg der Menschenrechtsverletzungen.[18] Zudem wurde die guatemaltekische Regierung durch Putschversuche gefährdet. Die Verpflichtung zur Amnestie war neben Nicaragua auch nur für El Salvador von Bedeutung, wo es ebenfalls eine relativ große Anzahl von politischen Gefangenen gab. Von der internationalen Verifikation der Demokratisierungs- und Friedensverpflichtungen auf dem Präsidentengipfel in San José (Costa Rica) wurde zunächst Abstand genommen. Auch fanden 1988 keine Wahlen zum geplanten Zentralamerikanischen Parlament statt. Diese Verpflichtungen hatten für das friedliche, genuin demokratische Costa Rica die geringste Relevanz. Militärische Aktivitäten der Contras von Costa Rica aus waren schon vor dem Abkommen unterbunden und ihre Militärlager aufgelöst worden.[19]

---

15 Eine Analyse der Maßnahmen bis Januar 1988 findet sich in Latin American Studies Association (LASA), Extraordinary Opportunities ... and New Risks. Final Report of the LASA Commission on Compliance with the Central America Peace Accord, Pittsburgh 1988.

16 Zur Einschätzung dieser Demokratien vgl. ebd.; U.S. House of Representatives, The Status of Democratic Transitions in Central America. Hearings before the Subcommittee on Western Hemisphere Affairs of the Committee on Foreign Affairs, 100th Congress, Second Session, 23. und 28.6.1988, Washington 1988; Morris J. *Blachmann*, Kenneth E. *Sharpe*, Things Fall Apart: Trouble ahead in El Salvador, in: *World Policy Journal*, Bd. 6, Nr. 1, 1988-89, S. 107-139; Stephen *Kinzer*, Guatemala: What has Democracy Wrought, in: *NYT Magazine*, 26.3.1989, S. 32-34, 50-51.

17 Besondere Erwähnung verdient, daß die FDR-Führer Guillermo Ungo und Rubén Zamora nach mehrjährigem Exil im November 1987 zum ersten Mal nach El Salvador zurückkehrten, als neue (der Guerilla verbundene) linke Sammlungspartei die Convergencia Democrática gründeten und 1988 deren Teilnahme an den Präsidentschaftswahlen von 1989 in Aussicht stellten.

18 Vgl. LASA, a.a.O. (Anm. 15). Vgl. auch die Jahresberichte von Amnesty International.

19 Am 13.1.1988 forderte Präsident Arias Contra-Führer auf, Costa Rica zu verlassen, wenn sie weiter den bewaffneten Kampf propagierten.

### *Honduras*

Im Gegensatz zu Costa Rica tolerierte Honduras weiterhin Contra-Lager im eigenen Land. Die honduranische Regierung hatte wohl gehofft, daß sich das Contra-Problem „von selbst" lösen werde, denn nach dem Esquipulas-Abkommen hatte der Großteil der Contras die Lager in Honduras verlassen und war nach Nicaragua eingesickert. Nachdem aber das amerikanische Repräsentantenhaus am 3. Februar 1988 die von der Reagan-Administration beantragte Hilfe für die Contras abgelehnt hatte, kam es zu einem Rückstrom der Contras nach Honduras. Ihre Anzahl wurde zum Jahresende 1988 auf 12 000 Mann geschätzt. Es zeigte sich, daß Honduras nicht bereit war, sich offen der amerikanischen Politik zu widersetzen, die bei ihrer Contra-Unterstützung auf honduranisches Wohlverhalten angewiesen war. Eine Rolle dürften die hohen amerikanischen Hilfeleistungen für Honduras gespielt haben, die sich mit seiner besonderen Bedeutung für die amerikanische Nicaragua-Politik erklären ließen.[20] Honduras nahm Dauerkonflikte mit Nicaragua in Kauf: So kam es Mitte März zu einem nicaraguanischen Angriff auf Contra-Lager in Honduras, die Präsident Reagan zur Entsendung von 3 200 Soldaten nach Honduras veranlaßten. Einen möglichen Ausweg aus der Sackgasse wies der Vorschlag des nicaraguanischen Präsidenten Daniel Ortega von Ende August 1988, die Grenzregion zwischen beiden Ländern von einer internationalen Friedenstruppe überwachen zu lassen. Der honduranische Präsident erklärte sein prinzipielles Einverständnis mit diesem Vorschlag, forderte aber von Nicaragua, daß es zunächst seine Klage gegen Honduras vor dem Internationalen Gerichtshof in Den Haag wegen der Verletzung des Esquipulas-Abkommens zurückziehen müsse.

### *Guatemala*

Die guatemaltekische Regierung schien sich durch das Abkommen nicht ernsthaft betroffen zu fühlen.[21] Guatemala war in keine Bürgerkriege in Nachbarländern verwickelt und die Regierung argumentierte, daß angesichts der Schwäche der heimischen Guerilla ein Waffenstillstands-Abkommen nicht notwendig sei. Ein Dialogversuch der Regierung mit der Guerilla im Oktober 1987 in Madrid blieb ergebnislos. Die Regierung verlangte als Vorbedingung für weitere Dialoge die Entwaffnung der Guerilla. Die

---

20 1987 belief sich die Hilfe auf 273 Mio. Dollar. Vgl. Jonathan E. *Sanford*, U.S. Foreign Aid to Central America 1986-1988, Washington (Congressional Research Service, 87-465 F) 1987. 1988 betrug sie 166,2 Mio. Dollar. Vgl. Richard L. *Millet*, The United States and Central America: A Policy Adrift, in: *Current History*, Bd. 87, Nr. 533, 1988, S. 401-404, 438, 448, hier S. 404.

21 Vgl. LASA, a.a.O. (Anm. 15).

bürgerkriegsartigen Auseinandersetzungen in Guatemala nahmen nach dem Esquipulas-Abkommen an Heftigkeit zu.

### *El Salvador*

Im Falle El Salvadors erwies sich das Abkommen als unfähig, Frieden zu schaffen. Ein Dialog der Regierung mit der Revolutionsfront FDR/FMLN im Oktober 1987 in San Salvador blieb – wenig überraschend – ohne Ergebnis. Eine Waffenstillstands-Vereinbarung scheiterte schon daran, daß die Grundpositionen von Regierung sowie Militärs und Guerilla nach wie vor diametral entgegengesetzt waren. Die Regierung verlangte weiter von der Guerilla die Niederlegung der Waffen und die Integration in das politische Leben samt Teilnahme an Wahlen; die Guerilla beharrte auf ihrer Forderung nach einer Beteiligung an der Regierung und der militärischen Machtausübung. Beobachter gaben angesichts der Stärke der Guerilla in El Salvador Gesprächen über Waffenstillstands-Vereinbarungen keine Chance auf Erfolg.[22] Tatsächlich kam es im November 1988 zu einer Großoffensive der Guerilla, die auch die Hauptstadt San Salvador erfaßte. Von dem Amnestiedekret profitierten nicht nur Mitglieder und Sympathisanten der Guerilla, die im Gefängnis einsaßen, sondern auch Militärs und Polizisten, die wegen Menschenrechtsverletzungen angeklagt oder verurteilt waren. Die Regierung verfügte, daß Militärs nicht für Delikte belangt werden konnten, die sie vor dem 22. Oktober 1987 begangen hatten.

### *Nicaragua*

In Nicaragua mußte das Esquipulas-Abkommen naturgemäß die größten Veränderungen zur Folge haben. Noch im August 1987 erlaubte Präsident Ortega die Rückkehr von drei Priestern, die wegen Kontakten zur Contra ausgewiesen worden waren. Im September wurde die Pressezensur aufgehoben und das Verbot der Oppositionszeitung *La Prensa* und des oppositionellen Senders Radio Católica rückgängig gemacht. Als „vertrauensbildende" Maßnahme gegenüber der Opposition im allgemeinen und der katholischen Kirche im besonderen setzte sich die Regierung für den bedeutendsten Regimekritiker, Kardinal Miguel Obando y Bravo, als Vorsitzenden der „nationalen Versöhnungskommission" ein. Wichtig war vor allem die Aufhebung des 1982 verhängten Ausnahmezustandes und die Auflösung der rechtsstaatlich

22 Ebd., S. 11.

bedenklichen „antisandinistischen Volksgerichte". Beide Maßnahmen waren vor dem Präsidentengipfel in San José angekündigt worden und wurden im Januar 1988 vollzogen. Zweifel, daß es die Sandinisten mit der „demokratischen Öffnung" ernst meinten, nahmen zu, als im Juli 1988 mehrere Oppositionelle als „Contra-Kollaborateure" verhaftet wurden, weil sie sich an einer oppositionellen Demonstration beteiligt hatten, und *La Prensa* und Radio Católica vorübergehend geschlossen wurden. Diese Zweifel erhielten zusätzliche Nahrung, als das von den Sandinisten beherrschte Parlament im Oktober 1988 ein Gesetz erließ, das Möglichkeiten zum Eingriff in die Pressefreiheit bot.

Direkte Verhandlungen mit den Contras hatte die sandinistische Regierung noch bis zum Jahresende 1987 abgelehnt. Vor dem Präsidentengipfel in San José erklärte sie schließlich ihre Bereitschaft zu direkten Verhandlungen, die zum Waffenstillstands-Abkommen von Sapoá am 24. März 1988 führten.[23] Es handelte sich um ein vorläufiges, auf 60 Tage begrenztes Abkommen. In ihm verpflichteten sich die Contras, nur humanitäre, durch neutrale Organisationen verwaltete Hilfeleistungen anzunehmen und sich in gemeinsam vereinbarte Zonen zurückzuziehen. Im Gegenzug verpflichtete sich die Regierung, die unbeschränkte Meinungsfreiheit gemäß dem Esquipulas-Abkommen zu garantieren, auf jede Strafverfolgung von (ehemals kämpfenden) Contras zu verzichten, ihre Bürgerrechte, einschließlich der Teilnahme an Wahlen zu respektieren und sie als politische Kraft, durch Beteiligung am „nationalen Dialog", anzuerkennen. Die Regierung sagte auch eine Generalamnestie aller politischen Gefangenen zu, wenn die Vereinbarungen dieses vorläufigen Waffenstillstands erfüllt und ein endgültiger Vertrag abgeschlossen sei.

Verhandlungen über einen endgültigen Waffenstillstand scheiterten aber. Der provisorische Waffenstillstand von Sapoá wurde von der Regierung bis zum Jahresende 1988 einseitig verlängert. Auch wenn es weiterhin zu Kampfhandlungen kam, wurde der nicaraguanische Bürgerkrieg doch im wesentlichen – zumindest in seiner intensiven Form – beendet. Gegen den politischen Kurs der Sapoá-Vereinbarungen regte sich der Widerstand des „militärischen Arms" der Contras, der den bewaffneten Kampf nicht definitiv aufgeben wollte und sich intern durchsetzte. Ein endgültiger Waffenstillstand, der zu einer Auflösung der Contra-Verbände geführt hätte, widersprach auch der amerikanischen Nicaragua-Politik. So begnügte sich die nicaraguanische Regierung mit einer Teilamnestie für politische Gefangene. Nach Sapoá gewann die friedliche politische Auseinandersetzung zwischen interner Opposition und Sandinisten an Bedeutung. Zum Jahresende 1988 formierte

---

23 Text in: *NYT*, 25.3.1988, S. A 8. Vgl. auch *Monitor-Dienst* (Lateinamerika), 25.3.1988, S. 1-3.

sich eine neue breite Oppositionsallianz, der sich auch Parteien anschlossen, die mit den Sandinisten zusammengearbeitet hatten.[24]

## GRUNDZÜGE UND GRUNDPROBLEME DER AMERIKANISCHEN ZENTRALAMERIKA-POLITIK

### *Nicaragua*

Die amerikanische Zentralamerika-Politik konzentrierte sich im Berichtszeitraum weitgehend auf Nicaragua, wie der Reagan-Wright-Plan[25] zeigte. Dieser Plan nannte im Gegensatz zum Arias-Plan und in Übereinstimmung mit der Contadora-Initiative sicherheitspolitische Verpflichtungen. In den Bereichen der Demokratisierung und der innenpolitischen Friedenssicherung unterschied er sich vom Esquipulas-Abkommen durch einen anderen Ansatz gegenüber Nicaragua. Während das Esquipulas-Abkommen die nicaraguanische Regierung und das in Nicaragua herrschende politische System (implizit) als legitim anerkannte und von der Regierung konkrete Schritte zur Demokratisierung und zur Überwindung des Bürgerkriegs verlangte, sprach der Reagan-Wright-Plan der sandinistischen Regierung und dem politischen System Nicaraguas (implizit) die Legitimität ab und ließ vor allem die Contras als Garanten eines demokratischen und friedlichen Nicaragua erscheinen.

Präsident Reagan nutzte seine Botschaft an die Nation im Januar 1988[26] und seine Rede im September 1988 vor den Vereinten Nationen[27] zu Angriffen auf das „totalitäre" Nicaragua. Er stellte die Demokratisierungsbereitschaft der Sandinisten in Abrede und wollte auch nach dem Esquipulas-Abkommen, das er als unzureichend kritisierte, 270 Millionen Dollar für die Contras beantragen. Schließlich begnügte er sich mit einem Antrag auf 36 Millionen Dollar, von denen 10 Prozent als Militärhilfe bei Vorliegen gewisser Voraussetzungen, über die der Kongreß zu befinden hatte, vorgesehen waren. Am 3. Februar 1988 versagte das Repräsentantenhaus mit knapper Mehrheit (219 gegen 211 Stimmen) diesem Antrag die Zustimmung, wenngleich sich am nächsten Tage im Senat eine knappe Mehrheit (51 gegen 48 Stimmen) für ihn fand. Auch wenn der Kongreß im März 1988 nahezu 48 Millionen Dollar

---

[24] Erwähnt seien der linkskatholische Partido Popular Social Cristiano (PPSC) und die beiden kommunistischen Parteien des Landes. Vgl. *Latin American Weekly Report*, 17.11.1988, S. 8 f.

[25] Text abgedruckt in: *EA*, 18/1987, S. D 497 f. Jim Wright war Führer der demokratischen Mehrheit im Repräsentantenhaus und Speaker.

[26] Abgedruckt in: *EA*, 4/1988, S. D 113-120.

[27] Abgedruckt in: *EA*, 22/1988, S. D 642-646.

für die Contras bewilligte und einen Teil dieser Summe als Militärhilfe für den Fall reservierte, daß der Präsident belegen könne, daß die sandinistische Regierung das Esquipulas-Abkommen in schwerwiegender Weise verletzt habe, konnte die Abstimmung im Februar als Ablehnung einer Strategie des Regimesturzes gegenüber Nicaragua und als Absage an eine weitere militärische Unterstützung der Contras interpretiert werden. Im Herbst 1988 gewährte der Kongreß den Contras weitere humanitäre Hilfe.

Nach dem Abschluß des Esquipulas-Abkommens blieben Bemühungen der amerikanischen Regierung, das sandinistische Nicaragua innerhalb Zentralamerikas zu isolieren, ohne Erfolg. Die amerikafreundlichen Regierungen Zentralamerikas hielten nach dem Esquipulas-Abkommen am integrativen Kurs gegenüber Nicaragua fest. Der amerikanische Kongreß wollte dem Esquipulas-Abkommen eine Chance geben. Aber selbst demokratische Abgeordnete und Senatoren waren nicht bereit, die Auflösung der Contra-Verbände zu tolerieren oder gar zu fördern, da auf die Sandinisten weiter Druck ausgeübt werden sollte, ihre im Rahmen des Esquipulas-Prozesses getroffenen Zusagen einzuhalten. So setzte der Kongreß die humanitäre Hilfe an die Contras fort und bot Honduras durch großzügige Wirtschafts- und Militärhilfe den Anreiz, die Contra-Lager im Land weiter zu dulden, auch wenn dies gegen das Esquipulas-Abkommen verstieß.

### *El Salvador*

Nach Esquipulas-II wurde deutlich, daß El Salvador ein größeres Problem für die amerikanische Zentralamerika-Politik darstellte, als man in den vorherigen Jahren angenommen hatte. In der amerikanischen Publizistik mehrten sich die Stimmen, die der amerikanischen El Salvador-Politik Erfolglosigkeit attestierten. Trotz umfangreicher Wirtschafts- und Militärhilfe[28] zeigte sich die Guerilla weiterhin stark; ein Ende des Bürgerkriegs war nicht abzusehen. Die Großoffensive der Guerilla im November 1988 zielte darauf ab, Amerika während der bevorstehenden Wahlen die Stärke der Guerilla zu demonstrieren.[29] Ein Sprecher der Guerilla vertrat die Ansicht, daß die neue amerikanische Regierung, gleichgültig welcher Partei der neue Präsident angehöre,

---

[28] Nach Israel und Ägypten erhielt El Salvador die umfangreichste amerikanische Hilfe. 1987 war El Salvador das erste Land der Welt, in dem die amerikanischen Hilfeleistungen die inländischen Steuereinnahmen überschritten (*WSJ*, 12.2.1988, S. 6). 1987 betrug die amerikanische Gesamthilfe (ökonomische und militärische) 593,4 Mio. Dollar (*Sanford*, a.a.O. [Anm. 20]), 1988: 337,3 Mio. Dollar (*Millett*, a.a.O. [Anm. 20], S. 404). *Sanford* nennt für 1988 eine höhere Summe.

[29] Vgl. *Latin American Weekly Report*, 17.11.1988, S. 1, 8.

eine Verhandlungslösung unter Einbeziehung der Guerilla ins Auge fassen werde.[30] Ungünstig für die amerikanische Politik war auch das Ergebnis der Kongreß- und Kommunalwahlen in El Salvador im März 1988.[31] Es siegte die rechtsextreme Arena-Partei, die sich eine absolute Mehrheit im Parlament sicherte. Angesichts der Stimmenverluste der Christdemokratischen Partei und ihrer Fraktionierungstendenzen im Vorfeld der Präsidentschaftswahlen mußte auch mit einem Sieg der Arena-Partei bei den Präsidentschaftswahlen von 1989 gerechnet werden. Damit verlor das traditionelle Argument, die amerikanische Politik unterstütze in El Salvador die demokratische, sozialreformistische Mitte (konkret die Christdemokraten) in ihrem Kampf gegen linken und rechten Extremismus, an Überzeugungskraft.

---

30 Vgl. *ebd.*, 3.11.1988, S. 6 f.

31 Vgl. die Wahlergebnisse und -analysen in: *Estudios Centroamericanas* (ECA), Bd. 18, Nr. 473-474, 1988.

# ANHANG

## LITERATURHINWEISE

### I Globale Probleme

#### *Umweltgefahren in der Atmosphäre und Stratosphäre*

*Brown, Neville*: Climate, ecology and international security. In: *Survival* (Oxford), 31 (November/December 1989) 6, S. 519-532.

*Brown, Neville*: Der Treibhauseffekt: eine weltweite Herausforderung. In: *Europa-Archiv* (Bonn), 44 (25. April 1989) 8, S. 231-240.

*Charpentier, Jean* (Hrsg.): La protection de l'environnement par les Communautés européennes. Paris: Pedone, 1988. XI,170 S.

*Crutzen, Paul J.* (Hrsg.): Das Ende des blauen Planeten? Der Klimakollaps: Gefahren und Auswege. Originalausgabe München: Beck, 1989. 270 S. (Beck'sche Reihe; 385).

The earth and its energy. In: *Dialogue* (Washington/D.C.), (1989) 3/85, S. 8-35.

Effects and control of transboundary air pollution. Geneva: United Nations, 1987. VI,133 S. (Air Pollution Studies; 4).

Entwurf eines Gesetzes zu dem Montrealer Protokoll vom 16. September 1987 über Stoffe, die zu einem Abbau der Ozonschicht führen. Gesetzentwurf der Bundesregierung. Bonn: Heger, 1988. 27 S. (Verhandlungen des Deutschen Bundestages: Drucksache; 11/2676).

*Flemming, Günther*: Anthropogene Beeinflussung der Atmosphäre. In: *Wissenschaftliche Zeitschrift der Technischen Universität Dresden*, 36 (1987) 6, S. 173-176.

*Flohn, Hermann*: Mensch und Klima. Das Weltklimaforschungsprogramm der Weltorganisation für Meteorologie (WMO). In: *Vereinte Nationen* (Koblenz), 35 (Juni 1987) 3, S. 89-93.

*Horn, Manfred*: Energiepolitik im Zeichen einer möglichen Klimakatastrophe. In: *Europa-Archiv* (Bonn), 44 (10. April 1989) 7, S. 207-216.

Klimaänderung: neue Krise für die Menschheit? In: *Der Überblick* (Hamburg), 25 (März 1989) 1, S. 5-55.

*Láng, István*: Problems of environmental protection today. In: *International security*. Budapest: Zalka Press, 1988 (*Külpolitika*; Special Edition 1988), S. 119-127.

*Lang, Winfried*: Diplomatie zwischen Ökonomie und Ökologie. Das Beispiel des Ozonvertrags von Montreal. In: *Europa-Archiv* (Bonn), 43 (25. Februar 1988) 4, S. 105-110.

*MacKibben, Bill*: Is the world getting hotter? In: *The New York Review of Books* (New York/N.Y.), 35 (Dezember 8, 1988) 19, S. 7-11.

*Maier, Gerhard*: International environmental policy perspectives for the nineties. In: *Intereconomics* (Hamburg), 24 (November/December 1989) 6, S. 290-292.

*Martin, Simone M. M.*: Zweiter Bericht über den Schutz der Ozonschicht. Luxemburg: Amt für amtliche Veröffentlichungen der EG, 1988. 27 S. (Sitzungsdokumente / Europäisches Parlament: Serie A, Berichte; 1987-1988: Dokument A 2-333/87).

*Nagel, Hans Dieter; Graf, Manfred*: Belastungsgrenzen für Stickoxide. In: *Spectrum* (Berlin/Ost), 20 (1989) 3, S. 16-17.

*Newsom, David D.*: Diplomatie und Außenpolitik vor neuen Aufgaben. Sind die Regierungen vorbereitet? In: *Europa-Archiv* (Bonn), 44 (10. Februar 1989) 3, S. 65-74.

*Nikitina, Elena N.*: International mechanisms and Arctic environmental research. In: *Current Research on Peace and Violence* (Tampere), 12 (1989) 3, S. 123-132.

*Pag-Kuhn, Sabine* (Hrsg.): Umweltpolitik – eine europäische Aufgabe. Bonn: Europa Union Verlag, 1987. 340 S. (Materialien zur Europapolitik; Bd. 7).

*Prittwitz, Volker*: Internationale Umweltregime – ein Fallvergleich. In: *Kohler-Koch, Beate* (Hrsg.): Regime in den internationalen Beziehungen. Baden-Baden: Nomos Verlagsgesellschaft, 1989, S. 225-245.

*Ratsch, Ulrich*: Ökologische Probleme in Nord und Süd. In: Friedensgutachten 1989. Hamburg: Institut für Friedensforschung und Sicherheitspolitik, 1989, S. 34-45.

*Scheuing, Dieter H.*: Umweltschutz auf der Grundlage der Einheitlichen Europäischen Akte. In: *Europarecht* (Baden-Baden), 24 (April-Juni 1989) 2, S. 152-192.

*Schmitt, Dieter; Düngen, Helmut; Bergschneider, Claus*: Neue $CO_2$-Abgaben gegen den Treibhauseffekt? In: *Wirtschaftsdienst* (Hamburg), 69 (Oktober 1989) 10, S. 497-502.

*Stähler, Frank*: Der Erklärungswert von Weltenergieszenarien zur Abschätzung zukünftiger $CO_2$-Emissionen. In: *Zeitschrift für Energiewirtschaft* (Braunschweig), 12 (Dezember 1988) 4, S. 273-284.

*Theys, Jacques; Faucheux, Sylvie; Noël, Jean François*: La guerre de l'ozone. In: *Futuribles* (Paris), (octobre 1988) 125, S. 51-73.

*Vahrenholt, Fritz*: Umweltschutz in Europa. In: *Die neue Gesellschaft/Frankfurter Hefte* (Bonn), 36 (Juni 1989) 6, S. 528-533.

Vorschlag einer Verordnung (EWG) des Rates zur Errichtung einer Europäischen Umweltagentur und eines Europäischen Umweltüberwachungs- und Informationsnetzes. Luxemburg: Amt für amtliche Veröffentlichungen der EG, 1989. 17 S. (Dokumente / Kommission der Europäischen Gemeinschaften; KOM(89) 303 endg.).

*Weber, Beate*: Umwelt ohne Grenzen – über die Notwendigkeit einer europäischen Umwelt- und Energiepolitik. In: *Schomaker, Astrid* u.a. (Hrsg.): Plädoyer für Europa. Hamburg: Verlag Weltarchiv, 1989, S. 139-158.

*Weidner, Helmut*: A survey of clean air policy in Europe. Berlin/West: Wissenschaftszentrum Berlin, 1989. 24 S., nebst 24 S. Annex (Papers: FS II / Wissenschaftszentrum Berlin für Sozialforschung; 89-301).

*Welsch, Heinz*: Strategien zur $SO_2$-Minderung für den westeuropäischen Kraftwerkssektor. In: *Zeitschrift für Energiewirtschaft* (Braunschweig), 12 (März 1988) 1, S. 42-48.

*Welsch, Heinz*: Kosten der $SO_2$-Minderung unter alternativen umweltpolitischen Strategien: Ergebnisse eines Simulationsmodells des westeuropäischen Kraftwerksektors. In: *Zeitschrift für Energiewirtschaft* (Braunschweig), 13 (März 1989) 1, S. 51-59.

*Young, Oran R.*: The politics of international regime formation: managing natural resources and the environment. In: *International Organization* (Cambridge/Mass.), 43 (Summer 1989) 3, S. 349-375.

## *Müllentsorgung im internationalen Kontext*

Basel convention on the control of transboundary movements of hazardous wastes and their disposal. In: *International Legal Materials* (Washington/D.C.), 28 (May 1989) 3, S. 657-686.

The Basel Convention on the control of transboundary waste streams. In: *Verfassung und Recht in Übersee* (Baden-Baden), 22 (4. Quartal 1989), S. 364-391,479-504.

*Foljanty-Jost, Gesine*: Rückblick auf ein umweltpolitisches Modell: die Emissisionsabgabe in Japan. In: *Asien* (Hamburg), (Juli 1989) 32, S. 15-36.

*Frolow, I. T.* (Hrsg.): Globale Probleme der Zivilisation. Düsseldorf: Edition Marxistische Blätter, 1988. 476 S.

*Harborth, Hans Jürgen*: Dauerhafte Entwicklung. Zur Entstehung eines neuen ökologischen Konzepts. Berlin/West: Wissenschaftszentrum Berlin, 1989. 108 S. (Papers: FS II / Wissenschaftszentrum Berlin für Sozialforschung; 89-403).

*Hohmann, Harald*: Die Entwicklung der internationalen Umweltpolitik und des Umweltrechts durch internationale und europäische Organisationen. In: *Aus Politik und Zeitgeschichte* (Bonn), (17. November 1989) B47-48, S. 29-45.

*Krämer, Ludwig*: Le déversement des déchets en mer et le droit communautaire. In: *Revue du marché commun* (Paris), (juin 1988) 318, S. 328-340.

*Mayer, Uli*: Das Meer als Müllkippe. In: *Gewerkschaftliche Monatshefte* (Köln), 39 (Dezember 1988) 12, S. 746-755.

*O'Keefe, Phil*: Toxic terrorism. In: *Review of African Political Economy* (Sheffield), (1988) 42, S. 84-90.

*Oschlies, Wolf*: Wird Polen zur „Müllkippe Europas"? Polnische Diskussionen um westdeutsche Giftmüll-"Exporte" nach Oberschlesien. Köln: BOIS, 1989. 6 S. (Aktuelle Analysen / Bundesinstitut für Ostwissenschaftliche und Internationale Studien; Nr. 3/1989).

*Pater, Siegfried*: Das grüne Gewissen Brasiliens: Jose Lutzenberger. Göttingen: Lamuv Verlag, 1989. 189 S.

*Placca, Jean Baptiste*: Déchets toxiques: l'Afrique réagit. In: *Jeune Afrique* (Paris), 29 (11 janvier 1989) 1462, S. 30-32.

*Richter, Roland*: Giftmüllexporte nach Afrika. Bestandsaufnahme eines Beispiels der Zusammenhänge zwischen Ökosystem, Ökonomie und Politik im Rahmen der Nord-Süd-Beziehungen. In: *Afrika Spectrum* (Hamburg), 23 (1988) 3, S. 315-350.

Solving the toxic waste equation. In: *World Link* (Geneva), 2 (April 1989) 4, S. 12-26.

*Soudan, François*: Déchets toxiques: le dossier du scandale. In: *Jeune Afrique* (Paris), 28 (6 juillet 1988) 1435, S. 20-29.

*Strübel, Michael*: Umweltregime in Europa. In: *Kohler-Koch, Beate* (Hrsg.): Regime in den internationalen Beziehungen. Baden-Baden: Nomos Verlagsgesellschaft, 1989, S. 247-273.

Die Umwelt bewahren. Die globale Umweltkrise als neue Dimension von Sicherheitspolitik – ökologische Argumente für eine Wende in der internationalen Politik. Saarbrücken: Breitenbach, 1989. 175 S. (Eine Welt; 2).

Vollzugsdefizite beim Abfallexport in die Dritte Welt. Antwort der Bundesregierung auf die Große Anfrage der Abgeordneten Frau Hensel und der Fraktion „Die Grünen". Bonn: Heger, 1989. 19 S. (Verhandlungen des Deutschen Bundestages: Drucksache; 11/6150).

*Wynne, Brian*: The toxic waste trade: international regulatory issues and options. In: *Third World Quarterly* (London), 11 (July 1989) 3, S. 120-146.

# II Die Rolle der Vereinigten Staaten und der Sowjetunion in der Weltpolitik

## *Strategische Politik und Rüstungskontrolle zwischen den beiden Supermächten*


*Arbatov, Aleksej G.*: Strategic stability. Limiting competition in nuclear arms. In: *Allison, Graham T.* u.a. (Hrsg.): Windows of opportunity. Cambridge/Mass.: Ballinger, 1989, S. 233-261.

Article-by-article review of the INF treaty. Washington/D.C.: American Enterprise Institute for Public Policy Research, 1988. 48 S. (AEI Occasional Papers Studies in National Security Policy).

*Bethe, Hans A.*: Chop down the nuclear arsenals. In: *Bulletin of the Atomic Scientists* (Chicago/Ill.), 45 (March 1989) 2, S. 11-15.

*Bruckmann, Wolfgang*: Kurzstreckenraketen und Langzeitkonflikte. Politisch-historische Dimensionen der „Modernisierungsdebatte". In: *Blätter für deutsche und internationale Politik* (Köln), 34 (Juni 1989) 6, S. 717-727.

*Bunn, George; Payne, Rodger A.*: Tit-for-tat and the negotiation of nuclear arms control. In: *Arms Control* (London), 9 (December 1988) 3, S. 207-233.

*Burt, Richard*: Meeting the challenges of the post-INF world. Munich: Gesellschaft für Auslandskunde, 1987. 18 S.

*Caldwell, Lawrence T.*: United States – Soviet relations and arms control. In: *Current History* (Philadelphia/Pa.), 86 (October 1987) 522, S. 305-308,344,346-347.

*Červov, Nikolaj F.*: Strategic arms reduction talks and future prospects. In: *Disarmament* (New York/N.Y.), 12 (Summer 1989) 2, S. 145-153.

*Colard, Daniel*: Le débat atlantique sur les SRNF: modernisation et/ou négociations? In: *Arès : la course aux armements et le désarmement* (Grenoble), 11 (1989) 1, S. 232-244.

*Davis, Lynn E.*: Lessons of the INF Treaty. In: *Foreign Affairs* (New York/N.Y.), 66 (1988) 4, S. 720-734.

*Dean, Jonathan; Clausen, Peter A.*: INF-Vertrag und europäische Sicherheit. In: *Jacobsen, Hanns D.* u.a. (Hrsg.): Perspektiven für Sicherheit und Zusammenheit in Europa. Bonn: Bundeszentrale für politische Bildung, 1988, S. 228-238. (Schriftenreihe. Bundeszentrale für politische Bildung; Bd. 268)

*Einhorn, Robert J.*: Strategic arms reduction talks. The emerging START agreements. In: *Survival* (London), 30 (September/October 1988) 5, S. 387-401.

*Enders, Thomas*: START und europäische Sicherheitsinteressen. In: *Europa-Archiv* (Bonn), 43 (25. Dezember 1988) 24, S. 722-731.

*Gaffney, Frank J. (jr.)*: The INF Treaty and its shadows over the START negotiations. In: *Strategic Review* (Washington/D.C.), 16 (Spring 1988) 2, S. 33-42.

*Gasteyger, Curt*: Europa nach dem INF-Abkommen. In: *Aus Politik und Zeitgeschichte* (Bonn), (4. März 1988) B10, S. 3-10.

*Goure, Leon*: The Soviet strategic view. In: *Strategic Review* (Washington/D.C.), 16 (Winter 1988) 1, S. 79-94.

*Haass, Richard N.*: Beyond the INF treaty. Arms, arms control, and the Atlantic Alliance. Lanham/Md.: University Press of America, 1988. VIII,67 S. (CSIA Occasional Paper; No. 3).

*Hassner, Pierre*: Zero options for Europe? In: *The European Journal of International Affairs* (Rome), 1 (Summer 1988) 1, S. 9-22.

*Hildreth, Steven A.; Medalia, Jonathan E.; Woolf, Amy F.*: Strategic policy at a crossroads: critical choices and policy dilemmas facing the United States today. Washington/D.C.: Congressional Research Service, 1989. 38 S.

*Hyland, William G.*: Reagan-Gorbachev III. In: *Foreign Affairs* (New York/N.Y.), 66 (Fall 1987) 1, S. 7-21.

*Jones, David T.*: How to negotiate with Gorbachev's team. In: *Orbis* (Philadelphia/Pa.), 33 (Summer 1989) 3, S. 357-373.

*Kampelman, Max M.; Glitman, Maynard W.*: The INF Treaty: negotiation and ratification. In: *Department of State Bulletin* (Washington/D.C.), 88 (March 1988) 2132, S. 41-49.

*Kaufman, Joyce P.*: US-Soviet arms control and politics. In: *Arms Control* (London), 8 (December 1987) 3, S. 278-294.

*Kokošin, Andrej A.*: A Soviet view on radical weapons cuts. In: *Bulletin of the Atomic Scientists* (Chicago/Ill.), 44 (March 1988) 2, S. 14-17.

*May, Michael M.; Bing, George F.; Steinbruner, John D.*: Strategic arms reductions. Washington/D.C.: Brookings Institution, 1988. IX,73 S.

*Moïsi, Dominique*: L'Europe entre les inconséquences de Reagan et les sourires de Gorbatchev. In: *Défense nationale* (Paris), 43 (mai 1987), S. 7-17.

*Nitze, Paul H.*: The nuclear and space talks: the Reagan legacy and the path ahead. In: *Arms Control Today* (Washington/D.C.), 19 (January/February 1989) 1, S. 7-10.

*Nye, Joseph S. (jr.)*: Arms control after the cold war. In: *Foreign Affairs* (New York/N.Y.), 68 (Winter 1989/90) 5, S. 42-64.

*Renard, Pierre H.*: Reprise des négociations américano-soviétiques sur les armements stratégiques. In: *Arès : la course aux armements et le désarmement* (Grenoble), 11 (1989) 1, S. 257-267.

The Reykjavik talks: promise or peril. Washington/D.C.: U.S. Government Printing Office, 1987. VI,201 S. (Committee Print / House (United States); 100th Congress, 1st Session).

*Risse-Kappen, Thomas; Schmidt, Hans Joachim; Krell, Gert*: Das Abkommen über den Abbau der Mittelstreckenraketen (INF-Vertrag) und die nukleare Rüstungskontrolle in Europa. In: Friedensgutachten 1988. Heidelberg: Forschungsstätte der Evangelischen Studiengemeinschaft, 1988, S. 105-120.

*Risse-Kappen, Thomas*: Null-Lösung. Entscheidungsprozesse zu den Mittelstreckenwaffen 1970-1987. Frankfurt/Main: Campus Verlag, 1988. 223 S. (Studien der Hessischen Stiftung Friedens- und Konfliktforschung).

*Saskov, Evgenij*: An important step towards nuclear disarmament. In: *International Affairs* (Moscow), (July 1987) 7, S. 8-16.

*Shulman, Marshall D.*: The superpowers: dance of the dinosaurs. In: *Foreign Affairs* (New York/N.Y.), 66 (1988) 3, S. 494-515.

*Soutou, Georges H.*: L'accord INF, le problème stratégique allemand et la France. In: *Défense nationale* (Paris), 44 (juin 1988), S. 39-46.

*Summers, Robert A.*: Erfahrungen mit der Verifikation des INF-Vertrages und Aussicht für eine wirksame Verifikation bei der Reduzierung strategischer Waffen. In: *S und F: Vierteljahresschrift für Sicherheit und Frieden* (Baden-Baden), 7 (1989) 2, S. 66-72.

*Thränert, Oliver*: Wieviele Null-Lösungen sind mit der NATO-Strategie vereinbar? Bonn: Friedrich-Ebert-Stiftung, 1987. 23 S. (Kurzpapier der Abteilung Aussenpolitik- und DDR-Forschung (Friedrich-Ebert-Stiftung); Nr. 16).

*Voigt, Karsten D.*: Europäische Interessen nach Reykjavik und vor einer Null-Lösung. In: *Die neue Gesellschaft/Frankfurter Hefte* (Bonn), 34 (April 1987) 4, S. 321-328.

*Weinberger, Caspar W.*: Arms reductions and deterrence. In: *Foreign Affairs* (New York/N.Y.), 66 (1988) 4, S. 700-719.

*Williams, Phil*: US-Soviet relations: beyond the Cold War? In: *International Affairs* (Guildford), 65 (Spring 1989) 2, S. 273-288.

*Woolf, Amy F.*: On-site inspections in arms control: verifying compliance with INF and START. Washington/D.C.: Congressional Research Service, 1989. 45 S.

## *Regionale Krisen als Gegenstand der amerikanisch-sowjetischen Beziehungen*

*Angrand, Jean; Rabier, Christiane J.*: Les superpuissances et la guerre du Golfe: stratégies et enjeux. In: *Défense nationale* (Paris), 44 (janvier 1988), S. 95-109.

*Arnold, Anthony*: Parallels and divergences between the US experience in Vietnam and the Soviet experience in Afghanistan. In: *Central Asian Survey* (Oxford), 7 (1988) 2/3, S. 111-132.

*Bender, Gerald J.*: The eagle and the bear in Angola. In: *The Annals of the American Academy of Political and Social Science* (Beverly Hills/Cal.), (January 1987) 489, S. 123-132.

*Breslauer, George W.*: Linking Gorbachev's domestic and foreign policies. In: *Journal of International Affairs* (New York/N.Y.), 42 (Spring 1989) 2, S. 267-282.

*Brown, James*: The superpowers in the Middle East: lessons from the Persian Gulf. In: RUSI and Brassey's Defence Yearbook. Royal United Services Institute for Defence Studies. Vol. 99. 1989. Oxford: Brassey's Defence Publishers, 1989, S. 131-146.

*Campbell, Kurt M.* u.a. (Hrsg.): Gorbachev's Third World dilemmas. London: Routledge, 1989. XVI,270 S.

*Chubin, Sharam*: The super-powers, regional conflicts and world order. In: The changing strategic landscape. Part 3. Oxford: Brassey's International Defense Publisher, 1989, S. 74-93 (Adelphi Papers; 237).

*Copson, Raymond W.; Cronin, Richard P.*: The „Reagan Doctrine" and its prospects. In: *Survival* (London), 29 (January/February 1987) 1, S. 40-55.

*Ferdowsi, Mir A.*: Militante Konflikte in der Dritten Welt. Dimensionen – Ursachen – Perpektiven. In: *Aus Politik und Zeitgeschichte* (Bonn), (21. Februar 1987) B8, S. 27-37.

*Fukuyama, Francis*: Gorbachev and the new Soviet agenda in the Third World. Santa Monica/Cal.: Rand, 1989. XIII,71 S. (Rand Report; R-3634-A).

*Greene, Fred*: The United States and Asia in 1988: a changing environment. In: *Asian Survey* (Berkeley/Cal.), 29 (January 1989) 1, S. 89-100.

*Hubel, Helmut*: Die Rolle von Regionalkonflikten im sowjetisch-amerikanischen Verhältnis. In: *Europa-Archiv* (Bonn), 45 (25. Januar 1990) 2, S. 61-68.

*Huntington, Samuel P.*: Patterns of intervention: America and the Soviets in the Third World. In: *The National Interest* (Washington/D.C.), (Spring 1987) 7, S. 39-47.

*Izjumov, Aleksej I.; Kortunov, Andrej V.*: The Soviet Union in the changing world. In: *International Affairs* (Moscow), (August 1988) 8, S. 46-56.

*Kislov, Aleksandr K.*: Novoe političeskoe myslenie i regional'nye konflikty. In: *Mirovaja ekonomika i meždunarodnye otnosenija* (Moskva), (1988) 8, S. 39-47.

*Klare, Michael T.; Kornbluh, Peter* (Hrsg.): Low intensity warfare. Counterinsurgency, proinsurgency and antiterrorism in the eighties. New York: Pantheon, 1988. 272 S.

*Kozyrev, A.; Šumičin, A.*: East and West in the Third World. In: *International Affairs* (Moscow), (March 1989) 3, S. 64-74.

*Krell, Gert*: Die Entwicklung der Beziehungen zwischen den USA und der Sowjetunion 1987/88: Rüstungskontrolle, Regionalkonflikte, innenpolitische Bedingungen. Frankfurt/Main: Hessische Stiftung für Friedens- und Konfliktforschung, 1988. IV,47 S. (HSFK-Report; 5/1988).

*MacFarlane, S. Neil; Nel, Philip*: The changing Soviet approach to regional conflicts. In: *The Journal of Communist Studies* (London), 5 (June 1989) 2, S. 148-172.

*MacFarlane, S. Neil*: The Soviet Union and Southern African security. In: *Problems of Communism* (Washington/D.C.), 38 (March-June 1989) 2-3, S. 71-89.

*Maull, Hanns W.*: Die Internationalisierung des Golf-Krieges. In: *Europa-Archiv* (Bonn), 42 (10. Oktober 1987) 19, S. 533-542.

*Maull, Hanns W.; Pick, Otto* (Hrsg.): The Gulf War. Regional and international dimensions. London: Pinter Publishers, 1989. IX,203 S.

*Metz, Steven*: The case for superpower cooperation in southern Africa. In: *SAIS Review* (Washington/D.C.), 9 (Winter-Spring 1989) 1, S. 199-212.

*Pradhan, Bharat B.*: US-Soviet strategic stalemate in Kampuchea. In: *Foreign Affairs Reports* (New Delhi), 36 (April 1987) 4, S. 61-68.
Re-flagging the Gulf. In: *MERIP Middle East Report* (New York/N.Y.), 17 (September-October 1987) 5, S. 2-39 (31 S.).
*Roell, Peter*: Der Kambodscha-Konflikt im Kräftespiel Moskau-Washington-Peking. Trends und Perspektiven. In: *Asien* (Hamburg), (Januar 1989) 30, S. 98-108.
*Rubinstein, Alvin Z.*: Speculations on a national tragedy. In: *Orbis* (Philadelphia/Pa.), 30 (Winter 1987) 4, S. 589-608.
*Rubinstein, Alvin Z.*: The Soviet withdrawal from Afghanistan. In: *Current History* (Philadelphia/Pa.), 87 (October 1988) 531, S. 333-336,339-340.
*Schaik, Matthys K. van; Feldman, Laura*: The Persian Gulf: regional instability and superpower interests. In: *International Affairs Bulletin* (Johannesburg), 11 (1987) 3, S. 77-88.
*Spiegel, Steven L.* u.a. (Hrsg.): The Soviet-American competition in the Middle East. Institute on Global Conflict and Cooperation. Lexington/Mass.: Lexington Books, 1988. XIII,392 S.
*Tusa, Francis*: Afghanistan: chronology of the Soviet withdrawal, January – August 1988. In: RUSI and Brassey's Defence Yearbook. Royal United Services Institute for Defence Studies. Vol. 99. 1989. Oxford: Brassey's Defence Publishers, 1989, S. 299-325.
U.S. policy in the Persian Gulf. Hearings before the Committee on Foreign Relations, United States Senate, 100. Congress, 1. Session, 1987. Washington/D.C.: U.S. Government Printing Office, 1988. IV,342 S. (Hearing / Senate (United States); S. HRG. 100-772).

## III Die inneren Entwicklungen in der Sowjetunion sowie in Ost- und Südosteuropa

### *Das „neue Denken" in der Sowjetunion*

*Afanas'ev, Jurij* (Hrsg.): Es gibt keine Alternative zu Perestroika: Glasnost, Demokratie, Sozialismus. Nördlingen: Greno, 1988. 760 S.
*Baranovskij, Vladimir G.*: Außenpolitische Neubewertungen in der Sowjetunion. In: *Europa-Archiv* (Bonn), 44 (10. November 1989) 21, S. 635-644.
*Bialer, Seweryn* (Hrsg.): Politics, society, and nationality inside Gorbachev's Russia. Boulder/Colo.: Westview Press, 1989. XV,255 S.
*Bilinsky, Andreas*: Garantien der Bürgerrechte in der Sowjetunion. In: *Recht in Ost und West* (Berlin/West), 32 (15. Juli 1988) 4, S. 217-229.
*Brahm, Heinz; Höhmann, Hans Hermann*: Die neunzehnte Unionsparteikonferenz der KPdSU. In: *Aus Politik und Zeitgeschichte* (Bonn), (26. August 1988) B35, S. 3-15.
*Cockburn, Patrick*: Gorbachev and Soviet conservatism. In: *World Policy Journal* (New York/N.Y.), 6 (Winter 1988-89) 1, S. 81-106.
The Foreign Policy and diplomatic activity of the USSR (April 1985 – October 1989). A survey prepared by the USSR Ministry of Foreign Affairs. In: *International Affairs* (Moscow), (January 1990) 1, S. 5-111.
*Glaubitz, Joachim*: Die Sowjetunion und Japan. „Neues Denken" in der sowjetischen Politik gegenüber Japan? In: *Europa-Archiv* (Bonn), 44 (25. Oktober 1989) 20, S. 611-618.
*Gorbačev, Michail S.*: Perestroika: die zweite russische Revolution. Eine neue Politik für Europa und die Welt. – Erweiterte Taschenbuchausgabe 1989 München: Droemer Knaur, 1989. 414 S.
*Grotzky, Johannes*: Die neunzehnte Parteikonferenz der KPdSU in Moskau. In: *Europa-Archiv* (Bonn), 43 (25. August 1988) 16, S. 459-464.

*Hassner, Pierre*: Gorbachev and the West. In: *The Washington Quarterly* (Cambridge/Mass.), 11 (Autumn 1988) 4, S. 95-103.

*Hill, Ronald J.* (Hrsg.): Gorbachev and Perestroika. Towards a new socialism? Aldershot: Elgar, 1989. 234 S.

*Höhmann, Hans Hermann*: Wirtschaftskrise und ökonomische Reformperspektiven in der Sowjetunion. In: *Gewerkschaftliche Monatshefte* (Köln), 40 (Dezember 1989) 12, S. 789-796.

*Juviler, Peter H.* (Hrsg.): Gorbachev's reforms. U.S. and Japanese assessments. New York/N.Y.: de Gruyter, 1988. XXI,178 S.

*Kastl, Jörg*: Das neue Denken in der sowjetischen Außenpolitik. Praxis und Theorie. In: *Europa-Archiv* (Bonn), 43 (25. Oktober 1988) 20, S. 575-582.

*Katsenelinboigen, Aron J.*: Will glasnost bring the reactionaries to power? In: *Orbis* (Philadelphia/Pa.), 32 (Spring 1988) 2, S. 217-230.

*Laqueur, Walter*: The long road to freedom. Russia and glasnost. New York/N.Y.: Scribner, 1989. XVIII,325 S.

*Lerner, Lawrence W.* (Hrsg.): Gorbachev and Soviet future. Boulder/Colo.: Westview Press, 1988. VII,284 S.

*Lieven, Dominic*: Gorbachev and the nationalities. London: Centre for Security and Conflict Studies, 1988. 33 S. (Conflict Studies; 216).

*Malcolm, Neil*: Soviet policy perspectives on Western Europe. London: Routledge, 1989. VIII,117 S. (Chatham House Papers).

Perestroika in der sowjetischen Außenpolitik. In: *Vierteljahresberichte – Probleme der internationalen Zusammenarbeit* (Bonn), (März 1989) 115, Sonderheft, S. 1-102.

*Seiffert, Wolfgang*: Die Deutschen und Gorbatschow. Chancen für einen Interessenausgleich. Erlangen: Straube, 1989. 270 S.

*Smith, Gordon B.*: Soviet policy. Continuity and contradiction. New York/N.Y.: St. Martins Press, 1988. XI,388 S.

Sowjetunion, Sommer 1988: offene Worte. Gorbatschow, Ligatschow, Jelzin und 4991 Delegierte diskutieren über den richtigen Weg. Nördlingen: Greno Verlagsgesellschaft, 1988. 591 S. (Echo-Dokumentation).

*Spiegeleire, Stephan de*: „New thinking" in Soviet military doctrine. In: *Studia diplomatica* (Brussels), 42 (1989) 2, S. 187-212.

*Tatu, Michel*: Nineteenth Party Conference. In: *Problems of Communism* (Washington/D.C.), 37 (May-August 1988) 3-4, S. 1-15.

*Thom, Françoise*: The Gorbachev phenomenon. A history of perestroika. London: Pinter Publishers, 1989. 141 S.

*Timmermann, Heinz*: Die Sowjetunion und Westeuropa: Perzeptionswandel und politische Neuausrichtung. Köln: BOIS, 1989. 53 S. (Berichte des Bundesinstituts für ostwissenschaftliche und internationale Studien; 35-1989).

United States-Soviet relations: 1988. Hearings before the Subcommittee on Europe and the Middle East of the Committee on Foreign Affairs, House, 100. Congress, 2. Session. Washington/D.C.: U.S. Government Printing Office, 1988 – Vol. 1 (VII,60 S.) – Vol. 2 (V,563 S.).

*Wagenlehner, Günther*: Militärdoktrin und Glasnost. Die drei Ebenen des sowjetischen Militärwesens. In: *Osteuropa* (Stuttgart), 38 (Juni 1988) 6, S. 435-446.

*Wettig, Gerhard*: Soviet foreign policy under Gorbachev. New political thinking and its impact. London: Alliance Publishers, 1988. 43 S. (Occasional Paper / Institute for European Defence and Strategic Studies; 37).

## *Reform und Stagnation in Osteuropa*

*Ammer, Thomas*: Spuren des „neuen Denkens“ in der SED. In: *Deutschland Archiv* (Köln), 21 (September 1988) 9, S. 913-918.

Ausklang der Kadar-Epoche in Ungarn. *Hauszmann, János* (Bearb.). In: *Osteuropa* (Stuttgart) 39 (Oktober 1989) 10, S. A549-A553.

*Batt, Judy*: Economic reform and political change in Eastern Europe. A comparison of the Czechoslovak and Hungarian experiences. Houndmills: Macmillan Press, 1988. X,353 S.

*Bayer, József*: Pluralism in socialism. In: *The New Hungarian Quarterly* (Budapest), 30 (Spring 1989) 113, S. 78-84.

*Bialer, Severin* (Hrsg.): Politics, society, and nationality inside Gorbachev's Russia. Boulder/Colo.: Westview Press, 1989. XV,255 S.

*Bischof, Henrik*: Ungarn auf dem Weg zur Demokratie. Am Vorabend der ersten freien Wahlen. Bonn: Forschungsinstitut der Friedrich-Ebert-Stiftung, 1990. 43 S.

*Bruszt, László*: The dilemmas of economic transition in Hungary. In: *Südosteuropa* (München), 38 (1989) 11/12, S. 716-728.

*Bruzek, Antonin*: Grundzüge der Wirtschaftsreform in der Tschechoslowakei und ihre Realisierung in der Praxis. In: *Osteuropa* (Stuttgart), 39 (August 1989) 8, S. 734-745.

*Bumanis, Martins*: Die KP Lettlands und die nationale Frage im Zeichen der „Umgestaltung“. Köln: BOIS, 1989. III,79 S. (Berichte des Bundesinstituts für ostwissenschaftliche und internationale Studien; 10-1989).

*Cheauré, Elisabeth*: Armenien im Oktober 1988. Eine Momentaufnahme. In: *Osteuropa* (Stuttgart), 39 (Februar/März 1989) 2/3, S. 199-217.

*Farwick, Dieter*: Der Warschauer Pakt: das Ende eines Monolithen? In: *Farwick, Dieter*: Die strategische Antwort. Herford: Busse Seewald, 1989, S. 43-88.

*Fricke, Karl Wilhelm*: Zwischen Stagnation und Veränderung. Konfliktpotential und innere Situation der DDR. In: *Beiträge zur Konfliktforschung* (Köln), 19 (1989) 3, S. 5-21.

*Gramatzki, Hans Erich*: Gesamtwirtschaftliche und regionalwirtschaftliche Beziehungen und Konflikte zwischen der UdSSR und den osteuropäischen RGW-Staaten. In: *Horn, Hannelore* u.a. (Hrsg.): Der unvollkommene Block. Frankfurt/Main: Lang, 1988, S. 75-101 (Berliner Schriften zur Politik und Gesellschaft im Sozialismus und Kommunismus; Bd. 1).

*Gubcsi, Lajos* (Hrsg.): After the bargain. The Hungarian reform. Budapest: Progresprint, 1989. 170 S.

*Jermakowicz, Władysław W.; Follis, Jane Thompson*: Reform cycles in Eastern Europe, 1944-1987. A comparative analysis from a sample of Czechoslovakia, Poland, and the Soviet Union. Berlin/West: Duncker und Humblot, 1988. 216 S. (Osteuropastudien der Hochschulen des Landes Hessen: Reihe 1; Bd. 163).

*Kokošin, Andrej A.; Larionov, Valentin V.*: Demontage zugunsten der Verteidigung. In: *Neue Zeit* (Moskau), (7.-13. März 1989) 10, S. 19-21.

*Levcik, Friedrich*: Wirtschaftsreform in der Tschechoslowakei – der vierte Versuch. Wien: Wiener Institut für Internationale Wirtschaftsvergleiche, 1988. 14 S. (WIIW Reprint-Serie; Nr. 112).

*Levits, Egil*: Der politische Aufbruch in den baltischen Staaten. Das Problem der Selbstbestimmung der nichtrussischen Völker in der Sowjetunion. In: *Europa-Archiv* (Bonn), 44 (10. Juli 1989) 13, S. 403-412.

*MacGregor, James P.*: Economic reform and Polish public opinion. In: *Soviet Studies* (Harlow), 41 (April 1989) 2, S. 215-227.

*Miller, Tilly* (Hrsg.): Prager Frühling und Reformpolitik heute. Hintergründe, Entwicklungen und Vergleiche der Reformen in Osteuropa. München: Olzog, 1989. 70 S. (Akademiebeiträge zur politischen Bildung; Bd. 20).

*Nötzold, Jürgen*: Was sind die Voraussetzungen für den weiteren Erfolg Gorbatschows? In: *Liberal* (Sankt Augustin), 31 (August 1989) 3, S. 34-40.

*Nyers, Rezsö*: The present and future of restructuring. In: *The New Hungarian Quarterly* (Budapest), 30 (Spring 1989) 113, S. 24-30.

*Paetzke, Hans Henning*: Ein System wird beerdigt. Ungarn auf dem Weg zum Mehrparteiensystem. In: *Die neue Gesellschaft/Frankfurter Hefte* (Bonn), 36 (Juli 1989) 7, S. 659-665.

*Pekker, Zsolt*: Politische Veränderungen in Ungarn. In: *Osteuropa* (Stuttgart), 39 (Oktober 1989) 10, S. 922-928.

*Polkowski, Andreas*: Polen vor ernsten Herausforderungen. In: *Wirtschaftsdienst* (Hamburg), 69 (Oktober 1989) 10, S. 520-523.

*Pozsgay, Imre*: A new constitutional basis for a pluralistic society. In: *The New Hungarian Quarterly* (Budapest), 30 (Summer 1989) 114, S. 15-23.

*Pysz, Piotr; Quaisser, Wolfgang*: Nach dem „Runden Tisch": Polens Wirtschaftsreform an der Wende? In: *Osteuropa-Wirtschaft* (Stuttgart), 34 (September 1989) 3, S. 175-187.

*Rakowski, Mieczysław F.*: The political and economic situation in Poland. In: *The Atlantic Community Quarterly* (Washington/D.C.), 26 (Fall-Winter 1988) 3, S. 270-274.

*Rutkowski, Michal*: Dilemmas of the second stage of Poland's economic reform. In: *Oeconomica Polona* (Warszawa), 15 (1988) 2-3, S. 221-229.

*Sadykiewicz, Michael*: Organizing for coalition warfare. The role of East European Warsaw Pact forces in Soviet military planning. Santa Monica/Cal.: Rand, 1988. XXI,134 S. (Rand Report; R-3559-RC).

*Simon, Gerhard*: Berg-Karabach im Rampenlicht des Weltgeschehens. Köln: BOIS, 1988. 8 S. (Aktuelle Analysen / Bundesinstitut für Ostwissenschaftliche und Internationale Studien; Nr. 21/1988).

*Simon, Gerhard*: Perestrojka und die nationale Frage in der Sowjetunion. In: *Beiträge zur Konfliktforschung* (Köln), 19 (1989) 4, Schwerpunktthema: Veränderungen, S. 69-84.

*Sirjaev, Jurij*: Die neue Strategie der Zusammenarbeit der RGW-Länder. In: *Gesellschaftswissenschaften* (Moskau), (1988) 3 (55), S. 8-27.

*Slansky, Rudolf*: Les cent jours de Milos Jakeš. In: *La Nouvelle alternative* (Paris), (septembre 1988) 11, S. 9-12.

Sowjetunion: Eine unzerstörbare Realität – die Nationalitäten. Neue Fragen, neue Antworten zur nationalen Frage. *Scharff, Roland* (Bearb.). In: *Osteuropa* (Stuttgart), 39 (November/Dezember 1989) 11/12, S. A577-A591.

*Taheri, Amir*: Crescent in a red sky. The future of Islam in the Soviet Union. London: Hutchinson, 1989. XX,287 S.

*Wieck, Hans Georg*: The Soviet Union – in transition? In: *Studia diplomatica* (Brussels), 42 (1989) 1, S. 23-36.

*Ziegler, Uwe*: Die neue Sicht der DDR zur „Systemauseinandersetzung". In: *Aus Politik und Zeitgeschichte* (Bonn), (18. August 1989) B34, S. 28-38.

*Ziemer, Klaus*: Auf dem Weg zum Systemwandel in Polen. (I) Politische Reformen und Reformversuche 1980 bis 1988. In: *Osteuropa* (Stuttgart), 39 (September 1989) 9, S. 791-805.

## *Die Entwicklungen auf dem Balkan*

About the situation of Hungarians in Rumania. Budapest: MTI Press, 1989. 150 S. (Külpolitika; Special Edition 1989).

*Almond, Mark*: Decline without fall: Romania under Ceausescu. London: Alliance Publishers, 1988. 43 S. (European Security Study; No. 6).

*Biberaj, Elez*: Albania's economic reform dilemma. In: *The World Today* (London), 43 (October 1987) 10, S. 180-182.

*Biberaj, Elez*: Yugoslavia: a continuing crisis? London: Research Institute for the Study of Conflict and Terrorism, 1989. 22 S. (Conflict Studies; 225).

*Bischof, Henrik*: Wirtschafts- und Systemkrise in Rumänien. Bonn: Forschungsinstitut der Friedrich-Ebert-Stiftung, 1987. I,57 S.

*Brey, Thomas*: Bulgarien zwischen Tradition und Perestrojka. Eine Skizze politischer und wirtschaftlicher Reformansätze. In: *Osteuropa* (Stuttgart), 39 (Februar/März 1989) 2/3, S. 260-268.

*Gabanyi, Anneli Ute*: Die Deutschen in Rumänien. In: *Aus Politik und Zeitgeschichte* (Bonn), (9. Dezember 1988) B50, S. 28-39.

*Gabanyi, Anneli Ute*: Rumänien im Zeichen von Perestrojka und Glasnost. Von der Scheinreform zur Gegenreform. In: *Osteuropa* (Stuttgart), 39 (August 1989) 8, S. 746-759.

*Ghermani, Dionisie*: Rumäniens Versorgungssektor – keine Aussicht auf Besserung. In: *Südosteuropa* (München), 35 (1986) 11/, S. 645-653.

*Grosser, Ilse*: Bulgarische Außenwirtschaftsreformen in den achtziger Jahren. Wien: Wiener Institut für Internationale Wirtschaftsvergleiche, 1988. 14 S. (WIIW Reprint-Serie; Nr. 109).

*Gumpel, Werner* (Hrsg.): Die jugoslawische Wirtschaft. Gegenwart und Zukunft. München: Südosteuropa-Gesellschaft, 1988. 105 S. (Südosteuropa Aktuell; H.4).

Herrschaft der Straße oder pluralistische Demokratie? Zur Lage Jugoslawiens. *Günther, Horst* (Bearb.). In: *Osteuropa* (Stuttgart), 39 (September 1989) 9, S. A490-A503.

*Höpken, Wolfgang*: Bulgarien und die Reformpolitik Gorbatschows. In: *Althammer, Walter* (Hrsg.): Südosteuropa in der Ära Gorbatschow. München: Südosteuropa-Gesellschaft, 1987, S. 103-109 (Südosteuropa Aktuell; H. 2).

*Höpken, Wolfgang*: Türkische Minderheiten in Südosteuropa. In: *Südosteuropa Mitteilungen* (München), 27 (1987) 3-4, S. 207-214.

*Höpken, Wolfgang*: Wirtschaftsreform in Bulgarien. In: *Südosteuropa* (München), 36 (1987) 1, S. 45-57.

*Hunya, Gábor*: Die Bedingungen für die wirtschaftliche Stabilisierung in Rumänien. In: *Südosteuropa* (München), 37 (1988) 9, S. 457-476.

*Iversen, Hans Christian*: Wirtschaft und Wirtschaftspolitik in Jugoslawien. Die Krise in der Ära nach Tito. In: *Aus Politik und Zeitgeschichte* (Bonn), (5. Februar 1988) B6, S. 13-23.

*Jackson, Marvin R.*: Bulgaria's attempt at „radical reform". Köln: BOIS, 1987. III,50 S. (Berichte des Bundesinstituts für ostwissenschaftliche und internationale Studien; 2-1988).

*Kovač, Miha*: The Slovene spring. In: *New Left Review* (London), (September/October 1988) 171, S. 115-128.

*Lange, Klaus*: Aspekte der albanischen Wirtschaftsentwicklung. In: *Südosteuropa* (München), 36 (1987) 11/12, S. 698-708.

*Lydall, Harold*: Yugoslavia in crisis. Oxford: Clarendon Press, 1989. XII,255 S.

*Manousakis, Gregor M.*: Unruhiger Balkan – eine Bestandsaufnahme. Die aktuelle Problematik der einzelnen Staaten. In: *Beiträge zur Konfliktforschung* (Köln), 17 (1987) 2, S. 67-85.

*Meier, Viktor*: Yugoslavia: worsening economic and nationalist crisis. In: *Griffith, William E.* (Hrsg.): Central and Eastern Europe: the opening curtain?. Samuel Bronfman Foundation. Boulder/Colo.: Westview Press, 1989, S. 263-282.

*Pipa, Arshi*: The political situation of the Albanians in Yugoslavia, with particular attention to the Kosovo problem: A critical approach. In: *East European Quarterly* (Boulder/Colo), 23 (Summer 1989) 2, S. 159-181.

*Reuter, Jens*: Das Albanerproblem in Jugoslawien. Kosovo und Mazedonien als Brennpunkte. In: *Europäische Rundschau* (Wien), 17 (Winter 1989) 1, S. 61-68.

*Reuter-Hendrichs, Irena*: Jugoslawien: nationale Gegensätze und ordnungspolitische Konflikte. In: *Mediatus* (Starnberg), 9 (1989) 2, S. 3-6.

*Schlegel, Dietrich*: Rücken die Balkan-Staaten enger zusammen? In: *Aussenpolitik* (Hamburg), 39 (4. Quartal 1988) 4, S. 400-415.

*Schönfeld, Roland*: Rumäniens eigenwillige Politik. In: *Europa-Archiv* (Bonn), 42 (25. September 1987) 18, S. 523-532.

## *Die Weiterentwicklung des KSZE-Prozesses*

*Birnbaum, Karl E.* (Hrsg.): From Stockholm to Vienna: building confidence and security in Europe. Stockholm: Utrikespolitiska Institutet, 1987. VI,82 S. (Conference Papers / Utrikespolitiska Institutet; 9).

*Bruns, Wilhelm*: Mehr Substanz in den Ost-West-Beziehungen. Zur dritten KSZE-Folgekonferenz in Wien. In: *Aus Politik und Zeitgeschichte* (Bonn), (17. März 1989) B12, S. 3-9.

*Bruns, Wilhelm*: Bilanz und Perspektiven des KSZE-Prozesses. In: *Aus Politik und Zeitgeschichte* (Bonn), (4. März 1988) B10, S. 27-38.

CSCE Vienna Follow-up Meeting. A framework for Europe's future. Washington/D.C.: U.S. Department of State, 1989. 79 S. (Selected Documents / United States Department of State; No. 35).

*Dobrosielski, Marian*: Der „Dritte Korb" im KSZE-Prozeß. In: *Jacobsen, Hanns D.* u.a. (Hrsg.): Perspektiven für Sicherheit und Zusammenheit in Europa. Bonn, 1988, S. 441-455 (Schriftenreihe. Bundeszentrale für politische Bildung; Bd. 268).

*Friis-Moeller, William*: Westen hofft auf erfolgreichen Abschluß der KSZE-Folgekonferenz. In: *NATO Brief* (Brüssel), 35 (September/Oktober 1987) 5, S. 25-28.

*Ghebali, Victor Y.*: La conférence sur la sécurité et la coopération en Europe à l'ère Gorbatchev. In: *Défense nationale* (Paris), 43 (octobre 1987), S. 63-83.

*Ghebali, Victor Y.*: Les resultats de la réunion de Vienne sur les suites de la CSCE. In: *Défense nationale* (Paris), 45 (avril 1989), S. 61-78.

*Ghebali, Victor Y.*: La Conférence sur la Dimension Humaine de la CSCE. In: *Défense nationale* (Paris), 45 (novembre 1989), S. 103-116.

*Greenwald, G. Jonathan*: Wien – Herausforderung für das NATO-Bündnis. In: *Aussenpolitik* (Hamburg), 38 (2. Quartal 1987) 2, S. 155-169.

*Hardenbergh, Chalmers*: The other negotiations. In: *Bulletin of the Atomic Scientists* (Chicago/Ill.), 43 (September 1987) 7, S. 52-53.

*Heckel, Erna*: Europäische Kultur und Kulturpolitik im Rahmen des KSZE-Prozesses. In: *Weimarer Beiträge* (Berlin/Ost), 34 (1988) 11, S. 1902-1911.

Implementation of the Helsinki Accords: conclusion of the Vienna Meeting and implications for U.S. policy. Hearing before the Commission on Security and Cooperation in Europe, 101. Congress, 1. Session, 1989. Washington/D.C.: U.S. Government Printing Office, 1989. III,74 S. (Hearing / Commission on Security and Cooperation in Europe (United States / Congress); CSCE 101-1-1).

*Jankowitsch, Peter*: Österreich und die KSZE. In: *Europäische Rundschau* (Wien), 15 (Winter 1987) 1, S. 15-22.

*Jur'ev, Dmitrij*: Vienna: building a common European home. In: *International Affairs* (Moscow), (July 1987) 7, S. 102-110.

*Kaschlew, Juri B.*: Der KSZE-Prozeß und die N+N-Länder: der sowjetische Standpunkt. In: *Europäische Rundschau* (Wien), 15 (Herbst 1987) 4, S. 61-68.

*Kašlev, Jurij*: Vienna: the main work is ahead. In: *International Affairs* (Moscow), (May 1989) 5, S. 46-56.

*Kristof, Erich*: Das Wiener KSZE-Folgetreffen aus deutschlandpolitischer Sicht. In: *Deutschland Archiv* (Köln), 22 (April 1989) 4, S. 392-407.

*Löffler, Siegfried*: KSZE – jetzt ohne Fragezeichen. Beharrlichkeit des Westens und neuer Kurs des Ostens verhalfen einer Konferenzidee zum Durchbruch. In: *Information für die Truppe* (Bonn), (1989) 6, S. 53-65.

*Mahnke, Hans Heinrich*: Vertrauensbildene Maßnahmen in Europa. In: *Jacobsen, Hanns D.* u.a. (Hrsg.): Perspektiven für Sicherheit und Zusammenheit in Europa. Bonn, 1988, S. 239-250 (Schriftenreihe. Bundeszentrale für politische Bildung; Bd. 268).

*Neuhold, Hanspeter* (Hrsg.): CSCE: N and N perspectives. The process of the Conference on Security and Co-operation in Europe from the viewpoint of the neutral and non-aligned participating states. Wien: Braumüller, 1987. 194 S. (The Laxenburg Papers; 8).

*Palmisano, Simon*: Das Wiener KSZE-Folgetreffen. In: *Österreichische militärische Zeitschrift* (Wien) – [insgesamt erschienen zehn Beiträge (1) bis (10) unter gleichem Titel in folgenden Bänden/Heften:] (1): 25 (September/Oktober 1987) 5, S. 465-467. – (2): 25 (November/Dezember 1987) 6, S. 560-562 – (3): 26 (Januar/Februar 1988) 1, S. 69-71 – (4): 26 (März/April 1988) 2, S. 174-176 – (5): 26 (Mai/Juni 1988) 3, S. 265-267 – (6): 26 (Juli/August 1988) 4, S. 362-364 – (7): 26 (September/Oktober 1988) 5, S. 463-465 – (8): 26 (November/Dezember 1988) 6, S. 570-572 – (9): 27 (Januar/Februar 1989) 1, S. 67-68 – (10): 27 (März/April 1989) 2, S. 158-160.

*Rotfeld, Adam D.*: The Vienna CSCE Meeting: a search for a new European security system. Warsaw: Polski Instytut Spraw Miedzynarodowych, 1989. 32 S. (PISM Occasional Papers; No. 11).

*Staack, Michael*: Fortschritte in der Menschenrechtspolitik. Perspektiven nach der KSZE-Konferenz in Paris. In: *Europa-Archiv* (Bonn), 44 (10. September 1989) 17, S. 533-542.

*Staden, Berndt von*: Von Madrid nach Wien: der KSZE-Prozeß. In: *Aussenpolitik* (Hamburg), 37 (4. Quartal 1986) 4, S. 348-362.

*Vetschera, Heinz*: Die Wirkungen des „Ersten Korbes". Sicherheit und Vertrauensbildung. Wien: Institut für strategische Grundlagenforschung, 1988. III,64 S. (Kurzinformation / Institut für Strategische Grundlagenforschung).

## IV Die Westliche Gemeinschaft

### *Innere Entwicklungen in den USA und ihre Auswirkungen auf die westliche Gemeinschaft*

Analysis of the U.S.-Japan trade problem. Report of the Advisory Committee for Trade Policy and Negotiations. Washington/D.C.: Advisory Committee for Trade Policy and Negotiations, 1989. XXIII,122 S.

*Baktiari, Bahman; Moen, Mathew C.*: American foreign policy and the Iran-Contra hearings. In: *Comparative Strategy* (New York/N.Y.), 7 (1988) 4, S. 427-438.

*Cooper, William H.*: U.S. trade policy towards Japan: where do we go from here? Washington/D.C.: Congressional Research Service, 1989. 23 S.

*Czempiel, Ernst Otto*: Die Weltpolitik der Reagan-Administration. In: *Aus Politik und Zeitgeschichte* (Bonn), (28. Oktober 1988) B44, S. 36-46.

*Diebold, William (jr.)* (Hrsg.): Bilateralism, multilateralism and Canada in U.S. trade policy. Cambridge/Mass.: Ballinger Publishing, 1988. XVIII,206 S. (The Council on Foreign Relations Series on International Trade).

Enforcement of multilateral export controls. Hearing before the Subcommittee on International Economic Policy and Trade of the Committee on Foreign Affairs, House, 100. Congress, 1. Session, 1987. Washington/D.C.: U.S. Government Printing Office, 1988. III,42 S.

*Feldstein, Martin*: US protectionism on the rise. In: *European Affairs* (Amsterdam), 3 (Autumn 1989) 3, S. 108-113.

*Gabriel, Jürg Martin*: Das amerikanische Exportkontroll-System. In: *Aussenwirtschaft* (Grüsch), 44 (April 1989) 1, S. 59-74.

*Grewlich, Klaus W.*: Positivsummen-Spiel USA – Japan – Europa? In: *Aussenpolitik* (Hamburg), 39 (3. Quartal 1988) 3, S. 217-236.

*Harrison, Glennon J.*: The Toshiba/Kongsberg case: proposals to expand U.S. penalties for illegal exports of high technology goods. Washington/D.C.: Congressional Research Service, 1987. III,21 S.

*Jacobsen, Hanns Dieter*: Die amerikanischen Exportkontrollen als bündnispolitisches Problem. In: *Osteuropa-Wirtschaft* (Stuttgart), 31 (September 1986) 3, S. 188-200.

*Johnson, Ralph R.*: Conflicts of similarities. The future of U.S.-Japan trade. In: *Speaking of Japan* (Tokyo), 9 (September 1988) 93, S. 12-16.

*Kauffmann, Barbara*: Das Gramm-Rudman-Hollings-Gesetz – ein Versuch, das amerikanische Haushaltsdefizit zu beseitigen. In: *Die Weltwirtschaft* (Tübingen), (1989) 2, S. 64-79.

*Knapp, Manfred*: Der Einfluß der westeuropäischen Integrationsentwicklung auf die Beziehungen zwischen Europa und den USA. In: *Biskup, Reinhold* (Hrsg.): Europa Einheit in der Vielfalt. Bern: Haupt, 1988, S. 245-273 (Beiträge zur Wirtschaftpolitik; Bd. 50).

*Lieber, Robert J.*: „Eagle" revisited: a reconsideration of the Reagan era in U.S. foreign policy. In: *The Washington Quarterly* (Cambridge/Mass.), 12 (Summer 1989) 3, S. 115-126.

*Long, William J.*: U.S. export control policy. Executive autonomy versus congressional reform. New York/N.Y.: Columbia University Press, 1989. VIII,172 S.

*MacCulloch, Wendell H. (jr.)*: „Europe 1992": ensuring a fair deal for the U.S. Washington/D.C.: Heritage Foundation, 1989. 11 S. (Backgrounder / Heritage Foundation; No. 706).

*Mann, Thomas E.; Schultze, Charles L.*: Getting rid of the budget deficit: why we should and how we can. In: *The Brookings Review* (Washington/D.C.), 7 (Winter 1988/89) 1, S. 3-17.

*Münzing, Ekkehard*: Der amerikanische Präsidentschaftswahlkampf 1988. Dukakis/Bentsen contra Bush/Quayle. In: *Zeitschrift für Politik* (Köln), 36 (Dezember 1989) 4, S. 393-409.

*Muravchik, Joshua*: Why the democrats lost again. In: *Commentary* (New York/N.Y.), 87 (February 1989) 2, S. 13-22.

*Nölling, Wilhelm*: The impact of 1992 on European integration and relations with the United States. In: *Intereconomics* (Hamburg), 23 (November/December 1988) 6, S. 255-260.

*Norris, Pippa*: The 1988 American elections: long, medium and short-term explanations. In: *The Political Quarterly* (Oxford), 60 (April-June 1989) 2, S. 204-221.

*Oliver, Daniel*: Federal Trade Commission and domestic transparency. In: *The World Economy* (Oxford), 12 (September 1989) 3, S. 339-346.

Policy implications and proposed legislation concerning the Toshiba/Kongsberg case. Hearing before the Subcommittee on International Economic Policy and Trade of the Committee on Foreign Affairs, House, 100. Congress, 1. Session, 1987. Washington/D.C.: U.S. Government Printing Office, 1989. III,93 S.

*Schissler, Jakob; Tuschhoff, Christian*: Die amerikanische Außen- und Sicherheitspolitik unter Ronald Reagan. In: *Beiträge zur Konfliktforschung* (Köln), 18 (1988) 3, S. 5-33.

*Schmitt, Thomas*: Nationale Agrarpolitik und transnationale Agrarkonflikte: Landwirtschaftspolitik in der EG und den USA und ihre Rückwirkungen auf bilateraler Ebene. Köln: Universität zu Köln, Diss., 1988. XI,438 S.

*Schott, Jeffrey J.* (Hrsg.): The Canada-United States free trade agreement: the global impact. Washington/D.C.: Institute for International Economics, 1988. IX,202 S.

*Stoll, Johannes*: Das neue Handelsgesetz der USA. Bekenntnis zum freien Welthandel oder Schritt in den Protektionismus? In: *Wirtschaftswissenschaftliches Studium* (München), 18 (April 1989) 4, S. 194-195.

*Thiel, Elke*: Konflikt und Kooperation: die Wirtschaftsbeziehungen Europa-Amerika. In: *Aussenpolitik* (Hamburg), 40 (3. Quartal 1989) 3, S. 274-287.

*Trezise, Philip H.*: At last, free trade with Canada? In: *The Brookings Review* (Washington/D.C.), 6 (Winter 1988) 1, S. 16-23.

*Tucker, Robert W.*: Reagan's foreign policy. In: *Foreign Affairs* (New York/N.Y.), 68 (1989) 1, S. 1-27.

*Weinstein, Martin E.*: Trade problems and U.S. - Japanese security cooperation. In: *The Washington Quarterly* (Cambridge/Mass.), 11 (Winter 1988) 1, S. 19-33.

*Woldman, Joel M.*: Congress and the Iran-contra affair. Washington/D.C.: Congressional Research Service, 1988. 37 S.

## *Sicherheitsprobleme als Streitpunkte in der westlichen Gemeinschaft*

*Baumann, Gerhard*: Lastenverteilung in der NATO. München: Institut für Auswärtige Beziehungen, 1988. 74 S. (Dokumentationen, Analysen, Berichte / Institut für Auswärtige Beziehungen; 4.3).

*Betts, Richard K.*: NATO's mid-life crisis. In: *Foreign Affairs* (New York/N.Y.), 68 (Spring 1989) 2, S. 37-52.

*Coker, Christopher*: Discriminate deterrence and the Alliance. In: *Strategic Review* (Washington/D.C.), 16 (Spring 1988) 2, S. 51-59.

*Cooper, Charles A.; Zycher, Benjamin*: Perceptions of NATO burden-sharing. Santa Monica/Cal.: Rand, 1989. XV,43 S. (Rand Report; R-3750-FF/RC).

*Dean, Jonathan*: Conventional talks: a good first round. In: *Bulletin of the Atomic Scientists* (Chicago/Ill.), 45 (October 1989) 8, S. 26-31.

Defense burdensharing: the costs, benefits, and future of U.S. alliances. Hearings before the Defense Burdensharing Panel of the Committee on Armed Services, House, 100. Congress, 2. Session, 1988. Washington/D.C.: U.S. Government Printing Office, 1989. III,333 S. (Hearing / Committee on Armed Services (United States / House); H.A.S.C. No. 100-111).

*Dembinski, Matthias* (Hrsg.): Modernisierung und kein Ende? Die „Modernisierung" der Kurzstreckenraketen und die Defizite der sicherheitspolitischen Debatte in der NATO. Frankfurt/Main: Hessische Stiftung für Friedens- und Konfliktforschung, 1989. VI,81 S. (HSFK-Report; 1-2/1989).

Discriminate deterrence. In: *The Atlantic Community Quarterly* (Washington/D.C.), 26 (Fall-Winter 1988) 3, S. 233-269.

*Freedman, Lawrence*: The politics of conventional arms control. In: *Survival* (Oxford), 31 (September/October 1989) 5, S. 387-396.

*Heisbourg, François L.*: Nach dem INF-Abkommen von Washington: Für eine Weiterentwicklung der Grundlagen des Atlantischen Bündnisses. In: *Europa-Archiv* (Bonn), 43 (10. März 1988) 5, S. 119-128.

*Kaiser, Karl*: Die Kontrolle konventioneller Rüstung in Europa. Problematik und Ziele. In: *Europa-Archiv* (Bonn), 42 (25. November 1987) 22, S. 635-644.

*Kaiser, Karl*: Wozu Atomwaffen in Zeiten der Abrüstung? In: *Europa-Archiv* (Bonn), 44 (10. Mai 1989) 9, S. 261-272.

*Kanter, Arnold*: Nuclear modernization and arms control in NATO. Santa Monica/Caal.: Rand, 1988. XI,35 S. (Rand Note; N-2896-FF).

*Keel, Alton G. (jr.)*: Lastenteilung: die Diskussion in den USA muß ernst genommen werden. In: *NATO Brief* (Brüssel), 36 (September/Oktober 1988) 5, S. 6-11.

*Lellouche, Pierre* (Hrsg.): Conventional forces and arms limitation in Europe. Geneva: United Nations Institute for Disarmament Research, 1989. IX,90 S. (United Nations Publication).

*MacCain, John*: Saving our alliances: the real issue in burden-sharing. In: *Armed Forces Journal International* (Washington/D.C.), 126 (June 1989) 11/5733, S. 90-98 (4 S.).

*Moodie, Michael*: Burden-sharing in NATO: a new debate with an old label. In: *The Washington Quarterly* (Cambridge/Mass.), 12 (Autumn 1989) 4, S. 61-71.

No end to modernization? Short-range missile „modernization" and the deficiencies in the NATO security debate. Frankfurt/Main: PRIF, 1989. VI,81 S. (PRIF Reports; No. 6-7).

*Risse-Kappen, Thomas*: Null-Lösung. Die weltweite Abrüstung der landgestützten Mittelstreckenflugkörper. Frankfurt/Main: Hessische Stiftung für Friedens- und Konfliktforschung, 1987. IV,52 S. (HSFK-Report; 7/1987).

*Shultz, Richard H. (jr.)*: Discriminate deterrence and low-intensity conflict: the unintentional legacy of the Reagan administration. In: *Conflict* (New York/N.Y.), 9 (1989) 1, S. 21-43.

*Steinberg, James B.*: Rethinking the debate on burden-sharing. In: *Survival* (London), 29 (January/February 1987) 1, S. 56-78.

Der Streit um die NATO-Strategie. Zwischen „Brandmauer" und dritter Null-Lösung – Droht die „Singularisierung" der Deutschen? In: *Blätter für deutsche und internationale Politik* (Köln), 33 (März 1988) 3, S. 278-309.

*Voigt, Karsten D.*: Europäische Interessen nach Reykjavik und vor einer Null-Lösung. In: *Die neue Gesellschaft/Frankfurter Hefte* (Bonn), 34 (April 1987) 4, S. 321-328.

*Voigt, Karsten D.*: Durchbruch bei der konventionellen Abrüstung möglich – Analyse und Bewertung des bisherigen Verlaufs der Wiener Verhandlungen zur konventionellen Abrüstung. In: *S und F: Vierteljahresschrift für Sicherheit und Frieden* (Baden-Baden), 7 (1989) 3, S. 136-139.

*Wittmann, Klaus*: Challenges of conventional arms control. Oxford: Brassey's Defence Publishers, 1989. 95 S. (Adelphi Papers; 239).

*Zellner, Wolfgang*: Das Mandat von Wien. Vor den Verhandlungen über konventionelle Abrüstung in Europa. In: *Blätter für deutsche und internationale Politik* (Köln), 34 (März 1989) 3, S. 323-338.

## V Die Europäische Gemeinschaft im Aufwind

### *Fortschritte und Hindernisse auf dem Weg zur Europäischen Union*

*Ardy, Brian*: The national incidence of the European Community budget. In: *Journal of Common Market Studies* (Oxford), 26 (June 1988) 4, S. 401-429.

*Bartling, Hartwig*: EG-Agrarreform. Erhaltungsinterventionen oder Anpassungs- und Gestaltungsinterventionen? In: *Wirtschaftswissenschaftliches Studium* (München), 16 (März 1987) 3, S. 105-112.

*Bel, Jacques*: Les relations entre la communauté et le conseil d'assistance économique mutuelle. In: *Revue du marché commun* (Paris), (juin 1988) 318, S. 313-316.

*Biehl, Dieter*: Ein substantielles, aber begrenztes Reformpaket – Zum Brüsseler Reformgipfel. In: *Integration* (Bonn), 11 (April 1988) 2, S. 64-74.

*Breit, Ernst* (Hrsg.): Europäischer Binnenmarkt: Wirtschafts- oder Sozialraum? Dokumentation der von der Hans-Böckler-Stiftung und vom Deutschen Gewerkschaftsbund am 19. April 1988 in Bonn veranstalteten Tagung zum europäischen Gesellschaftsrecht. Bonn: Europa Union Verlag, 1988. 175 S.

*Clement, Rainer*: Effizienzvorteile und Voraussetzungen der Binnenmarktliberalisierung. In: *Wirtschaftsdienst* (Hamburg), 68 (August 1988) 8, S. 424-428.

*Cockfield, Francis A.*: Beyond 1992 – the single European economy. In: *European Affairs* (Amsterdam), 2 (Winter 1988) 4, S. 66-74.

*Colard, Daniel*: Le parlement des douze et la sécurité européenne. In: *Défense nationale* (Paris), 44 (mai 1988), S. 95-114.

*Davies, Gavyn*: A plan for European Monetary Union. London: Goldman Sachs, 1988. 28 S.

Der Delors-Bericht: ein wegweisendes Dokument? In: *Wirtschaftsdienst* (Hamburg), 69 (Juni 1989) 6, S. 271-283.

*Franz, Otmar*: Bericht über die Entwicklung der europäischen Währungsintegration. Luxemburg: Amt für amtliche Veröffentlichungen der EG, 1989 – T. A-B. 36 S. (Sitzungsdokumente / Europäisches Parlament: Serie A, Berichte; ...).

The future financing of the budget. Summary of the debates and abstracts of selected interventions. Florence: Europäisches Hochschulinstitut, 1988. 80 S. (EUI Working Paper; No. 88/355).

*Gardner, Brian*: The common agricultural policy: the political obstacle to reform. In: *The Political Quarterly* (Oxford), 58 (April-June 1987) 2, S. 167-179.

*Hankel, Wilhelm*: Europäische Währungsperspektiven. In: *Europa-Archiv* (Bonn), 44 (10. Juni 1989) 11, S. 351-360.

*Hickel, Rudolf*: Zwischenbilanz zum europäischen Währungssystems (EWS). Funktionsweise, Wirkungen und Weiterentwicklung aus der Sicht des „Delors-Berichts". In: *WSI Mitteilungen* (Köln), 42 (Oktober 1989) 10, S. 595-605.

*Kahn, René*: La nouvelle politique régionale des pays européens. In: *Problèmes économiques* (Paris), (18 novembre 1987) 2049, S. 17-24.

*Kloten, Norbert*: Der „Delors-Bericht". In: *Europa-Archiv* (Bonn), 44 (10. Mai 1989) 9, S. 251-260.

*Lagayette, Philippe*: Les perspectives monétaires européennes a l'horizon 1992. In: *Politique étrangère* (Paris), 53 (été 1988) 2, S. 443-452.

*Loehnis, Anthony*: European currency and European central bank – a British view. In: *Bank of England Quarterly Bulletin* (London), 28 (August 1988) 3, S. 350-355.

*MacDonald, Frank; Zis, George*: The European Monetary System: towards 1992 and beyond. In: *Journal of Common Market Studies* (Oxford), 27 (March 1989) 3, Special Issue: The European Monetary System, S. 183-202.

*Messal, Rüdiger*: Das neue Finanzierungssystem der Europäischen Gemeinschaft. In: *Wirtschaftsdienst* (Hamburg), 68 (April 1988) 4, S. 210-217.

*Müller, Lothar*: Politische Schritte zur Europäischen Währungsunion. In: *Europa-Archiv* (Bonn), 44 (10. September 1989) 17, S. 525-532.

*Nickel, Dietmar*: Der lange Weg zur Europäischen Union. In: *Integration* (Bonn), 11 (Januar 1988) 1, S. 34-38.

*Nicoll, William*: EEC budgetary strains and constraints. In: *International Affairs* (Guildford), 64 (Winter 1987/88) 1, S. 27-42.

*Nicoll, William*: The long march of the EC's 1988 budget. In: *Journal of Common Market Studies* (Oxford), 27 (December 1988) 2, S. 161-169.

*Pöttering, Hans Gert* (Hrsg.): Sicherheit in Freiheit für Europa. Plädoyer für eine europäische Sicherheitspolitik. Bonn: Europa Union Verlag, 1988. 235 S.

Reform der Strukturfonds. In: *Amtsblatt der Europäischen Gemeinschaften: Verhandlungen des Europäischen Parlaments* (Luxemburg), Sitzungsperiode 1987-1988 (16. bis 20. November 1987) 2-358, S. 143-157.

Report on economic and monetary union in the European Community. *Baer, Gunter D.; Padoa-Schioppa, Tommaso* (Bearb.). Luxemburg: Office for Official Publications of the EC, 1989. 235 S.

*Schall, Wolfgang*: Sicherheitspolitik auf dem Wege zur Europäischen Union. Aus der Arbeit des Europäischen Parlaments. Bonn: Europa Union Verlag, 1988. 400 S.

*Schmitz, Wolfgang*: Der Beitrag der Währungspolitik zum Binnenmarkt. Zur Rolle der Notenbanken in Europa. In: *Aus Politik und Zeitgeschichte* (Bonn), (12. Mai 1989) B20-21, S. 15-24.

*Schrader, Jörg V.*: EG-Gipfelbeschlüsse zur Agrar- und Haushaltspolitik: Schritte in die falsche Richtung. Kiel: Institut für Weltwirtschaft, 1988. 41 S. (Kieler Diskussionsbeiträge; 143).

*Thiel, Elke*: Vom Binnenmarkt zur Wirtschafts- und Währungsunion. In: *Aussenpolitik* (Hamburg), 40 (1. Quartal 1989) 1, S. 70-80.

*Thygesen, Niels*: The Delors Report and European economic and monetary union. In: *International Affairs* (Guildford), 65 (Autumn 1989) 4, S. 637-652.

*Uschakow, Alexander*: Probleme und Perspektiven in den Beziehungen der Europäischen Gemeinschaften zu den Ländern des Rates für Gegenseitige Wirtschaftshilfe. In: Europa Einheit in der Vielfalt. *Biskup, Reinhold* (Hrsg.). Bern: Haupt, 1988 (Beiträge zur Wirtschaftpolitik; Bd. 50), S. 275-298.

*Wellner, Walter; Schmich, Gerhard*: Europa auf dem Wege zur Sozialunion. Entwicklung, Analysen, Perspektiven. Bonn: Europa Union Verlag, 1988. 214 S.

## *Die deutsch-französische Sonderbeziehung*

*Arnold, Jean Philippe*: La Commission de coopération France-R.F.A.: un instrument bilatéral de la construction européenne. In: *Revue du marché commun* (Paris), (février 1988) 314, S. 75-80.

*Cartigny, Claude*: Les relations France-RFA: aspects politiques et militaires. In: *Recherches internationales* (Paris), (printemps 1988) 27, S. 61-79.

Deutschland – Frankreich. Höhen und Tiefen einer Zweierbeziehung. Essen: Verlag Blaue Eule, 1988. 257 S.

Dossier franco-allemand. Paris: Fondation pour les Etudes de Défense Nationale, 1988. 66 S.(Document de travail).

*Ehmke, Horst*: Le rôle de la France et de la RFA dans les relations Est-Ouest. In: *Politique étrangère* (Paris), 53 (hiver 1988) 4, S. 855-860.

France-Allemagne: perceptions et stratégies nationales. Paris: FEDN, 1988. 93 S. (Dossier / Fondation pour les Etudes de Défense Nationale; No. 22).

Franco-German relations and the future of Europe. Berlin/West: Aspen Institute, 1988. 74 S. (Report / Aspen Institute Berlin; No. 8/88).

*Frisch, Alfred*: Die heikle militärische Kooperation. Wünsche und Zweifel in der deutsch-französischen Partnerschaft. In: *Dokumente* (Bonn), 43 (Oktober 1987) 5, S. 325-330.

*Fritsch-Bournazel, Renata*: Paris/Bonn: Mehr Gemeinsamkeiten in der Ostpolitik? Nach 25 Jahren Elysée-Vertrag: Versuch einer Bilanz. In: *Dokumente* (Bonn), 43 (Dezember 1987) 6, S. 427-436.

*Fritsch-Bournazel, Renata*: Paris-Bonn: Wachsende Chancen gemeinsamer Ostpolitik? In: *Jacobsen, Hanns D.* u.a. (Hrsg.): Perspektiven für Sicherheit und Zusammenheit in Europa. Bonn, 1988, S. 99-110 (Schriftenreihe. Bundeszentrale für politische Bildung; Bd. 268).

Fünfundzwanzig Jahre Elysée-Vertrag. Dokumente zur sicherheitspolitischen Zusammenarbeit. Bonn: Presse- und Informationsamt der Bundesregierung, 1988. 101 S.

*Gallis, Paul E.*: Franco-German security cooperation: implications for the NATO Alliance. Washington/D.C.: Congressional Research Service, 1989. 29 S.

*Grosser, Alfred*: L'Allemagne et les deux Europes. In: *Politique internationale* (Paris), (hiver 1988/1989) 42, S. 111-119.

*Guldner, Erwin*: Le traité de l'Elysée et la coopération franco-allemande en matière de Défense. In: *Stratégique* (Paris), (1. trimestre 1989) 41, S. 133-149.

*Kolboom, Ingo*: Deutsch-französische Sicherheitspolitik: Schulterschluß mit Fußangeln. In: Über die Freundschaft hinaus...: Deutsch-französische Beziehungen ohne Illusionen. Deutsch-Französisches Institut Ludwigsburg (Hrsg.). Stuttgart: Bonn aktuell, 1988, S. 67-86.

*Kolboom, Ingo*: Ostpolitik als deutsch-französische Herausforderung. In: *Europa-Archiv* (Bonn), 44 (25. Februar 1989) 4, S. 115-124.

*Laird, Robbin F.* (Hrsg.): Strangers and friends. The Franco-German security relationship. London: Pinter Publishers, 1989. 150 S. (International Security Series; 2).

*Lavère, Alain*: La brigade franco-allemande. In: *Défense nationale* (Paris), 45 (avril 1989), S. 184-186.

*Manfrass-Sirjacques, Françoise*: Die französische Europapolitik und die Deutsche Frage. Angst vor der dérive allemande. In: *Die neue Gesellschaft/Frankfurter Hefte* (Bonn), 37 (Februar 1990) 2, S. 116-121.

*Ménudier, Henri*: Frankreich und die deutsche Frage. In: *Wagenlehner, Günther* (Hrsg.): Die deutsche Frage und die internationale Sicherheit. Koblenz: Bernard und Graefe, 1988, S. 135-148.

*Ménudier, Henri*: Vingt-cinq ans de coopération franco-allemande. In: *Regards sur l'actualité* (Paris), (mars 1988) 139, S. 3-24.

*Morizet, Jacques*: Le problème allemand vu de France. In: *Défense nationale* (Paris), 46 (février 1990), S. 11-23.

*Raven, Wolfram von*: „Kecker Spatz" – Flitterwochen vor der silbernen Hochzeit. In: *Europäische Wehrkunde* (Herford), 36 (November 1987) 11, S. 616-621.
*Rühl, Lothar*: Die deutsch-französische Zusammenarbeit in Sicherheitspolitik und Verteidigung. In: *NATO Brief* (Brüssel), 35 (November/Dezember 1987) 6, S. 13-18.
*Ruf, Werner*: Kecker Spatz – Was nun? Perspektiven der deutsch-französischen Militärkooperation: Militärische Übung oder Ouvertüre für eine neue Politik? In: *Lendemains* (Berlin/West), 13 (1988) 51, S. 135-147.
*Schmidt, Helmut*: Deutsch-französische Zusammenarbeit in der Sicherheitspolitik. In: *Europa-Archiv* (Bonn), 42 (10. Juni 1987) 11, S. 303-312.
*Schmidt, Peter*: Der Deutsch-Französische Rat für Verteidigung und Sicherheit. In: *Aussenpolitik* (Hamburg), 40 (4. Quartal 1989) 4, S. 370-381.
*Schütze, Walter*: Franco-German relations and European cooperation. In: *European Affairs* (Amsterdam), (Winter 1987) 4, S. 54-61.
*Schütze, Walter*: Der „Erbfeind" als Ersatzfreund. Militärkooperation Bonn-Paris im Zeichen atlantischer Irritationen. In: *Blätter für deutsche und internationale Politik* (Köln), 33 (Januar 1988) 1, S. 25-36.
*Schwarz, Hans Peter*: Eine Entente élémentaire. Das deutsch-französische Verhältnis im 25. Jahr des Elysée-Vertrages. Mit einer Dokumentation von *Ingo Kolboom*. Erweiterte Auflage. Bonn: Europa Union Verlag, 1990. 94 S. (Arbeitspapiere zur internationalen Politik; 47).
*Seethaler, Frank A.*: Deutsch-französische Heeresübung „Kecker Spatz" – Beobachtungen und Betrachtungen. In: *Allgemeine Schweizerische Militärzeitschrift* (Frauenfeld), 154 (Januar 1988) 1, S. 19-25.
*Sirjacques-Manfrass, Françoise*: Die französische Sicherheitspolitik nach der doppelten Null-Lösung. Frankfurt/Main: Hessische Stiftung für Friedens- und Konfliktforschung, 1988. III,45 S. (HSFK-Report; 8/1988).
Les suites du vingt-cinquième anniversaire: les deux nouveaux conseils franco-allemands. In: *Documents* (Paris), (mars 1988) 1, S. 5-17.
Vingt-cinq ans de coopération franco-allemande: acquis, incertitudes, perspectives. In: *Allemagnes d'aujourd'hui* (Paris), (octobre-décembre 1988) 106, S. 3-128.
*Weisenfeld, Ernst*: Frankreich und die deutsche Ostpolitik. In: *Knipping, Franz* u.a. (Hrsg.): Eine ungewöhnliche Geschichte. Bonn: Europa Union Verlag, 1988, S. 177-186.
Die Weiterentwicklung der Ost-West-Beziehungen. Bonn: Europa Union Verlag, 1988. III,43 S. (Arbeitspapiere zur internationalen Politik; 48).
*Yost, David S.*: La coopération franco-allemande en matière de défense. In: *Politique étrangère* (Paris), 53 (hiver 1988) 4, S. 841-854.

## *Die nordeuropäischen Staaten und ihre außenpolitische Orientierung*

*Anatol'ev, A.; Nadezdin, E.*: Sever Evropy: priglasenie k dialogu. In: *Meždunarodnaja žizn'* (Moskva), (1987) 11, S. 109-113.
*Auffermann, Burkhard* (Hrsg.): Aspekte der Außenpolitik Finnlands. Berlin/West: Berghof-Stiftung für Konfliktforschung, 1987. 36 S. (Arbeitspapiere der Berghof-Stiftung für Konfliktforschung Berlin; AP-27-(M&P)).
*Bomsdorf, Falk*: Zur norwegischen Sicherheitspolitik: ein „Nordisches Dilemma?" Ein Kommentar zu Nils Morten Udgaard. In: *Henningsen, Bernd* (Hrsg.): Norwegische Politikaspekte. Baden-Baden: Nomos Verlagsgesellschaft, 1988, S. 31-36 (Nordeuropäische Studien; Bd. 3).
*Bomsdorf, Falk*: Zur Nordinitiative der Sowjetunion. In: *Aussenpolitik* (Hamburg), 40 (1. Quartal 1989) 1, S. 59-69.
*Brant, Simenson*: The Norwegian security policy consensus – rhetoric or reality? Oslo: Norsk Utenrikspolitisk Institutt, 1989. 182 S. (NUPI Rapport; Nr. 132).

*Carlsson, Ingvar*: Schweden in Europa. In: *Europa-Archiv* (Bonn), 43 (25. Juni 1988) 12, S. 323-330.

*Cole, Paul M.*: Sweden's security policy in the 1980s. In: *SAIS Review* (Washington/D.C.), 8 (Winter-Spring 1988) 1, S. 213-227.

*Denisov, Jurij*: USSR-Norway: reserves of good-neighbourly relations. In: *International Affairs* (Moscow), (April 1987) 4, S. 91-97,118.

*Ellingsen, Ellmann* (Hrsg.): Reinforcing the Northern Flank. Oslo: Norske Atlanterhavskomite, 1988. 116 S.

Europe and the Nordic Countries. In: *European Affairs* (Amsterdam), 3 (Winter 1989) 4, S. 93-116.

Finland and the Western European integration process. Helsinki: Government Printing Centre, 1989. 79 S.

*Giniewski, Paul*: L'Islande: terre de paradoxes ou pays modèle? In: *Politique internationale* (Paris), (printemps 1988) 39, S. 345-353.

*Gradin, Anita*: West European integration: the Swedish view. In: *European Affairs* (Amsterdam), 3 (Summer 1989) 2, S. 20-25.

*Hamilton, Carl B.; Stalvant, Carl Einar*: A Swedish view of 1992. London: Royal Institute of International Affairs, 1989. IV,39 S. (RIIA Discussion Papers; No. 13).

*Holm, Hans Henrik*: A democratic revolt? Stability and change in Danish security policy 1979-1989. In: *Cooperation and Conflict* (Oslo), 24 (December 1989) 3/4, S. 179-197.

*Holst, Johan Joergen*: Norwegen im Geflecht der Sicherheit Europas. In: *Europa-Archiv* (Bonn), 42 (25. August 1987) 16, S. 453-462.

*Holst, Johan Joergen*: Rüstungskontrolle und Sicherheit an der Nordflanke der NATO. In: *NATO Brief* (Brüssel), 36 (September/Oktober 1988) 5, S. 12-18.

*Johansen, Jahn Otto*: Norway, the Soviet Union and the Northern areas. Oslo: Norske Atlanterhavskomite, 1988. 45 S. (Security Policy Library; No. 10).

*Komissarov, Jurij*: USSR-Finland: a new quality of peaceful coexistence. In: *International Affairs* (Moscow), (January 1988) 1, S. 77-85.

*Kristinsson, Gunnar Helgi*: Iceland: vulnerability in a fish-based economy. In: *Cooperation and Conflict* (Oslo), 22 (December 1987) 4, S. 245-253.

*Kruzel, Joseph*: New challenges for Swedish security policy. In: *Survival* (London), 30 (November/December 1988) 6, S. 529-543.

*Lindahl, Ingemar*: The Soviet Union and the Nordic nuclear-weapons-free-zone proposal. Houndmills: Macmillan Press, 1988. XII,227 S.

*Lund, John*: Don't rock the boat. Reinforcing Norway in crisis and war. Santa Monica/Cal.: Rand Corporation, 1989. XVIII,148 S. (Rand Report; R-3725-RC).

*Moeller, J. Oerstroem*: The Nordic angle: the Single European Act – a Danish view. In: *The World Today* (London), 44 (November 1988) 11, S. 195-199.

*Möttölä, Kari* (Hrsg.): The Arctic challenge. Nordic and Canadian approaches to security and cooperation in emerging international region. Boulder/Colo.: Westview Press, 1988. XVI,335 S. (Westview Special Studies in International Security).

*Mousson-Lestang, Jean Pierre*: La Norvège et l'Europe: à propos du Livre Blanc norvégien. In: *Revue du marché commun* (Paris), (février 1988) 314, S. 64-67.

*Nilsson, Ann Sofie*: Swedish foreign policy in the post-Palme era. In: *World Affairs* (Washington/D.C.), 151 (Summer 1988) 1, S. 25-33.

*O'Dwyer, Gerard*: Finland's role on the northern front. In: *Jane's Defence Weekly* (Horley), 9 (May 14, 1988) 19, S. 956-959 (2 S.).

*Seidenfaden, Toger*: Denmark: a reluctant corner of Europe. In: *European Affairs* (Amsterdam), (Summer 1987) 2, S. 64-71.

*Sorsa, Kalevi*: Finnland – ein europäisches Land. In: *Europäische Rundschau* (Wien), 16 (Winter 1988) 1, S. 19-25.

*Wiberg, Håkan*: The security of small nations: challenges and defences. In: *Journal of Peace Research* (Oslo), 24 (December 1987) 4, S. 339-363.

# VI Weltwirtschaft

## *Kooperatives Krisenmanagement in der Weltwirtschaft*

*Allsopp, Christopher* (Hrsg.): Exchange rates. In: *Oxford Review of Economic Policy* (Oxford), 5 (Autumn 1989) 3, S. 1-113.

*Boughton, James M.*: Exchange rates and the term structure of interest rates. In: *Staff Papers / International Monetary Fund* (Washington/D.C.), 35 (March 1988) 1, S. 36-62.

*Bryant, Ralph C.* (Hrsg.): External deficits and the Dollar. The pit and the pendulum. Washington/D.C.: Brookings Institution, 1988. XII,147 S.

*Büschgen, Hans E.*: The US Dollar – scenario of a world currency. In: *Intereconomics* (Hamburg), 22 (March/April 1987) 2, S. 59-68.

*Dornbusch, Rüdiger*: Exchange rates and prices. In: *The American Economic Review* (Nashville/Tenn.), 77 (March 1987) 1, S. 93-106.

*Graßl, Werner*: Die Konsequenzen des Dollarkursverfalls. In: *Wirtschaftsdienst* (Hamburg), 67 (April 1987) 4, S. 181-185.

*Grauwe, Paul de*: The October stock market crash. Some policy implications. Bruxelles: Center for European Policy Studies, 1988. 27 S. (CEPS Working Documents; No. 37).

*Gutowski, Armin*: Die Rolle staatlicher Interventionen an den Devisenmärkten bei flexiblen Wechselkursen. In: Jahrbuch für Sozialwissenschaft (Göttingen), 39 (1988) 1/2, S. 190-207.

*Hasse, Rolf H.*: Ansätze zur Neuordnung des internationalen Währungssystems. In: *Aus Politik und Zeitgeschichte* (Bonn), (12. Mai 1989) B20-21, S. 33-45.

*Hellmann, Rainer*: Die Weltwirtschaft auf der Dollarschaukel. Wandlungen der amerikanischen Währungspolitik. In: *Europa-Archiv* (Bonn), 42 (25. Februar 1987) 4, S. 107-118.

*Hoffmann, Johannes; Homburg, Stefan*: Explaining the rise and decline of the dollar. In: *Kyklos* (Basel), 43 (1990) 1, S. 53-68.

*Kösters, Wim*: Transmission und Koordination nationaler Wirtschaftspolitiken bei weltwirtschaftlicher Verflechtung. In: *Kredit und Kapital* (Berlin/West), 22 (1989) 1, S. 18-42.

*Krugman, Paul R.; Baldwin, Richard E.*: The persistence of the U.S. trade deficit. In: *Brookings Papers on Economic Activity* (Washington/D.C.), (1987) 1, S. 1-55.

*Meier, Alfred; Haury, Susanne*: Kollektive Bewältigung von Unsicherheit nach dem Börsencrash vom 19. Oktober 1987. In: *Aussenwirtschaft* (Grüsch), 44 (Juni 1989) 2, S. 253-272.

*Ohr, Renate*: Notenbankinterventionen und Effizienz der Devisenmärkte. Überlegungen zur Dollarkursentwicklung. In: *Kredit und Kapital* (Berlin/West), 20 (1987) 2, S. 200-214.

*Padoan, Pier Carlo*: International financial instability and collective action: implications for developed countries. In: *The International Spectator* (Rome), 24 (January-March 1989) 1, S. 8-20.

Reforming the international monetary system. In: *The American Economic Review* (Nashville/Tenn.), 77 (May 1987) 2, S. 194-210.

Report to the Congress on international economic and exchange rate policy. Washington/D.C.: Department of the Treasury, 1988. 45 S.

*Sachs, Jeffrey D.*: Global adjustments to a shrinking U.S. trade deficit. In: *Brookings Papers on Economic Activity* (Washington/D.C.), (1988) 2, S. 639-667.

*Schneider, Rolf*: Die Entwicklung des Dollars – ein Zufallsprozeß? In: *Wirtschaftsdienst* (Hamburg), 69 (Juni 1989) 6, S. 310-316.

*Schulmeister, Stephan*: Currency speculation and dollar fluctuations. In: *Quarterly Review / Banca Nazionale del Lavoro* (Rome), (December 1988) 167, S. 343-365.

*Solomon, Anthony M.*: The dollar, debt, and the trade deficit. New York/N.Y.: New York University Press, 1987. 55 S. (The Joseph I. Lubin Memorial Lectures; No. 3).

*Solomon, Anthony M.*: International Monetary Policy – the most pressing issues as seen by the OECD-countries. In: *Dräger, Christian* u.a. (Hrsg.): Internationales Währungssystem und weltwirtschaftliche Entwicklung (Malenter Symposion VII, 1988). Baden-Baden: Nomos Verlagsgesellschaft, 1988, S. 41-48 (Edition Dräger-Stiftung: Zukunft; Bd. 12).

Sondermemorandum: Börsen- und Dollarkrise – Gefahren für die gesamtwirtschaftliche Entwicklung; wachstums- und beschäftigungspolitische Initiative erforderlich. (Arbeitsgruppe Alternative Wirtschaftspolitik). In: *Blätter für deutsche und internationale Politik* (Köln), 32 (Dezember 1987) 12, S. 1592-1597.

*Soros, George*: After Black Monday. In: *Foreign Policy* (Washington/D.C.), (Spring 1988) 70, S. 65-82.

*Spahn, P. Bernd*: Turbulenzen auf den Finanzmärkten vor dem Hintergrund der Entwicklungen in der Weltwirtschaft. In: *Konjunkturpolitik (Berlin/West)*, 34 (1988) 1, S. 1-35.

*Svensson, Lars E. O.; Wijnbergen, Sweder van*: Excess capacity, monopolistic competition, and international transmission of monetary disturbances. In: *The Economic Journal* (Oxford), 99 (September 1989) 397, S. 785-805.

*Thurow, Lester C.; D'Andrea Tyson, Laura*: The economic black hole. In: *Foreign Policy* (Washington/D.C.), (Summer 1987) 67, S. 3-21.

*Tuchtfeldt, Egon*: Der Börsenkrach 1987 – Vorbote einer neuen Weltwirtschaftskrise? In: Hamburger Jahrbuch für Wirtschafts- und Gesellschaftspolitik. HWWA-Institut für Wirtschaftsforschung Hamburg. 33. Jahr. Tübingen: Mohr, 1988, S. 239-256.

*Wohlers, Eckhardt*: Die Auswirkungen des Dollarkursrückgangs auf den deutsch-amerikanischen Handel. In: *Wirtschaftsdienst* (Hamburg), 68 (März 1988) 3, S. 144-151.

## *Die Rolle des Internationalen Währungsfonds im Schuldenmanagement*

Adjustment problems in debtor countries. In: *Sachs, Jeffrey D.* (Hrsg.): Developing country debt and the world economy. Chicago/Ill.: University of Chicago Press, 1989, S. 249-284.

*Betz, Joachim*: Das Scheitern des Baker-Plans. In: *Nord-Süd aktuell* (Hamburg), 1 (3. Quartal 1987) 1, S. 69-74.

*Büttner, Veronika*: Zwischen Krisenmanagement und Vergleichslösung. Zum Stand der Diskussion um den IMF und die Schuldenkrise der Dritten Welt. In: *Vereinte Nationen* (Koblenz) (Koblenz), 35 (August 1987) 4, S. 131-136.

*Dallas, Roland*: The Latin American debt crisis – is there a way out? In: *The World Today* (London), 45 (June 1989) 6, S. 99-103.

*Didszun, Klaus*: Zur Kritik der Auflagenpolitik des Internationalen Währungsfonds. In: *WSI Mitteilungen* (Köln), 41 (Januar 1988) 1, S. 6-15.

*Didszun, Klaus*: The debt crisis and IMF policy. In: *Intereconomics* (Hamburg), 23 (July/August 1988) 4, S. 163-171.

*Feinberg, Richard E.*: Multilateral lending and Latin America. In: *The World Economy* (Oxford), 10 (June 1987) 2, S. 205-218.

*Fischer, Stanley*: Sharing the burden of the international debt crisis. In: *The American Economic Review* (Nashville/Tenn.), 77 (May 1987) 2, S. 165-170.

*Heller, H. Robert*: The debt crisis and the future of international bank lending. In: *The American Economic Review* (Nashville/Tenn.), 77 (May 1987) 2, S. 171-175.

*Höffkes, Peter W.*: Die Last der Schulden – Wege aus der Krise für die Länder der Dritten Welt. In: *Politische Studien* (Percha), 38 (Juli/August 1987) 294, S. 434-441.

IMF conditionality and structural adjustment. In: *World Development* (Oxford), 15 (December 1987) 12, S. 1445-1526.

IWF und Verschuldung. In: *Der Überblick* (Hamburg), 24 (Juni 1988) 2, S. 45-60.

*Killick, Tony*: Issues arising from the spread of obligatory adjustment. In: *Bird, Graham* (Hrsg.): Third world debt. Aldershot: Elgar, 1989, S. 78-117.
*Korn, Andreas*: Weltwirtschaft und internationale Verschuldung. Eine Analyse von Ursachen, Auswirkungen und Lösungsansätzen der internationalen Schuldenkrise in den Entwicklungsländern. Frankfurt/Main: Lang, 1989. 424 S. (Europäische Hochschulschriften: Reihe 5, Volks- und Betriebswirtschaft; Bd. 1007).
*Kürzinger, Edith* (Hrsg.): IWF und Weltbank in Berlin 1988: gegenwärtige Politiken und Reformbedarf. Berlin/West: ICT, 1989. 104 S. (SID-Berlin-Berichte; Nr. 3).
*Meller, Patricio*: Criticisms and suggestions on the cross-conditionality of the IMF and the World Bank. In: *CEPAL Review* (Santiago), (April 1989) 37, S. 65-78.
*Nowzad, Bahram*: The debt problem and the IMF's perspective. In: *Bird, Graham* (Hrsg.): Third world debt. Aldershot: Elgar, 1989, S. 118-129).
*Ognjanovič, Vuk*: Die Frühjahrstagungen von Internationalem Währungsfonds und Weltbank. Neues bei der Betrachtung der Schuldenkrise. In: *Internationale Politik* (Belgrad), 40 (5. Mai 1989) 938, S. 4-6.
*Parfitt, Trevor W.; Riley, Stephen P.*: The African debt crisis. London: Routledge, 1989. VII, 228 S.
*Petersmann, Hans G.*: Financial assistance to developing countries: the changing role of the World Bank and International Monetary Fund. Institutional, legal, and policy perspectives. Bonn: Europa Union Verlag, 1988. 123 S. (Arbeitspapiere zur internationalen Politik; 50).
Die Rolle von IWF und Weltbank bei der Verschuldung. In: *Entwicklung und Zusammenarbeit* (Baden-Baden), 29 (August/September 1988) 8/9, S. 5-32.
*Roth, Winfried*: Der Internationale Währungsfonds und die Verschuldungskrise der Dritten Welt. In: *Blätter für deutsche und internationale Politik* (Köln), 32 (August 1987) 8, S. 1043-1054.
*Sachs, Jeffrey D.*: Trade and exchange rate policies in growth-oriented adjustment programs. Cambridge/Mass.: National Bureau of Economic Research, 1987. 47 S. (NBER Working Paper Series; No. 2226).
*Schui, Herbert*: Zum Schuldenerlaß gibt es keine Alternative. Die Interessen der Gläubigerländer und Wege zur Lösung der Schuldenkrise. In: *Blätter für deutsche und internationale Politik* (Köln), 33 (Juli 1988) 7, S. 802-812.
*Sengupta, Arjun*: A proposal for a debt-adjustment facility in the IMF. In: *The World Economy* (Oxford), 11 (June 1988) 2, S. 165-185.

## *Probleme der Handelsfreiheit und des Protektionismus: Die Uruguay-Runde*

*Benko, Robert P.*: Intellectual property rights and the Uruguay Round. In: *The World Economy* (Oxford), 11 (June 1988) 2, S. 217-231.
*DeKieffer, Donald E.*: Foreign policy trade controls and the GATT. In: *Journal of World Trade Law* (Geneva), 22 (June 1988) 3, S. 73-80.
*Engels, Benno*: GATT und Entwicklungsländer – was bringt die Uruguay-Runde? In: *Nord-Süd aktuell* (Hamburg), 1 (3. Quartal 1987) 1, S. 51-68.
*Finger, J. Michael* (Hrsg.): The Uruguay Round. A handbook on the multilateral trade negotiations. Washington/D.C.: World Bank, 1987. 269 S. (A World Bank Publication).
*Grilli, Enzo*: Macro-economic determinants of trade protection. In: *The World Economy* (Oxford), 11 (September 1988) 3, S. 313-326.
*Grinols, Earl L.*: Procedural protectionism: the American trade bill and the new interventionist mode. In: *Weltwirtschaftliches Archiv* (Tübingen), 125 (1989) 3, S. 501-521.
*Hagiwara, Shintaro; Noguchi, Yasuhiko; Masui, Kazuhito*: Anti-dumping laws in Japan. In: *Journal of World Trade* (Geneva), 22 (August 1988) 4, S. 35-50.

*Hamilton, Colleen; Whalley, John*: Coalitions in the Uruguay round. In: *Weltwirtschaftliches Archiv* (Tübingen), 125 (1989) 3, S. 547-562.

*Hauser, Heinz*: Das Interesse der Entwicklungsländer an einer Stärkung des General Agreement on Tariffs and Trade (GATT). In: *Aussenwirtschaft* (Grüsch), 43 (Juni 1988) 1-2, S. 13-24.

*Hoekman, Bernard M.; Leidy, Michael P.*: Dumping, antidumping and emergency protection. In: *Journal of World Trade* (Geneva), 23 (October 1989) 5, S. 27-44.

*Horlick, Gary N.; Oliver, Geoffrey D.*: Antidumping and countervailing duty law provisions of the Omnibus Trade and Competitiveness Act of 1988. In: *Journal of World Trade* (Geneva), 23 (June 1989) 3, S. 5-49.

*Hufbauer, Gary C.*: Beyond GATT. In: *Foreign Policy* (Washington/D.C.), (Winter 1989-90) 77, S. 64-76.

*Jones, Kent*: Voluntary export restraint: political economy, history and the role of the GATT. In: *Journal of World Trade* (Geneva), 23 (June 1989) 3, S. 125-140.

*Khan, Khushi M.*: Uruguay-Round and the developing countries: the mid-term review. In: *Nord-Süd aktuell* (Hamburg), 3 (2. Quartal 1989) 2, S. 225-237.

*Kobayashi, Tomohiko*: The Uruguay Round of trade negotiations. In: *Japan Review of International Affairs* (Tokyo), 2 (Fall-Winter 1988) 2, S. 165-183.

*Koekkoek, K. A.*: Tropical products, developing countries and the Uruguay Round. In: *Journal of World Trade* (Geneva), 23 (December 1989) 6, S. 127-136.

*Krasner, Stephen D.*: Asymmetries in Japanese-American trade. The case for specific reciprocity. Berkeley/Cal.: Institute of International Studies, 1987. VII,80 S. (Policy Papers in International Affairs; No. 32).

*Lachmann, Werner*: Handelsförderung für Entwicklungsländer. In: *Aus Politik und Zeitgeschichte* (Bonn), (25. August 1989) B35, S. 12-23.

*Lang, Franz Peter*: Does the new protectionism really harm all trading countries? In: *Intereconomics* (Hamburg), 24 (January/February 1989) 1, S. 12-16.

*Ludlow, Peter M.*: The future of the international trading system. In: *The Washington Quarterly* (Cambridge/Mass.), 12 (Autumn 1989) 4, S. 157-169.

*Malmgren, Harald B.*: Die Sowjetunion und das GATT. Vorteile und Pflichten der Mitgliedschaft. In: *Europa-Archiv* (Bonn), 44 (10. November 1989) 21, S. 655-664.

*Nayyar, Deepak*: Some reflections on the Uruguay Round and trade in services. In: *Journal of World Trade* (Geneva), 22 (October 1988) 5, S. 35-47.

*Nicolaides, Phedon*: The generalised system of preferences and GATT. In: *The World Today* (London), 44 (March 1988) 3, S. 50-53.

*Nicolaides, Phedon*: The emerging international regime for services. In: *The World Today* (London), 46 (January 1990) 1, S. 9-12.

*Palmeter, N. David*: Agriculture and trade regulations. Selected issues in the application of U.S. antidumping and countervailing duty laws. In: *Journal of World Trade* (Geneva), 23 (February 1989) 1, S. 47-68.

*Prendergast, James W.*: The European Economic Community's challenge to the U.S.-Japan semiconductor arrangement. In: *Law and Policy in International Business* (Washington/D.C.), 19 (1987) 3, S. 579-601.

*Randhawa, P. S.*: Punta del Este and after: negotiations on trade in services and the Uruguay Round. In: *Journal of World Trade Law* (Geneva), 21 (August 1987) 4, S. 163-171.

*Rhodes, Carolyn*: Reciprocity in trade: the utility of a bargaining strategy. In: *International Organization* (Cambridge/Mass.), 43 (Spring 1989) 2, S. 273-299.

*Runge, Carlisle F.*: The assault on agricultural protectionism. In: *Foreign Affairs* (New York/N.Y.), 67 (Fall 1988) 1, S. 133-150.

*Schultz, Siegfried*: Developing countries and services. Interests of the Third World in the Uruguay Round. In: *Intereconomics* (Hamburg), 24 (September/October 1989) 5, S. 227-233.

*Takase, Tamotsu*: Different tariff treatments and the Uruguay round. In: *The World Economy* (Oxford), 11 (September 1988) 3, S. 355-376.
*Weidemann, Rolf*: The anti-dumping policy of the European Communities. In: *Intereconomics* (Hamburg), 25 (January/February 1990) 1, S. 28-35.
*Winham, Gilbert R.*: The prenegotiation phase of the Uruguay Round. In: *International Journal (Toronto)*, 44 (Spring 1989) 2, S. 280-303.
*Woolcock, Stephen; Kelly, Jilyan*: GATT: the price of false expectations. In: *The World Today* (London), 45 (March 1989) 3, S. 50-53.
*Zeeuw, Aart de*: GATT and agriculture. In: *European Affairs* (Amsterdam), 3 (Spring 1989) 1, S. 13-17.
*Zietz, Joachim*: Negotiations on GATT reform and political incentives. In: *The World Economy* (Oxford), 12 (March 1989) 1, S. 39-52.

## *Japan als aufstrebende Finanzmacht*

Balance of payments adjustment processes in Japan and the United States. Tokyo: Bank of Japan, 1988. 79 S. (Special Paper / Bank of Japan; No. 162).
*Balassa, Bela; Noland, Marcus*: Investment behavior. In: *Balassa, Bela; Noland, Marcus*: Japan in the world economy. Institute for International Economics. Washington/D.C., 1988, S. 111-133.
*Ernst, Angelika; Laumer, Helmut*: Japan an der Schwelle zur globalen Wirtschaftsmacht. Strukturwandel und Internationalisierung. München: Ifo-Institut für Wirtschaftsforschung, 1989. XII,369 S. (Ifo-Studien zur Japanforschung; 3).
*Fukami, Hiroaki*: The international debt problem and Japan's response. In: *Japan Review of International Affairs* (Tokyo), 3 (Fall-Winter 1989) 2, S. 182-212.
*Goldstein, Donald J.*: Foreign direct investment in the United States and national security policy. In: *Comparative Strategy* (New York/N.Y.), 7 (1988) 2, S. 143-158.
*Guttman, William*: Japanese capital markets and financial liberalization. In: *Asian Survey* (Berkeley/Cal.), 27 (December 1987) 12, S. 1256-1267.
International finance. Market access concerns of U.S. financial institutions in Japan. Washington/D.C.: General Accounting Office, 1988. 21 S.
*Jackson, James K.*: Japan's financial liberalization: effects on the United States. Washington/D.C.: Congressional Research Service, 1989. 40 S.
*Jackson, James O.*: Japan: increasing investment in the United States. Washington/D.C.: Congressional Research Service, 1987. 15 S.
Japan as a global creditor. In: *The Amex Bank Review* (London), 15 (March 24, 1988) 3, S. 1-8.
*Korte, Karl Rudolf*: Japan und der Europäische Binnenmarkt. In: *Aussenpolitik* (Hamburg), 40 (4. Quartal 1989) 4, S. 407-417.
*Leaver, Richard*: Restructuring in the global economy: from Pax Americana to Pax Nipponica? In: *Alternatives* (Guildford), 14 (October 1989) 4, S. 429-462.
*May, Bernhard*: Die neue Entwicklungspolitik Japans. In: *Asien* (Hamburg), (Januar 1989) 30, S. 40-59.
*Misawa, Mitsuru*: Phase II: Japanese direct investment in the United States enters a new stage. In: *Speaking of Japan* (Tokyo), 10 (April 1989) 100, S. 5-7.
*Ozawa, Terutomo*: Recycling Japan's surpluses for developing countries. Paris: Organization for Economic Cooperation and Development, 1989. 113 S.
*Streeten, Paul*: Surpluses for a capital-hungry world. In: *Streeten, Paul* (Hrsg.): Beyond adjustment: the Asian experience. Washington/D.C.: International Monetary Fund, 1988, S. 256-261.
*Tanaka, Naoki*: The Dollar's fin de siècle, the Yen's debut. In: *Japan Quarterly* (Tokyo), 36 (April-June 1989) 2, S. 120-126.

*Thorn, Richard S.*: The rising yen. The impact of Japanese financial liberalization on world capital markets. Singapore: Institute of Southeast Asian Studies, 1987. XIX,121 S.
*Turner, Philip*: Savings and investment, exchange rates, and international imbalances : a comparison of the United States, Japan, and Germany. In: *Journal of the Japanese and International Economies* (Duluth/Minn.), 2 (September 1988) 3, S. 259-285.
*Wakasugi, Ryuhei*: Strategies to balance Japan-U.S. trade. In: *Economic Eye* (Tokyo), 8 (December 1987) 4, S. 8-11.
*Wiener, Arturo; Knight, Edward*: The stock market in Japan: an overview and analysis. Washington/D.C.: Congressional Research Service, 1989. 37 S.
*Yoshitomi, Masaru*: The U.S.-Japan economic relationship under international payments imbalances. In: *Journal of International Affairs* (New York/N.Y.), 42 (Fall 1988) 1, S. 19-42.
*Yoshitomi, Masaru*: Japan's savings and external surplus in the world economy. New York/N.Y.: Group of Thirty, 1989. 30 S. (Occasional Papers / Group of Thirty; No. 26).

## VII Krisenherde im Nahen und Mittleren Osten

### *Regionale Entwicklungen und Verschiebungen im Nahen Osten*

*Bar-On, Mordechai*: Israeli reactions to the Palestinian uprising. In: *Journal of Palestine Studies* (Washington/D.C.), 17 (Summer 1988) 4/68, S. 46-65.
*Barakat, Halim* (Hrsg.): Toward a viable Lebanon. London: Croom Helm, 1988. XV,395 S.
*Christison, Kathleen M.*: The Arab-Israeli policy of George Shultz. In: *Journal of Palestine Studies* (Washington/D.C.), 18 (Winter 1989) 2/70, S. 29-47.
*Finkelstein, Norman G.*: Peace process or peace panic? The scourge of Palestinian moderation. In: *Middle East Report* (Washington/D.C.), 19 (May-June 1989) 3/158, S. 25-26,28-30,42.
*Flores, Alexander*: Westbank und Gazastreifen: Hintergründe des Aufruhrs. In: Jahrbuch Dritte Welt 1989. Deutsches Übersee-Institut. München: Beck, 1988 (Beck'sche Reihe; 369), S. 157-170.
*Gabriel, Judith*: The economic side of the Intifadah. In: *Journal of Palestine Studies* (Washington/D.C.), 18 (Autumn 1988) 1/69, S. 198-213.
*Gilboa, Eytan*: The Palestinian uprising: has it turned American public opinion? In: *Orbis* (Philadelphia/Pa.), 33 (Winter 1989) 1, S. 21-37.
*Hannah, John P.; Indyk, Martin*: Beyond the Shultz initiative: the new administration and the Palestinian problem. In: *SAIS Review* (Washington/D.C.), 9 (Winter-Spring 1989) 1, S. 87-106.
Human rights and the Palestine conflict. In: *MERIP Middle East Report* (New York/N.Y.), 18 (January-February 1988) 1/150, S. 3-29.
Israel: der Aufstand in den besetzten Gebieten. Bonn: Friedrich-Ebert-Stiftung, 1988. 30 S.
*Kaufman, Edy*: The Intifadah and the peace camp in Israel: a critical introspective. In: *Journal of Palestine Studies* (Washington/D.C.), 17 (Summer 1988) 4/68, S. 66-80.
*Khalidi, Rashid I.*: The uprising and the Palestine question. In: *World Policy Journal* (New York/N.Y.), 5 (Summer 1988) 3, S. 497-517.
*Khazen, Farid el-*: The rise and fall of the PLO. In: *The National Interest* (Washington/D.C.), (Winter 1987/88) 10, S. 39-47.
Krisenfelder im Nahen und Mittleren Osten. In: *Steinbach, Udo* u.a. (Hrsg.): Der Nahe und Mittlere Osten. Bd. 1. Opladen: Leske und Budrich, 1988, S. 637-746.
*Lederman, Jim*: Dateline West Bank: interpreting the Intifada. In: *Foreign Policy* (Washington/D.C.), (Fall 1988) 72, S. 230-246.

*Lederman, Rubin*: Israel's latest challenge: the threat from within. In: *Jane's Defence Weekly* (London), 9 (January 16, 1988) 2, S. 80-81.
*Lesch, Ann Mosely; Tessler, Mark A.*: Israel, Egypt, and the Palestinians. From Camp David to Intifada. Bloomington/Ind.: Indiana University Press, 1989. XI,298 S. (A Midland Book; 512) (Indiana Series in Arab and Islamic Studies Middle East Studies: International Affairs).
*MacDowall, David*: Palestine and Israel. The uprising and beyond. London: Tauris, 1989. XIII, 322 S.
*Miller, Aaron David*: Palestinians and the intifada: one year later. In: *Current History* (Philadelphia/Pa.), 88 (February 1989) 535, S. 73-76,106-107.
*Nakhleh, Emile A.*: The Palestinians and the future: peace through realism. In: *Journal of Palestine Studies* (Washington/D.C.), 18 (Winter 1989) 2/70, S. 3-15.
*Rabinovich, Itamar*: Syria and Lebanon in 1988. In: *Current History* (Philadelphia/Pa.), 88 (February 1989) 535, S. 77-80,103-104.
*Reyles, Franco*: Israel and the PLO: the impact of the Intifada. In: *The International Spectator* (Rome), 23 (October-December 1988) 4, S. 215-229.
*Rieck, Andreas*: Die Schiiten und der Kampf um den Libanon. Politische Chronik 1958-1988. Hamburg: Deutsches Orient-Institut, 1989. XXII,837 S. (Mitteilungen des Deutschen Orient-Instituts; 33).
*Rouhana, Nadim*: The political transformation of the Palestinians in Israel: from acquiescence to challenge. In: *Journal of Palestine Studies* (Washington/D.C.), 18 (Spring 1989) 3/71, S. 38-59.
*Ryan, Sheila*: Economic dimensions of the uprising. In: *Middle East Report* (New York/N.Y.), 18 (November-December 1988) 6/155, S. 38-41.
*Sayigh, Yezid*: The intifadah continues: legacy, dynamics and challenges. In: *Third World Quarterly* (London), 11 (July 1989) 3, S. 20-49.
*Sayigh, Yezid*: Struggle within, struggle without: the transformation of PLO politics since 1982. In: *International Affairs* (Guildford), 65 (Spring 1989) 2, S. 247-271.
*Shadid, Mohammed K.; Seltzer, Rick*: Political attitudes of Palestinians in the West Bank and Gaza Strip. In: *The Middle East Journal* (Washington/D.C.), 42 (Winter 1988) 1, S. 16-32.
*Sharp, Gene*: The intifadah and nonviolent struggle. In: *Journal of Palestine Studies* (Berkeley/Cal.), 19 (Autumn 1989) 1/73, S. 3-13.
*Wollin, Amos*: Naher Osten: Israels Zusammenstoß mit der palästinensischen Wirklichkeit. In: *Blätter für deutsche und internationale Politik* (Köln), 33 (April 1988) 4, S. 413-419.
*Yariv, Aharon*: Négocier pour survivre. In: *Politique internationale* (Paris), (hiver 1987/88) 38, S. 107-113.

## *Der iranisch-irakische Krieg*

*Axelgard, Frederick W.*: Iraq and the war with Iran. In: *Current History* (Philadelphia/Pa.), 86 (February 1987) 517, S. 57-60,82,90-91.
*Braun, Ursula*: Der Flottenaufmarsch am Golf 1987/88 und der Waffenstillstand im iranisch-irakischen Krieg. In: *KAS-Auslandsinformationen* (Sankt Augustin), 4 (November 1988) 11/1, S. 2-15.
*Bruce, James; Banks, Tony*: Growing concern over Iraqi use of CW. In: *Jane's Defence Weekly* (Coulsdon), 10 (September 24, 1988) 12, S. 715.
Building for peace. An American strategy for the Middle East. Washington/D.C.: Washington Institute for Near East Policy, 1988. XXIV,113 S.
*Chubin, Shahram*: The last phase of the Iran-Iraq war: from stalemate to ceasefire. In: *Third World Quarterly* (London), 11 (April 1989) 2, S. 1-14.
*Danker, Uwe*: Golf-Krieg und westeuropäische Engagements. In: Friedensgutachten 1988. Heidelberg: Forschungsstätte der Evangelischen Studiengemeinschaft, 1988, S. 229-241.

*Eknes, Aage*: From scandal to success. The United Nations and the Iran-Iraq war 1980-1988. Oslo: Norsk Utenrikspolitisk Institutt, 1989. 50 S. (NUPI Notat; Nr. 406).

*Ferdowsi, Mir A.*: Ursprünge und Verlauf des iranisch-irakischen Krieges. Ein Beitrag über den Zusammenhang von Kolonialismus und Kriegen in der Dritten Welt. 2. erweiterte und aktualisierte Auflage. Starnberg: Forschungsinstitut für Friedenspolitik, 1988. 67 S. (FF-Kurzstudie).

*Hamilton, Lee H.*: Challenges for United States policy in the Middle East. In: *The Middle East Journal* (Washington/D.C.), 43 (Winter 1989) 1, S. 7-15.

*Hiro, Dilip*: Impact of the Gulf War on Iran. In: *The Atlantic Community Quarterly* (Washington/D.C.), 25 (Summer 1987) 2, S. 129-143.

*Honsowitz, Herbert*: Markt und Makler der Interessen. Sicherheitsrat und Generalsekretär: Versuche zur Beilegung des Golfkriegs. In: *Vereinte Nationen* (Koblenz), 35 (February 1987) 1, S. 6-10.

*Hottinger, Arnold*: Der Dauerkrieg zwischen Irak und Iran. Die Belastungsfähigkeit beider Regimes. In: *Europa-Archiv* (Bonn), 43 (25. März 1988) 6, S. 141-150.

Iran-Irak: la diplomatie du conflit. In: *Politique étrangère* (Paris), 52 (été 1987) 2, S. 299-418.

*James, Alan*: The United Nations and the Gulf War. In: *Naval Forces* (Farnborough), 10 (1988) 6, S. 44-51.

*MacHugh, Lois B.; Pagliano, Gary J.*: United Nations role in the Iran-Iraq war: issues and options. Washington/D.C.: Congressional Research Service, 1988. 21 S.

*Mark, Clyde R.*: The Persian Gulf, 1987: a chronology of events. Washington/D.C.: Congressional Research Service, 1988. 21 S.

*Nirumand, Bahmann*: Der Golfkrieg im achten Jahr. In: *Blätter für deutsche und internationale Politik* (Köln), 33 (März 1988) 3, S. 364-369.

*Rasoul, Fadil*: Irak – Iran. Ursachen und Dimensionen eines Konfliktes. Wien: Böhlau, 1987. 176 S.

*Saivetz, Carol R.*: The Soviet Union and the Gulf in the 1980s. Boulder/Colo.: Westview Press, 1989. XI,139 S. (Westview Special Studies in International Relations).

*Scholl-Latour, Peter*: Bedingungsloser Krieg. Der Golf-Konflikt und seine politischen Folgen. In: *Die politische Meinung* (Osnabrück), 32 (Januar/Februar 1987) 230, S. 55-67.

Tankerkrieg im Golf: neue Dimensionen des iranisch-irakischen Konflikts. Bonn-Bad Godesberg: Friedrich-Ebert-Stiftung, 1988. 25 S.

*Tavernier, Paul*: La résolution 598 du 20 juillet 1987 et le rôle du Conseil de sécurité dans la guerre entre l'Irak et l'Iran. In: *Arès : paix et sécurité internationale* (Grenoble), 10 (1988) 2, S. 209-223.

*Tusa, Francis*: A chronology of the Iran – Iraq war. In: RUSI and Brassey's Defence Yearbook. Royal United Services Institute for Defence Studies. Vol. 99. 1989. Oxford: Brassey's Defence Publishers, 1989, S. 279-289.

*Urquhart, Brian*: The United Nations and the Iraq-Iran War. In: SIPRI Yearbook 1988: World Armaments and Disarmament. Stockholm International Peace Research Institute. Oxford: Oxford University Press, 1988, S. 507-516.

*Viorst, Milton*: Iraq at war. In: *Foreign Affairs* (New York/N.Y.), 65 (Winter 1986/87) 2, S. 349-365.

*White, Wayne E.*: The Iran-Iraq war: a challenge to the Arab Gulf states. In: *Sindelar, H. Richard (III)* u.a. (Hrsg.): Crosscurrents in the Gulf. Middle East Institute. London: Routledge, 1988, S. 91-109.

# VIII Wandel auf dem afrikanischen Kontinent

## *Unruhe in Nordafrika*

*Anderson, Lisa*: Libya's Qaddafi: still in command? In: *Current History* (Philadelphia/Pa.), 86 (February 1987) 517, S. 65-68,86-87.

*Comarin, Elio*: Tchad-Libye: à qui appartient la bande d'Aouzou? In: *Jeune Afrique* (Paris), 29 (11 septembre 1989) 1497, S. 4-11.

*Döring, Andreas*: Konferenz „Der Westsaharakonflikt, die europäische und die bundesdeutsche Politik". In: *Orient* (Opladen), 29 (September 1988) 3, S. 360-367.

*Duran, Khalid*: The second battle of Algiers. In: *Orbis* (Philadelphia/Pa.), 33 (Summer 1989) 3, S. 403-421.

*Grimaud, Nicole*: Sahara occidental: une issue possible? In: *Maghreb Machrek* (Paris), (juillet-août-septembre 1988) 121, S. 89-113.

*Hadrami, Omar*: Les révélations d'Omar Hadrami. Un fondateur du polisario parle. In: *Jeune Afrique* (Paris), 30 (23 octobre 1989) 1503, S. 19-34.

*Hubel, Helmut* (Hrsg.): Nordafrika in der internationalen Politik. Probleme und Zukunft der südlichen Nachbarregion Europas. München: Oldenbourg, 1988. XIV,286 S. (Schriften des Forschungsinstituts der DGAP: Reihe internationale Politik und Wirtschaft; Bd. 55).

*Jesser, Walter*: Pattsituation im West-Sahara-Konflikt. In: *Europa-Archiv* (Bonn), 42 (25. Juni 1987) 12, S. 351-360.

*Joffe, George*: Islamic opposition in Libya. In: *Third World Quarterly* (London), 10 (April 1988) 2, S. 615-631.

*Lassassi, Assassi*: Non-alignment and Algerian foreign policy. Aldershot: Avebury, 1988. XV,234 S.

Libyen: Wirtschaftsdaten und Wirtschaftsdokumentation 1987. Köln: Bundesstelle für Außenhandelsinformation, 1987. 14 S. (Markt-Information, Dezember 1987).

*Mattes, Hanspeter*: Die „Union du Maghreb Arabe" (UMA): Hintergründe und politisch-ökonomische Perspektiven. In: *Nord-Süd aktuell* (Hamburg), 3 (1. Quartal 1989) 1, S. 85-90.

*Moltmann, Gerhard*: Maghrebinische Einheit – Traum und Wirklichkeit. Zusammenfassung der nordafrikanischen Staaten zu einer Gemeinschaft. In: *Verfassung und Recht in Übersee* (Baden-Baden), 20 (3. Quartal 1987), S. 308-316.

*Mortimer, Robert A.*: Maghreb matters. In: *Foreign Policy* (Washington/D.C.), (Fall 1989) 76, S. 160-175.

*Rondot, Pierre*: Libye et Maghreb Arabe. In: *Défense nationale* (Paris), 45 (novembre 1989), S. 117-142.

*Rondot, Pierre*: Le Grand Maghreb arabe: un projet en lent mais sur progrès. In: *Défense nationale* (Paris), 44 (juin 1988), S. 113-126.

Sanctions against Libya. Hearing and markup before the Committee on Foreign Affairs and its Subcommittee on International Economic Policy and Trade, House, 99. Congress, 2. Session, 1986. Washington/D.C.: U.S. Government Printing Office, 1988. III,49 S.

*Schütze, Walter*: Ein neuer Unruheherd im Mittelmeer-Raum? Ursachen und Auswirkungen des Oktober-Aufstands in Algerien. In: *Europa-Archiv* (Bonn), 43 (25. Dezember 1988) 24, S. 732-739.

*Seddon, David*: Morocco and the Western Sahara. In: *Review of African Political Economy* (Sheffield), (April 1987) 38, S. 25-47.

*Sherman, Alfred*: Algeria – an intellectual fashion revisited. In: *The World Today* (London), 45 (January 1989) 1, S. 8-10.

*Tozy, Mohamed*: Islam et Etat au Maghreb. In: *Maghreb Machrek* (Paris), (octobre-novembre-décembre 1989) 126, S. 25-46.

*Tzschaschel, Joachim*: Entkolonisierung und Treuhandfragen. In: *Vereinte Nationen* (Koblenz), 35 (February 1987) 1, S. 30-31.

*Weischer, Bernd Manuel*: Großmaghreb und Saharaproblem. In: *KAS-Auslandsinformationen* (Sankt Augustin), 5 (März 1989) 3, S. 38-50.

Western Sahara: war over a desert wilderness. In: *The Middle East* (London), (July 1988) 165, S. 24-31.

*Zartman, I. William*: Soviet-Maghribi relations in the 1980s. In: *Kolodziej, Edward A.* u.a (Hrsg.): The limits of Soviet power in the developing world. Baltimore/Md.: Johns Hopkins University Press, 1989, S. 301-331.

## *Das südliche Afrika zwischen Erstarrung und Verhandlungsbereitschaft*

*Berg, Servaas van der*: Long term economic trends and development prospects in South Africa. In: *African Affairs* (Oxford), 88 (April 1989) 351, S. 187-203.

*Bethlehem, Ronald W.*: Economics in a revolutionary society. Sanctions and the transformation of South Africa. Craighall: Donker, 1988. 367 S.

*Böhme, Irmtraud; Freitag, Wolfgang*: Südliches Afrika: amerikanisch-sowjetische Impulse für eine friedliche Lösung? In: *Blätter für deutsche und internationale Politik* (Köln), 33 (August 1988) 8, S. 976-985.

*Boles, Elizabeth*: The West and South Africa. Myths, interests and policy options. London: Croom Helm, 1988. VIII,79 S. (Atlantic Paper; No. 67).

*Branaman, Brenda M.*: South Africa: opposition on the right. Washington/D.C.: Congressional Research Service, 1988. 33 S.

*Brenke, Gabriele*: Die Bundesrepublik Deutschland und der Namibia-Konflikt. München: Oldenbourg, 1989. X,310 S. (Schriften des Forschungsinstituts der DGAP: Reihe internationale Politik und Wirtschaft; Bd. 56).

*Coker, Christopher*: Moscow and Pretoria: a possible alignment? In: *The World Today* (London), 44 (January 1988) 1, S. 6-9.

Die EG und das südliche Afrika. In: *Informationsdienst südliches Afrika* (Bonn), (Juli/August 1989) 4, S. 5-10.

*Haass, Richard N.*: South Africa's future: Afrikaner politics and U.S. policy. In: *The Washington Quarterly* (Cambridge/Mass.), 11 (Spring 1988) 2, S. 27-41.

*Herbst, Jeffrey*: Political impediments to economic rationality: explaining Zimbabwe's failure to reform its public sector. In: *The Journal of Modern African Studies* (Cambridge), 27 (March 1989) 1, S. 67-84.

*Holland, Martin*: Disinvestment, sanctions and the European Community's Code of Conduct in South Africa. In: *African Affairs* (Oxford), 88 (October 1989) 353, S. 529-548.

*Holland, Martin*: The European Community and South Africa: in search of a policy for the 1990s. In: *International Affairs* (Guildford), 64 (Summer 1988) 3, S. 415-430.

*Kitchen, Helen* (Hrsg.): South Africa: in transition to what? New York/N.Y.: Praeger Publishers, 1988. XII,201 S. (The Washington Papers; 132).

*Kokorev, Vladimir B.; Reznikovskij, Anatolij I.*: Southern Africa: the essence of the conflict. Moscow: Novosti Press Agency, 1988. 102 S.

*Kotze, Hennie; Toit, Pierre du; Gagiano, Jan*: Sanctions and South Africa: on dealing with desperate men – some options for the US. In: *International Affairs Bulletin* (Johannesburg), 12 (1988) 1, S. 5-20.

*Kühne, Winrich*: Gorbachev and Southern Africa: Moscow's new thinking on South Africa. In: *Lienemann-Perrin, Christine* u.a. (Hrsg.): Political legitimacy in South Africa. Johannisburg, 1988, S. 140-166.

*Kühne, Winrich*: A 1988 update on Soviet relations with Pretoria, the ANC, and the SACP. Washington/D.C.: Center for Strategic and International Studies, 1988. 8 S. (CSIS Africa Notes; No. 89).

*Kürschner-Pelkmann, Frank*: Soziale Desintegration, politische Polarisierung und wachsende Gewalt in Südafrika. Das Beispiel Pietermaritzburg. In: *Afrika Spectrum* (Hamburg), 23 (1988) 1, S. 55-75.

*Lienemann-Perrin, Christine*: Südafrikas Zukunft und die Kirchen. Heidelberg: Forschungsstätte der Evangelischen Studiengemeinschaft, 1987. 79 S. (Texte und Materialien der FESt: Reihe B; Nr. 10).

*Lourens, Eugene; Kotze, Hennie*: The South African white general election of 1987: shifting deck-chairs or burning boats? In: *International Affairs Bulletin* (Johannesburg), 11 (1987) 2, S. 19-43.

*Lucius, Robert von*: Namibia at the crossroads: Africa's last colony. In: *South Africa International* (Johannesburg), 20 (July 1989) 1, S. 34-41.

*Metz, Steven*: The case for superpower cooperation in southern Africa. In: *SAIS Review* (Washington/D.C.), 9 (Winter-Spring 1989) 1, S. 199-212.

*Moberly, Patrick*: Towards an independent Namibia. In: *The World Today* (London), 45 (October 1989) 10, S. 168-171.

Review of 1988: repression and resistance in South Africa and Namibia. London: International Defence and Aid Fund for Southern Africa Publications, 1988. 39 S. (Fact Paper on Southern Africa; No. 16).

*Rich, Paul B.*: United States containment policy, South Africa and the apartheid dilemma. In: *Review of International Studies* (Guildford), 14 (July 1988) 3, S. 179-194.

Role of U.S. and South African churches in ending apartheid. Hearing before the Subcommittee on African Affairs of the Committee on Foreign Relations, United States Senate, 100 Congress, 2. Session, 1988. Washington/D.C.: U.S. Government Printing Office, 1989. III,179 S. (Hearing / Senate (United States); S. HRG. 100-982).

*Ropp, Klaus von der*: Die Rückkehr zur Diplomatie im Süden Afrikas. In: *Aussenpolitik* (Hamburg), 41 (1. Quartal 1990) 1, S. 91-102.

*Schlemmer, Lawrence*: Processes and strategic options for South Africa. In: *SAIS Review* (Washington/D.C.), 9 (Winter-Spring 1989) 1, S. 107-124.

South Africa at the the end of the eighties. Johannesburg: Penrose Press, 1989. IV,253 S. (Policy Perspectives; 1989).

*Staden, Gary van*: Return of the prodigal son: prospects for a revival of the Pan Africanist Congress. In: *International Affairs Bulletin* (Johannesburg), 12 (1988) 3, S. 35-64.

*Sutcliffe, Michael; Wellings, Paul*: Inkatha versus the rest: black opposition to Inkatha in Durban's African townships. In: *African Affairs* (Oxford), 87 (July 1988) 348, S. 325-360.

*Swilling, Mark; Slabbert, Frederick van Zyl*: Waiting for a negotiated settlement: South Africans in a changing world. In: *Africa Insight* (Pretoria), 19 (1989) 3, S. 138-146.

*Weiland, Heribert*: Namibia auf dem Weg zur Unabhängigkeit. Perspektiven des Entkolonisierungsprozesses. In: *Europa-Archiv* (Bonn), 44 (10. Dezember 1989) 23, S. 711-718.

*Wyk, Chris van*: Facing the nineties: business amidst sanctions and disinvestment. In: *South Africa International* (Johannesburg), 19 (July 1988) 1, S. 38-46.

# IX Veränderungen in Asien

## *Demokratisierung und regionaler Wandel in Ost- und Südostasien*

*Alagappa, Muthiah*: U.S.-ASEAN security relations: challenges and prospects. In: *Contemporary Southeast Asia* (Singapore), 11 (June 1989) 1, S. 1-39.

*Alagappa, Muthiah*: Japan's political and security role in the Asia-Pacific region. In: *Contemporary Southeast Asia* (Singapore), 10 (June 1988) 1, S. 17-54.

*Bogatova, E.*: Vietnam: the search for avenues to renovation. In: *Far Eastern Affairs* (Moscow), (1988) 6, S. 39-44.

*Chapman, William*: Inside the Philippine revolution. The New People's Army and its struggle for power. London: Tauris, 1988. 288 S.

*Cheong Yong Mun* (Hrsg.): Leadership succession and security in Southeast Asia. In: *Contemporary Southeast Asia* (Singapore), 11 (September 1989) 2, S. 115-235.

*Cima, Ronald J.*: Vietnam's economic reform. Approaching the 1990s. In: *Asian Survey* (Berkeley/Cal.), 29 (August 1989) 8, S. 786-799.

*Copper, John F.*: Taiwan: a nation in transition. In: *Current History* (Philadelphia/Pa.), 88 (April 1989) 537, S. 173-176,198-199.

*Cotton, James*: Vietnam: reform and resistance. In: *The Pacific Review* (Oxford), 2 (1989) 3, S. 256-258.

*Crone, Donald*: The ASEAN summit of 1987. Searching for new Dynamism. In: Southeast Asian Affairs 1988. Singapore: Institute of Southeast Asian Studies, 1988, S. 32-50.

*Dassu, Marta*: Gorbachev and the Pacific region. In: *The International Spectator* (Rome), 23 (July-September 1988) 3, S. 160-173.

*Drummond, Stuart*: Malaysia and Singapore: strains and stresses at both ends of the causeway. In: *The World Today* (London), 45 (April 1989) 4, S. 69-72.

*Duiker, William J.*: Vietnam: the challenge of reform. In: *Current History* (Philadelphia/Pa.), 88 (April 1989) 537, S. 177-180,193-196.

*Fukui, Haruhiro*: Japan in 1988: at the end of an era. In: *Asian Survey* (Berkeley/Cal.), 29 (January 1989) 1, S. 1-11.

*Gill, Graeme J.*: The Soviet Union and Southeast Asia: a new beginning? In: *Contemporary Southeast Asia* (Singapore), 10 (June 1988) 1, S. 69-81.

*Han Sung-Joo*: South Korea in 1988: a revolution in the making. In: *Asian Survey* (Berkeley/Cal.), 29 (January 1989) 1, S. 29-38.

*Hanisch, Rolf*: Die Regierung Aquino zwischen Militärputsch und kommunistischer Rebellion. In: *Aus Politik und Zeitgeschichte* (Bonn), (17. Juni 1988) B25-26, S. 31-45.

*Hein, Gordon R.*: Indonesia in 1988: another five years for Soeharto. In: *Asian Survey* (Berkeley/Cal.), 29 (February 1989) 2, S. 119-128.

*Horn, Robert C.*: Soviet policy in East Asia. In: *Current History* (Philadelphia/Pa.), 86 (October 1987) 522, S. 321-324,338-340.

*Kim Hong Nack*: The 1988 parliamentary election in South Korea. In: *Asian Survey* (Berkeley/Cal.), 29 (May 1989) 5, S. 480-495.

*Kimura, Hiroshi*: Gorbachev's foreign policy in Asia and the Pacific. In: *Japan Review of International Affairs* (Tokyo), 1 (Spring-Summer 1987) 1, S. 62-94.

*King, Dwight Y.; Rasjid, M. Ryaas*: The GOLKAR landslide in the 1987 Indonesian elections. The case of Aceh. In: *Asian Survey* (Berkeley/Cal.), 28 (September 1988) 9, S. 916-625.

*Lintner, Bertil*: Outrage: Burma's struggle for democracy. Hongkong: Review Publishing Company, 1989. 270 S.

*Mols, Manfred*: EG-ASEAN: Ein Modell interregionaler Zusammenarbeit? In: *Integration (Bonn)*, 12 (Juli 1989) 3, S. 127-139.

*Nieh Yu-hsi*: Jiang Jingguo und sein politisches Erbe. Zur neuen politischen Konstellation in Taiwan. In: *China aktuell* (Hamburg), 17 (Februar 1988), S. 141-147.
*Niksch, Larry A.*: Thailand in 1988: the economic surge. In: *Asian Survey* (Berkeley/Cal.), 29 (February 1989) 2, S. 165-173.
*Pohl, Manfred*: Südkorea 1987/88: Der schwierige Weg zur Demokratie. In: Jahrbuch Dritte Welt 1989. Deutsches Übersee-Institut. München: Beck, 1988, S. 278-295 (Beck'sche Reihe; 369).
Political trends in Taiwan since the death of Chiang Ching-kuo. Hearing before the Subcommittee on Asian and Pacific Affairs of the Committee on Foreign Affairs, House, 100. Congress, 2. Session, 1988. Washington/D.C.: U.S. Government Printing Office, 1989. III,125 S.
Recent developments in the Philippines. Hearing before the Subcommittee on Asian and Pacific Affairs of the Committee on Foreign Affairs, House, 100. Congress, 1. Session on H. Res. 260, 1987. Washington/D.C.: U.S. Government Printing Office, 1988. III,32 S.
*Reddies, Bernd*: Defizite im politischen System einer wirtschaftlichen Supermacht. Der Recruit-Skandal in Japan. In: *Vierteljahresberichte – Probleme der internationalen Zusammenarbeit* (Bonn), (September 1989) 117, S. 237-254.
*Seymour, James D.*: Taiwan in 1988: no more bandits. In: *Asian Survey* (Berkeley/Cal.), 29 (January 1989) 1, S. 54-63.
*Simon, Sheldon W.*: The future of Asian-Pacific security collaboration. Lexington/Mass.: Lexington Books, 1988. XVIII,177 S.
Southeast Asian Affairs 1989. Singapore: Institute of Southeast Asian Studies, 1989. 368 S.
The status of democratization efforts in the Republic of Korea. Hearing before the Subcommittee on Asian and Pacific Affairs of the Committee on Foreign Affairs, House, 100. Congress, 2. Session, 1988. Washington/D.C.: U.S. Government Printing Office, 1989. III,43 S.
*Steinberg, David I.*: Crisis in Burma. In: *Current History* (Philadelphia/Pa.), 88 (April 1989) 537, S. 185-188,196-198.
*Suryadinata, Leo*: Indonesia's political system: continuity and change. In: *Contemporary Southeast Asia* (Singapore), 9 (March 1988) 4, S. 268-281.
*Thambipillai, Pushpa* (Hrsg.): The Soviet Union and the Asia-Pacific Region. Views from the region. New York/N.Y.: Praeger Publishers, 1989. IX,217 S.
*Um, Khatharya*: Cambodia in 1988: the curved road to settlement. In: *Asian Survey* (Berkeley/Cal.), 29 (January 1989) 1, S. 73-80.
*Vickery, Michael*: Cambodia 1988. In: *Asien* (Hamburg), (Juli 1988) 28, S. 1-19.
*Yamasawa, Ippei*: ASEAN economic cooperation: present status and future perspectives. In: *Okabe, Tatsumi* (Hrsg.): Twenty years of ASEAN. Tokyo: Japan Institute of International Affairs, 1988, S. 55-69.

## *China unter wachsendem innenpolitischen Druck*

*Bachman, David*: Politics and political reform in China. In: *Current History* (Philadelphia/Pa.), 87 (September 1988) 530, S. 249-252,275-277.
*Bachman, David*: China's politics: conservatism prevails. In: *Current History* (Philadelphia/Pa.), 88 (September 1989) 539, S. 257-260,296-297,320.
*Bachman, David M.*: Varieties of Chinese conservatism and the fall of Hu Yaobang. In: *Journal of Northeast Asian Studies* (Washington/D.C.), 7 (Spring 1988) 1, S. 22-46.
*Bazanov, Evgenij*: USSR – China: the end of a big disagreement. In: *Asia and Africa Today* (Moscow), (September-October 1989) 5, S. 41-46.
*Brick, Andrew B.*: Maintaining the upper hand: Peking's reform efforts and the Chinese Communist Party. In: *Issues and Studies* (Taipei), 25 (January 1989) 1, S. 41-55.
*Corwin, David M.*: China's choices: the 1984 Sino-British Joint Declaration and its aftermath. In: *Law and Policy in International Business* (Washington/D.C.), 19 (1987) 3, S. 505-536.

*Dietrich, Hans J.*: China und Hongkong nach 1997: „Ein Land – zwei Systeme". In: *Europa-Archiv* (Bonn), 42 (25. August 1987) 16, S. 463-470.

*Dittmer, Lowell*: The uncertain future of Hong Kong. In: *Shaw, Yu-ming* (Hrsg.): Changes and continuities in Chinese communism. Vol. 1. Boulder/Colo.: Westview Press, 1988, S. 230-242.

*Dittmer, Lowell*: China in 1988: the continuing dilemma of socialist reform. In: *Asian Survey* (Berkeley/Cal.), 29 (January 1989) 1, S. 12-28.

*Dumbaugh, Kerry B.*: China's prospects for continuing reform: the 13th Party Congress and after. Washington/D.C.: Congressional Research Service, 1988. 37 S.

*Fincher, John*: Zhao's fall, China's loss. In: *Foreign Policy* (Washington/D.C.), (Fall 1989) 76, S. 3-25.

*Fischer, Per*: Chinas Sozialismus der „autorisierten Selbstentfaltung". Der Versuch einer Versöhnung von Ideologie und Ökonomie. In: *Europa-Archiv* (Bonn), 43 (25. Februar 1988) 4, S. 87-94.

*Glaubitz, Joachim*: China und die Sowjetunion – Hintergrund und Perspektiven ihrer Wiederannäherung. In: *Aussenpolitik* (Hamburg), 40 (3. Quartal 1989) 3, S. 261-273.

*Guan Jian*: Das Scheitern einer Reform ohne Demokratie. Hintergründe der chinesischen Protestbewegung. In: *Blätter für deutsche und internationale Politik* (Köln), 34 (Juli 1989) 7, S. 812-824.

*Heinzig, Dieter*: Sowjetische Chinapolitik unter Gorbatschow: der Abbau der „drei großen Hindernisse". In: *Aus Politik und Zeitgeschichte* (Bonn), (17. März 1989) B12, S. 29-38.

*Klein, Donald W.*: Present and future Sino-Japanese relations, 1986-1990. In: *Shaw, Yu-ming* (Hrsg.): Changes and continuities in Chinese communism. Vol. 1. Boulder/Colo.: Westview Press, 1988, S. 358-373.

*Li Yunqi*: China's inflation. Causes, effects and solution. In: *Asian Survey* (Berkeley/Cal.), 29 (July 1989) 7, S. 655-668.

*Lord, Winston*: China and America: beyond the big chill. In: *Foreign Affairs* (New York/N.Y.), 68 (Fall 1989) 4, S. 1-26.

*MacGregor, Charles*: The Sino-Vietnamese relationship and the Soviet Union. London: International Institute for Strategic Studies, 1988. 94 S. (Adelphi Papers; 232).

*Naughton, Barry*: Inflation and economic reform in China. In: *Current History* (Philadelphia/Pa.), 88 (September 1989) 539, S. 269-272,289-291.

*Newby, Laura*: Sino-Japanese relations. China's perspective. London: Routledge, 1988. 96 S. (Chatham House Papers).

*Oksenberg, Michel*: China's 13th Party Congress. In: *Problems of Communism* (Washington/D.C.), 36 (November-December 1987) 6, S. 1-17.

Recent developments in the Chinese economy. Economic reform, its success and problems. Tokyo: Bank of Japan, 1989. 40 S. (Special Paper / Bank of Japan; No. 176).

*Roell, Peter*: Der Kambodscha-Konflikt im Kräftespiel Moskau-Washington-Peking. Trends und Perspektiven. In: *Asien* (Hamburg), (Januar 1989) 30, S. 98-108.

*Scharping, Thomas*: Auf der Suche nach dem Sozialismus chinesischer Prägung. Sozialer Wandel, ökonomische Probleme und die Rolle der Ideologie. In: *Aus Politik und Zeitgeschichte* (Bonn), (1. Januar 1988) B1, S. 3-12.

*Schier, Peter*: Ein Erfolg der Reformkräfte. Personelle und politische Entscheidungen im Rahmen des 8. Parteitags der Kommunistischen Partei Chinas. In: *China aktuell* (Hamburg), 16 (Oktober 1987), S. 794-805.

*Schier, Peter*: Das Gespenst der Demokratie und der Machtkampf an der Führungsspitze. Zum Stand, den Hintergründen sowie den Perspektiven der intraelitären Auseinandersetzungen. In: *China aktuell* (Hamburg), 18 (Mai 1989), S. 356-360.

*Schram, Stuart R.*: China after the 13th Congress. In: *The China Quarterly* (London), (June 1988) 114, S. 177-197.

*Scobell, Andrew*: Hong Kong's influence on China. The tail that wags the dog? In: *Asian Survey* (Berkeley/Cal.), 28 (June 1988) 6, S. 599-612.

*Segal, Gerald*: Sino-Soviet relations: the new agenda. In: *The World Today* (London), 44 (June 1988) 6, S. 95-99.
*Segal, Gerald*: Taking Sino-Soviet detente seriously. In: *The Washington Quarterly* (Cambridge/Mass.), 12 (Summer 1989) 3, S. 53-63.
*Starr, John Bryan*: Sino-American relations. In: *Current History* (Philadelphia/Pa.), 87 (September 1988) 530, S. 241-244,270,301-302.
*Wang Jisi*: Idealismus und Realismus. Über das Geflecht amerikanischer China-Politik. In: *Beijing Rundschau* (Beijing), 26 (17. Januar 1989) 3, S. 11-20.
*Wilson, Dick*: The dilemmas of Hong Kong in transition. In: *The Round Table* (Guildford), (July 1988) 307, S. 267-275.

## *Machtverschiebungen in Südasien*

*Ahmed, Munir D.*: Pakistans Rückkehr zur parlamentarischen Demokratie. In: *Orient* (Opladen), 28 (Dezember 1987) 4, S. 533-547.
*Banerji, Arun K.*: India and West Asia. Changing images reflect shifts in the regional balance of power. In: *The Round Table* (Guildford), (January 1988) 305, S. 26-38.
*Bernard, Jean A.*: L'Inde en Asie: grandeur et solitude. In: *Politique étrangère* (Paris), 54 (été 1989) 2, S. 279-290.
*Bray, John*: Sri Lanka: things fall apart? In: *The World Today* (London), 45 (August-September 1989) 8-9, S. 156-160.
*Canfield, Robert L.*: Afghanistan: the trajectory of internal alignments. In: *The Middle East Journal* (Washington/D.C.), 43 (Autumn 1989) 4, S. 635-648.
*Cronin, Richard P.*: Afghanistan after the Soviet withdrawal. Contenders for power. Washington/D.C.: Congressional Research Service, 1989. 39 S.
*Cronin, Richard P.*: Afghanistan in 1988: year of decision. In: *Asian Survey* (Berkeley/Cal.), 29 (February 1989) 2, S. 207-215. [im gleichen Heft weiterhin: *Rais, Rasul B.*: Pakistan in 1988: from command to conciliation politics. S. 199-206 und *Wariavalla, Bharat*: India in 1988: drift, disarray, or pattern. S. 189-198].
*Dorronsoro, Gilles*: Afghanistan: après le retrait soviétique. In: *Défense nationale* (Paris), 45 (octobre 1989), S. 137-152.
*Duncan, Peter J. S.*: The Soviet Union and India. London: Routledge, 1989. VIII,150 S. (Chatham House Papers).
*Halbach, Eberhard*: Von der Militärherrschaft zur Demokratie – Wahlen zur National- und Provinzversammlung in Pakistan 1988. In: *KAS-Auslandsinformationen* (Sankt Augustin), 5 (Januar 1989) 1, S. 2-26.
*Harrison, Selig S.*: Paths to peace in Afghanistan: the Geneva accords and after. New York/N.Y.: International Peace Academy, 1989. 35 S. (Occasional Paper / International Peace Academy; No. 1).
*Hellmann-Rajanayagam, Dagmar*: The Tamil militants – before the accord and after. In: *Pacific Affairs* (Vancouver), 61 (Winter 1988-89) 4, S. 603-619.
*Hennayake, Shantha K.*: The peace accord and the Tamils in Sri Lanka. In: *Asian Survey* (Berkeley/Cal.), 29 (April 1989) 4, S. 401-415.
L'Inde, puissance régionale. *Hurtig, Christiane* (Bearb.). Paris: La Documentation Française, 1989. 64 S. (Problèmes politiques et sociaux; 17 février 1989. No. 602).
*Johal, Sarbjit*: India's search for capital abroad: the U.S. relationship. In: *Asian Survey* (Berkeley/Cal.), 29 (October 1989) 10, S. 971-982.
*Kodikara, Shelton U.*: The continuing crisis in Sri Lanka. The JVP, the Indian troops, and Tamil politics. In: *Asian Survey* (Berkeley/Cal.), 29 (July 1989) 7, S. 716-724.

*Longer, V.*: The defence and foreign policies of India. New Delhi: Sterling Publishers, 1988. XII,357 S.
*Maaß, Citha D.*: Sri Lanka: Frieden durch Intervention Indiens? In: Jahrbuch Dritte Welt 1989. Deutsches Übersee-Institut. München: Beck, 1988, S. 263-277 (Beck'sche Reihe; 369).
Mujahedin on the move: Afghanistan's prospects for a settlement. In: *The Middle East* (London), (July 1988) 165, S. 7-12.
*Newberg, Paula R.*: Pakistan at the edge of democracy. In: *World Policy Journal* (New York/N.Y.), 6 (Summer 1989) 3, S. 563-587.
*Oberst, Robert C.*: Political decay in Sri Lanka. In: *Current History* (Philadelphia/Pa.), 88 (December 1989) 542, S. 425-428,448-449.
*Pfaffenberger, Bryan*: Sri Lanka in 1987. Indian intervention and resurgence of the JVP. In: *Asian Survey* (Berkeley/Cal.), 28 (February 1988) 2, S. 137-147. [im gleichen Heft weiterhin: *Rais, Rasul B.*: Pakistan in 1987. Transition to democracy. S. 126-136 und *Wariavalla, Bharat*: India in 1987. Democracy on trial. S. 119-125].
The prospects for democracy in Pakistan. Hearing and markup before the Subcommittee on Asian and Pacific Affairs of the Committee on Foreign Affairs, House, 100. Congress, 2. Session on H. Res. 484, 1988. Washington/D.C.: U.S. Government Printing Office, 1989. III,50 S.
*Rao, P. Venkateshwar*: Foreign involvement in Sri Lanka. In: *The Round Table* (Guildford), (January 1989) 309, S. 88-100.
*Razvi, Mujtaba*: India and the security of Indian Ocean/South Asian states. In: *The Round Table* (Guildford), (July 1989) 311, S. 317-322.
*Richter, William L.*: Pakistan under Benazir Bhutto. In: *Current History* (Philadelphia/Pa.), 88 (December 1989) 542, S. 433-436,449-451.
*Roy, Olivier*: Afghanistan: vom Ost-West-Konflikt zum Bürgerkrieg. In: *Europa-Archiv* (Bonn), 44 (25. Oktober 1989) 20, S. 619-626.
*Rubin, Barnett R.*: Afghanistan: „back to feudalism". In: *Current History* (Philadelphia/Pa.), 88 (December 1989) 542, S. 421-424,444-446.
*Rubin, Barnett R.*: The fragmentation of Afghanistan. In: *Foreign Affairs* (New York/N.Y.), 68 (Winter 1989/90) 5, S. 150-168.
*Rupesinghe, Kumar*: Sri-Lanka: peacekeeping and peace building. In: *Bulletin of Peace Proposals* (London), 20 (September 1989) 3, S. 335-350.
*Saikal, Amin*: Die Schlußrunde im Afghanistan-Konflikt. In: *Europa-Archiv* (Bonn), 44 (25. März 1989) 6, S. 183-190.
*Shaumian, Tatyana L.*: India's foreign policy. Interaction of global and regional aspects. In: *Asian Survey* (Berkeley/Cal.), 28 (November 1988) 11, S. 1161-1169.
*Tripathi, Deepak*: India's foreign policy: the Rajiv factor. In: *The World Today* (London), 44 (July 1988) 7, S. 112-114.
*Wagner, Christian*: Zurück in die Zukunft: Sri Lanka nach dem Indo-Srilankischen Beistandsvertrag von 1987. In: *Asien* (Hamburg), (Januar 1990) 34, S. 22-36.
*Wulf, Herbert*: Indiens Außen- und Sicherheitspolitik zwischen Gewaltlosigkeit und Atombombe. In: *Aus Politik und Zeitgeschichte* (Bonn), (6. Juni 1987) B23, S. 3-15.
*Ziem, Karlernst*: Zum gegenwärtigen Stand des innerafghanischen Konflikts und zur Konfliktlösung. In: *Asien* (Hamburg), (Januar 1990) 34, S. 69-76.

# X Entwicklungen in Zentralamerika

## *Friedenspläne für Zentralamerika*

*Abrams, Elliott*: The deal in Central America. In: *Commentary* (New York/N.Y.), 87 (May 1989) 5, S. 29-32.

*Aichinger, Wilfried*: Mittelamerika: Friedenspläne. In: *Österreichische militärische Zeitschrift* (Wien), 25 (November/Dezember 1987) 6, S. 570-571.

Amérique centrale: une dynamique de la paix. *Barre, Marie Chantal* (Bearb.). Paris: La Documentation Française, 1988. 64 S. (Problèmes politiques et sociaux; 14 octobre 1988. No. 593).

The Arias Plan: a way out for the Central American peace process? Madrid: IRELA, 1987. 41 S. (Dossier / Instituto de Relaciones Europeo-Latinoamericanas; No. 10).

*Artaud, Denise*: Nicaragua: un défi pour George Bush. In: *Politique internationale* (Paris), (été 1989) 44, S. 99-120.

*Bermudez, Enrique*: The Nicaraguan resistance at a crossroads. In: *Strategic Review* (Washington/D.C.), 17 (Spring 1989) 2, S. 9-17.

*Böhler, Werner*: Nicaragua und der Friedensprozeß in Zentralamerika. In: *KAS-Auslandsinformationen* (Sankt Augustin), 4 (Juni 1988) 6, S. 2-20.

*Böhler, Werner*: 60 Tage nach „Esquipulas II": die innere politische Situation in Nicaragua. Versuch einer vorläufigen Bestandsaufnahme. In: *KAS-Auslandsinformationen* (Sankt Augustin), 3 (Oktober 1987) 10, S. 2-24.

*Böhler, Werner*: Initiativen für eine Befriedung der Region Zentralamerika und der Beitrag der inneren zivilen Opposition Nicaraguas. In: *KAS-Auslandsinformationen* (Sankt Augustin), 3 (Juni 1987) 6, S. 2-31.

*Brock, Lothar*: Mittelamerika: Regionalisierung als Chance. In: *Blätter für deutsche und internationale Politik* (Köln), 33 (April 1988) 4, S. 408-412.

*Burin DesRoziers, Philippe*: Le Nicaragua face au plan de paix. In: *Problèmes d'Amérique Latine* (Paris), (4. trimestre 1987) 86, S. 129-134.

*Castro, José R.; Barry, Deborah*: El Salvador y Nicaragua. Hacia un relevo en la politíca estadounidense de la region? In: *Relaciones Internacionales* (Heredia), (primer trimestre 1989) 26, S. 51-63. [im gleichen Heft weiterhin: *Escalante Herrera, Elizabeth*: La propuesta de paz para Centroamérica del Presidente de Costa Rica, Oscar Arías Sánchez: un caso de autonomía relativa? S. 37-49].

Contra aid. Washington/D.C.: Congressional Digest Corporation, 1988. 31 S. (S. 65-96) (Congressional Digest; Vol.67. March 1988. No.3).

Crisis e intervencion en Centroamerica. Madrid: Instituto de Cuestiones Internacionales, 1988. 106 S. (Una Publicacion INCI; No. 37).

*Destexhe, Alain*: Washington: une nouvelle politique centre-américaine? In: *Politique internationale* (Paris), (hiver 1988/1989) 42, S. 331-345.

Entschließung zur Lage in Mittelamerika. In: *Amtsblatt der Europäischen Gemeinschaften: Mitteilungen und Bekanntmachungen* (Luxemburg), 31 (11. April 1988) C94, S. 185-190.

*Falcoff, Mark*: Making Central America safe for communism. In: *Commentary* (New York), 85 (June 1988) 6, S. 17-24.

Friedenssuche in Zentralamerika. Von der Contadora-Initiative über den Arias-Plan zum Abkommen von Guatemala. In: *Lateinamerika* (Hamburg), (November 1987) Beiheft 3, S. 3-86.

*García, Rigoberto* (Hrsg.): Central America: crisis and possibilities. Stockholm: Latinamerika-Institutet, 1988. XIII,263 S. (Monograph / Institute of Latin American Studies; No. 16).

*Hamilton, Nora* (Hrsg.): Crisis in Central America. Regional dynamics and U.S. policy in the 1980s. Boulder/Colo.: Westview Press, 1988. X,272 S. (A PACCA Book).

*Kenworthy, Eldon*: United States policy in Central America. In: *Current History* (Philadelphia/Pa.), 86 (December 1987) 524, S. 401-404,432-433.

*Klepak, Hal P.*: Verification of a Central American peace accord. Ottawa: Department of External Affairs, 1989. XI,78 S. (Arms Control Verification Occasional Paper; No. 2).

*Krumwiede, Heinrich W.*: Die zentralamerikanische Konfliktkonstellation: relative Autonomie trotz Supermachtdominanz und Abhängigkeit. In: *Senghaas, Dieter* (Hrsg.): Regionalkonflikte in der Dritten Welt. Baden-Baden: Nomos Verlagsgesellschaft, 1989, S. 31-55 (Aktuelle Materialien zur internationalen Politik; Bd. 21).

*Layne, Christopher*: Requiem for the Reagan Doctrine. In: *SAIS Review* (Washington/D.C.), 8 (Winter-Spring 1988) 1, S. 1-17.

Major Issue Forum: Central American peace prospects. In: *Congressional Research Service Review* (Washington/D.C.), 9 (April 1988) 4, S. 1-27.

*Pell, Claiborne*: The Central American Peace and Economic Cooperation Act of 1987. Washington/D.C.: U.S. Government Printing Office, 1987. 15 S. (Report / Senate (United States); 100th Congress, 1st Session, 100-12).

Poverty, conflict and hope: a turning point in Central America. Washington/D.C.: U.S. Government Printing Office, 1989. XXII,158 S. (Committee Print / Senate (United States); 101st Congress, 1st Session, S. PRT. 101-28).

El proceso de Esquipulas. In: *Relaciones Internacionales (Heredia)*, (primer trimestre 1989) 26, S. 13-35.

Recent events concerning the Arias peace proposal. Hearing and markup before the Committee on Foreign Affairs and its Subcommittee on Western Hemisphere Affairs, House, 100. Congress, 1. Session on H. Con. Res. 146, 1987. Washington/D.C.: U.S. Government Printing Office, 1987. III,144 S.

*Robinson, Linda*: Peace in Central America? In: *Foreign Affairs* (New York/N.Y.), 66 (1988) 3, S. 591-613.

*Rojas Aravena, Francisco*: El proceso de Esquipulas: el desarrollo conceptual y los mecanismos operativos. In: *Estudios Internacionales* (Santiago de Chile), 22 (abril-junio 1989) 86, S. 224-247.

*Serafino, Nina M.*: Central American compliance with the August 5, 1987 peace agreement as of November 5, 1987. Washington/D.C.: Congressional Research Service, 1987. 28 S.

*Serafino, Nina M.*: Dateline Managua: defining democracy. In: *Foreign Policy* (Washington/D.C.), (Spring 1988) 70, S. 166-182.

# PERSONENREGISTER

# SACHREGISTER

## EUROPARAT



## FINNLAND



## FRANKREICH

## GABUN



## GATT 129, 222-233

## IRAK



## IRAN

## JAMAIKA



## JAPAN

## UMWELTPOLITIK



## UNGARN

## URUGUAY



## USA

# AUTOREN

*Boden*, Martina, M.A., Redakteurin des Europa-Archiv, Bonn.

*Bomsdorf*, Dr. Falk, Wissenschaftlicher Mitarbeiter im Forschungsinstitut für Internationale Politik und Sicherheit, Stiftung Wissenschaft und Politik, Ebenhausen.

*Borchmann*, Dr. Michael, Referent für internationale Beziehungen und EG-Angelegenheiten in der Hessischen Staatskanzlei, Wiesbaden.

*Danylow*, Dr. Peter, Wissenschaftlicher Mitarbeiter im Forschungsinstitut für Internationale Politik und Sicherheit, Stiftung Wissenschaft und Politik, Ebenhausen.

*Fröhlich*, Dr. Hans-Peter, Wissenschaftlicher Referent, Institut der Deutschen Wirtschaft, Köln.

*Glaubitz*, Prof. Dr. Joachim, Wissenschaftlicher Mitarbeiter im Forschungsinstitut für Internationale Politik und Sicherheit, Stiftung Wissenschaft und Politik, Ebenhausen, Lehrbeauftragter für Politische Wissenschaft an der Universität München.

*Hottinger*, Dr. Arnold, Korrespondent der Neuen Zürcher Zeitung für die arabischen Länder, Nicosia.

*Hubel*, Dr. Helmut, Wissenschaftlicher Mitarbeiter im Forschungsinstitut der Deutschen Gesellschaft für Auswärtige Politik und Lehrbeauftragter für Politische Wissenschaften der Universität Bonn.

*Kamp*, Karl-Heinz, M.A., Wissenschaftlicher Referent für Sicherheitspolitik im Forschungsinstitut der Konrad-Adenauer-Stiftung, St. Augustin.

*Kolboom*, Dr. Ingo, Leiter der Arbeitsstelle Frankreich und deutsch-französische Beziehungen im Forschungsinstitut der Deutschen Gesellschaft für Auswärtige Politik, Bonn.

*Krumwiede*, Dr. Heinrich-W., Wissenschaftlicher Mitarbeiter im Forschungsinstitut für Internationale Politik und Sicherheit, Stiftung Wissenschaft und Politik, Ebenhausen, und Privatdozent für Politische Wissenschaften an der Universität Augsburg.

*Maaß*, Dr. Citha D., Wissenschaftliche Mitarbeiterin im Forschungsinstitut für Internationale Politik und Sicherheit, Stiftung Wissenschaft und Politik, Ebenhausen.

*Maull*, Prof. Dr. Hanns W., Professor für internationale Politik an der Katholischen Universität Eichstätt.

*Pfister*, Dr. Jürgen, Direktor, Leiter der volkswirtschaftlichen Abteilung der Commerzbank AG, Frankfurt.

*Ropp*, Dr. Klaus Frhr. von der, Köln.

*Rudolf*, Dr. Peter, Wissenschaftlicher Mitarbeiter im Forschungsinstitut für Internationale Politik und Sicherheit, Stiftung Wissenschaft und Politik, Ebenhausen.

*Rühl*, Dr. Lothar, Staatssekretär a.D., Diplomatischer Korrespondent *Die Welt*, Bonn.

*Schönfeld*, Dr. Roland, Geschäftsführendes Präsidialmitglied der Südosteuropa-Gesellschaft, München.

*Schulz*, Prof. Dr. Eberhard, Stellvertretender Direktor des Forschungsinstituts der Deutschen Gesellschaft für Auswärtige Politik und Honorarprofessor für Politische Wissenschaft der Universität Bonn.

*Stüven*, Volker, Dipl.-Volksw., Wissenschaftlicher Mitarbeiter am Institut für Weltwirtschaft an der Universität Kiel.

*Tzschaschel*, Joachim, Brigadegeneral a.D., Starnberg-Soecking.

*Volle*, Dr. Angelika, Wissenschaftliche Mitarbeiterin im Forschungsinstitut der Deutschen Gesellschaft für Auswärtige Politik und Jahrbuch-Redakteurin, Bonn.

*Voss*, Dr. Gerhard, Leiter des Referats Struktur- und Energiepolitik, Umweltökonomie im Institut der Deutschen Wirtschaft, Köln.

*Weggel*, Dr. Oskar, Wissenschaftlicher Referent, Institut für Asienkunde, Hamburg.

*Wrede*, Hans-Heinrich, Auswärtiger Dienst, z.Z. Wien.